21 世纪工程图学多媒体教学系列教材

土木建筑工程制图

—— 含画法几何与计算机绘图

（第三版）

主编：罗康贤　冯开平

编委：唐西隆　周小坚　李　冰
　　　凌　玲　王　穗　谭夏梅

华南理工大学出版社

·广州·

内容简介

本书主要内容包括：制图的基本知识和技能，画法几何，建筑形体的各种表达方法，轴测投影，标高投影，阴影与透视，建筑施工图，结构施工图，给水排水施工图，建筑电气施工图，道路及桥涵工程图，计算机绘图等。

本书的特点是紧密结合建筑工程中的各个专业及工种的实际，涵盖面广，有利于拓宽学生的视野，也便于教师结合其专业需要取舍。同时，本书配有多媒体教学资源。其中除了用动画、视频等媒体表现教材的全部内容外，还提供配套习题集中的习题模型、解题帮助和标准答案。

本书配套的《土木建筑工程制图习题集》（第三版）同时出版，可供选用。

本书可作为高等学校土木、建筑类以及工程管理类各专业的制图教材。也可作为电大、函授、成教、高职高专的课堂教学或自学的教材。多媒体教学资源随书赠送，可扫描二维码读取，或在华南理工大学网站下载。

图书在版编目(CIP)数据

土木建筑工程制图：含画法几何与计算机绘图/罗康贤，冯开平主编.—3版.—广州：华南理工大学出版社，2013.8（2024.8 重印）
 (21世纪工程图学多媒体教学系列教材)
 ISBN 978-7-5623-4005-8

Ⅰ.①土… Ⅱ.①罗… ②冯… Ⅲ.①土木工程-建筑制图-高等学校-教材 Ⅳ.①TU204

中国版本图书馆CIP数据核字(2013)第175509号

土木建筑工程制图：含画法几何与计算机绘图（第三版）

罗康贤　冯开平　主编

出 版 人：柯　宁
出版发行：华南理工大学出版社(广州五山华南理工大学17号楼，邮编510640)
　　　　　营销部电话：020-87113487　87111048（传真）
　　　　　http://hg.cb.scut.edu.cn　E-mail:scutc13@scut.edu.cn
策划编辑：王魁葵
责任编辑：庄　彦　王魁葵
印 刷 者：广州小明数码印刷有限公司
开　　本：787mm×1092mm　1/16　印张：26.75　字数：678千
版　　次：2013年8月第3版　2024年8月第21次印刷
印　　数：71 001～72 000册
定　　价：68.00元

版权所有　盗版必究

第三版前言

本书是在2010年第二版的基础上，根据2011年实施的国家标准修订而成。本书自2003年初版以来，受到广大读者的欢迎，已连续重印十多次。尤其是与之配套的教师版和学生版多媒体光盘，对帮助教师上课和学生复习与练习，起了很好的作用。

第三版除了保持第二版的定位宗旨外，采用了最新的国家标准，同时对第二版中发现的问题作了修正。

本书着重加强培养学生的工程素质，将现代先进的方法与内容逐渐融入传统。章节的划分符合教学单元的设置，精心设计的习题集保证了恰当的练习和足够的训练。

本书修订过程中，承有关设计单位提供资料，华南理工大学出版社大力支持，以及兄弟院校的教师和广大读者提供了宝贵意见，在此表示深切的谢意；同时，对在本书前两版的编写与出版做了大量工作的左宗义教授表示深深的敬意。限于我们的水平，书中难免还存在缺点和错误，恳请使用本书的教师、学生以及其他读者批评指正。

本书2021年9月第20次印刷版本随书提供电子教学资源，由李冰、莫春柳、罗立宏、冯开平等主持完成。读者可按封二说明获取教学资源（二维码附于书末）。完整教学课件（含习题集及解答）可在华南理工大学出版社网站下载。

教师版教学资源购买请与广东工业大学联系：

地址：广州，大学城，广东工业大学，机电学院，图学与数字媒体工程系

邮编：510006

电话：020-39322219，13600056960，13802913175

联系人：冯开平，罗康贤

E-mail：fengkp@gdut.edu.cn

编 者
2021年9月

第二版前言

本书自 2003 年初版以来，受到广大读者的欢迎，已连续印刷 8 次。尤其是与之配套的教师版和学生版多媒体教学光盘，为帮助教师上课和学生复习与练习，起到了很好的作用。为适应教学改革与发展的需要，参考广大读者提供的宝贵意见和建议，现进行修订再版。

第二版除了保持第一版的定位宗旨外，主要在如下几方面进行了修订。

(1) 对一些例题进行了修改和增减。

(2) 本书的全部内容采用了迄今为止最新的国家标准。

(3) 计算机绘图采用了 AutoCAD 2010 全汉化版本。

(4) 对第一版中的缺点和错误作了修正。

本书着重加强培养学生的工程素质，将现代先进的方法与内容逐渐融入传统。章节的划分符合教学单元的设置，精心设计的习题集保证了恰当的练习和足够的训练。

本书修订过程中，承有关设计单位提供资料、华南理工大学出版社大力支持，以及兄弟院校的教师和广大读者提供了宝贵意见，在此表示深切的谢意。限于我们的水平，书中难免还存在缺点和错误，恳请使用本书的教师、学生以及其他读者批评指正。

与本书配套的学生版光盘可单独购买，具体请与华南理工大学出版社营销部联系。

教师版光盘的订购，请与广东工业大学联系：

地址：广州，大学城，广东工业大学，机电学院，图学与数字媒体工程系

邮编：510006

电话：020 - 39322219，13802510627，13600056960，13802913175

联系人：左宗义，冯开平，罗康贤

E - mail：zuo@ gdut. edu. cn

编　者
2010 年 1 月 1 日

前　言

本书是为适应教学改革的发展，满足工科院校土木建筑类各专业的教学需要，根据教育部关于高等学校的"画法几何及土木建筑制图课程教学基本要求"，总结了作者多年的教学与设计经验，参考了各方面的意见而编写的。

本书的内容主要有四部分：画法几何、制图基础、土木建筑专业图和计算机绘图。本书最大的特点是紧密结合土木建筑工程的实际，以房屋建筑图为主，对相关各专业，包括建筑、结构、给排水、建筑电气、道路与桥涵的工程制图，作了全面的介绍。由于涵盖面广，有利于拓宽学生的视野，也便于教师结合其专业需要取舍。

随着制图技术的迅猛发展和工程实际的需要，本书加强了计算机绘图的内容。主要介绍目前最新版本的绘图软件 AutoCAD 2002 中文版，及其绘制二维和三维图形的方法。

为适应现代化教学的需要，本书配有分别为教师和学生教学和练习使用的多媒体光盘。多媒体光盘与教材的章节划分配合，用声音、图形、二维和三维动画、文本等媒体细致地模拟了所有作图过程以及教学、练习解答的全部内容，极大地提高了教与学的效率。

本书章节的划分符合教学单元的设置，精心设计的习题集保证了恰当的练习和足够的训练。分别为教师和学生设计的习题光盘减轻了教师批改作业的负担又保证了学生的练习效果。

本书的全部内容，采用了迄今（2003 年 6 月）为止的新国家标准。

本书由罗康贤编写第 10、11、14 章和第 9 章的第 4~6 节；左宗义编写第 2、3 章和 15 章的 1~4 节；冯开平编写第 6 章和第 15 章的 5~8 节；唐西隆编写第 12、13 章；周小坚编写第 7 章和第 9 章的第 1~3 节；李冰编写第 4 章；凌玲编写第 1 章；王穗编写第 5 章；谭夏梅编写第 8 章。此外，莫春柳、唐超兰、韦宇炜等参加了多媒体光盘的制作工作。

衷心感谢武汉大学丁宇明教授作为全书的主审，对本书的热心指导和认真审阅。感谢广东工业大学工程与计算机图学教研室全体教师给予的宝贵意见和建议。感谢其他关心和帮助本书出版的人员。

由于编者水平有限，本书难免存在缺点和错漏，恳请读者和同行批评指正。

编　者
2003 年 7 月 1 日

目 录

绪论 ··· 1
第1章 制图的基本知识和技能 ··· 4
1.1 手工绘图工具和仪器的使用 ·· 4
1.2 制图基本规定 ··· 7
1.3 几何作图 ··· 14
1.4 平面图形的尺寸分析及画法 ·· 17
1.5 徒手草图 ··· 20
第2章 点、直线和平面的投影 ··· 22
2.1 点、直线和平面的投影基础 ·· 22
2.2 直线和平面以及平面之间的相对位置 ·· 39
第3章 投影变换 ··· 53
3.1 投影变换概述 ··· 53
3.2 换面法 ·· 54
3.3 旋转法 ·· 62
第4章 曲线、曲面与基本形体 ··· 66
4.1 平面体及其表面上的点和线 ·· 66
4.2 曲线 ··· 71
4.3 曲面的形成及分类 ··· 74
4.4 回转面及其表面上的点和线 ·· 75
4.5 非回转直纹曲面 ·· 84
第5章 截交线与相贯线 ·· 90
5.1 概述 ··· 90
5.2 截交线 ·· 90
5.3 相贯线 ·· 98
第6章 建筑形体的各种表达方法 ··· 108
6.1 组合体投影图的画法 ··· 108
6.2 组合体投影图的读法 ··· 111
6.3 建筑形体的尺寸标注 ··· 115
6.4 视图 ·· 118
6.5 剖面图、断面图与简化画法 ·· 121
6.6 第三角画法简介 ··· 130
6.7 建筑形体表达综合举例 ·· 131
第7章 轴测投影 ··· 134
7.1 轴测图的基本知识 ·· 134

  7.2 正轴测图 …………………………………………………………………… 137
  7.3 斜轴测图 …………………………………………………………………… 145
  7.4 轴测剖面图 ………………………………………………………………… 149
  7.5 轴测图的选择 ……………………………………………………………… 151
第 8 章 标高投影 ……………………………………………………………………… 154
  8.1 点、直线与平面的标高投影 ……………………………………………… 154
  8.2 曲面的标高投影 …………………………………………………………… 160
  8.3 标高投影在土建工程中的应用 …………………………………………… 162
第 9 章 阴影与透视 …………………………………………………………………… 165
  9.1 阴影的基本知识 …………………………………………………………… 165
  9.2 点、直线、平面的落影 …………………………………………………… 166
  9.3 建筑形体的阴影 …………………………………………………………… 174
  9.4 透视投影的基本知识 ……………………………………………………… 184
  9.5 透视图的画法 ……………………………………………………………… 189
  9.6 透视图中的简捷作图法 …………………………………………………… 200
第 10 章 建筑施工图 …………………………………………………………………… 202
  10.1 概述 ………………………………………………………………………… 202
  10.2 建筑总平面图 ……………………………………………………………… 208
  10.3 建筑平面图 ………………………………………………………………… 211
  10.4 建筑立面图 ………………………………………………………………… 219
  10.5 建筑剖面图 ………………………………………………………………… 222
  10.6 建筑详图 …………………………………………………………………… 226
第 11 章 结构施工图 …………………………………………………………………… 236
  11.1 概述 ………………………………………………………………………… 236
  11.2 基础图 ……………………………………………………………………… 240
  11.3 结构平面布置图 …………………………………………………………… 243
  11.4 钢筋混凝土构件详图 ……………………………………………………… 245
  11.5 钢结构图 …………………………………………………………………… 249
第 12 章 给水排水施工图 ……………………………………………………………… 254
  12.1 概述 ………………………………………………………………………… 254
  12.2 室内给水排水施工图 ……………………………………………………… 258
  12.3 室外给水排水施工图 ……………………………………………………… 267
  12.4 管道上构配件详图 ………………………………………………………… 270
第 13 章 建筑电气施工图 ……………………………………………………………… 272
  13.1 概述 ………………………………………………………………………… 272
  13.2 室内电气照明施工图 ……………………………………………………… 277
  13.3 动力电气施工图 …………………………………………………………… 283
第 14 章 道路及桥涵工程图 …………………………………………………………… 287
  14.1 概述 ………………………………………………………………………… 287

14.2 道路路线工程图 ………………………………………………………… 289
14.3 桥梁工程图 ……………………………………………………………… 296
14.4 涵洞工程图 ……………………………………………………………… 309
14.5 隧道工程图 ……………………………………………………………… 313

第 15 章 计算机绘图 ……………………………………………………… 317

15.1 AutoCAD 2010 系统简介及基本设置 ………………………………… 317
15.2 设置样板图 ……………………………………………………………… 322
15.3 AutoCAD 2010 的基本命令 …………………………………………… 331
15.4 尺寸标注和其他功能 …………………………………………………… 349
15.5 三维图形的绘制与编辑 ………………………………………………… 371
15.6 三维实体造型及编辑 …………………………………………………… 384
15.7 用户坐标与视区管理 …………………………………………………… 394
15.8 三维立体绘制举例 ……………………………………………………… 405

参考文献 ………………………………………………………………………… 414

绪 论

一、建筑绘图的历史和现状

人类的文明史与建筑的历史息息相关。当人类走出洞穴，就开始了他们最初的建筑。有史以来，人类就试图用图形来表达和交流他们的思想，从远古洞穴中岩石上的石刻可以看出，在没有语言文字以前，图形就是一种有效的交流工具，而最早的图形就有人类居住场所的描绘，例如，图 0-1 为公元前 650 年的 Madaktu 城地图。

考古发现，早在公元前 2600 年即距今 4600 年就出现了可以称为工程图样的图，那是刻在古尔迪亚泥板上的一张神庙的地图。直到 1500 年文艺复兴时期，才出现将平面图和其他多面图画在同一画面上的设计图。300 年之后，法国测量师古师塔夫·蒙日将各种表达方法总结归纳写出《画法几何》一书。"画法几何"在工业革命中起到了重大作用。它使各种工程设计有了统一的表达方法，这样就便于技术交流和施工。我国在 2000 年前就有了正投影法表达的图样。1977 年在河北省平山县出土的公元前 323～公元前 309 年的战国中山王墓，发现在青铜板上用金银线条和文字制成的建筑平面图，这也是世界上罕见的最早的工程图样。该图用 1:500 正投影绘制并标注有尺寸。中国古代传统的工程制图技术，与造纸术一起于唐代（公元 751 年后）传到西方。公元 1100 年的雕版印刷书《营造法式》中有各种方法画出的约 570 幅图，是当时的一部关于建筑制图的国家标准、施工规范和培训教材，图 0-2 为成都出土的汉代画砖上的民居图。

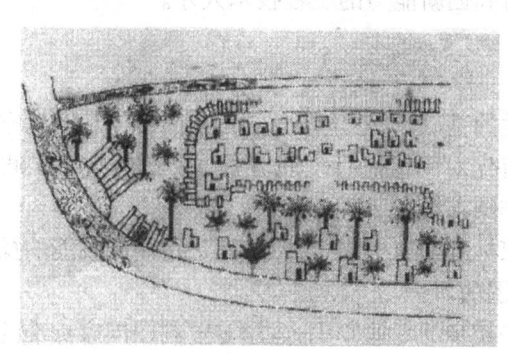
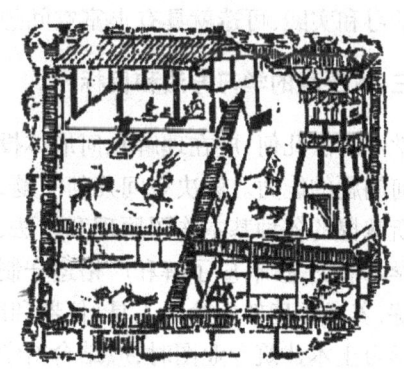

图 0-1　公元前 650 年的埃及 Madaktu 城地图　　图 0-2　成都出土汉代画砖中的民居图

从蒙日的《画法几何》出版至今 200 多年来，画法几何作为建筑制图的理论没有大的变化，仅在绘图工具方面有不断的改进。直到近 30 年来，随着计算机的软硬件技术和外部设备的研制成功和不断发展，导致了制图技术的重大变化，以致对画法几何的前景产生重大影响。计算机绘图（Computer Graphics）和 CAD 计算机辅助设计绘图（Computer Aided Design 或 Computer Aided Drafting）技术大大地改变了设计的方式。早期的 CAD 是用计算机绘图代替手工绘制的二维（平面）图形，用绘图机输出图纸，应用软件 AutoCAD 就是最普遍的例子。但它还仅仅是绘图的基础工具软件,要经再次开发才能成为专业设计软件。目前国内外都有一些专业建筑设计绘图的软件(如国内自主产权的建筑CAD软件"天正CAD"),这些软件也只能作为绘图的工具,是甩掉三角板和丁字尺的绘图的工具,画法几何的投影表达方法并没有多少变化,仍然是建筑设计的主要表达方法。对于建筑的内外形表达的效果图,目前大量采用了计算机三维渲染图。这样可在建筑物未施工之前就逼真地看见它的图片或制成三维动画,实现在建筑物中漫游。要更真实地看到未完成的建筑物,目前已经可采用虚拟真实技术实现。借助佩带特殊的头盔,使用者转动时,会产生身临其境的幻觉。但是对于施工图纸,建筑制图仍然采用画法几何表达的图形。

二、本课程的性质和内容

本课程是研究绘制和阅读土木建筑图样的原理和方法的学科。它是一门既有理论又有实践性的土木建筑类专业必修的技术基础课程。它以画法几何为理论基础,研究图解空间几何问题的基本方法以及介绍如何绘制和阅读土木建筑工程图样的方法,能培养学生的空间想象能力、空间构思能力及其制图技能,包括手工绘图和使用计算机绘图。为学生学习后继课程和完成课程设计、毕业设计打下必要的基础。

本课程的内容包括画法几何、制图基础、土木建筑专业图和计算机绘图四部分,其中,画法几何是制图的理论基础,它是研究用投影法图示空间几何要素与解决空间几何问题的基本理论和方法;制图基础部分介绍制图的基本知识和基本技能,主要包括国家标准中有关制图的基本规定和正确的制图方法;土木建筑专业图部分研究土木建筑工程中各专业工种(包括建筑、结构、给排水、电气以及道路、桥涵等)工程图的绘制和阅读的方法;计算机绘图部分介绍使用最新版的AutoCAD绘图软件进行二维绘图和三维造型的基本方法。

通过这四部分的学习,为工程绘图打下坚实的基础,再经过进一步的专业基础和专业知识的学习和实践,可造就具有丰富空间想象能力和创新能力的工程技术人才。

三、本课程的学习方法和目标

学习画法几何,应在理解几何形体投影特性的基础上,着重培养图示空间形体和图解空间几何问题的能力。解决空间几何问题,要坚持先对问题进行空间分析,找出解题方案,再利用所掌握的各种基本作图原理和方法,逐步作图求解。

学习制图基础,应了解和严格遵守制图国家标准的有关规定,踏实地进行制图技能的操作训练,养成正确使用绘图工具、仪器和准确画图的习惯。

学习土木建筑专业图时,应结合所学的一些初步的专业知识,运用专业制图国家标准的有关规定,读懂教材和习题集上的专业图样。在绘制专业图作业时,必须在读懂已有图样的基础上,严格遵守专业制图国家标准的有关规定进行制图。

学习计算机绘图部分,必须重视实践性教学环节,上机操作完成一定数量的习题,并输出习题所指定的图形。

应充分利用本书所配的多媒体教学光盘作为辅助教材,由于有精美的三维模型、动画、同步的声音和详尽的图解,可有效地理解本课程的内容和提高学习效率。

在学习过程中,应逐步提高自学能力、分析问题和解决问题的能力。课前要预习,带着问题去听课,课后要及时复习和做作业,并做好阶段性小结。

学习完本课程后,学生应达到下列要求:
(1) 掌握投影法的基本理论及应用;
(2) 培养空间思维能力,以及对空间几何问题的图解能力;
(3) 能正确绘制和阅读土木建筑工程图样;
(4) 初步具有使用计算机绘制工程图样的能力;
(5) 建立认真负责的工作态度和严谨细致的工作作风。

第1章 制图的基本知识和技能

本章介绍手工绘图工具、仪器及其使用方法、制图基本规则(技术制图标准和建筑工程制图标准)、绘图的一般方法和步骤、几何作图、徒手作图。通过本章的学习和习题作业的实践,应获得一定的制图基础知识,初步掌握绘图的基本技能。

1.1 手工绘图工具和仪器的使用

学习制图首先应掌握制图工具的使用方法,以提高制图的质量和速度。下面介绍几种常用工具的使用方法。

1.1.1 图板、丁字尺和三角板

图板是画图时铺放图纸的垫板。图板的左边是导向边。

丁字尺是画水平线的长尺。画图时,应使尺头始终紧靠图板左侧的导边。画水平线时必须从左至右(图1-1a)。

三角板除了直接用来画直线外,还可配合丁字尺画铅垂线(图1-1b)及与水平线成15°倍角的斜线(图1-1c)。

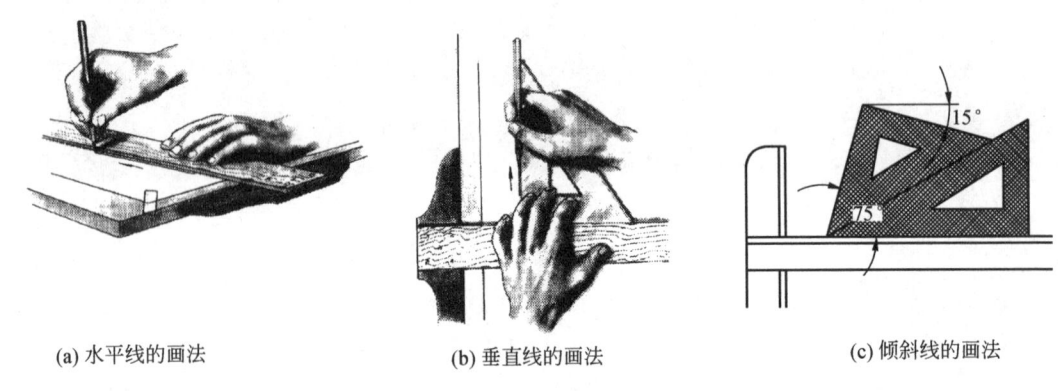

(a) 水平线的画法　　　　(b) 垂直线的画法　　　　(c) 倾斜线的画法

图1-1　用丁字尺、三角板画线

1.1.2 圆规

圆规是画圆和圆弧的仪器。在使用圆规前,应先调整针脚,使针尖略长于铅心,如图1-2a所示。画圆时,应使圆规向前进方向稍微倾斜;画较大的圆时,应使圆规的两脚都与纸面垂直,如图1-2b所示。

1.1.3 分规

分规是用于等分和量取线段的仪器。分规两脚的针尖在并拢后,应能对齐(图1-3a)。分规的用法如图1-3b所示。例如四等分线段 AB,先凭目测估计,将两针尖张开大致等于

$AB/4$ 的距离,然后在 AB 上试分,如点 4 落在点 B 内,差距为 e,此时可将分规再张开 $e/4$,将 AB 再次试分,直到满意为止。

(a) 针脚应比铅心稍长

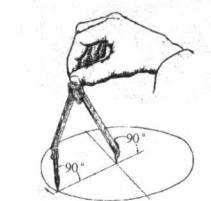
(b) 画较大圆时,应使圆规两脚与纸面垂直

图 1-2 圆规的用法

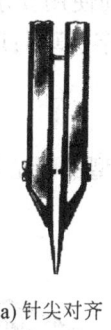
(a) 针尖对齐

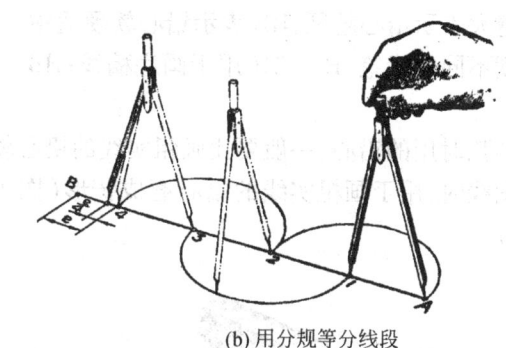
(b) 用分规等分线段

图 1-3 分规的用法

1.1.4 比例尺

比例尺是直接用来放大或缩小图形用的绘图工具(图 1-4a)。可以在比例尺上用分规直接量取已经折算过的尺寸(图 1-4b)。

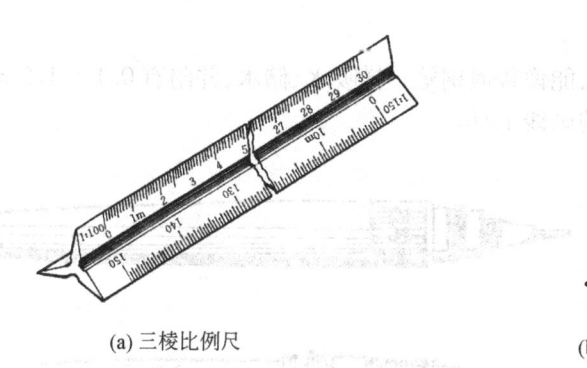
(a) 三棱比例尺

(b) 用分规截取长度

图 1-4 三棱比例尺的用法

1.1.5 曲线板

曲线板是用来描绘非圆曲线的常用工具。描绘曲线时,应先用铅笔轻轻地把各点光滑地连接起来,然后在曲线板上选择曲率合适部分进行连接并描深。每次描绘曲线段不得少于三点,连接时应留出一小段不描,作为下段连接时光滑过渡之用。如图 1-5b 所示。

(a) 曲线板

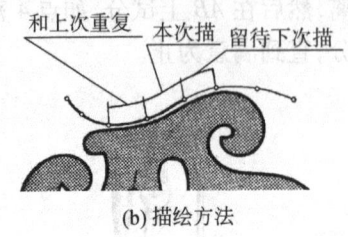
(b) 描绘方法

图 1-5 曲线的描绘方法

1.1.6 铅笔

绘图铅笔的铅心分别用 B 和 H 表示其软、硬程度。B 前的数字越大表示铅心越软，H 前的数字越大表示铅心越硬，HB 表示铅心软硬适中。绘图时根据不同使用要求，应备有以下几种硬度不同的铅笔：H～2H 用于画底稿线；HB～B 用于注写文字、草图；B～2B 用于加深图线。

加深圆弧时用的铅心，一般要比画粗实线的铅心软一些。

加深图线时，用于画粗实线的铅心磨成铲形（图 1-6a），其余线型的铅心磨成圆锥形（图 1-6b）。

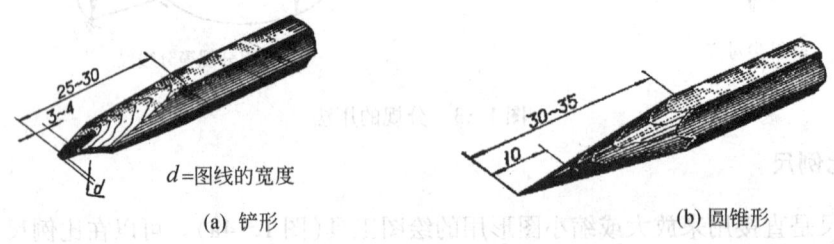

图 1-6 铅笔的削法

1.1.7 绘图墨水笔

绘图墨水笔也叫针管笔，能像普通钢笔一样吸水、储水，并附有 0.1～1.2 mm 多种粗细不同的笔尖，是描图上墨用的画线工具。

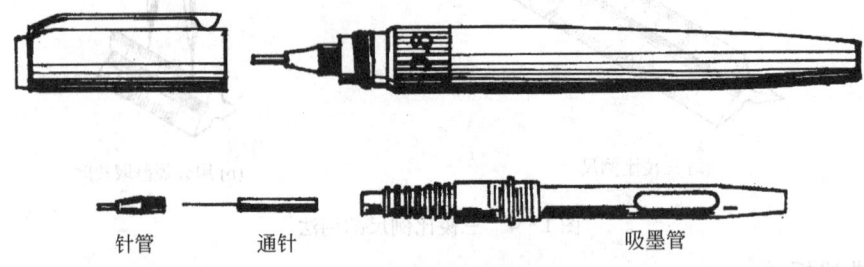

图 1-7 绘图墨水笔的构造

1.1.8 其他制图用品

除了上述工具之外，在绘图时，还需要准备削铅笔的小刀、橡皮、固定图纸用的胶带纸、测量角度的量角器、擦图片(修改图线时用它遮住不需要擦去的部分)、砂纸(磨铅笔用)等。

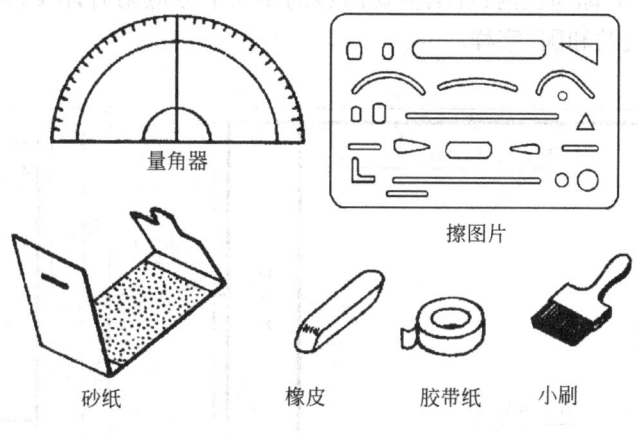

图 1-8 制图用品

1.2 制图基本规定

为了统一房屋建筑制图规则,保证制图质量,提高制图效率,做到图面清晰、简明,符合设计、施工、存档的要求,适应工程建设的需要,建设部批准并颁布了有关建筑制图的国家标准 6 项,包括总纲性质的《GB/T 50001—2010 房屋建筑制图统一标准》和专业部分的《GB/T 50103—2010 总图制图标准》、《GB/T 50104—2010 建筑制图标准》、《GB/T 50105—2010 建筑结构制图标准》、《GB/T 50106—2010 给水排水制图标准》、《GB/T 50114—2010 暖通空调制图标准》,并自 2011 年 3 月 1 日起施行。

制图国家标准(简称国标)是所有工程人员在设计、施工、管理中必须严格执行的条例,是学习制图的依据,绘图时必须严格遵守。本节仅介绍上述标准中的部分内容。

1.2.1 图纸幅面和格式

图纸的幅面是指图纸本身的大小规格。图框是图纸上所供绘图的范围的边线。图纸的幅面和图框的尺寸应符合表 1-1 规定和图 1-9a、b 的格式,从表中可以看出,A1 幅面是 A0 幅面的对开,其他幅面依此类推。表中代号的意义如图 1-9 所示。在一个工程设计中,每个专业所使用的图纸,一般不宜多于两种幅面。图纸以短边作为垂直边称为横式幅面(图 1-9a),以短边作为水平边称为立式幅面(图 1-9b)。一般 A0～A3 图纸宜横式使用。图纸的短边一般不应加长,长边可加长,但加长的尺寸必须按照国标的有关规定。

表 1-1 幅面及图框尺寸　　　　　　　　　　　mm

尺寸代号＼幅面代号	A0	A1	A2	A3	A4
$b \times l$	841×1189	594×841	420×594	297×420	210×297
c	10			5	
a	25				

图纸中应有标题栏，图框线、幅面线、装订边和对中标志，如图 1－9、图 1－10 和图 1－11 所示。涉外工程的标题栏内，各项主要内容的中文下方应附有译文，设计单位的上方或左方应加“中华人民共和国”字样。

对中标志
图框线
对中标志
装订边
标题栏
对中标志
对中标志
1/2b
1/2b
b
c
c
a
1/2l
1/2l
c
l
(a)
装订边
对中标志
图框线
幅面线
对中标志
对中标志
标题栏
对中标志
a
1/2l
1/2l
l
c
c
1/2b
1/2b
c
b
(b)

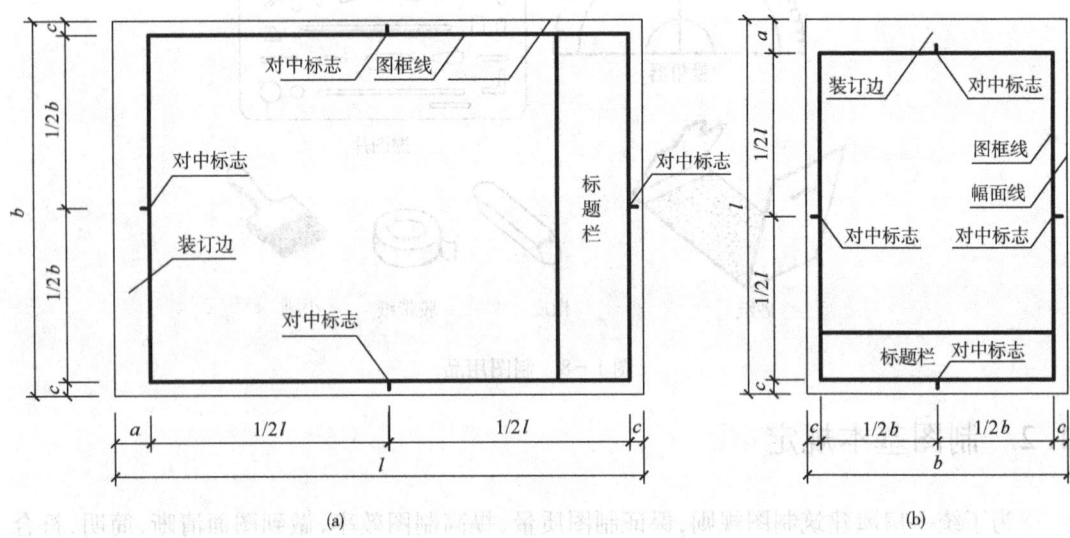

图 1－9　幅面代号的意义

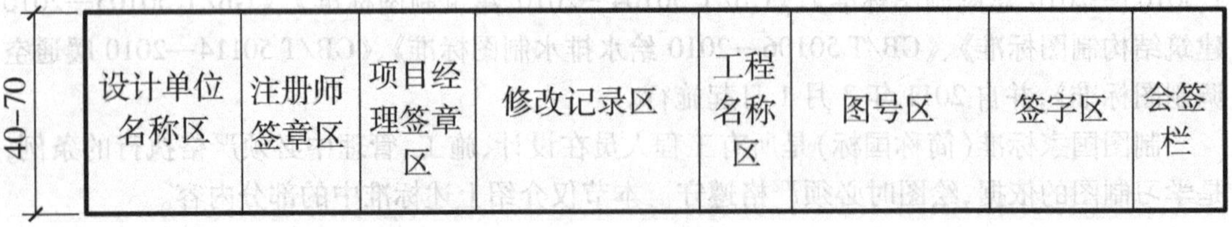

40–70
设计单位名称区
注册师签章区
项目经理签章区
修改记录区
工程名称区
图号区
签字区
会签栏

图 1－10　标题栏（一）

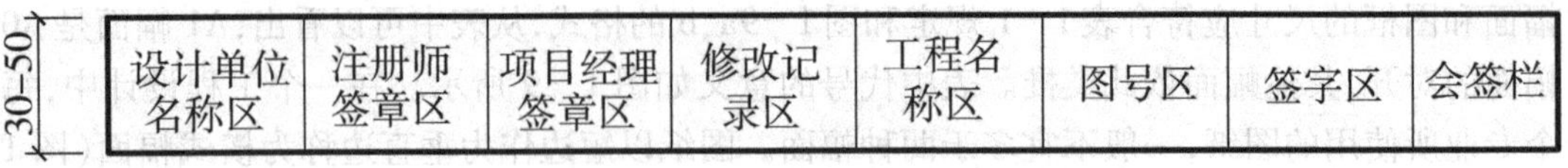

30–50
设计单位名称区
注册师签章区
项目经理签章区
修改记录区
工程名称区
图号区
签字区
会签栏

图 1－11　标题栏（二）

对于学生在学习本课程的制图作业，其标题栏建议采用图 1－12 所示格式。学生作业无需画出会签栏。

第1章 制图的基本知识和技能

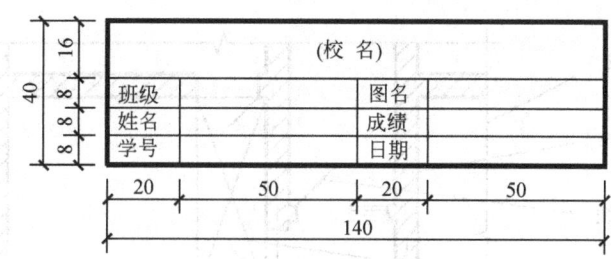

图 1-12 制图作业的标题栏格式

1.2.2 图线

画在图纸上的线条统称图线。图线有粗、中、细之分。各类图线的线型、宽度、用途如表 1-2 所示。

表 1-2 图 线

名称		型式	宽度	一般用途
实线	粗	——————	b	主要可见轮廓线
	中粗	——————	$0.7b$	可见轮廓线
	中	——————	$0.5b$	可见轮廓线、尺寸线、变更云线
	细	——————	$0.25b$	图例填充线、家具线
虚线	粗	- - - - - -	b	见各有关专业制图标准
	中粗	- - - - - -	$0.7b$	不可见轮廓线
	中	- - - - - -	$0.5b$	不可见轮廓线、图例线
	细	- - - - - -	$0.25b$	不可见轮廓线、图例线
单点长画线	粗	—·—·—·—	b	见各有关专业制图标准
	中	—·—·—·—	$0.5b$	见各有关专业制图标准
	细	—·—·—·—	$0.25b$	中心线、对称线等
双点长画线	粗	—··—··—	b	见各有关专业制图标准
	中	—··—··—	$0.5b$	见各有关专业制图标准
	细	—··—··—	$0.25b$	假想轮廓线、成型前原始轮廓线
折断线	细	─⌇─⌇─	$0.25b$	断开界线
波浪线	细	∼∼∼∼	$0.25b$	断开界线

各种线型在房屋平面图上的用法如图 1-13 所示。

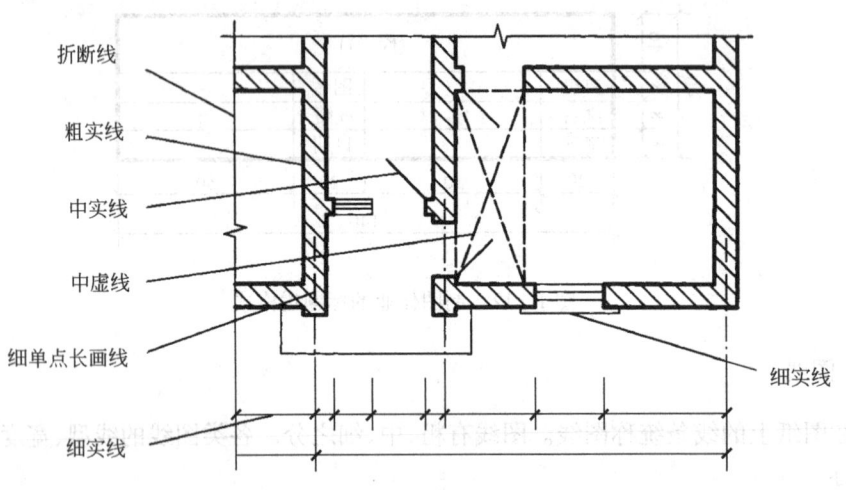

图 1-13 各种图线应用示例

每个图样,应根据复杂程度与比例①大小,先选定基本线宽 b。b 值可从线宽系列中选取,即 2.0、1.4、1.0、0.7、0.5、0.35 mm。选定 b 值后,再选用表 1-3 中相应的线宽组。

表 1-3 线宽组 mm

线 宽 比	线 宽 组			
b	1.4	1.0	0.7	0.5
$0.7b$	1.0	0.7	0.5	0.35
$0.5b$	0.7	0.5	0.35	0.25
$0.25b$	0.35	0.25	0.18	0.13

注:①需要缩微的图纸,不宜采用 0.18 及更细的线宽。
②同一张图纸内,各不同线宽中的细线,可统一采用较细的线宽组的细线。

画线时还应注意下列几点:
① 在同一张图纸内,相同比例的各图样,应选用相同的线宽组。
② 图纸的图框和标题栏线,可采用表 1-4 中的线宽。

表 1-4 图框和标题栏线的宽度 mm

幅面代号	图框线	标题栏外框线	标题栏分格线
A0、A1	b	$0.5b$	$0.25b$
A2、A3、A4	b	$0.7b$	$0.35b$

③ 虚线的画长和间隔应保持长短一致。画长为 3~6 mm,间隔为 0.5~1 mm。单点长画线或双点长画线画的长度应大致相等,为 15~20 mm。
④ 虚线与虚线交接或虚线与其他图线段交接时,应是线段交接。虚线为实线的延长线

注:① 图中图形与其实物相应要素的线性尺寸之比,称为比例。

时,不得与实线连接。其正确和错误的画法如图1-14所示。

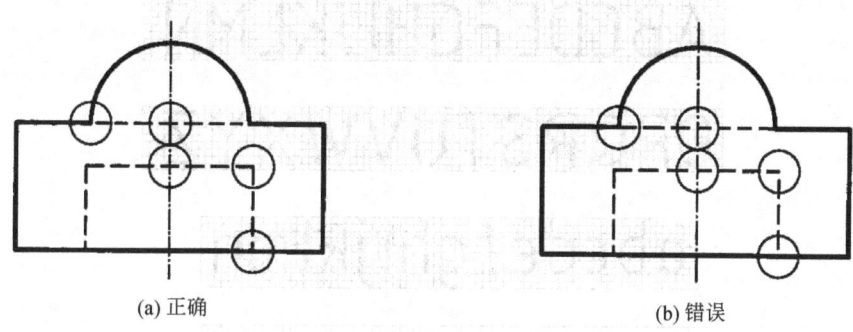

图1-14 虚线交接的画法

⑤ 单点长画线或双点长画线的两端不应是点。点画线与点画线交接或点画线与其他图线交接时,应是线段交接。

⑥ 单点长画线或双点长画线,当在较小图形中绘制有困难时,可用实线代替。

⑦ 相互平行的图线,其间隔不宜小于其中的粗线宽度,且不宜小于0.7 mm。

⑧ 图线不得与文字、数字或符号重叠、混淆,不可避免时,应首先保证文字等的清晰。

1.2.3 字体

图纸上所书写的文字、数字或符号等,均应笔划清楚、字体端正、排列整齐、间隔均匀;标点符号应清楚正确。

文字的高度,应从如下系列中选用:3.5、5、7、10、14、20 mm。

1.2.3.1 汉字

在图样及说明中的汉字宜采用长仿宋体或黑体。汉字的简化字书写,必须符合国家公布的汉字简化的有关规定。长仿宋体字的高度与字宽的比例大约为1:0.7,长仿宋体字体的示例如图1-15所示。黑体字的高度与宽度应相同。

字体端正 笔划清楚 排列整齐 间隔均匀

图1-15 长仿宋体汉字示例

1.2.3.2 拉丁字母和数字

拉丁字母、阿拉伯数字与罗马数字的字体有直体和斜体之分,斜体字的斜度应是从字的底线逆时针向上倾斜75°,其高度与宽度应与相应的直体字相等。

数量的数值注写,应采用直体阿拉伯数字。直体和斜体拉丁字母、阿拉伯数字与罗马数字示例如图1-16、图1-17所示。

1.2.4 尺寸标注

图样只能表示建筑物及其各部分的形状,其大小及各部分的相对位置是通过尺寸标注来确定的。表1-5和表1-6列出了标注尺寸的基本规则和注法示例。

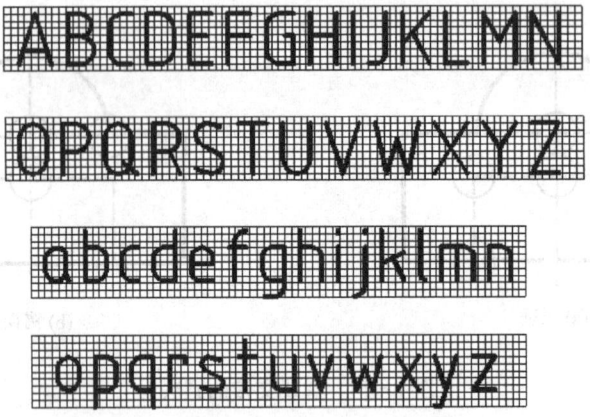

图 1-16 直体拉丁字母、阿拉伯数字与罗马数字示例

图 1-17 斜体拉丁字母、阿拉伯数字示例

表 1-5 标注尺寸的基本规则

说 明	图 例
完整的尺寸,由下列内容组成（如图 a 所示）： (1) 尺寸线（细实线） (2) 尺寸界线（细实线） (3) 尺寸数字 (4) 尺寸起止符号——一般用中粗斜短线绘制,其倾斜方向应与尺寸线成顺时针 45°角,长度宜为 2～3mm（如图 b 所示）。标注半径、直径和角度时,尺寸起止符号用箭头表示（如图 c 所示）	

第 1 章 制图的基本知识和技能

表 1-6 标注尺寸示例

说　明	正　确	错　误
尺寸线倾斜时数字的方向应便于阅读,尽量避免在30°斜线范围内注写尺寸	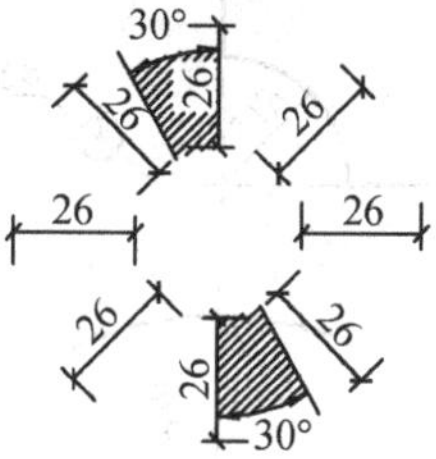	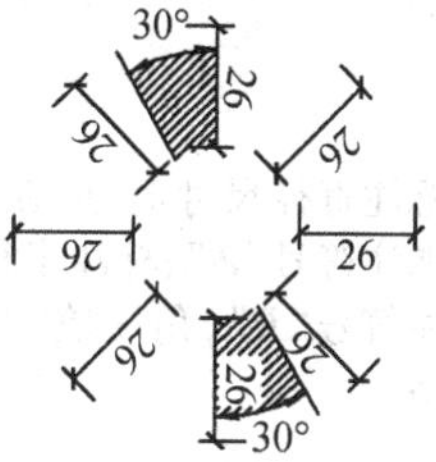
尺寸数字应写在尺寸线的中间。在水平尺寸线上的应从左到右写在尺寸线上方。在铅直尺寸线上的,应从下到上写在尺寸线左方	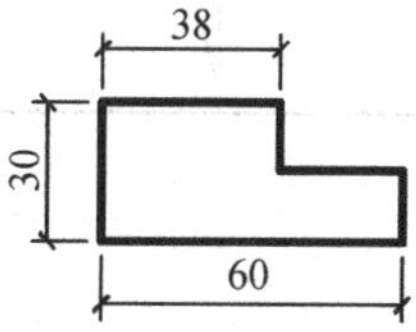	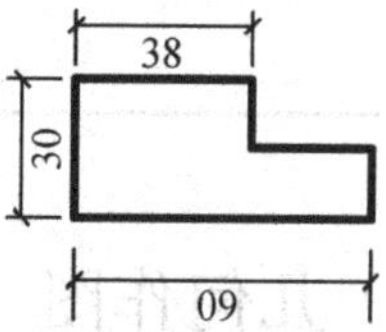
大尺寸在外,小尺寸在内	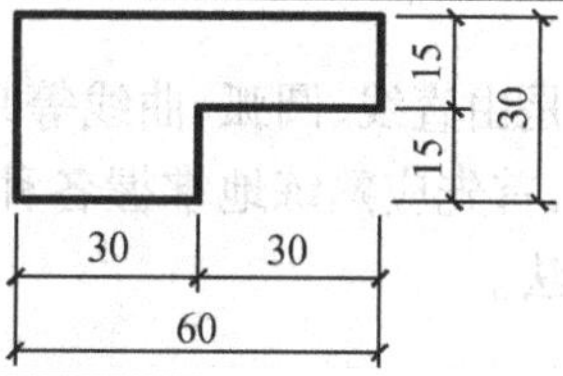	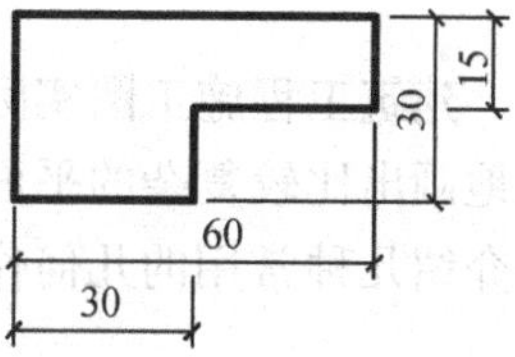
不能用尺寸界线作为尺寸线	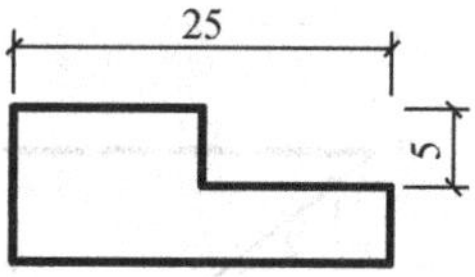	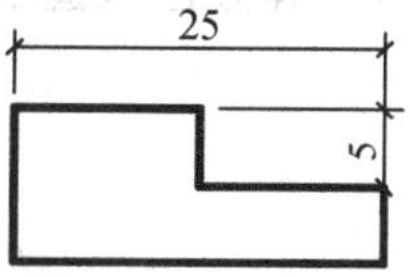
轮廓线、中心线可作为尺寸界线,但不能用作尺寸线	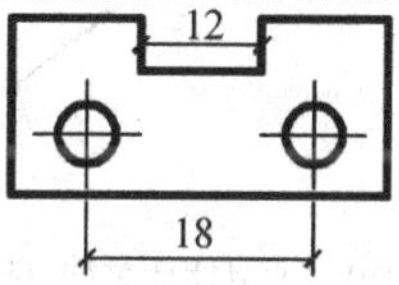	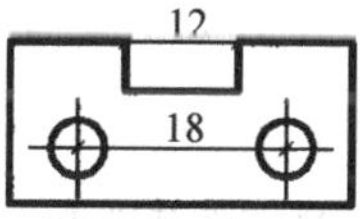
同一张图纸内尺寸数字应大小一致	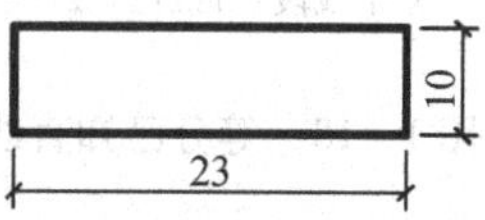	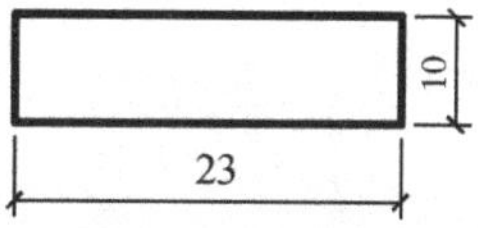
在断面图中写数字处,应留空不画断面线		
两尺寸界线之间比较窄时,尺寸数字可注在尺寸界线外侧,或上下错开,或用指引线引出再标注	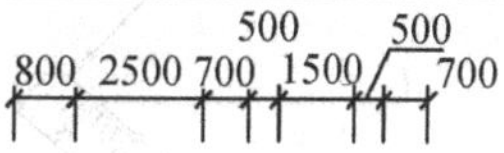	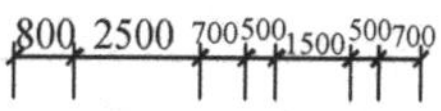
桁架式结构的单线图,宜将尺寸直接注在杆件的一侧	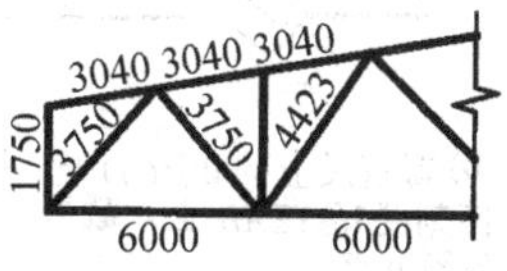	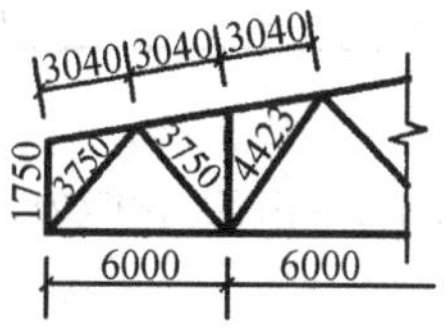

续表 1-6

说 明	正 确
标注直径尺寸时，应在尺寸数字前加注符号"ϕ"；标注半径尺寸时，加注符号"R"，角度数字一律水平书写	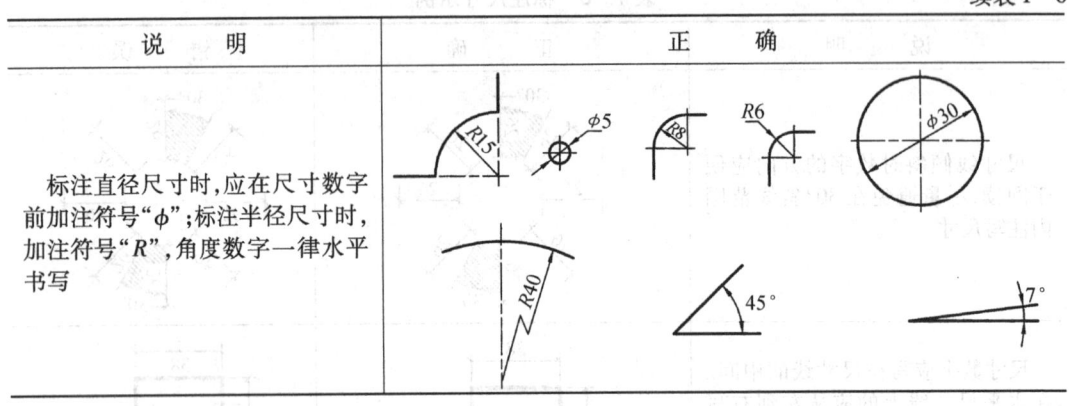

1.3 几何作图

建筑工程施工图实际上都是由直线、圆弧、曲线等几何图形组合而成，为了能够迅速、准确地画出比较复杂的平面图形，首先应熟练地掌握各种几何图形的作图原理和方法。本节将介绍几种常用的几何作图方法。

1.3.1 等分已知直线段 AB

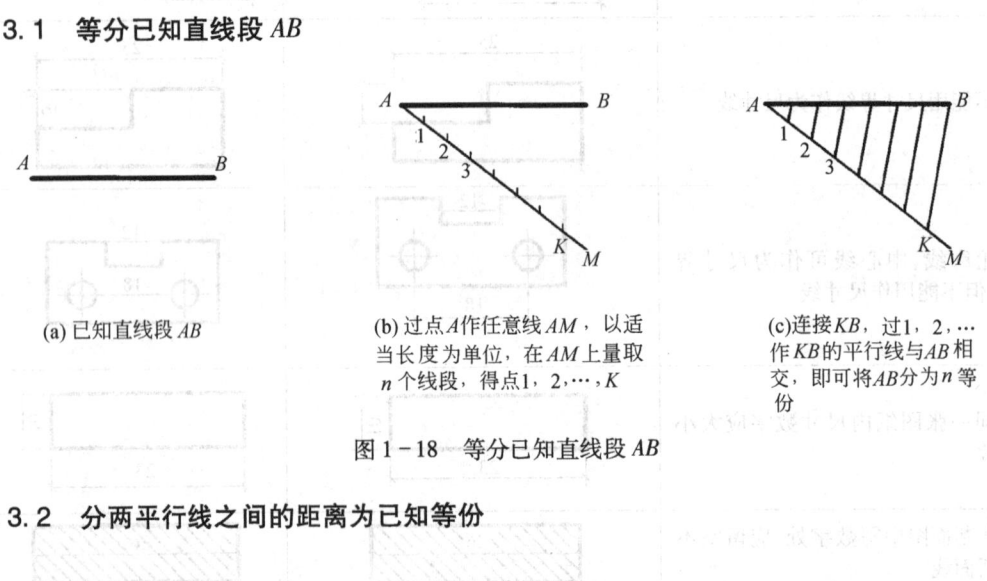

图 1-18 等分已知直线段 AB

1.3.2 分两平行线之间的距离为已知等份

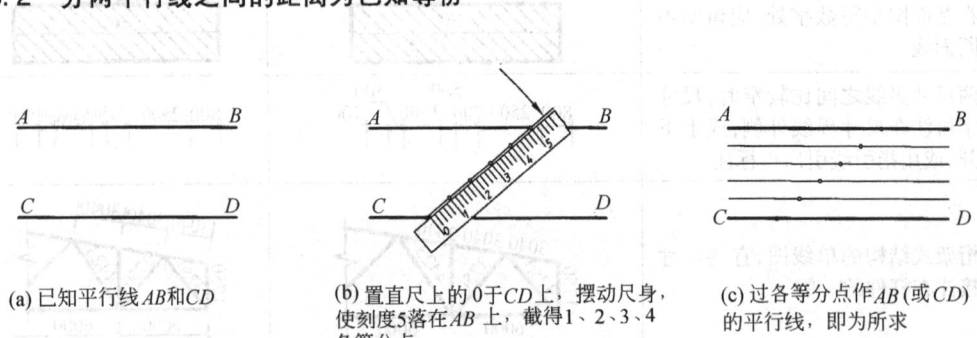

图 1-19 分两平行线之间的距离为五等份

1.3.3 圆内接正六边形的画法

已知正六边形外接圆,作正六边形。作图方法如图 1-20 所示。

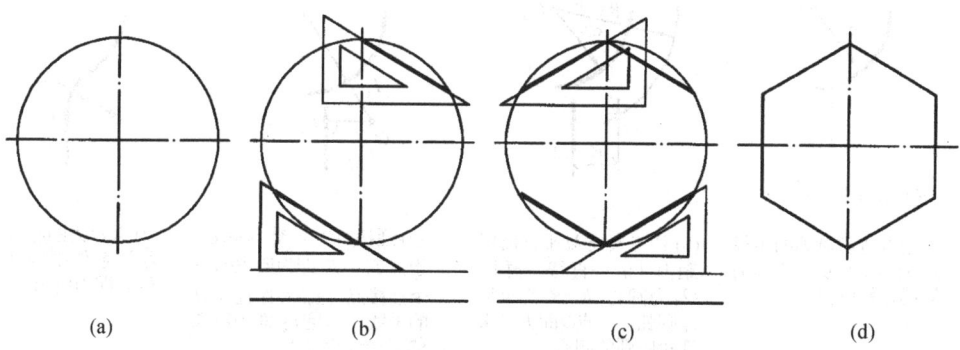

图 1-20 用丁字尺和三角板画正六边形

1.3.4 圆内接正五边形的画法

已知正五边形外接圆,作正五边形。其作图方法如图 1-21 所示。

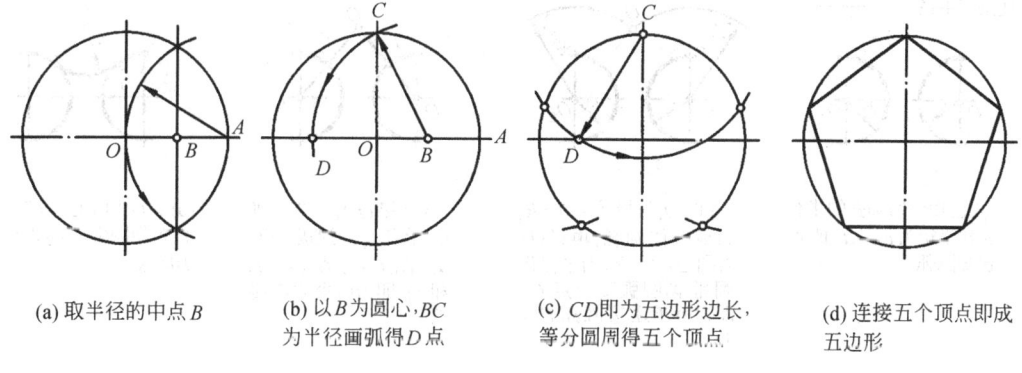

(a) 取半径的中点 B

(b) 以 B 为圆心,BC 为半径画弧得 D 点

(c) CD 即为五边形边长,等分圆周得五个顶点

(d) 连接五个顶点即成五边形

图 1-21 正五边形的画法

1.3.5 圆弧连接

1.3.5.1 两直线间的圆弧连接

用圆弧连接两直线的作图方法和步骤如图 1-22 所示。

 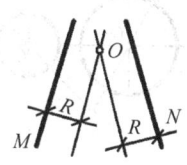 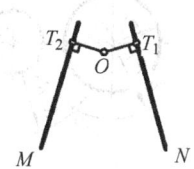 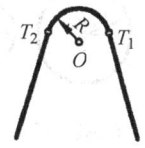

(a) 已知连接圆弧半径 R 和斜交二直线 M、N

(b) 分别作出与直线 M、N 平行而相距为 R 的二直线,交点 O 即为所求连接圆弧的圆心

(c) 过点 O 分别作 M 和 N 的垂线,垂足 T_1 和 T_2 即为所求的连接点

(d) 以 O 为圆心,R 为半径,作圆弧 T_1T_2,即为所求

图 1-22 圆弧连接两直线

1.3.5.2 直线与圆弧间的圆弧连接

用圆弧连接直线和圆弧的作图方法和步骤如图 1-23 所示。

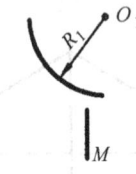
(a) 已知连接圆弧的半径 R 和直线 M 以及半径为 R_1 的已知圆弧

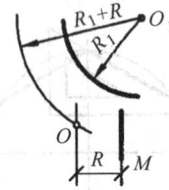
(b) 作与直线 M 平行而相距为 R 的一直线，再以 O_1 为圆心，$R+R_1$ 为半径作圆弧，交点 O 即为所求连接圆弧的圆心

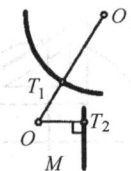
(c) 连接 OO_1，交圆弧 O_1 于点 T_1，T_1 即为所求的一个连接点，过点 O 作直线 M 的垂线，垂足 T_2 即为所求的另一个连接点

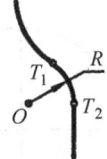
(d) 以 O 为圆心，R 为半径，作圆弧 T_1T_2，即为所求

图 1-23 圆弧连接直线和圆弧

1.3.5.3 两圆弧间的圆弧连接

(1) 圆弧与圆弧外切连接的作图方法和步骤如图 1-24 所示。

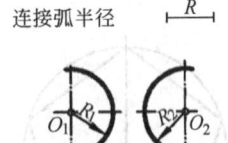
(a) 已知外切圆弧的半径 R 和半径为 R_1、R_2 的两已知圆弧

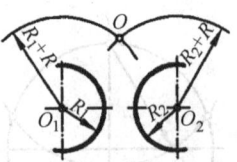
(b) 以 O_1 为圆心，$R+R_1$ 为半径作圆弧，再以 O_2 为圆心，$R+R_2$ 为半径作圆弧，两圆弧交于点 O，即为所求连接圆弧的圆心

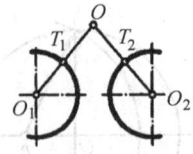
(c) 连接 OO_1，交圆弧 O_1 于点 T_1，连接 OO_2 交圆弧 O_2 于点 T_2，T_1 和 T_2 即为所求的连接点

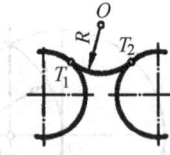
(d) 以 O 为圆心，R 为半径，作圆弧 T_1T_2，即为所求

图 1-24 圆弧与圆弧外切连接

(2) 圆弧与圆弧内切连接的作图方法和步骤如图 1-25 所示。

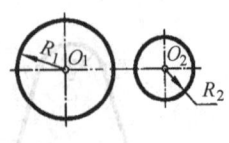
(a) 已知内切圆弧的半径 R 和半径为 R_1、R_2 的两已知圆弧

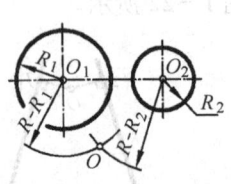
(b) 以 O_1 为圆心，$R-R_1$ 为半径作圆弧，再以 O_2 为圆心，$R-R_2$ 为半径作圆弧，两圆弧交于点 O 即为所求连接圆弧的圆心

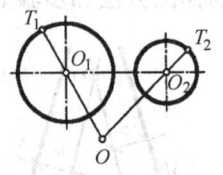
(c) 连接 OO_1，交圆弧 O_1 于点 T_1，连接 OO_2，交圆弧 O_2 于点 T_2，T_1 和 T_2 即为所求的连接点

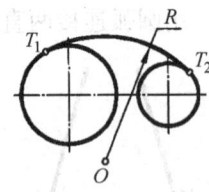
(d) 以 O 为圆心，R 为半径，作圆弧 T_1T_2，即为所求

图 1-25 圆弧与圆弧内切连接

(3) 圆弧与圆弧内、外切连接的作图方法和步骤如图 1-26 所示。

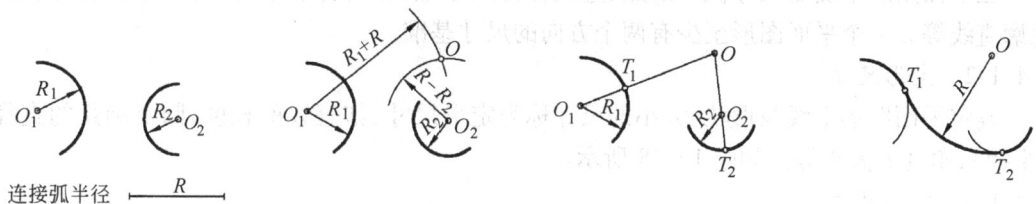

连接弧半径 R

(a) 已知连接圆弧的半径 R 和半径为 R_1、R_2 的两已知圆弧

(b) 以 O_1 为圆心，$R+R_1$ 为半径作圆弧，再以 O_2 为圆心，$R-R_2$ 为半径作圆弧，两圆弧交于点 O，即为所求连接圆弧的圆心

(c) 连接 OO_1，交圆弧 O_1 于点 T_1，连接 OO_2，交圆弧 O_2 于点 T_2，T_1 和 T_2 即为所求的连接点

(d) 以 O 为圆心，R 为半径，作圆弧 T_1T_2 即为所求

图 1-26 圆弧与圆弧内、外切连接

1.3.6 椭圆的画法

椭圆有各种不同的画法，这里仅介绍椭圆的一种近似画法——四心法，其作图方法如图 1-27 所示。

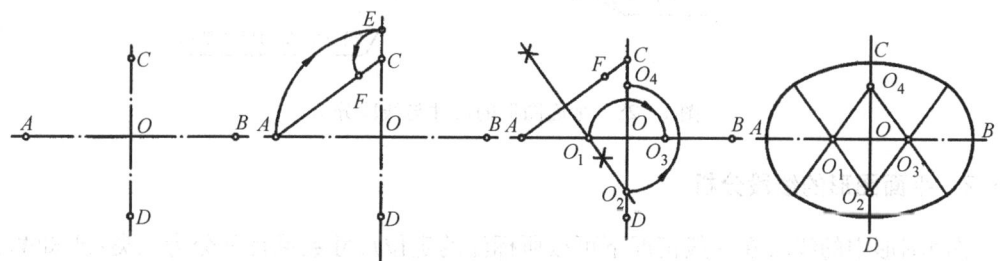

(a) 已知椭圆的长轴 AB 和短轴 CD

(b) 以 O 为圆心，OA 为半径画弧交短轴于点 E，再以 C 为圆心，CE 为半径画弧交 AC 于点 F

(c) 作线段 AF 的垂直平分线，与长、短轴分别相交于 O_1 和 O_2，再取 O_1、O_2 的对称点 O_3、O_4

(d) 连接 O_1O_2、O_2O_3、O_3O_4、O_1O_4。分别以 O_1、O_3 为圆心，O_1A 为半径画圆弧，再分别以 O_2、O_4 为圆心，O_2C 为半径画圆弧即得近似椭圆

图 1-27 用四心法画近似椭圆

1.4 平面图形的尺寸分析及画法

绘制平面图形时，应首先根据图上所给的尺寸对构成图形的各类线段进行分析，明确各线段的形状、大小及线段之间的相互关系等，以便采取正确有效的画法。

1.4.1 平面图形的尺寸分析

平面图形的尺寸分为定形尺寸和定位尺寸两类。

1.4.1.1 尺寸基准

在平面图形中确定尺寸位置的点、直线称为尺寸基准,简称基准,如对称中心线、圆心、轮廓直线等。一个平面图形至少有两个方向的尺寸基准。

1.4.1.2 定形尺寸

确定平面图形上线段形状、大小的尺寸称为定形尺寸,如直线的长度、圆及圆弧的直径(半径)、角度的大小等。如图1-28所示。

1.4.1.3 定位尺寸

确定平面图形上线段间的相对位置的尺寸称为定位尺寸,如圆心位置、直线的位置等。如图1-28所示。

必须指出,有时一个尺寸可以兼有定形和定位两种作用。

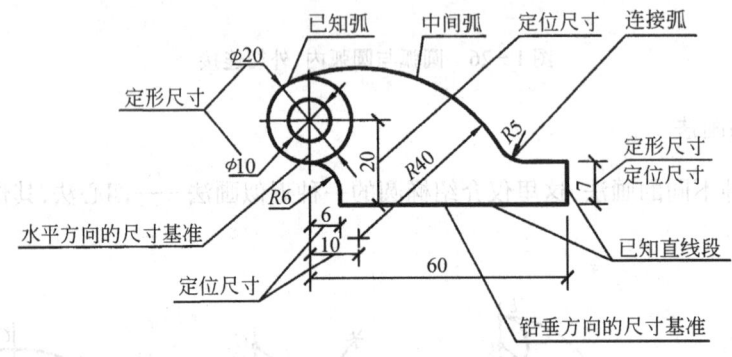

图1-28 平面图形的尺寸与线段分析

1.4.2 平面图形的线段分析

平面图形中的线段在一般情况下可按所标注的定位尺寸数量将其分为三类:已知线段、中间线段和连接线段。

1.4.2.1 已知线段

具有完整定形尺寸和定位尺寸,作图时完全可以根据这些尺寸画出的线段,称为已知线段。如图1-28中的直线段7、54(60-6)和$\phi 10$、$\phi 20$的圆。

1.4.2.2 中间线段

只有定形尺寸,而定位尺寸不全,作图时需要根据与相邻线段的连接关系画出的线段,称为中间线段。如图1-28中的$R40$圆弧。

1.4.2.3 连接线段

只有定形尺寸,没有定位尺寸,作图时应根据与相邻线段的连接关系画出的线段,称为连接线段。如图1-28中的$R5$、$R6$圆弧。

必须指出:在两条已知线段之间,中间线段可有可无,但必须有且只能有一条连接线段。

1.4.3 平面图形的作图步骤

(1)选定比例,合理布置图面。
(2)对平面图形进行尺寸分析和线段分析。

（3）画出平面图形的对称线、中心线或基线。
（4）首先画出全部的已知线段，然后再画中间线段，最后画出连接线段。
（5）加深图线和分别标注定形尺寸和定位尺寸。

图 1-29 为平面图形的作图过程。

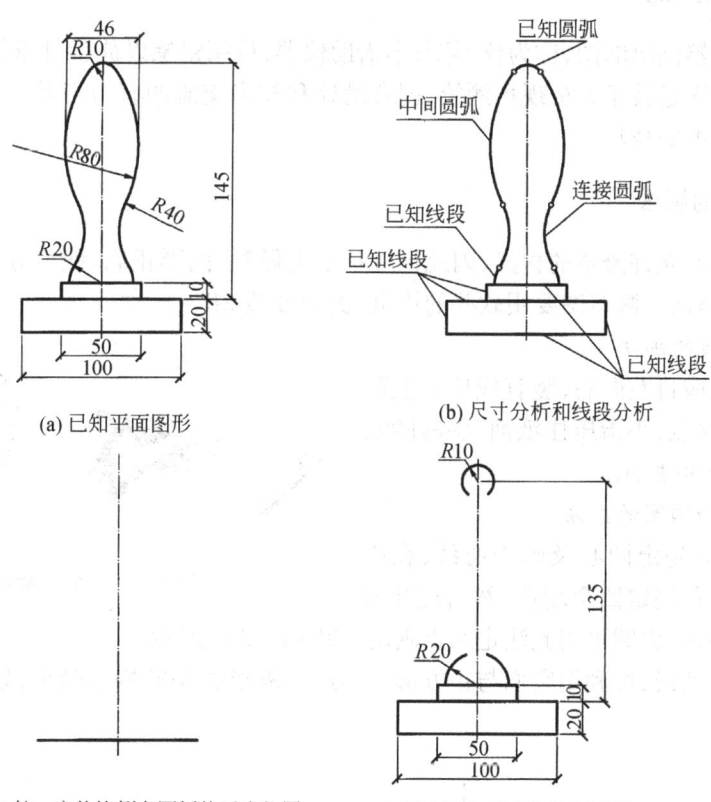

图 1-29 平面图形的画法

1.5 徒手草图

1.5.1 草图的概念

用绘图仪器画出的图,称为仪器图;不借助仪器,仅用铅笔以徒手、目测的方法绘制的图称为草图。草图是技术人员现场测绘、创意设计和技术交流的有力工具。技术人员必须熟练掌握徒手作图的技巧。

1.5.2 草图的画法

草图并没有允许潦草的含义,因此仍应基本上做到:图形正确,线型分明,比例匀称,字体工整,图面整洁。画草图要用软些的铅笔,例如 B 或 2B。

1.5.2.1 直线的画法

水平直线应自左向右,竖直线应自上而下画出,眼视终点,小指压住纸面,手腕随线移动,如图 1-30 所示。

1.5.2.2 圆和椭圆的画法

画圆时,应先定圆心及画中心线,在中心线上目测半径确定四个端点,然后过此四点即可画出小圆;大圆可用此法定八点画出,如图 1-31a 所示。

其他圆弧曲线,可利用它们与正方形、长方形、菱形相切的特点画出,如图 1-31b 所示为椭圆的画法。

图 1-30 徒手画直线

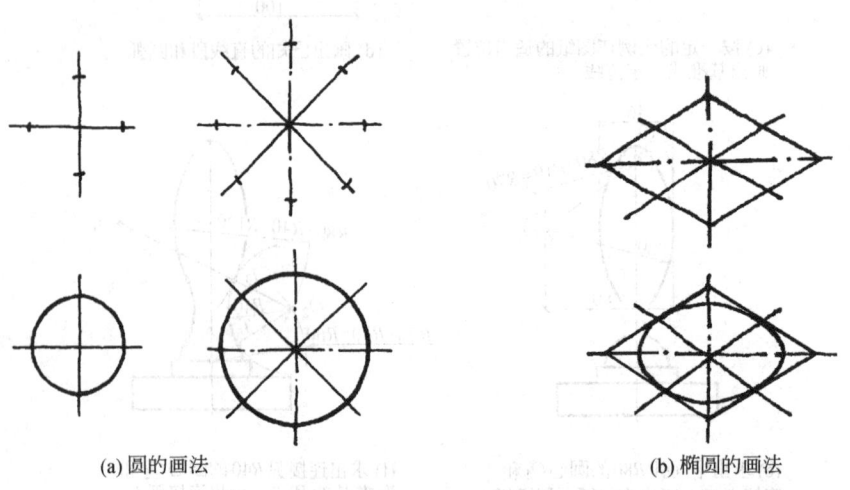

(a) 圆的画法　　　　　　　　　(b) 椭圆的画法

图 1-31 徒手画圆、椭圆

1.5.2.3 角度的画法

30°、45°、60°等常用角度可利用直角三角形对应边的近似比例关系确定两边端点,然后连接画出,如图 1-32 所示。

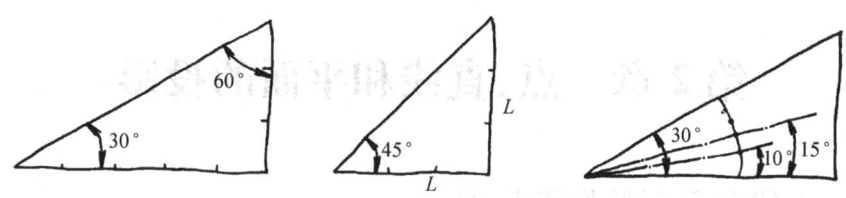

图 1-32 徒手画角度

1.5.3 建筑形体的草图示例

图 1-33 为某台阶的草图示例,图中左上方的三个图形为正投影草图,右下角的图形为立体草图,称为正等轴测图。

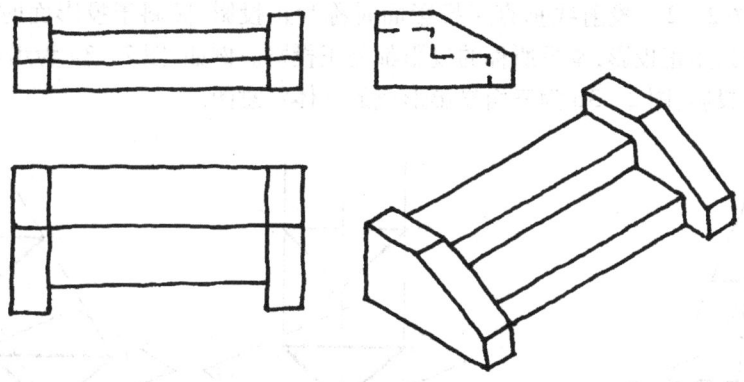

图 1-33 徒手画台阶的草图

第2章 点、直线和平面的投影

2.1 点、直线和平面的投影基础

2.1.1 投影法

2.1.1.1 投影法概述

投射线通过物体，向选定的面投射而在该面上得到物体投影的方法称为投影法。投射线交于一点时所形成的投影称为中心投影（图2-1）。相互平行的投射线所形成的投影称为平行投影（图2-2）；投射线垂直于投影面时称为正投影，倾斜于投影面时称为斜投影。工程图样一般采用正投影，本书所称的投影都是正投影。例如，图2-3a为用正投影法表达的物体的三面投影，图2-3b为三面投影形成的立体示意图。

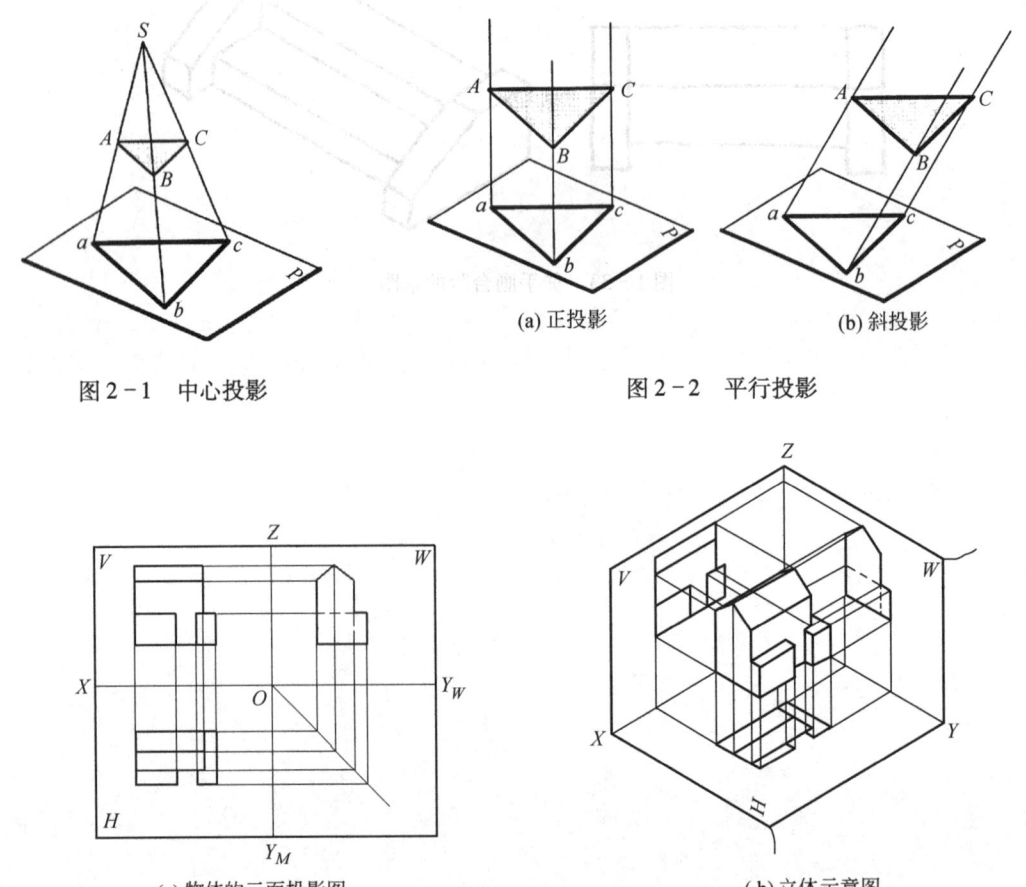

图2-1 中心投影　　　　　图2-2 平行投影

(a) 物体的三面投影图　　　(b) 立体示意图

图2-3 物体三面投影的形成

中心投影一般用于表达较大的场景或目标,例如地貌、建筑物等,这种投影形成的图形称为透视图,透视图一般用于反映物体或场景的立体形状,不注重表达它的尺寸情况,见图2-4b。正投影所得到的图形一般用于表达施工图样,并表达物体的实际尺寸大小,见图2-4a。此外,也可以用平行投影表达物体的立体形状,如轴测投影,见图2-4c。轴测图一般用于辅助看图或商业广告。

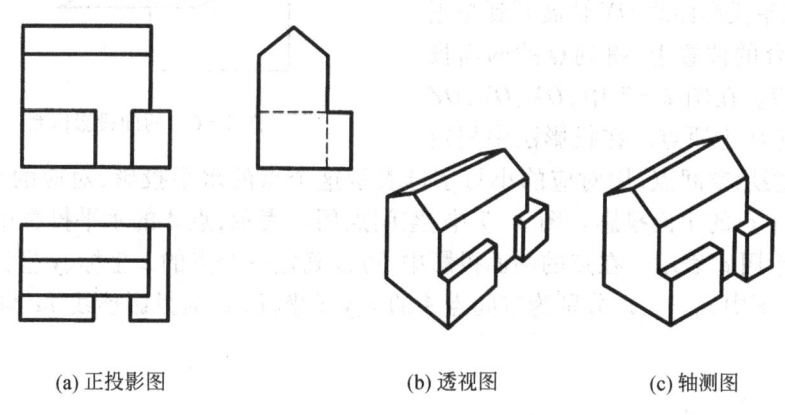

(a) 正投影图　　　　(b) 透视图　　　　(c) 轴测图

图 2-4　物体的各种表达法

2.1.1.2　投影法的基本术语

如图2-5所示:

投射方向——投射线的方向。

空间物体——需要表达的物体。

投射线——从投射源经过物体到达投影面的连线。

投影——物体落在投影面上的影像。

投影面——用于得到投影的平面。

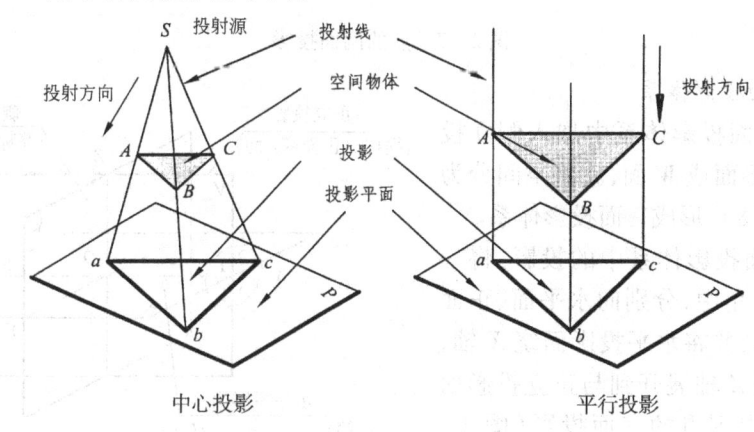

中心投影　　　　平行投影

图 2-5　投影法的基本术语

2.1.2　点的投影

2.1.2.1　两面投影体系

设立两个相互正交的投影面:正立投影面(简称V面或正面)和水平投影面(简称H面

或水平面),构成两面投影体系。这个两面投影体系将空间分为四个角,见图2-6。这个两面投影的交线 OX 称为投影轴。

点在两面投影体系中的投影:将一个点置于第一角中,分别向水平面和正面作投影,并将水平投影面绕 OX 轴展开到与正立投影面重合的位置上,得到点的两面投影,见图2-7。在图2-7中,OX、OY、OZ 为投影轴,点 O 为原点。在投影法中规定

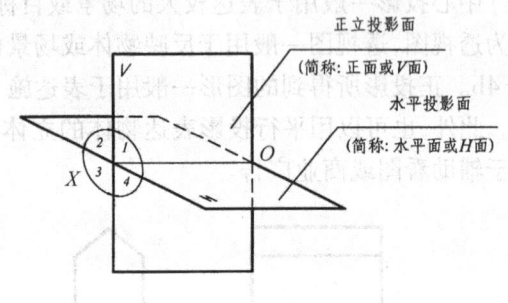

图2-6 两面投影体系

用大写字母表示空间点,用对应的小写字母表示这个点的水平投影,对应的小写字母加一撇表示这个点的正面投影。图2-7中,空间点用 A 表示,点 A 的水平投影用 a 表示,点 A 的正面投影用 a' 表示。在点的两面投影中,可以确定一个点的 x 坐标、y 坐标和 z 坐标,见图2-7a,图中 x_A、y_A、z_A 分别为空间点 A 的 x、y、z 坐标,a_x 为投影连线 aa' 与 OX 轴的交点。

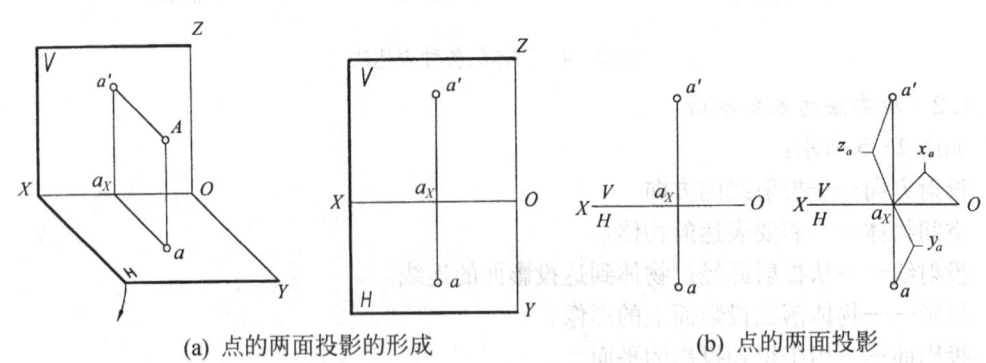

(a) 点的两面投影的形成　　　　　(b) 点的两面投影

图2-7 点的两面投影

2.1.2.2 三面投影体系

如果在两面投影体系中加入侧立投影面,简称为侧面或 W 面,就将空间分为八个角(图2-8),形成三面投影体系。

点在三面投影体系中的投影:将一个点置于第一角中,分别向水平面、正面和侧面作投影,并将水平投影面绕 X 轴,侧立投影面绕 Z 轴展开到与正立投影面重合的位置,得到点的三面投影(图2-9)。在点的三面投影中,侧面投影用对应的小写字母加两撇表示,如图2-9中的 a″。

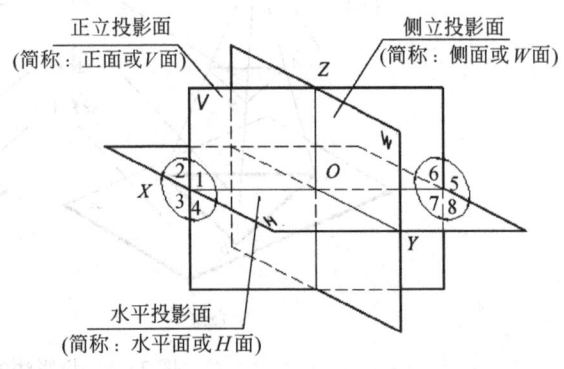

图2-8 三面投影体系

在点的三面投影中,一个点正面投影和水平投影的连线垂直于 X 轴,正面投影和侧面投影的连线垂直于 Z 轴,水平投影和侧面投影具有相同的 y 坐标,见图2-9。

第 2 章 点、直线和平面的投影

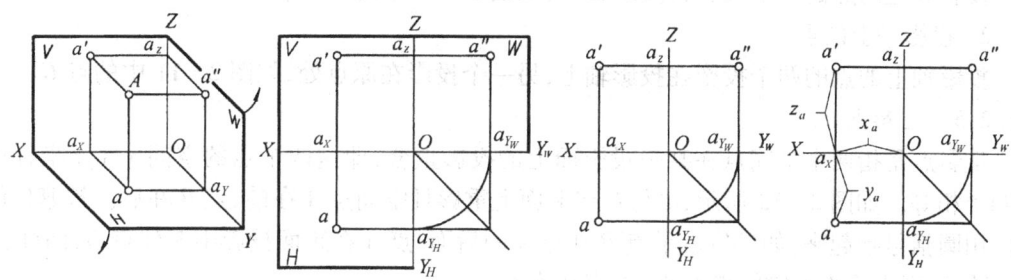

图 2-9 三面投影体系中的点的投影

2.1.2.3 两个点的相对位置

在两个点的三面投影中可以看出它们的空间相对位置,如图 2-10 所示,点 A 在点 B 的下面,点 A 在点 B 的左面,点 A 在点 B 的前面。

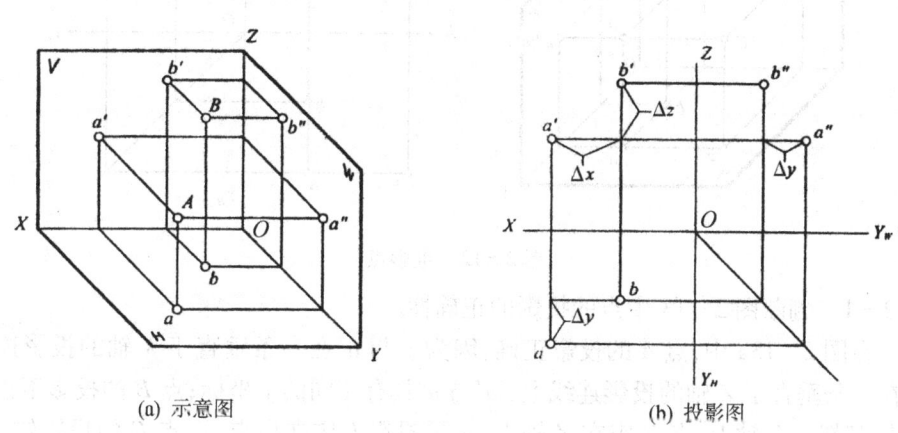

(a) 示意图　　　　　　　　　　　　(b) 投影图

图 2-10 两个点的相对位置

2.1.2.4 特殊位置的点的投影(图 2-11)

1. 投影面上的点

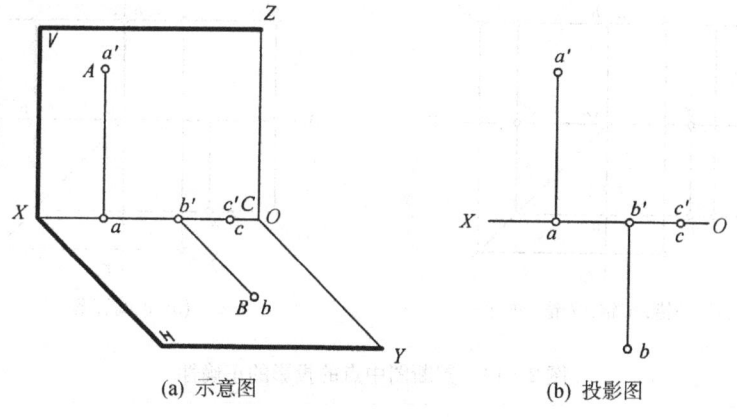

(a) 示意图　　　　　　　　　　　　(b) 投影图

图 2-11 特殊位置的点的投影

25

投影面上的点的一个投影在投影轴上,如图 2-11 中的点 A 和点 B。

2. 投影轴上的点

投影轴上的点的两个投影在投影轴上,另一个投影在原点处,如图 2-11 中的点 C。

2.1.2.5 重影点

重影点是指两个空间点在某一投影面上的投影重合,即这两个点的空间 x,y,z 坐标中有两个相等。如图 2-12 所示,a' 与 b' 在 V 面上重影且空间点 A 在前,点 B 在后。被遮住的投影用圆括号括起来,如 (b') 表示点 B 在点 A 的后面,点 A 在正面投影中遮住点 B;同样,c'' 与 a'' 在 W 面上重影且空间点 C 在左,点 A 在右。

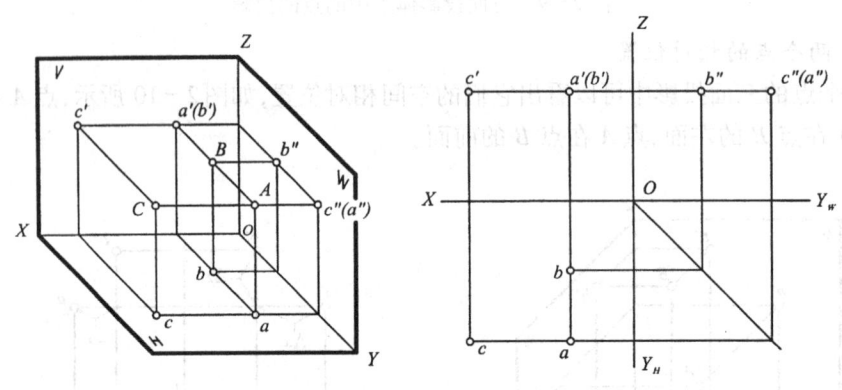

图 2-12 重影点

例 2-1 判断图 2-13 中点的投影的正确性。

解 在图 2-13a 中,点 A 的投影正确,因为 a 与 a' 在一条垂直于 X 轴的投影连线上,a' 与 a'' 在一条垂直于 Z 轴的投影连线上,a' 与 a'' 具有相同的 y 坐标;点 B 的投影不正确,因为若 b' 与 b'' 都在 Z 轴上,点 B 应在 Z 轴上,水平投影 b 应在原点处;点 C 的投影错,因为 c 与 c' 的连线不垂直于 X 轴;点 D 的投影错,因为 d'' 应在 Y_W 轴上;点 E 的投影正确,符合投影关系。图 2-13b 为正确的答案。

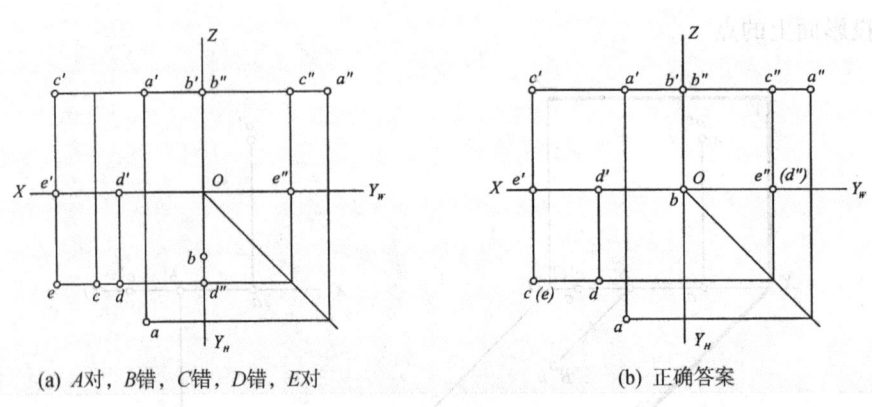

(a) A 对,B 错,C 错,D 错,E 对　　　　(b) 正确答案

图 2-13 判断图中点的投影的正确性

2.1.3 直线的投影

2.1.3.1 直线和直线上的点的投影

如图 2-14 所示，两个点的投影组成一条直线的投影。在一般情况下，直线的投影仍然是一条直线，在特殊情况下（当直线垂直于投影面时），积聚成一个点。图中，直线 CD 垂直于正平面，它在正面的投影积聚为一个点。

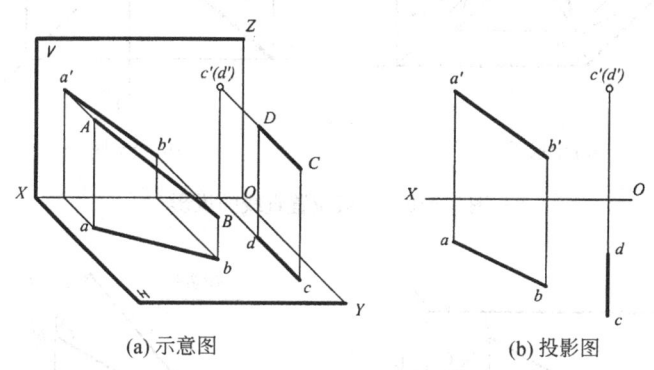

(a) 示意图　　　　　　(b) 投影图

图 2-14 直线的投影

直线上的点的投影仍然在直线的投影上，且该点分直线为两段的比例投影后保持不变（图 2-15）。这里：$a'e':e'b' = ae:eb$。

2.1.3.2 直线对投影面的相对位置

1. 一般位置直线

（1）一般位置直线的投影特征

如图 2-16 所示，一般位置的直线即为对三个投影面都不垂直也不平行的直线。一般位置的直线的投影长度小于直线的实际长度，且倾斜于投影轴。

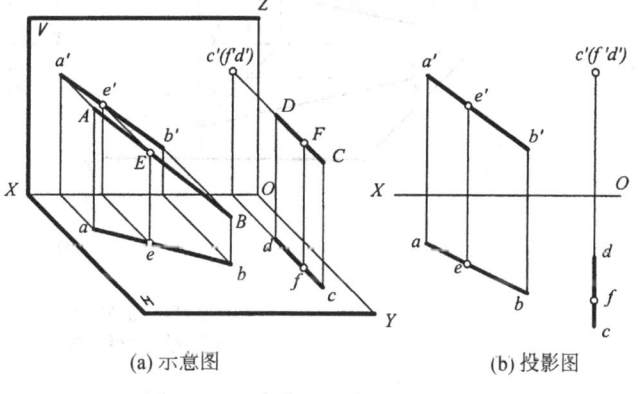

(a) 示意图　　　　　　(b) 投影图

图 2-15 直线上的点的投影特征

（2）一般位置直线对投影面的倾角

一般位置的直线的投影对投影轴的倾角，不反映该直线与投影面的倾角（如图 2-16 所示），α、β 和 γ 分别表示直线 AB 与 H 面、V 面和 W 面的倾角。从图中可知，直线 AB 的正面投影 $a'b'$ 与 X 轴的夹角 θ 大于直线 AB 对于 H 面的夹角 α。

（3）一般位置直线的实长

如图 2-17 所示，一般位置的直线的三个投影都短于实长。用直角三角形法可求得实长。在图 2-17a 中，作辅助直线 AC 平行于 $a'b'$，组成直角 △ABC，在直角 △ABC 中，$AC = a'b'$，$BC = bc$（即 AB 两点的 y 坐标差），AB 为实长，∠BAC 为直线 AB 与正面的倾角 β。由此可见，以直线的正面投影 $a'b'$ 为一条直角边，以 AB 两点的 y 坐标差 L 为另一直角边作三角形，斜边即为直线 AB 的实长；同理，如图 2-17b 所示，以 ab 为一直角边，以 AB 的 z 坐标差为另一直角边，也可求得直线 AB 的实长和直线 AB 对水平面的倾角 α。

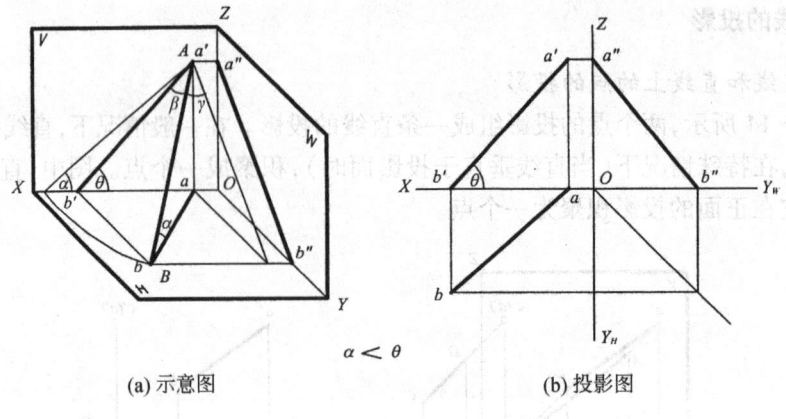

(a) 示意图 (b) 投影图

图 2-16 一般位置直线的投影

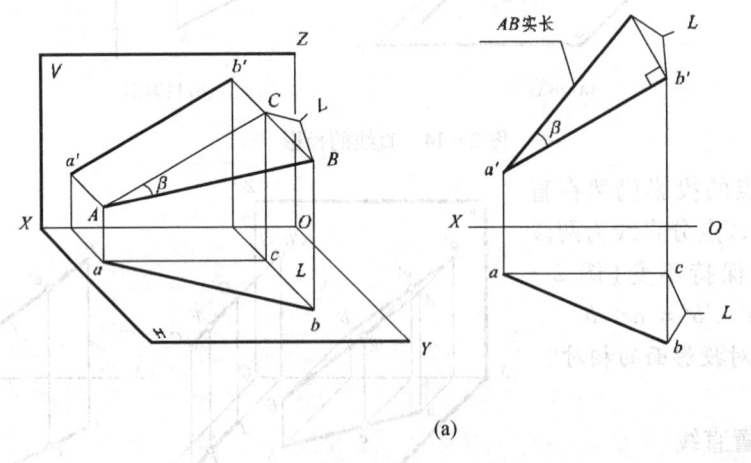

(a)

作直线$AC//a'b'$，在直角三角形ABC中：
$AC=a'b'$；$L=BC=bc$，从而求得AB实长

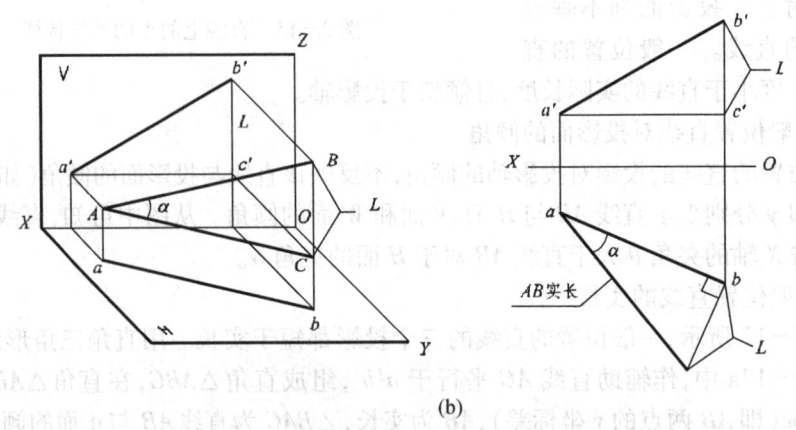

(b)

作直线$AC//ab$，在直角三角形ABC中：
$AC=ab$，$L=BC=b'c'$，从而求得AB实长

图 2-17 直角三角形法求直线的实长

2. 投影面平行线(表2-1)

表2-1 投影面平行线的投影特征

名 称	立体示意图	投影图	投影特征
正平线 //V面			(1) $AB//V$ 面，$a'b'=AB$ (2) $ab//OX$，$a''b''//OZ$ (3) V 面投影反映 α 角和 γ 角
水平线 //H面			(1) $CD//H$ 面，$cd=CD$ (2) $c'd'//OX$，$c''d''//OY_W$ (3) H 面投影反映 β 角和 γ 角
侧平线 //W面			(1) $EF//W$ 面，$e''f''=EF$ (2) $e'f'//OZ$，$ef//OY_H$ (3) W 面投影反映 α 角和 β 角

投影面的平行线分为正平线、水平线和侧平线三种。

正平线是平行于 V 面的直线。正平线的正面投影反映实长，正面投影和投影轴的夹角分别反映直线对于 H 面和 W 面的倾角，水平投影平行于 OX 轴，侧面投影平行于 OZ 轴。

水平线是平行于 H 面的直线。水平线的水平投影反映实长，水平投影和投影轴的夹角分别反映直线对于 V 面和 W 面的倾角，正面投影平行于 OX 轴，侧面投影平行于 OY_W 轴。

侧平线是平行于 W 面的直线。侧平线的侧面投影反映实长，侧面投影和投影轴的夹角分别反映直线对于 H 面和 V 面的倾角，水平投影平行于 OY_H 轴，正面投影平行于 OZ 轴。

3. 投影面垂直线(表2-2)

表 2-2 投影面垂直线的投影特征

名　称	立体示意图	投影图	投影特征
正垂线 ⊥V面			(1) $a'b'$ 在 V 面积聚为一点 (2) $ab // OY_H$, $ab = AB$ (3) $a''b'' // OY_W$, $a''b'' = AB$
铅垂线 ⊥H面			(1) cd 在 H 面上积聚为一点 (2) $c'd' // OZ$, $c'd' = CD$ (3) $c''d'' // OZ$, $c''d'' = CD$
侧垂线 ⊥W面			(1) $e''f''$ 在 W 面上积聚为一点 (2) $e'f' // OX$, $e'f' = EF$ (3) $ef // OX$, $ef = EF$

投影面的垂直线分为正垂线、铅垂线和侧垂线三种。

正垂线是垂直于 V 面的直线。正垂线的正面投影积聚为一个点,水平投影平行于 OY_H 轴且反映实长,侧面投影平行于 OY_W 轴且反映实长。

铅垂线是垂直于 H 面的直线。铅垂线的水平投影积聚为一个点,正面投影和侧面投影均平行于 Z 轴且反映实长。

侧垂线是垂直于 W 面的直线。侧垂线的侧面投影积聚为一个点,正面投影和水平投影均平行于 X 轴且反映实长。

2.1.3.3　两条直线的相对位置

两条直线的相对位置有:平行、相交和交叉三种情况。

平行的两条直线的三个投影都相互平行(图 2-18),相交的两条直线的三个投影都具有交点且是同一点的三个投影(图 2-19),交叉的两条直线的三个投影若有交点,此交点是重影点(图 2-20)。

第 2 章 点、直线和平面的投影

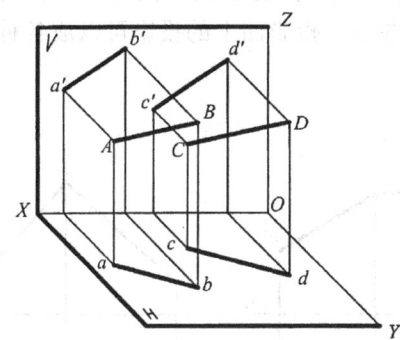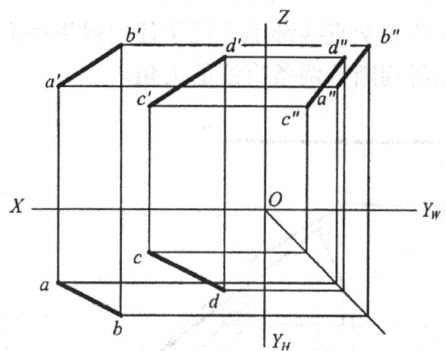

图 2-18 相互平行的两条直线的投影特征

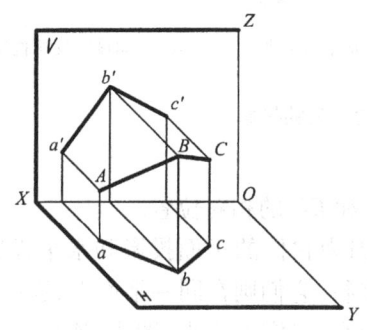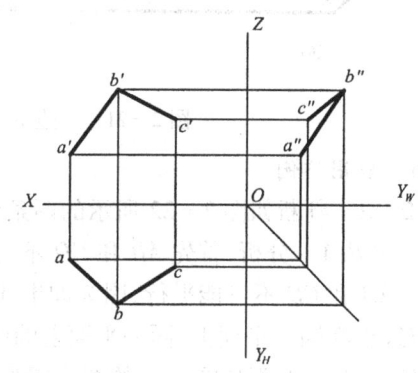

图 2-19 相交的两条直线的投影特征

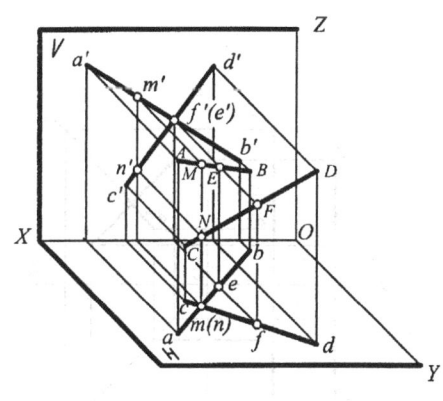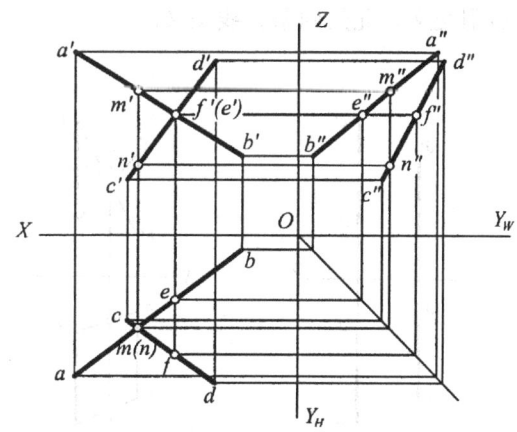

图 2-20 交叉的两条直线的投影特征

2.1.3.4 一边平行于投影面的直角的投影(直角投影定理)

一边平行于投影面的直角在该投影面上的投影仍然是直角。

如图 2-21a、b 所示,直线 AB 平行于 H 面,直线 BC 与直线 AB 垂直相交,过 BC 的铅垂面的水平投影积聚为 bc,且 bc 垂直于 ab。利用这个关系,可以判断空间两条直线的垂直关

31

系。如在图 2-21c 中,正平线 EF 与一般位置直线 DE 垂直相交,正面投影反映直角实形。如果两条相交直线都不平行于任何投影平面,它们在三个投影面上的投影可以成各种角度,因而不易判断这两条直线的夹角。

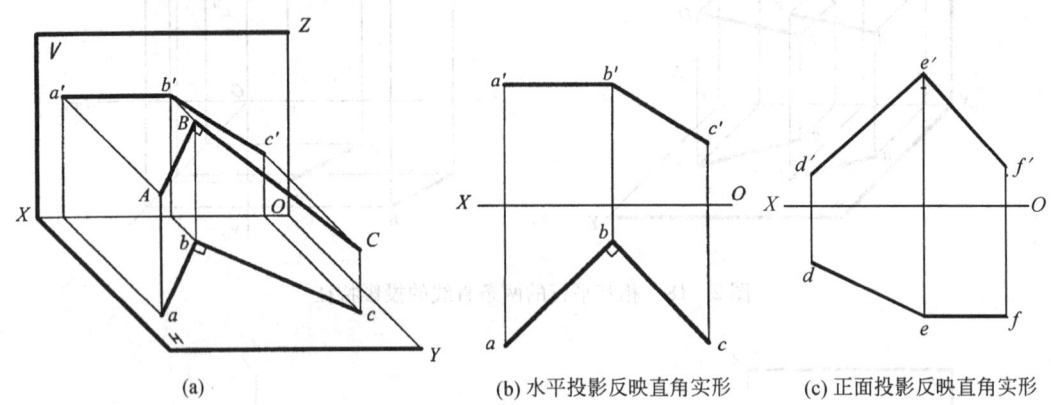

(a)　　(b) 水平投影反映直角实形　　(c) 正面投影反映直角实形

图 2-21　一边平行于投影面的直角的投影

2.1.3.5 应用举例

例 2-2　判断如图 2-22 所示的两条侧平线 AB 和 CD 的相对位置。

解　方法 1　分析:首先 AB 和 CD 不可能相交,因为它们的正面投影和水平投影都没有交点。AB 和 CD 不可能平行,因为如果 AB 和 CD 平行,它们则在同一平面上,连接 AD 和 BC 的直线也在同一平面上,同一平面上的两条直线相交,必定有交点,图中,连接 ad 和 bc,a'd' 和 b'c',两交点不是同一点的两个投影,因此,AB 和 CD 不可能相交。所以,AB 和 CD 交叉。

方法 2　作出 AB 和 CD 的 W 面投影,如果它们的 W 面投影平行,这两条直线就相互平行,否则交叉。此处两条直线交叉。

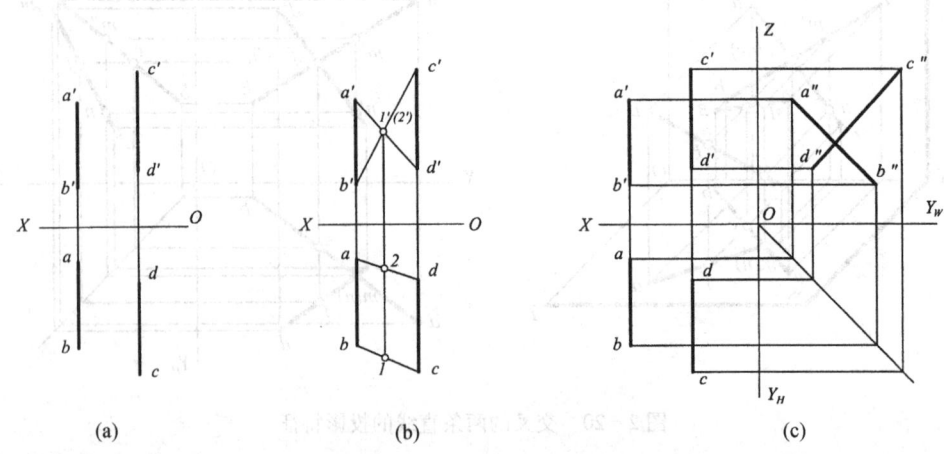

(a)　　(b)　　(c)

图 2-22　判断两条侧平线 AB 和 CD 的相对位置

例 2-3　已知点 A 的三面投影和点 B 的正面投影,完成直线 AB 的三面投影并使 AB 与已知直线 CD 相交(图 2-23)。

解 因为直线 AB 与直线 CD 相交,AB 与 CD 就有唯一的交点;又因为 AB、CD 的正面投影已知,在正面投影中可直接求得交点。因为这个交点是直线 CD 上的点,其他两面投影在对应的直线 CD 的投影上,由此作出这个交点的三面投影。AB 直线也过这个交点。由此作出 AB 的三面投影。

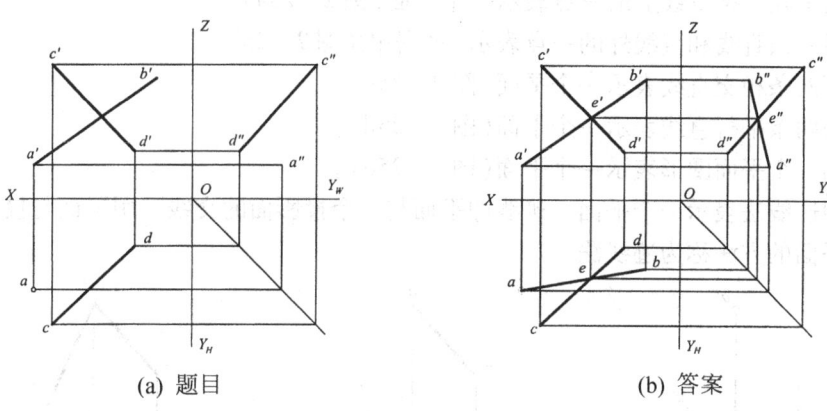

(a) 题目　　　　　　　　　　(b) 答案

图 2-23　作直线 AB 的三面投影并使 AB 与已知直线 CD 相交

例 2-4　求作已知铅垂线 AB 与一般位置直线 CD 的公垂线 EF。

解　分析:公垂线即同时垂直于 AB 和 CD 的直线。因为 AB 是铅垂线,与铅垂线垂直的线段一定是水平线,因此,所求线段 EF 为一条水平线。水平线 EF 与直线 CD 相交成直角(符合"一边平行于投影面的直角在该投影面上的投影仍然是直角"的条件),因而在水平投影中,反映直角。点 E 在直线 AB 上,所以点 E 的水平投影与 AB 的水平投影重合。在水平投影中,过 AB 积聚性的投影 a(b) 作 cd 的垂线交 cd 于 f,相应地在 c'd' 上找到 f'。又因 EF 为水平线,e'f' 必然平行于 OX 轴,从而找到 a'b' 上的 e'。ef 为公垂线实长。

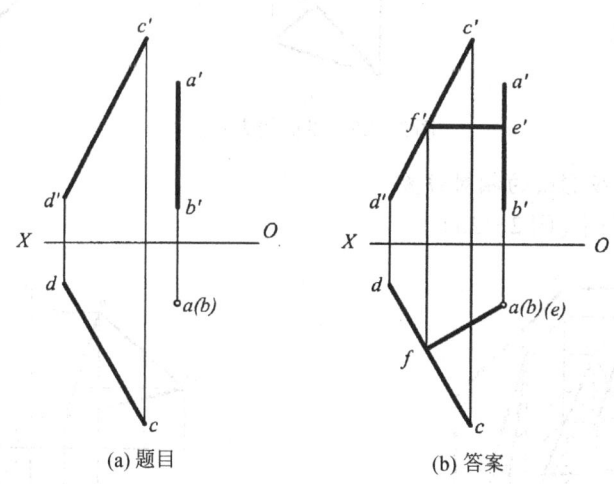

(a) 题目　　　　　　　　　　(b) 答案

图 2-24　求作已知铅垂线 AB 与一般位置直线 CD 的公垂线 EF

2.1.4 平面的投影

2.1.4.1 平面的表示法(图2-25)

一个平面可由下列六种方法表示。

(1) 用不在一条直线上的三点表示一个平面(图2-25a)。

(2) 用一条直线和直线外的一点表示一个平面(图2-25b)。

(3) 用两条相交直线表示一个平面(图2-25c)。

(4) 用两条平行直线表示一个平面(图2-25d)。

(5) 用一个平面图形表示一个平面(图2-25e)。

(6) 用迹线法表示一个平面。迹线即平面与三个投影面的交线。用平面与投影面的交线来表示平面的方法称为迹线法。

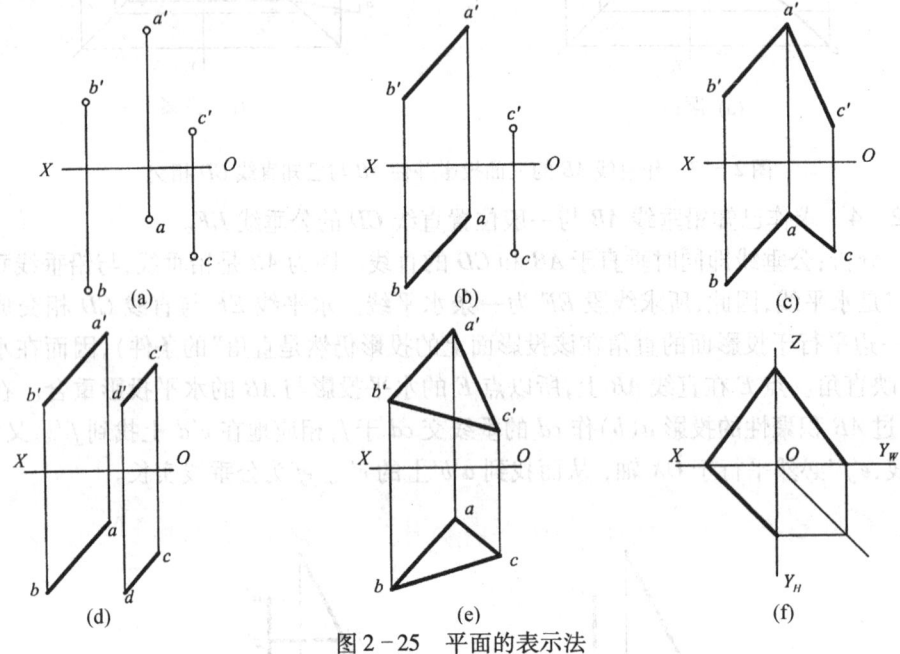

图2-25 平面的表示法

2.1.4.2 平面对于投影面的相对位置

1. 一般位置平面(图2-26)

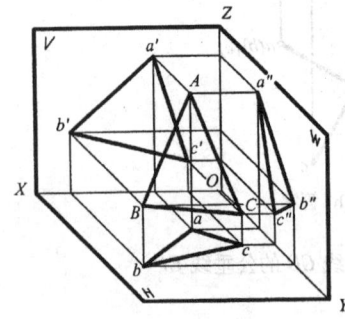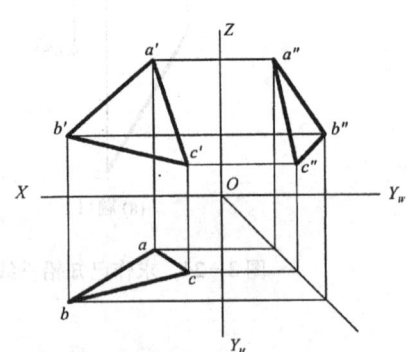

图2-26 一般位置的平面

一般位置的平面是对三个投影面都不垂直也不平行的平面。

一般位置的平面在三个投影面上的投影都不反映实形而是类似形(即两个平面图形具有同等数量的边和顶点,它们的顺序和连接方式也是相同的),其面积缩小。

一般位置的平面的投影不能反映平面对各投影面的倾角的实际大小。

2. 投影面垂直面(表 2-3)

投影面垂直面是指对于某一投影面垂直而对其他两个投影面倾斜的平面。投影面垂直面分为正垂面、铅垂面和侧垂面三种。

表 2-3 投影面垂直面的投影特征

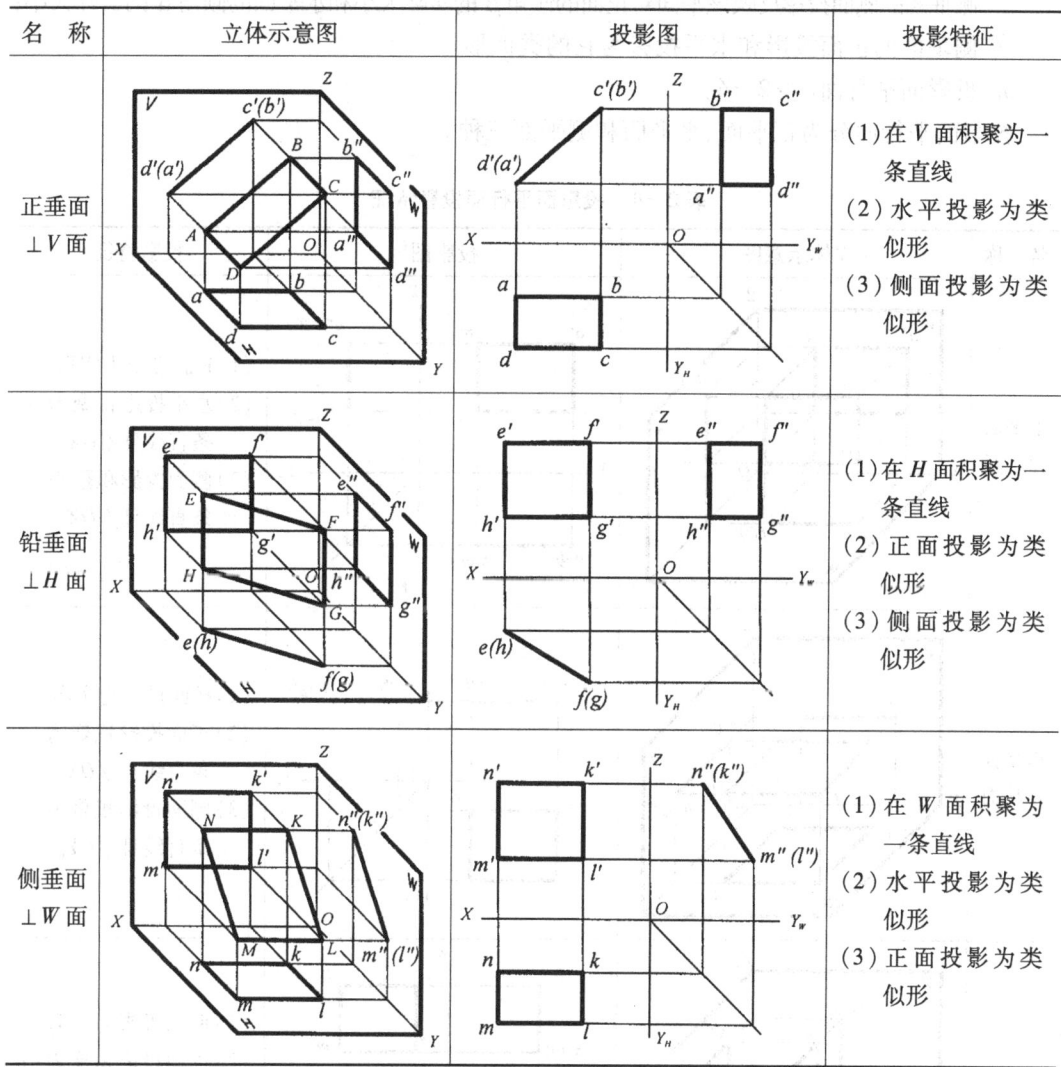

(1)正垂面是垂直于正面的平面,其特征为:

① 正垂面在正面的投影积聚成为一条直线,与正面的夹角为 90°;

② 正垂面的正面投影反映该平面对水平面的倾角 α 的实际大小和侧面的倾角 γ 的实际大小;

③ 正垂面的水平投影和侧面投影为它的类似形。

（2）铅垂面是垂直于水平面的平面，其特征为：

① 铅垂面在水平面的投影为一条直线，与水平面的夹角为90°；

② 铅垂面的水平投影反映该平面对正面的倾角 β 的实际大小和侧面的倾角 γ 的实际大小；

③ 铅垂面的正面投影和侧面投影为它的类似形。

（3）侧垂面是垂直于侧面的平面，其特征为：

① 侧垂面的侧面投影为一条直线，与侧面的夹角为90°；

② 侧垂面的侧面投影反映该平面对正面的倾角 β 的实际大小和水平面的倾角 α 的实际大小；

③ 侧垂面的正面投影和水平投影为它的类似形。

3. 投影面平行面（表2-4）

投影面平行面分为正平面、水平面和侧平面三种。

表2-4 投影面平行面投影特征

名 称	立体示意图	投影图	投影特征
正平面 //V面	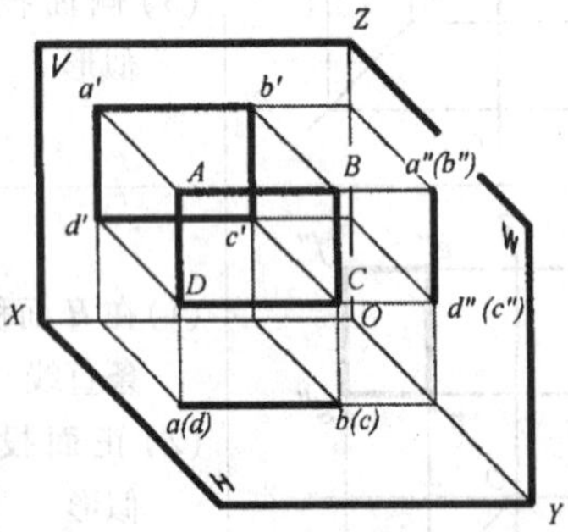	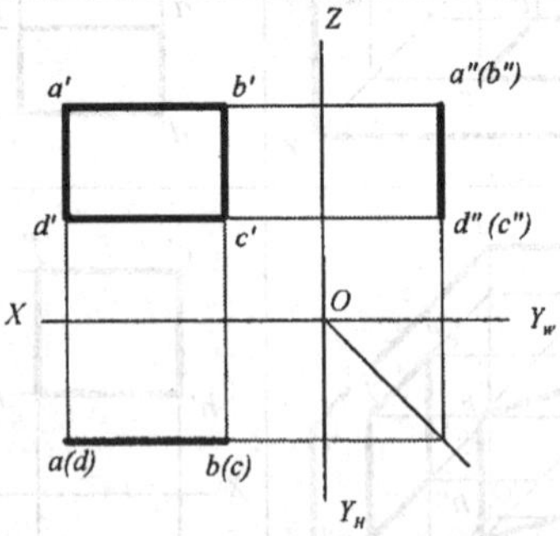	(1) V 面投影为实形 (2) 水平投影积聚为一条直线且 //OX (3) 侧面投影积聚为一条直线且 //OZ
水平面 //H面	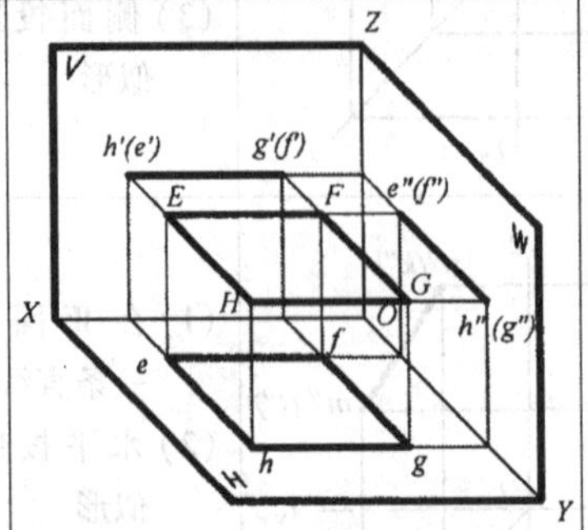	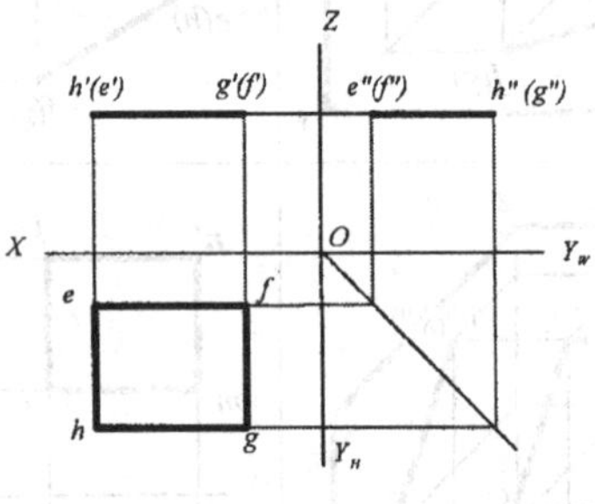	(1) H 面投影为实形 (2) 正面投影积聚为一条直线且 //OX (3) 侧面投影积聚为一条直线且 //OY_W
侧平面 //W面	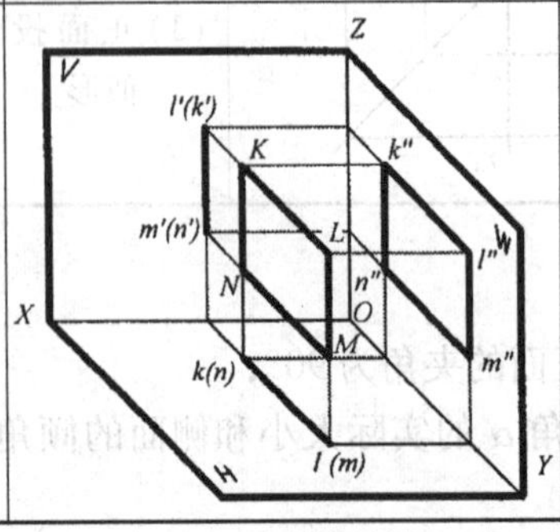	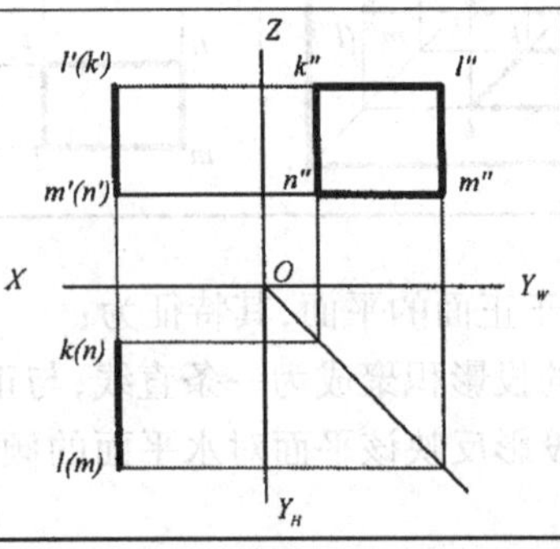	(1) W 面投影为实形 (2) 正面投影积聚为一条直线且 //OZ (3) 水平投影积聚为一条直线且 //OY_H

(1)正平面是平行于正面的平面,其投影特征:
① 正平面的正面投影反映该平面的实形。
② 正平面的水平投影和侧面投影积聚成一条直线并分别平行于 OX 轴和 OZ 轴。
(2)水平面是平行于水平面的平面,其投影特征:
① 水平面的水平投影反映该平面的实形。
② 水平面的正面投影和侧面投影积聚成一条直线并分别平行于 OX 轴和 OY_W 轴。
(3)侧平面是平行于侧面的平面,其投影特征:
① 侧平面的侧面投影反映该平面的实形。
② 侧平面的水平投影和正面投影积聚成一条直线并分别平行于 OZ 轴和 OY_H 轴。

2.1.4.3 平面上的点和直线

1. 点和直线在平面上的几何条件(图2-27)

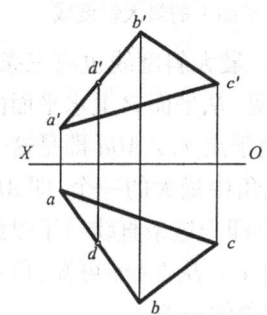 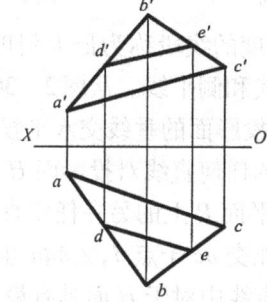 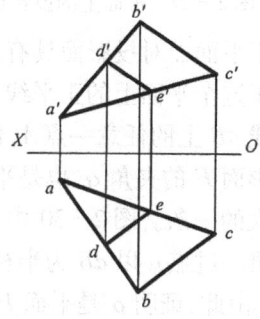

(a) 平面上的点的投影特征　　(b) 平面上的直线的投影特征之一　　(c) 平面上的直线的投影特征之二

图2-27 平面上的点和直线的投影特征

(1)平面上的点,一定在这个平面的一条直线上(图2-27a);
(2)平面上的直线,必定通过这个平面上的两个点(图2-27b),或者通过平面上的一个点且平行于平面上的一条直线(图2-27c)。

例2-5 判断点 D 是否在平面 ABC 上(图2-28)。

解 分析:如果点 D 在平面 ABC 上,则点 D 在平面 ABC 的一条直线上,如果这条直线存在,点 D 就在平面 ABC 上;否则,点 D 不在平面 ABC 上。

(1)过水平投影 a 和 d 作一条直线交 bc 于点 e;

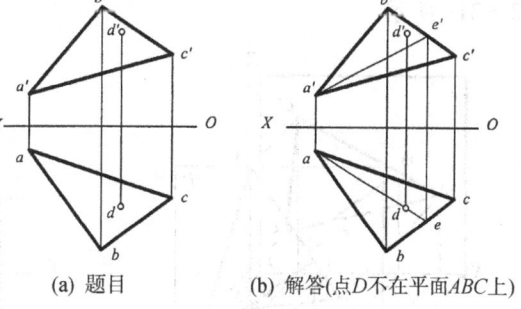

(a) 题目　　(b) 解答(点D不在平面ABC上)

图2-28 判断点 D 是否在平面 ABC 上

(2)找出对应的正面投影 $b'c'$ 上的点 e',则 AE 是平面 ABC 上的直线;
(3) d' 不在 $a'e'$ 上,所以点 D 不是平面 ABC 上的点。

2. 平面上的投影面平行线和最大斜度线

对于任何一个平面,总可以在其上作投影面平行线。可以看作是一个正平面与这个平面相交得到一条正平线,水平面与这个平面相交得到一条水平线,侧平面与这个平面相交得到一条侧平线(见图2-29)。平面上可以作无数条投影面平行线。

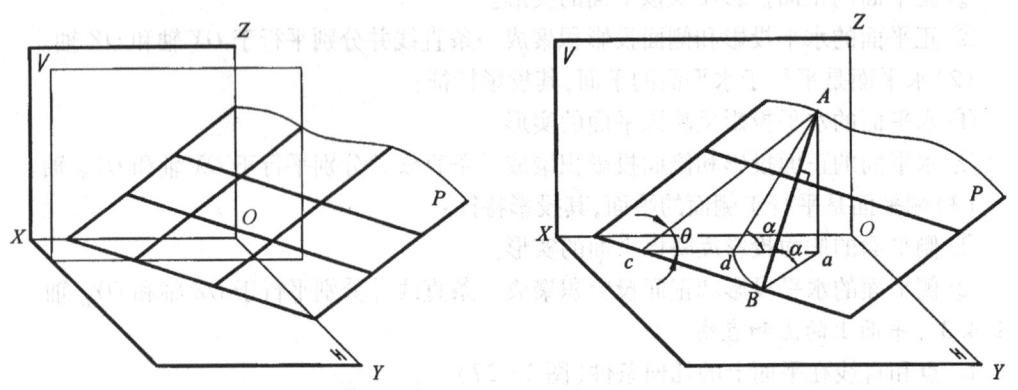

图2-29 平面上的投影面平行线　　　　图2-30 平面上的最大斜度线

属于平面而对投影面具有最大斜度的线段称为最大斜度线。最大斜度线也有三条，分别垂直于这个平面上的正平线、水平线和侧平线。从图2-30可见，从平面P上水平面的最大斜度线AB上的任意一点A，作水平投影面的垂线交水平投影面于点a，$\angle ABa$即是这个平面对投影面H的夹角α，也是平面上的任何直线对投影面H的夹角中最大的一个，即AB为斜度最大的一条。图2-30中，Ac为平面P上的另一任意直线，θ即为这条直线对于投影面H的夹角。过点a以aB为半径作圆弧交ac于点d，$\angle Ada$也等于α。从$\triangle Acd$可知，角α大于角θ。由此，证明α是平面P上的直线中对于H面具有最大倾角的一条。

(1) 平面上的投影面平行线的作图

从图2-31a的平面图形ABC上正平线的形成可知，在平面ABC上作一条正平线时，只需在这个平面的水平投影中，作一条平行于X轴的直线mn，找到对应的正面投影$m'n'$，直线MN即为所求，如图2-31b所示。同理，在平面ABC上作一条水平线时，只需在它的正面投影中，作一条平行于OX轴的直线$b'k'$，找到对应的水平投影bk，直线BK即为所求，如图2-31c所示。

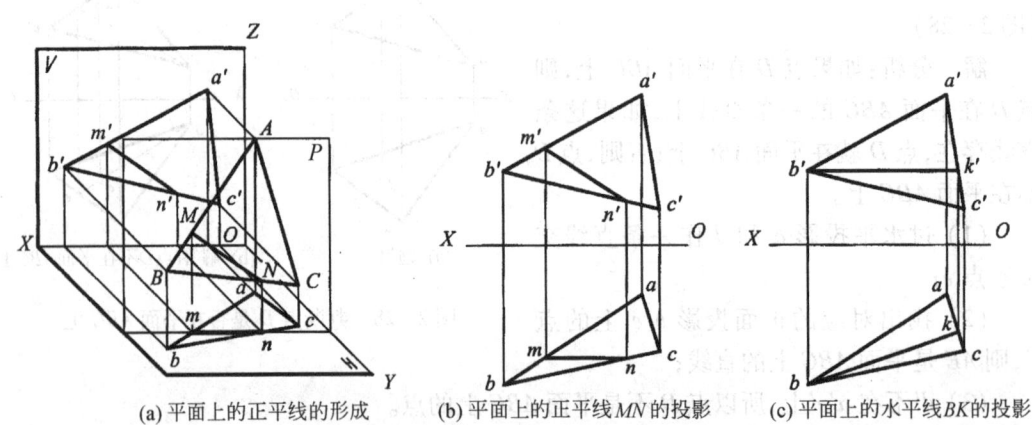

(a) 平面上的正平线的形成　　(b) 平面上的正平线MN的投影　　(c) 平面上的水平线BK的投影

图2-31 平面上的投影面平行线的作图

(2) 平面上的最大斜度线的作图

38

如图 2-32a 可知,作平面上的正面最大斜度线,即作这个平面上的正平线的垂线。应用直角投影定理,只需在这个平面上作这条正平线的正面投影的垂线即可,如图 2-32b 所示的直线 AD 即为平面 ABC 上的一条正平面的最大斜度线。

同理,平面 ABC 上的垂直于水平线 BK 的直线 EG 为这个平面的水平面的最大斜度线,如图 2-32c 所示。

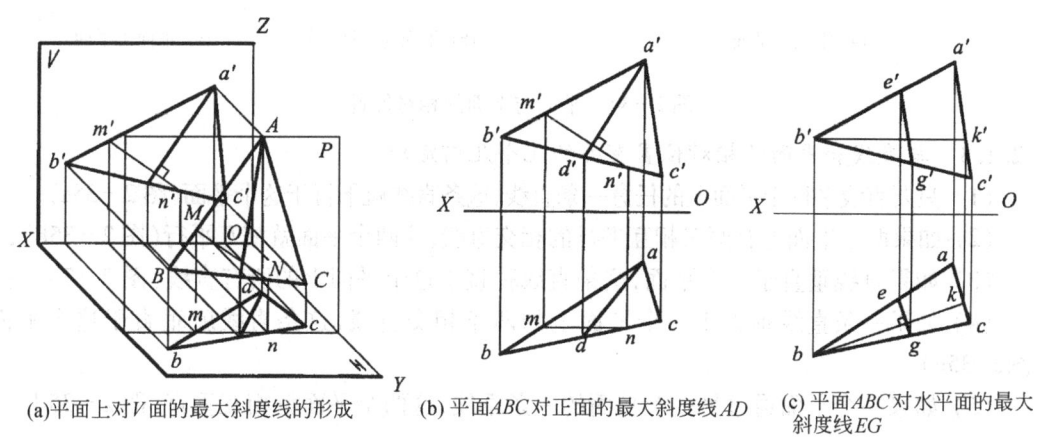

图 2-32 平面上的最大斜度线的作图

2.2 直线和平面以及平面之间的相对位置

2.2.1 直线和平面的相对位置概述

2.2.1.1 直线与平面的相对位置(图 2-33)

直线与平面的相对位置 { 直线在平面上(图 2-33a) ; 直线不在平面上 { 直线平行于平面(图 2-33b) ; 直线与平面相交 { 倾斜(图 2-33c) ; 垂直(图 2-33d) } }

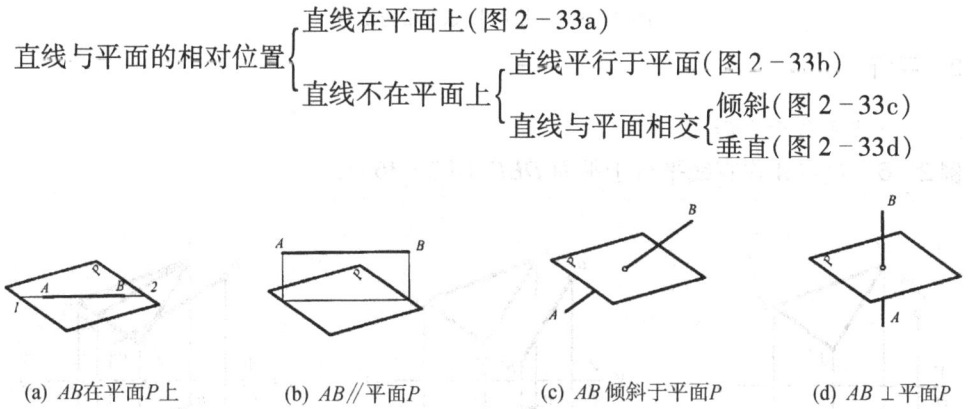

图 2-33 直线与平面的相对位置

2.2.1.2 平面与平面的相对位置(图 2-34)

平面与平面的相对位置 { 平行(包括重合)(图 2-34a) ; 相交 { 斜交(图 2-34b) ; 正交(垂直)(图 2-34c) } }

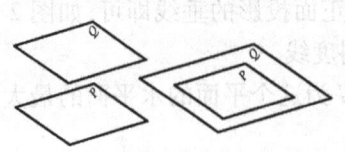 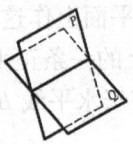 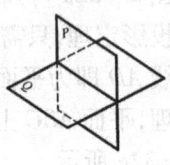

  (a) 平面∥平面   (b) 平面与平面倾斜   (c) 平面⊥平面

图 2-34 平面与平面的相对位置

2.2.1.3 与直线和平面的相对位置有关的几个几何定理

（1）只要直线平行于平面上的任意一条直线，这条直线就平行于这个平面（图 2-35a）；

（2）如果两个平面上有两对相互平行的相交直线，这两个平面就相互平行（图 2-35b）；

（3）如果直线垂直于一个平面，这条直线垂直于这个平面上的所有直线（图 2-35c）；

（4）如果一条直线垂直于一个平面上的两条相交直线，这条直线就垂直于这个平面（图 2-35c）；

（5）如果一个平面通过另一个平面的一条垂线，这两个平面就相互垂直（图 2-35d）。

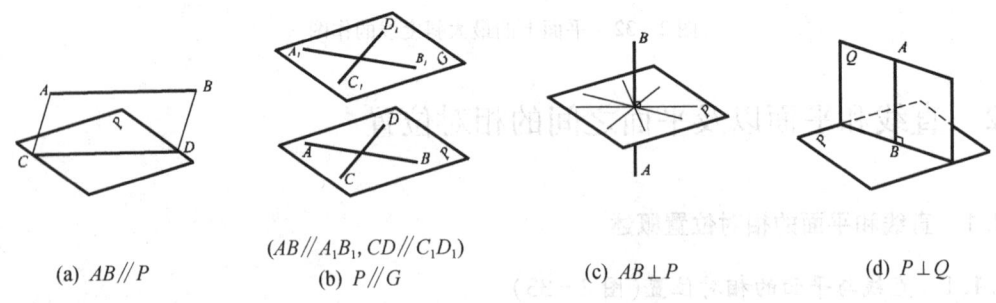

(a) $AB/\!/P$ (b) $P/\!/G$ (c) $AB\perp P$ (d) $P\perp Q$
     $(AB/\!/A_1B_1, CD/\!/C_1D_1)$

图 2-35 几个相关的几何定理

2.2.2 平行

2.2.2.1 直线平行于平面

  例 2-6 过点 A 作直线平行于平面 DEF（图 2-36a）。

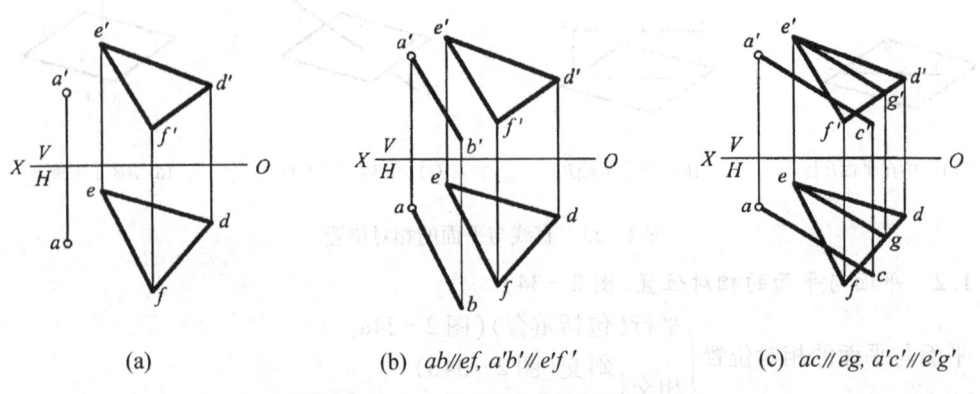

  (a)   (b) $ab/\!/ef$, $a'b'/\!/e'f'$ (c) $ac/\!/eg$, $a'c'/\!/e'g'$

图 2-36 过点 A 作直线平行于平面 DEF

解 方法1 作 $AB/\!/EF$，因为 AB 平行于平面 DEF 上的一条直线 EF，所以直线 AB 平行于平面 DEF(图2-36b)。

方法2 在平面 DEF 上作一条直线 EG，点 G 为边 DF 上的点。再作 $AC/\!/EG$，因为 AC 平行于平面 DEF 上的一条直线 EG，所以直线 AC 平行于平面 DEF(图2-36c)。

结论：过一点可以作许多条平面的平行线。

例2-7 判断直线 AB 是否平行于平面 DEF(图2-37a)。

解 分析：在平面 DEF 上，如果能找到一条平行于 AB 的直线，则直线 AB 平行于平面；否则，直线 AB 不平行于平面。

(1) 在正面投影中作 $e'g'$ 平行于 $a'b'$，且 g' 在 $f'd'$ 上。

(2) 作出 G 点的水平投影 g，g 在 fd 上。

(3) 连接 eg，从图中可知，$a'b'/\!/e'g'$ 而 ab 不平行于 eg，说明 AB 不能平行于平面 DEF 上的任何直线，所以 AB 不平行于平面 DEF(图2-37b)。

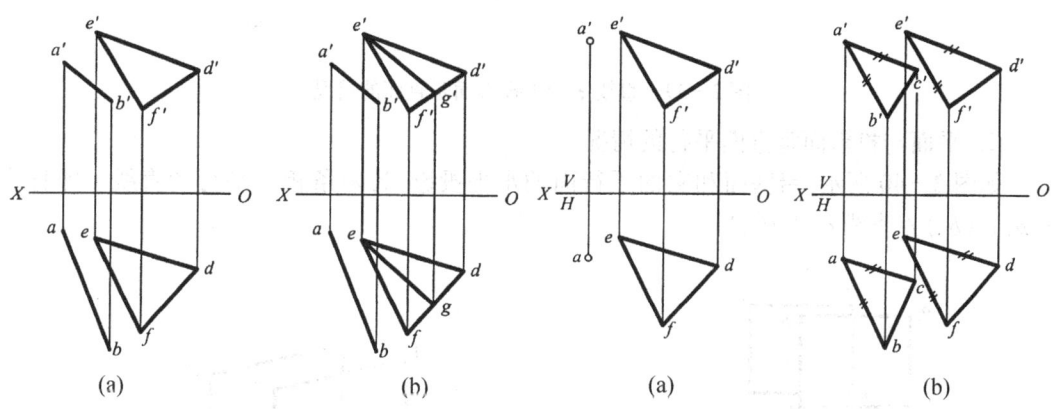

图2-37 判断直线 AB 是否平行于平面 DEF

图2-38 过点 A 作平面 ABC 并使平面 ABC 平行于已知平面 DEF

2.2.2.2 平面与平面相互平行

平面与平面相互平行的特征：

如果两个平面上有两对相互平行的相交直线，这两个平面就相互平行。

例2-8 过点 A 作平面 ABC 并使平面 ABC 平行于已知平面 DEF(图2-38a)。

分析：如果一个平面上有两条相交直线分别平行于另一个平面，这两个平面就相互平行。所以过点 A 作两条相交直线分别平行于平面 DEF，这两条相交直线确定了一个平行于 DEF 的平面。

解 (1) 过点 A 作直线 AB 平行于直线 EF，即在正面投影中作 $a'b'$ 平行于 $e'f'$，在水平投影中作 ab 平行于 ef(图2-38b)。

(2) 过点 A 作直线 AC 平行于直线 ED，即在正面投影中作 $a'c'$ 平行于 $e'd'$，在水平投影中作 ac 平行于 ed。

结论：平面 ABC 平行于平面 DEF，这样的平面只能作一个。

2.2.2.3 平行的特殊情况

1. 直线与投影面垂直面平行的情况

如图 2-39 所示,铅垂面的平行线的水平投影,平行于该铅垂面的积聚性的水平投影。即 ab // 直线 $c(d)f(g)$,ab_1 // 直线 $c(d)f(g)$,这样的直线可作许多条。

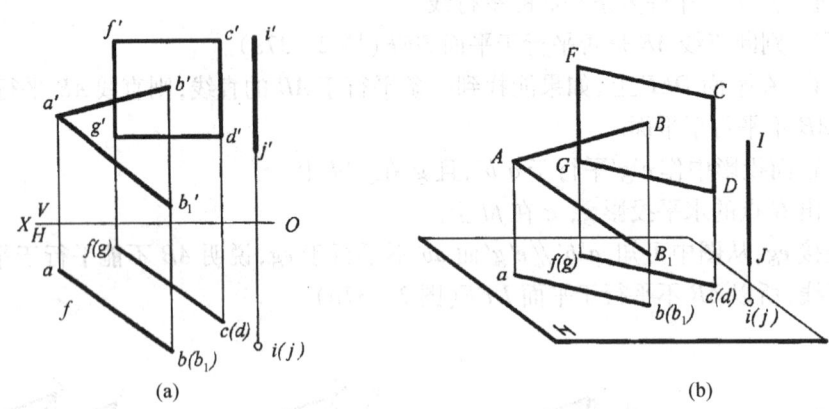

图 2-39 直线平行于投影面垂直面的情况

2. 平面与投影面垂直面平行的情况

如图 2-40 所示,铅垂面和它的平行面的水平投影,为两条相互平行的直线。即直线 $a(a_1)b(b_1)$ // 直线 $c(d)f(g)$。

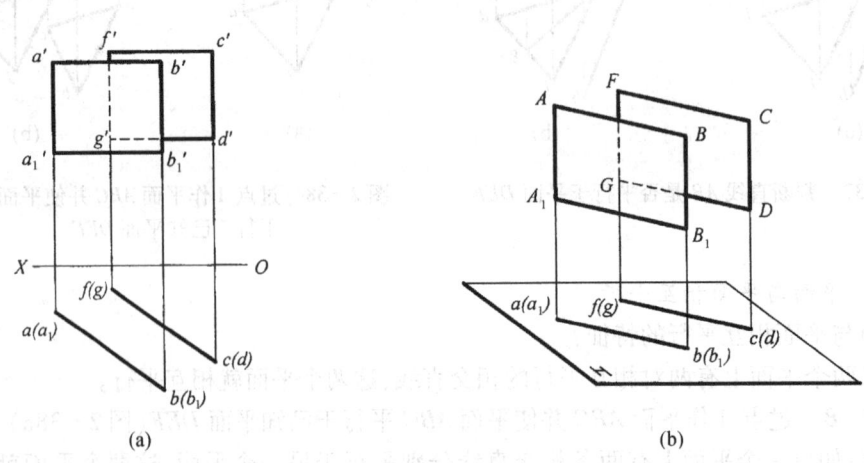

图 2-40 平面平行于投影面垂直面的情况

2.2.3 垂直

2.2.3.1 直线垂直于平面

因为直线垂直于一个平面,这条直线就垂直于这个平面上的任何一条直线,因而,也垂直于这个平面上的任意一条水平线、正平线和侧平线。水平线、正平线和侧平线为投影面平行线(见图 2-41)。根据一边平行于投影面的直角的投影特征,如果一直线与投影面的平行线垂直,在投影面平行线的反映实长的那个投影面上,反映直角(见本章 2.1.3.4 一边平行于投影面的直角的投影)。

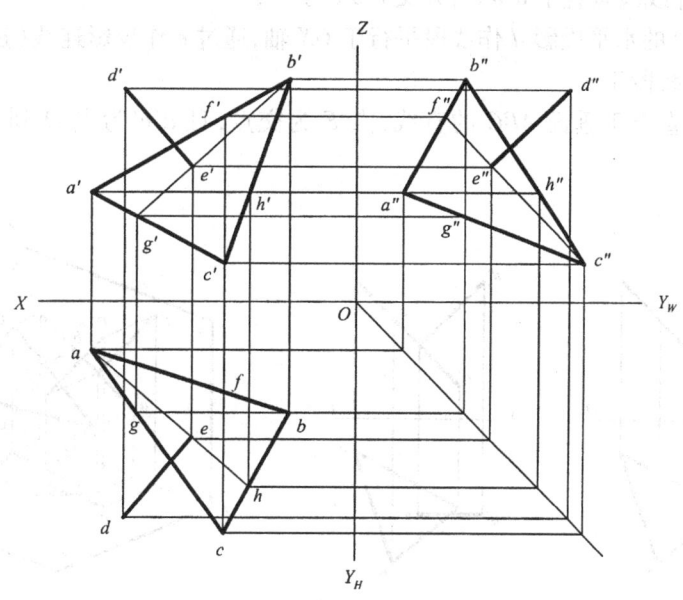

图 2-41 直线垂直于一般位置平面

例 2-9 过点 D 作直线 DE 垂直于三角形 ABC(图 2-42a)。

解 分析:一条直线垂直于一个平面,这条直线就垂直于平面上的所有线段。为便于作图,选择平面上的一条水平线和一条正平线(见图 2-42c)。

(1) 在三角形 ABC 上作一条水平线 AH,作一条正平线 BG(图 2-42b)。

(2) 在水平投影中,过 d 作直线 de 垂直于 ah;在正面投影中,过 d' 作直线 $d'e'$ 垂直于 $b'g'$,DE 是垂直于平面 ABC 的直线。

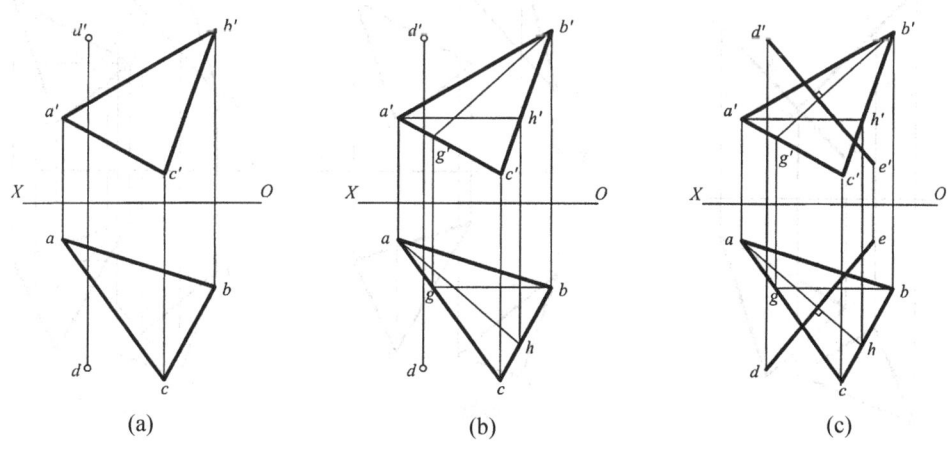

图 2-42 过点 D 作直线 DE 垂直于三角形 ABC

例 2-10 已知正垂面三角形 ABC 和平面外的一点 D,求作点 D 到平面 ABC 的距离(图 2-43a)。

解 分析：从图 2-41c 的立体图中可知，正垂面的垂直线是一条正平线。

（1）过 d' 作线段垂直于 $a'b'c'$，并交 $a'b'c'$ 于 e'；

（2）过点 D 的水平投影 d 作线段平行于 OX 轴，通过 e' 作投影连线（过 e' 垂直于 OX 轴的直线）交上述线段于 e。

DE 即为垂直于正垂面 ABC 的直线，点 E 为交点，且 $d'e'$ 为点 D 到平面 ABC 的距离的实长。

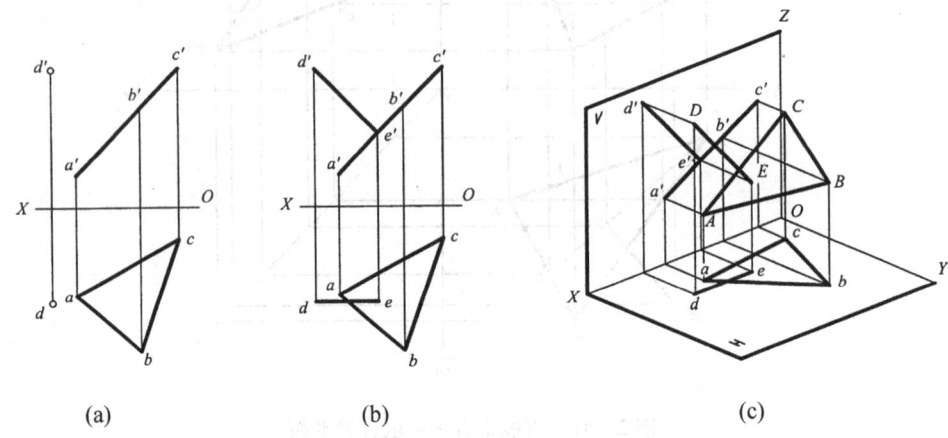

图 2-43 求点 D 到正垂面 ABC 的距离

2.2.3.2 平面与平面相互垂直

如果两个平面相互垂直，则一个平面上必然包括另一个平面的一条垂线。若相互垂直的两个平面均垂直于同一个投影面，则它们积聚性的投影相互垂直，见图 2-44。

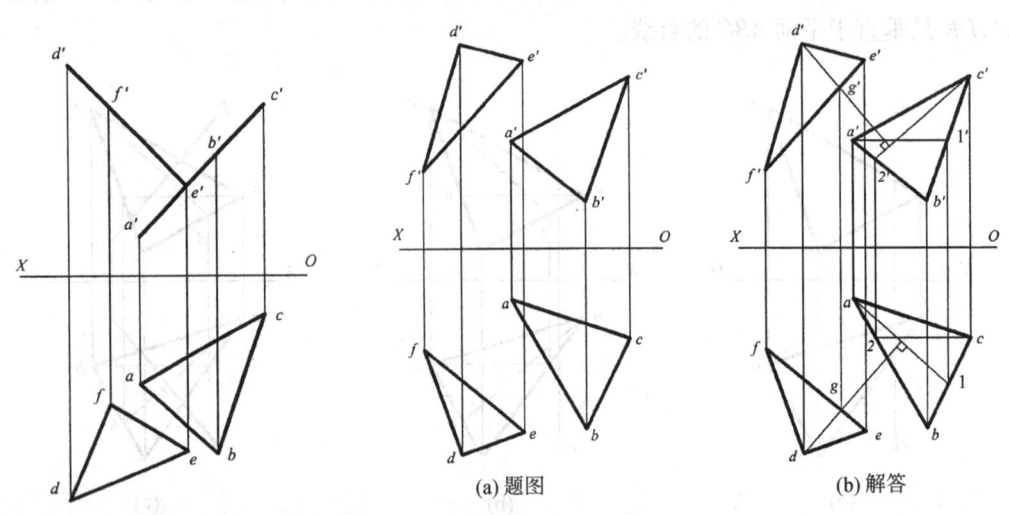

图 2-44 平面垂直于投影面垂直面　　图 2-45 判断两个正垂面 DEF 和 ABC 是否垂直

例 2-11 判断两个一般位置平面 DEF 和 ABC 是否相互垂直（图 2-45a）。

方法：判断一般位置平面 ABC 与一般位置平面 DEF 是否垂直，只需判断 DEF 上是否包括一条平面 ABC 的垂线。

解 (1) 在平面 ABC 上作一条正平线和一条水平线(图2-45b);

(2) 过点 D 作一条直线分别垂直于平面 ABC 上的水平线和正平线,则该直线的正面投影垂直于正平线的正面投影;该直线的水平投影垂直于水平线的水平投影。

(3) 因为点 G 在平面 DEF 上,所以平面 DEF 上的直线 DG 垂直于平面 ABC 上的两条相交直线,平面 DEF 垂直于平面 ABC。

例 2-12 过直线 AC 作平面 STUV 的垂面(图2-46a)。

解 分析:过平面外的一条直线(这条直线不垂直于平面)只能作一个面垂直于该平面(图2-46d)。

(1) 在平面 STUV 上作一条水平线 TD(图2-46b);
(2) 在平面 STUV 上作一条正平线 VE;
(3) 过点 A 的水平投影作直线 ab 垂直于 td;

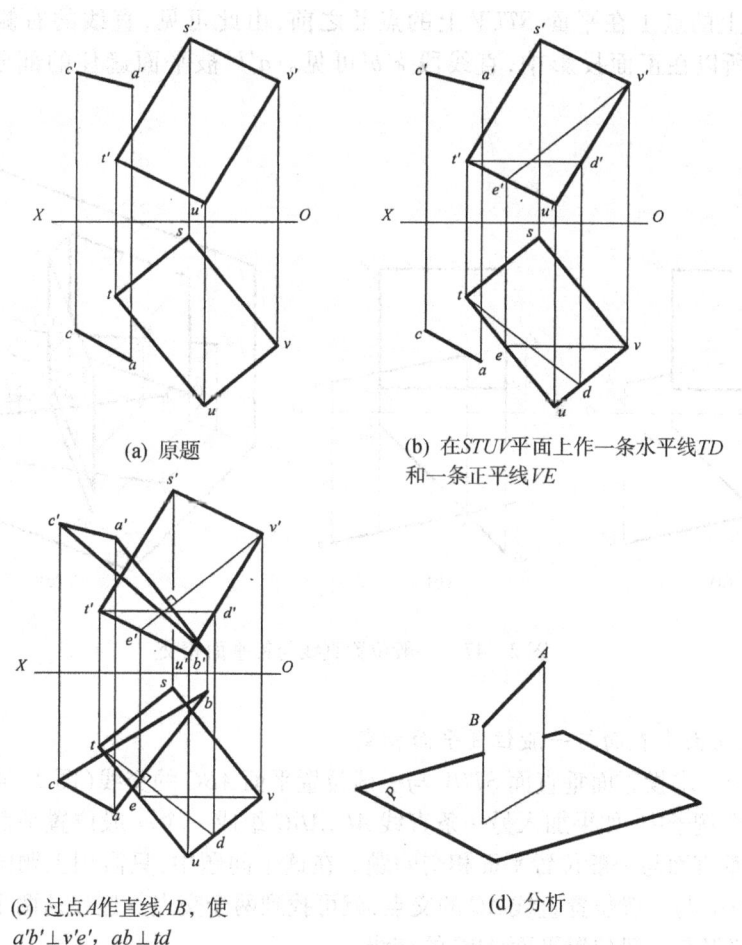

(a) 原题

(b) 在 STUV 平面上作一条水平线 TD 和一条正平线 VE

(c) 过点 A 作直线 AB,使 a'b'⊥v'e', ab⊥td

(d) 分析

图 2-46 过直线 AC 作平面 STUV 的垂面 ABC

(4) 过点 A 的正面投影 a′作直线 a′b′垂直于 v′e′;

(5) 平面 ABC 垂直于平面 STUV。

2.2.4 相交

直线与平面相交为一点,平面与平面相交为一直线。

2.2.4.1 投影面垂直面与一般位置直线相交

由于投影面垂直面在它垂直的那个投影面上的投影积聚为一条直线,因此,直线与它的交点必定在这条积聚的直线上。

例 2-13 求铅垂面 STUV 与一般位置直线 AB 的交点,并在各个投影图中判断相交两几何元素的可见性(图 2-47)。

解 (1) 从立体图中可以看到,交点的水平投影为直线的水平投影 ab 与平面的积聚性的水平投影的交点 k,在正面投影中交点的投影在直线的投影 a′b′上。

(2) 判断正面投影的可见性:分析直线 AB 与平面 STUV 的重影点 Ⅰ、Ⅱ,在水平投影中,直线 AB 上的点 Ⅰ 在平面 STUV 上的点 Ⅱ 之前,由此可见,直线的右侧 KB 位于平面 STUV 之前,所以在正面投影中,直线段 k′b′可见。a′k′被平面遮住的部分不可见,画成虚线。

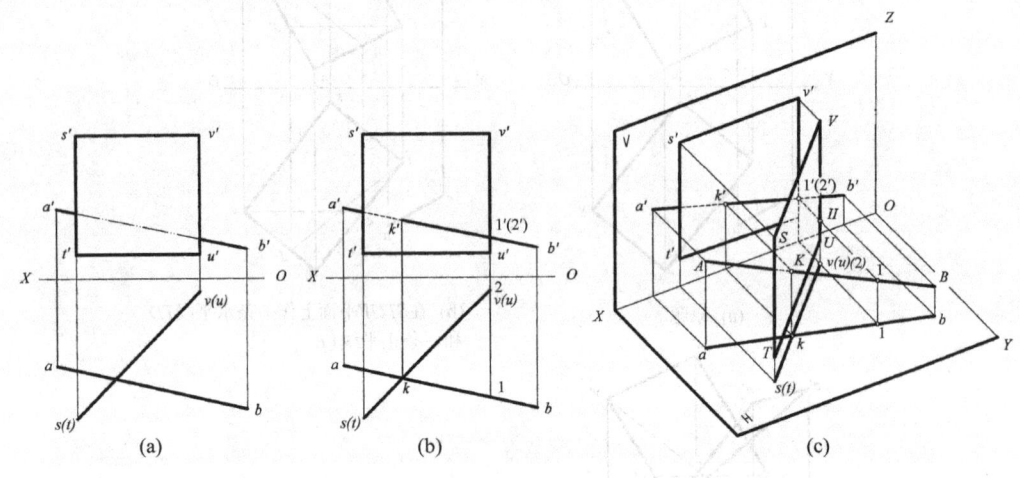

图 2-47 一般位置直线与铅垂面相交

2.2.4.2 投影面垂直面与一般位置平面相交

例 2-14 求投影面垂直面 STUV 与一般位置平面 ABC 的交线(图 2-48)。

在上一个例子中,如果加入另一条直线 AC,ABC 组成一个一般位置平面,这样,就组成一个投影面垂直面与一般位置平面相交问题。在这个问题中,只需用上题同样方法再求一次铅垂面 STUV 与一般位置直线 AC 的交点,就可找到两个交点。连接这两个交点就是投影面垂直面 STUV 与一般位置平面 ABC 的交线。

解 (1) 分别求一般位置直线 AB 和 BC 与铅垂面 STUV 的交点(作法与前例相同)。

(2) 判断正面投影的可见性,方法与前例同,但需 AB 与 CD 分别判断。

(3) 可见的线段画粗实线,不可见的线段画虚线(图 2-48c)。

第2章 点、直线和平面的投影

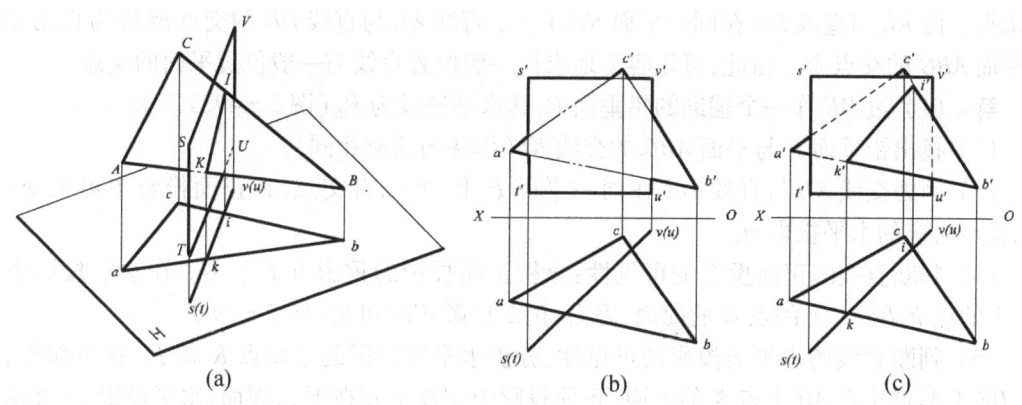

图 2-48 一般位置平面与铅垂面相交

2.2.4.3 一般位置直线与一般位置平面相交

例 2-15 求一般位置直线 DE 与一般位置平面 ABC 的交点 M(图 2-49b)。

如图 2-47a 所示，一般位置平面 ABC 仍然是图 2-48 中的 ABC，而 DE 是在图 2-48 中平面 STUV 上的一条直线，也可看作过一般位置直线 DE 作一个辅助铅垂面 STUV。从图 2-49a 的立体图中可以看到，平面 ABC 与平面 STUV 的交线为 KL，KL 可由图 2-48 的方

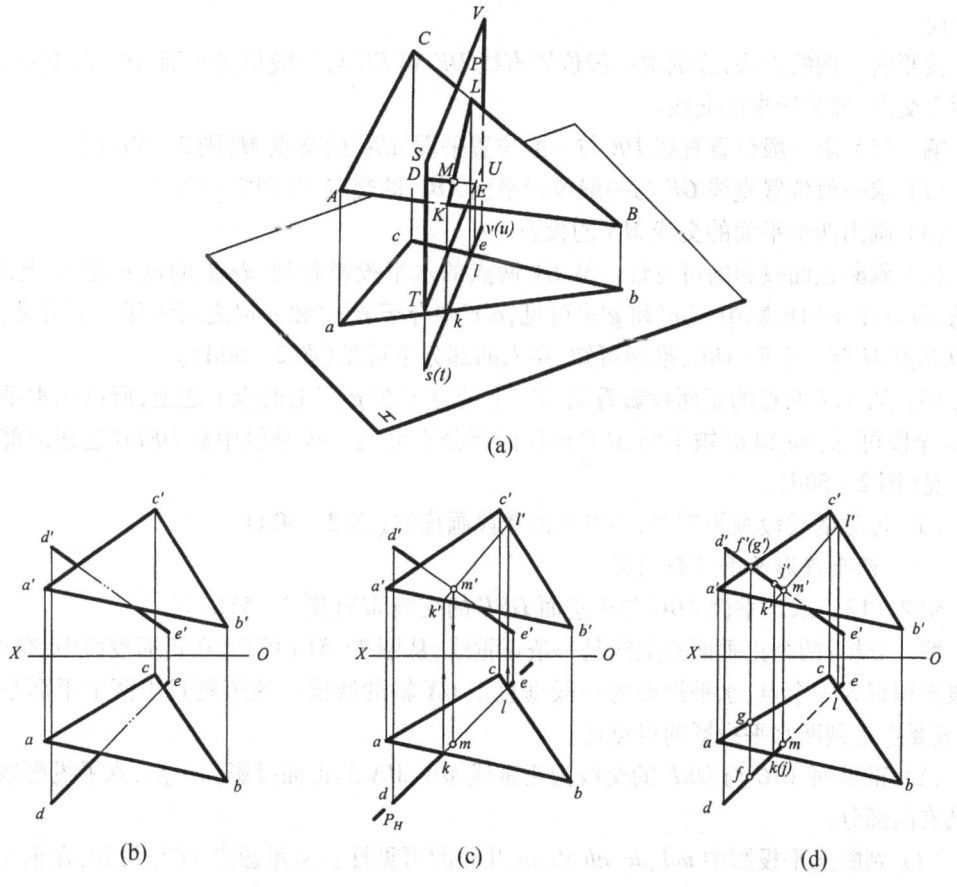

图 2-49 一般位置直线与一般位置平面相交

法求得。而 KL 与直线 DE 在同一平面 STUV 上,直线 KL 与直线 DE 的交点 M 即为直线 DE 与平面 ABC 的交点 M。由此,可以容易地求得一般位置直线与一般位置平面的交点。

解 (1) 过 DE 作一个辅助的铅垂面 P,其水平迹线为 P_H(图 2-49c)。

(2) 找出铅垂面 P 与平面 ABC 的交线 KL(作法与前例相同)。

(3) 因为交线 KL 与直线 DE 在同一平面 P 上,所以有交点,在正面投影中可见交点 m',找出对应的水平投影 m。

(4) 判断直线的正面投影的可见性:分析正面投影的重影点 F 和 G。在水平投影中,DE 上的点 F 在 AC 上的点 G 的前面,因而,正面投影 d'm' 可见(图 2-49d)。

(5) 判断直线的水平面投影的可见性:分析水平面投影的重影点 K 和 J。在正面投影中,DE 上的点 J 在 AB 上点 K 的上面(正面投影中,j' 在上 k' 在下),因而,水平投影 mj 可见,ml 不可见。

(6) 可见的线段画粗实线,不可见的线段画虚线,完成一般位置直线与一般位置平面的交点。

2.2.4.4 两个一般位置平面相交

例 2-16 求一般位置平面 ABC 与一般位置平面 DEFG 的交线(图 2-50b)。

如图 2-50a 所示,该一般位置平面 ABC 仍然是前一例的平面 ABC,平面 DEFG 中的直线 DE 仍然是前一例中的直线 DE,这里增加了一条与 DE 平行的直线 FG,DE 与 FG 组成一个平面。

按照前一例的方法,分别求一般位置直线 DE 和 FG 与一般位置平面 ABC 的交点,连接这两个交点,即为所求的交线。

解 (1) 求一般位置直线 DE 与一般位置平面 ABC 的交点 M(图 2-50c)。

(2) 求一般位置直线 GF 与一般位置平面 ABC 的交点 N(图 2-50c)。

(3) 画出两个平面的交线 MN 的投影。

(4) 判断正面投影的可见性。从 UV 两点的水平投影看到,de 上的点 u 在 ac 上的点 v 之前,所以在正面投影中 d'm' 和 g'n' 可见,a'c' 中介于 d'm' 和 g'n' 之间的部分不可见,因为点 D 从点 M 穿入平面 ABC,推理可知,穿入的部分不可见(图 2-50d)。

(5) 从 S、T 两点的正面投影看到,b'c' 上的点 s' 在 g'f' 上的点 t' 之上,所以在水平投影中 cb 全段可见,me 和 nf 被平面 ABC 遮住的部分不可见。ab 整段中被 DEFG 遮住的部分 kr 不可见(图 2-50d)。

(6) 可见的线段画粗实线,不可见的线段画虚线(图 2-50d)。

2.2.4.5 两个投影面垂直面相交

例 2-17 求正垂面 ABC 与正垂面 DEF 的交线 MN(图 2-51b)。

解 分析:两个正垂面的交线是一条正垂线,从图 2-51a 可知,在正面投影中,交线 MN 的投影积聚为一个点,水平投影为一段垂直于 OX 轴的线段。这道题目中两个平面是互交的,其要点是判断水平投影的可见性。

(1) 正垂面 ABC 与 DEF 的交线为正垂线 MN,MN 的正面投影为一点,水平投影取两个面共有的部分。

(2) 判断水平投影中 md、de、ab 和 an 几段的可见性。从重影点 1(2) 可知,在正面投影中,DE 上的点 1 在 AB 上的点 2 之上,所以,在水平投影中,de 可见,dm 可见,ab 和 an 被平

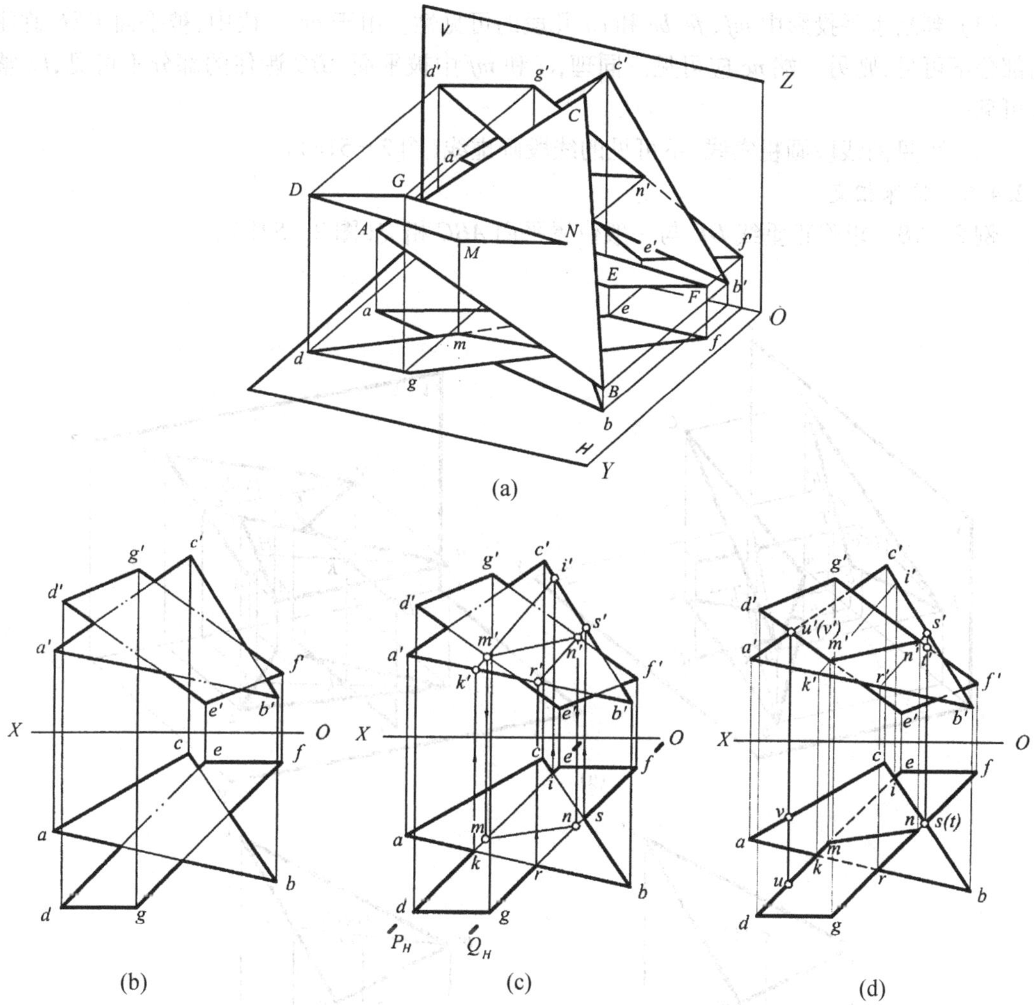

第 2 章 点、直线和平面的投影

图 2-50 两个一般位置平面相交

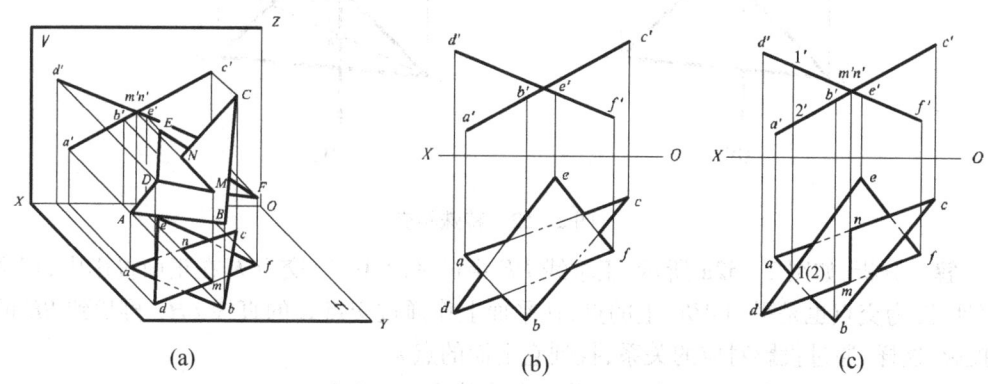

图 2-51 两个垂直于正面的平面相交

面 DEF 遮住的部分不可见。

（3）判断水平投影中 mf、fe、bc 和 cn 几段的可见性。由于 an 一段中，被平面 DEF 遮住的部分不可见，则另一端 nc 应可见。同理，ef 和 mf 中被平面 ABC 遮住的部分不可见，bc 整段可见。

（4）可见的线段画粗实线，不可见的线段画虚线（图 2-51c）。

2.2.4.6 特殊相交

例 2-18 求作正垂线 DE 与一般位置平面 ABC 相交（图 2-52b）。

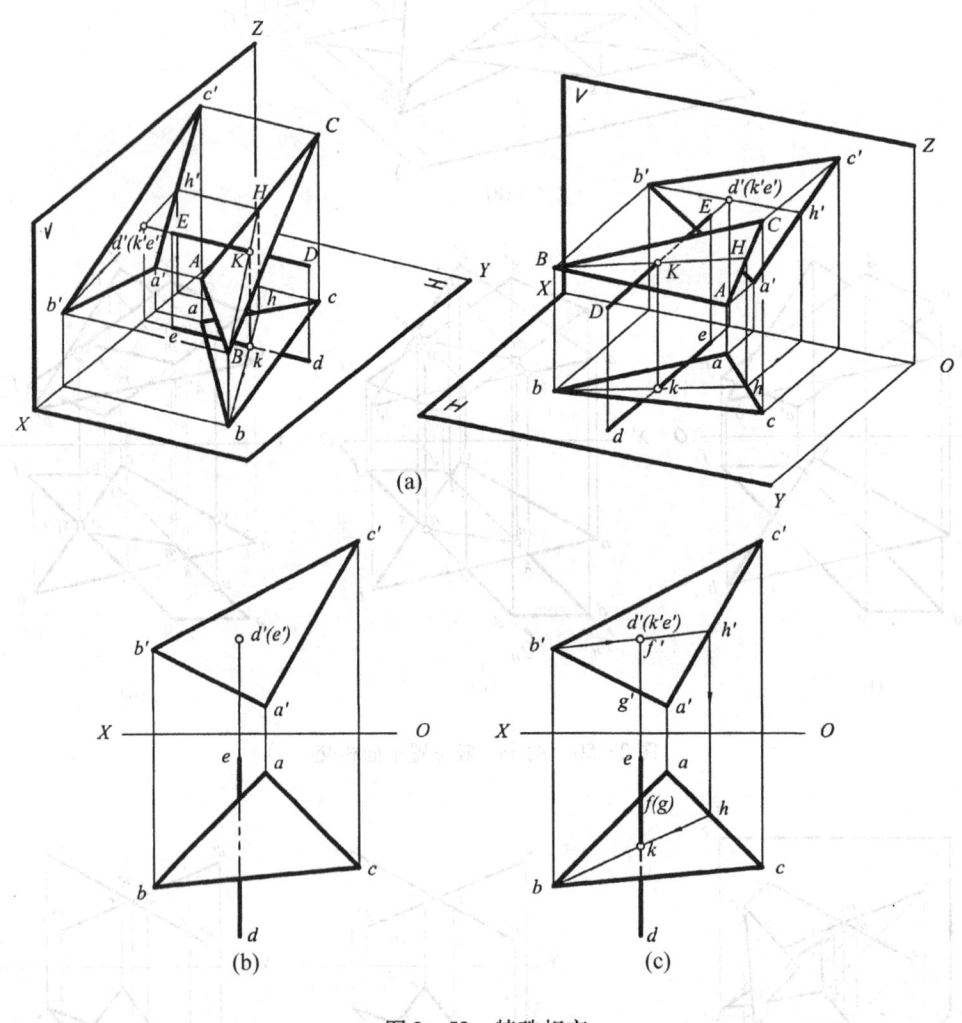

图 2-52 特殊相交

解 分析：如图 2-52a 所示，正垂线 DE 穿过平面 ABC，交点 K 在正面投影中，积聚在 d'e' 处，因为交点也是平面 ABC 上的点，在平面上作通过交点 K 的直线 BH，再找到 BH 的水平投影，这样，通过投影对应的关系，找到它上面的点 k。

（1）在正面投影中，过 b' 和 d'e' 作一条直线交 a'c' 于 h'。

（2）找到点 H 的水平投影 h，h 在 ac 上。

(3) 连接 bh，找到 bh 与 de 的交点 k，k 即为平面 ABC 与直线 DE 的交点的水平投影。点 K 的正面投影 k′ 与 d′e′ 重合。

(4) 分析水平投影中的重影点 f 和 g，DE 上的点 F 在 AB 上的点 G 的上面，说明在重影点处直线 DE 上的点 F 在平面 ABC 上的点 G 的上面，即 kf 可见，kd 中被平面 ABC 遮住的部分不可见（图 2-52c）。

2.2.4.7 综合问题

例 2-19 求作点 D 到平面 ABC 的距离，并求这个距离的实长（图 2-53a）。

解 分析：求作点到平面的距离，即过点作平面 ABC 的垂线 DE，且 DE 应垂直于平面 ABC 上的水平线和正平线，垂线与平面 ABC 的交点 E 为垂足。

(1) 在平面 ABC 上作水平线 AH、正平线 BK。在正面投影中，作 d′e′ 垂直于 b′k′；在水平投影中，作 de 垂直于 ah（图 2-53b），直线 DE 垂直于平面 ABC 并为一条一般位置直线。

(2) 找出 DE 与 ABC 平面的交点 I。作法与例 2-15 相同（图 2-49）。

(3) 用直角三角形法求交线 DI 的实长，即为点 E 到平面 ABC 的距离。

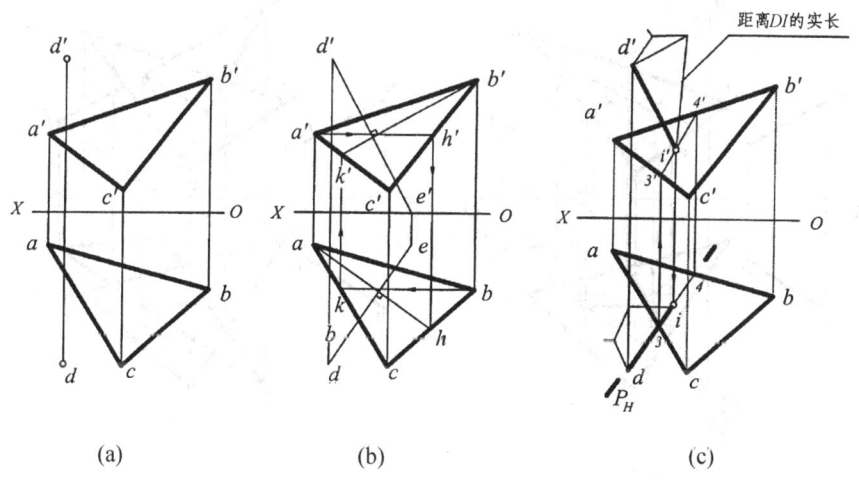

(a)　　　　　　(b)　　　　　　(c)

图 2-53　求作点 D 到平面 ABC 的距离

例 2-20 过点 D 作平面 DEF 垂直于三角形 ABC 且平行于直线 MN，找出平面 DEF 与平面 ABC 的交线（图 2-54a）。

解 分析：所求平面需包含一条平面 ABC 的垂线和一条 MN 的平行线。

(1) 过点 D 作平面 ABC 的垂线 DE。这条垂线的正面投影垂直于 ABC 上的一条正平线（BK）的正面投影。水平投影垂直于 ABC 上的一条水平线（AH）的水平投影。

(2) 在正面投影中，过 d′ 作直线 d′f′ 平行于 m′n′；在水平投影中，过点 d 作直线 df 平行于 mn。

(3) 连接 ef 和 e′f′ 得到所求平面 DEF（图 2-54b）。

(4) 找出平面 ABC 和 DEF 的交线，作法如例 2-16 所示（图 2-50c）。

(5) 判断投影的可见性，可见的线段画粗实线，不可见的线段画虚线（图 2-54d）。

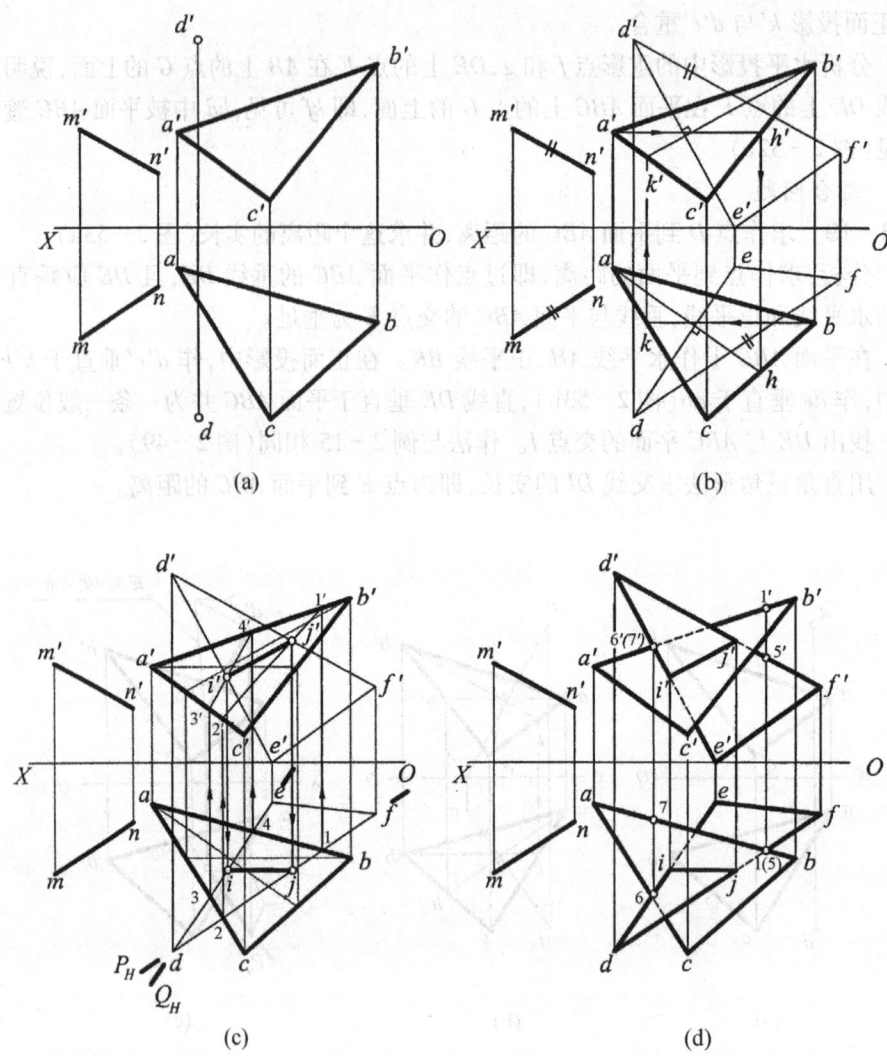

图 2-54　过点 D 作平面 DEF 垂直于三角形 ABC，且平行于直线 MN，找出两个平面的交线

第 3 章 投影变换

3.1 投影变换概述

由前面介绍的投影理论可知,当空间几何元素在投影体系中处于特殊位置时,其投影能真实地反映某些几何特性。例如,直线和平面平行于投影面时,其投影反映实长和实形;当直线或平面与垂直于投影面的平面相交时,因投影的积聚性,其交点或交线的投影能直接作出来。如图3-1所示,在画法几何中,经常要利用投影的这些特性来简化空间元素几何问题的图解过程。

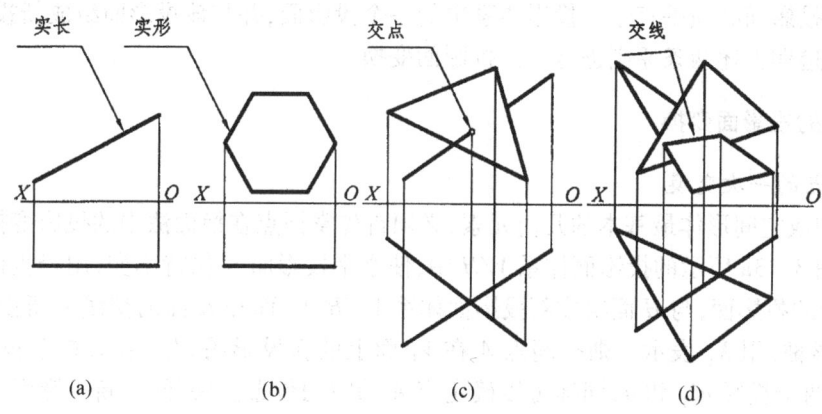

图 3-1 空间几何元素处于特殊位置时的投影特征

因此,对于投影图中处于空间一般位置的几何元素,常设想构造一个新的投影体系,使这些几何元素在新投影体系中处于特殊位置,以达到有利于解题的目的。这种改变空间几何元素、投影面、投射方向之间的相对关系以达到便于图解空间几何问题的方法,称为投影变换。如图3-2a所示,在 V/H 投影体系中有一条一般位置直线 AB。为了在投影图中反映

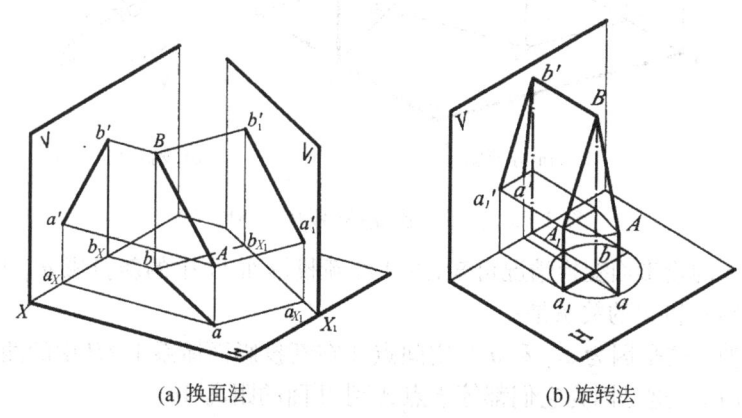

(a) 换面法　　　(b) 旋转法

图 3-2 换面法和旋转法

其实长,用一个与直线 AB 平行且垂直于 H 面的平面 V_1 作为新的投影面,它和原有的 H 面构成新的投影体系 V_1/H。在这个新投影体系中,直线 AB 平行于 V_1 面,则在 V_1 面上的投影 $a'_1b'_1$ 就能反映直线 AB 的实长。这种方法称为换面法,或称投影面变换。此外,还可以保持投影面不变,将空间几何元素绕一条特定轴线旋转到有利于解题的位置。如图 3-2b 所示,将空间一般位置直线 AB 绕过点 B 的铅垂线旋转到正平的位置,得到直线 AB 的实长。这种方法称为旋转法,或称旋转变换。

3.2 换面法

用更换投影面来改变空间几何元素与投影面的相对位置,以便于解题,这种投影变换称为换面法。在换面法中,选择新的投影面必须遵循下列原则:

(1) 应使所表达的几何元素在新投影体系中处于最有利于解题的特殊位置。
(2) 新投影面必须垂直于原投影体系中的一个投影面,并与该投影面组成新投影体系。
(3) 可遵照上述两条原则进行多次投影面变换。

3.2.1 点的投影面变换

3.2.1.1 点的一次变换

点是构成空间形体最基本的几何元素,必须首先掌握点在换面法中的投影变换规律。

在如图 3-3a 所示的投影面体系 V/H 中,使水平投影面 H 保持不变,用铅垂面 V_1 代替 V 面作为新的投影面,与 H 组成新投影面体系 V_1/H;V_1 面和 H 面的交线为新投影面体系中的新投影轴,用 X_1 表示。则空间点 A 在 V_1 面上的新投影用 a'_1 表示;在新投影面体系 V_1/H 中的两个投影 a'_1 和 a,同样可以确定点 A 的空间位置。展开时,新投影面 V_1 绕新投影轴 X_1,并按箭头方向旋转到与投影面 H 重合的位置,展开后的投影图如图 3-3b 所示。

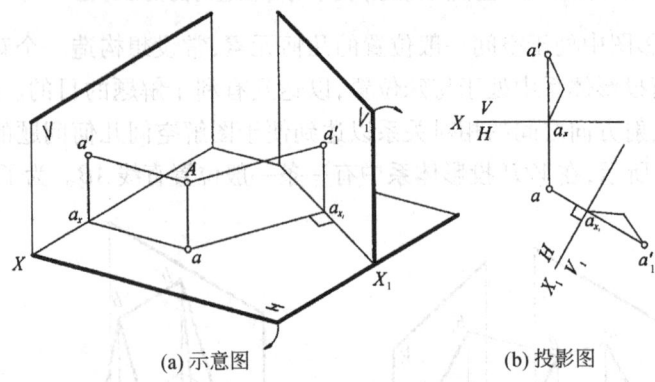

(a) 示意图 (b) 投影图

图 3-3 点的一次变换($V/H \longrightarrow V_1/H$)

由以上点 A 的投影面变换情况可知,点 A 在新投影面 V_1 中的新投影 a'_1 与旧投影面体系上的两个投影 a 和 a' 的关系是:

$aa'_1 \perp X_1$ 轴。这是因为 a'_1 和 a 是空间点 A 在新投影面体系 V_1/H 中的两个正投影。

$a'_1 a_{X1} = a' a_X$。这是因为它们都等于点 A 到 H 面的距离 Aa。

所以,得出空间点的投影面变换规律如下:

(1)在新投影面体系中,空间点的两个投影连线,垂直于新投影轴;
(2)新的投影到新投影轴的距离,等于旧投影面体系中被更换的投影到旧投影轴的距离。

由此可知,当新投影面的位置确定之后,利用上述规律可以由点的两个旧投影求出变换后的新投影。

例 3-1 图 3-4a 所示,已知点 A 的两个投影 a 和 a',以及利用 H_1 面更换 H 面时的新投影轴 X_1 的位置,要求作出投影变换后的新投影 a_1。

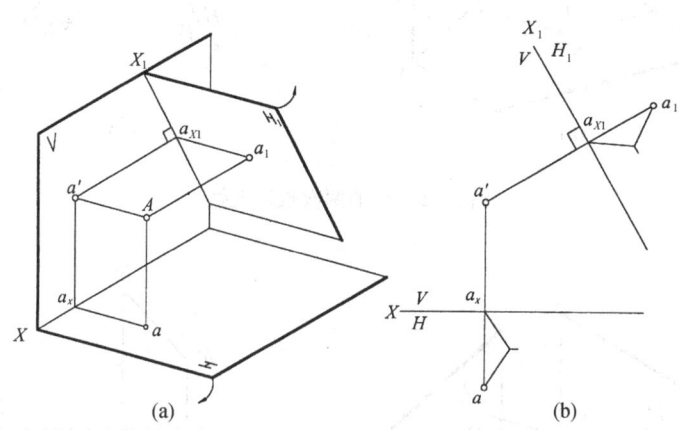

图 3-4 点的一次投影面变换($V/H \longrightarrow V/H_1$)

解 根据已知条件,具体的作图步骤如下:

(1)在保留的投影面 V 面上作 X_1 轴,并从点 a' 作 X_1 轴垂线交 X_1 轴于 a_{X1},得到新投影体系中的投影连线;

(2)在新投影体系的投影连线上,从 a_{X1} 处量取线段 $a_{X1}a_1$ 的长度等于 a_Xa,得到新投影 a_1。

图 3-4b 表示点 A 在新旧投影面体系中空间投影的变换过程。

3.2.1.2 点的二次投影面变换

在求解空间几何问题时,常常需要连续更换二次或更多次投影面,才能方便地解决问题。例如,通过两次变换将一般位置直线变换为投影面垂直面,将一般位置平面变换为投影面平行面。在作第二次投影变换时,所用的新投影面必须与第一次换面的新投影面垂直,并组成新的投影面体系。因此,求第二次换面的新投影时,要把第一次投影变换建立起来的新投影面体系中的两个投影作为原有投影,再运用点的投影变换规律作出新投影图。

图 3-5a 表示点 B 连续进行二次投影变换的过程。第一次用 V_1 面更换 V 面,第二次用 H_2 面更换 H 面,从而在第二次变换后构成新投影体系 V_1/H_2,新投影轴则用 X_2 表示。图 3-5b 为连续进行二次投影变换后所得到的投影图。

3.2.2 投影面变换的四种基本运用

3.2.2.1 一般位置直线变换为投影面平行线

图 3-6 表示将一般位置直线 AB 变换为投影面平行线的空间转换过程及其作图方法。

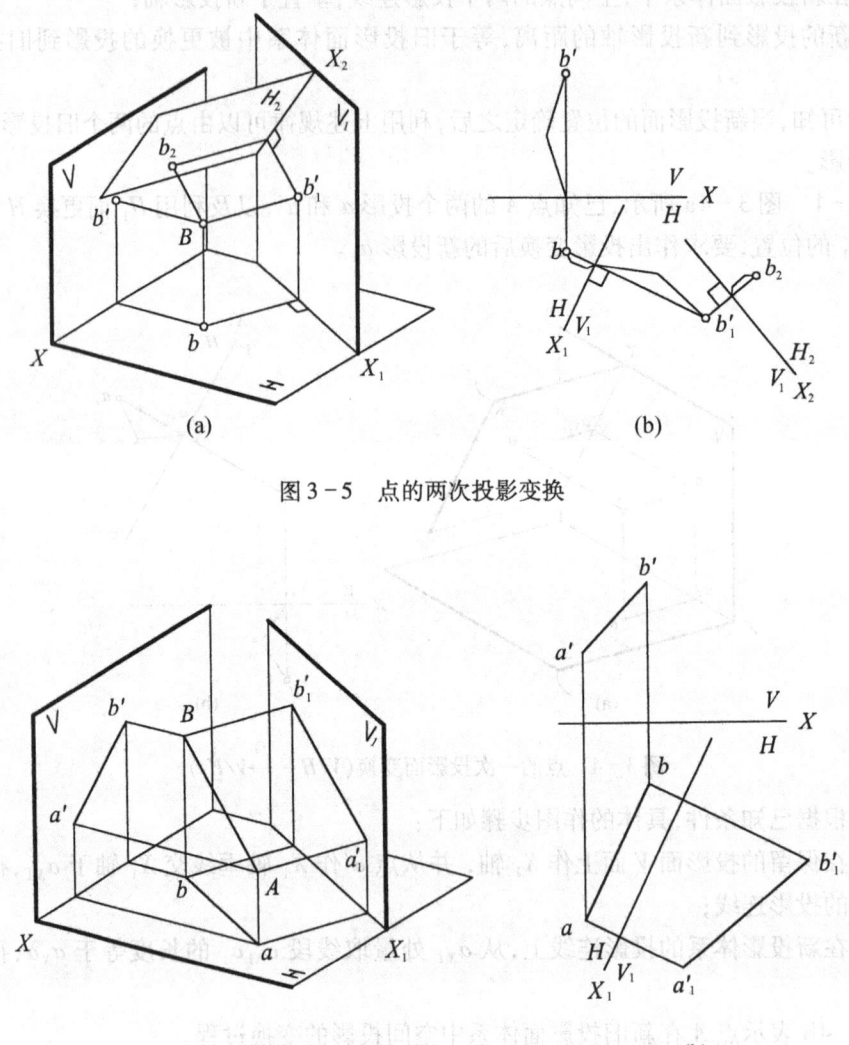

图 3-5 点的两次投影变换

图 3-6 一般位置直线变换为投影面平行面

新投影面 V_1 平行于直线 AB,且垂直于原有投影面 H;直线 AB 在新投影面体系 V_1/H 中平行于 V_1 面,则 AB 在 V_1 面上的投影 $a'_1b'_1$ 反映空间直线的实长。图 3-6b 为投影变换作图。先在合适的位置作出与保留的投影 ab 平行的新投影轴 X_1,然后运用投影变换规律分别求出点 A、B 的新投影 a'_1 和 b'_1,再连接成直线 $a'_1b'_1$,这就是直线 AB 在新投影面 V_1 上反映实长的投影。

3.2.2.2 投影面平行线变换为投影面垂直线

图 3-7a 表示将正平线 AB 变换为投影面垂直线的情况。由于新投影面 H_1 既垂直于正平线 AB,也垂直于原有投影面 V;所以,直线 AB 在新投影面体系 V/H_1 中是垂直于 H_1 面的直线,图 3-7b 为投影作图。先在适当位置画出与正面投影 $a'b'$ 垂直的新投影轴 X_1,再应用投影变换规律作出直线的新投影 a_1b_1。此时,a_1b_1 应积聚成为一点 $a_1(b_1)$。

56

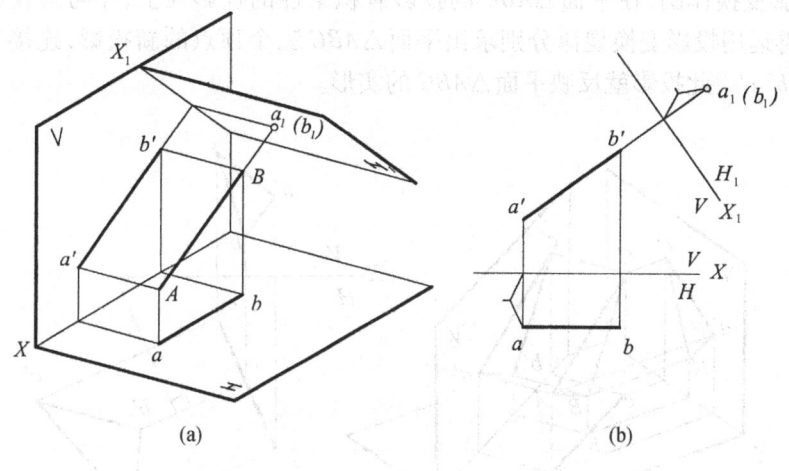

图 3-7 投影面平行线变换为投影面垂直线

3.2.2.3 一般位置平面变换为投影面垂直面

图 3-8a 是将一般位置平面 △ABC 变换为新投影面体系中投影面垂直面的空间转换过程。在建立新投影面体系 V_1/H 时，根据投影面垂直面的空间几何特性，新投影面 V_1 既要垂直于平面 △ABC，又要垂直于原有投影面 H；因此，必须使新投影面 V_1 同时垂直于 △ABC 平面内的任意一条水平线和 H 面。图 3-8b 为一般位置平面变换为投影面垂直面的投影变换的作图，先在 △ABC 平面内画出水平线 AD 作为辅助线，再将 AD 变换为新投影面体系 V_1/H 中垂直于 V_1 面的垂直线，此时点 A 和 D 的投影积聚成一点 $a'_1(d'_1)$，这样就使得平面 △ABC 成为新投影面体系 V_1/H 中的正垂面。在 V_1 面内的投影积聚为一条直线 $b'_1 a'_1 c'_1$。

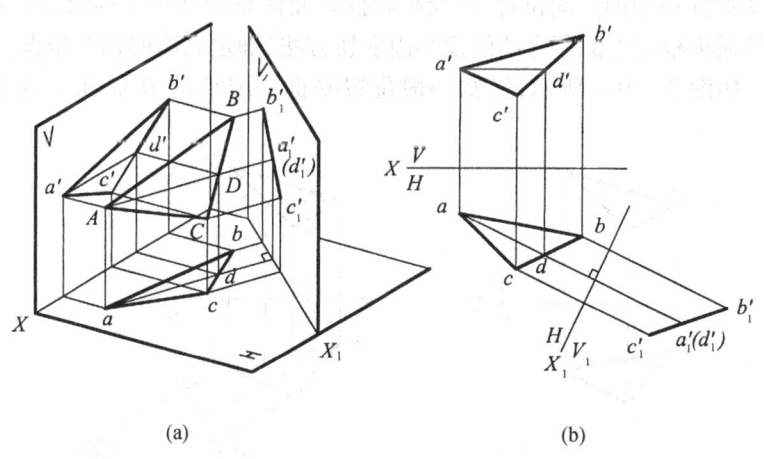

图 3-8 将一般位置平面变换为投影面垂直面

3.2.2.4 投影面垂直面变换为投影面平行面

图 3-9a 是将铅垂面 △ABC 变换为新投影面体系中投影面平行面的空间转换过程。根据投影面平行面的空间几何特性和投影变换规律，新投影面 V_1 平行于平面 △ABC，则必定同时垂直于投影面 H，并与 H 面组成新投影面体系 V_1/H。此时 △ABC 在新投影面体系中是平行于 V_1 面的平面，它在 V_1 面的投影反映实形。图 3-9b 为投影面垂直面变换为投影面

平行面的投影变换作图,在平面△ABC 的投影有积聚性的投影面上,作与其投影平行的新投影轴 X_1,再运用投影变换规律分别求出平面△ABC 三个顶点的新投影,连接三顶点的新投影得△$a'_1b'_1c'_1$,此投影就反映平面△ABC 的实形。

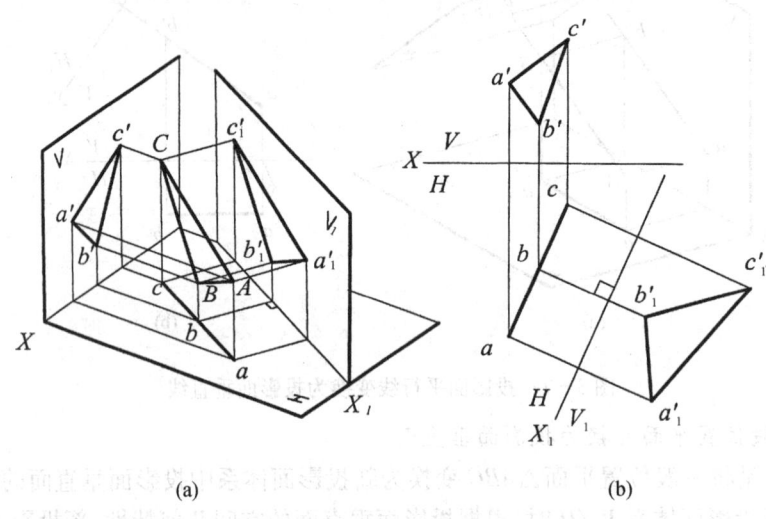

图 3-9 将投影面垂直面变换为投影面平行面

应用换面法解题时,经常运用上述四种基本方法作图,因此必须熟练掌握它们。

3.2.3 解题举例

应用换面法解题时,首先要进行题意分析,弄清楚给出的空间几何元素(或者其中的一部分)在原投影面体系中的空间位置,以及在新投影面体系中处于怎样的相对位置时,才最有利于解题;然后再根据上面所介绍的投影面变换方法,确定具体的作图步骤。

例 3-2 如图 3-10a 所示,已知一般位置平面△ABC 的 H 面和 V 面投影,试求出

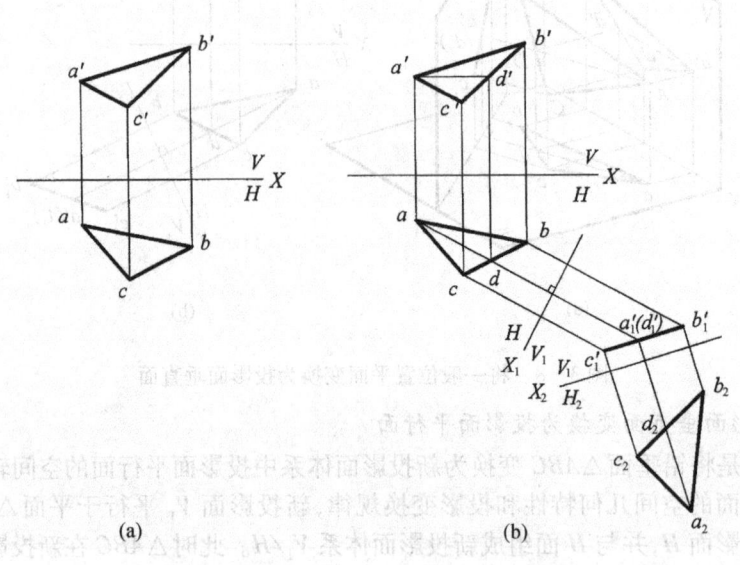

图 3-10 用换面法求出△ABC 的实形

△ABC 的实形。

解 分析:根据投影原理,求作空间平面的实形,必须使平面在投影面体系中处于平行于投影面的位置。因此,在求一般位置平面△ABC 的实形时,可采用换面法,把平面△ABC 变换为新投影面的平行面,则其新投影就反映空间平面的实形。但是,要使新投影面既平行于一般位置平面△ABC,又同时垂直于一个原有投影面是不可能的。为此,将一般位置平面变换为投影面平行面,应连续进行二次投影面变换,即先变换为投影面垂直面,再变换为投影面平行面。

(1) 如图 3-10b 所示,先将平面△ABC 变换为新投影面的垂直面。为此,在△ABC 平面的正面投影上过点 a' 作平行于 X 轴的一条水平线 AD,AD 的正面投影 $a'd'$ 交 $c'b'$ 于 d',作出 AD 的水平投影 ad;再根据投影面变换的基本作图方法,把水平线 AD 变换为新投影面 V_1 的垂直线。此时,点 A 和点 D 的投影积聚成一点 $a'_1(d'_1)$,并与平面△ABC 的投影积聚在同一直线 $b'_1 a'_1 c'_1$ 上。

(2) 通过第二次投影面变换,把投影面垂直面变换为投影面平行面,即可得到平面△ABC 的实形,即△$A_1 B_1 C_1$。

例 3-3 如图 3-11a 所示,已知一般位置直线 DE 和一般位置平面△ABC 的 H 面和 V 面投影,试求它们交点的投影。

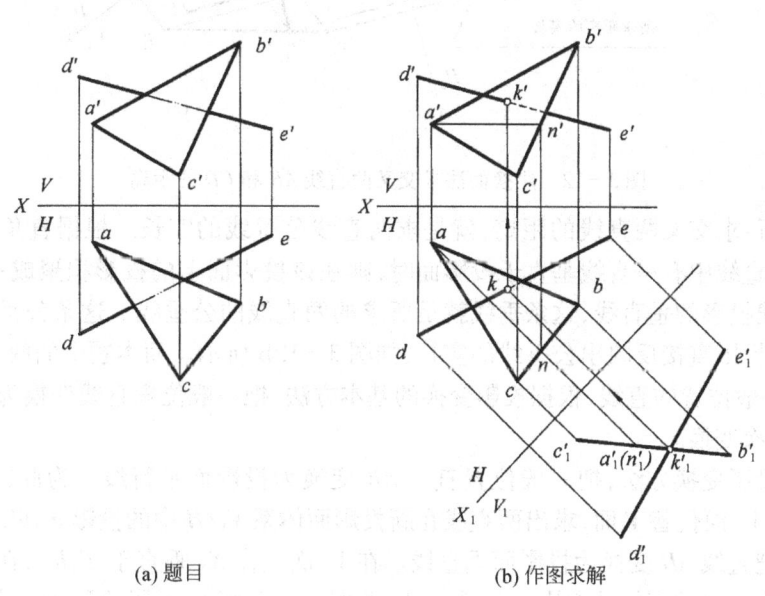

(a) 题目　　　　　　　　　(b) 作图求解

图 3-11　用换面法求一般位置直线和一般位置平面的交点的投影

解 分析:根据投影原理可知,当平面垂直于某一投影面时,平面在该投影面上的投影有积聚性,并能直接反映出该平面与直线相交时交点的投影。因此,通过投影面变换,将一般位置平面△ABC 变换为投影面垂直面,就很容易求得直线 DE 与平面△ABC 的交点。

(1) 如图 3-11b 所示,首先过点 A 作水平线 AN 为辅助线,将平面△ABC 变换为垂直于新投影面 V_1 的投影面垂直面 $a'_1 b'_1 c'_1$;再求出直线 DE 在 V_1 面的投影 $d'_1 e'_1$;由于平面△ABC 在新投影面 V_1 上的投影有积聚性,则其投影与直线投影的交点 k'_1 就是空间直线 DE 与平面△ABC 相交的交点。

(2) 根据投影面变换规律,应用直线上点的投影特性,把交点的新投影 k'_1 返回去,在原投影面体系中直线 EF 的相应投影上,先后求得交点 K 在原投影面体系中的投影 k 和 k'。

例 3-4 求交叉两直线 AB 和 CD 的距离,如图 3-12a 所示。

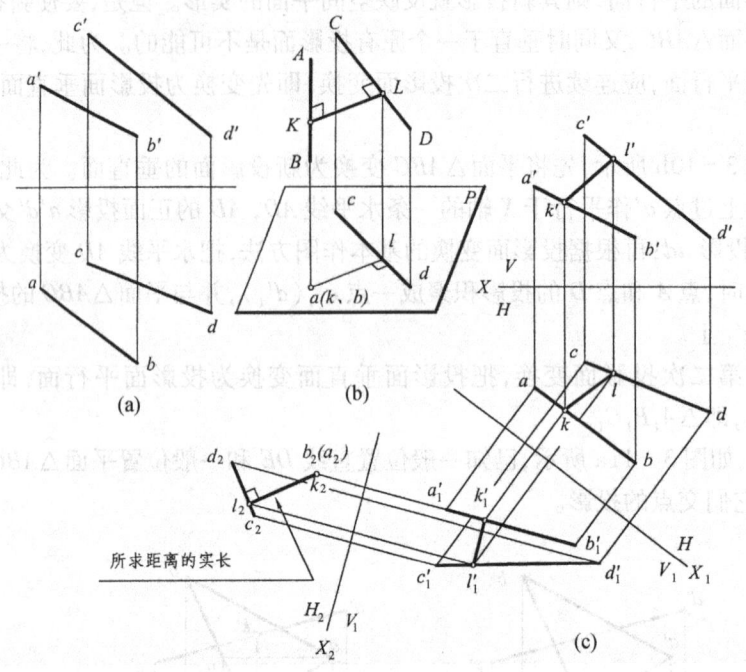

图 3-12 用换面法求交叉两直线 AB 和 CD 的距离

解 分析:求交叉两直线的距离,就是求两直线公垂线的实长。根据直角投影定理可知,当交叉两直线中有一直线垂直于投影面时,则在该投影面上的投影积聚成一点,从这一点作另一直线投影的垂直线,这条垂线就是所求的两直线的公垂线。这条公垂线平行于这个投影面,其投影直接反映出公垂线的实长,如图 3-12b 所示。而本题中的两交叉直线 AB 和 CD 都是一般位置的直线,根据投影变换的基本方法,把一般位置直线变换为投影面垂直线,要经过两次变换。

(1) 用投影变换方法,把一般位置直线 AB 变换为投影面平行线。为此,在 H 面上作 $X_1 // ab$,使用 V_1 面代替 V 面,求出两直线在新投影面体系 V_1/H 中的投影 $a'_1 b'_1$ 和 $c'_1 d'_1$。

(2) 再把直线 AB 变换为投影面垂直线。在 V_1 面上作 X_2 垂直于 $a'_1 b'_1$,在新的投影面体系 V_1/H_2 中求出两直线的投影 $a_2 b_2$ 和 $c_2 d_2$;此时,直线 AB 的投影积聚为一点 $b_2(a_2)$,公垂线的一端 K_2 也积聚在这点上。

(3) 在 H_2 面上,根据直角投影定理可知,过点 k_2 作直线 $k_2 l_2$ 垂直于 $c_2 d_2$,并交 $c_2 d_2$ 于 l_2,则 $k_2 l_2$ 就是两直线的公垂线在 H_2 面上的投影,并且其投影长度反映公垂线的实长。

(4) 求公垂线 KL 在原投影体系 V/H 中的投影。由于公垂线 $KL // H_2$,则有 $k'_1 l'_1 // X_2$。因此,过点 l_2 作直线 $l_2 l'_1 \perp X_2$,交直线 $c'_1 d'_1$ 于 l'_1;再过点 l'_1 作直线 $l'_1 k'_1 // X_2$,交直线 $a'_1 b'_1$ 于 k'_1。最后,按直线上一点的投影变换规律,返回到原投影体系 V/H 中,得到公垂线 KL 的投影 kl 和 k'l'。

具体的解题步骤见图 3-12 所示。

例 3-5 求两平面 $\triangle ABC$ 和 $\triangle BCD$ 的夹角,如图 3-13a 所示。

解 分析:根据立体几何的定理可知,两相交平面的夹角,等于两平面在它们公垂面上的交角,如图 3-13b 所示。因此,欲求两平面的夹角,只需把两平面的交线变换为投影面的垂直线,则两平面在该投影面上的投影,就反映空间两平面的夹角。

根据投影变换的方法,把两个平面的交线 BC 从一般位置直线变换为投影面的垂直线,必须经过二次投影变换。因此

(1) 在 H 面内,作 $X_1 // bc$,使交线 BC 成为新投影面体系 V_1/H 中的投影面平行线,并作出两平面的投影 $\triangle a'_1 b'_1 c'_1$ 和 $\triangle b'_1 c'_1 d'_1$。

(2) 在 V_1 面内,作 $X_2 \perp b'_1 c'_1$,使交线 BC 成为新投影面体系 V_1/H_1 中的投影面垂直线;此时在 H_2 面上,交线 BC 的投影积聚成一点 $c_2(b_2)$,两平面 $\triangle ABC$ 和 $\triangle BCD$ 的投影积聚成直线段,它们的夹角 $\angle a_2 b_2 d_2$ 就反映空间两平面的真实夹角。

具体的作图步骤见图 3-13c 所示。

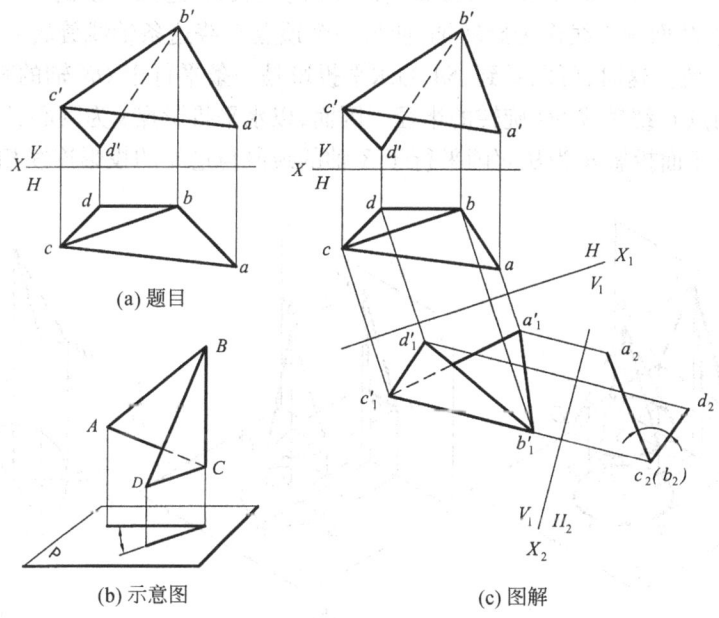

(a) 题目

(b) 示意图

(c) 图解

图 3-13 求两平面 $\triangle ABC$ 和 $\triangle BCD$ 的夹角

由以上的解题过程可知,使用投影面变换的方法,可以很方便地解决空间几何元素的垂直问题。当然,此题不用投影面变换的方法也可求解,建议读者试作练习,以比较两种不同的解题方法。从例 3-2、例 3-3 和例 3-4 可以看出,当求解过程需要进行两次或两次以上投影变换时,为了每更换一次投影面都能使空间元素处于更有利于解题的位置,则 V 面和 H 面必须交替更换,即按 $V/H \rightarrow V_1/H \rightarrow V_1/H_2 \rightarrow V_3/H_2 \rightarrow \cdots\cdots$ 变换,或者按 $V/H \rightarrow V/H_1 \rightarrow V_2/H_1 \rightarrow V_2/H_3 \rightarrow \cdots\cdots$ 变换。另外,在作图中要使图形清晰易看,应尽量避免作新投影图所画的图线与旧投影图中原有的图线交错重叠。为此,作图时必须将新投影轴选择在适当位置。

3.3 旋转法

旋转法是保持投影面不变,将空间几何元素绕某一轴旋转到有利于解题的位置的方法。在本节中,旋转轴只限于投影面的垂直线。

3.3.1 旋转法原理

如图 3-14a 所示,轴线垂直于水平面的正圆锥的每一条素线(过锥顶到锥底的直线段)等长,但只有平行于正面的两条素线,即最左轮廓素线和最右轮廓素线 SA 和 SB 的正面投影反映实长;而其他的素线如 SC、SD 的正面投影都缩短。这里,如果将圆锥的其他素线绕轴线 SO 旋转到 SA 或 SB 的位置,即旋转到平行于正面的位置,它们在正面的投影即反映实长。

如图 3-14b 所示,如果要求一般位置直线 SC 的实长,将这条直线的一个顶点 S 当作圆锥的顶点作一条 H 面垂直线作为旋转轴,使另一个顶点 C 绕这条轴线旋转到与正面平行的位置,即 SA 的位置。这时,可以看到,SA 的水平投影是一条平行于 OX 轴的直线段,sa 的长度等于 sc,即为点 C 绕轴线 SO 旋转的半径。因而,以水平投影点 s 为圆心,以 sc 为半径,画弧得到点 a。而正面投影 a' 为从 c' 画平行于 X 轴的线段与过 a 的投影连线相交得到。

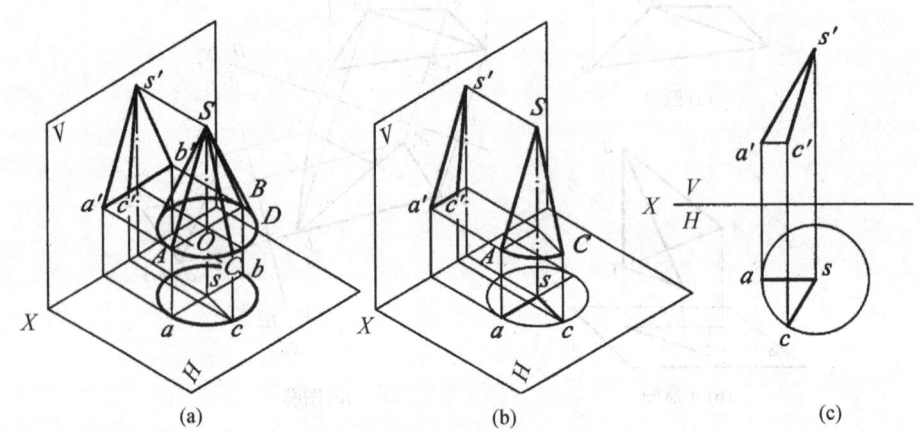

图 3-14 旋转法原理

3.3.2 旋转法的基本应用

3.3.2.1 点的旋转变换

只要清楚了一个点的旋转变换规律,就可以解决其他几何元素的旋转问题。图 3-15a 为点 A 绕铅垂轴线的旋转变换,图 3-15b 为点 A 绕正垂轴线的旋转变换。在图 3-15a 中点 a 可绕 o 旋转到的任意一个位置得点 a_1,但 a' 总是在点 a' 沿平行于 X 轴移动的位置。同理,在图 3-15b 中 a'_1 可以是点 a' 绕 o' 旋转到的任意一个位置,但 a_1 总是点 a 沿平行于 X 轴移动后的位置。

由此总结出点的旋转变换规律:

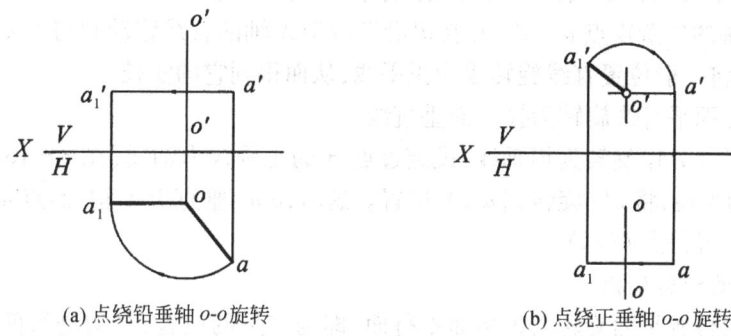

(a) 点绕铅垂轴 o-o 旋转　　　　　　(b) 点绕正垂轴 o-o 旋转

图 3-15　点的旋转变换

（1）空间一点绕投影面垂直轴线旋转时，它在轴线所垂直的投影面上的投影沿一圆周转动，另一投影则沿着一平行投影轴的直线移动。

（2）当两个或多个点进行旋转变换时，一经确定旋转轴线的位置后，所有的点都需绕同一旋转轴，按同一旋转方向，旋转同一角度。只有这样，才能保持这些点在空间相对位置不变。

3.3.2.2　直线的旋转变换

直线的旋转变换，即是将直线的两个端点绕垂直轴线旋转同样的角度。但是，应该将直线旋转到有利的位置，如投影面平行线或投影面垂直线的位置，才能求得直线的实长或解决与这条直线有关的其他问题。图 3-16a 为一条一般位置直线，图 3-16b 为将它旋转到任意位置，图 3-16c 为将它旋转到正平的位置，图 3-16d 为从正平位置再旋转到正垂的位置。

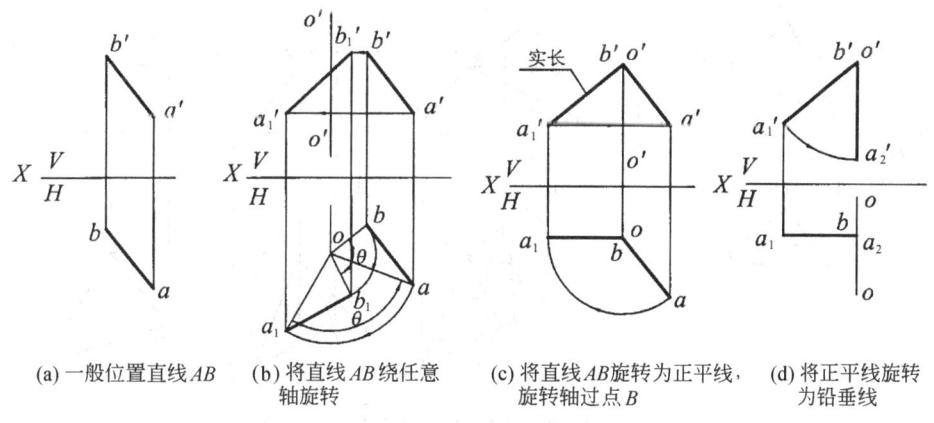

(a) 一般位置直线 AB　　(b) 将直线 AB 绕任意　　(c) 将直线 AB 旋转为正平线，　(d) 将正平线旋转
　　　　　　　　　　　　　　轴旋转　　　　　　　　旋转轴过点 B　　　　　　　　为铅垂线

图 3-16　直线的旋转变换

从图 3-16b 可以看到，旋转轴 O 为铅垂线，直线 AB 的水平投影的两个端点 a 和 b 均绕点 o 旋转角度 θ（θ 角可由在等长半径的圆弧上量取相等弦长来确定）。由 ab、$a'b'$ 所确定的直线 AB 与由 a_1b_1、$a'_1b'_1$ 所确定的直线 A_1B_1 是等长的直线（同一条直线），但在空间的位置不同。

（1）将一般位置直线旋转为投影面平行线

若要将 AB 旋转为正平线,可令旋转轴过点 B,如图 3-16c 所示,将点 a 以 oa 为半径旋转到平行于 X 轴的位置得点 a_1,a'_1 为点 a' 沿平行于 X 轴的直线移动到与点 a_1 投影对齐的位置。这样,就将一般位置直线旋转成为正平线,从而得到它的实长。

(2) 将投影面平行线旋转为投影面垂直线

为了将正平线 BA_1 旋转为铅垂线,设定过点 B 的正垂线为轴线(图 3-16d),以点 o' 为圆心,以 $b'a'_1$ 为半径,将 a'_1 旋转到 a'_2 的位置。这时,$b'a'_2$ 垂直于 X 轴;而点 a_1 自然平移到了与 b 重合的位置得点 $b(a_2)$。

3.3.2.3 平面的旋转变换

若要将一般位置平面旋转为投影面平行面,即为实形的位置,必须进行两次旋转变换。首先将它旋转为对投影面垂直的位置,然后再将投影垂直面旋转为投影面平行面。图 3-17 是将一般位置平面 ABC 先变换为正垂面,然后再变换为水平面。

(1) 将一般位置平面旋转为投影面垂直平面

如图 3-17a 所示的一般位置平面 ABC,首先在三角形 ABC 上作一条水平线 AD,然后将三角形 ABC 绕过点 A 的铅垂线旋转到正垂的位置,即将三角形 ABC 上的水平线 AD 旋转为正垂线(水平投影 ad_1 旋转到垂直于 X 轴的位置)。这时,平面 ABC 上有一条正面的垂直线 AD,因而 ABC 一定为正垂面。具体作图时,绕水平投影点 a 先将点 d 旋转到 ad 垂直于 X 轴的位置,按照旋转角 $\angle dad_1$ 的大小 θ 将点 b 和点 c 旋转同样角度 θ,这时 $b'_1 a' c'_1$ 三点必然在一条直线上;如果这三点不在一条直线上,说明作图有误。如图 3-17b 所示。

(2) 将投影面垂直平面旋转为投影面平行面

如图 3-17c 所示,若要将正垂面 $A_1 B_1 C_1$ 旋转变换为水平面,只需将正面投影直线 $b'_1 a'_1 c'_1$ 绕过 a'_1 的正垂线旋转到平行于 X 轴的位置。

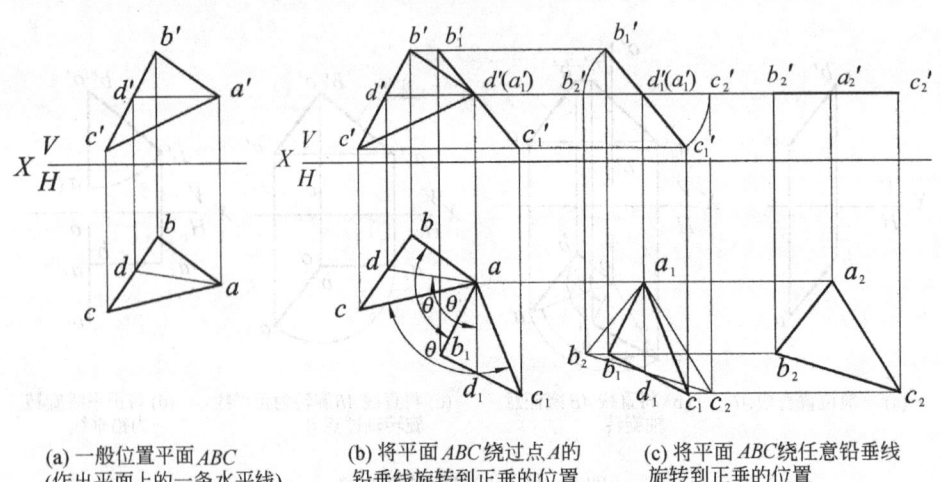

(a) 一般位置平面 ABC　　　(b) 将平面 ABC 绕过点 A 的　　(c) 将平面 ABC 绕任意铅垂线
(作出平面上的一条水平线)　　铅垂线旋转到正垂的位置　　　旋转到正垂的位置

图 3-17 用旋转法求作平面的实形

3.3.2.4 综合应用举例

例 3-6 用旋转法求两平面 △ABC 和 △BCD 的夹角,如图 3-18 所示。

解 分析:如前面图 3-13b 所示,求两平面之间的夹角,只需把两平面的交线变换为投影面的垂直线,则两平面在该投影面上的投影,就反映空间两平面的夹角。因此,需将两平

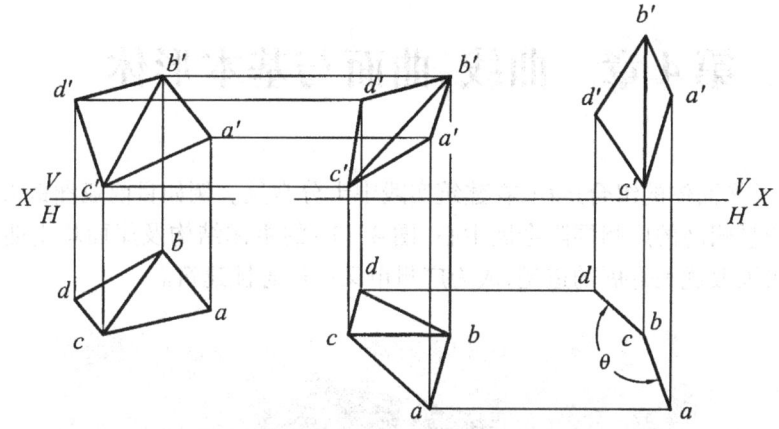

(a) 一般位置平面 ABC 和 BCD　(b) 将整个图形的水平投影旋转　(c) 将图(b)的整个正面投影旋转
　　　　　　　　　　　　到使 BC 平行于 X 轴的位置　　　　到 $b'c'$ 垂直于 X 轴的位置

图 3-18　用旋转法求两平面之间的夹角

面的交线 BC 旋转到正垂或铅垂的位置。这里,取铅垂的位置。

(1) 如图 3-18b 所示,在水平投影面上定一恰当的点 b(恰当的意义为可将图 3-18a 中的整个水平投影旋转到使 bc 水平的位置),画一条直线段平行于 X 轴,长度等于 bc。

(2) 在图 3-18b 中,用量取边长的方法在 bc 的两边截取与图 3-18a 等长的线段 bd、cd、ba、ca 交得点 d 和点 a。即图 3-18a 和图 3-18b 中的两个图形的水平投影是全等的。用旋转法求得正面投影 $a'b'c'd'$。

(3) 在图 3-18c 中,将整个图 3-18b 中的正面投影的图形旋转到使 $b'c'$ 垂直于 X 轴的位置,可用第二步同样的方法先作任意的直线段垂直 X 轴,长度等于 $b'c'$,用量取边长的方法求得点 a' 和点 d'。即图 3-18c 和图 3-18b 中的两个正面投影是全等的。用旋转法求得水平投影 $abcd$。在水平投影中,由于 BC 两点已旋转到了正垂的位置,bc 重合为一点,$\angle bad$ 即为两平面的夹角。

第4章　曲线、曲面与基本形体

曲线、曲面及平面体的组合运用,在建筑实践中十分常见。例如目前亚洲最大的会展中心——位于广州琶州岛的广州国际会展中心(图4-1)的主体结构及屋面均由曲线和曲面组合而成。其飞天般优美舒展的造型,成为广州市又一标志性建筑。

图4-1　广州国际会展中心

复杂的建筑形体(即建筑物及其构配件)往往可以看作是由一些简单的几何形体经叠加或切割等方式组合而成。我们把这些简单的几何形体称为基本形体。常见的基本形体分为平面体和曲面体两大类。全部表面都是由平面围成的形体称为平面体,例如棱柱和棱锥等;由曲面或曲面和平面围成的形体称为曲面体,例如圆柱、圆锥、球和圆环等。

4.1　平面体及其表面上的点和线

平面体的运用在各类建筑设计中极为普遍。平面体的表面都是平面多边形,相邻表面的交线称为棱线。绘制平面体的投影,只需绘出它的各个表面的投影,也就是绘出这些多边形的边和顶点的投影。可见的棱线画粗实线,不可见的棱线画虚线,当粗实线与虚线重合时,画粗实线。

为了便于绘图和读图,一般使平面体处于自然安放的稳定状态,并在投影时,尽可能地使平面体的表面或棱线平行于投影面,以便作出更多的实形投影。

4.1.1　棱柱

棱柱有直棱柱(侧棱线与底面垂直)和斜棱柱(侧棱线与底面倾斜)之分。棱柱的底面和顶面是两个形状相同且互相平行的多边形,各侧棱面都是矩形或平行四边形。底面和顶面为正多边形的直棱柱,称为正棱柱。

4.1.1.1 棱柱的投影

以正棱柱为例。图4-2表示的是一个正五棱柱及其三面投影。从图中可看出,正五棱柱的顶面和底面为水平面,它们的边分别是四条水平线和一条侧垂线;棱面为四个铅垂面和一个正平面,棱线为五条铅垂线。

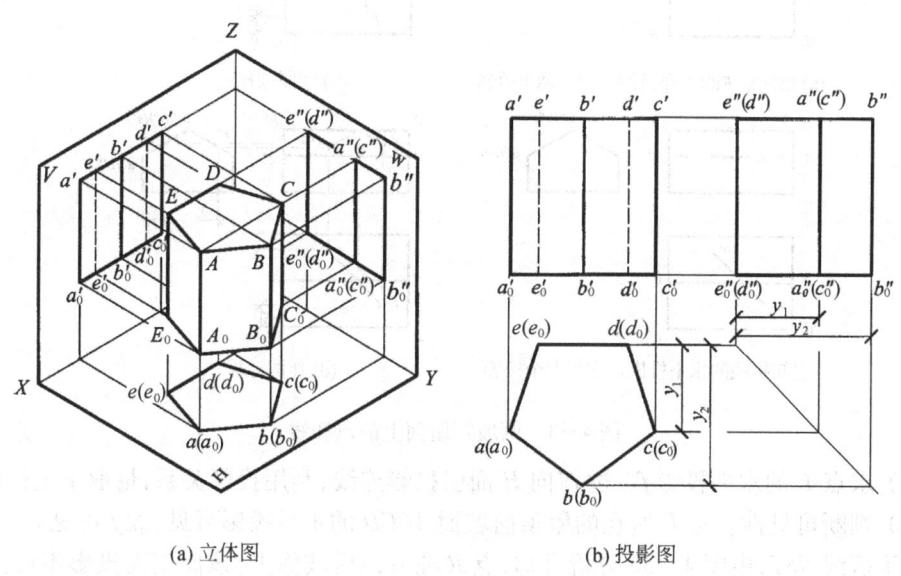

(a) 立体图　　　　　　　　　　　(b) 投影图

图4-2　正五棱柱的投影

正五棱柱的顶面和底面水平投影反映实形,且重合为一个正五边形。由棱柱的高可确定顶面和底面的正面投影和侧面投影,这些投影分别积聚成水平方向的直线段。五条棱线的水平投影积聚在五边形的五个顶点上,其正面投影和侧面投影为反映棱柱高的直线段。

由此可知直棱柱的投影特征:一个投影有积聚性,反映棱柱的形状特征;另两个投影都是由实线或虚线组成的矩形线框。

4.1.1.2 棱柱表面上的点和线

在平面体表面上取点和线,可采用前述平面上取点、线的作图方法。由于直棱柱的各表面都处于特殊位置,所以其表面上所有点的投影均可利用平面投影的积聚性来作图。

在判别可见性时,若该平面处于可见位置,则该面上的点的同面投影也可见;反之为不可见。在平面积聚性投影上的点的投影,可以不必判别其可见性。

例4-1　如图4-3所示,已知两坡屋顶面上点F的正面投影f'(如图4-3a)和折线RST的水平投影rst(如图4-3c),补全它们的另两个投影。

解　分析:此例为求水平放置的正五棱柱表面上的点和线。由图4-3a中点F的正面投影f'可知点F在屋顶前坡面$ABCD$上,此面为侧垂面。因此点F的侧面投影应在该面的侧面积聚性投影上。

如图4-3b,求f、f''的作图步骤为:

(1) 求点F的侧面投影f''。过f'向W面引水平的投影连线,与屋顶前坡面$ABCD$的侧面投影交于f'';

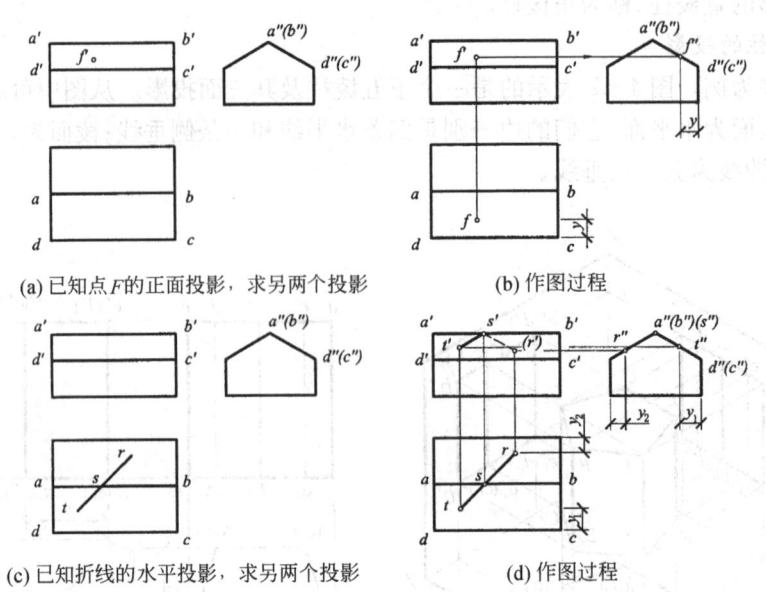

图 4-3 两坡顶屋面上的点和线

(2) 求点 F 的水平投影 f。过 f' 向 H 面引投影连线,利用投影关系,量取 y 坐标得 f。

(3) 判断可见性。点 F 所在的屋顶前坡面 $ABCD$ 的水平投影可见,故 f 可见。

对于折线 RST,由图 4-3c 分析可知,点 R 在屋顶后坡面上,该面正面投影不可见;点 S 在棱线 AB 上,点 T 在屋顶前坡面 $ABCD$ 上,该面正面投影可见。按上面求点的方法可分别求出这三点的正面投影 (r')、s'、t' 和侧面投影。折线 RST 的侧面投影 $r''s''t''$ 重合在屋面的积聚性投影上,RS 线段的正面投影 $(r')s'$ 不可见,画虚线;ST 的正面投影 $s't'$ 可见,画粗实线。作图结果见图 4-3d。

4.1.1.3 应用实例

图 4-7a 中所示的广州市令人瞩目的标志性建筑——中信广场,巍峨矗立,气势恢弘,其主体造型即为四棱柱,其简约的设计风格与时尚的现代感达到完美、和谐的统一。

4.1.2 棱锥

一个面为多边形,其余各面是具有公共顶点的三角形,这样的平面体称为棱锥。

4.1.2.1 棱锥的投影

图 4-4 表示一个正三棱锥及其三面投影。从图 4-4a 中可以看到,底面 ABC 是水平面,BC 为正垂线,右棱面 SBC 为正垂面,前后棱面 SAB、SAC 为一般位置平面,棱线 SA 为正平线。

绘制棱锥的投影,只需绘出底面多边形和锥顶的三面投影,然后连接锥顶和底面多边形顶点的同面投影,即得棱锥的三面投影图,如图 4-4b 所示。注意,水平投影和侧面投影的宽相等。

棱锥的可见性判别:从图 4-4b 中可看到,三个棱面的水平投影都可见,底面的水平投影不可见;前棱面 SAB 的正面投影可见,后棱面 SAC 的正面投影不可见,右棱面 SAB 的正面投影积聚为一条直线;前、后棱面的侧面投影均可见,右棱面 SBC 的侧面投影不可见。

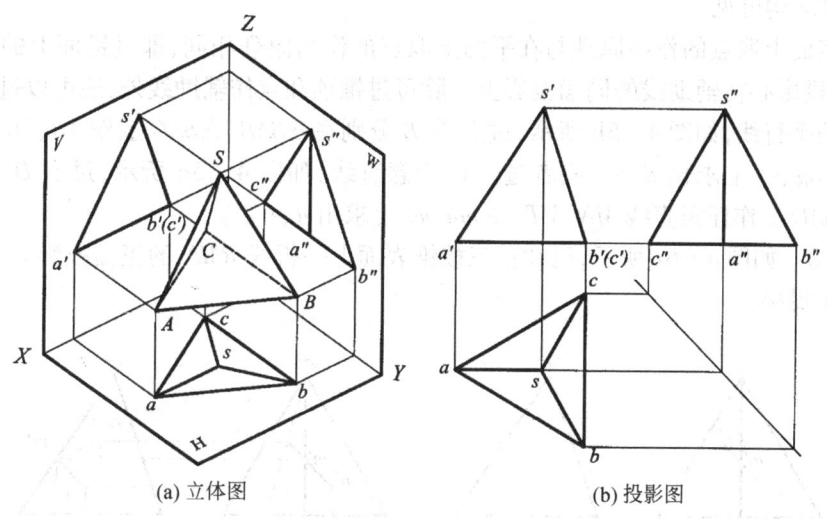

(a) 立体图　　　　　　　　　(b) 投影图

图 4-4　正三棱锥的投影

4.1.2.2　棱锥表面上的点和线

例 4-2　如图 4-5 所示,已知三棱锥表面上点 D 和点 E 的正面投影 d'、e',求它们的水平投影。

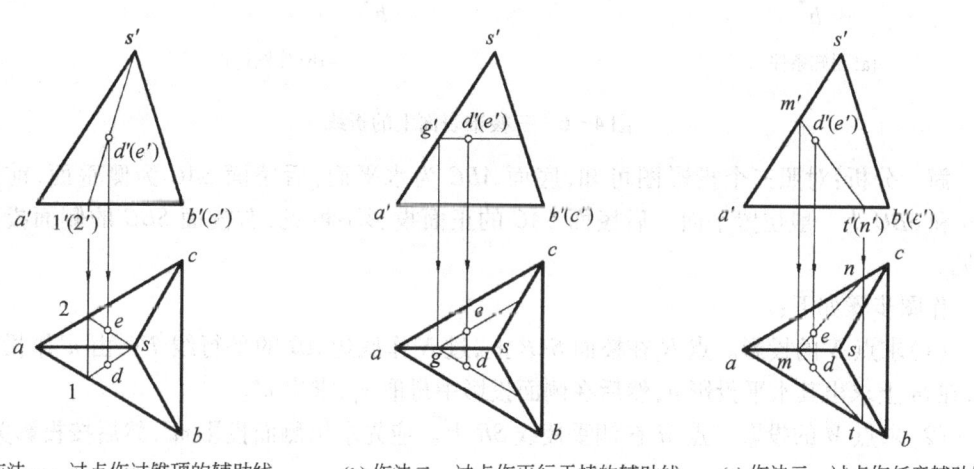

(a) 作法一:过点作过锥顶的辅助线　　(b) 作法二:过点作平行于棱的辅助线　　(c) 作法三:过点作任意辅助线

图 4-5　三棱锥表面上的点

解　分析:由于在正面投影中 d' 可见,(e') 不可见,因此可确定点 D 位于前棱面 SAB 上,点 E 位于后棱面 SAC 上,正面投影重合,利用已知平面上点的一个投影求其他投影的方法作图。

作图步骤如下:

(1) 过锥顶和点作辅助线。如图 4-5a,在正面投影中,连 $s'd'$,并延长交 $a'b'$ 于 $1'$;连 $s'(e')$,并延长交 $a'c'$ 于 $(2')$,S I、S II 的正面投影重合。由 $1'(2')$ 作竖直投影连线,交 ab 于 1,交 ac 于 2,即作出 S I、S II 的水平投影 $s1$、$s2$。

(2) 点 D、E 在 S I、S II 上,过 $d'(e')$ 分别作投影连线,与 $s1$ 交于 d,与 $s2$ 交于 e。D、E 的

水平投影 d、e 均可见。

棱锥表面上取点的作图原理与在平面上取点的作图原理相同，即过锥面上的点作一辅助线，点的投影必在辅助线的同面投影上。除可过锥顶和点作辅助线外，还可以过点在锥面上作棱边的平行线，如图 4-5b 所示，过点 D、E 分别在 $\triangle SAB$、$\triangle SAC$ 上作 AB、AC 的平行线 DG、EG，在 dg、eg 上求出 d、e。或者过点作任意直线，如图 4-5c 所示，过点 D、E 分别在 $\triangle SAB$、$\triangle SAC$ 上作任意直线 MN、MT，在 mn、mt 上求出 d、e。

例 4-3 如图 4-6a 所示，已知正三棱锥表面上一折线 RMN 的正面投影 $r'm'n'$，求折线的另两个投影。

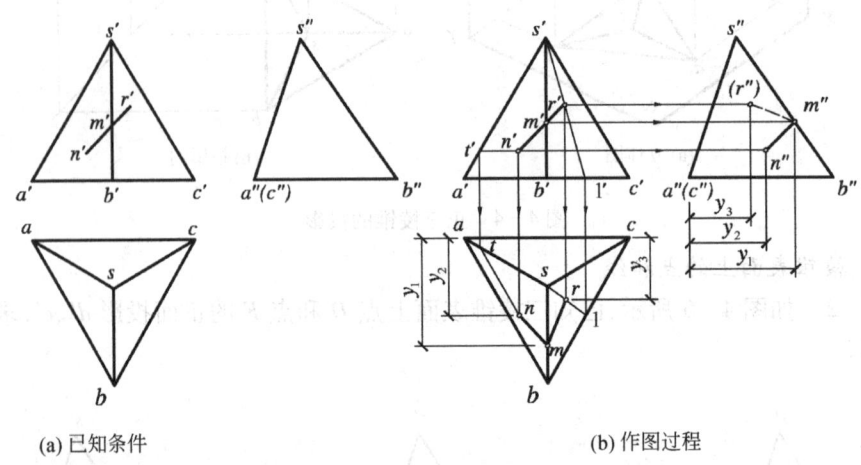

(a) 已知条件　　　　　　　　(b) 作图过程

图 4-6　三棱锥表面上的折线

解 分析：对照三个投影图可知，底面 ABC 为水平面，后棱面 SAC 为侧垂面，前棱面 SAB 和 SBC 为一般位置平面。后棱面 SAC 的正面投影不可见，右棱面 SBC 的侧面投影不可见。

作图步骤如下：

(1) 求点 N 的投影。点 N 在棱面 SAB 上，过 N 作底边 AB 的平行线 TN，由 n' 作投影连线，在 tn 上求出其水平投影 n，然后在侧面投影中量取 y_1，求出 n''。

(2) 求点 M 的投影。点 M 在侧垂棱线 SB 上。应先求出侧面投影 m''，然后按投影关系，求出 m。

(3) 求点 R 的投影。点 R 在棱面 SBC 上，在正面投影上过 r' 作辅助线 SI 的正面投影 $s'1'$，求出 SI 的水平投影 $s1$，由 r' 作投影连线得 r，量取 y_2 作出 (r'')。

(4) 判别可见性。水平投影 rmn 可见，画粗实线；RM 位于右棱面 SBC 上，侧面投影不可见，所以 $r''m''$ 画虚线；MN 位于左棱面 SAB 上，侧面投影可见，$m''n''$ 画粗实线。结果如图 4-6b 所示。

4.1.2.3　应用实例

如图 4-7a，依傍中信广场的是广州市市长大厦，其屋顶设计采用的就是棱锥造型。棱柱与棱锥的组合设计，广泛运用在高尚住宅、会所、别墅等的造型设计中（如图 4-7b），简洁明快的现代艺术风格尽显功能性与实用性的和谐统一。

(a) 广州中信广场和市长大厦　　　　　　(b) 某小区别墅

图 4-7　平面体在建筑设计中的应用

4.2　曲线

4.2.1　曲线的形成和分类

4.2.1.1　曲线的形成

曲线可以看作由以下三种方式形成：

(1) 一个动点连续运动所形成的轨迹，如图 4-8a。

(2) 两个曲面相交或曲面和平面相交所获得的交线，如图 4-8b。

(3) 直线簇或曲线簇的包络，如图 4-8c。

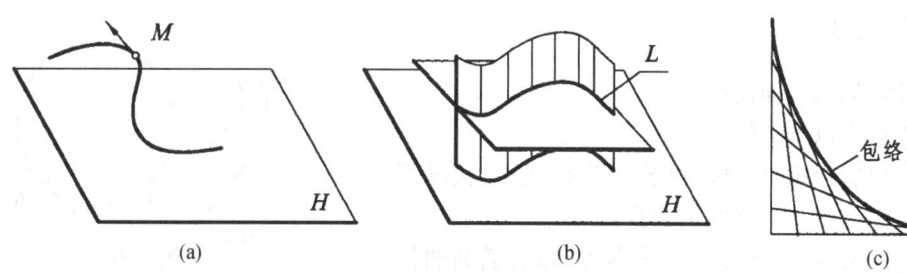

图 4-8　曲线的形成

4.2.1.2　曲线的分类

曲线分为平面曲线和空间曲线两大类。

(1) 平面曲线：曲线上所有点均属于同一平面，如圆、椭圆、抛物线以及任一曲面与平面的交线（指交线为曲线的情况）等。

(2) 空间曲线：曲线上任意四个连续的点不在同一平面上，如螺旋线。

本章主要研究规则的(即由点按一定规律运动形成)且在建筑形体中最常见的曲线,如圆、椭圆、抛物线和双曲线以及空间曲线的圆柱螺旋线。

4.2.2 曲线的投影特性

由于曲线可看作由点运动而形成,所以只要画出曲线上一系列点的投影,并依次光滑地连接起来,即可得到曲线的投影。但为了准确绘制曲线投影,一般应先画出控制曲线形状的特殊点,然后画出中间的一般点,最后顺次光滑连接。

根据曲线的投影,可得到曲线的投影特性:

(1) 一般情况下,曲线的投影仍然是曲线。如图4-9a。

(2) 当平面曲线所在的平面与投影面垂直时,曲线在该投影面上的投影为直线段。如图4-9b。

(3) 当平面曲线所在的平面与投影面平行时,曲线在该投影面上的投影反映实形。如图4-9c。

(4) 当直线与曲线相切时,它们的同面投影仍相切,其切点是原切点的投影。如图4-9d。

(5) 二阶曲线的投影一般仍为二阶曲线。如圆和椭圆的投影一般仍为椭圆。

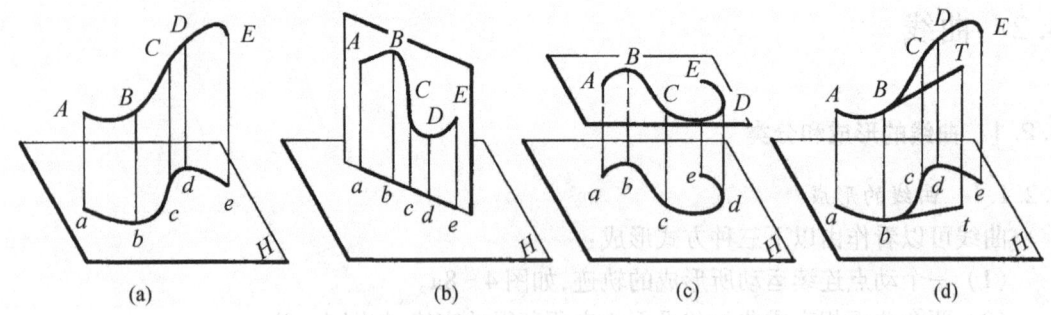

图4-9 曲线的投影性质

4.2.3 圆的投影

圆是最常见的平面曲线。

圆的投影有以下特性:

(1) 与投影面垂直的圆,其投影为直线段,长度等于直径。如图4-10中圆的正面投影。

(2) 与投影面倾斜的圆,其投影为椭圆,椭圆的长轴等于直径。如图4-10中圆的水平投影。

(3) 与投影面平行的圆,其投影反映实形,为同样直径的圆。如图4-10中圆的H_1投影。

4.2.4 圆柱螺旋线

圆柱螺旋线是工程实际最常用的空间曲线之一。

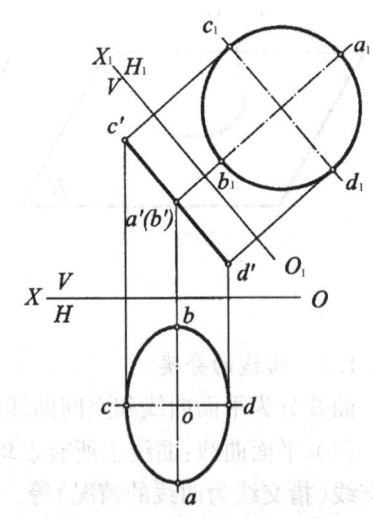

图4-10 圆的投影性质

4.2.4.1 圆柱螺旋线的形成

当一个动点沿着一直线等速运动,而该直线同时绕与它平行的一轴线等速旋转时,动点的轨迹就是一条圆柱螺旋线。直线旋转时形成一圆柱面,称为导圆柱。如图 4-11a 所示,当直线绕轴线旋转一周时,动点沿轴向移动的距离称为螺旋线的导程(记为 P_h)。只要给出导圆柱的直径 ϕ 和螺旋线的导程 P_h 以及动点的方向,就能确定该圆柱螺旋线的形状。

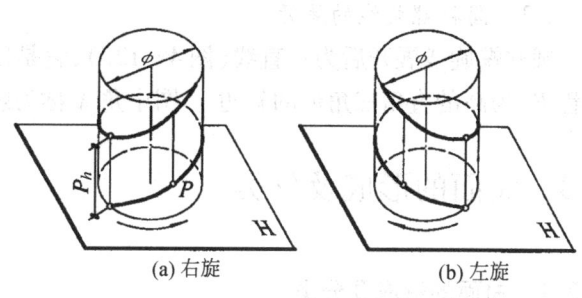

(a) 右旋　　　　　(b) 左旋

图 4-11　圆柱螺旋线的形成图

圆柱螺旋线有左旋和右旋之分。当圆柱轴线直立时,螺旋线经过圆柱面的前面自左向右上升的,称为右螺旋线;反之,称为左螺旋线,如图 4-11b 所示。

4.2.4.2 圆柱螺旋线的投影

已知导圆柱的直径 ϕ、螺旋线的导程 P_h 以及旋向三个要素,就可以画出圆柱螺旋线的投影图。

例 4-4　作 $\phi=25$,$P_h=30$ 的右旋圆柱螺旋线的投影图。如图 4-12 所示。

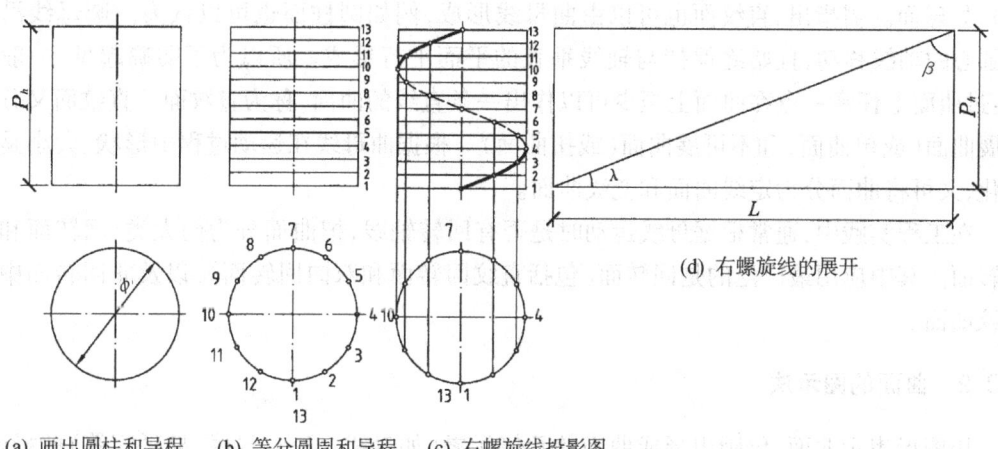

(a) 画出圆柱和导程　(b) 等分圆周和导程　(c) 右螺旋线投影图

(d) 右螺旋线的展开

图 4-12　圆柱螺旋线的投影

解　作图步骤如下:

(1) 设圆柱轴线为铅垂线,根据 $\phi=25$,$P_h=30$ 作出圆柱的 V、H 两面投影。

(2) 将圆柱的水平投影圆周分为若干等份(如 12 等份),根据旋向,顺次标出各等分点,1,2,3,…,13。

(3) 在正面投影上沿轴向将导程也分为相同等份,自下向上依次编号。

(4) 从 H 面上的各分点 1,2,3,…,13 分别引投影连线到 V 面,与导程上相应的等分点所引的水平线相交,交点即为螺旋线上点的正面投影。

(5) 将这些点顺次用光滑曲线连接起来,即为圆柱螺旋线的正面投影。圆柱螺旋线的水平投影与导圆柱面的水平投影重合,落在圆周上。

4.2.4.3 圆柱螺旋线的展开

圆柱螺旋线展开后为一直线(图 4-12d),它是以圆柱正截面圆周长($L=2\pi R$)为底边,导程 P_h 为高的直角三角形的斜边。图中角 λ 称为螺旋线的升角,角 β 称为螺旋角。

4.3 曲面的形成及分类

4.3.1 曲面的形成及分类

曲面可看作由一条线在空间运动所形成。运动的线称为母线,而曲面上任一位置的母线称为素线。母线按一定的规律运动所形成的曲面称为规则曲面,本章重点研究规则曲面。约束母线运动的直线或曲线,称为导线,而约束母线运动状态的平面称为导平面。如图 4-13 所示的曲面是由直母线 AB 沿曲导线 L_1 运动并始终平行于直导线 L_2 而形成的。

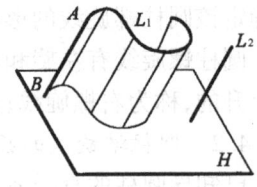

图 4-13 曲面的形成

母线可以是直线,也可以是曲线。一般的,由直母线形成的曲面为直纹面(或直线面),如圆柱面;只能由曲母线运动而形成的称为曲线面(或复曲面),如球面。需指出,直纹面也可以由曲母线形成,例如圆柱面也可以认为由圆母线沿通过圆心的轴线移动,且始终保持与轴线垂直的平面平行形成。所以为了明确起见,一般规定:过曲面上任意一点在曲面上至少可以作出一条直线的曲面,称为直纹面。直纹面又分为可展曲面(或单曲面)和不可展曲面(或扭曲面)。根据曲母线在运动过程中形状、大小是否变化,又可将曲面分为定线曲面和变线曲面。

在工程实践中,通常根据母线运动时是否有回转轴线,把曲面分为两大类,回转面和非回转面。其中应用最广泛的是回转面(包括直纹回转面和双向回转面),以及非回转面中的直纹曲面。

4.3.2 曲面的图示法

用图形表示曲面,仅画出形成曲面的几何元素(如母线、导点、导线、导平面等)的投影,尚不能清楚、直观地表达曲面的形状特征。所以,表达曲面一般应画出曲面边界的投影和曲面的外形轮廓线的投影,对于复杂的曲面还需画出一系列的素线的投影,如图 4-13 所示。所谓曲面的外形轮廓线,是指平行于某个投影方向且与曲面相切的投射线形成的投射柱面与曲面相切的切线。这些轮廓线,可能是曲面的边界线的投影,也可能是曲面上对投影面的可见性分界线的投影。

如图 4-14 所示,曲线和曲面在建筑设计中被广泛应用。尤其是作为城市建设标志性建筑的大型公共设施(如体育馆、展览厅、影剧院等),常需要以独树一帜的设计风格和卓尔不群的艺术造型来彰显城市的个性,曲线和曲面合理的组合运用常常因能恰如其分地体现建筑的韵律之美,而成为建筑造型设计中的点睛之笔。

第 4 章　曲线、曲面与基本形体

(a) 广州奥林匹克体育中心

(b) 广州市新体育馆

图 4-14　曲线和曲面的应用

4.4　回转面及其表面上的点和线

由直母线或曲母线绕一轴旋转而形成的曲面,称为回转面。图 4-15 为曲线 AB 绕 O 轴旋转而形成的回转面。曲母线 AB 上每一点的运动轨迹均为垂直于轴 O 的一个圆,称为曲面的纬圆。当曲母线是光滑连续时,曲面上比它相邻两侧的纬圆都大的纬圆,称为曲面的赤道圆;曲面上比它相邻两侧的纬圆都小的纬圆,称为曲面的喉圆。母线上下两端点 A、B 所形成的纬圆,称为曲面的顶圆和底圆。喉圆、赤道圆的个数视母线的形状而定,有的可能有几个赤道圆或几个喉圆,也可能没有任何喉圆或赤道圆。如单叶双曲回转面就只有一个喉圆,而无赤道圆。

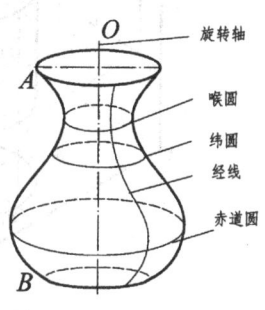

图 4-15　回转面的形成

建筑中常见的回转面有圆柱面、圆锥面、球面、环面和单叶双曲回转面。如图 4-16a 所示的著名的北京天坛主要由圆锥(台)和圆柱组合而成,风格古朴典雅。而如图 4-16b 所示的某工商银行主楼的圆柱面造型则极富韵律美和现代感。

(a) 天坛

(b) 某市工商银行

图 4-16　回转面在建筑设计中的应用

在曲面上取点与在平面上取点作图原理相同,需要先作出曲面上通过该点的线。在回转面上取点,最方便的是作出该曲面的素线或纬圆,以此作为辅助线取点。在回转面上取线,通常在该曲面上作出确定此曲线的多个点投影,然后将其光滑相连,并判别可见性,可见的线段画粗实线,不可见的线段画虚线。

4.4.1 圆柱面

4.4.1.1 圆柱面的形成

如图 4-17a 所示,圆柱面可看作是由直母线 AA_0 绕与其平行的轴线旋转而形成。

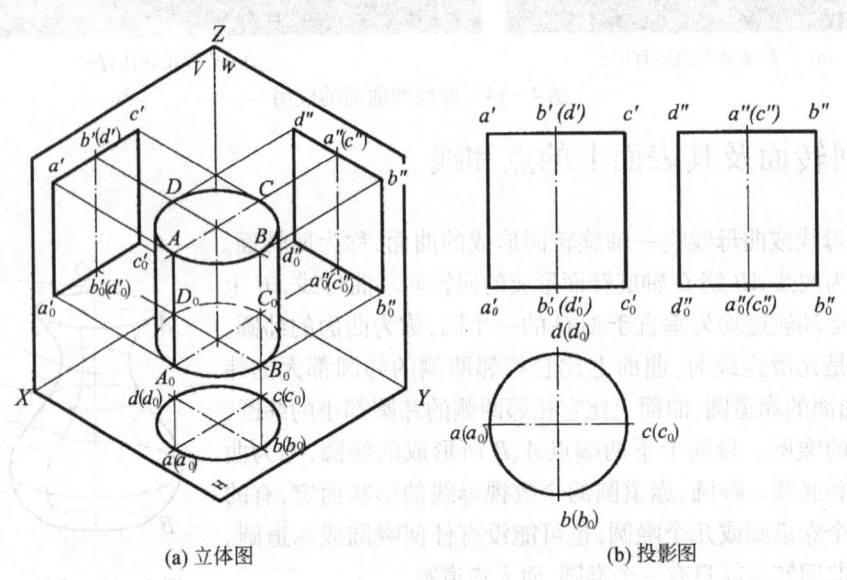

(a) 立体图　　　　　　　　　　(b) 投影图

图 4-17　圆柱面的形成及投影

4.4.1.2 圆柱面的投影

如图 4-17b 所示,当圆柱轴线为铅垂线时,圆柱面上所有的素线都是铅垂线,圆柱面的水平投影积聚为一圆,圆柱面上所有点、线段的水平投影都积聚在这个圆上。圆柱面的正面和侧面投影都是矩形。

正面投影矩形的左、右两边 $a'a_0'$、$c'c_0'$ 分别是圆柱面最左、最右素线 AA_0、CC_0 的正面投影,称为圆柱面的前后转向轮廓线,它们把圆柱面分为前半部分和后半部分,向 V 面投射时前半个柱面可见,后半个柱面不可见。

圆柱侧面投影矩形的两边 $b''b_0''$、$d''d_0''$ 是圆柱面上最前、最后素线 BB_0、DD_0 的侧面投影,称为圆柱面的左右转向轮廓线,它们把圆柱面分为左半部分和右半部分,向 W 面投射时左半个柱面可见,右半个柱面不可见。

4.4.1.3 圆柱面上的点和线

例 4-5　如图 4-18a,已知圆柱面上的点 A、B 的正面投影,求其另两个投影。

解　分析:由于点 A 的正面投影 a' 可见,又在回转轴线的左侧,可判断点 A 在左、前半圆柱面上,其侧面投影 a'' 可见,水平投影 a 积聚在前半个圆周上。

由于点 B 的正面投影 (b') 不可见,又在回转轴线的右侧,可判断点 B 在后、右半圆柱面上,其侧面投影 (b'') 不可见,水平投影 b 积聚在后半个圆周上。

作图过程为:

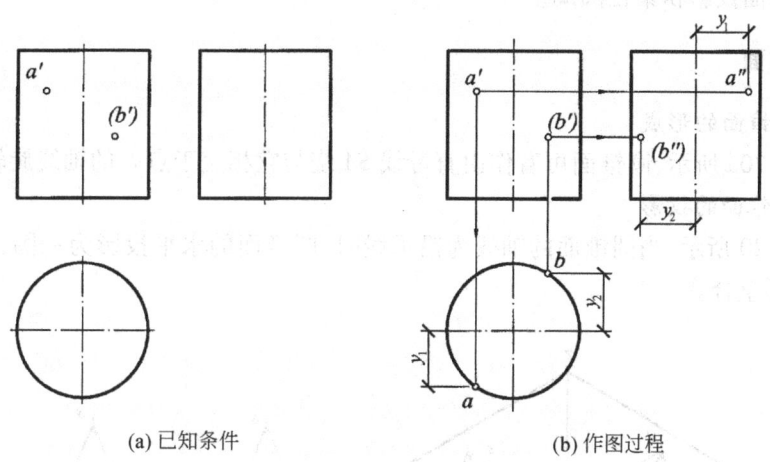

(a) 已知条件　　　　　(b) 作图过程

图 4-18　圆柱面上取点

（1）求 a、a''。过 a' 向 H 面引投影连线，交于前半个圆周，交点即为点 A 的水平投影 a，根据点的三面投影规律，求出点 A 的侧面投影 a''。

（2）求 b、b'。过 b' 向 H 面引投影连线，交于后半个圆周，交点即为点 B 的水平投影 b，根据点的三面投影规律，求出点 B 的侧面投影 b''。

（3）判断可见性。a'' 可见，(b'') 不可见。

例 4-6　如图 4-19a，已知圆柱面上的 AB 线段的正面投影 $a'b'$，求其另两个投影。

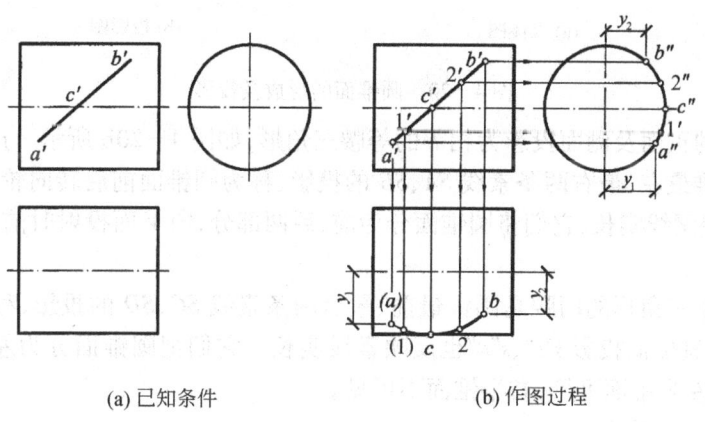

(a) 已知条件　　　　　(b) 作图过程

图 4-19　圆柱面上取线

解　（1）求线段端点 A、B 的 H 面和 W 面投影。由积聚性求出 a''、b''，再根据点的三面投影规律，求出 ab。

（2）求曲线在轮廓线上点的投影。点 C 在圆柱面的上下转向轮廓线上，由 c' 可求出 c、c''。

（3）求适当数量的中间点Ⅰ、Ⅱ。在 $a'b'$ 上求中间点 $1'$、$2'$，然后求出侧面投影 $1''$、$2''$ 和水平投影 1、2。

（4）判断可见性并连线。点 C 在圆柱面的上下转向轮廓线上，因此 c 是水平投影可见与不可见的分界点，曲线的水平投影 $a1c$ 段不可见，应画为虚线；$c2b$ 段可见，应画为实线。

曲线 AB 的侧面投影积聚在圆周上。

4.4.2 圆锥面

4.4.2.1 圆锥面的形成

如图 4-20a 所示,圆锥面可看作由直母线 SA 绕与它相交于点 S 的轴线旋转而成。

4.4.2.2 圆锥面的投影

如图 4-20 所示,当圆锥面的轴线为铅垂线时,圆锥面的水平投影为一圆,圆心与锥顶 S 的水平投影重合。

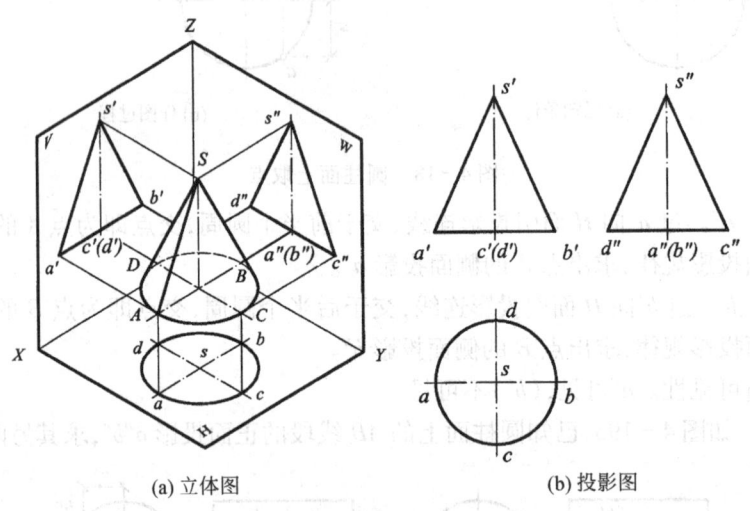

(a) 立体图　　　　　(b) 投影图

图 4-20　圆锥面的形成及投影

正圆锥面的正面及侧面投影为相等的等腰三角形,如图 4-20b 所示。正面投影中三角形的两腰是圆锥最左、最右两条素线 SA、SB 的投影,称为圆锥面前后转向轮廓线,其正面投影 $s'a'$、$s'b'$ 反映素线实长,它们将圆锥面分为前、后两部分,向 V 面投射时前半锥面可见,后半锥面不可见。

侧面投影上三角形的两腰是圆锥最前、最后两条素线 SC、SD 的投影,称为圆锥面的左右转向轮廓线,其侧面投影 $s''c''$、$s''d''$ 也反映素线实长。它们把圆锥面分为左、右两半部分,向 W 面投射时左半锥面可见,右半锥面不可见。

4.4.2.3 圆锥面上的点和线

圆锥表面上取点的作图原理与在平面上取点的作图原理相似,即过圆锥面上的点作一辅助线,点的投影必在辅助线的同面投影上。在圆锥面上可以作两种简单易画的辅助线,一种是过锥顶的素线,另一种是垂直于圆锥轴线的纬圆。

例 4-7　如图 4-21 所示,已知圆锥面上点 A 的正面投影 a',求作其另外两个投影。

解　方法 1(素线法)　如图 4-21a 所示,以过锥顶的素线 SI 为辅助线。过 a' 作素线 SI 的正面投影 $s'1'$,再求出水平投影 $s1$ 和侧面投影 $s''1''$,点 a 和(a'') 必分别在 $s1$ 和 $s''1''$ 上。过 a' 引投影连线,与辅助素线的交点即为所求。

方法 2(纬圆法)　如图 4-21b 所示,以过点 A 的水平纬圆为辅助线。过 a' 作垂直于轴线的直线,与正面转向轮廓线相交,得辅助纬圆的直径。据此可画出水平纬圆的水平投影。

第 4 章　曲线、曲面与基本形体

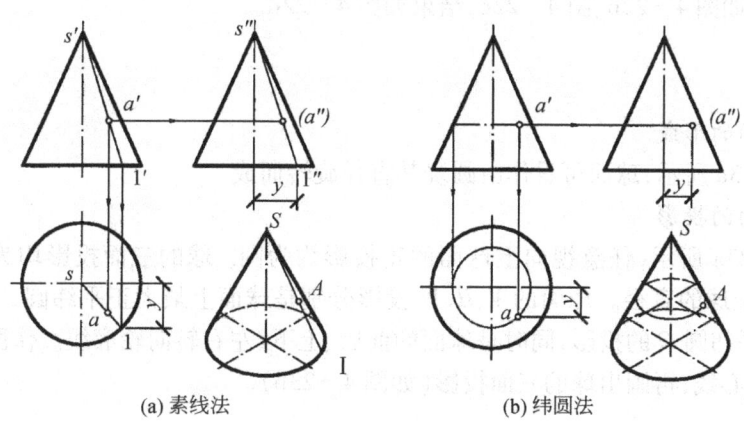

(a) 素线法　　　　　　　(b) 纬圆法

图 4-21　圆锥面上取点

因点 A 在前半锥面上,由 a' 向下作投影连线,交前半圆周于 a,再求出 (a'')。

由于圆锥面的水平投影可见,故点 A 的水平投影 a 可见。因点 A 在圆锥的右半面上,所以点 A 的侧面投影 (a'') 不可见。

例 4-8　如图 4-22a 所示,已知圆锥表面上的曲线 AB 的水平投影,求其另外两个投影。

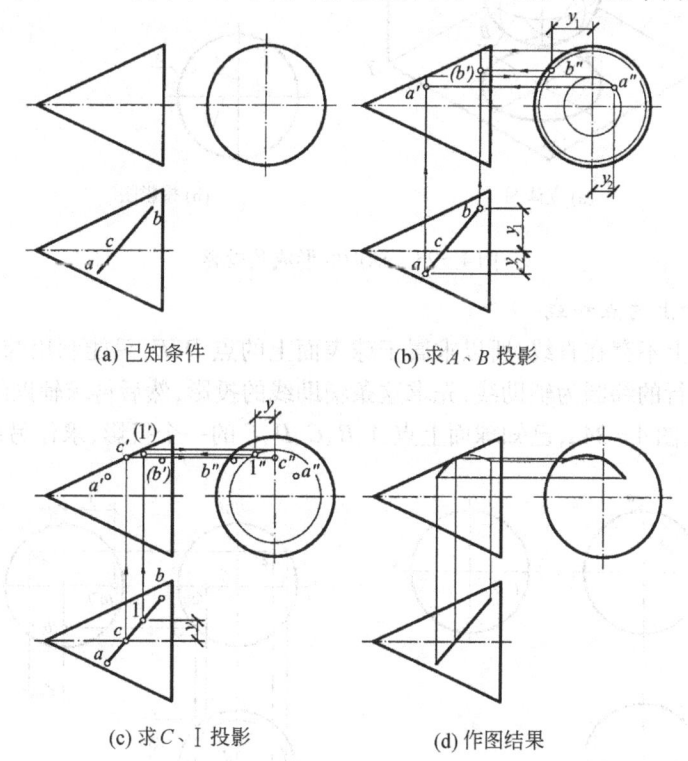

(a) 已知条件　　　　　　　(b) 求 A、B 投影

(c) 求 C、Ⅰ 投影　　　　　　　(d) 作图结果

图 4-22　圆锥面上取线

解　分析:从图中可知,曲线 AC 位于前半圆锥面上,曲线 BC 位于后半圆锥面上。欲求它们的正面投影和侧面投影,需先求出属于该曲线上特殊位置点和若干一般点的投影,然后判别可见性并光滑连线。

作图过程如图4-22b、图4-22c,结果如图4-22d。

4.4.3 球面

4.4.3.1 球面的形成
如图4-23a所示,球面可看作由圆绕其直径旋转而成。

4.4.3.2 球面的投影
如图4-23a所示,任意视向上球面的正投影均为圆。球的三面投影均为大小相等的圆,其直径等于球的直径。球面的V、H、W投影分别是球面上最大正平纬圆A、最大水平纬圆B、最大侧平纬圆C的投影,同时是球面的前后、上下、左右转向轮廓线。作图时应用点画线示出对称中心线,再画出球的三面投影(如图4-23b)。

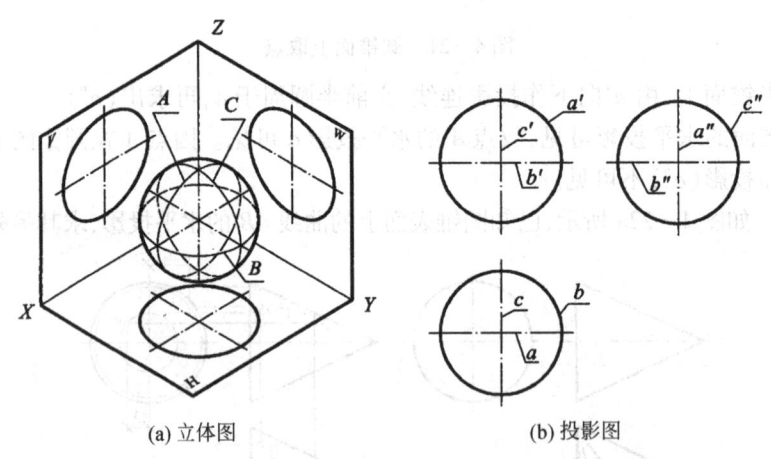

(a) 立体图　　　　　　(b) 投影图

图4-23　球面的形成及投影

4.4.3.3 球表面上的点和线
由于球表面上不存在直线,所以求属于球表面上的点D、E,只能利用纬圆法,以过该点并与各投影面平行的纬圆为辅助线,先求这条辅助线的投影,然后再求辅助线上点的投影。

例4-9　如图4-24a,已知球面上点A、B、C、D、E的一个投影,求作另两个投影。

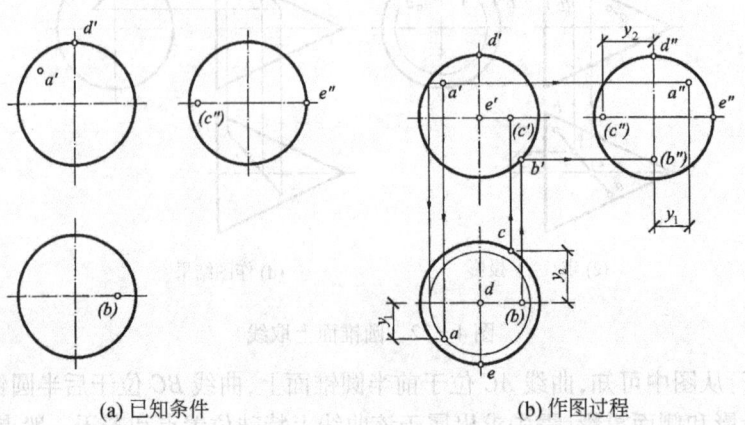

(a) 已知条件　　　　　　(b) 作图过程

图4-24　球面上取点

80

解 作图步骤如下:

(1)用纬圆法求点 A 的投影。过 a' 作水平辅助纬圆的正面投影,交于正面投影的转向轮廓线,得纬圆的直径,依此作出该纬圆的水平投影和侧面投影。由 a' 可知点 A 在左、上半球面上,所以 a、a'' 都可见,如图 4 – 24b 所示求出 a、a''。

(2)求点 B 的投影。由水平投影(b)可知,点 B 在右半球面上,且在球面的前后转向轮廓线上。根据点的投影关系,可直接作出 b'、(b'')。

(3)求点 C 的投影。由侧面投影(c'')可知,点 C 在右、后半球面上,且在球面的上下转向轮廓线上。根据点的投影关系,求出 c、(c'),点 C 的正面投影不可见。

(4)求点 D 的投影。由图知 D 为球面上最高点,根据点的投影关系可直接求出 d、d''。

(5)求点 E 的投影。由图知 E 为球面上最前点,据点的投影关系可直接求出 e' 和 e。

需要说明的是,纬圆法求球面上的点,通过点所作的辅助线有三种,即正平纬圆、水平纬圆和侧平纬圆,得到的结果是相同的。

例 4 – 10 如图 4 – 25a 所示,已知半球表面上一曲线 AB 的正面投影,求其余两个投影。

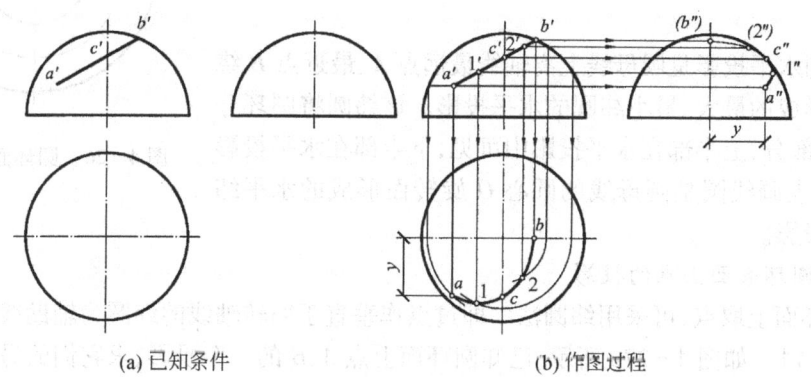

(a) 已知条件   (b) 作图过程

图 4 – 25 球面上取线

解 分析:从图中可知,曲线 AB 位于前半球面上,其中曲线 AC 段位于左半球面上,曲线 BC 段位于右半球面上。作出曲线 AB 上特殊点和若干一般点的投影,判别可见性并光滑连接。

作图步骤如下:

(1)求端点 A、B 的投影。过点 A 作球面上的水平纬圆,求出水平投影 a,利用 y 相等求侧面投影 a''。点 B 在球正面投影的外形轮廓线(即球的前后转向轮廓线)上,根据投影关系可直接作出 b、(b'')。

(2)求点 C 的投影。点 C 在球侧面投影的外形轮廓线(即球的左右转向轮廓线)上,求出 c'' 后根据投影关系求出 c。

(3)在曲线 AB 的正面投影中取一般点Ⅰ、Ⅱ的正面投影 $1'$、$2'$,过Ⅰ、Ⅱ点作球面上的水平纬圆,根据投影关系,可求其水平投影和侧面投影,方法与求点 A 相同。

(4)判别可见性并光滑连接。因曲线 AB 在上半球中,水平投影完全可见,画粗实线。曲线 AC 在左半球面上,曲线 BC 在右半球面上,侧面投影以 c'' 分界,曲线 $a''c''$ 可见,画粗实线;曲线 c''(b'')不可见,画虚线,结果如图 4 – 25b 所示。

4.4.4 圆环面

4.4.4.1 圆环面的形成

如图 4-26 所示的圆环面是圆心为 O 的正平圆绕在圆外且与圆在同一平面上的一条铅垂线旋转而成的。圆上任意点的运动轨迹均为垂直于旋转轴的水平纬圆。靠近轴线的半个母线圆形成的环面称内环面，远离轴线的半个母线圆形成的环面称外环面。

4.4.4.2 圆环面的投影

在正面投影中，左、右两圆和与该两圆相切的直线是环面正面投影的转向轮廓线，其中两圆是圆环面上最左、最右两素线圆的投影，实线半圆在外环面上，虚线半圆在内环面上，上、下两条直线是圆母线上最高点 C、最低点 D 绕轴旋转而形成的纬圆的正面投影，也是内、外环面的分界圆的投影。在正面投影中，前半外环面的投影可见，后半环面的投影不可见；内环面的正面投影均不可见，内环面正面投影的转向轮廓线也不可见，画虚线。

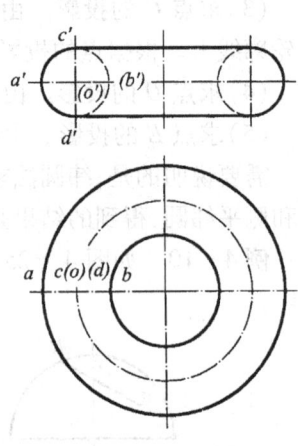

图 4-26 圆环面的投影

环面的水平投影是圆母线上离轴线最远点 A、最近点 B 绕轴旋转而形成的最大、最小纬圆的水平投影。该纬圆将圆环分成上、下两部分，上半部在水平投影中可见，下半部在水平投影中不可见，点画线圆是圆母线的圆心 O 旋转而形成的水平纬圆的水平投影。

4.4.4.3 圆环表面上点的投影

在圆环面上取点，可采用纬圆法。即过点作垂直于回转轴线的纬圆为辅助线。

例 4-11 如图 4-27a 所示，已知圆环面上点 A、B 的一个投影，求它们的另一投影。

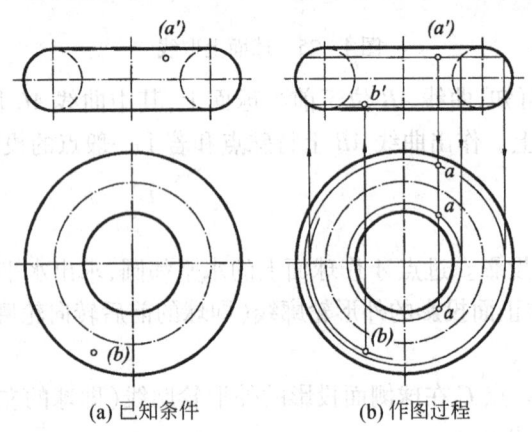

(a) 已知条件　　(b) 作图过程

图 4-27 圆环面上取点

解 分析：由点 A 的正面投影 (a') 可知，圆环面上点 A 在圆环的上半部；又因点 A 的正面投影不可见，所以点 A 可能在圆环上半部的内环面及后半外环面上。由点 B 的水平投影 (b) 可知，点 B 在圆环下半部的前半个外环面上。

作图步骤如下：

（1）求点 A 的投影。过点 A 的正面投影（a'）作水平直线，该直线与实线半圆的两交点间的长度为外环面上过点 A 的水平纬圆的直径，与虚线半圆的两交点间的长度为内环面上过点 A 的水平纬圆的直径。据此作出内、外环面上的两个水平纬圆的水平投影（圆），由（a'）向 H 面引投影连线，可求出水平投影 a，根据分析可知 a 共有三个解。

（2）求点 B 的投影。如图 4-27b 所示。作出通过点 B 的水平投影（b）的水平纬圆的水平投影（圆），再求出该圆对应的正面投影（水平直线段）。由（b）向 V 面引投影连线，交此水平直线段为 b'，根据分析可知，正面投影 b' 可见，且只有一解。

4.4.5 单叶双曲回转面

4.4.5.1 单叶双曲回转面的形成

单叶双曲回转面可由一直母线绕一与之交叉的直线回转而成，也可以由一双曲线绕其虚轴回转而形成。

当直母线 AB 绕与之交叉的 O 轴旋转，O 轴为铅垂线时，直线上每一点的运动轨迹都是一个垂直于轴线 O 而平行于 H 面的水平纬圆。

4.4.5.2 单叶双曲回转面的投影

只要给出直母线和轴线，即可作出曲面的投影，如图 4-28 所示。作图步骤如下：

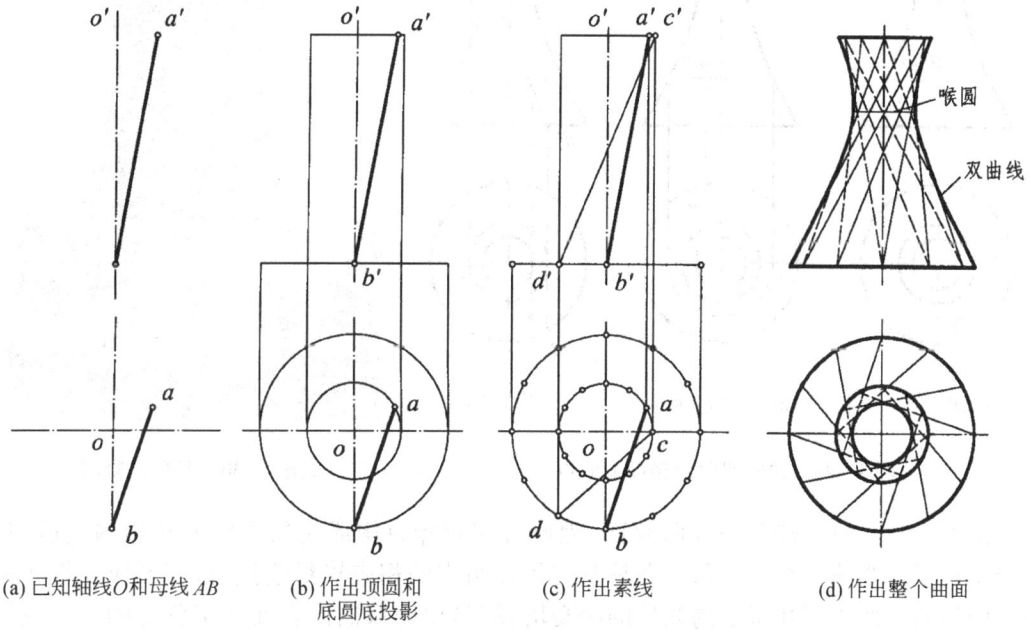

(a) 已知轴线 O 和母线 AB　　(b) 作出顶圆和底圆底投影　　(c) 作出素线　　(d) 作出整个曲面

图 4-28　单叶双曲回转面的形成和画法

（1）将轴线 O 设为铅垂线。给出直母线 AB 和轴线 O 的两面投影，如图 4-28a。

（2）作出过母线两端点的纬圆。以轴线的 H 面投影 o 为圆心，以 oa、ob 为半径作圆，即为所求两纬圆的 H 面投影。其 V 面投影分别是过 a' 和 b' 的水平线段，长度为纬圆的直径，如图 4-28b。

（3）将两纬圆分别从点 AB 开始，分为若干等份（如 12 等份）。AB 旋转 $30°$（圆周的

1/12)后,就是素线 CD。根据其 H 面投影 cd 作出 V 面投影 $c'd'$,如图 4-28c。

(4) 顺次作出每旋转30°后各素线的水平投影和正面投影。

(5) 作出单叶双曲回转面的正面投影轮廓线。引平滑曲线作为包络线与各素线的正面投影相切,这是一对双曲线。曲面各素线的水平投影也有一条包络线,它是一个圆。该圆是曲面喉圆的水平投影。每一条素线的水平投影,均与喉圆的水平投影相切,如图4-28d。

4.4.5.3 单叶双曲回转面上的点和线

在单叶双曲回转面上取点,可采用纬圆法或素线法。

例 4-12 已知单叶双曲回转面上的点 M 的正面投影 m' 和点 N 的水平投影 n,求作 m 和 n'。

解 (1) 求 m(采用纬圆法)。如图 4-29b 所示,作出点 M 所在的纬圆。由(m')不可见可确定 m 的位置。

(2) 求 n'(采用素线法)。如图 4-29c 所示,在水平投影上过 n 作任一直素线 CD 的水平投影 cd 与喉圆的水平投影相切,并与顶圆及底圆的水平投影相交于 c、d。作出直素线的正面投影 $c'd'$后,即可求得点 N 的正面投影 n',为可见。

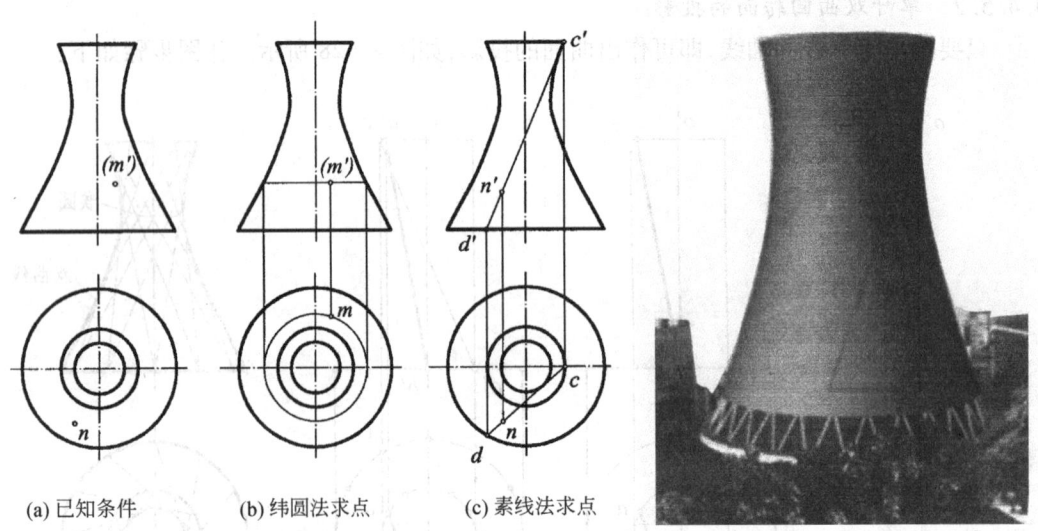

(a) 已知条件　(b) 纬圆法求点　(c) 素线法求点

图 4-29　单叶双曲回转面上取点　　　　图 4-30　某厂冷凝塔

由于单叶双曲回转面是双曲纹面,因此可用直棒料构成它的交织网状结构,直棒料相当于素线。当第一组中的每一条棒料与第二组中的相应棒料连接时,就形成一轻巧而结实的结构。图 4-30 所示的某厂的冷凝塔,就是单叶双曲回转面在工程上的一个应用实例。

4.5　非回转直纹曲面

在工程实践中,应用较广的非回转面是由直母线形成的直纹曲面。直纹曲面按曲面是否可以展开分为两大类:

(1) 可展直纹曲面:又称单曲面,曲面上相邻两素线是相交的或平行的共面直线。常见的有锥面和柱面。

（2）不可展直纹曲面：又称扭曲面，曲面上相邻两素线是交叉的异面直线，这种曲面只能近似展开。常见的扭曲面有双曲抛物面等。

4.5.1 锥面

4.5.1.1 锥面的形成

直母线 L 沿着一曲导线 C 移动，并始终通过一定点 S 所形成的曲面称为锥面。如图 4-31a，定点 S 称为锥顶。曲导线 C 可以是闭合的或不闭合的；可以是平面曲线或空间曲线。锥面上相邻两素线是通过锥顶的两条相交直线。

锥面以正截面（垂直于轴线的截面）与锥面的截交线（称为正截交线）的形状来命名，如正圆锥、椭圆锥等。

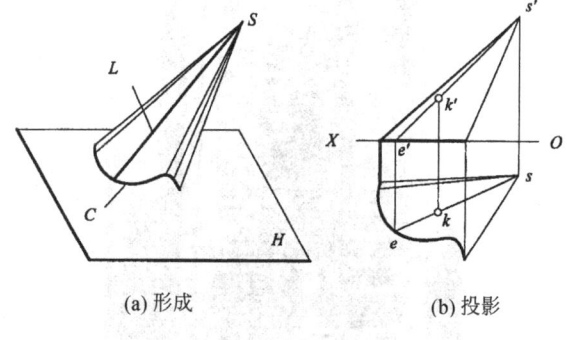

(a) 形成　　(b) 投影

图 4-31　锥面

4.5.1.2 锥面的投影

画锥面的投影图，必须画出锥顶和曲导线的投影，并画出一定数量的素线的投影，其中包括不闭合锥面的起始、终止素线，各投影轮廓的素线等。

锥面上取点，可利用素线法求得。如图 4-31b，已知锥面上点 K 的水平投影 k，欲求其正面投影 k'，只需作出所在锥面上通过点 K 的一条素线即可。

4.5.1.3 锥面的应用

锥面在工程中应用非常广泛，在水利和桥梁工程中，桥台两侧或涵洞洞口，常采用斜锥形护坡与路堤连接。

4.5.2 柱面

4.5.2.1 柱面的形成

如图 4-32a，直母线 AB 沿着一曲导线 L_1 移动，并始终平行于一直导线 L_2 所形成的曲面称为柱面。曲导线可以是闭合的或不闭合的。

柱面也是以它的正截交线的形状来命名。

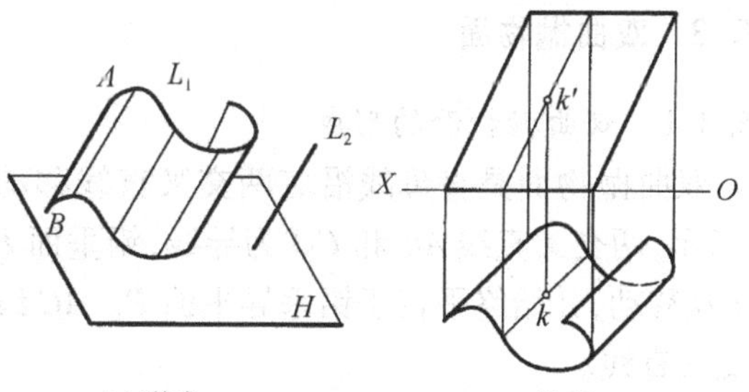

(a) 形成　　(b) 投影

图 4-32　柱面

4.5.2.2 柱面的投影

画柱面的投影图时，必须画出曲导线、直导线和一定数量素线的投影。柱面上相邻两素线是平行于直导线的两平行直线，如图 4-32a。与锥面上取点类似，柱面上取点也可利用素线法求得，如图 4-32b。

4.5.2.3 柱面的应用实例

柱面广泛应用于建筑设计，使得建筑外部造型舒展流畅，富于变化，从而更具艺术性和创造性。如图 4-33a 所示的广州东峻广场主楼的造型为 S 形，外墙面为两个反对称的半圆柱面。图4-33b所示的位于广州市天河北的某商业大厦,外墙面为两两对称的柱面,呈反鼓形。这两款奇特的造型设计曾一度成为建筑行业的经典之作。

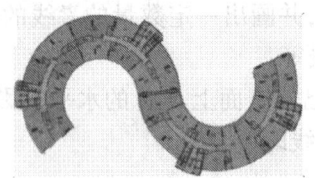

(a) 广州东峻广场　　　　　　　　　(b) 广州天河北某商业大厦

图4-33　柱面的应用

4.5.3　双曲抛物面

4.5.3.1　双曲抛物面的形成

双曲抛物面是直母线沿着两交叉直线移动,并始终平行于一个导平面而形成。图4-34所示,两交叉直线 AB 和 CD 为导线,铅垂面 P 为导平面。直母线 AC 沿着交叉直导线 AB 和 CD 移动,并始终平行于铅垂导平面 P。AC 线的轨迹,即为双曲抛物面,其相邻两素线是两交叉直线。

4.5.3.2　双曲抛物面的投影

如图4-34所示,如果给出两交叉直导线 AB、CD 及导平面 P,只要画出一系列素线的投影,即可完成双曲抛物面的投影图。作图方法如下:

(1) 将交叉直导线之一 AB 分成若干等份(例如五等份),得各分点的投影 a、2、3、4、b 和 a'、$1'$、$2'$、$3'$、$4'$、b',如图4-34a。

(2) 求出另一直导线 CD 线上对应各分点的位置。因为直母线 AC∥P,所以素线的 H 投影必与 P 的水平迹线 P_H 平行。因此过 ab 线上各分点作 P_H 的平行线,与 cd 的交点 1_1、2_1、3_1、4_1 就是直导线 CD 线上对应各分点的位置。再求出这些点的 V 投影,如图4-34b。

第4章 曲线、曲面与基本形体

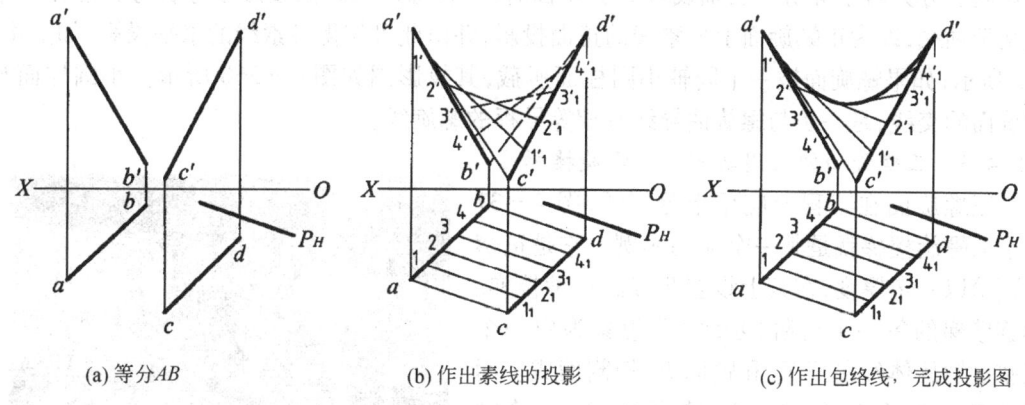

(a) 等分AB　　　　　　　　(b) 作出素线的投影　　　　　　(c) 作出包络线，完成投影图

图 4-34　双曲抛物面

（3）分别连接 AB、CD 两线上的各对应点 $a'c'$、$1'1'_1$、$2'2'_1$、……、$b'd'$，即完成了素线的投影，如图 4-34b。

（4）作出各素线的正面投影的包络线。这是一条抛物线，如图 4-34c。

（5）以包络线为界，判断曲面的可见性，图中虚线部分未画出。

4.5.3.3　双曲抛物面的应用实例

双曲抛物面造型流畅优美，所以常应用于大型建筑物（如体育馆、音乐厅）的屋面设计。如图 4-35 所示的广州星海音乐厅的屋面设计就是双曲抛物面在建筑实践中的一个应用实例。

图 4-35　广州星海音乐厅

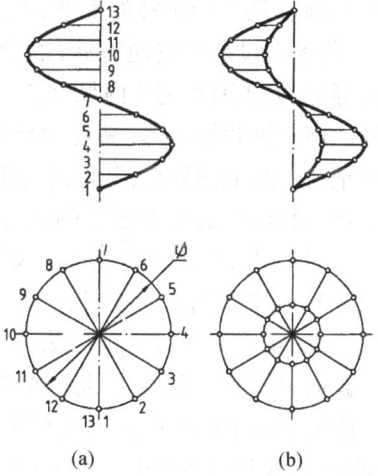

图 4-36　正螺旋面

4.5.4　正螺旋面

4.5.4.1　正螺旋面的形成

直母线沿一条圆柱螺旋线（曲导线）及该圆柱螺旋线的轴线（直导线）滑动，并始终平行于轴线垂直的导平面而形成的曲面，称为正螺旋面。

4.5.4.2　正螺旋面的投影

画正螺旋面的投影时，先画出曲导线圆柱螺旋线及其轴线（直导线）的两投影，并把圆柱螺旋线分为若干等份。当轴线垂直于 H 面时,可在螺旋线正面投影中过各等分点作水平线交于轴线,即为正螺旋面上各素线的正面投影,并由此可作得各素线的水平投影,如图 4-36a 所示;如果螺旋面被一个同轴小圆柱面所截,其投影图如图 4-36b 所示。小圆柱面与螺旋面的交线,是一条与螺旋曲导线有相等导程的螺旋线。

4.5.4.3 正螺旋面的应用实例——螺旋楼梯

正螺旋面在工程上应用十分广泛,图 4-37 所示的螺旋楼梯就是其一个应用实例。它是正螺旋面给以一定厚度,在其上设置步级的一种楼梯。螺旋楼梯的每一个台阶(步级)可想象为由一个完整的螺旋体经踢面 T_1 和踏面 P_1 切割而成。而踢面 T_1 和踏面 P_1 的交线位于螺旋体的上一个螺旋面上。因此,可先画出螺旋体上的表面——正螺旋面的投影。再确定踢、踏两面的交线在螺旋面上的对应位置,然后画出踢、踏两面的投影。

例 4-13 已知螺旋楼梯的内导圆柱的直径 D_1、外导圆柱的直径 D、导程 P_h、右旋旋向、步级数 12、每步高 $P_h/12$,梯板竖向厚度 δ,完成螺旋楼梯的正面投影。

解 (1)根据内、外导圆柱的直径 D_1、D 及导程 P_h,画出两个导圆柱的水平、正面投影。

将水平投影圆按逆时针(右旋)排列作 12 等份,等分点分别编号(内圆 $1_1 \sim 13_1$,外圆 $1 \sim$

图 4-37 螺旋楼梯实例

13)。将正面投影矩形(高度为导程 P_h)沿高度方向作 12 等份,并将所得分点编号为 $1 \sim$ 13;把内外圆上同号点相连,即为相应踢面在水平面上的积聚性投影。内外圆间的 12 个扇形,即为相应踏面在 H 面上的实形投影。至此,已完成螺旋楼梯的 H 面投影。

(2)画出螺旋楼梯的顶面正螺旋面的投影,如图 4-38a 所示。

(3)画出各踏步的投影。

如图 4-38b 所示,画出第一步级踢面 T_1、踏面 P_1 的 V 面投影。类似地,再画出踢面 T_2、踏面 P_2 的 V 面投影。每一个踏步的踢面都是垂直于 H 面的矩形,矩形的下边线的序号与正面投影的等分序号相同,根据其 H 面投影可画出投影。中轴线左侧的踢面不可见。矩形的上边线是同级踏面的 V 面投影的积聚投影,长度对应相应踏面的 H 面投影。对于被正螺旋面遮挡的踏步可不画出,如图 4-38c。

螺旋楼梯可见性为:螺旋楼梯在 V 面中,前半的外侧面可见,后半的内侧面可见。右旋时,轴线右侧的踢面可见,轴线左侧的底面(正螺旋面)可见;左旋时,则轴线左侧的踢面可见,轴线右侧的底面(正螺旋面)可见。

(4)画出螺旋楼梯板底面的投影。

螺旋楼梯板底面也是一个正螺旋面,其形状大小与梯级的螺旋面完全相同,只是在高度方向相差一个 δ。因此可用平移法,由梯级螺旋面上各点分别对应向下截取高度 δ,顺次光滑连接各端点,即得到两条正螺旋线。这两条线中间的部分就是楼梯板底面正螺旋面。如

图4-38d所示。

（5）擦去作图辅助线，描深、润饰踏步的侧面，完成全图，如图4-38e所示。

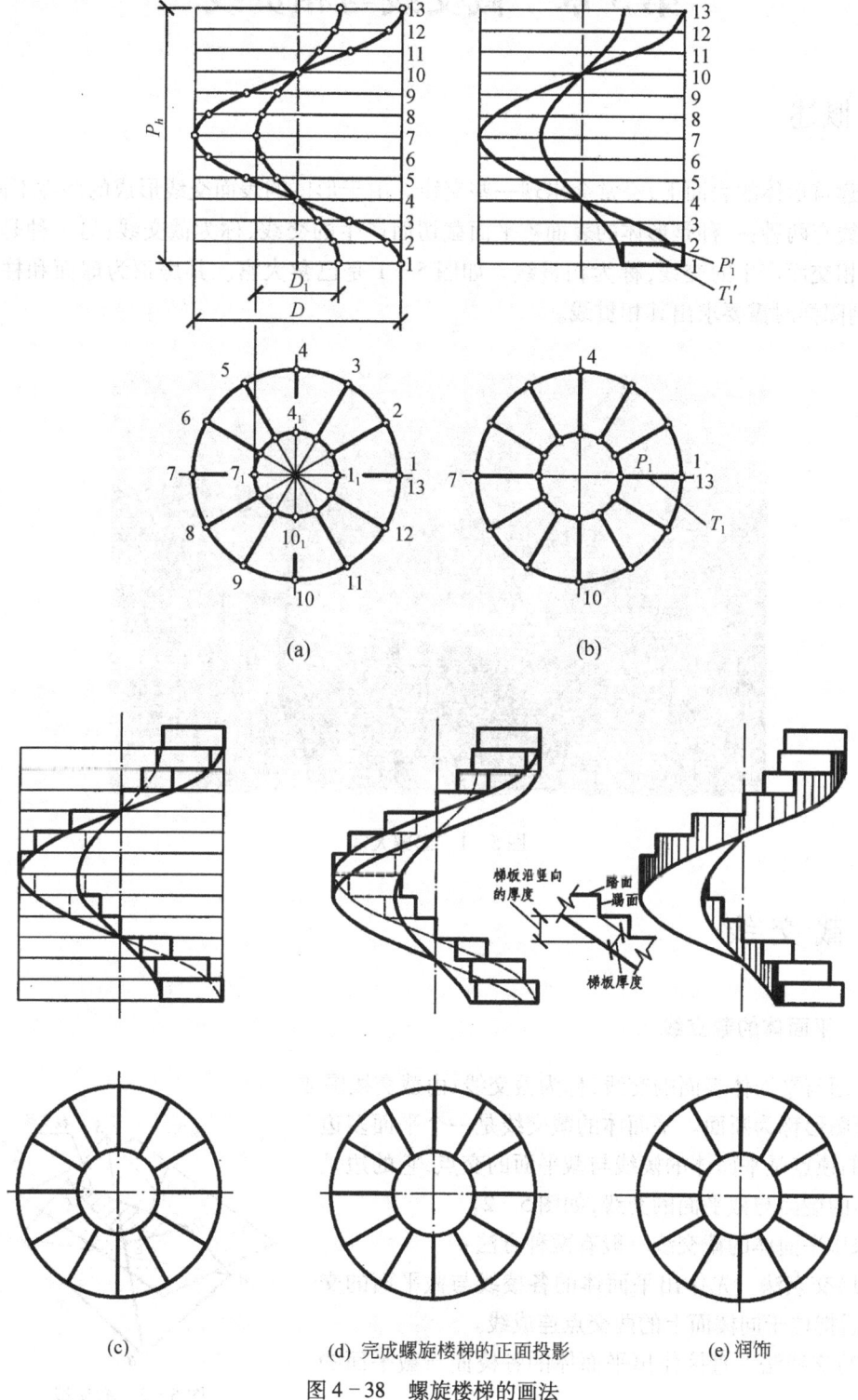

(a)　　　　　　　(b)

(c)　　　　(d) 完成螺旋楼梯的正面投影　　　　(e) 润饰

图4-38　螺旋楼梯的画法

89

第5章 截交线与相贯线

5.1 概述

在建筑形体的表面上，经常会出现一些交线。由于形体的表面交线形成的条件不同，产生的交线有两种：一种是形体的表面被平面截切而产生的交线，称为截交线；另一种是两形体表面相交而产生的交线，称为相贯线。如图 5-1 是巴黎大宫。其房顶为球面和柱面相贯，绘制图样时需要求出其相贯线。

图 5-1 巴黎大宫

5.2 截交线

5.2.1 平面体的截交线

平面与平面体表面的交线，称为截交线；由截交线围成的平面图形称为断面。平面体的截交线是一个平面多边形，它的顶点是平面体的棱线与截平面的交点，它的边是平面体的棱面与截平面的交线，如图 5-2。

求作平面体的截交线一般有两种方法：

(1) 交点法 先作出平面体的各棱线与截平面的交点，然后把位于同棱面上的两交点连成线。

(2) 交线法 直接作出平面体的各棱面与截平面的交线。

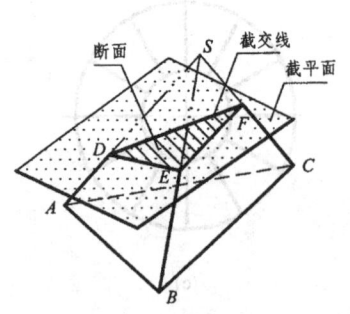

图 5-2 截交线

在投影图中截交线的可见性取决于平面体各棱面的可见性,位于可见棱面上的交线才是可见的,应画为实线,否则交线不可见,应画为虚线。

例 5-1 如图 5-3a 所示,三棱锥被正垂面 P 截切,求截交线的三面投影。

解 分析:正垂面 P 与三个棱面都相交,截交线为三角形,其三个顶点 D、E、F 是三棱锥的三条棱线与截平面的交点。截交线的正面投影积聚成一条直线,因此只需求出截交线上各顶点 D、E、F 的其余两面投影。

作图步骤:

(1) 找到棱线 SA、SB、SC 与截平面 P 的交点 D、E、F 的正面投影 d'、e'、f'。

(2) 利用求一般位置直线与投影面垂直面交点的方法,即可分别求出点 D、E、F 的水平投影 d、e、f 和侧面投影 d''、e''、f''。由于 SB 为侧平线,所以点 E 的水平投影 e 要通过 e'' 求出。

(3) 依次连接各点的水平投影和侧面投影,即为所求。结果如图 5-3b。

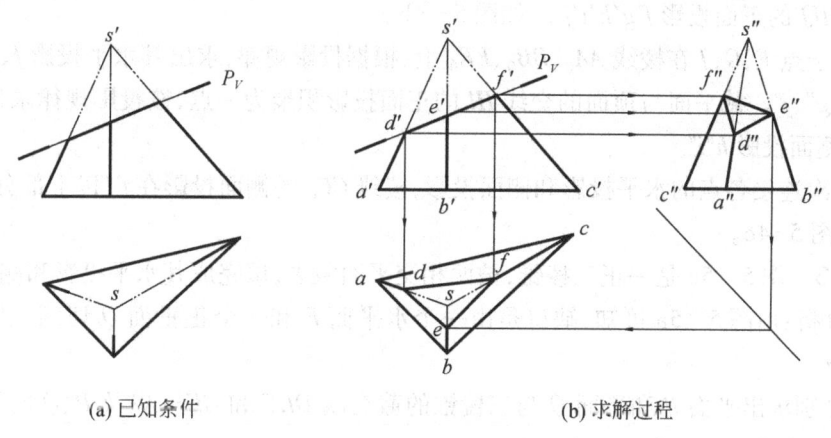

(a) 已知条件   (b) 求解过程

图 5-3 求三棱锥的截交线

5.2.2 平面体的切割与穿孔

对于被几个平面同时切割而形成具有缺口或穿孔的平面体,只要逐个求出各个截平面与平面体的截交线,并画出截平面之间的交线,即可作出这个平面体的投影图。

例 5-2 如图 5-4a 所示,已知五棱柱的正面投影和水平投影,用正垂面 P 切割掉左上角,求作截交线以及五棱柱被切割后的三面投影。

解 分析:截平面 P 与五棱柱的四个棱面及顶面相交,截交线为五边形。因为截平面为正垂面,所以截交线的正面投影积聚在 P_V 上,五棱柱被切割后的正面投影为已知,只要作出截交线的水平投影,就可作出五棱柱被切割后的水平投影;由已作出的截交线的正面投影和水平投影,可以作出截交线的侧面投影,从而作出五棱柱被切割后的侧面投影。

作图步骤:

(1) 作出完整五棱柱的侧面投影。

(2) 在已知的截交线的正面投影中,标注出棱线 AA_0、BB_0、EE_0 与截平面 P 的交点 F、G、J 的正面投影 f'、g'、j';标注出截平面 P 与顶面的交线 HI 的正面投影 $h'i'$,就表明了截交线

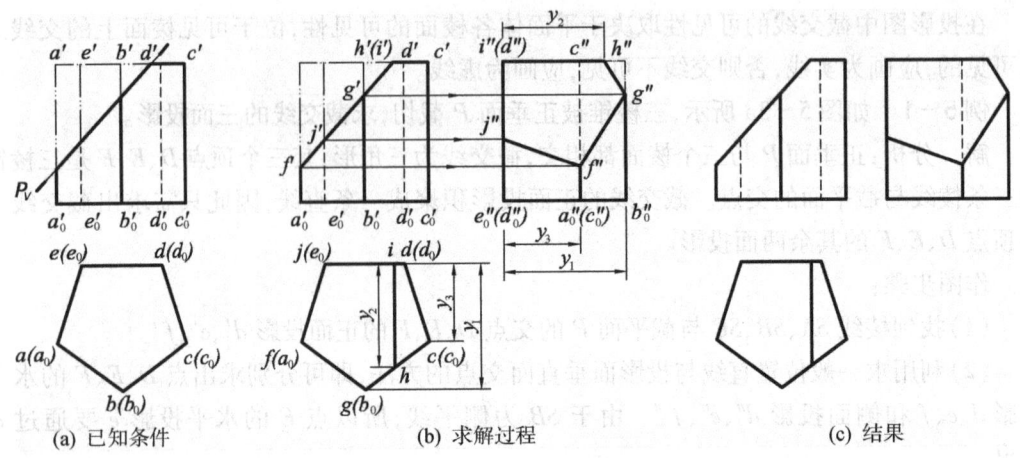

图 5-4 正垂面截五棱柱

五边形 $FGHIJ$ 的正面投影 $f'g'h'i'j'$。如图 5-4b。

(3) 由于点 F、G、J 在棱线 AA_0、BB_0、EE_0 上,根据投影规律,求出其水平投影 f、g、j 和侧面投影 f''、g''、j''。截平面与顶面的交线 HI 的正面投影积聚为一点,按投影规律求出其水平投影 hi 和侧面投影 $h''i''$。

(4) 依次连接各点的水平投影和侧面投影,棱线 CC_0 的侧面投影在 f'' 以上部分不可见,画虚线,如图 5-4c。

例 5-3 图 5-5a 是一正三棱锥,被两相交平面截去,试完成其水平投影和侧面投影。

解 分析:由图 5-5a 可知,缺口是由一个水平面 P 和一个正垂面 Q 切割三棱锥而形成的。

只要分别求出平面 P 和平面 Q 与三棱锥的截交线 DEF 和 GEF,以及 P、Q 两平面的交线 EF 即可。作图结果如图 5-5b 所示。

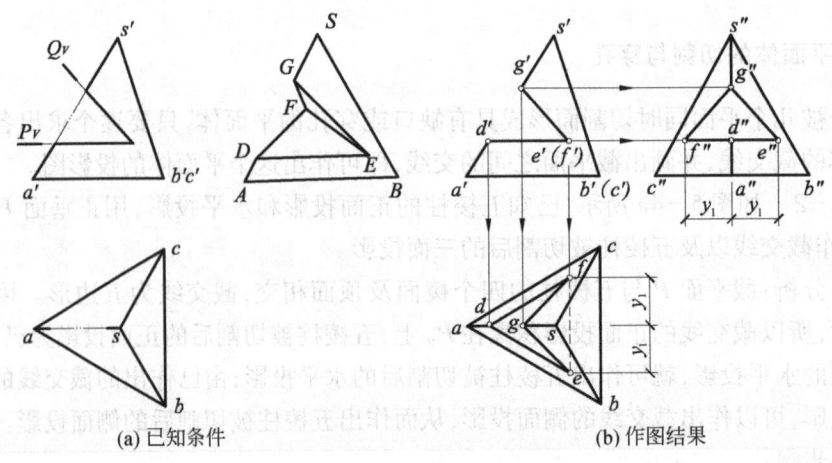

图 5-5 完成带缺口的三棱锥的投影

5.2.3 曲面体的截交线

曲面体的截交线一般情况下是平面曲线,特殊情况下为直线。截交线是截平面与曲面体的共有线,截交线上的点,都是截平面与曲面体表面的共有点。因此,求曲面体的截交线,实际上是作出截平面和曲面上的一系列共有点,然后顺次连接成光滑的曲线。为了能准确地作出截交线,首先需要求出控制截交线形状、范围的特殊点,即最高、最低、最前、最后、最左、最右和转向轮廓线上的点,然后再作一些一般点,最后连成曲线。

曲面体截交线的投影可见性与平面体截交线类似,当截交线位于曲面体表面的可见部分时,这段截交线的投影是可见的,否则是不可见的。

注意:截交线上的点在曲面体的表面上。

1. 平面与圆柱体的截交线

当平面与圆柱体的轴线平行、垂直、倾斜时,产生的截交线分别为二平行直线、圆、椭圆,如表 5-1 所示。

表 5-1 平面与圆柱体的截交线

截平面的位置	平行于轴线	垂直于轴线	倾斜于轴线
截交线的形状	两平行直线	圆	椭圆
立体图	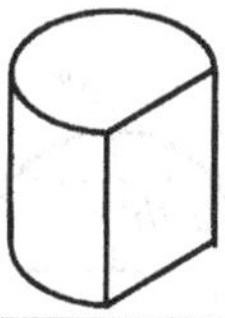	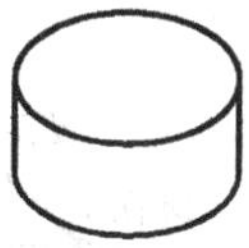	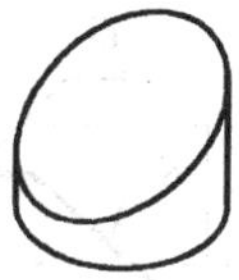
投影图	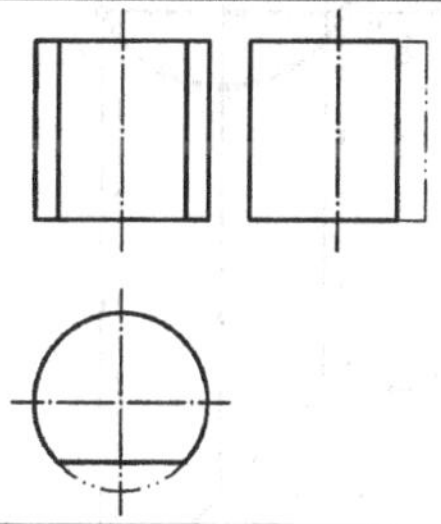	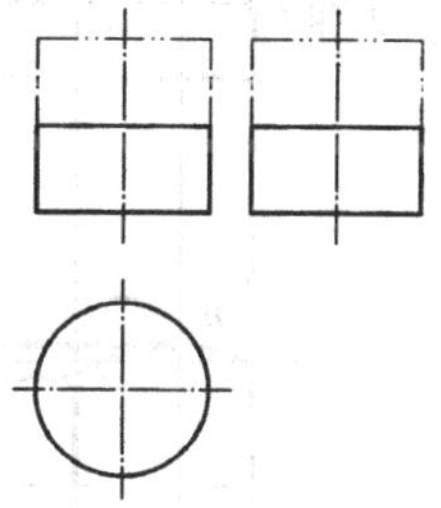	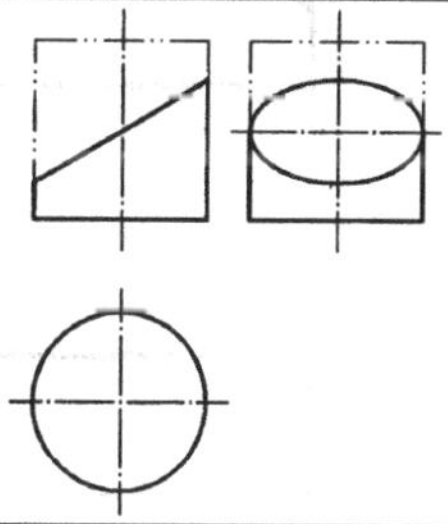

例 5-4 如图 5-6a 所示,圆柱被一正侧面 P 所截,已知其正面投影和水平投影,求作侧面投影。

解 分析:截平面 P 为正垂面,与圆柱轴线斜交,截交线为椭圆。截交线的正面投影积聚为一条直线,水平投影积聚在圆周上,只需求截交线的侧面投影。

作图步骤:

(1)求特殊位置点。在下面投影中可直接标出截交线上最左点 A、最右点 C 的正面投影 a'、c',点 A、C 的水平投影 a、c 必在圆柱的水平积聚投影上。根据投影规律,求出 A、C 的侧面投影 a''、c''。A、C 同时也是截交线上的最高点和最低点。

在水平投影中可直接标出截交线上最前点 B、最后点 D 的水平投影 b、d,点 B、D 的正面投影 b'、d' 必在截平面的积聚投影 P_V 上,根据投影规律,求出 B、D 的侧面投影 b''、d''。

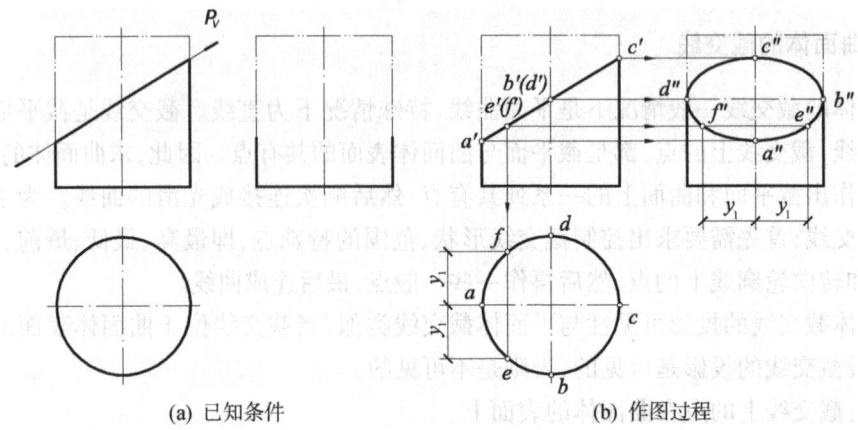

(a) 已知条件　　　　　　　　　　(b) 作图过程

图 5-6　正垂直截圆柱

(2) 求一般位置点。在截交线的正面投影上任取两点 E、F 的投影 e'、f'，根据投影规律，求出其水平投影 e、f 和侧面投影 e''、f''。

(3) 按次序连接各点的侧面投影，即得截交线的侧面投影。

注意：被截切的圆柱的侧面投影转向轮廓线应画到 b''、d'' 为止，作图结果如图 5-6b。

例 5-5　完成图 5-7a 所示切割体的投影图。

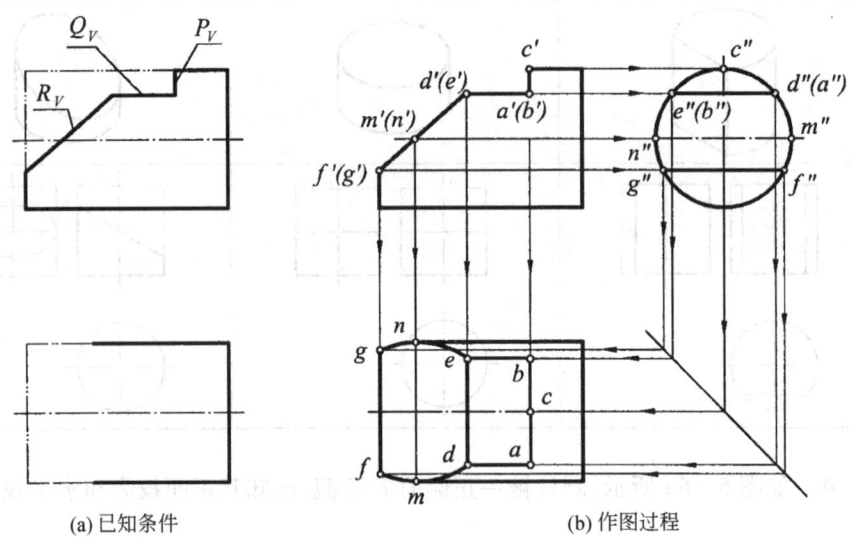

(a) 已知条件　　　　　　　　　　(b) 作图过程

图 5-7　作具有切口的圆柱的投影

解　分析：由图 5-7a 可看出，圆柱被三个平面截切：正垂面 R 与轴线斜交，截交线为部分椭圆；水平面 Q 与轴线平行，截交线为两段素线；侧平面 P 与轴线垂直，截交线为圆弧。三个截平面同时垂直 V 面，它们的交线是 V 面垂直线，所以截交线由两段曲线、两段素线和一段圆弧组成，它们之间各有直线段分界。

作图步骤：如图 5-7b 所示。

(1) 作侧平面与圆柱的截交线（圆弧）ABC，作水平面 Q 与圆柱的截交线（两段侧垂线）

94

AD 和 BE。

（2）作 P 与 Q 的交线 AB，作 Q 与 R 的交线 DE。

（3）作正垂面 R 与圆柱的截交线（两段曲线）DMF 和 ENG。

（4）圆柱的切去部分的投影转向轮廓线不再画出。所有截交线都是可见的，画成实线。

2. 平面与圆锥体的截交线

当平面与圆锥体的轴线处于不同相对位置时，会产生五种不同的截交线，如表 5-2。

表 5-2 平面与圆锥体的截交线

截平面的位置	过锥顶	不过锥顶			
		垂直轴线	$\alpha > \varphi$	$\alpha = \varphi$	$\alpha < \varphi$
截交线的形状	两条过锥顶直线	圆	椭圆	抛物线	双曲线
立体图					
投影图					

下面举例说明圆锥面上截交线的求法。

例 5-6 如图 5-8a 所示，完成截切圆锥的水平投影和侧面投影。

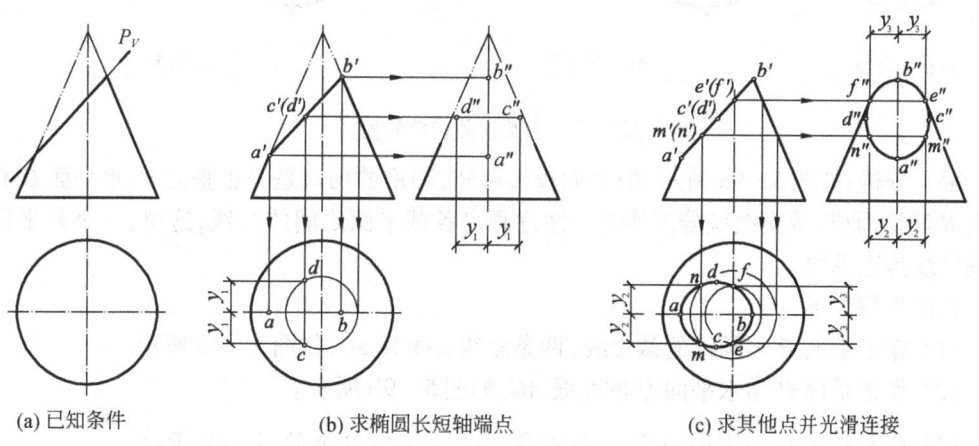

(a) 已知条件　　(b) 求椭圆长短轴端点　　(c) 求其他点并光滑连接

图 5-8　正垂面与圆锥相交

解 分析:由已知条件可知,截交线是椭圆,因截平面 P 为正垂面,所以截交线的正面投影成一直线,积聚在 P_V 上,水平投影和侧面投影仍然是椭圆。水平投影椭圆长轴的端点在截平面与圆锥最左、最右素线的交点上,短轴端点位于通过长轴中点的中垂线上。

作图步骤如下:

（1）在截平面和最左、最右素线的正面投影的交点处作出最高点 B、最低点 A 的正面投影 a'、b',根据投影关系作出它们的水平投影 a、b 和侧面投影 a''、b''。A、B 是椭圆长轴的两个端点,也是最左点和最右点,如图 5-8b。

（2）正面投影 $a'b'$ 的中心点,即为椭圆短轴 CD 的有积聚性的正面投影 $c'd'$,利用纬圆法,可求出其水平投影 c、d 和侧面投影 c''、d'',如图 5-8b。

（3）转向轮廓线上的点 E、F 的侧面投影 e''、f'',可由正面投影 e'、f' 直接求得,根据投影关系,求得其水平投影 e、f,如图 5-8c。

（4）求一般点。在截交线上取点 M、N,其正面投影为 m'、n',根据纬圆法求得其水平投影 m、n,作出相应的侧面投影 m''、n'',如图 5-8c。

（5）依次光滑连接即得截交线的水平投影和侧面投影,注意侧面投影的转向轮廓线应画到 e''、f'' 为止,结果如图 5-8c。

例 5-7 如图 5-9a,完成具有切口的圆锥的侧面投影,并补全水平投影。

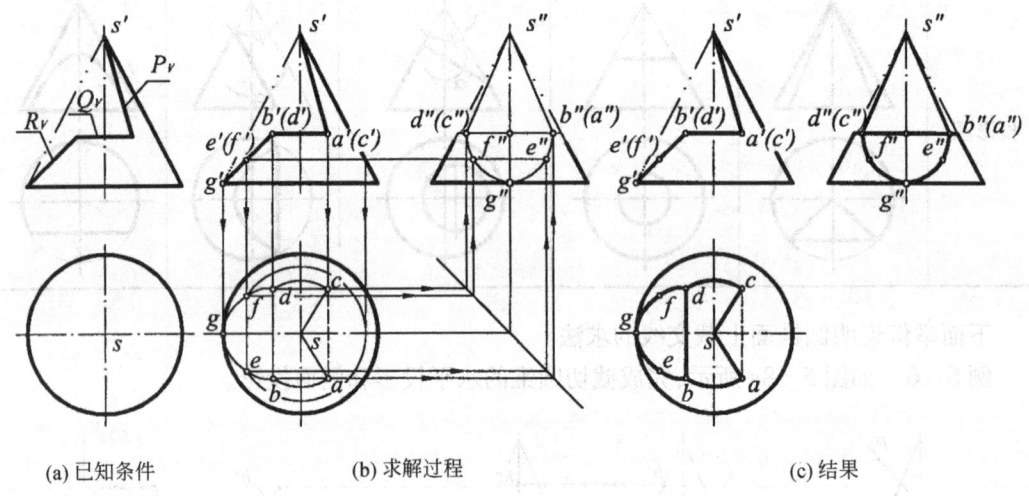

(a) 已知条件　　　　(b) 求解过程　　　　(c) 结果

图 5-9　求圆锥截切后的投影

解 分析:如图 5-9a 所示,由 V 面投影可知,圆锥的切口是由正垂面 P、水平面 Q 和正垂面 R 截切而成,截交线应分段作出。注意画出各截平面之间的交线,这里,三个截平面之间的交线是正垂线。

作图步骤如下:

（1）作正垂面 P 与圆锥的截交线（两条素线）SA 和 SC,如图 5-9b 所示。

（2）作正垂面 P 与水平面 Q 的交线 AC,如图 5-9b 所示。

（3）作水平面 Q 与圆锥的截交线（两段圆弧）$\overset{\frown}{AB}$ 和 $\overset{\frown}{CD}$,如图 5-9b 所示。

（4）作水平面 Q 与正垂面 R 的交线 BD,如图 5-9b 所示。

(5) 作正垂面 R 与圆锥的截交线(曲线)BEGFD,如图 5-9b 所示。

(6) 完成整个形体的投影,作图结果如图 5-9c 所示。

3. 平面与球体的截交线

不管截平面处于什么位置,平面截切球所得到的截交线总是圆。

例 5-8 如图 5-10a,球被正垂面截去左上方,补全截切后的水平投影和侧面投影。

解 分析:截平面是 V 面垂直面,因此截交线是正垂圆,截交线的正面投影为直线段,其长度反映圆直径的实长,水平投影和侧面投影均为椭圆。

作图过程如图 5-10a、b 所示。

(1) 求 H、W 面投影的椭圆长、短轴的端点 c、d、c″、d″和 a、b、a″、b″,如图 5-10a。

(2) 由正面投影 e′、f′,可在球面水平投影转向轮廓线上作出 e、f,并由此可求得 e″、f″,如图 5-10b 所示。

(3) 在截交线圆的正面投影中定出一般位置点 M、N 的正面投影 m′、n′,利用球表面上取点的方法求出 m、n 和 m″、n″。

(4) 光滑连接各点的水平投影和侧面投影。

注意:被截切的球的水平投影转向轮廓线应画到 e、f 为止。

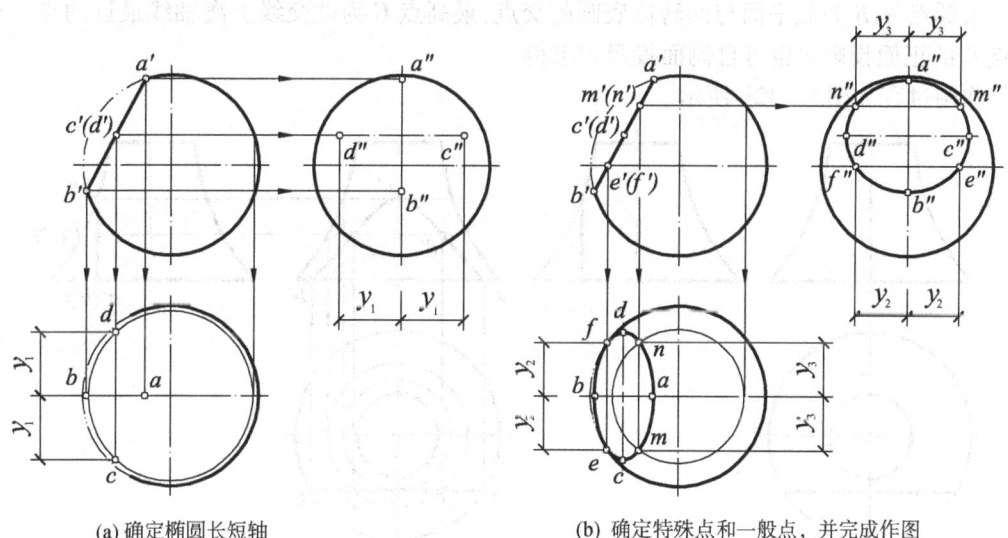

(a) 确定椭圆长短轴　　　　(b) 确定特殊点和一般点,并完成作图

图 5-10　球被正垂面所截

例 5-9 完成图 5-11a 所示的截切半球的投影图。

解 分析:半球被四个平面截切,前、后两个截平面为正平面,并且前后对称;左、右两个截平面为侧平面,位置也左、右对称。截平面与球面的交线为四段圆弧。

作图步骤如下:

(1) 作前后两个正平面与半球的截交线(两段圆弧),如图 5-11b。

(2) 作左右两个侧平面与半球的截交线(两段圆弧),如图 5-11b。

(3) 完成整个形体的投影,如图 5-11c。

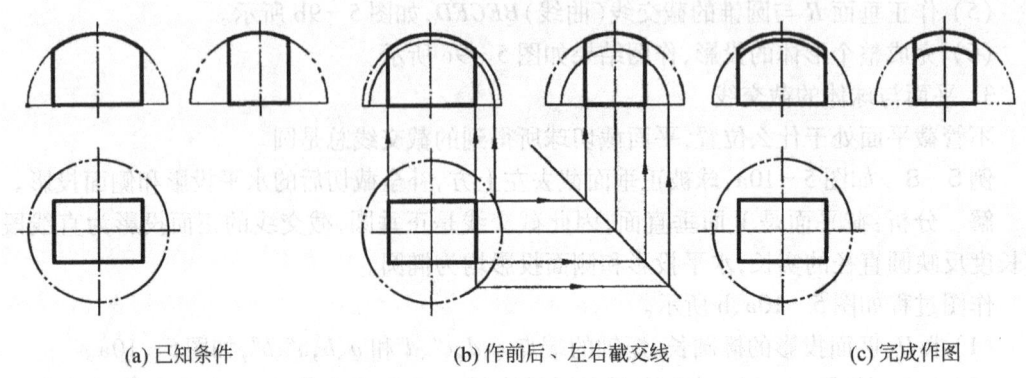

(a) 已知条件　　　　(b) 作前后、左右截交线　　　　(c) 完成作图

图 5-11　球的复合型截交线的作图

5.2.4　平面与其他回转体相交

例 5-10　如图 5-12a 所示，回转体被正平面所截，补画其截交线的正面投影。

解　分析：截交线的水平投影与截平面有积聚性的水平投影重合，利用过回转面上的点作纬圆的方法作出截交线上特殊点 A、B、C 和一般点 D、E 的投影，最后用曲线光滑连接即可。

最低点 A、B 为截平面与回转体底圆的交点，最高点 C 为截交线上离轴线最近的点。最高点 C 的正面投影 c' 也可自侧面投影 c'' 求得。

作图过程如图 5-12b 所示。

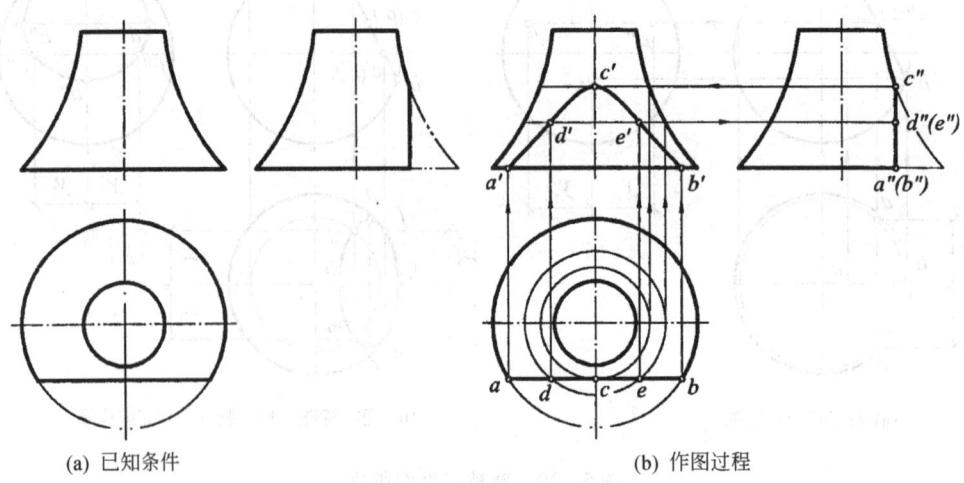

(a) 已知条件　　　　　　　　　　(b) 作图过程

图 5-12　平面截回转体

5.3　相贯线

两形体表面相交所得的交线称为相贯线。它随相交两形体表面的形状、大小及相互位置不同而不同。但所有相贯线都有以下性质：

（1）相贯线一般是闭合的。

（2）相贯线是相交两形体表面的共有线，同时也是分界线；相贯线上的点是两形体表面的共有点。

相贯线投影的可见性判定原则是：同时位于两形体可见表面上的线段是可见的，画粗实线;否则为不可见,画虚线。

5.3.1 平面体与平面体相贯

两平面体的相贯线是封闭的空间折线或平面多边形。折线的每一线段是甲形体的一个棱面与乙形体的一个棱面的交线;每个折点是甲形体的一条棱线对乙形体一个棱面的贯穿点。

求两平面体的相贯线的作法有两种:

(1)交点法　先作出一个平面体的有关棱线与另一个平面体的交点,再将所有交点顺次连接成折线,即组成相贯线。连点的原则是:只有当两个交点对两个平面体来说都位于同一棱面上时才能相连,否则不能相连。

(2)交线法　直接作出两平面体上两个相应棱面的交线,然后连成相贯线。

因此,求两平面体的相贯线,实质上就归结为求直线与平面的交点或两平面的交线。

例 5-11　如图 5-13 所示,已知两三棱柱相交,求它们的表面交线。

解　分析:如图 5-13 所示,这两个三棱柱是互贯的,三棱柱 ABC 有两条棱线与三棱柱 KMN 相交,棱线 A 的贯穿点为Ⅰ、Ⅱ,棱线 C 的贯穿点为Ⅲ、Ⅳ。三棱柱 KMN 的棱线 N 与三棱柱 ABC 的贯穿点为Ⅴ、Ⅵ,总共有六个贯穿点。其相贯线是分布在 KN 和 MN 两个棱面上的一条空间折线。由于三棱柱 KMN 的水平投影积聚为三角形,相贯线的水平投影积聚在该三角形上;三棱柱 ABC 的侧面投影积聚为三角形,相贯线的侧面投影积聚在该三角形上。因而本例只需求相贯线的正面投影。

作图步骤如下:

(1)求贯穿点,三棱柱 ABC 的棱线 A 和 C 对三棱柱 KMN 表面的贯穿点Ⅰ、Ⅱ、Ⅲ、Ⅳ的投影。其水平投影 1、2、3、4 和侧面投影 1″、2″、3″、4″可直接作出,根据投影规律,求出其正面投影 1′、2′、3′、4′。

(2)三棱柱 KMN 的棱线 N 与三棱柱 ABC 表面的贯穿点Ⅴ、Ⅵ的水平投影 5、6 和侧面投影 5″、6″可直接作出,根据投影关系,可作出其正面投影 5′、6′。

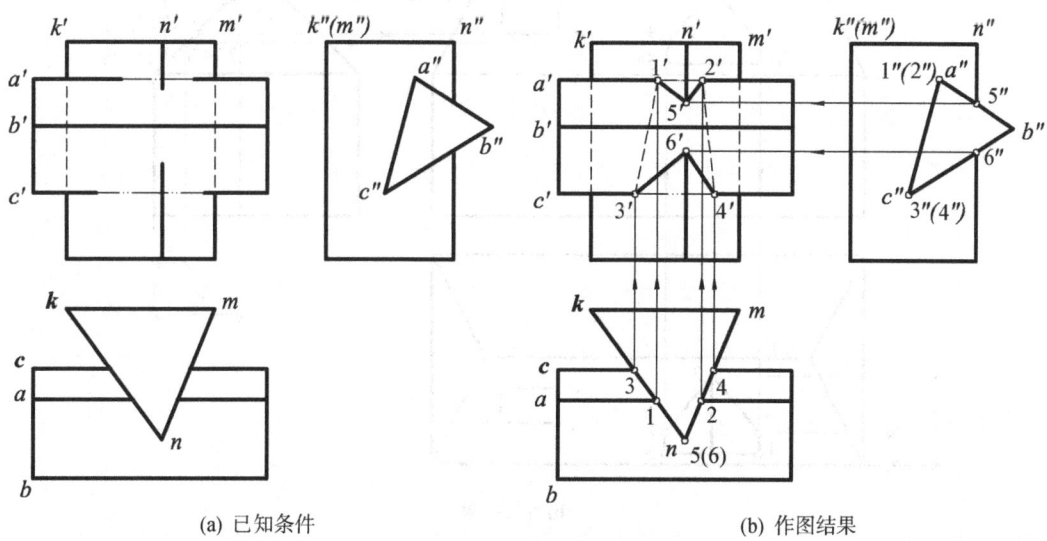

(a) 已知条件　　　　　(b) 作图结果

图 5-13　作两三棱柱的相贯线

（3）按连接顺序，依次连接各贯穿点，即为所求。

注意：因为相贯线的每一线段是两棱面的共有线，所以，只有当两点都位于两个三棱柱的同一棱面上，才能用线段将其连接，否则不可连接。

（4）判定可见性：只有当两个棱面的同面投影都是可见时，其交线在该投影面上的投影才可见，否则不可见。故交线 1′5′、5′2′、3′6′ 和 6′4′ 均为可见，画成实线；交线 1′3′ 和 2′4′ 为不可见，画成虚线。

（5）完成整个形体的投影。

例 5-12 如图 5-14a，求屋面与烟囱、屋面与气窗的交线。

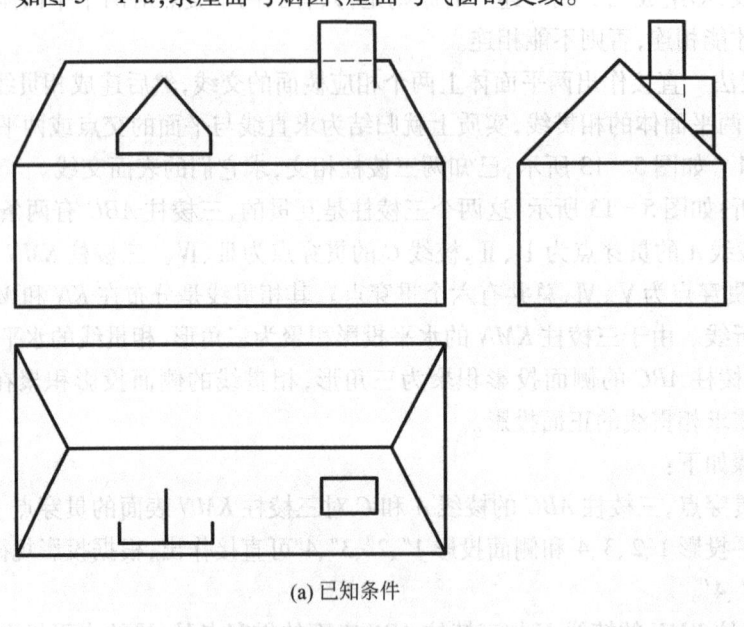

(a) 已知条件

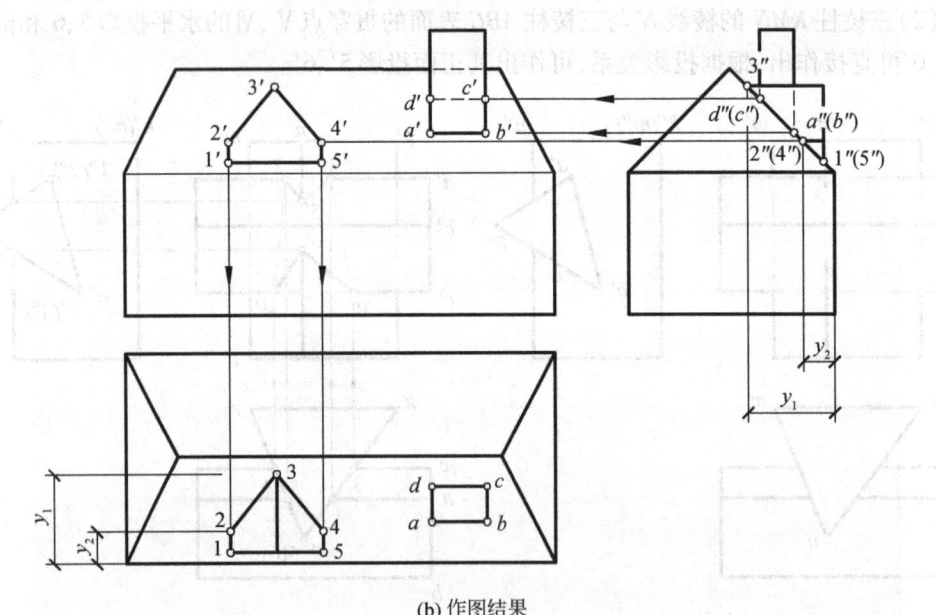

(b) 作图结果

图 5-14 求屋面与烟囱、气窗的相贯线

解 分析：如图 5-14a 所示，屋面是一个棱线垂直于 W 面的三棱柱，烟囱是一个棱线垂直于 H 面的四棱柱，气窗是一个棱线垂直于 V 面的五棱柱。因此，屋面与烟囱的相贯线的 H 面投影重影在烟囱的有积聚性的 H 面投影上（四边形），W 面投影重影在屋面的有积聚性的 W 面投影上，只需求其正面投影。屋面与气窗的相贯线的 V 面投影重影在气窗的有积聚性的 V 面投影上（五边形），W 面投影重影在屋面的有积聚性的 W 面投影上，只需求其 H 面投影。

作图过程如图 5-14b。

(1) 在 H 投影面和 W 投影面上注写屋面与烟囱相贯线各顶点的标记，根据投影关系，作出 A、B、C 和 D 点的 V 面投影 a'、b'、c' 和 d'。

(2) 依次连接各点的 V 面投影，判别可见性。

(3) 在 V 投影面和 W 投影面上注写屋面与气窗相贯线各顶点的标记，根据投影关系，作出 Ⅰ、Ⅱ、Ⅲ、Ⅳ和Ⅴ点的 H 面投影 1、2、3、4 和 5。

(4) 依次连接各点的 H 面投影，判别可见性。

5.3.2 平面体与曲面体相贯

平面体与曲面体相贯，其相贯线一般是由若干段平面曲线或平面曲线和直线所组成。每一段平面曲线或直线，是平面体上各侧面与曲面体表面的截交线；每一段平面曲线或直线的交点，是平面体的棱线对曲面体表面的交点。因此，求平面体与曲面体表面的相贯线，可归结为求平面与曲面的截交线和棱线与曲面的交点问题。

例 5-13 求四棱柱与圆锥的相贯线，如图 5-15。

解 分析：从已知条件可知，如图 5-15a，四棱柱完全贯穿圆锥，四棱柱的棱线和圆锥轴线均为铅垂线，四棱柱的前后左右四个棱面与圆锥面相交，相贯线由四段双曲线组成；四棱柱的前后左右四棱线与圆锥面相交，相贯线有四个折点。

相贯线的 H 面投影重影在棱柱的有积聚性的 H 面投影上。

作图过程如图 5-15b、c。

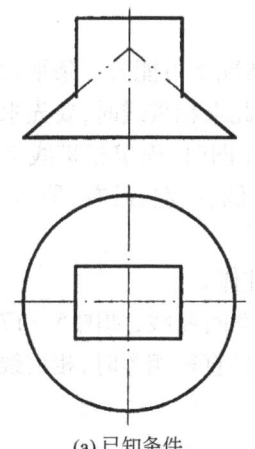 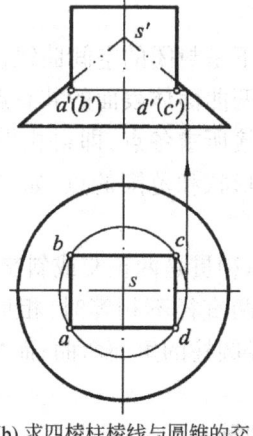 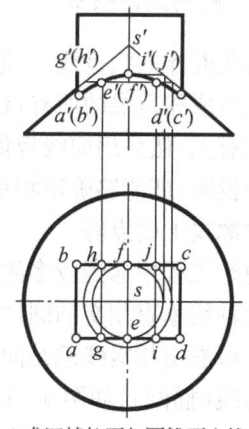

(a) 已知条件　　(b) 求四棱柱棱线与圆锥的交点　　(c) 求四棱柱面与圆锥面交线

图 5-15　求四棱柱与圆锥的相贯线

例 5-14 求四棱柱与半球的相贯线，如图 5-16。

解 分析：由于四棱柱完全贯穿半球，两回转体有公共的前后、左右对称部分，四棱柱的四个侧面都是铅垂面，所以相贯线是由前、后、左、右对称的四条平面曲线组成。四条曲线的连接点，就是四棱柱的四条侧棱与半球面的交点。相贯线的 H 面投影与四棱柱的 H 面投影重合。这里，只需分析相贯体左侧的一组相贯线；右侧与左侧对称，作法相同。

作图步骤如下：

(1) 求特殊位置点。求相贯线的最左点 E 和最前点 F。根据已知的 E、F 的 H 面投影，用纬圆法求出其 V 面投影，如图 5-16b 所示。求相贯线的最高点。最高点 C 为相贯线上离球心最近的点。作图过程如图 5-16b 所示。

(2) 在 H 面投影中定出同一纬圆的两个一般点 M、N 的 H 面投影 m、n，用纬圆法求出其 V 面投影 m′、n′，如图 5-16c 所示。

(3) 按顺序连接相贯线。相贯线前后对称，只需画出相贯体前半部的相贯线，作图结果如图 5-16c 所示。

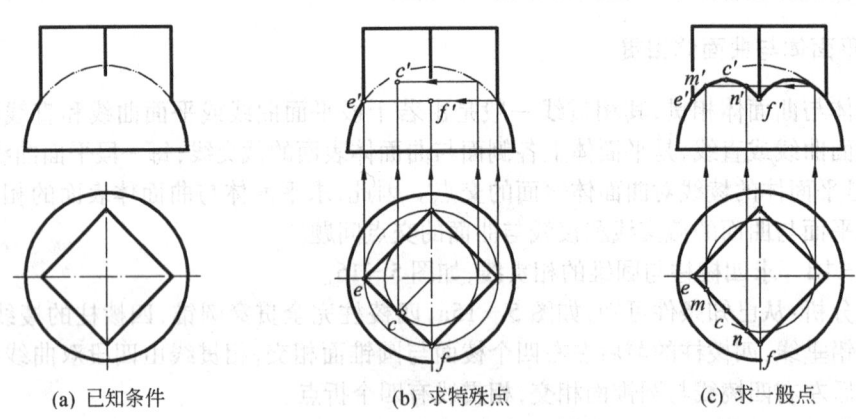

(a) 已知条件　　　　(b) 求特殊点　　　　(c) 求一般点

图 5-16　求四棱柱与半球的相贯线

5.3.3　两曲面体相贯

两曲面体的相贯线，一般情况下是封闭的空间曲线，特殊情况下可能为一条平面曲线或直线。组成相贯线的所有点，均为两曲面体表面的共有点。因此求相贯线时，要先求出一系列的共有点，然后用曲线板依次连接所求各点，即得相贯线。作图时，先求相贯线上特殊位置点的投影，即能够确定相贯线的形状和范围的点，如最高、最低、最左、最右、最前、最后及转向轮廓线上的点等。

建筑工程中遇到较多的曲面体相贯是两正交或斜交的圆柱体。

两轴线垂直相交的圆柱体，当两直径不相等时，相贯线是空间曲线，如图 5-17a，在投影图中可看出相贯线总是向大直径圆柱的里面弯曲；而当两圆柱直径相等时，相贯线是两条平面曲线(椭圆)，如图 5-17b。

求相贯线的方法通常有下面两种。

5.3.3.1　表面取点法

两回转体相交，如果其中有一个是轴线垂直于投影面的圆柱，则相贯线在该投影面上的投影，就积聚在圆柱面的有积聚性的投影上。于是，求圆柱和另一回转体的相贯线投影，可

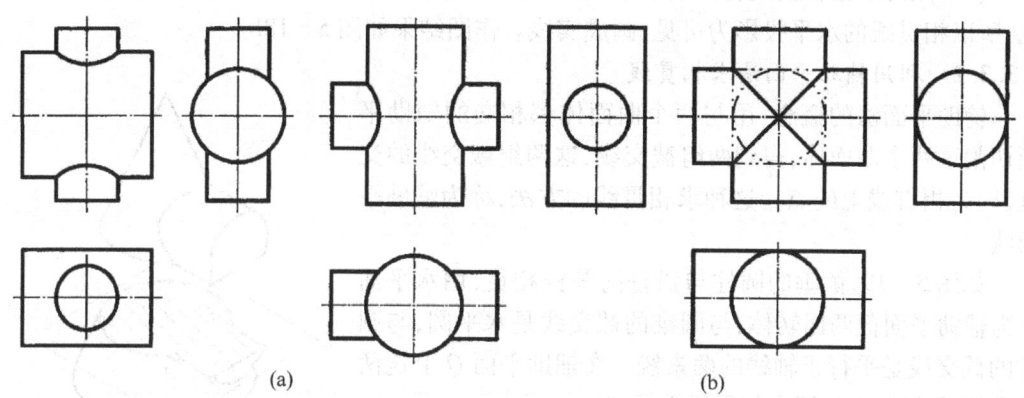

图 5-17 两正圆柱相贯

看作是已知另一回转体表面上的线的一个投影而求作其他投影的问题。这样,就可以在相贯线上取一些点,按已知曲面立体表面上的点的一个投影求其他投影的方法,即表面取点法,作出相贯线的投影。

例 5-15 如图 5-18a 所示,求作圆拱屋顶的相贯线。

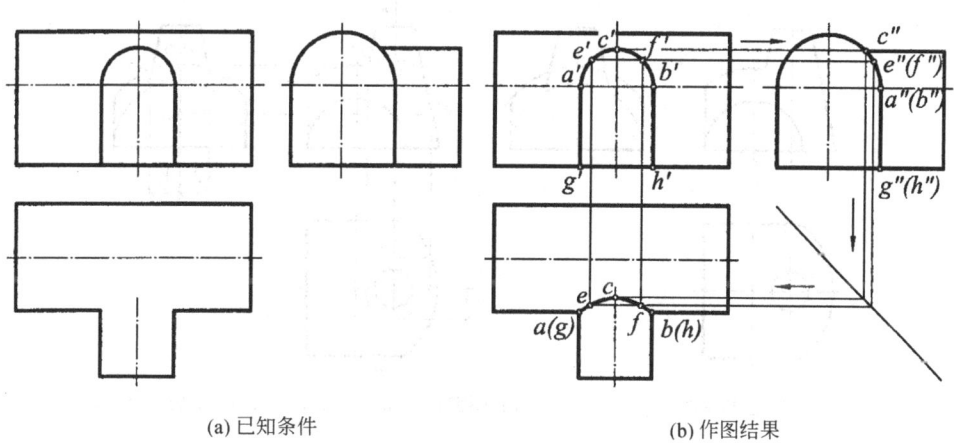

(a) 已知条件　　　　　　　　　(b) 作图结果

图 5-18　求作圆拱屋顶的相贯线

解 分析:由图 5-18a 可知,这是两个直径不同、轴线垂直正交的两个圆拱屋顶。由于大圆柱的轴线是侧垂线,小圆柱的轴线是正垂线,所以相贯线的侧面投影重影在大圆柱面的有积聚性的侧面投影上,正面投影重影在小圆柱面的有积聚性的正面投影上,只有其水平投影需要求出。

作图:

(1) 求特殊位置点,点 A、B 是相贯线上的最左点和最右点,同时又是最低点,它们的三面投影均可直接求得;点 C 是相贯线上的最高点,同时又是最后点,找出 C 点的正面投影 c' 和侧面投影 c'',根据投影规律,作出 C 点的水平投影 c。

(2) 求一般位置点。在相贯线的正面投影上任取两点 E、F 的投影 e'、f',点 E、F 的侧面投影 e''、(f'') 必在大圆拱的侧面积聚投影上,根据投影规律,作出 E、F 的水平投影 e、f。

（3）光滑连接相贯线各点的水平投影，即为所求。因为两个圆拱屋顶的水平投影都可见，所以相贯线的水平投影为可见，画成实线。作图结果如图 5-18b。

5.3.3.2 利用辅助平面法求相贯线

辅助平面法的概念：用与两个曲面体都相交的辅助平面切割这两个曲面体，得到两组截交线，这两组截交线的交点，即为相贯线上的点。这种求相贯线的方法，称为辅助平面法。

如图 5-19，侧垂的圆柱与铅垂的圆锥相贯，用水平面 Q 为辅助平面截两回转体，与圆锥的截交线是水平圆，与圆柱的截交线是平行于轴线的两素线。在辅助平面 Q 上这两组交线的交点 A、B 即为相贯线上的点。

在用辅助平面法求相贯线时，为了作图简便，必须按以下原则选择辅助平面：

①辅助平面应作在两曲面体的相交范围内；
②辅助平面与两曲面体的截交线的投影应该是直线或圆。

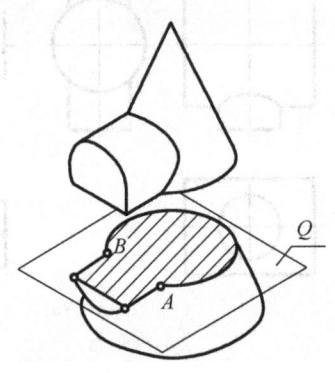

图 5-19 辅助平面法概念

例 5-16 如图 5-20a 所示，求半球与圆台的相贯线。

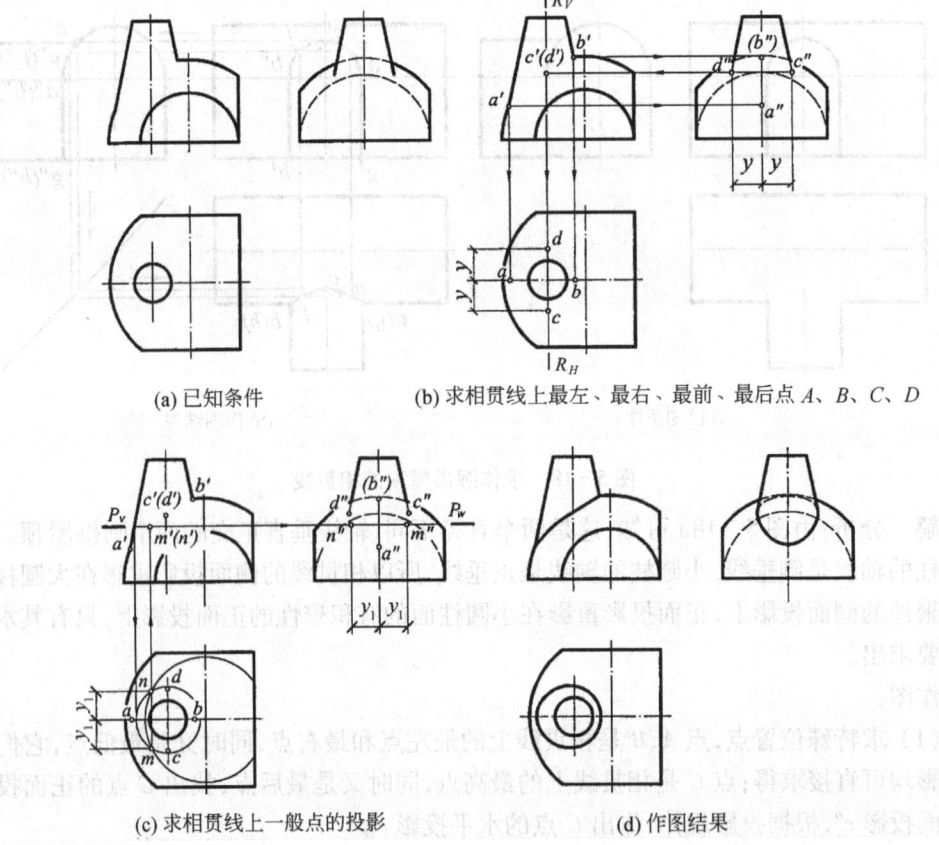

(a) 已知条件　　(b) 求相贯线上最左、最右、最前、最后点 A、B、C、D

(c) 求相贯线上一般点的投影　　(d) 作图结果

图 5-20 半球与圆台相贯线

第5章 截交线与相贯线

解 分析:该形体由圆台和部分圆球组成,前后对称,圆台轴线不通过球心,圆台面和球面的相贯线为前后对称的空间曲线。由于圆台面和球面的三面投影都没有积聚性,因此,必须利用辅助平面法作图。

辅助平面的选择:对圆锥而言,辅助平面应通过锥顶或垂直于圆锥的轴线;对球面而言,辅助平面可选用投影面平行面。综合这两种情况,为了使辅助平面截圆锥、半球所得交线的投影为直线或圆,辅助平面除了可选用过圆锥轴线的正平面和侧平面外,还应选用水平面。

作图步骤如下:

(1) 求特殊位置点,如图 5-20b。用过圆台轴线的正平面 S 截两回转体,与圆台表面相交于最左、最右两条素线,与半球相交于平行正面的圆。在正面投影中,这两条素线与半圆的交点,即为相贯线上最左点 A、最右点 B 的正面投影 a'、b'。根据投影规律,作出 a、b 和 a''、b'',点 A、B 同时也是最低点和最高点。

用过圆台轴线的侧平面 R 截两回转体,与圆台表面相交于最前、最后两条素线,与球面相交于圆弧。在侧面投影中,这两条素线与圆弧的交点即为相贯线上最前点 C、最后点 D 的侧面投影 c''、d'',根据投影关系求出 c、d 和 c'、d'。

(2) 求一般位置点的投影,如图 5-20c。作水平面 P 截两回转体分别得两水平纬圆,它们水平投影的交点即为相贯线上点 M、N 的水平投影 m、n。根据投影关系求出 m'、n' 和 m''、n''。

(3) 依次连接相贯线上点的正面投影、水平投影和侧面投影,并判别可见性。

(4) 注意整个形体的完整性。圆锥侧面投影转向轮廓线画到 c''、d'' 为止。作图结果如图 5-20d 所示。

例 5-17 如图 5-21a 所示,求斜交两圆柱的相贯线。

解 分析:两圆柱的轴线相交且平行于 V 面,小圆柱完全贯穿大圆柱,相贯线为一封闭的空间曲线。相贯线的 W 面投影重影在大圆柱的有积聚性的 W 面投影上。需求出相贯线的 V、H 面投影。由于这两个圆柱有公共前后对称面,所以其相贯线为前后对称的空间曲线。

作图步骤如下:

(1) 求特殊位置点。由于两圆柱的轴线相交,且位于同一正平面内,V 面投影 a'、b' 即为相贯线的最左、最右点 A、B 的正面投影,据此求得 a、b、a''、b'',点 A、B 也是最高点。在相贯线的 W 面投影上直接定出 c''、d'',据此求得 $c'(d')$ 和 c、d,点 C、D 是相贯线的最前、最后点,也是最低点,如图 5-21b 所示。

(2) 求一般位置点。作辅助正平面 P、Q,求出 E、F、G 和 H 四点,如图 5-21c 所示。

(3) 依次连接各点的同面投影即为所求。

(4) 判别可见性。由于该相贯体前后对称,故相贯线的 V 面投影前后重合,c、d 为相贯线 H 面投影可见与不可见的分界点。c—f—b—h—d 可见,画粗实线;d—g—a—e—c 不可见,画虚线。作图结果如图 5-21d 所示。

本例也可用表面求点法求解,请读者自行分析。

5.3.3.3 两曲面体相贯线的特殊情况

(1) 具有公共顶点的两圆锥或轴线互相平行的两圆柱相交,相贯线为直线。如图 5-22 和图 5-23 所示。

(2) 两同轴回转体(轴线在同一直线上的两个回转体)的相贯线,是垂直于轴线的圆,如

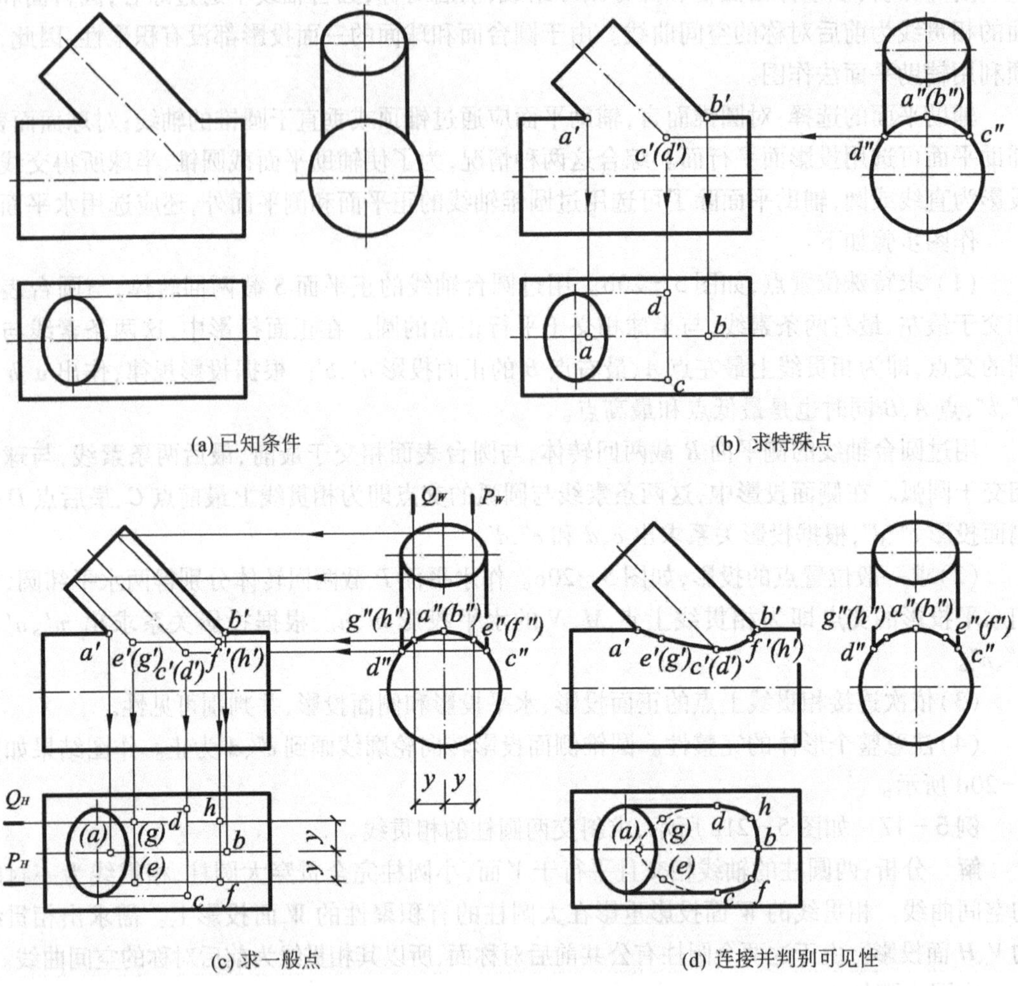

(a) 已知条件　　　　　　　　　(b) 求特殊点

(c) 求一般点　　　　　　　　　(d) 连接并判别可见性

图 5-21　求两斜交圆柱的相贯线

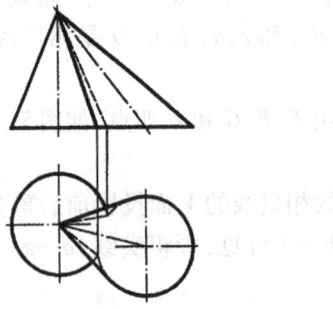

图 5-22　相贯线为相交两直线

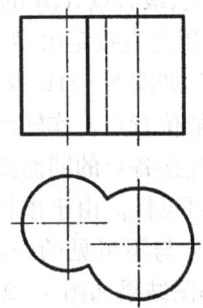

图 5-23　相贯线为平行两直线

图 5-24 所示。在与轴线平行的投影面上，该圆的投影积聚为直线段；在与轴线垂直的投影面上，该圆的投影反映实形。

(3) 相交两回转面同时内切于一球面，其相贯线是两条相交的平面曲线。图 5-25a 所

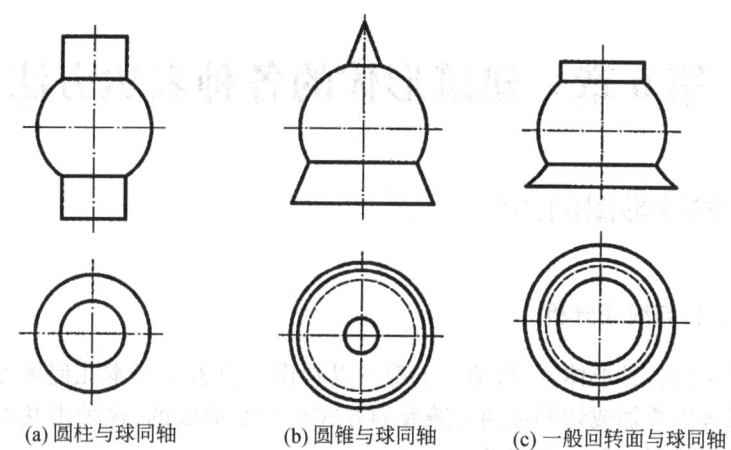

(a) 圆柱与球同轴　　　　(b) 圆锥与球同轴　　　　(c) 一般回转面与球同轴

图 5-24　同轴回转体相贯线为圆

示,圆柱与圆锥相贯,它们的轴线相交且平行于正面,并共切于一个球,它们的相贯线是垂直于正平面的两个椭圆。正面投影为相交两条直线段,水平投影为椭圆。同样情况,图 5-25b 所示,两直径相等的圆柱相贯,相贯线的正面投影均为直线段,水平投影重合在圆柱面有积聚性的投影上。

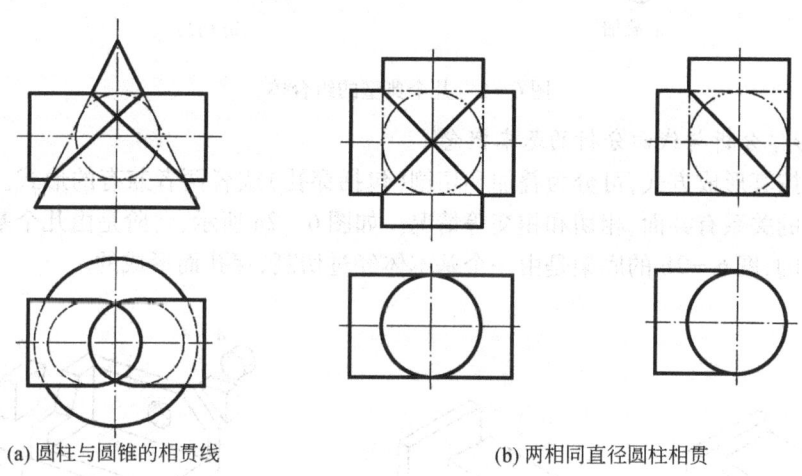

(a) 圆柱与圆锥的相贯线　　　　　　　(b) 两相同直径圆柱相贯

图 5-25　具有公共内切球面的两回转体

107

第6章 建筑形体的各种表达方法

6.1 组合体投影图的画法

6.1.1 形体分析与线面分析

建筑工程中的各种形体,一般情况下都可以看作是由若干基本几何体如棱柱、棱锥、圆柱、圆锥、圆球等以叠加或切割或两者兼有的方式组合而形成的,这种由基本形体组合而成的形体称为组合体,如图6-1所示。

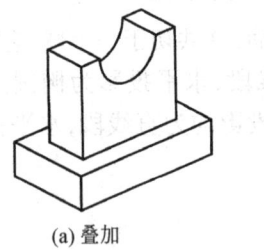
(a) 叠加

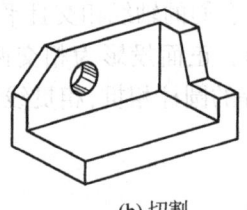
(b) 切割

图6-1 几个典型的组合体

6.1.1.1 形体分析与线面分析的基本概念

组合体按其形成方式,可分为叠加和切割(包括穿孔)或者两者兼有的形式。叠加包括相邻表面间的关系有共面、相切和相交等情况。如图6-2a所示,台阶是由几个基本体经过叠加而形成的;图6-2b的底架是由一个基本体经过切割、穿孔而形成的。

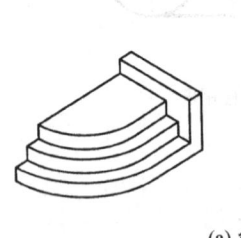

(a) 台阶

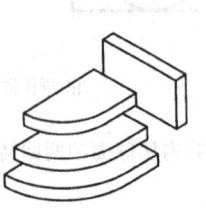

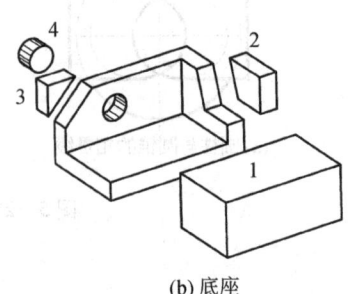
(b) 底座

图6-2 组合体的组合方式

由上述的两个例子可以看出,将组合体分解为由若干基本形体的叠加与切割,并分析这些基本形体的相对位置,从而得出整个组合体的形状与结构,这种方法称为形体分析法。画图时,运用形体分析法,可以将复杂的形体简化为比较简单的基本形体来完成;而看图时,运用形体分析法,就能从基本形体着手,看懂复杂的组合体。

在绘制和阅读组合体的投影图时,也可以将组合体分解成若干面和线,并分析它们之间的相对位置以及对投影面相对位置的方法,这种方法称为线面分析法。

6.1.1.2 组合体的组合方式

1. 叠加

（1）共面　共面是指两基本体的表面互相重合。当两个基本体的表面共面时,中间不应有分界线,如图6-3所示。

（2）相切　相切是指两个基本体的表面（平面与曲面或曲面与曲面）光滑过渡。如图6-4所示,由于两个基本体表面相切的地方没有轮廓线,因此在投影图中不应该有线。

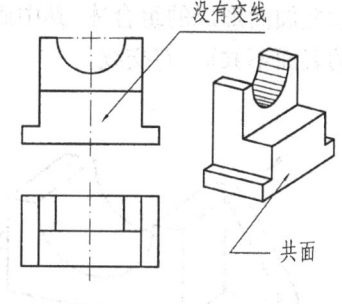

图6-3　共面的画法

（3）相交　相交是指两基本体的表面相交。当两个基本体的表面相交时有交线（如截交线或相贯线）,在投影图中应该画出。如图6-5所示,两个圆柱体垂直相交,有相贯线,在投影图中画出了相贯线的投影。

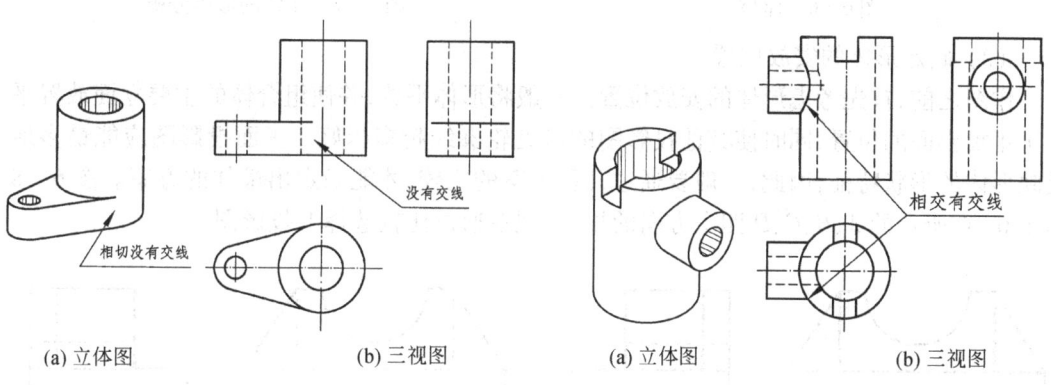

(a) 立体图　　　(b) 三视图　　　　　(a) 立体图　　　(b) 三视图

图6-4　相切的画法　　　　　图6-5　相交的画法

2. 切割（含穿孔）

切割（含穿孔）是指基本体被平面或曲面切割后所产生的截交线或相贯线。在视图中应该画出。如图6-5b所示,圆柱体的上部开了一个垂直于V面的通槽,在水平投影和侧面投影中画出了截交线的投影。圆柱体的中部穿了一个垂直于W面的圆柱孔,有相贯线,在投影图中应画出。

6.1.2　组合体投影图的画法

画组合体的投影图时,首先要进行形体分析,在分析的基础上选择最能反映出外貌特征的一个面使其平行于V面,画出组合体的正面投影。画图时,先画出由尺寸直接确定的主要形体和位置；然后画出其他形体的形状和位置,并确定各个基本形体之间的相对位置及表面的连接关系,正确地画出它们的投影；最后检查描深,完成组合体的三面投影图。下面举例说明画组合体三面投影图的方法与步骤。

例6-1　如图6-6所示的座体,试画出其三面投影图。

解　（1）形体分析

在画图之前,应对组合体进行分析,弄清楚该形体是由哪些基本形体组成的,它们的组合方式、相对位置和连接关系是怎样的,以便对该形体的结构有一个整体的概念。如图6-7所示,按形体分析法,座体可以看作是由底板、带有被半圆柱切割的方块和两块三角形肋板通过叠加而形成的组合体,其中底板与方块、肋板叠合。它们的后表面共面,没有交线;而前面的表面不共面,有交线。

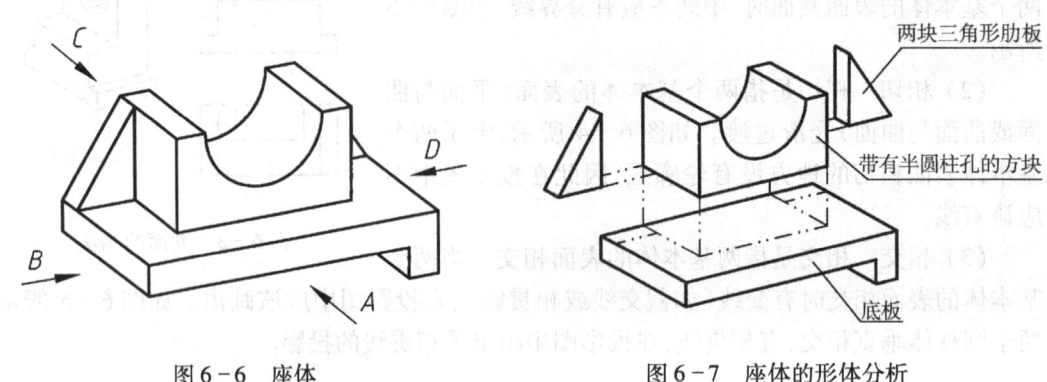

图6-6 座体　　　　　　　　　　图6-7 座体的形体分析

(2) 确定形体的安放位置

作图之前,首先考虑形体的安放位置。一般将形体平放,并使组合体的主要立面放置平行于正投影面的位置,同时使其他投影图的可见轮廓线越多越好。正面投影图应能最多地反映形体的形状特征,因此,一般要通过几种方案的比较,才能确定出最佳的方案。图6-8为图6-6所示的A、B、C、D四个方向的投影,现在通过比较选择V投影图。

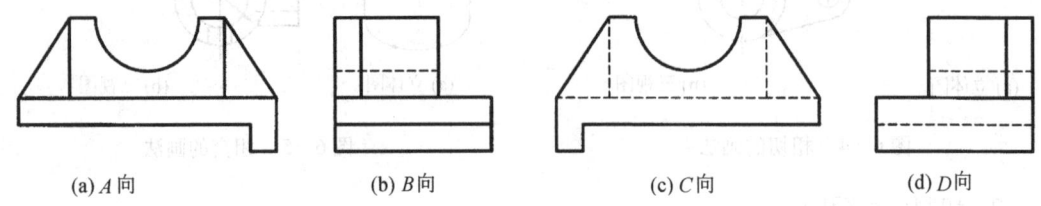

图6-8 座体V投影图的选择

如果将C作为V投影图方向,虚线较多,显然没有A清楚;A与B的投影图都比较清楚,但是,当选B作为V投影图方向时,它的W投影图C的虚线较多,因此,选A比B好。而选A作为V投影图方向时,其主要立面与V面平行,并且更能反映形体的主要形状特征,因此,选A作为V投影图方向(图6-8a)。V投影图一经选定,其他投影图也就相应地确定了。

(3) 画图步骤

画图前,先选择适当的比例,确定图纸的幅面。画图时,先画出各投影图中的主要中心线和定位线的位置;然后按形体分析法分解出各个基本体以及确定它们之间的相对位置,用细线逐步画出它们的投影图。注意,当画单个基本体的投影图时,先画其最具有特征的投影,再画其他投影。底稿打完后,认真检查、修改并描深,完成组合体的三面投影图。具体作图的步骤如图6-9所示。

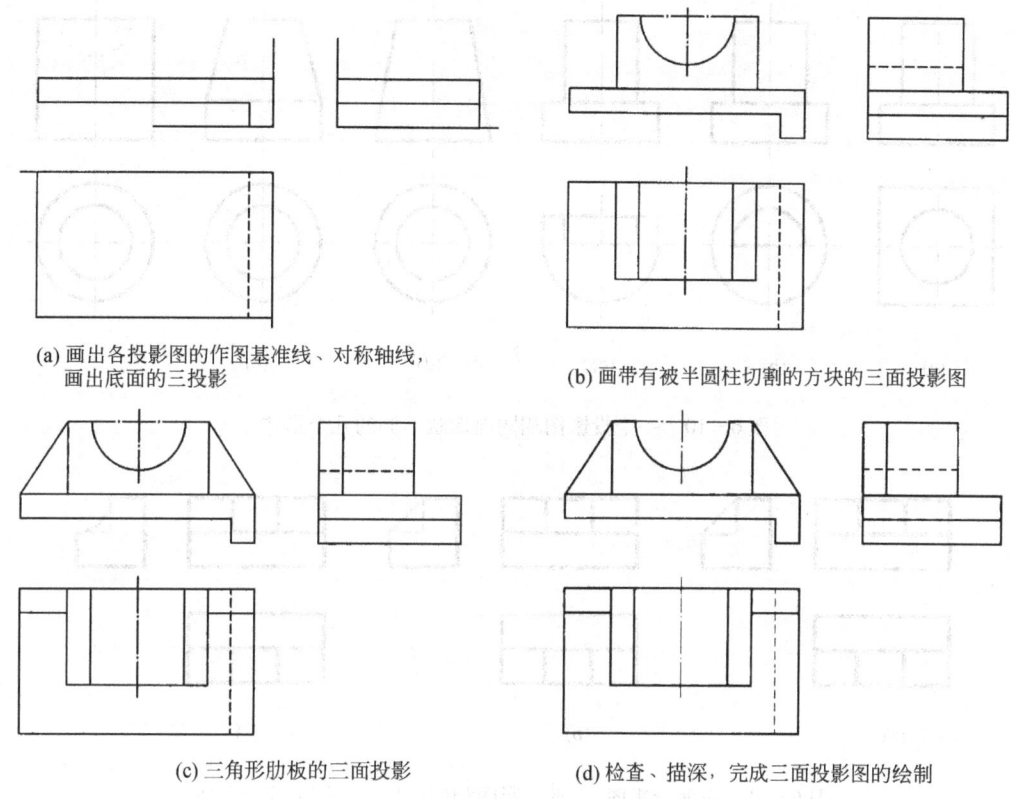

(a) 画出各投影图的作图基准线、对称轴线，画出底面的三投影
(b) 画带有被半圆柱切割的方块的三面投影图
(c) 三角形肋板的三面投影
(d) 检查、描深，完成三面投影图的绘制

图 6-9　画座体三面投影图的过程

6.2　组合体投影图的读法

看图是画图的逆过程，即根据平面图形想象出空间物体的结构形状的过程。与画图方法类似，看图的基本方法也是形体分析法，一般从反映形状特征的 V 投影图入手，根据投影图的特点将组合体分成几个部分，对照其他投影图，将各个部分的形体想象出来，再分析各个形体之间的组合方式与相对位置关系，正确地得出组合体的形状。对于一些比较复杂的物体的局部，还要经常采用线面分析法，即通过分析面的形状、面的相对位置以及面与面的交线等来帮助想象出物体的形状。

6.2.1　看图的基本要领

6.2.1.1　几个投影图联系起来看

建筑形体的形状是由几个投影图表达的，每个投影图只能表达形体的一个方面的形状，它不能确定形体的全部形状。因此，看图时要将几个投影图联系起来。如图 6-10a、b、c 所示的 V 投影都相同，但它们所表达的形体却不一样；图 6-10d、e、f 所示的 H 投影图都相同，但它们所表达的形状都不同。又如图 6-11a、b、c 所示，尽管它们的 V 投影图和 H 投影图都相同，但实际上是三个不同的形体。

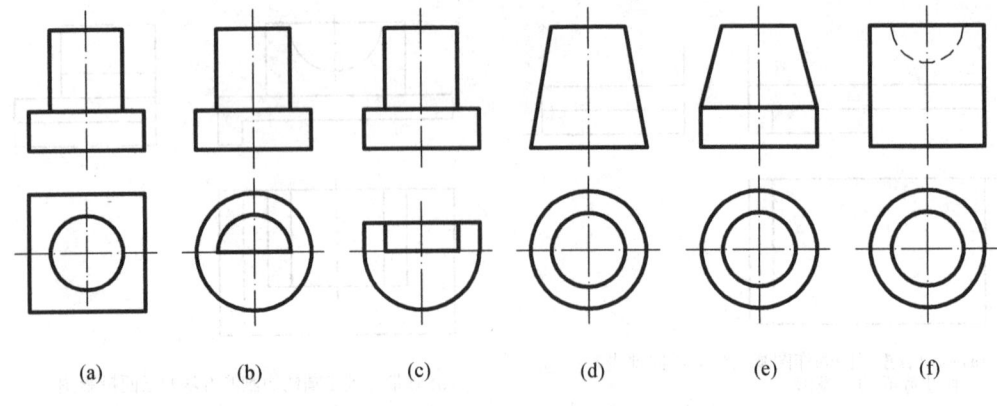

图 6-10 一个投影图相同而形状不同的几个形体

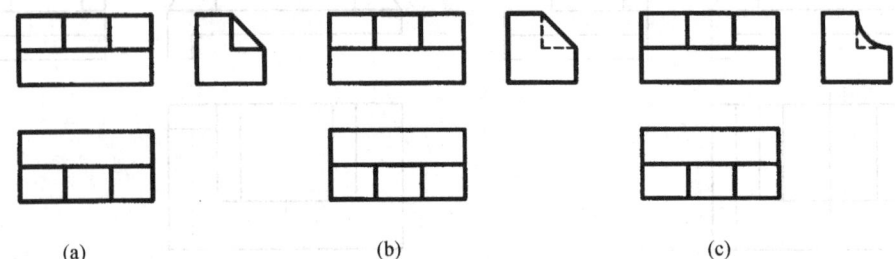

图 6-11 正面投影图、水平投影图相同而形状不同的几个形体

6.2.1.2 明确投影图中的线框和图线的含义

(1) 投影图中每个封闭线框，一般代表物体上一个表面的投影，或者一个通孔的投影，所表示的面可能是平面或是曲面，也可能是平面与曲面相切所组成的面。结合图 6-12b 的立体图可知，图 6-12a 的 V 投影图中的封闭线框 A'、B'、D' 和 H 投影图中的封闭线框 C 均表示平面，V 投影图中的封闭线框 F' 表示曲面（圆孔），而 H 投影图中的封闭线框 E 为平面与圆柱面相切的组合面。

(2) 投影图中的每一条图线，可能是下面情况中的一种：

① 平面或曲面的积聚性投影：图 6-12a 的 H 投影图中的线段 A、B、D 表示平面的 H 投影；V 投影图中的线段 F' 表示曲面（正垂面，孔）的 V 投影。

② 两个面交线的投影：图 6-12a 的 V 面投影图中的线段 G'，表示两铅垂面（A、B）的交线的 V 投影。

③ 转向轮廓线的投影：图 6-12a 的 H 面投影图中的线段 H，表示圆柱孔在 H 面投影方向上的转向轮廓线的投影。

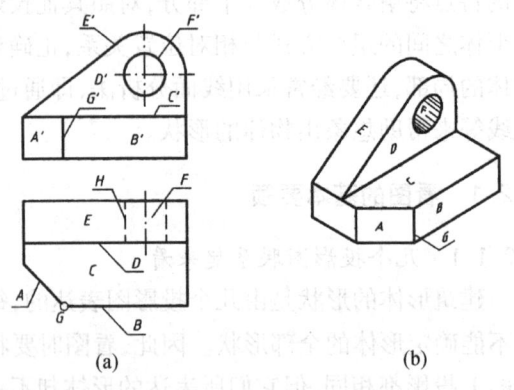

图 6-12 分析投影图中线框和线的含义

(3) 投影图中的任何相邻的封闭线框,可能是相交的两个面的投影,或是两个不相交的两个面的投影。图 6-12 的 V 面投影图中的线框 A' 与 B' 相邻,它们是相交的两个平面的投影;线框 D' 与 B' 相邻,它们是不相交的两个平面的投影,且 B 在 D 之前。

6.2.1.3 善于捕捉特征视图来构思物体的形状

V 投影图最反映物体的形状特征,因此,一般情况下,应该从 V 投影图入手,根据其特征图形构思出物体形状的几种可能,再对照其他投影图,最终得出物体的正确形状。但是,由于物体的所有结构的特征图形不一定全都在 V 投影图上,因此看图时,要善于在投影图中捕捉反映物体形状特征的图形。如图 6-13 所示,基本体 I 在 H 面投影图中反映其形状特征;基本体 Ⅱ、Ⅲ 在 V 投影图中反映其形状特征。

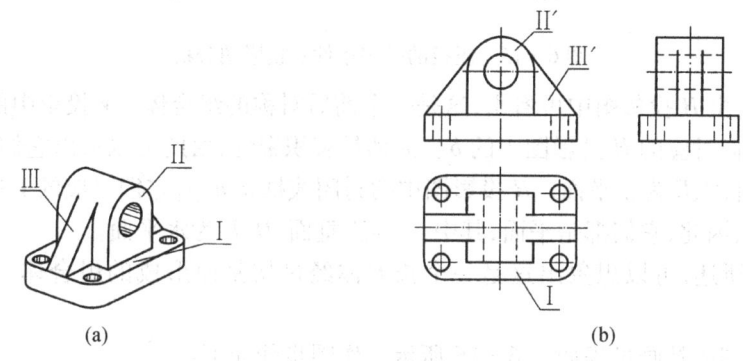

图 6-13 物体的特征投影

6.2.2 看组合体的方法举例

例 6-2 试读图 6-14a 所示的台阶的投影图。

解 (1) 先进行形体分析。从三个投影来看,给出的台阶投影图可以想象是由三个基本体组成的组合体,左边是两个叠放的大小不同的长方体,右边是一个棱柱体。

(2) 分析各基本体的形状。从 W 投影来看并对照 V 和 H 投影,可知右边的棱柱是一个长方体被切成一个五棱柱而形成。

(3) 将每一步分析结果用立体草图表示出来,可得到组合形体的整体形状,如图 6-14b 所示。

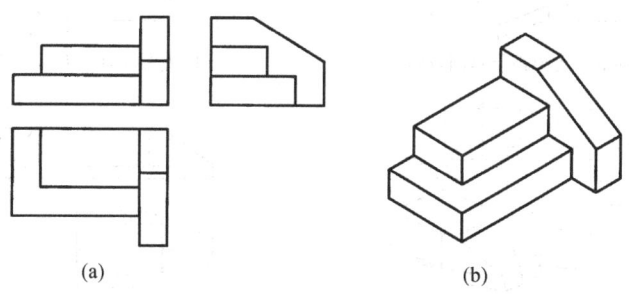

图 6-14 读台阶投影图

113

例 6-3 如图 6-15a,已知压板的 V 投影图和 H 投影图,补画 W 投影图。

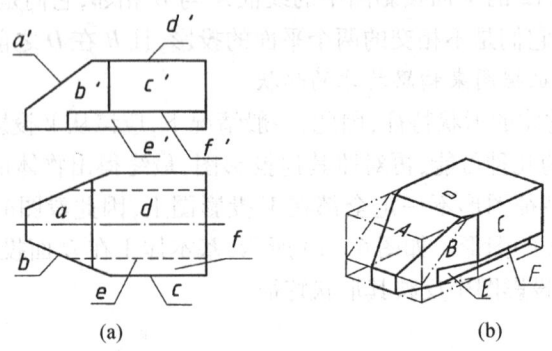

图 6-15 压板的已知条件及投影图分析

解 分析:由 H 投影图中可看出,这是一个前后对称的组合体。V 投影中的三个封闭线框 b'、c'、e',它们对应的 H 投影图中的 b、c、e 都具有积聚性,由此可以得出它们都是平面,其中,B 为铅垂面,C、E 为正平面。H 投影图中的封闭线框 a、d、f,它们对应的 V 投影 a'、d'、f' 都具有积聚性,因此,它们都是平面,其中,A 为正垂面,D、F 为水平面。

综合以上所述,可以想象出这是一个长方体经过切割而形成的组合体。如图 6-15b 所示。

压板左视图的补画过程如图 6-16 所示。作图步骤如下:

(1) 长方块被一个正垂面截切,画出截切后的左视图,如图 6-16a 所示。

(2) 截切后的长方块再被两个前后对称的铅垂面截切,画出截切后的左视图,如图 6-16b 所示。

(3) 经过两次截切后,长方块又被两个前后对称的水平面和正平面截切,画出截切后的左视图,如图 6-16c 所示。

(4) 检查,描深。如图 6-16d 所示。

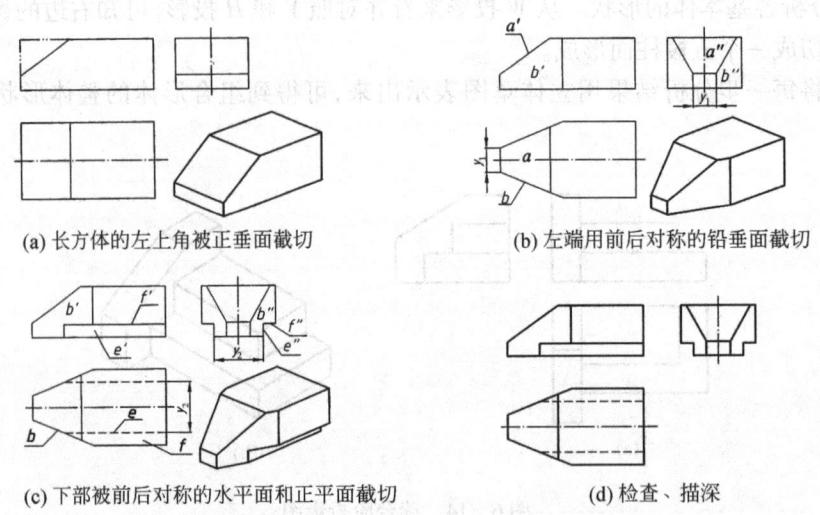

(a) 长方体的左上角被正垂面截切   (b) 左端用前后对称的铅垂面截切

(c) 下部被前后对称的水平面和正平面截切   (d) 检查、描深

图 6-16 补画压板 W 投影图的过程

6.3 建筑形体的尺寸标注

6.3.1 基本体的尺寸标注

投影图只能反映组合体的形状结构,而其真实大小则要通过标注尺寸来确定。一般情况下,标注基本体的尺寸时,应标出长、宽、高三个方向的尺寸。柱体和圆锥,应标出确定底面形状的尺寸和高度尺寸,球体只标出它的直径大小,并在直径数字前注上"$S\phi$",表示球的直径。对于圆柱体、圆锥体等,如果在它们投影为非圆的投影图上标注直径"ϕ"时,可以减少标注一个尺寸,同时也可以省略一个视图。图 6-17a 为完整基本体尺寸标注的一些例子。

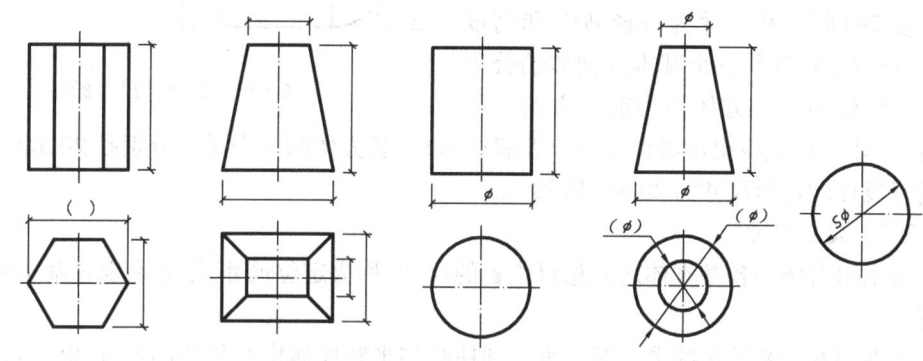

(a) 完整基本体的尺寸标注

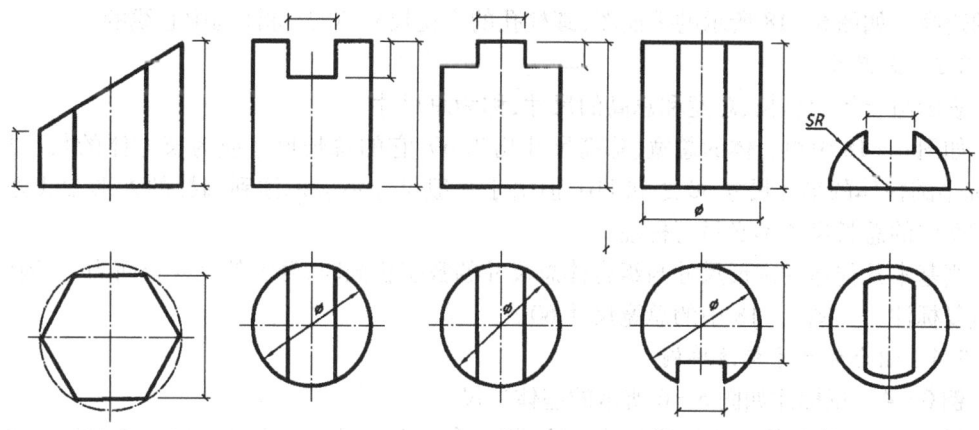

(b) 带有缺口基本体的尺寸标注

图 6-17 基本体的尺寸标注

对于带有缺口的基本体,标注时,只标注基本体的尺寸和缺口的位置,而不标注缺口的形状尺寸。如图 6-17b 所示。

6.3.2 组合体的尺寸标注

建筑工程中的各种形体,都可以看作是由若干基本体组合而形成的组合体。因此,标注时,也可运用形体分析来分析组合体的尺寸。

组合体的尺寸按形体分析可分为三类:定形尺寸、定位尺寸和总尺寸。

6.3.2.1 定形尺寸

表示构成组合体的各基本体大小的尺寸,称为定形尺寸,用来确定各基本体的形状和大小。

如图 6-18 所示,是由底板和竖板组成的 L 形的组合体。底板由长方体、半圆柱体以及圆柱孔组成。长方体的长、宽、高尺寸分别为 80,60,20;半圆柱体尺寸为半径 $R30$ 和高度 20;圆柱孔尺寸为直径 $\phi30$ 和高度 20。其中高度 20 是三个基本几何体的公用尺寸。竖板为一长方体切去前上方的一个

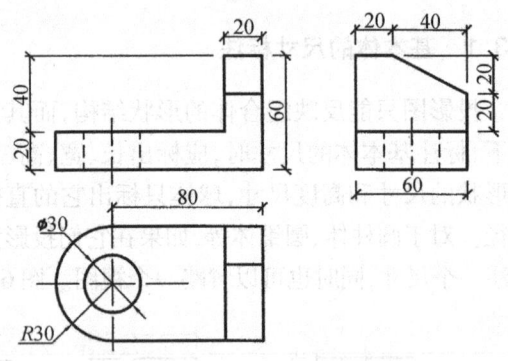

图 6-18 组合体尺寸标注

三棱柱体而成(竖板也可看作是一个五棱柱体)。长方体的三个尺寸分别是 20,60 和 40;切去的三棱柱的定形尺寸为 20,40 和 20。

6.3.2.2 定位尺寸

表示组合体中各基本体之间相对位置的尺寸,称为定位尺寸,用来确定各基本体的相对位置。

如在图 6-18 所示的平面图中表示圆柱孔和半圆柱体中心位置的尺寸 80、侧立面图中切去的三棱柱到竖板左侧轮廓线尺寸 40 和到底板面的尺寸 20 等都是定位尺寸。

一般回转体(如圆柱孔)的定位尺寸,应标注到回转体的轴线(中心线)上,不能标注到孔的边缘。如图 6-18 所示的平面图,圆柱孔的定位尺寸 80 是标注到中心线的。

6.3.2.3 总尺寸

表示组合体的总长、总宽和总高的尺寸,称为总尺寸。

如图 6-18 中组合体的总宽、总高尺寸均为 60,它的总长尺寸应为长方体的长度尺寸 80 和半圆柱体的半径尺寸 30 之和 110,但由于一般尺寸不应标注到圆柱的外形素线处,故本例图中的总长尺寸不必另行标注。

当基本几何体的定形尺寸与组合体总尺寸的数字相同时,两者的尺寸合而为一,因而不必重复标注。如图 6-18 中的总宽尺寸 60。

6.3.2.4 组合体尺寸标注举例

例 6-4 试标注如图 6-6 所示的座体的尺寸。

解 (1)形体分析。应用形体分析法,将组合体看成是由三个基本体经叠加而成的,如图 6-7。

(2)标注各基本体的定形和定位尺寸。

标注时,分别标注出各基本体的定形和定位尺寸。如图 6-19a 所示,首先标注出底板的定形尺寸和定位尺寸;其次标注出带有半圆柱孔的方块的定形与定位尺寸(如图 6-19b),其中尺寸 20(与底板高度尺寸公用)、50 为其定位尺寸;最后标注出两个肋板的定形与定位尺寸(如图 6-19c),其中尺寸 20(与底板高度尺寸公用)为其定位尺寸。

(3)标注总尺寸。

最后标注组合体的总尺寸。总长尺寸为100,总高尺寸为50,由于与底板的宽度尺寸(60)重复,不再标注,结果如图6-19d所示。

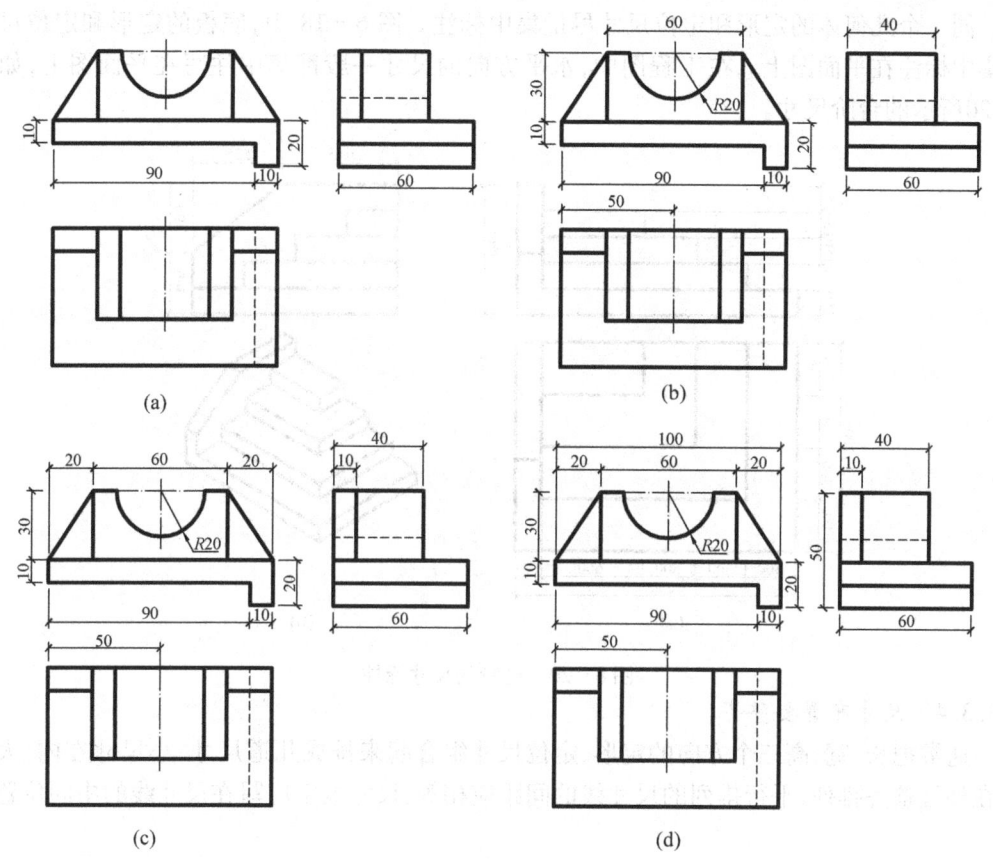

图6-19 座体的尺寸标注

6.3.3 尺寸标注应注意的几个问题

在工程图中,工程形体尺寸的标注除了要求齐全、正确和合理外,还应力求清晰、整齐和便于阅读。因此,尺寸标注时应注意以下几点。

6.3.3.1 尺寸标注要齐全

在工程图中不能少标注尺寸,否则就无法按图施工。运用形体分析方法,首先标注出各基本形体的定形尺寸,然后标注出确定它们之间相对位置的定位尺寸,最后再标注出工程形体的总尺寸,这样就能做到尺寸齐全。对于建筑形体,为便于施工,标注尺寸宜采用封闭式,即各个部分的尺寸均应标注,每一方向的细部尺寸的总和应等于总尺寸,如图6-20所示,H投影图中标出了台阶的各个部分的长、宽尺寸和总体尺寸。

6.3.3.2 尺寸标注要清晰

尺寸尽可能标注在反映形体形状特征的视图上,一般可布置在图形轮廓线之外,并靠近被标注的轮廓线;与两个视图有关的尺寸尽可能标注在两视图之间,且集中在一个视图上。对一些细部尺寸,允许标注在图形内。此外,还要尽可能避免将尺寸标注在虚线上。

如图 6-18 的平面图中注写反映底板形状特征的尺寸 $\phi30$、$R30$ 和 80,左立面图中反映形状特征的尺寸 20,40,20 和 20；圆柱孔的定位尺寸 80 则布置在平面图和正立面图之间。

6.3.3.3 尺寸标注要集中

同一个几何体的定形和定位尺寸尽量集中标注。图 6-18 中,底板的定形和定位尺寸都集中标注在平面图上。在工程图中,水平方向的尺寸一般都集中注写在平面图上,如图 6-20 所示的台阶尺寸。

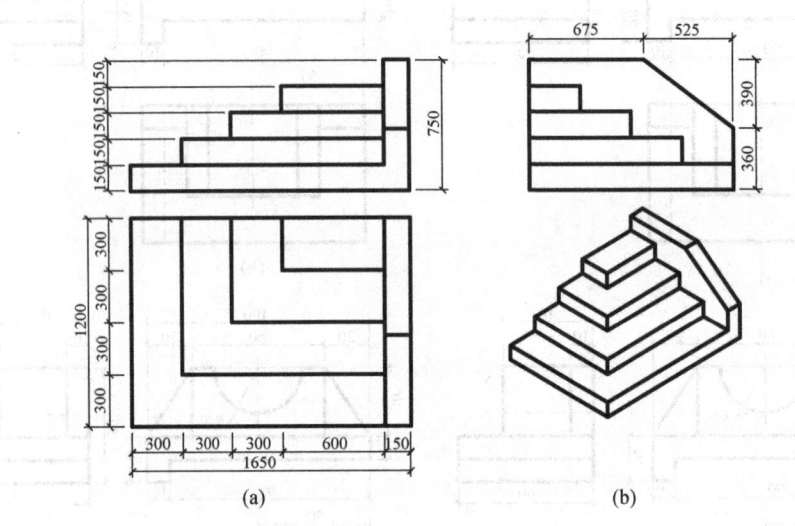

图 6-20 台阶的尺寸标注

6.3.3.4 尺寸布置要整齐

通常把长、宽、高三个方向的定形、定位尺寸组合起来排成几道尺寸,小尺寸在内,大尺寸在外且整齐排列,平行排列的尺寸线的间距应相等,尺寸数字应写在尺寸线的中间位置。

6.4 视图

6.4.1 六个基本视图

在工程制图中常把建筑形体在某个投影面上的投影称为视图,在基本形体投影部分已经介绍了形体的三面视图的形成及投影关系。但是,要完整、精确地表达形体,三面视图还远远不够,如要表达复杂的房屋,各个立面都得给出图样等。因此,为了便于绘图和读图,需增加一些视图。

6.4.1.1 六个基本视图的形成

在原有的 V、H、W 三个视图的基础上,再增设与 V、H、W 三个投影面平行的三个投影面 V_1、H_1 和 W_1,形成如六面体的六个投影面,如图 6-21 所示。采用第一角画法,将形体放在基本投影面之中,按观察者—形体—投影面的关系,从形体的前、后、左、右、上、下六个方向分别向各个投影面进行投射得到六个基本视图,如图 6-22a 所示。然后正面视图不动,其他各视图按图 6-22b 的顺序展开,就得到六面视图,如图 6-22c。

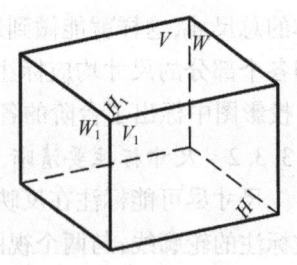

图 6-21 六个投影面

第6章 建筑形体的各种表达方法

在建筑工程图样中,形体的 V 面投影称为正立面图,形体的 H 面投影称为平面图,形体的 W 面投影称为左立面图,形体的 V_1 面投影称为背立面图,形体的 W_1 面投影称为右立面图,形体的 H_1 面投影称为底面图。在建筑工程制图中,六个视图的配置如图 6-22d 所示,且一般都在视图的下方标注图名。

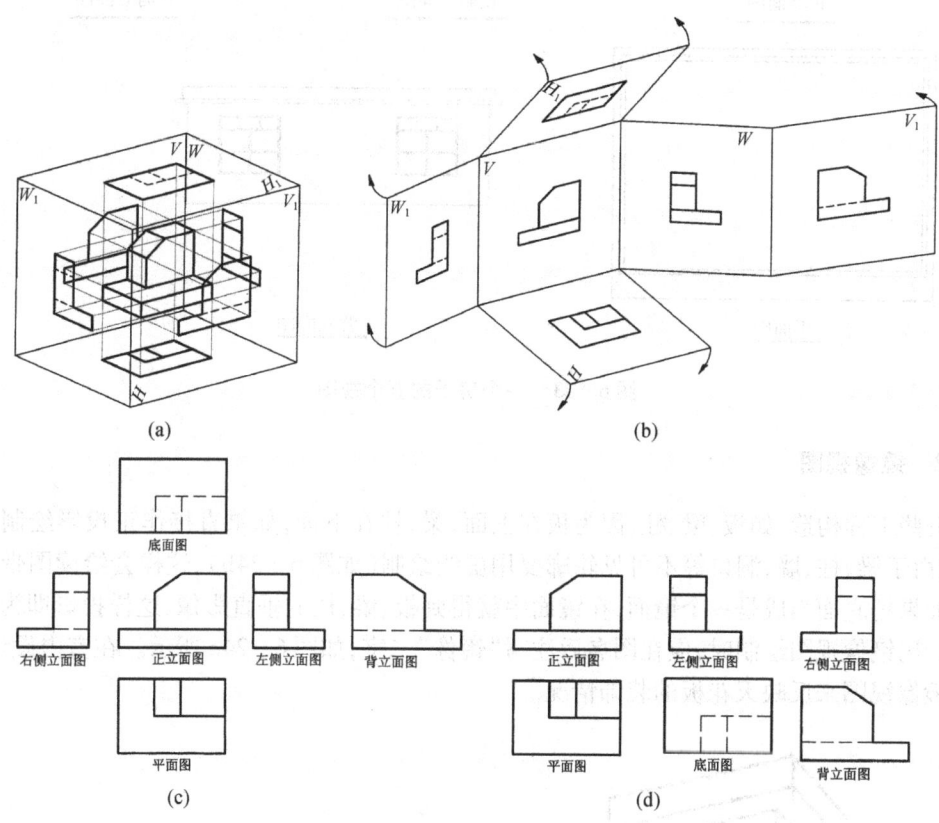

图 6-22 六个基本视图的形成

6.4.1.2 基本视图的投影特点及作用

建筑工程图中不采用底面图,而采用随后讨论的镜像视图方法,因此,建筑形体的基本视图即为:正立面图、左侧立面、右侧立面、背立面图和平面图。它们主要用于表达形体的外部形象。各个投影特点及作用如下:

(1)正立面图表达形体的正面形象,反映形体的长度、高度,以及上下、左右的相互关系。

(2)左侧立面图表达形体的左面形象,反映形体的宽度、高度,以及上下、前后的相互关系。

(3)右侧立面图表达形体的右面形象,反映形体的宽度、高度,以及上下、前后的相互关系。

(4)背立面图表达形体的背面形象,反映形体的长度、高度,以及上下、左右的相互关系。

(5)平面图表达形体的顶面形象,反映形体的长度、宽度,以及左右、前后的相互关系。

图 6-23 为一房子的五个投影图。

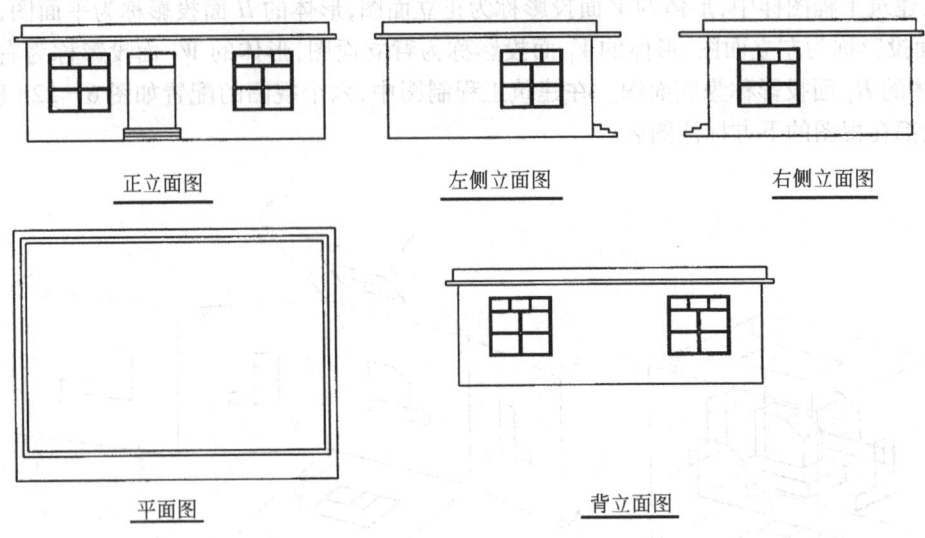

图 6-23 一个房子的五个视图

6.4.2 镜像视图

有些工程构造,如板、梁、柱,因为板在上面,梁、柱在下面,如果直接作正投影绘制平面图,则由于梁、柱、墙、洞口等不可见轮廓要用虚线绘制(如图 6-24b),这样会给读图带来不便。如果把底面当成是一个镜面,在镜面中就得到板、梁、柱的垂直影像,这样投影即为镜像视图。用镜像视图绘制时,应在图名后注写"镜像"二字,如图 6-24c 所示。在室内设计中,常用镜像视图来反映天花板的装饰情况。

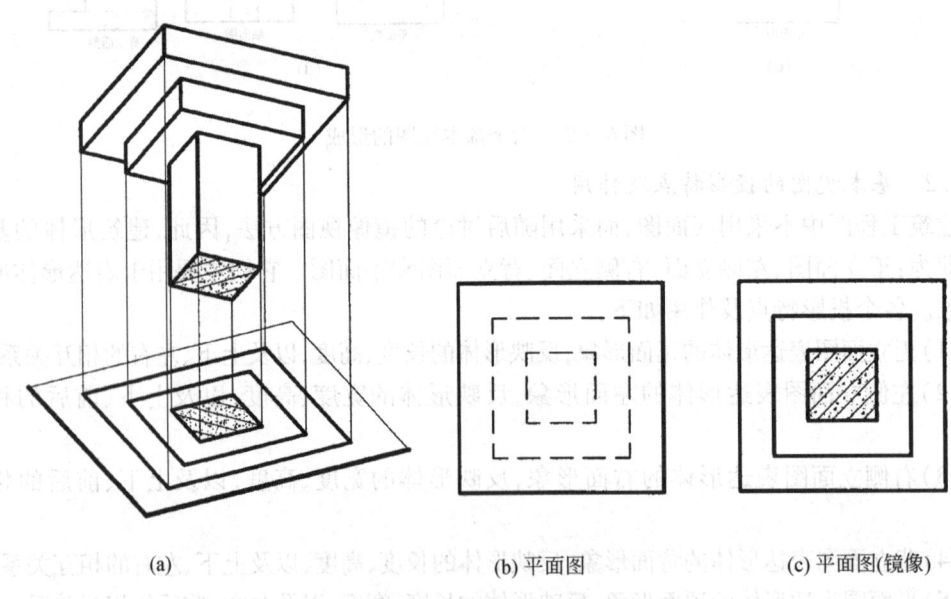

图 6-24 镜像视图

6.5 剖面图、断面图与简化画法

6.5.1 剖面图的形成

如果合理选用前面所介绍的各种投影图,就可以把形体的外部形状和大小表达清楚,至于形体的内部构造,在投影图中用虚线表示。如果形体的内部结构比较复杂,则在视图中会出现较多的虚线,甚至出现虚、实线相互重叠或交叉情况,这样会给看图带来不利,也不便于标注尺寸。如图 6-25 所示的双柱杯形基础的视图,在 V、W 投影上都有虚实线相交的情况,表达很不清晰。

为此,在工程制图中采用剖面图来解决这一问题。假想用一个平面作为剖切平面,将形体切开,移去观看者与剖切平面之间的形体后所得到的形体剩下部分的视图,称为剖面图。

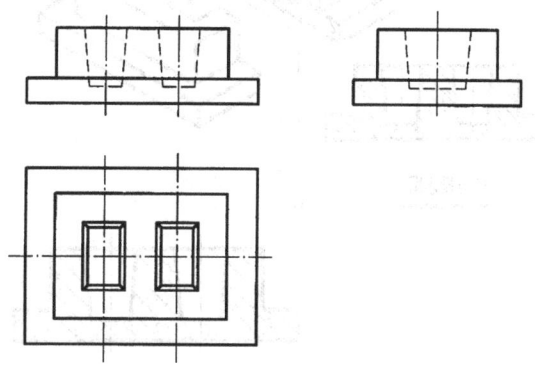

图 6-25 双柱杯形基础三面投影

如图 6-26a 所示,假想用剖切平面 P 在双柱杯形基础的前后对称位置将其剖开,移走前半部分,将余下的部分向 V 面投影,在双柱杯形基础被剖切平面截断的部分(断面)用材料图例表示,就得到 V 面的剖面图。图 6-26b 为假想用剖切平面 Q 在双柱杯形基础的左杯口位置将其剖开后,在 W 面产生的剖面图。图 6-26c 为用剖面图表达的双柱杯形基础投影图。

6.5.2 画剖面图注意事项

(1) 因为剖切是假想的,因此除剖面图外,其余投影图仍应按完整形体来画,如图 6-26c 的平面图还是按完整的形体画出。若一个形体需用几个剖面图来表示时,各剖面图选用的剖切面互不影响,各次剖切都是按完整形体进行的。

(2) 剖面图中已表达清楚的形体内部形状,在其他视图中投影为虚线时,一般不必画出;但对没有表示清楚的内部形状,仍应画出必要的虚线。

(3) 按照国家制图标准规定,绘制剖面图时,在截断面部分,一般都要画出建筑材料图例。常用建筑材料的图例可参阅表 6-1(附图)。当不注明材料种类时,则可用等间距、同方向的 45°细线(称为图例线)来表示。图 6-26 的断面上,所画的是钢筋混凝土图例。

6.5.3 剖面图的标注

剖面符号由剖切位置线、投射方向线和剖面图编号等内容组成,标注时有如下规定:

(1) 剖切位置 剖面的剖切位置由剖切位置线来表示,剖切位置线就是剖切平面的积聚投影,用断开的两段粗实线表示,长度宜为 6~10 mm,剖切线不宜与图面上的图形轮廓

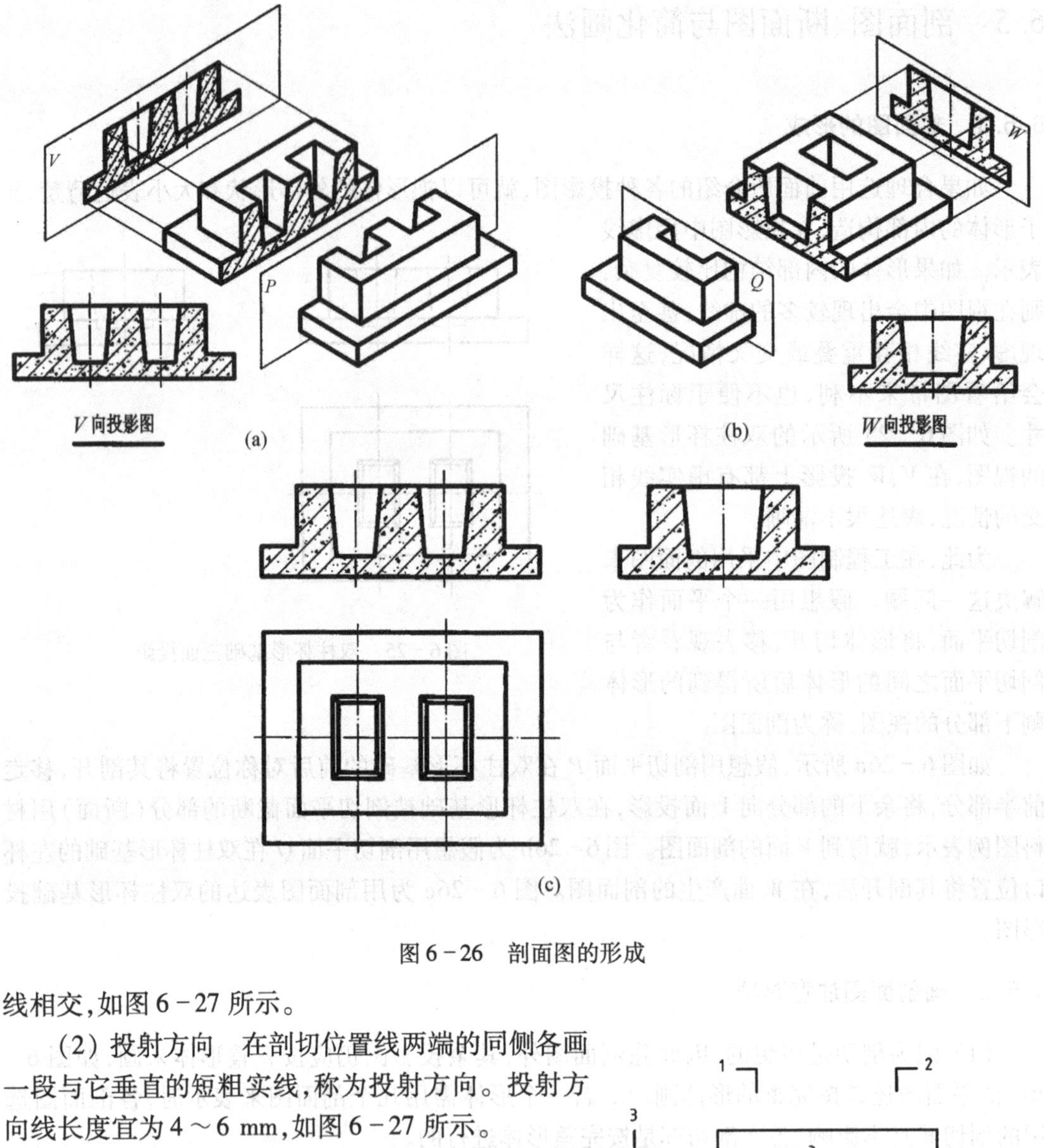

图 6-26 剖面图的形成

线相交,如图 6-27 所示。

(2)投射方向 在剖切位置线两端的同侧各画一段与它垂直的短粗实线,称为投射方向。投射方向线长度宜为 4~6 mm,如图 6-27 所示。

(3)编号 剖切符号的编号,通常都采用阿拉伯数字,并以水平方向注写在投射方向线的端部。若需要转折的剖切线,应在转角的外侧加注与该符号相同的编号,如图 6-27 中的 3—3 剖面标注。

(4)如果剖面图与被剖切图样不在同一张图纸内时,应在剖切线下注明所在图纸的图号,如图 6-27 中的 3—3 剖切位置线下侧注写"J-05",即表示

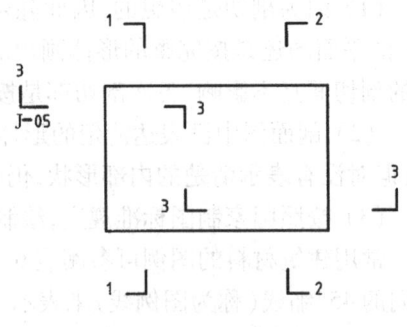

图 6-27 剖切符号

3—3 剖面图绘在"建筑施工图"编号为 5 的图纸上。其中 J 是建筑施工图的代号。

(5)剖面图一般都要标注剖切符号,但对于习惯使用的剖切位置(如建筑平面图,其剖切位置通过门窗洞),以及当剖切平面通过形体的对称平面时,可以不在图上作任何标注。

(6) 在剖面图的下方或一侧,应写上该剖面图的图名,即所对应的剖面符号编号,如"1—1"、"2—2"等,并在图名下方画一等长的粗实线,如图 6-28 所示。

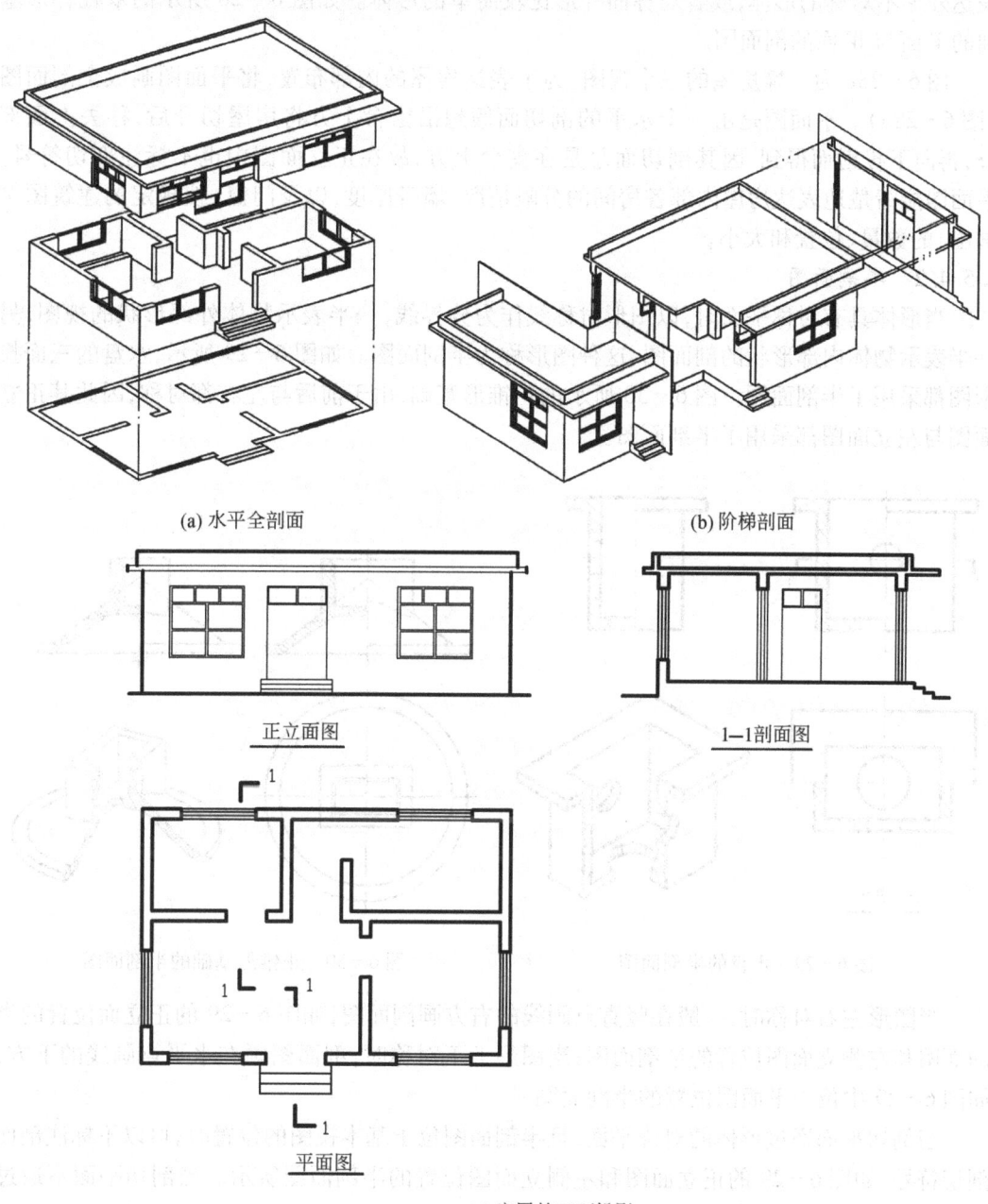

(a) 水平全剖面　　　　　　　　(b) 阶梯剖面

正立面图　　　　　　　　1—1剖面图

平面图

(c) 房屋的三面投影

图 6-28　房屋的平立剖面图

6.5.4　剖面图的分类

根据剖切范围的不同,剖面图分为下列几种类型。

6.5.4.1 全剖面图

沿一个假想剖切面把形体全部剖开后所得到的剖面图称为全剖面图。全剖面图常用于表达外形不对称的形体,或者对称而外形比较简单的形体。如图 6-26 所示的双柱杯形基础的 V 面与 W 面的剖面图。

图 6-28c 为一幢房屋的三个视图,为了表达房屋的内部布置,将平面图画成全剖面图(图 6-28a)。平面图是由一个水平的剖切面假想沿窗台上方将房屋切开后,移去上面部分,再向下投射而得到,因其剖切面总是在窗台上方,故在正立面图中也不标注剖切符号。平面图能清楚地表达房屋内部各房间的分隔情况、墙身厚度,以及门窗(按规定的建筑图例画出)的数量、位置和大小。

6.5.4.2 半剖面图

当形体具有对称平面时,以图形对称线作为分界线,一半表示物体外部形状的视图,另一半表示物体内部形状的剖面图,这种图形称为半剖面图。如图 6-29 所示,水盘的三面投影图都采用了半剖面图。图 6-30 所示的正锥形基础,由于前后与左右都对称,因此其正立面图与左立面图都采用了半剖面图。

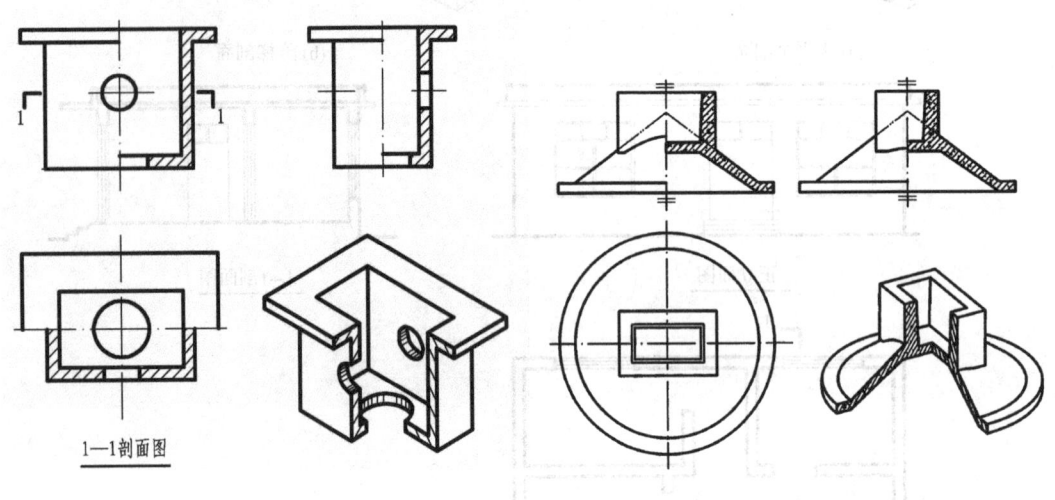

图 6-29　水盘的半剖面图　　　　图 6-30　正锥形基础的半剖面图

当图形左右对称时,一般在竖直点画线的右方画剖面图,如图 6-29 的正立面位置的半剖面图和左侧立面图位置的半剖面图;当图形上下对称时,剖面图画在水平点画线的下方,如图 6-29 中位于平面图位置的半剖面图。

当剖切平面通过形体的对称平面,且半剖面图位于基本视图的位置时,可以不标注剖面剖切符号,如图 6-29 的正立面图和左侧立面图位置的半剖面图所示。当剖切平面不通过形体的对称平面,则应标注剖切位置线和投射方向线。如图 6-29 中的 1—1 剖面图,在正立面图中就标注了剖切位置线和投射方向线。

6.5.4.3 阶梯剖面图

用两个或两个以上平行的剖切平面将形体剖切后的剖面图称为阶梯剖面图。

当用一个剖切平面剖切形体不能把形体内部构造表达清楚,而要表达的结构又与基本投影面平行,这时,可假想用两个或两个以上互相平行的剖切平面剖切,并将剖切平面作适当转折,成为阶梯状,把观看者与剖切平面之间的那部分形体移去,然后画出剖面图,如图 6-31 所示。注意,由于剖切是假想的,因此在剖面图中不应画出两个剖切平面的分界交线,而且要避免剖切平面在图形轮廓线上转折。需要转折的剖切线,应在转角的外侧加注与该符号相同的编号。

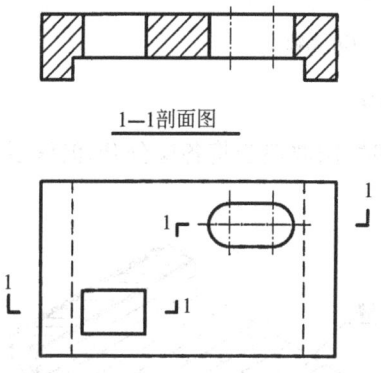
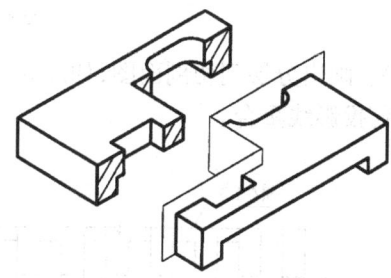

图 6-31 阶梯剖面图

如图 6-28b、c 所示,为了表达前墙的正门、房间门和后墙的窗,侧面投影是由两个互相平行的侧平面剖切后所得到的 1—1 阶梯剖面图。

6.5.4.4 局部剖面图

用剖切平面将形体局部地剖切后得到的剖面图,称为局部剖面图。

对于外形比较复杂,且不对称的形体,当只有一小部分结构需要用剖面图表达时,可采用局部剖面图。局部剖面图不标注剖切符号,如图 6-32。图 6-33 为杯口基础的局部剖面图,它反映了基础底板内钢筋的布置情况。

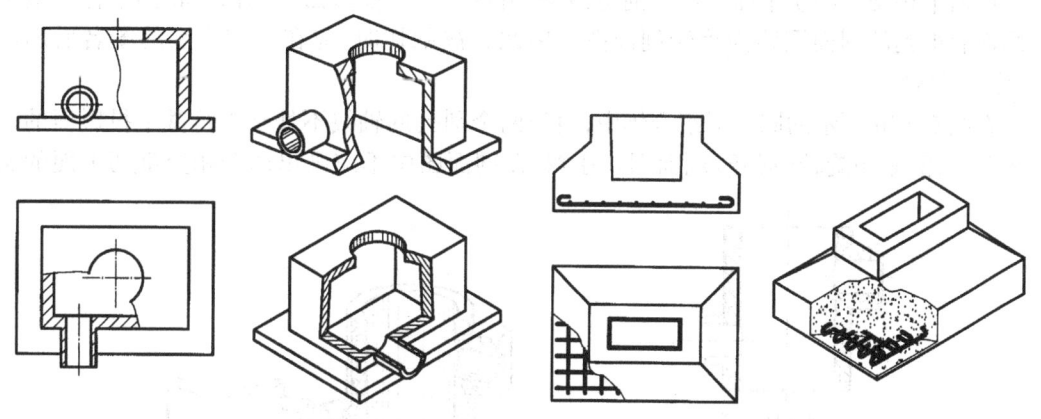

图 6-32 局部剖面图　　　　图 6-33 杯口基础的局部剖面图

局部剖面与外形视图之间用波浪线隔开,波浪线不能与轮廓线或中心线重合且不能超出外形轮廓线。如图 6-34a 所示,瓦筒局部剖面图中的波浪线因两端超出了瓦筒的外形,因而是错误的;图 6-34b 中波浪线的画法才是正确的。

如果要表达层次比较多的诸如楼面、地面、屋顶和路面的结构等,可应用分层局部剖切

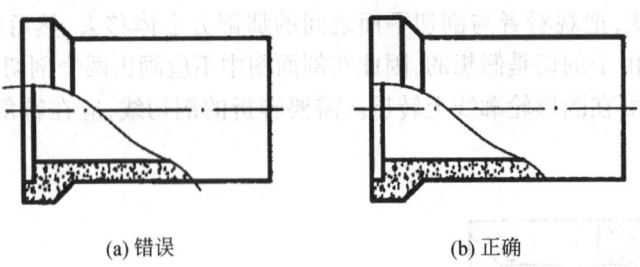

(a) 错误　　　　　　　　(b) 正确

图 6-34　波浪线的画法

的方法,画出分层剖切剖面图,如图 6-35 所示。画图时,用波浪线将各层分开,波浪线不应与任何投影线重合。

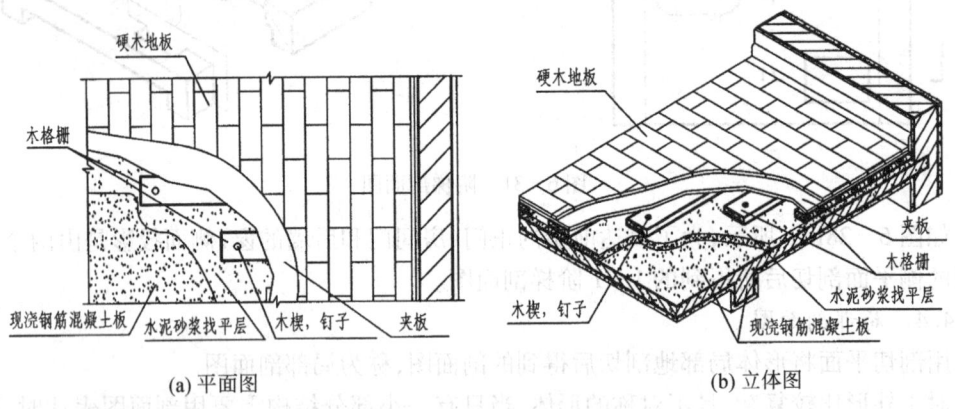

(a) 平面图　　　　　　　　(b) 立体图

图 6-35　分层局部剖面图

6.5.4.5　旋转剖面图

用两个相交的剖切平面将形体剖切,并将倾斜于基本投影面的剖面旋转到平行于基本投影面后得到的剖面图称为旋转剖面图。用此方法剖切时,应在该剖面图的图名后加注"(展开)"两字。

在图 6-36 所示的圆柱形组合体中,由于两个圆孔的轴线不处于平行基本投影面的一个平面上,故采用旋转(展开)剖面图。注意,在剖面图中不应画出两个相交剖切平面的交

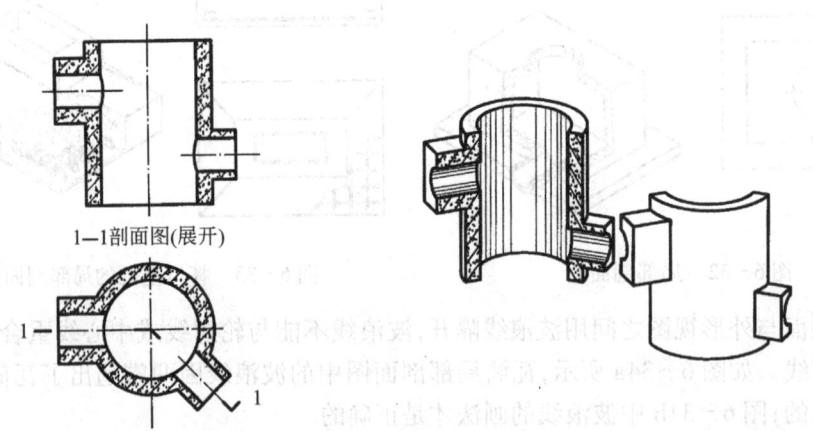

1—1 剖面图(展开)

图 6-36　旋转剖面图

线。在相交的剖切线外侧,应加注与该剖切符号相同的编号。

6.5.5 断面图的形成与标注

6.5.5.1 断面图的形成

当用剖切平面剖切形体时,只画出剖切平面与形体相交部分的图形称为断面图(简称断面)。图6-37b为一工字钢的断面图。由图6-37a中可看出,断面图与剖面图不同,断面图仅仅是一个"面"的投影,而剖面图则是形体被剖切后剩下部分的"体"的投影。

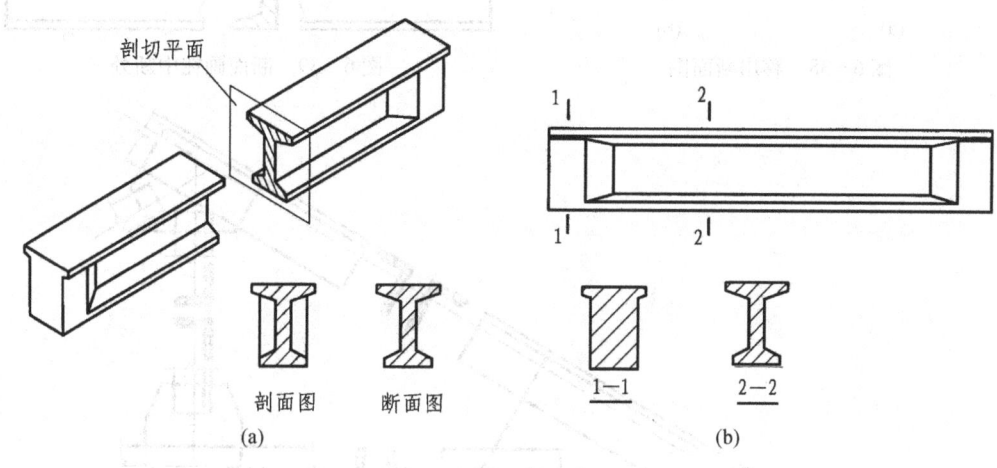

图6-37 断面图的形成

6.5.5.2 断面剖切符号

(1)断面的剖切符号,用剖切位置线表示,并以粗实线绘制,长度宜为6~10 mm。

(2)断面剖切符号要编号,采用阿拉伯数字按顺序连续编号,并注写在剖切线的一侧,编号所在的一侧就为该断面的剖视方向。断面图宜按顺序依次排列。

6.5.6 断面图的种类

根据断面图在投影图中的位置,可分为移出断面图和重合断面图两种。

6.5.6.1 移出断面图

绘制在投影图以外的断面,称为移出断面图。

图6-37的1—1断面图和2—2断面图均为移出断面图。移出断面的轮廓线用粗实线画出,断面图上要画出材料图例,不指明材料时用细的45°斜线画出。

图6-38为凹形钢的移出断面图,断面部分用钢的材料图例表示。当移出断面图形为对称,且断面图绘制在沿剖切平面迹线的延长线上时,可省略标注剖切符号和编号,如图6-38b所示。

对于较长的杆件和各种型钢,将断面图画在形体的中断处。如图6-39所示的角钢较长,且沿全长断面形状相同,可假想把角钢中间断开画出视图,而把断面布置在中断位置处。图6-40为用来表示一杆件中钢形的形状及组合情况的中断断面图。

6.5.6.2 重合断面图

在投影图之内绘制的断面图,称为重合断面图。它是假想把剖切得到的断面图形,绕剖

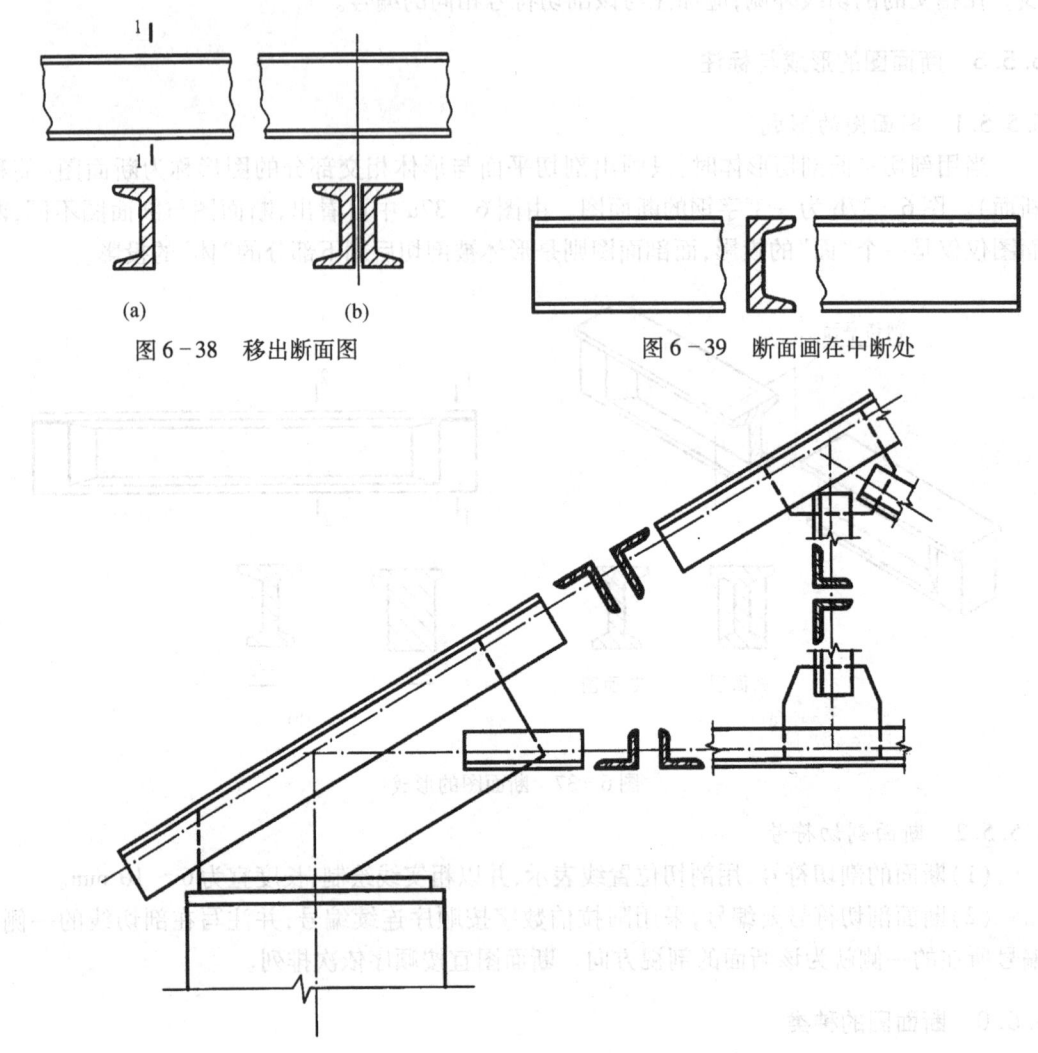

图 6-38 移出断面图　　图 6-39 断面画在中断处

图 6-40 杆件的中断断面图

切线旋转后,重合在视图内而成。通常不标注剖切符号,也不予编号。

这种断面的轮廓线应画粗些,以便与投影图上的线条有所区别,避免引起混淆。断面部分应画上相应的材料图例,如图 6-41 所示为一墙上装饰的重合断面图。如果断面尺寸较小,可以涂黑。如图 6-42 所示,由于梁、板断面图形较窄,不易画出材料图例,故予以涂黑表示。

6.5.7　简化画法

为了简化绘图,国家标准对建筑制图制定了下列的几种简化画法:

(1) 对称的图形允许只画一半,但要加上对称符号。对称符号由对称线和两端的两对平行线组成。对称线用细点画线表示,平行线用细实线表示,其长度为 6～10 mm,每对平行线的间距宜为 2～3 mm;对称线垂直平分两对称平行线,两端超出平行线宜为 2～3 mm。两端的对称符号到图形的距离应相等,如图 6-43a 所示。也可以稍稍超出对称线之外,然后加上用细实线画出的折断线或波浪线,注意此时不画对称符号。如图 6-43b 的屋架图。

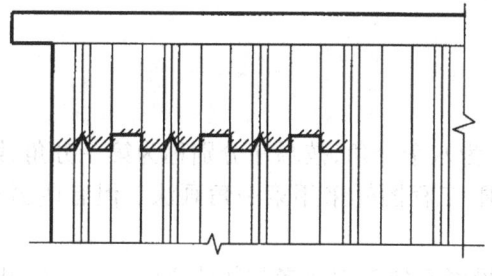
图6-41 墙上装饰的重合断面图

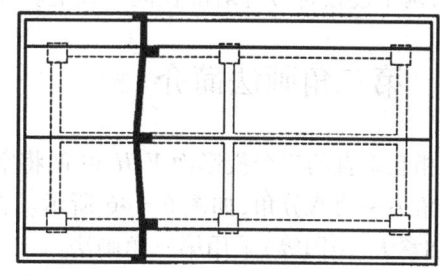
图6-42 结构的梁、板重合断面

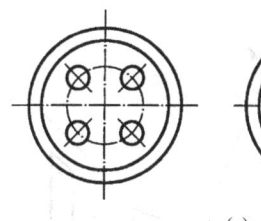
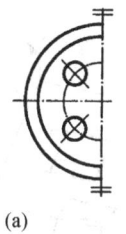

(a)

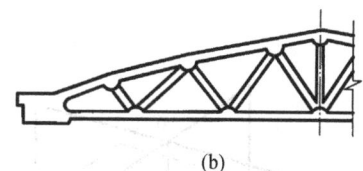
(b)

图6-43 对称图形画法

（2）形体的图形中有多个完全相同而连续排列的要素，可仅在两端或适当位置画出其完整形状，其余部分以中心线或中心线交点表示，如图6-44所示。

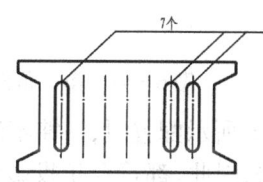
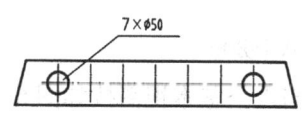

图6-44 相同要素省略画法

（3）较长的形体，如果沿长度方向的形状相同或按一定规律变化，可以断开省略画出，断开处应以折断线表示。如图6-45a所示。

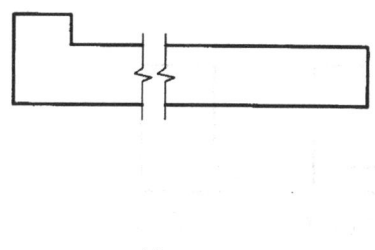
(a)

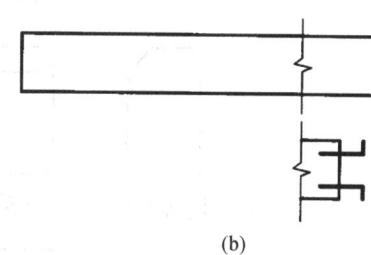
(b)

图6-45 折断省略画法

（4）如果一个形体与另一个形体仅部分不相同，这个形体可以只画不同部分，但应在两个形体的相同部分与不同部分的分界线处，在折断靠图样一侧标注大写拉丁字母表示连接符号,两个连接符号应对准在同一线上。如图 6-45b 所示。

6.6 第三角画法简介

相互垂直的三个投影面 V、H 和 W 将空间分为八个分角,按顺序分别称为第一分角、第二分角……第八分角,如图 6-46 所示。在我国,工程图样采用第一角画法。但有些国家(如加拿大、美国等)采用第三角画法。

采用第三角画法时,形体置于第三分角内,投影面处于观察者与物体之间,然后按如图 6-47 所示的方法展开投影面,便可得到六个基本视图,称为正立面图、平面图、右侧立面图、底面图、左侧立面图、后立面图。

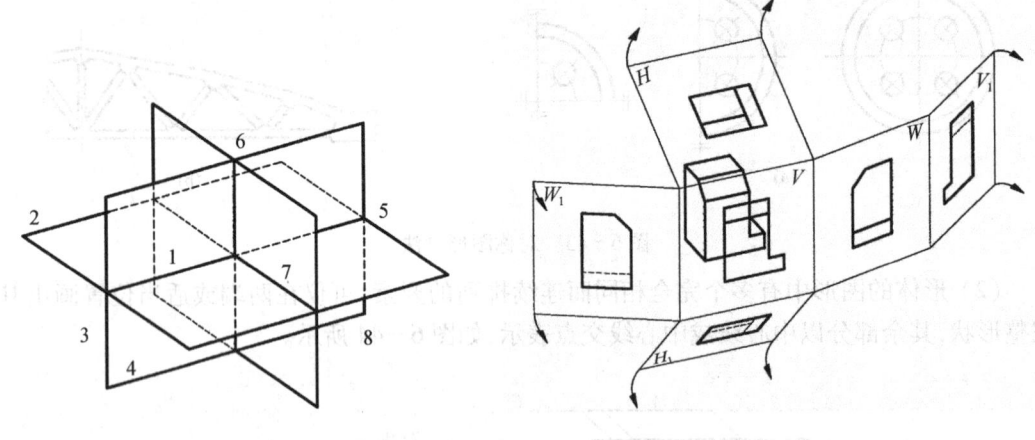

图 6-46 八个分角　　　　　　　图 6-47 第三角投影的展开

在同一图纸内,当六个基本视图按如图 6-48 所示配置时,一律不注视图的名称。

第三角画法和第一角画法都是采用正投影法,因此,都符合正投影法的规律,其六个基本视图仍保持"长对正、高平齐、宽相等"的投影关系。

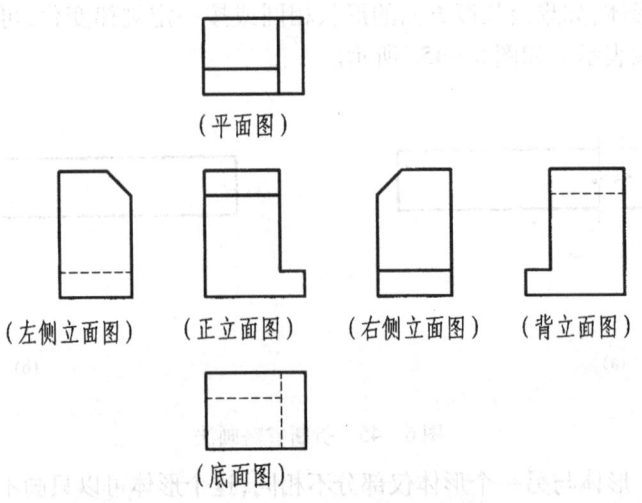

图 6-48 第三角投影六个基本投影图的配置

6.7 建筑形体表达综合举例

前面介绍了形体的视图、剖面图、断面图以及简化画法等各种表达方法。在实际应用中,由于形体的结构是多种多样的,因此,需要根据不同的结构特点,选用适当的表达方法。表达方案的选用原则是:在正确、完整、清晰地表达形体的各部分结构形状的前提下,力求视图数量少、绘图简单、看图方便。举例说明如下。

例6-5 如图6-49所示,根据化污池的 V、H 投影,想象出它的形状,并用适当方法表达。

解 (1) 形体分析:由已知条件 V、H 投影,并用"长对正"关系进行形体分析可知:这个化污池前后对称,并由五个部分组成:

① 长方体底板。池子的底板是一个长方体经切割而成的。由正立面图的梯形图形和平面图所对应的虚线可知,底板是长方体被切通两个梯形槽形成的。如图6-50所示。

② 长方体池身。长方体池身与底板叠加,由图6-49的正立面图尺寸 ϕ 并结合平面图可知,池子的左壁与右壁上各有一圆孔,顶部靠左有一圆孔,靠右有一个长方形孔。

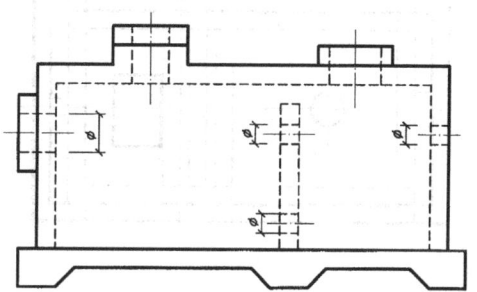

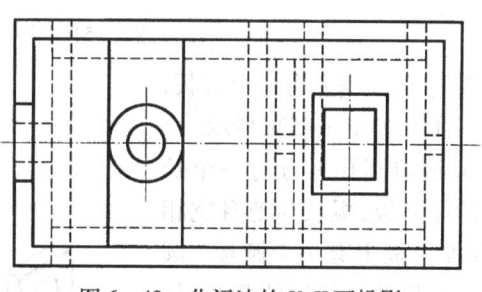

图6-49 化污池的 V、H 面投影

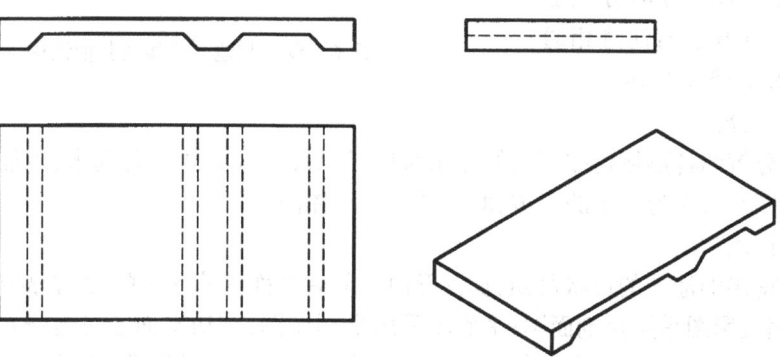

图6-50 正方体底板

结合 V、H 投影图的中间虚线可知,池子中间有一隔板,此隔板将池子分为两个部分。隔板的厚度与池子壁厚相同,隔板顶面与池子顶板底有一段距离,隔板宽与池子内壁宽相同。由尺寸 ϕ 可想象出隔板的底部与上部都有一个孔。如图6-51所示。

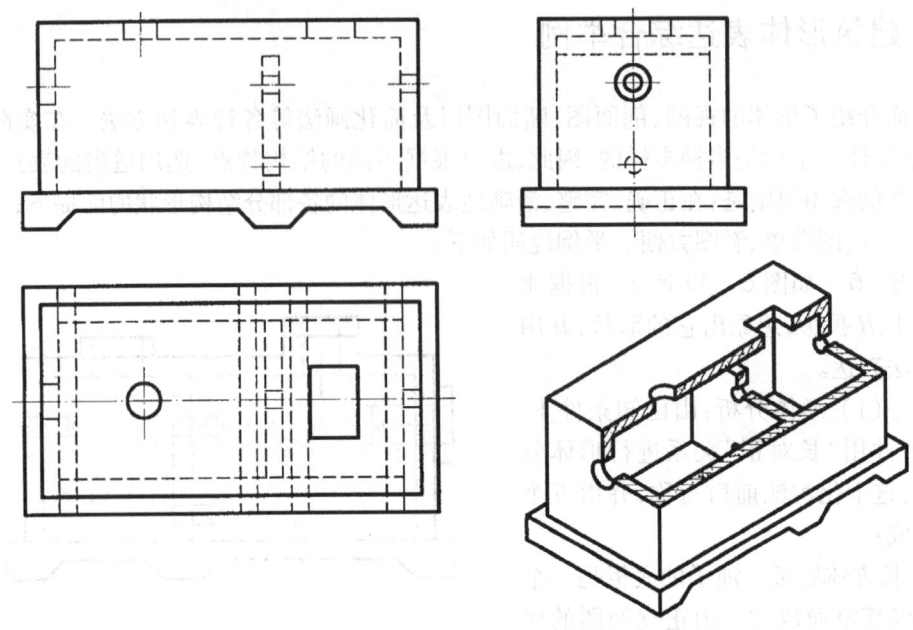

图 6-51 化污池正方体池身

③ 池身左壁上有一个方板，并有一通孔，如图 6-52a 所示。

④ 池顶圆孔上方有一个长方体的加强板，板长与池身宽相等，在加强板上有一个圆板，圆板上挖了与池身相通的圆孔，如图 6-52b 所示。

⑤ 池身靠右上方的方孔上有一个方板，并开了与池身相通的方孔，如图 6-52c 所示。

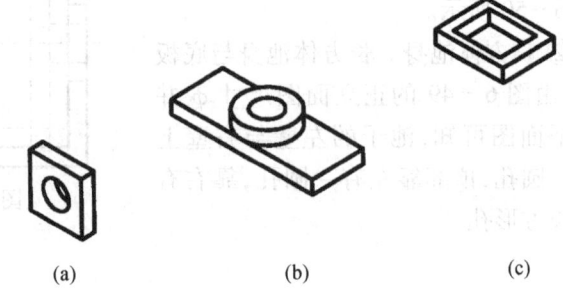

图 6-52 与池身连接的其他结构

（2）综合分析。

把以上分解的各形体再按照它们的相对位置以及组合方式综合起来，就能确定池子的整体形状。图 6-53 为池子的 V、H、W 投影图及立体图。

（3）形体表达。

根据所得出的池子的形状可知，长方形池子前后对称且外形简单，为了表达池子的内部结构，正立面投影图采用全剖面图；平面图采用半剖面图，剖切平面通过池身左右壁和隔板的孔的轴线；左立面图为半剖面，剖切平面通过池子顶部左边的圆孔，表达池子顶部左边的圆孔结构以及内隔板的结构，结果如图 6-54 所示。

（4）尺寸标注。

由于采用了比较恰当的表达方法，因此，标注尺寸时，都标注在可见轮廓线上，同时注意遵循正确、完整、清晰与合理的尺寸标注原则，使化污池的表达更清楚，看图更加方便。标注结果如图 6-54 所示。

第6章 建筑形体的各种表达方法

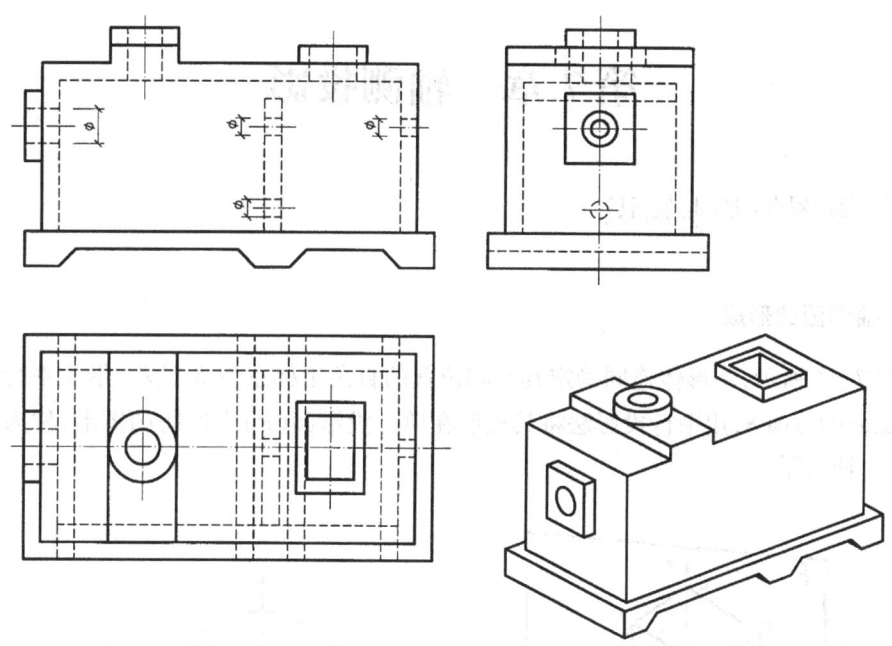

图6-53 化污池整体形状及 V、H 和 W 投影

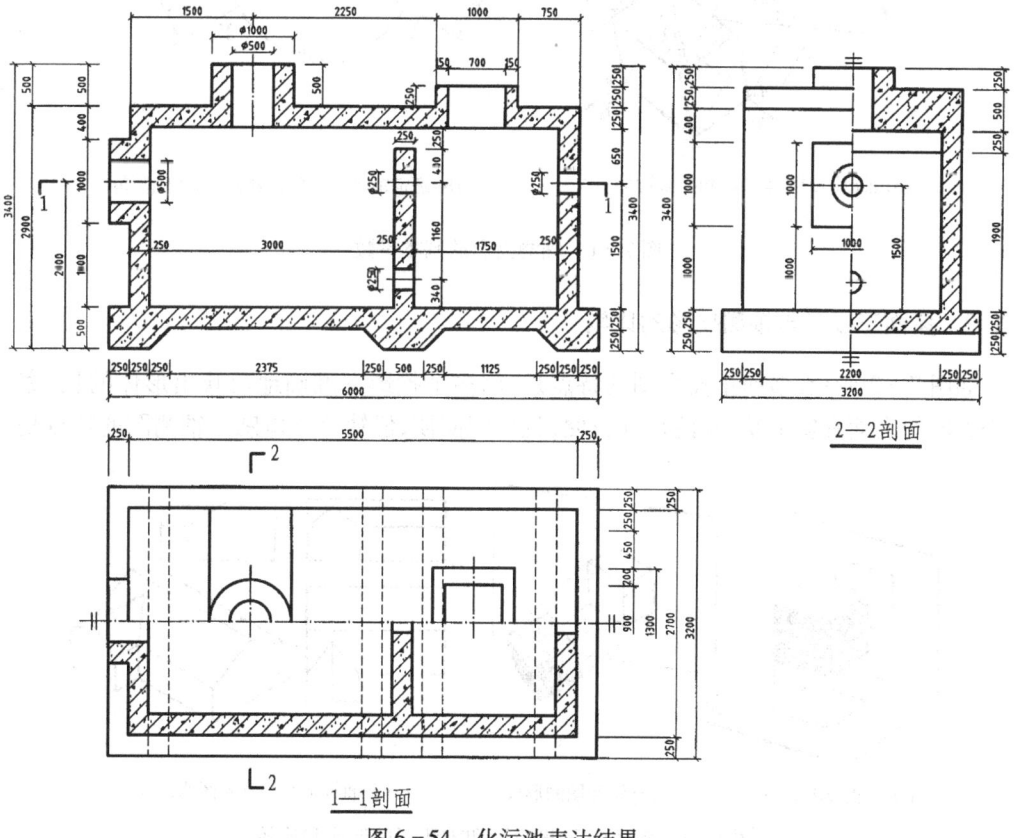

图6-54 化污池表达结果

第7章 轴测投影

7.1 轴测图的基本知识

7.1.1 轴测图的形成

如图7-1所示,将形体连同确定其空间位置的直角坐标系 $O_0X_0Y_0Z_0$,沿不平行于任何一个坐标面的方向 S,用平行投影法将其投射在单一投影面(P)上所得的图形,称为轴测投影,也称为轴测图。

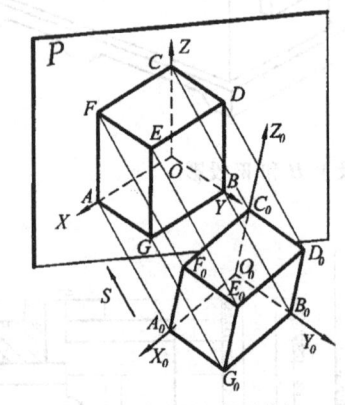
(a) 轴测图的基本参数和投影特征

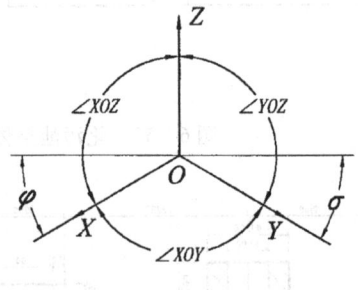
(b) 确定轴测轴的参数(轴间角或轴倾角)

图7-1 轴测投影的基本参数

7.1.2 多面正投影与轴测投影的比较

如图7-2所示,多面正投影图的特点是,用多个投影图准确地反映出形体的长、宽、高三个方向的表面真实形状,标注尺寸方便,且作图简便,但缺乏立体感。轴测图的特点是,用

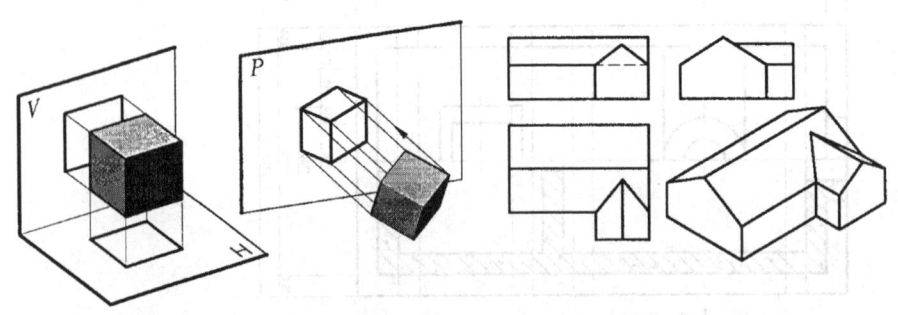

(a) 多面正投影图的形成　　(b) 轴测图的形成　　(c) 多面投影图与轴测图的比较

图7-2 多面(正)投影图和轴测图的形成和比较

单面投影即能同时反映出形体的三个方向的表面形状,具有立体感,但不反映形体表面实形,不便用来标注尺寸。两种图在工程上各有用途。在建筑工程中,常用轴测图来表达建筑构件的立体形状和给排水、暖通空调等方面的管网的空间分布。

7.1.3 轴测图的基本参数

轴测图的基本参数如图 7-1 所示。

(1)轴测投影面——用大写拉丁字母作记号,如图 7-1 中的 P 面。

(2)点的轴测投影——过空间点的投射线与轴测投影面的交点为该点的轴测投影。本章中空间点记为 A_0、B_0 等,点的轴测投影相应记为 A、B 等。

(3)轴测轴——空间点所在的直角坐标系的坐标轴 O_0X_0、O_0Y_0、O_0Z_0 在轴测投影面上的投影 OX、OY、OZ 称为轴测投影轴,简称轴测轴。

(4)轴间角——两条轴测轴之间的夹角称为轴间角,记为 $\angle XOY$、$\angle XOZ$、$\angle YOZ$。

轴倾角——画轴测图时,一般把 OZ 轴测轴画成竖直方位,则 OX 和 OY 轴测轴与水平方位线的夹角分别标记为 φ 和 σ,称为轴倾角。轴倾角和轴间角都是用来确定三条轴测轴之间相互位置的参数。

(5)轴向伸缩系数——沿轴测轴上的线段长度(投影长度)与空间形体坐标轴上的对应线段长度(真实长度)之比,称为轴向伸缩系数,分别用 p_1、q_1、r_1 来表示。即:

$$p_1 = \frac{OA}{O_0A_0}(沿 O_0X_0 坐标轴方向的轴向伸缩系数)$$

$$q_1 = \frac{OB}{O_0B_0}(沿 O_0Y_0 坐标轴方向的轴向伸缩系数)$$

$$r_1 = \frac{OC}{O_0C_0}(沿 O_0Z_0 坐标轴方向的轴向伸缩系数)$$

(6)点的次投影——点在三个互相垂直的投影面上的正投影的轴测投影分别称为正面、水平面和侧面次投影。空间点 B_0 的次投影分别记为 b'_1、b_1 和 b''_1,如图 7-3 所示。

7.1.4 轴测图的分类

(1) 根据投射方向与轴测投影面的相互位置,轴测图可分为两大类:

① 正轴测图——投射方向垂直于轴测投影面。

② 斜轴测图——投射方向倾斜于轴测投影面。

(2) 在每类轴测图中,根据三个轴向伸缩系数之间的关系,又可分为三种:

① 正(或斜)等轴测图——三个轴向伸缩系数均相等,即 $p_1 = q_1 = r_1$(如正等测:$p_1 = r_1 = q_1 \approx 0.82$)。

② 正(或斜)二轴测图——两个轴向伸缩系数相等(如正面斜二测:$p_1 = r_1 = 1$ 及 $q_1 = 0.5$)。

③ 正(或斜)三轴测图——三个轴向伸缩系数均不相等,即 $p_1 \neq q_1 \neq r_1$。

7.1.5 轴测图的投影特征

由于轴测图是用平行投影法绘制的,因而具有以下平行投影的特征,如图 7-1 所示。

① 由于空间相互平行的任意线段的轴测投影相互平行,因此平行于某坐标轴的空间线段,其轴测投影平行于相应轴测轴,例如,直线段 D_0E_0 // 坐标轴 O_0X_0,则其轴测投影 DE // 轴测轴 OX。

② 空间平行于某坐标轴的线段,其轴测投影长度等于该坐标轴的轴向伸缩系数与线段真实长度的乘积。即

由于:$p_1 = \dfrac{OA}{O_0A_0} = \dfrac{DE}{D_0E_0}$,所以:$DE = p_1 \times D_0E_0$

其余类推有:$EF = q_1 \times E_0F_0$;$EG = r_1 \times E_0G_0$

这样就可沿轴测轴方向度量相应线段的长度。

空间不平行坐标轴的线段的轴测投影长度,不具备上述特征,因而,不能用轴向伸缩系数来推算这些线段的轴测投影长度。

7.1.6 轴测图的基本作图方法

作轴测图时,应先根据形体的形状特征选择恰当的轴测图种类(即确定轴间角和轴向伸缩系数)。为使轴测图清晰和作图方便,通常先将 Z 轴测轴画成铅垂位置,再由轴间角或轴倾角,画出其他轴测轴。

已知点的正投影图(点的三个坐标),可求出点的轴测投影和三个次投影;反之,由点的轴测投影和一个次投影也可获得点的三个坐标,从而确定点的空间位置。

用坐标法求点的轴测投影的画法步骤如图 7-3 所示。

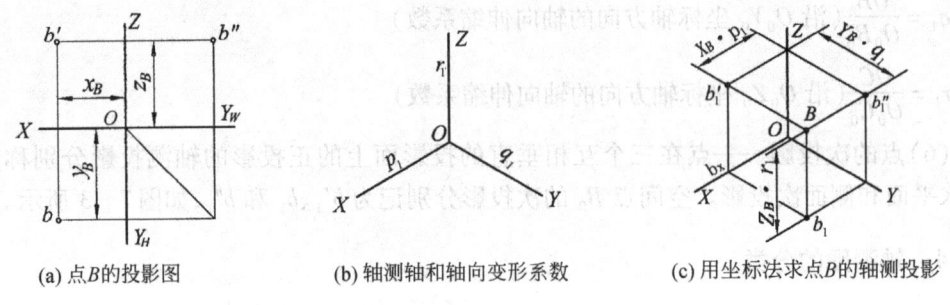

(a) 点 B 的投影图　　(b) 轴测轴和轴向变形系数　　(c) 用坐标法求点 B 的轴测投影

图 7-3　点轴测投影的基本作图方法——坐标法

(1) 沿轴测轴 OX 截取 $Ob_X = X_B \cdot p_1$,得点 b_X;

(2) 过点 b_X 作线段 // OY,沿该线段截取 $b_Xb_1 = Y_B \cdot q_1$,得点 b_1(B_0 点水平面次投影);

(3) 过点 b_1 作线段 // OZ,沿该线段截取 $b_1B = Z_B \cdot r_1$,点 B 即为空间点 B_0 的轴测投影。

由以上作图可知,"轴测"的含义就是沿相应的轴向(坐标轴和轴测轴)测量线段的长度,这种沿坐标轴量取各点的方法,称为坐标法。坐标法是作点、线、面和体的轴测投影的基本作图方法。坐标法应用如图 7-4 所示,用坐标法先作出三棱锥(A_0、B_0、C_0、S_0)四个顶点的轴测投影(A、B、C、S),然后连出三棱锥的轴测投影。

在轴测图中,形体的可见轮廓线宜用中实线绘制,断面轮廓线宜用粗实线绘制。不可见轮廓线一般不绘出,必要时可用细虚线绘出所需部分。

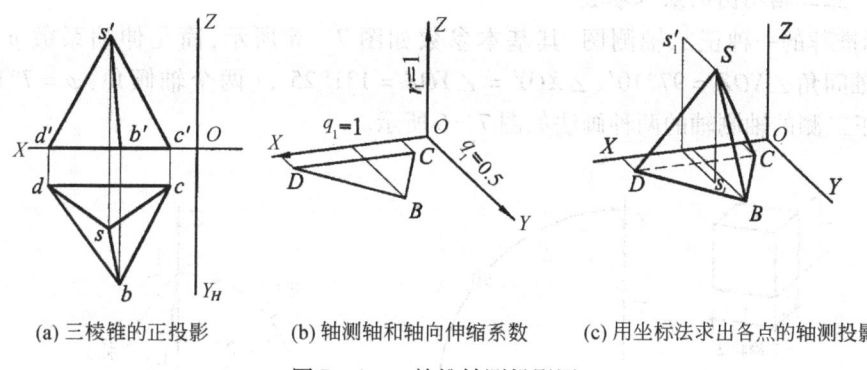

(a) 三棱锥的正投影　　(b) 轴测轴和轴向伸缩系数　　(c) 用坐标法求出各点的轴测投影

图 7-4　三棱锥轴测投影图

7.2　正轴测图

当投射方向垂直于轴测投影面 P 时，所得的投影称为正轴测图。本节介绍正等测和正二测两种正轴测图。

7.2.1　正轴测图的基本参数

7.2.1.1　正等测图的基本参数

如图 7-5 所示，将正方体连同它的坐标系一起，先绕坐标轴 O_0Z_0 旋转，然后再绕坐标轴 O_0X_0 旋转，当正方体的对角线 O_0A_0 旋转到垂直于轴测投影面的位置时，三条坐标轴也随之旋转到对轴测投影面的倾角都相等的位置，沿对角线 O_0A_0 方向往轴测投影面投射，即得到正方体的正等轴测图。这时，三个轴间角均为 120°（两个轴倾角 φ 和 σ 均为 30°），三个轴向伸缩系数 $p_1 = q_1 = r_1 \approx 0.82$。在实际作图时，常采用简化轴向伸缩系数 $p = q = r = 1$，使作图简捷方便。用简化系数画出的图形沿各轴向的长度都分别放大了约 $1/0.82 \approx 1.22$ 倍，但不影响轴测图的立体感。本章均采用简化轴向伸缩系数作正等轴测图。

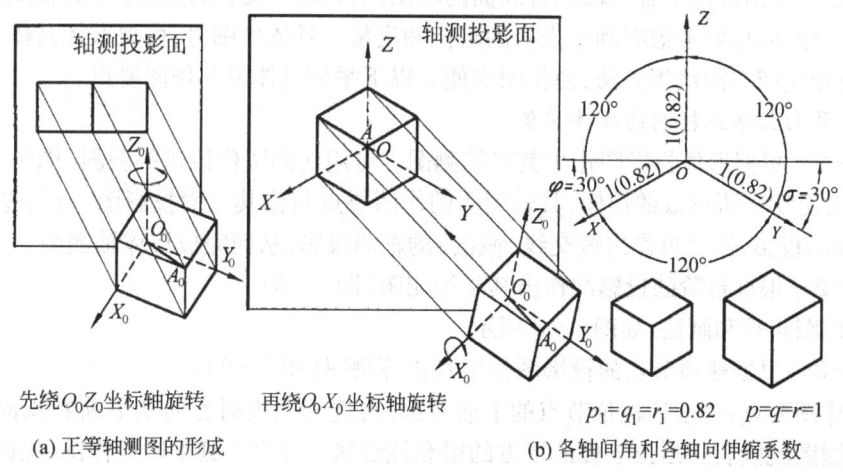

先绕 O_0Z_0 坐标轴旋转　　再绕 O_0X_0 坐标轴旋转　　$p_1=q_1=r_1=0.82$　　$p=q=r=1$

(a) 正等轴测图的形成　　　　　　(b) 各轴间角和各轴向伸缩系数

图 7-5　正等轴测图的形成和基本参数

7.2.1.2 正二轴测图的基本参数

国标推荐的一种正二轴测图,其基本参数如图7-6所示,简化伸缩系数 $p=r=1$、$q=0.5$;轴间角 $\angle XOZ=97°10'$、$\angle XOY=\angle YOZ=131°25'$,(两个轴倾角: $\varphi=7°10'$; $\sigma=41°25'$)正二测的轴测轴的两种画法如图7-6所示。

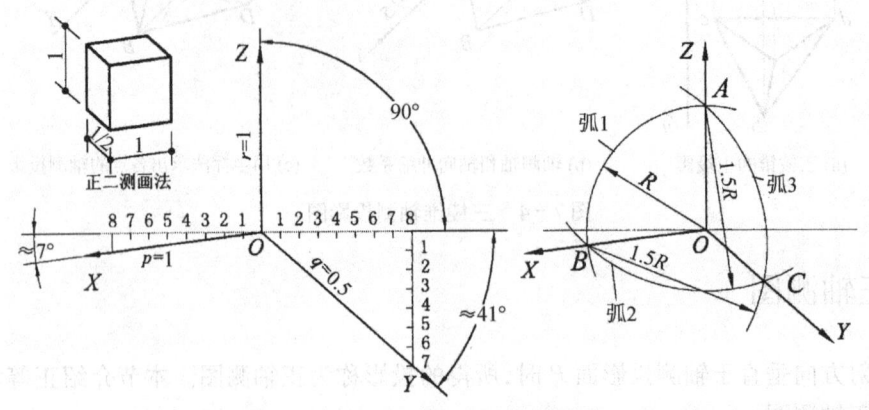

(a) 由 $\tan 7°\approx 1/8$ 及 $\tan 41°\approx 7/8$ 画轴测轴

(b) (1)画竖直轴测轴 OZ;
(2)以点 O 为圆心,定长 R 为半径作弧1,与 OZ 交于点 A;
(3)以点 A 为圆心,$1.5R$ 为半径作弧2,与弧1交于点 B;
(4)以点 B 为圆心,$1.5R$ 为半径作弧3,与弧2交于点 C;
(5)连 O、A 得轴测轴 OX,连 O、C 得轴测轴 OY

图7-6 正二测的基本参数和轴测轴的两种画法

7.2.2 形体轴测图画法步骤

通常已知形体正投影图,用简化轴向伸缩系数作轴测图。

画轴测图的一般步骤是:

(1)读形体正投影图,进行形体分析,选定轴测图种类,在形体正投影图上作出坐标轴的多面正投影。

(2)由轴间角(或轴倾角)作出轴测轴。

(3)依次作出形体上各线段和各表面的轴测图,判断可见性,连出形体的轴测图。

设立坐标轴时,要考虑有利于坐标的定位和度量。具体作图时,可视形体具体形状而用坐标法、叠砌法或切割法等方法,使作图简便。以下举例具体说明作图要点。

7.2.2.1 平面立体正轴测图画法举例

例7-1 根据形体投影图作出其正等测图。可用切割法作该正等测图(图7-7)。

解 对由切割所形成的形体,其轴测图的作图要点与作其三面投影图一样,先作"完整形体"的轴测投影,然后再作出截交线(截面)的轴测投影,从而完成形体轴测图。

例7-2 根据台阶的投影图作出其正等测图(图7-8)。

解 作图步骤和画法,如图7-8所示。

例7-3 根据柱顶节点的投影图作出其正等测图(图7-9)。

解 作图要点:为表达柱顶节点的下前右部位,选轴测投射方向从下前右指向上后左,所作的轴测图就能表达出位于板的下方的梁和柱形状。按自上到下顺序作图,先画板,再画柱和梁在板上的交线,后画柱和主次梁。作图步骤和画法如图7-9所示。

例7-4 根据建筑形体的投影图作出其正二测图(图7-10)。

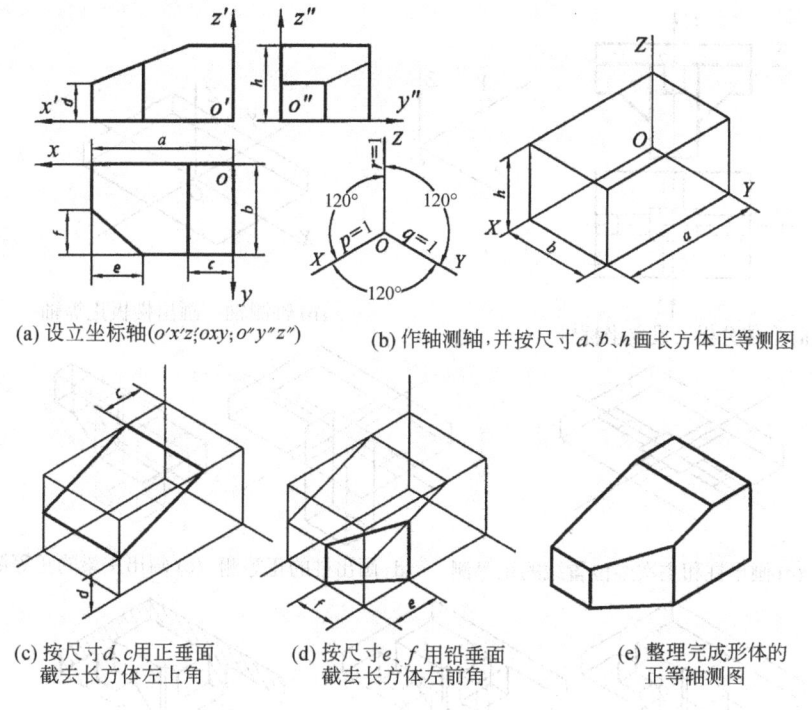

图 7-7 已知形体正投影图作形体正等轴测图(切割法)

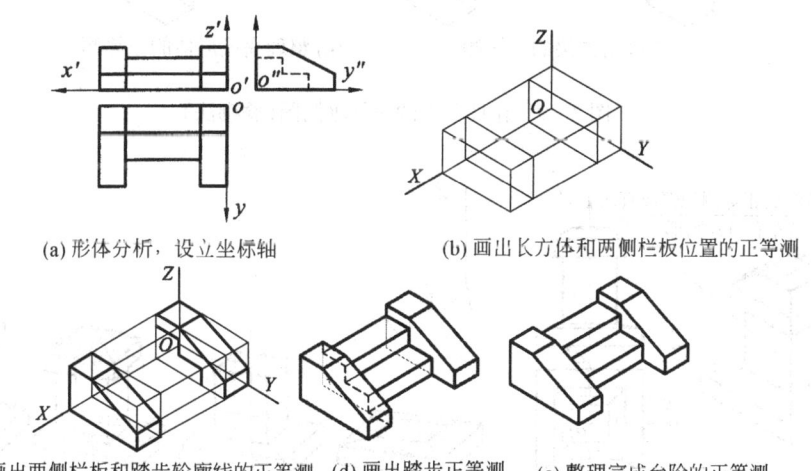

图 7-8 作台阶的正等轴测图

解 从图 7-10a 可分析出该建筑形体不适宜用正等测,选用正二测来表达。

作图要点:过形体底面中心点 O 设立坐标系;从下至上定六个水平面的中心点,依次画出各水平层面的正二测;画出各条棱线的正二测。

注意点:凡是平行于坐标轴 O_0Y_0 的线段,将实长折半才是其正二测轴测投影长。

7.2.2.2 曲面立体的正轴测图

1. 平行坐标面圆的正轴测

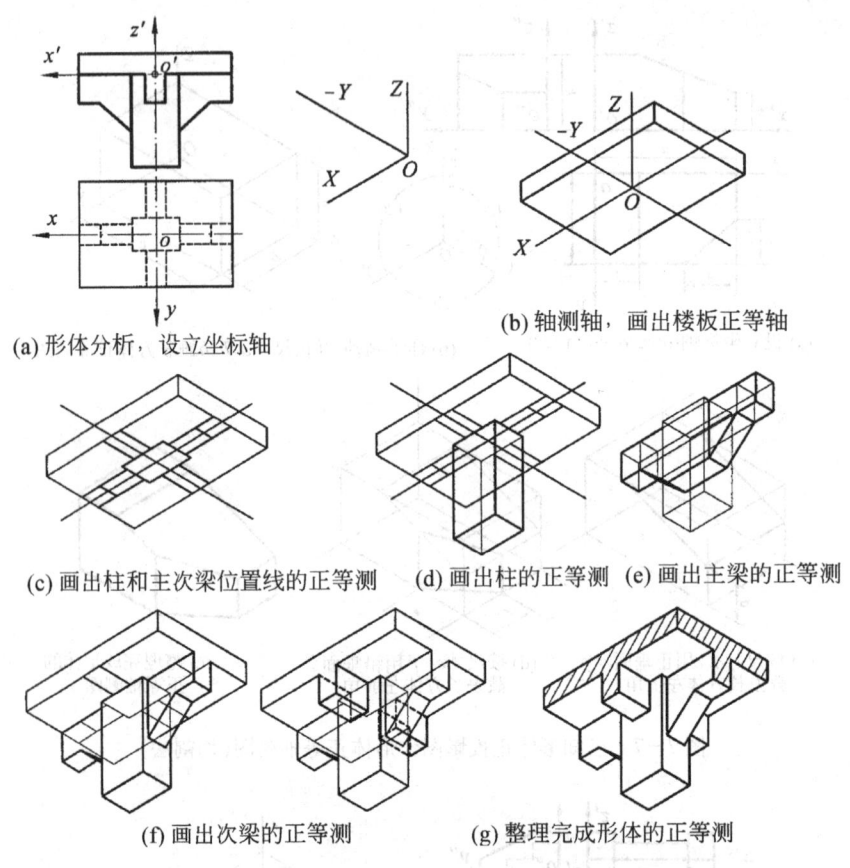

图 7-9 作柱节点的正等轴测图(叠砌法)

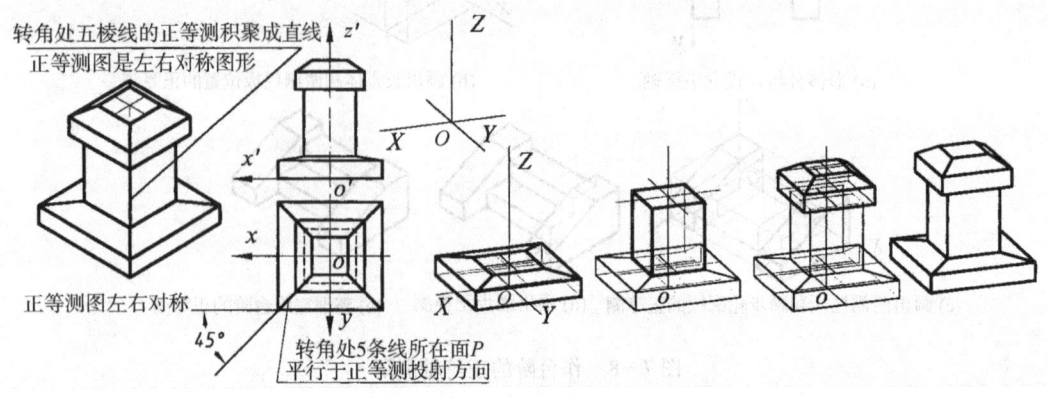

图 7-10 作建筑形体的正二轴测图

平行于三个坐标面的圆的正等测和正二测如图 7-11 和图 7-12 所示,由于形体上三个坐标面均倾斜于正轴测投影面,所以平行于三个坐标面的圆的正轴测投影均为椭圆,圆的外切正方形的正轴测投影为平行四边形(菱形)。

在作正等轴测图时,如图 7-11b 所示,常用外切四边形法(四心圆法)作四段圆弧替代四

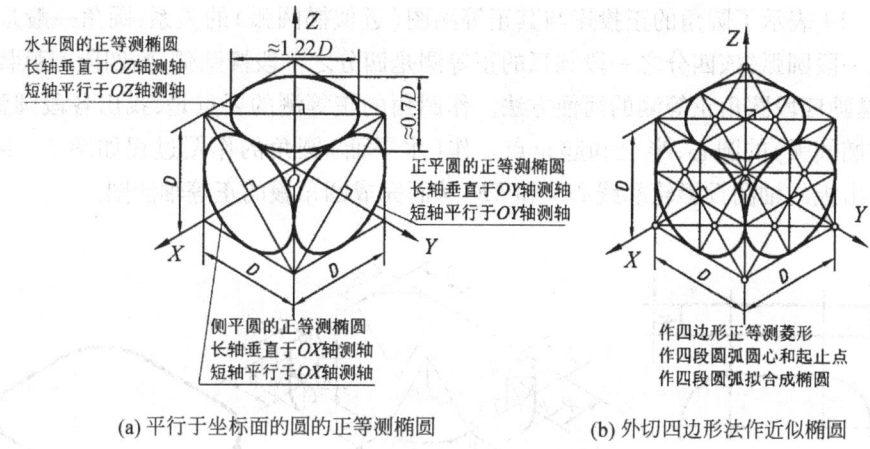

(a) 平行于坐标面的圆的正等测椭圆　　(b) 外切四边形法作近似椭圆

图 7-11　平行于坐标面的圆的正等测

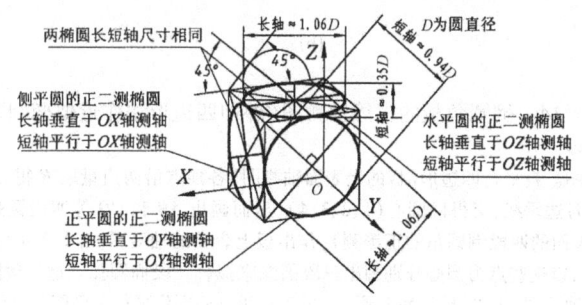

图 7-12　平行于坐标面的圆的正二测

段椭圆弧拟合成近似椭圆。图 7-11b 画出了正六面体表面三个内切圆的三个正等测近似椭圆。其中平行于坐标面 $X_0O_0Y_0$ 的圆的正等测近似椭圆的具体作图过程如图 7-13 所示。

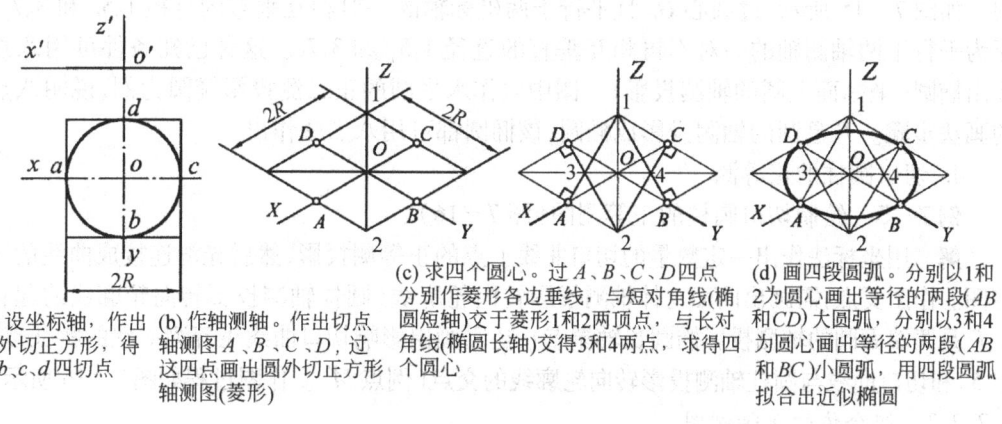

(a) 设坐标轴，作出圆外切正方形，得 a、b、c、d 四切点

(b) 作轴测轴。作出切点轴测图 A、B、C、D，过这四点画出圆外切正方形轴测图（菱形）

(c) 求四个圆心。过 A、B、C、D 四点分别作菱形各边垂线，与菱对角线（椭圆短轴）交于菱形1和2两顶点，与长对角线（椭圆长轴）交得3和4两点，求得四个圆心

(d) 画四段圆弧。分别以1和2为圆心画出等径的两段（AB 和 CD）大圆弧，分别以3和4为圆心画出等径的两段（AB 和 BC）小圆弧，用四段圆弧拟合出近似椭圆

图 7-13　平行坐标面的圆（水平圆）的正等轴测图——外切四边形法

2. 圆角正等测

图 7-14 表示了圆角的正投影与其正等测图(近似椭圆弧)的关系,圆角一般是指整圆的四分之一段圆弧,该四分之一段圆弧的正等测是四分之一段椭圆弧,画四段圆弧替代四段椭圆弧,是画四段圆角正等测的简便方法。作圆角的正等测的要点是,找出各段圆弧(替代各段相应椭圆弧)的圆心、半径和起止点。作(水平面)圆角的作图过程如图 7-14 所示。注意应画出板的轴测投影轮廓线 MN 和 EF,从而完成圆角板的正等轴测图。

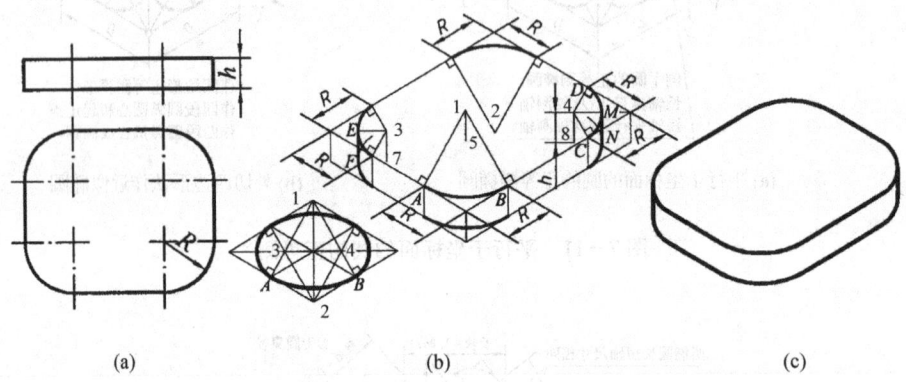

图 7-14 倒圆角板的正等轴测图(外切四边形法作近似椭圆弧)

(a) 倒圆角板两投影

(b) 先作板的轴测图。自平行四边形(板的上表面轴测图)各顶点沿两边量取 R 得 A、B、C、D 等八点,过这八点分别作平行四边形各边垂线,交得四圆心(1、2、3、4),从而画出 AB 和 CD 等四段圆弧来拟合四段椭圆弧,(这四段圆弧即为板上表面的四个倒圆角的正等测),作出板上表面的轴测图;自 1、3、4 各点沿 Z 测轴方向向下量取 h,得 5、7、8 诸点,以这些点为圆心分别画出三段圆弧来拟合三段椭圆弧。这三段圆弧即为下表面左、右和前三个角上的倒圆的轴测图,作出下表面轴测图。过 3、4 两点分别作平行于椭圆长轴的线段与两小圆弧交于点 E 和点 M,分别作 EF 和 MN 平行于 Z 轴测轴。

(c) 整理完成板的正等轴测图

3. 八点法作椭圆(圆的轴测投影)

当坐标面倾斜于轴测投影面时,在坐标面上(或平行于坐标面)的圆的轴测投影为椭圆。如图 7-15 所示,过圆心 O_0 且平行于两坐标轴的一对相互垂直的直径 $1_0 5_0$ 和 $3_0 7_0$,投影为平行于两轴测轴的一对不再相互垂直的直径 $1_1 5_1$ 和 $3_1 7_1$。这种已知条件可用八点法作出椭圆(坐标面上圆的轴测投影)。图中以作水平圆的正二测投影椭圆为例,说明八点法的画法步骤。凡是圆的轴测投影成椭圆,该椭圆都可用八点法作出。

4. 切口圆柱的正等测

例 7-5 绘制切口圆柱的正等测图(图 7-16)。

解 用坐标法作出一定数量的切口曲线上点的正等测投影,然后光滑连接成曲线的正等测图。作图要点:需画出曲面立体轴测投影转向轮廓线(圆柱轴测投影转向轮廓线的起止点 E、F 是两端面圆的轴测投影椭圆长轴端点),还需画出影响切口曲线正等测形状的特征点(例点 5)和切口曲线与圆柱轴测投影转向轮廓线的交点(例点 M)。作图过程如图 7-16 所示。

7.2.2.3 组合体的正轴测图

画组合体轴测图应注意:

(1) 坐标轴的设立 组合体若有对称面通常在其上设立坐标系,若有回转体,选坐标轴

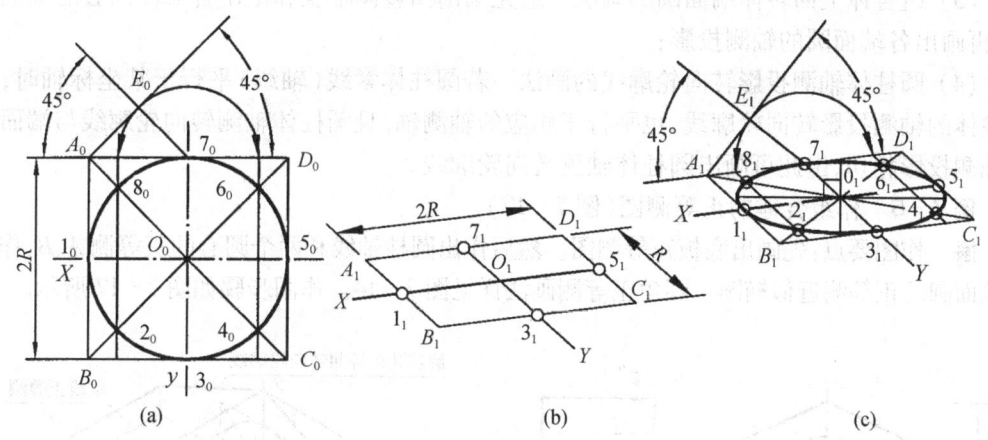

图 7-15 八点法作椭圆

(a) 设坐标轴。作圆外切正方形,得 1_0、3_0、5_0、7_0 四切点。作正方形对角线,与圆交得 2_0、4_0、6_0、8_0 四点
(b) 作正二测轴测轴。作出切点正二测投影 1_1、3_1、5_1、7_1,过这四点画出圆外切正方形的正二测图(四边形)
(c) 过四边形顶点 A 作一辅助等腰三角形(两底角均为45°)得点 E_1,以 7_1 为圆心,以 7_1E_1 为半径作弧,与 A_1D_1 边交于两点,过该两交点作 AB 边的平行线,与四边形两对角线交于 2_1、4_1、6_1、8_1 四点;光滑顺次连接 1~8 这八个点,即得所求之椭圆

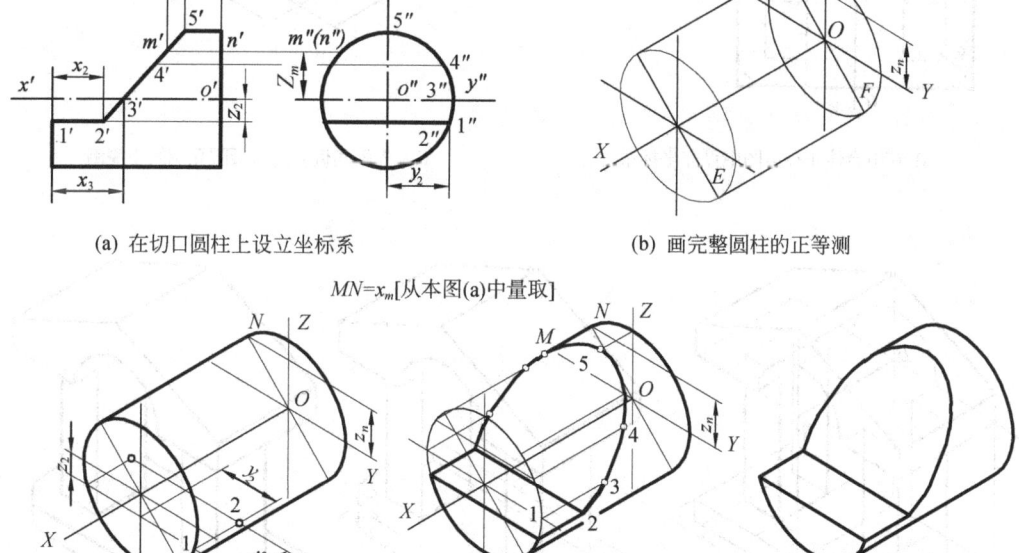

(a) 在切口圆柱上设立坐标系　　　　　(b) 画完整圆柱的正等测

(c) 由坐标法作1、2点及水平切口正等测　(d) 由坐标法作3、4、5、M点及正垂切口的正等测　(e) 完成切口圆柱的正等测

图 7-16　切口圆柱的正等测画法——坐标法作切口曲线的正等测

平行于回转体轴线;

(2) 先完整后挖切　经挖切形成的结构,先画出完整形状的轴测图,后画挖切后所形成的孔、槽的轴测图;

143

(3) 组合体上回转体端面圆的画法 应先画出回转体轴线和定出各端面圆心的轴测投影,再画出各端面圆的轴测投影;

(4) 圆柱体轴测投影转向轮廓线的画法 若圆柱体素线(轴线)平行于某坐标轴时,则圆柱体的轴测投影转向轮廓线,也平行于相应的轴测轴,且圆柱体轴测转向轮廓线与端面圆的轴测投影相切,由此可画出圆柱体轴测转向轮廓线。

例7-6 作组合体的正等测图(图7-17)。

解 作图要点:先画出底板正等测图。然后作出圆柱轴线和两个圆心的正等测 A、B,作出各端面圆的正等测近似椭圆。圆角正等测画法详见图7-14。作图步骤如图7-17所示。

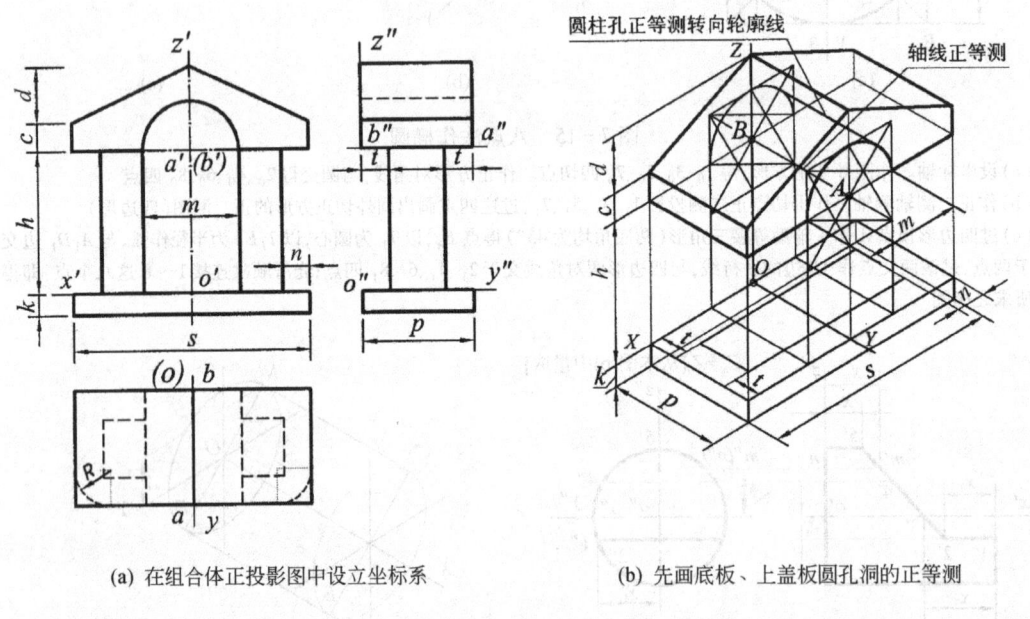

(a) 在组合体正投影图中设立坐标系　　(b) 先画底板、上盖板圆孔洞的正等测

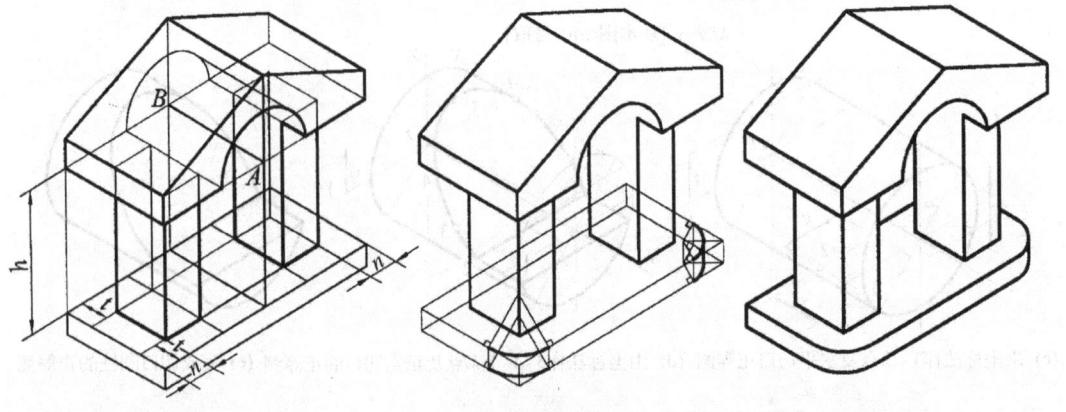

(c) 画两根四棱柱的正等测　　(d) 画底板圆角的正等测　　(e) 整理完成组合体的正等测图

图7-17 组合体(门楼)正等测图的画法

7.3 斜轴测图

当投射方向倾斜于轴测投影面时所获得的投影,称为斜投影。

7.3.1 正面斜轴测图

7.3.1.1 正面斜轴测图的形成

如图 7-18 所示,若将形体放置为:坐标轴 O_0Z_0 成铅垂位置,坐标面 $X_0O_0Z_0$ 平行轴测投影面,轴测投射方向与三个坐标轴都不平行(即轴测投射方向倾斜于轴测投影面)时,就形成了正面斜轴测图。根据平行投影的特征可得:轴测轴 OX 平行于坐标轴 O_0X_0,轴测轴 OZ 平行于坐标轴 O_0Z_0,轴间角 $\angle XOZ = 90°$,轴向伸缩系数 $p_1 = r_1 = 1$。位于形体上平行于 $X_0O_0Z_0$ 坐标面的平面图形,其正面的斜轴测投影反映实形。在作斜轴测图时,可根据形体具体的形状结构,灵活地选择轴向伸缩系数 q_1 与轴间角 $\angle XOY$(或 $\angle YOZ$),使所作出的斜轴测图立体感更强。

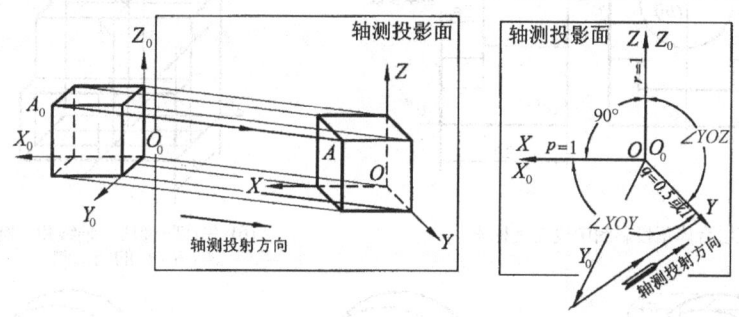

图 7-18 正面斜轴测图的形成和基本参数

7.3.1.2 正面斜轴测图的基本参数

本节介绍工程常用的正面斜二测和正面斜等测,如图 7-19 所示,轴向伸缩系数 $p = r = 1$、$q = 0.5$ 或 1;轴间角 $\angle XOZ = 90°$、轴倾角 $\varphi = 0°$ 和 $\sigma = 45°$ 或 $30°$ 和 $60°$。

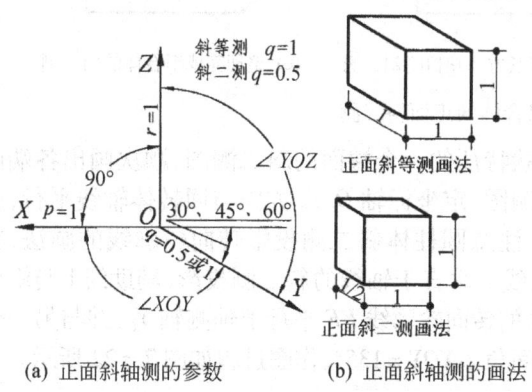

图 7-19 正面斜轴测的参数和画法

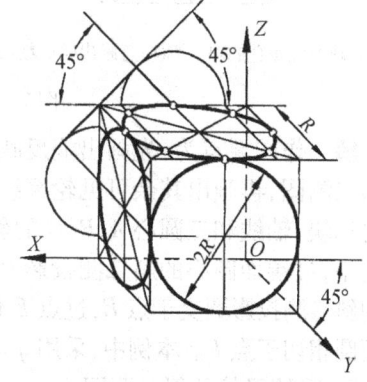

图 7-20 平行于坐标面的圆的斜二测

7.3.1.3 平行于坐标面的圆的斜二测

图7-20作出了正立方体表面上三个内切圆(分别平行于三个坐标面)的斜二测投影。由于形体上的坐标面$X_0O_0Z_0$平行于轴测投影面,因此平行于该坐标面的圆的斜二测投影反映该圆的实形;而形体上平行于坐标面$X_0O_0Y_0$和坐标面$Y_0O_0Z_0$的圆(水平圆和侧平圆),倾斜于轴测投影面,因此平行于这两个坐标面的圆的斜二测投影都是椭圆。可用图7-15所示的八点法作出这两个椭圆。

比较图7-20和图7-11,由于平行于轴测投影面圆的斜二测投影是圆,当形体上只有平行于一个坐标面的圆时,宜采用正面斜轴测。当形体上有平行于两(或三)个坐标面的圆时,作圆的正等测椭圆比作圆的斜二测椭圆简便。

7.3.1.4 形体的斜轴测画法举例

1. 端面法画组合体的斜二测

例7-7 作形体斜二测图(图7-21)。

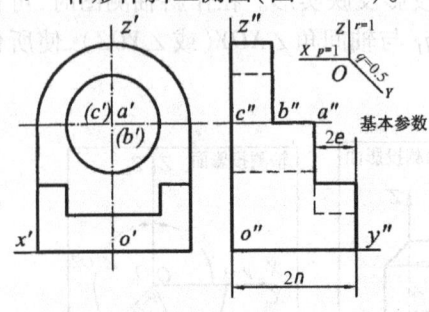
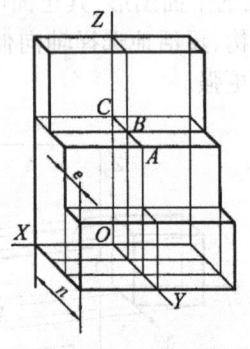

(a) 在组合体正投影图中设立坐标系　　(b) 先作阶梯块、轴线和三圆心A、B、C的斜二测

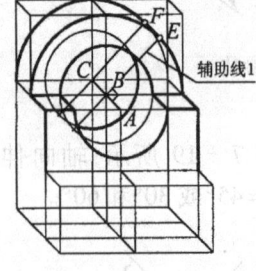
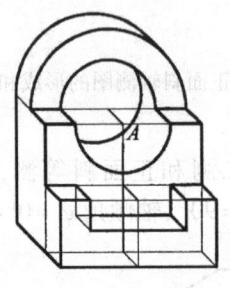
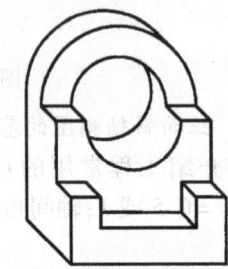

(c) 画圆柱和孔的斜二测(注意画出轮廓线EF)　(d) 画长方体缺口的斜二测　(e) 整理完成组合体的斜二测

图7-21　作组合体的正面斜二测

解 作图要点为:先画出能反映柱类形状特征的一个端面的斜二测图,顺次画出各端面的斜二测图,再画出其余可见轮廓线的斜二测图,定坐标轴O_0Y_0方向与回转体轴线平行,先作阶梯块、轴线和三圆心A、B、C的斜二测。注意圆柱体斜二测投影转向轮廓线的画法,在本例中,过端面圆心的斜二测投影B,作辅助线1垂直于轴线的斜二测投影,辅助线1与端面圆的斜二测投影圆交于点E,过点E作圆柱体的转向轮廓线EF平行于轴测轴Y_0,并与另一个端面圆相切于点F。本例中,采用$q=0.5$,轴间角$\angle XOY=135°$,作图过程如图7-22所示。

2. 建筑形体的斜二测图

例7-8 作建筑形体的斜二测图(图7-22)。

解 本例的作图参数为$q=0.5$,轴间角$\angle XOY=135°$,作图过程如图7-22所示。

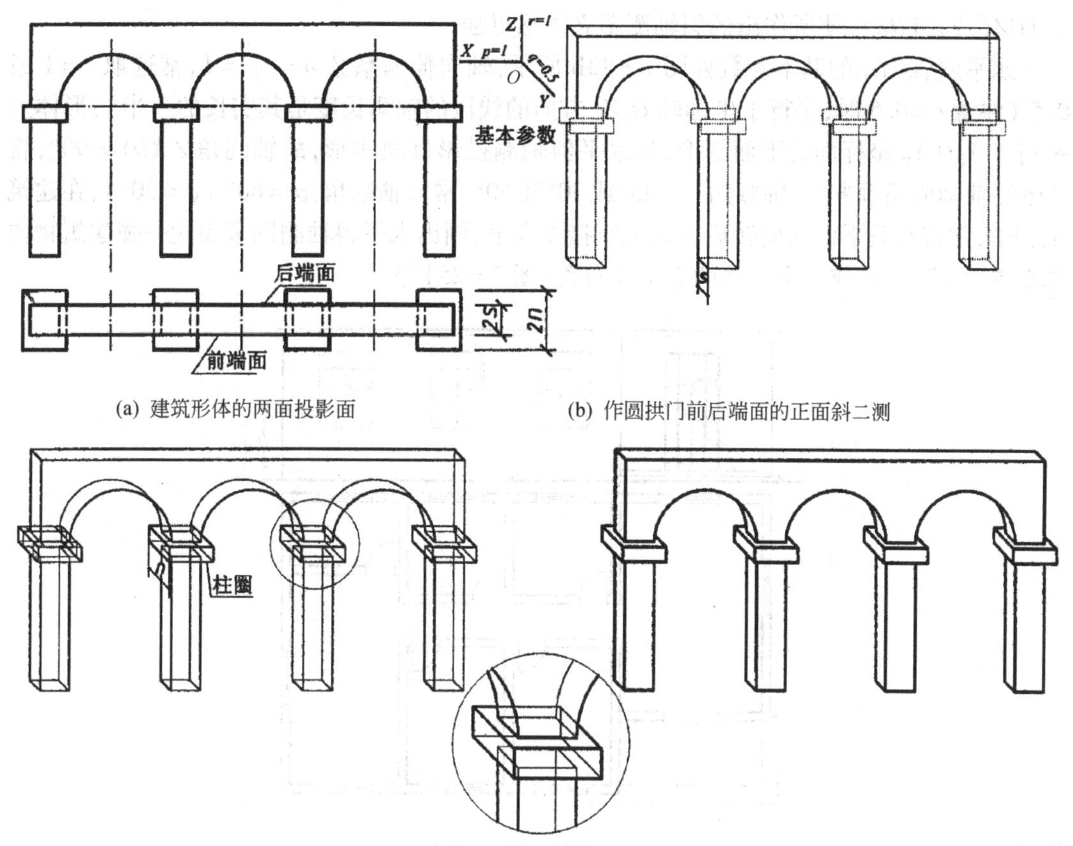

第7章 轴测投影

(a) 建筑形体的两面投影面　　(b) 作圆拱门前后端面的正面斜二测

(c) 作出柱圈的正面斜二测　　(d) 整理完成建筑形体的正面斜二测

图 7-22　作建筑形体的正面斜二测

7.3.2　水平斜轴测图

7.3.2.1　水平斜轴测的形成和基本参数

如图 7-23a 所示,将形体放置成,让其上的三个坐标面分别平行于三个互相垂直的投影面的位置,选取水平面(H)为轴测投影面,投射方向倾斜于 H 面,就能获得水平斜轴测图。在水平斜轴测图中空间形体的水平面保持实形。水平斜轴测图一般用作建筑或地貌的鸟瞰图。与正面斜轴测图类似,可据形体具体的形状结构,灵活地选择轴向伸缩系数 r 与轴间角

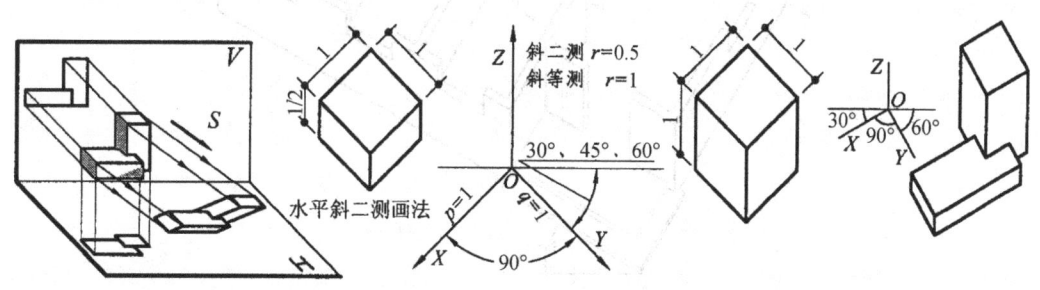

(a) 水平斜轴测图的形成　　(b) 水平斜轴测图的基本参数和斜二测画法　　(c) 水平斜等测画法

图 7-23　水平斜轴测的形成和基本参数

∠XOZ（或∠YOZ），使所作出的斜轴测图立体感更强。

水平斜轴测图的基本参数如图 7-23b 所示：轴向伸缩系数 $p = q = 1$，常选取 $r = 1$ 或 0.5（注意 $r = 0.5$ 时，平行于坐标轴 O_0Z_0 方向的线段的轴测长度是其实长的一半）；形体上平行于 $X_0O_0Y_0$ 坐标面的平面图形，其水平斜轴测投影反映实形，故轴间角 $\angle XOY = 90°$，将 Z 轴测轴画成铅垂方位，轴倾角 $\sigma = 45°$ 或 $30°$ 和 $60°$，常取轴倾角：$\sigma = 60°$（$\varphi = 30°$），在建筑工程中，常将有关平面图旋转后在其上直接立高度，画出水平斜轴测图来表达一幢建筑物内部布置（图 7-24）或一个区域的总平面布置（图 7-25）等。

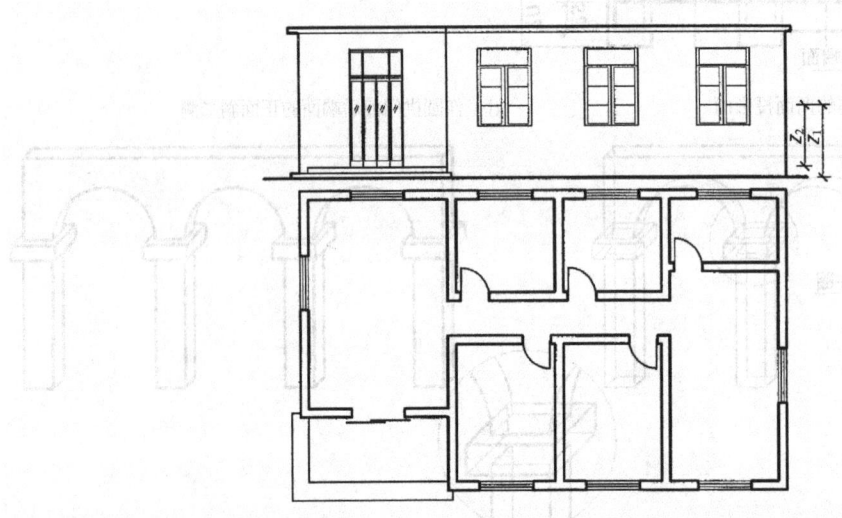

(a) 房屋的立面、平面图

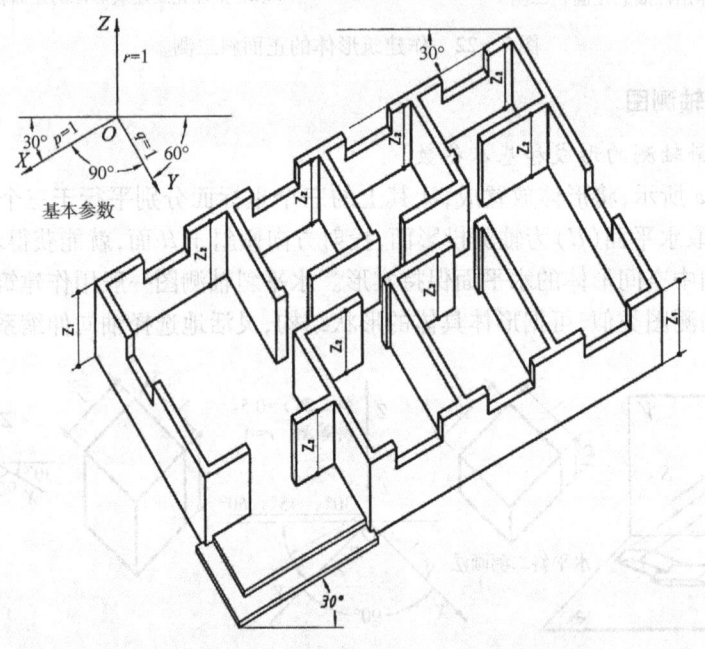

(b) 先画出旋转30°后的断面，由Z_1和Z_2过各角点往下画出内外墙角、墙脚线和台阶，画出门窗洞，完成轴测图

图 7-24 带水平断面的房屋水平斜轴测图

7.3.2.2 形体的水平斜轴测图画法举例

1. 带水平断面的房屋水平斜轴测图画法举例

例 7-9 由房屋立面、平面图画出被水平面剖切后部分房屋水平面的斜等轴测图（图7-24）。

2. 建筑群的鸟瞰图画法举例

例 7-10 画出所示建筑群的水平面斜二轴测图（图7-25）。

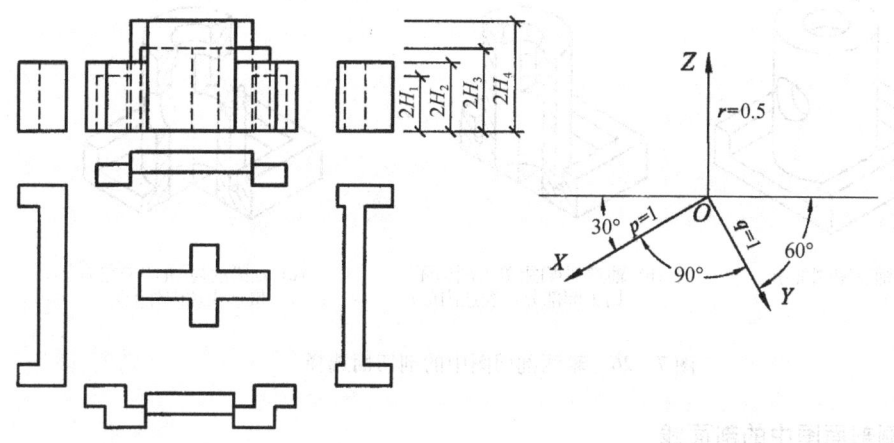

(a) 建筑群的立面、平面图　　　　　　　　　　　　(b) 基本参数

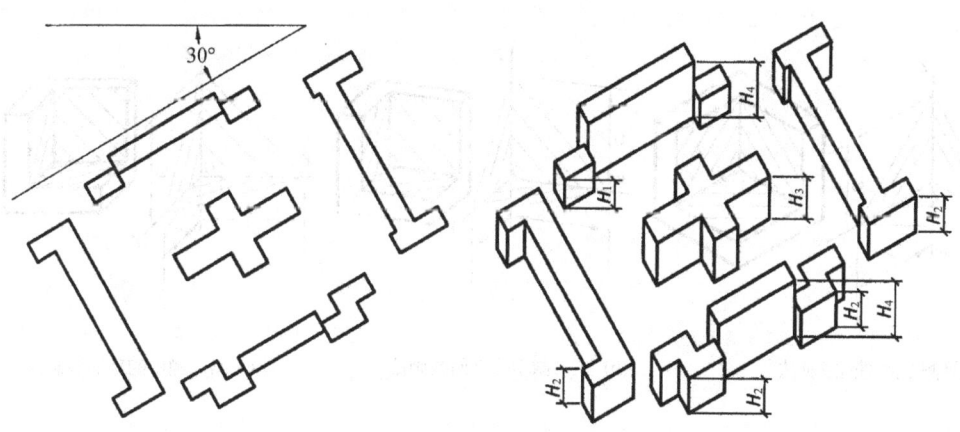

(c) 将平面图旋转30°　(d) 按各房屋的高度沿轴测轴OZ方向竖高度，画出上表面，完成水平斜轴测图

图 7-25　建筑群的水平斜轴测图（鸟瞰图）

7.4 轴测剖面图

与作剖面图的方法对应，可假想用剖切面剖切去形体一部分，画出形体剖切后部分的轴测图，以表达形体的内外部形状结构，这种轴测图就称之为轴测剖面图。

7.4.1 轴测剖面图中的剖切面

(1) 通常选剖切面平行于形体上的坐标面,且尽量通过形体上的孔、槽的对称面。

(2) 通常用两个或 3 个互相垂直的剖切平面来假想剖去形体一部分,使画出的轴测剖视图尽可能多地兼顾表达清楚形体的内外结构形状,见图 7-26。

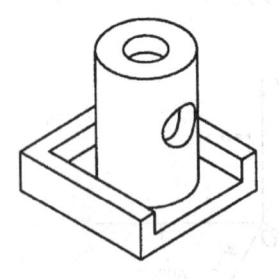 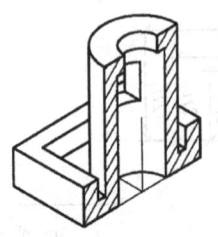 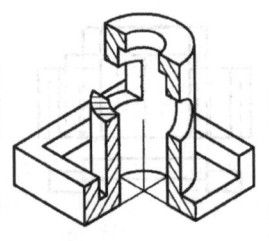

(a) 轴测图(外形)　　(b) 轴测剖视图(单个剖切面切去前部分,表达内形)　　(c) 轴测剖视图(切去左前上角,表达内外形)

图 7-26　轴测剖面图中的剖切面选择

7.4.2 轴测剖面图中的剖面线

绘制轴测图的断面时,应按该断面所在坐标面的轴测方向绘制材料图例线,如以 45°斜线为材料图例线时,应按图 7-27 所示绘制。

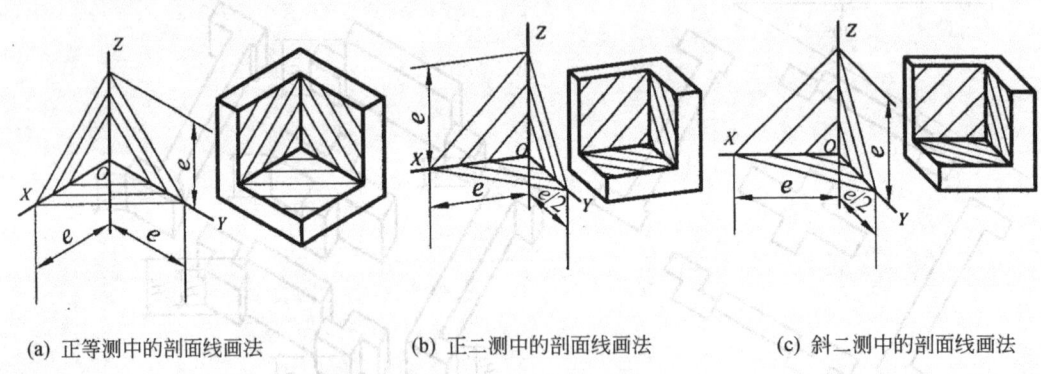

(a) 正等测中的剖面线画法　　(b) 正二测中的剖面线画法　　(c) 斜二测中的剖面线画法

图 7-27　轴测剖面图中的剖面线画法

7.4.3 画形体轴测剖面图举例

画形体轴测剖面图时,视形体的具体的形状结构,可选择"先整体,后剖面"或"先剖面,后整体"的方法来绘制。

"先整体,后剖面"的方法是最常用的方法,具体就是先画出完整形体的轴测图,然后选择剖切平面来剖切形体,画出剖切后余下部分的轴测图。具体画法举例如下。

例 7-11　"先整体,后剖面"画形体的轴测剖视图,如图 7-28 所示。

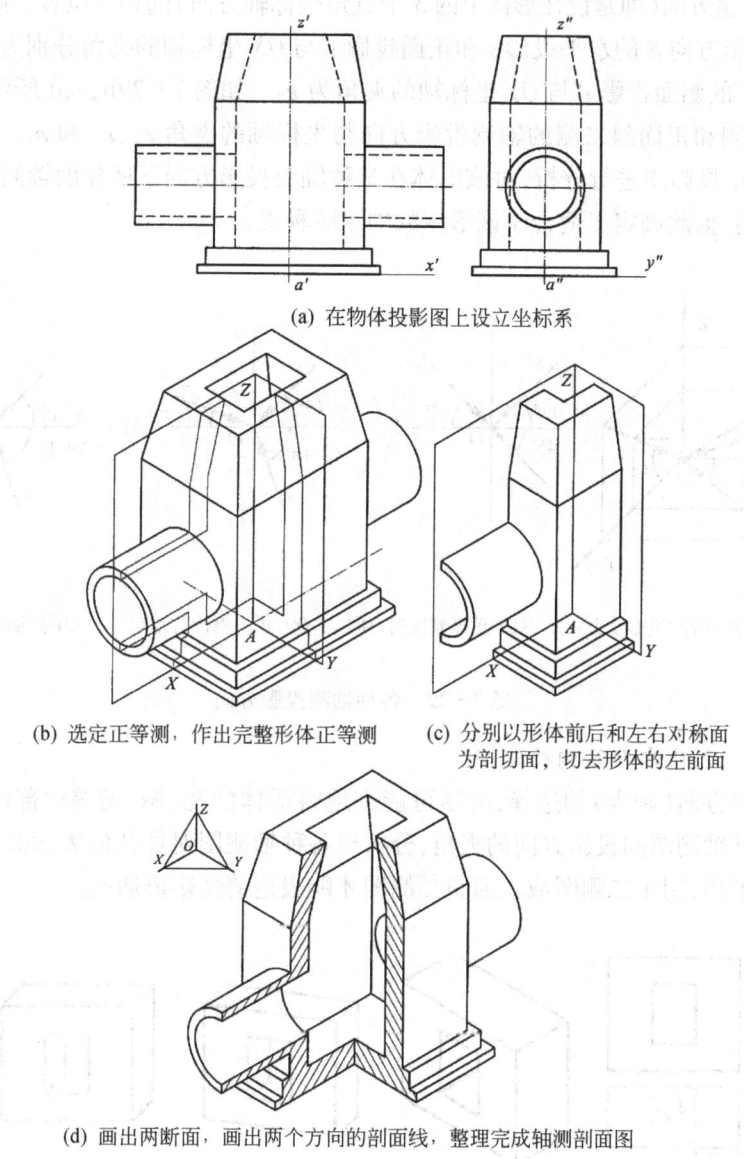

(a) 在物体投影图上设立坐标系

(b) 选定正等测,作出完整形体正等测

(c) 分别以形体前后和左右对称面为剖切面,切去形体的左前面

(d) 画出两断面,画出两个方向的剖面线,整理完成轴测剖面图

图 7-28 "先整体,后剖面"画形体的轴测剖面图

7.5 轴测图的选择

对轴测图的种类和轴测投影方向的综合选择,直接影响到轴测图表达的清晰性。通常从两个方面考虑:一是使绘出的轴测图直观性好,且尽可能多地表达清楚形体的形状结构;二是使作图简便。

7.5.1 选择轴测图种类的方法

影响形体轴测图的清晰性主要因素有两个:一是形体自身的形状结构;二是轴测投影方向

与形体的3个主方向（即是设在形体上的3个直角坐标轴方向）的相互位置。如图7-29a所示：设轴测投影方向 S 的水平投影 s 和正面投影 s' 与 OX 坐标轴的夹角分别为 ε_1 和 ε_2，设轴测投影方向 S 的侧面投影 s'' 与 OY 坐标轴的夹角为 ε_3。如图7-29b、c、d所示，分别给出了正等测、正二测和正面斜二测的轴测投影方向与坐标轴的夹角 ε_1、ε_2 和 ε_3。可用 ε_1、ε_2 和 ε_3，对形体的正投影图进行分析，对该形体在某种轴测投影方向下所作的轴测图的表达是否清晰进行预测，据此确定出适合于该形体的轴测图种类。

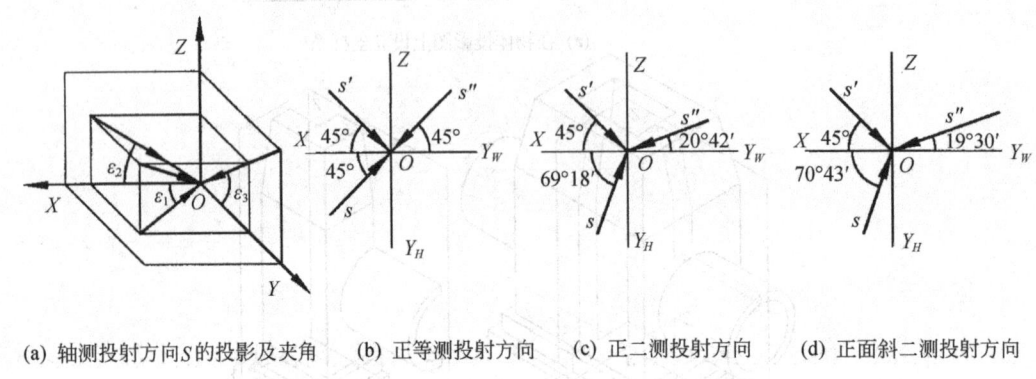

(a) 轴测投射方向S的投影及夹角　　(b) 正等测投射方向　　(c) 正二测投射方向　　(d) 正面斜二测投射方向

图7-29　各种轴测投影方向

7.5.1.1　避免形体内部结构被遮挡

轴测投影方向（种类）的选择，应尽可能多地将形体的孔、洞、槽等内部结构表达清楚。可分别用各种轴测图的投影方向的夹角，分析出各种轴测图对通孔的表达效果，如图7-30所示的穿孔形体，用正二测图或正面斜二测图才能表达清楚矩形通孔。

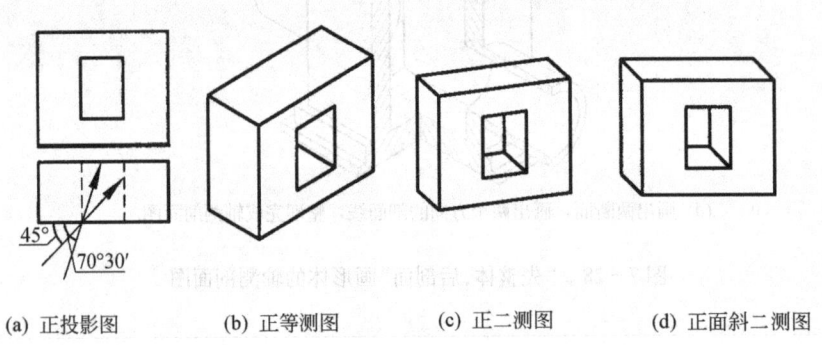

(a) 正投影图　　　(b) 正等测图　　　(c) 正二测图　　　(d) 正面斜二测图

图7-30　轴测图对隐蔽结构的表达效果比较

7.5.1.2　避免转角处多条交（棱）线轴测投影成一直线

轴测投影方向（种类）的选择，应尽量不与形体转角处交线所确定的面平行，如图7-31所示，由于该形体左前方转角处四条棱线均恰在与 V 面成45°的铅垂面 P 上，与正等测的轴测投影方向平行，该四条棱线的正等测必然投影成一直线（如图7-31正等测图所示），此种情况，正等测图的直观性比不上正面斜二测图。

7.5.1.3 避免轴测图成左右对称的图形

轴测投影方向,应尽量不与形体的对称平面平行,如图 7-31 和图 7-32 正投影图所示两形体,由于两形体的对角线平面(对称平面)恰好与正等测的轴测投影方向平行,因此,两形体的正等测图均左右对称,其正等测图就显呆板且直观性差。在这种情况下,应选用斜二测等其他轴测图。

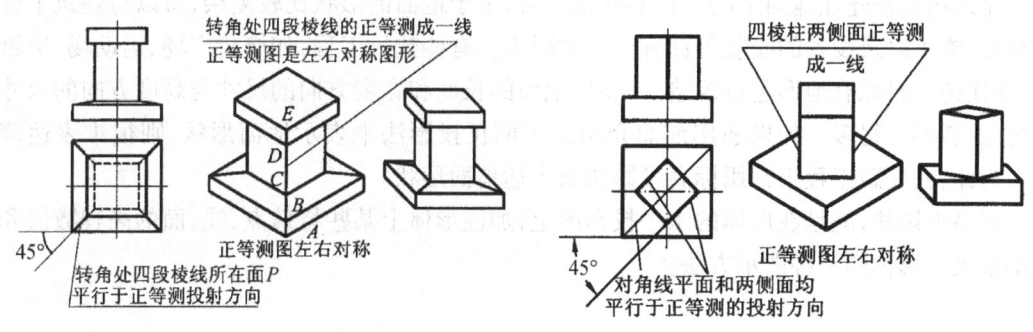

图 7-31 避免转角处交线轴测投影成一直线   图 7-32 避免轴测图成左右对称图形

7.5.1.4 避免形体表面的轴测投影成一线

轴测投影方向,应尽量不与形体的表面平行,如图 7-32 投影图所示,由于形体上四棱柱有两个侧面是与 V 面成 45°的铅垂面,与正等测的轴测投影方向平行,因此,这两个侧面的正等轴测投影分别积聚成两条直线。在这种情况下,应选用斜二测等其他轴测图,使两个侧面得以表达。

7.5.2 轴测投射方向的选择

在同一种类型的轴测图中,用不同的轴测投影指向,所画出的各轴测图所着重表达的部分(位)也不同,因此,在选定了轴测图的种类后,还须根据形体的形状选择一适当的投射方向,使由此指向所绘的轴测图,能清晰地反映出形体所需表达的部分(位)。图 7-33 绘出了同一形体四个不同方位的正等轴测图。图 7-9 柱节点的正等测图选择了图 7-33e 所示的由右前下向左后上投射方向绘出。

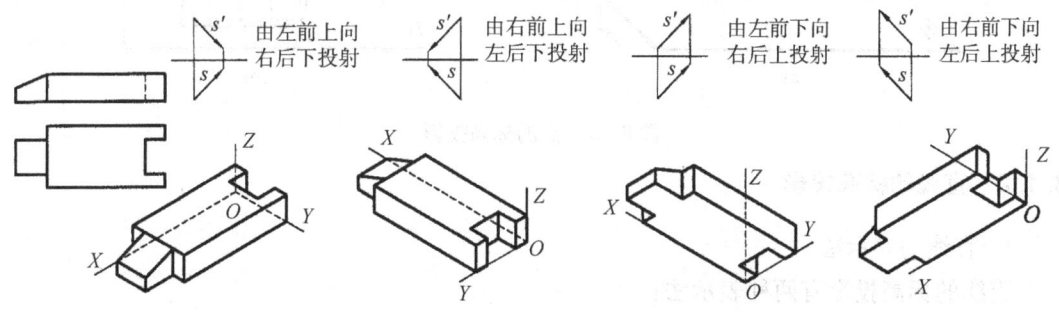

(a) 正投影图 (b) 着重表达前左上部分 (c) 着重表达前右上部分 (d) 着重表达前左下部分 (e) 着重表达前右下部分

图 7-33 (正等测)轴测投影方向的选择

第8章 标高投影

建筑物是修建在地面上的。在实际施工时,由于地面的形状比较复杂,所以对建筑工程的布置、施工以及设备的安装等都有很大的影响。有些建筑工程,如修建广场、运动场、道路等,往往还要对原有地形进行改造。同时,地面的长度和宽度方向的尺寸与高度方向的尺寸相比,前者要大得多。如果还用前面介绍的多面正投影法来表示地面形状,则很难表达清楚。为此,在实践工程中常用标高投影法来表达地面形状。

标高投影法,就是在形体的水平投影图上,加注形体上某些特殊点、线、面的高程数值和比例来表示形体的一种图示方法。

8.1 点、直线与平面的标高投影

8.1.1 点的标高投影

选水平面 H 面作为基准面,设其高度为零,高于 H 面为正,低于 H 面为负。设点 A 在水平面 H 的上方 4 m,点 B 在 H 面的下方 2 m,点 C 在 H 面上,则点 A、B、C 的高度值分别为 4、-2、0。高度值 4、-2、0 称为各点的高程或标高。求出 A、B、C 在 H 面上的水平投影 a、b、c,并在 a、b、c 的右下角标注出各点的高程 4、-2、0,即可得到 A、B、C 三点的标高投影图,图中还应画出绘图比例尺或给出绘图比例,如图 8-1 所示。

高程或标高的单位为米(m),在图上一般不需注明。

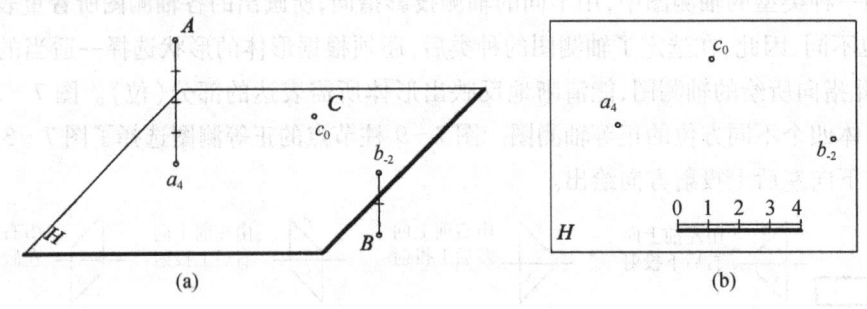

图 8-1 点的标高投影

8.1.2 直线的标高投影

1. 直线的表示法

直线的标高投影有两种表示法:

(1)在直线的 H 投影上,标出它的两个端点 a 和 b 的标高,如图 8-2b 所示。

(2)在直线的 H 投影上,只标出直线上一个点的标高,并标注上直线的坡度和表示直线下坡方向的箭头,如图 8-2c 所示。

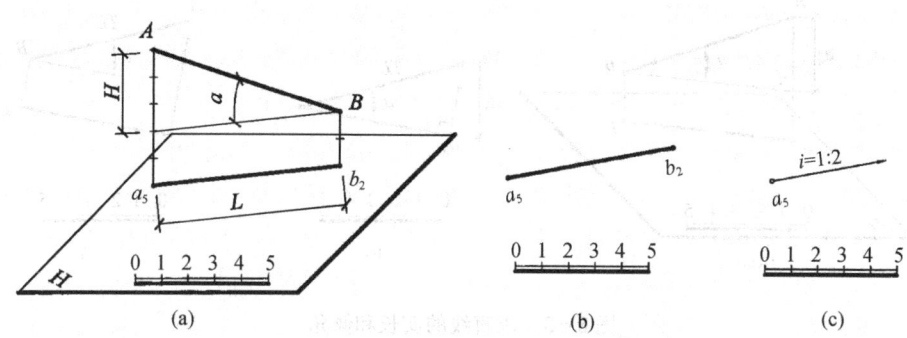

图 8-2 直线的标高投影

2. 直线的坡度和平距

直线的坡度,是指直线上任意两点的高差与该两点水平距离之比。

直线的平距,就是当高差是一个单位时的水平距离。

直线的坡度用符号 i 表示,即

$$i = \frac{\text{高差}(H)}{\text{水平距离}(L)} = \tan\alpha$$

由此可知,当直线的水平距离为一个单位时,其高差即为坡度。

直线的平距用符号 l 表示,则

$$l = \frac{\text{水平距离}(L)}{\text{高差}(H)} = \cot\alpha$$

由此可见,直线的坡度与平距互为倒数,即

$$i = \frac{1}{l}$$

也就是说,坡度愈大,平距愈小;反之,坡度愈小,平距愈大。

如图 8-2 所示,直线 AB 的标高投影 a_5b_2,其水平距离 $L=6$,高差 $H=3$,则直线的坡度为 $i = \frac{3}{6} = \frac{1}{2}$;平距为 $l = 2$。

3. 直线的实长与整数标高点的求法

在标高投影中,求直线的实长及其对 H 面的倾角 α,可采用以下两种方法。

（1）直角三角形法

如图 8-3b 所示,以直线的标高投影作为直角三角形的一边,以直线的两端点的高差作为直角三角形的另一边,所得的直角三角形的斜边即为直线的实长,实长与标高投影的夹角即为直线对 H 面的倾角。

（2）换面法

如图 8-3c 所示,分别过直线的两端点引垂线,并在所引的垂线上,按给定的比例尺截取相应的高程,得到两点 A、B,AB 的长度,即为直线的实长,AB 与 a_5b_2 间的夹角,即为直线对 H 面的倾角。

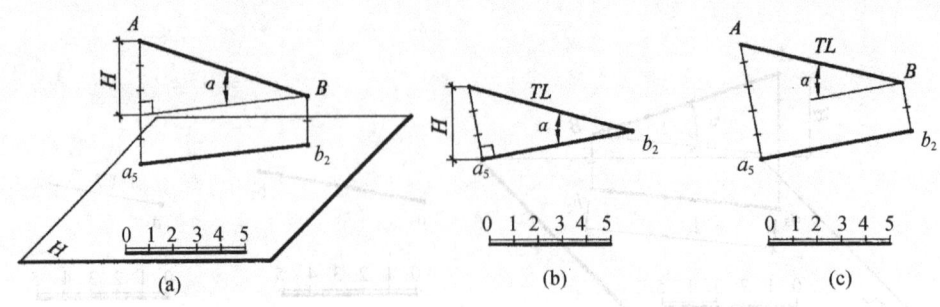

图 8-3 求直线的实长和倾角

在实际工作中,直线两端点的高程往往并非整数,这时,需要在直线的标高投影上,标出整数标高的点,即刻度。直线的刻度方法如图 8-4 所示,已知直线 AB 的标高投影为 $a_{2.3}b_{6.5}$,首先作一组平行于 $a_{2.3}b_{6.5}$ 的等距离直线,令最接近 $a_{2.3}b_{6.5}$ 的那根平行线标高为 2,其余标高顺次为 3,4,5,6。分别自 $a_{2.3},b_{6.5}$ 引垂线,根据 A、B 两点的高程,定出 A、B 两点,连直线 AB,它与各整数标高的平行线的交点,就是 AB 上的整数标高点。过这些点向 $a_{2.3}b_{6.5}$ 引垂线,即得 $a_{2.3}b_{6.5}$ 上的整数标高点。同时,AB 反映直线的实长和对 H 面的倾角。

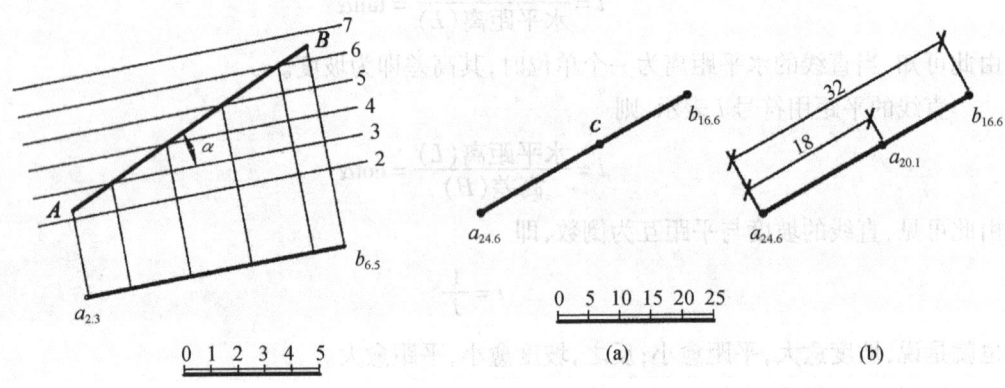

图 8-4 直线的刻度   图 8-5 求直线的平距、坡度及直线上点的标高

例 8-1 已知直线 AB,如图 8-5a 所示,求其平距与坡度,并求直线上点 C 的标高。

解 本题可用图解法和数解法来求。图解法如图 8-4 所示,现介绍数解法。

(1) 先求平距和坡度

因为 $H = 24.6 - 16.6 = 8$

按已给的比例尺量得 $L = 32$

则

$$i = \frac{H}{L} = \frac{8}{32} = \frac{1}{4}$$

$$l = 4$$

再按比例量得 ac 间的距离为 18,根据 $i = \dfrac{H}{L}$,即 $H = i \times L$,得

$$H = \frac{1}{4} \times 18 = 4.5$$

于是,点 C 的标高为 24.6 - 4.5 = 20.1,如图 8 - 5b 所示。

8.1.3 平面的标高投影

1. 平面的表示法

在正投影中介绍的用几何元素表示平面的方法在标高投影中仍然适用,但在标高投影中,还常用另一些特殊的表示法。

(1) 用平面上的一条等高线和平面的坡度表示平面

如图 8 - 6a 所示,平面 P 与基准面 H 的交线为 AB,若以一系列间距相等(高差为一单位)的水平面截切平面 P,则可在平面 P 上得到一组等高差的水平线,它们在 H 面上的投影,称为平面的等高线。平面的等高线是一组互相平行、高差相等的直线。平面与基准面 H 的交线,是高程为零的等高线。

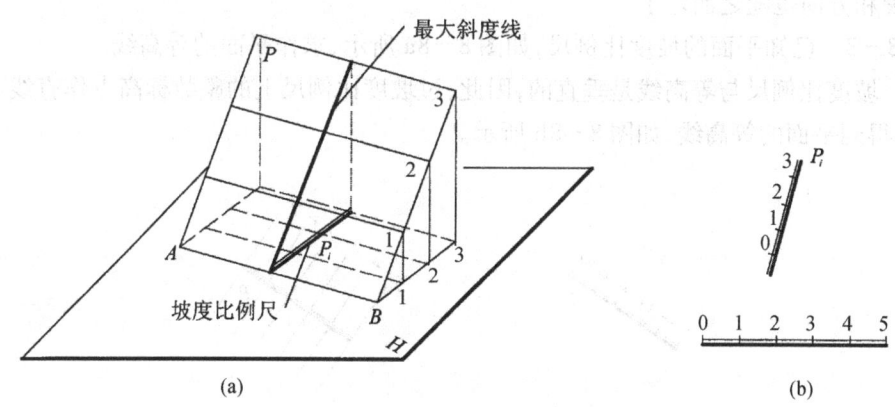

图 8 - 6 平面的等高线、坡度及坡度比例尺

过平面 P 与 H 面的交线 AB 上的任一点,作直线垂直于 AB,则得到平面上的最大斜度线,即平面的坡度线。平面的坡度线的坡度就是该平面的坡度。

平面的坡度线与该平面上的等高线互相垂直,根据直角投影定理,它们的投影也互相垂直。

例 8 - 2 已知平面上的一条等高线和平面的坡度,如图 8 - 7a 所示,求作平面的等高线。

解 已知平面上的一条等高线,则可知道该平面的坡度线的方向;如果再给出平面的坡度,则该平面就可唯一确定了。

求平面的等高线,可根据平面的坡度求出等高线的平距,再引等高线的垂线,按图中给定的比例在该垂线上截取平距,过所截取的各点分别作已知等高线的平行线,即可求得平面的等高线。如图 8 - 7b 所示。

(2) 用坡度比例尺表示平面

在标高投影中,对最大坡度线进行刻度,并标注为 P_i,用一粗一细的双线表示,称为平面的坡度比例尺。如图 8 - 6b 所示。

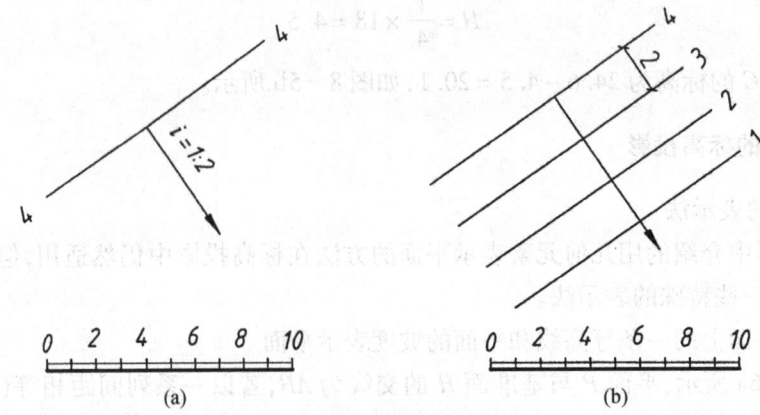

图 8-7 求平面的等高线

由于坡度比例尺的坡度就是平面的坡度,因此,坡度比例尺的位置和方向一旦给定,平面的位置和方向也随之而定了。

例 8-3 已知平面的坡度比例尺,如图 8-8a 所示,求作平面的等高线。

解 坡度比例尺与等高线是垂直的,因此,过坡度比例尺上的整数标高点作直线与之垂直,即可得到平面的等高线,如图 8-8b 所示。

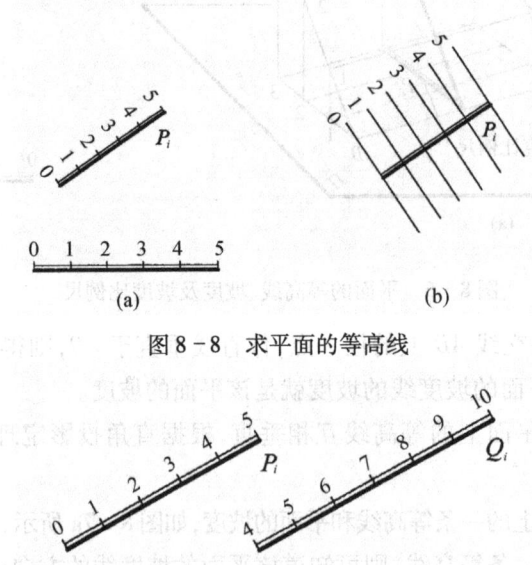

图 8-8 求平面的等高线

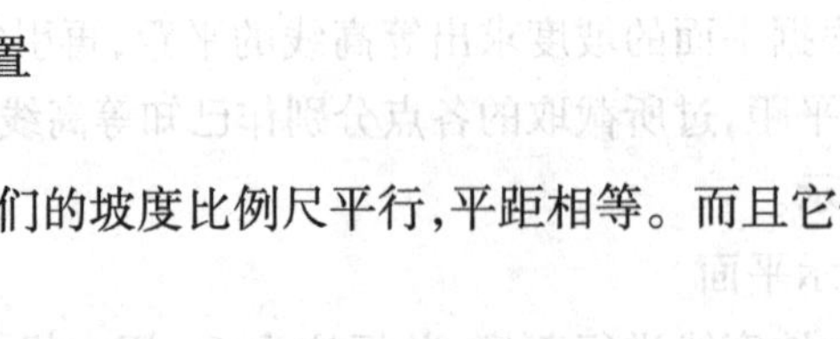

图 8-9 两平面平行

2. 两平面的相对位置

(1) 两平面平行

若两平面平行,则它们的坡度比例尺平行,平距相等。而且它们的标高数字的增减方向一致。如图 8-9 所示。

(2) 两平面相交

在标高投影中,两相交平面的交线可用辅助平面法来求。辅助平面一般选过整数标高

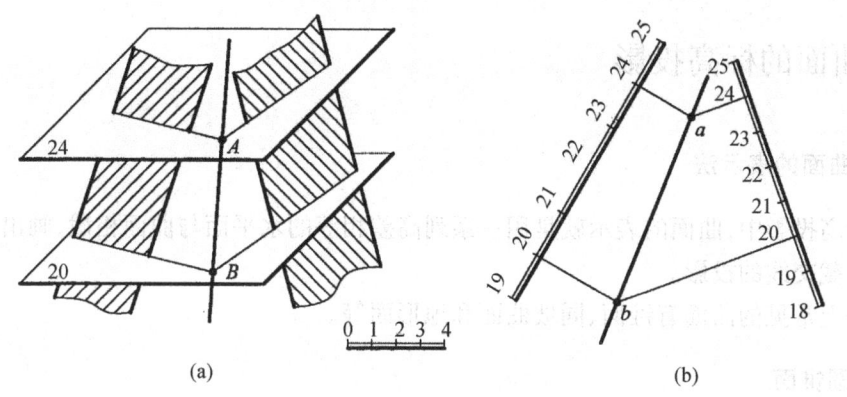

图 8-10 两平面相交

点的水平面,该水平面与两已知平面的交线是两条高程相等的等高线,它们的交点就是两已知平面的交线上的点。利用这一原理,作两个辅助平面,求两个交点,它们的连线即为所求的交线。如图 8-10 所示。

可见,两平面上的相同高程的等高线的交点连线,就是该两平面的交线。

在工程中,建筑形体相邻两边坡的交线称为坡面交线,边坡与地面的交线称为坡脚线或开挖线。

例 8-4 需要在标高为 5 的水平地面上,挖一个标高为 3 的坑,坑底的大小和各边坡的坡度如图 8-11a 所示,求开挖线和坡面交线。

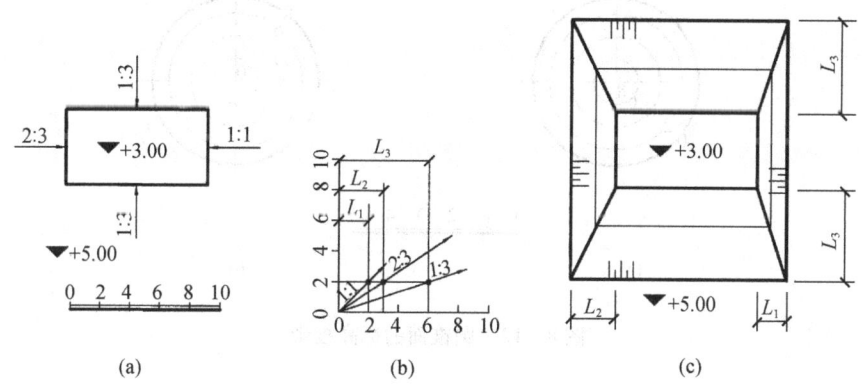

图 8-11 求开挖线和坡面交线

解 作图步骤如下:

① 求各边坡的平距 L_1, L_2, L_3。平距可用例 8-1 中所介绍的数解法,也可用图解法(如图 8-11b 所示)。

② 按所求得的平距作出各边坡的等高线,它们分别平行于坑底各边。标高为 5 的等高线,就是开挖线。

③ 相同标高的等高线的交点连线,就是坡面交线。如图 8-11c 所示。

④ 加深图线,画上示坡线。(示坡线与等高线垂直,用长短相间的细实线表示,一般画在坡顶边界处。)

8.2 曲面的标高投影

8.2.1 曲面的表示法

在标高投影中,曲面的表示就是用一系列高差相等的水平面与曲面相截,画出这些平面与曲面的截交线的投影。

工程上常见的曲面有锥面、同坡曲面和地形面等。

8.2.2 圆锥面

如图 8-12 所示的圆锥,假设用一系列高差相等的整数标高的水平面截切圆锥,得到一系列的截交线,在这些截交线的水平投影上注上相应的标高,得到一组圆锥的等高线。同时,注上锥顶的标高,以区分圆锥和圆台。标高数字应头朝高处。

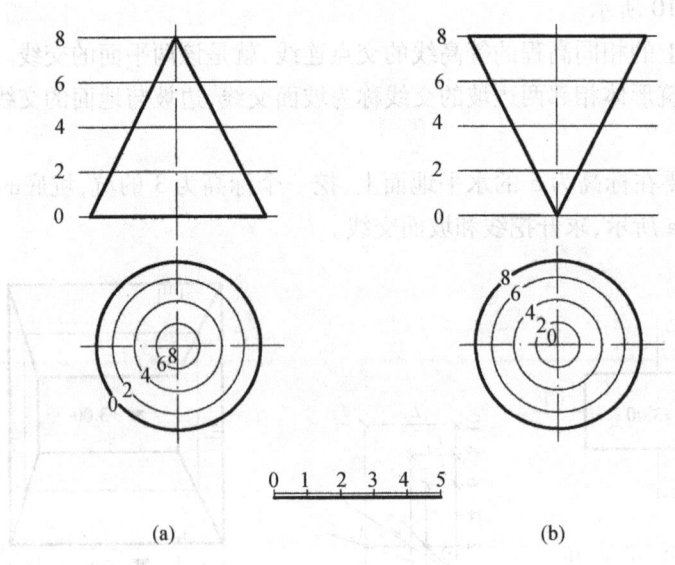

图 8-12 圆锥面的标高投影

8.2.3 同坡曲面

各处坡度都相等的曲面,称为同坡曲面。工程上常用到同坡曲面,如弯曲的路堤和路堑的边坡面,常采用同坡曲面。

同坡曲面的形成如图 8-13a 所示,一个正圆锥的顶点沿着一条空间曲线运动,当正圆锥的轴线方向一直保持不变时,所有正圆锥的包络面就是同坡曲面。从图 8-13a 可知:

(1) 运动的正圆锥与同坡曲面处处相切;
(2) 同坡曲面的等高线与运动正圆锥上相同标高的等高线相切;
(3) 运动的正圆锥的坡度与同坡曲面的坡度相等。

同坡曲面的标高投影如图 8-13b 所示,在曲导线上取一些整数标高点(如 a_3、b_2、c_1)作为锥顶的位置,以锥顶为圆心作各正圆锥的等高线,如本题坡度 $i=1$,则以 $R=1,2,3$ 为半径,作出各正圆锥上同标高的等高线的曲切线(包络线),即可得到同坡曲面的等高线。

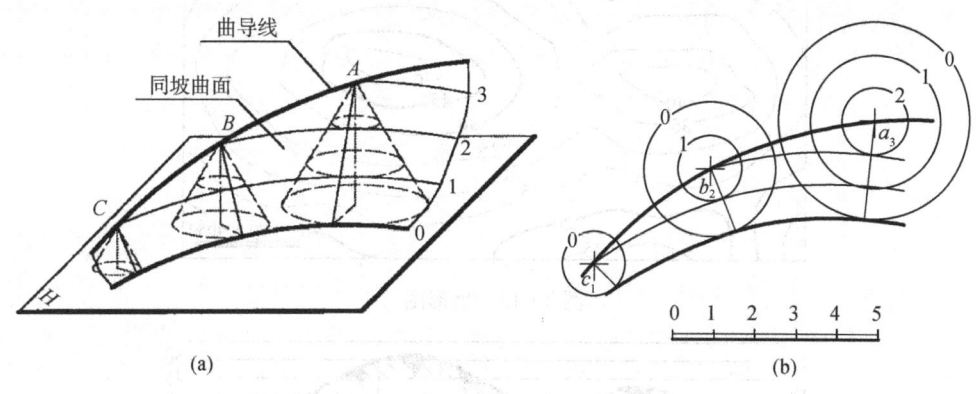

图 8-13 同坡曲面的形成及其标高投影

8.2.4 地形面与地形断面图

地形面的表示方法与同坡曲面相同,用高差相同的整数标高的等高线表示。如图 8-14 所示。

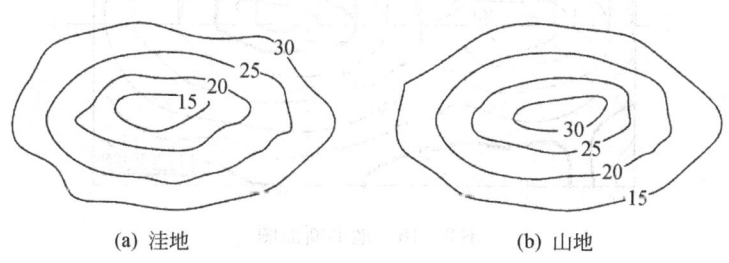

图 8-14 地形面的表示

由于地形面一般是不规则的曲面,因此它的等高线是不规则的曲线。地形面上的等高线具有以下特点:

(1) 等高线一般是封闭的曲线;
(2) 除悬崖绝壁外,等高线不相交;
(3) 等高线越密的地方地形越陡,反之则越平坦。

地形面的标高投影,称为地形图。如图 8-15 所示。在地形图中,一般每隔四条等高线就有一条画成粗线,以便于看图,这样的粗线称为计曲线。

看地形图时,要注意根据等高线的平距想象地势的陡峭或平顺程度,根据标高的顺序想象地势的升降。

用一个铅垂面(通常设置为正平面)剖切地形面,求出剖切面与地形面的截交线,并画出相应的材料图例,可得到地形断面图,如图 8-16 所示。其作图过程如下:

(1) 作一系列等距的整数标高等高线;
(2) 过断面位置线 1—1 与地形图上等高线的交点,引竖线;

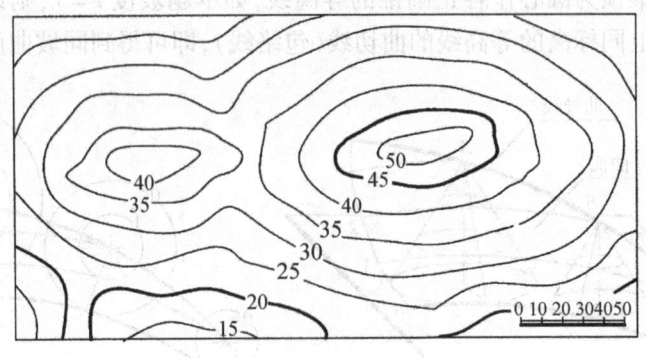

图 8-15 地形图

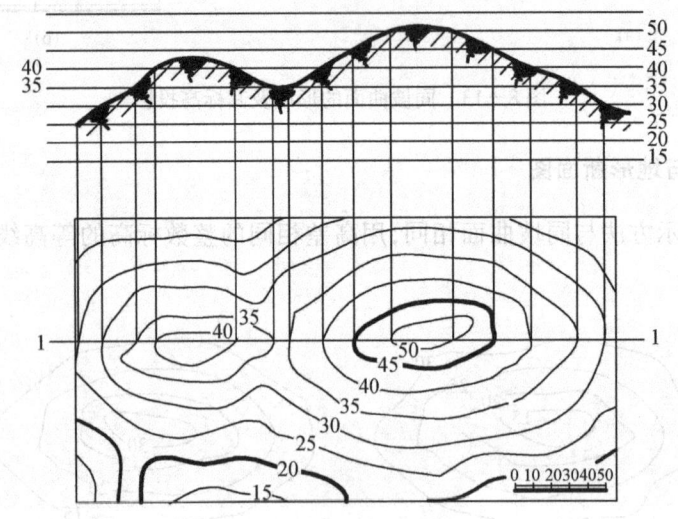

图 8-16 地形断面图

(3) 光滑连接竖线与等高线上各交点；

(4) 根据地质情况画出相应的材料图例。

断面处地形的起伏情况，可从地形断面图上形象地反映出来。

8.3 标高投影在土建工程中的应用

在土建工程中，经常要应用标高投影来求解一些实际工程问题，比如相对位置问题、地形问题等，下面举几个例子说明标高投影在土建工程中的实际应用。

例 8-5 如图 8-17a 所示，已知地形图和直线 AB 两个端点的标高投影，要沿直线 AB 铺设一管道，求管道与地形面的交点。

解 分析：本题是求解直线与地形面交点的问题。过直线 AB 作辅助平面 Q 垂直于 H 面，求出地形断面图，直线 AB 与断面图的交点即为所求。

作图步骤如图 8-17b 所示：

(1) 过 AB 作 H 面的垂直面 Q；

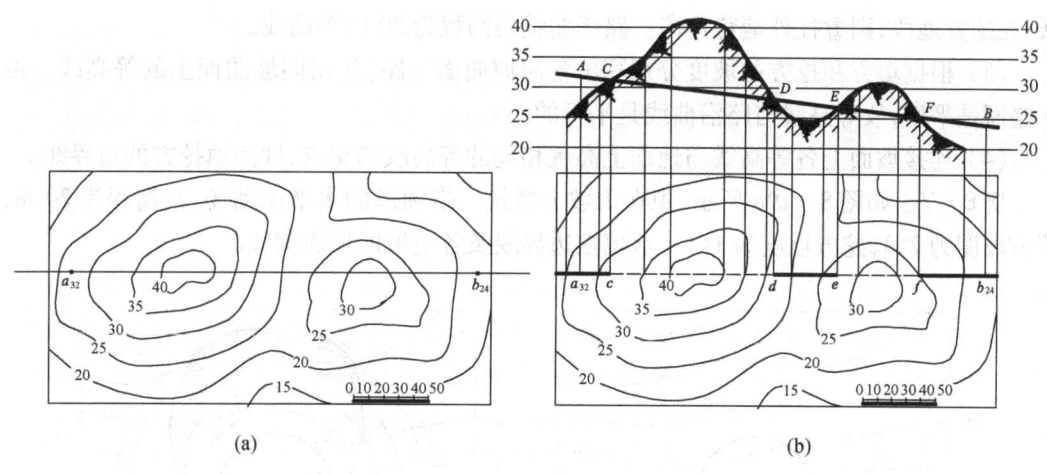

图 8-17 求直线与地形面的交点

(2) 作一系列等距的整数标高等高线；

(3) 过 Q_H 与地形图上等高线的交点,引竖线；

(4) 作出地形断面图；

(5) 根据 A、B 两点的高程,在地形断面图上作出直线 AB；

(6) AB 与地形断面图的交点 C、D、E、F 即为所求。

例 8-6 如图 8-18a 所示,在给定的地形面上修筑一条弯曲的道路,道路的顶面为平坡,高程为 20,道路两边的边坡,填方为 1:1.5,挖方为 1:1,求填挖边界线。

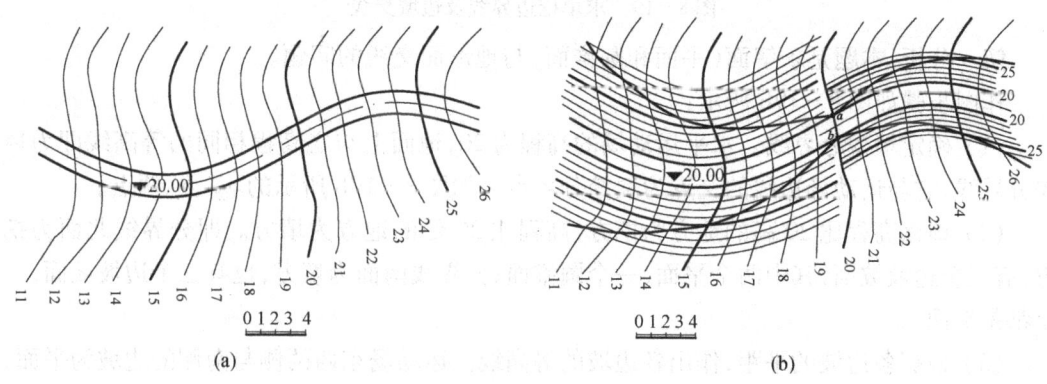

图 8-18 求填挖边界线

解 分析:本题是求解曲面与地形面交线的问题。道路两侧的坡面为同坡曲面,同坡曲面与地形面的交线即为所求的填挖边界线。

作图步骤如图 8-18b 所示：

(1) 确定填挖分界点。地形面上与路面上高程相同的点即为填挖分界点。如图 8-18b 所示的 A、B 两点。该两点右边的地面高程比路面高程高,为挖方；左边的地面高程比路面高程低,为填方。

(2) 道路两侧各坡面为同坡曲面,其上的等高线为曲线。在填方地段,愈往外地势愈

163

低;在挖方地段,则愈往外地势愈高。路缘曲线是高程为20的等高线。

(3) 根据填方和挖方的坡度分别算出各同坡曲面平距,作出同坡曲面上的等高线。由于路面是平坡,故等高线与路沿曲线是平行的。

(4) 连接坡面上各等高线与地面上高程相同的等高线的交点,即为填挖方的边界线。

例 8-7 如图 8-19a 所示,拟在山坡上修筑一带圆形的水平运动场,其高程为 20 m,填方坡度为 2∶3,挖方坡度为 1∶1。求填挖边界线及各边坡的坡面交线。

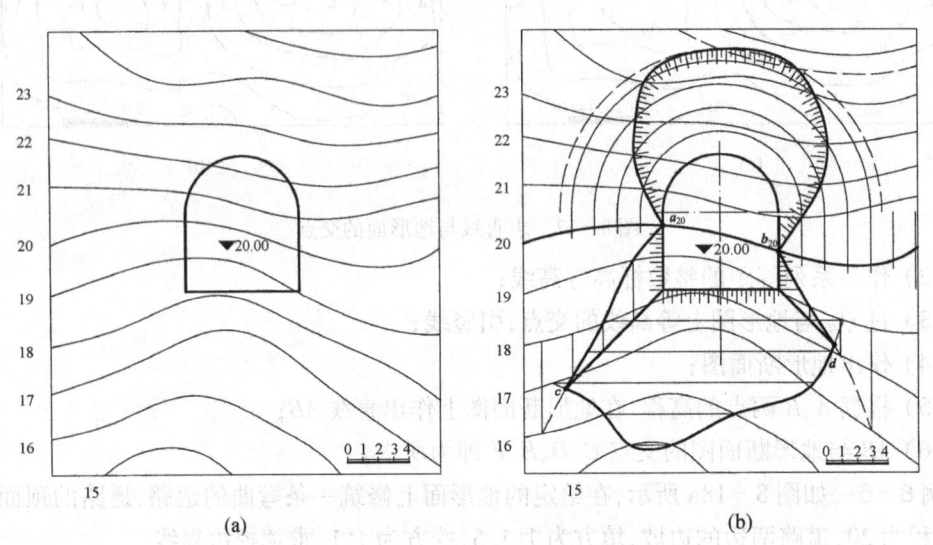

图 8-19 求填挖边界线及边坡交线

解 分析:本题是求解面(平面和圆锥面)与地形面交线的问题。

作图步骤如图 8-19b 所示:

(1) 确定填挖分界线。水平运动场的高程为 20,地面上与之高程相同的等高线即为填挖分界线,它与运动场边线的交点为填挖分界点。如图 8-19b 所示的 a_{20}、b_{20} 两点。

(2) 地面高程比 20 高的地方为挖方,高程比 20 低的地方为填方。即分界线北面为挖方,有三个边坡坡面,其中两个平面,一个圆锥面;分界线南面为填方,也有三个边坡坡面,三个都是平面。

(3) 根据各边坡的平距,作出各边坡的等高线。运动场东西两侧与南侧的边坡为平面,其等高线作法同例 8-4。运动场北侧的边坡为圆锥面,其等高线为同心圆弧。

(4) 求边坡与地形面的交线,即坡脚线。光滑连接各边坡与地面高程相同的等高线的交点,即为所求。

(5) 求边坡的坡面交线。相邻边坡坡脚线的交点,为相邻边坡的坡面交线上的一点,如图 8-19b 中的 c、d,它们分别是两个边坡面与地面的三面共有点。

(6) 填上边坡符号。边坡符号一般画在坡顶边界处。如图 8-19b 所示。

第9章 阴影与透视

9.1 阴影的基本知识

9.1.1 阴影的形成与作用

物体在阳光照射下,自然形成阴和影。在物体的投影图上画出阴影,可以明显使图面生动自然逼真,富有立体感,获得较好的表达效果。因此,在方案图中画出阴影,增强图面的表现能力,这对表达建筑物实际形状有很大的作用。

如图 9-1 所示,光线、物体和承影面是形成阴影的三要素。物体表面上被光线直接照亮的部分,称为阳面。光线照不到的那部分背光表面,称为阴面,简称为阴。阳面和阴面的分界线,称为阴线。由于被不透光物体所遮挡,在承影面上所形成的暗区,称为落影,简称为影。影的轮廓线,称为影线,影线就是阴线的影。影线上点是阴线上点的落影,称为影点。阴和影合称为阴影。

本章主要讨论正投影图中的阴影。

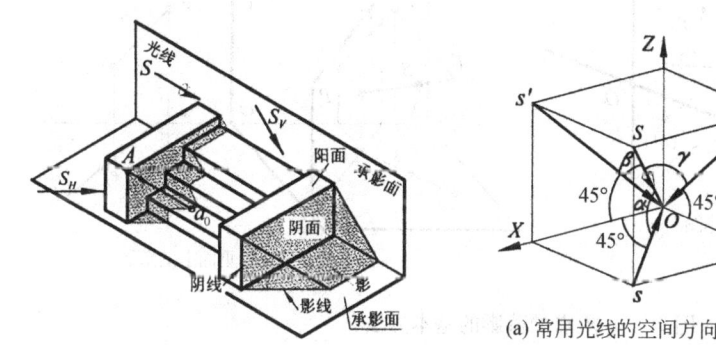

图 9-1 阴影的形成

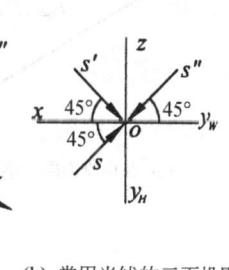

(a) 常用光线的空间方向 (b) 常用光线的三面投影

图 9-2 常用光线的空间方向和三面投影

9.1.2 常用光线

为使作图简便,通常采用一种特定指向的平行光线,称之为常用光线。如图 9-2a 所示,以各表面平行于相应投影面的正立方体的对角线方向(从左前上方射向右后下方)为常用光线的空间方向,将此光线向各投影面投射,得到其与相应投影轴均成 45°角的三面投影 s、s'、s'',如图 9-2b 所示,可据此求得常用光线对 V、H、W 面的倾角 $\beta = \alpha = \gamma = 35°15'53'' \approx 35°$。本章简称常用光线为光线。

9.2 点、直线、平面的落影

9.2.1 点的落影

点的落影就是过该点的光线与承影面的交点。如图 9-3 所示,A、B 两点在投影面上的影分别为 a'_0 和 b_0。若通过影 a'_0 和 b_0 的两光线继续延长,分别与另外投影面相交得交点 (a_0) 和 (b'_0),则称为点 A 和点 B 的虚影点;当点位于承影面上,其落影则与自身重合。

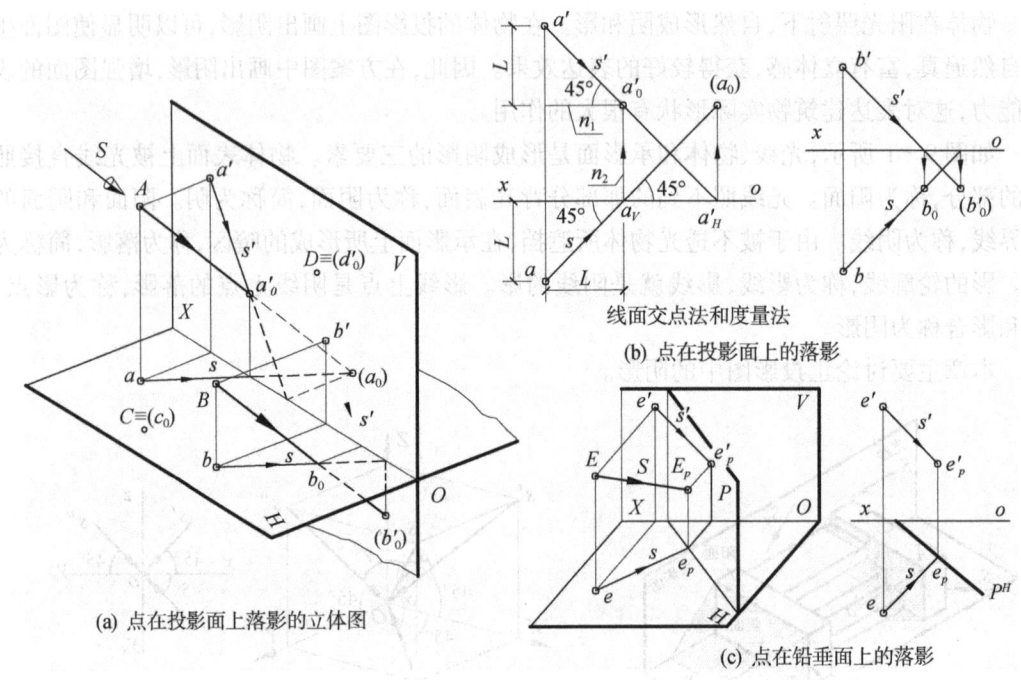

图 9-3 求点的落影的基本方法

9.2.1.1 线面交点法

1. 线面交点法求空间点 A 在投影面上的落影

就是按求直线迹点的方法求出光线 S 的 V、H 面迹点 a'_0 和 (a_0)。求空间点 A 在投影面上落影的作图步骤如图 9-3a 所示:

(1) 过 a' 和 a 分别作常用光线的 V、H 投影 s' 和 s,直线 s 与 OX 轴相交于点 a_V,过点 a_V 作竖直线(即垂直于 OX 轴的直线),与直线 s' 相交得交点 a'_0 即为点 A 在 V 面的落影,直线 s' 与 OX 轴交于点 (a'_H),过点 (a'_H) 作竖直线与直线 s 延长线相交,所得交点 (a_0) 即为点 A 在 H 面上的落影(虚影)。

(2) 由于是采用常用光线,因此 $a'_0 a_V = (a'_H)(a_0)$,在求出点 A 在一个投影面的落影 a'_0 后,过点 a'_0 作一平行 OX 轴的辅助线,与直线 s 相交得交点,该交点即为点 A 在另一个投影面上的虚影 (a_0)。

2. 求作空间点 E 在铅垂面 P 上的落影

作图步骤如图9-3c所示：即过 e' 和 e 分别作直线 s' 和直线 s，直线 s 与 P^H 的交点 e_P 即为点 E 在 P 面落影的 H 投影，再过 e_P 向上引竖直线与直线 s' 相交得交点 e'_P，e'_P 即为点 E 在 P 面落影的 V 面投影。$E_P(e_P, e'_P)$ 即为点 E 的落影。

注意：点在各投影面上的落影的正投影，通常只标注其中一个正投影名称，如图9-3b所示 a'_0 和 (a_0)（其他正投影在投影轴上可不必标注，如 a_V 和 (a'_H)）；但点在其他承影面上的落影，其两个投影都不在投影轴上，故均应标注，如图9-3c所示 $E_P(e_P, e'_P)$。

9.2.1.2 度量法

求作点 A 在投影面上落影的另一种方法如图9-3b所示，点 A 在 V 面上的落影 a'_0 在 a' 的右下方，它们之间在长度和高度方向的距离都等于点 A 到 V 面的距离 L。因此，求点 A 在 V 面上的落影时，可根据点 A 到 V 面的距离 L，在 V 面上直接作出。即在点 a' 下方作与该点相距为 L 且平行于 OX 轴的直线 n_1，又在点 a' 右侧作与该点相距为 L 的竖直线 n_2，两直线相交，交点即为所求影点的 V 投影 a'_0。这种求影点的方法称为度量法。其优点是可以在单面投影上直接求作影点。

9.2.2 直线的落影

9.2.2.1 直线阴影的基本特性

由于用于产生阴影的常用光线是平行光线，所以阴影具有平行投影的一切特性。求直线的落影实际上是求直线在常用光线照射下的斜投影。

1. 平行规律

直线平行于承影面时，其落影与直线的同面投影平行且长度相等（图9-4a）。

一组互相平行的直线落影于同一承影平面时，它们的影仍互相平行（图9-4b）。

一直线落影于一组互相平行的承影平面时，其在各承影平面上的影仍互相平行（图9-4c）。

2. 相交规律

直线与承影面相交时，直线的影必过其交点（图9-5a）。

相交两直线在同一承影面上的影必相交，且其交点的影必为两直线影的交点（图9-5b）。

一直线落在两相交承影平面上的影为折线时，其折影点必在两承影面的交线上（图9-5c）。

3. 垂直规律

投影面垂直线在其所垂直投影面上的落影，与光线的同面投影平行。投影面垂直线在形体表面上的落影，详见图9-7、图9-8和图9-9。

9.2.2.2 直线的落影

1. 一般位置直线落在投影面的影

直线段的落影是通过直线段上各点的光线所组成的光平面与承影面的交线。

如图9-6a、b所示，当直线段两端点的影落在同一投影面上时，只需求出线段两端点在

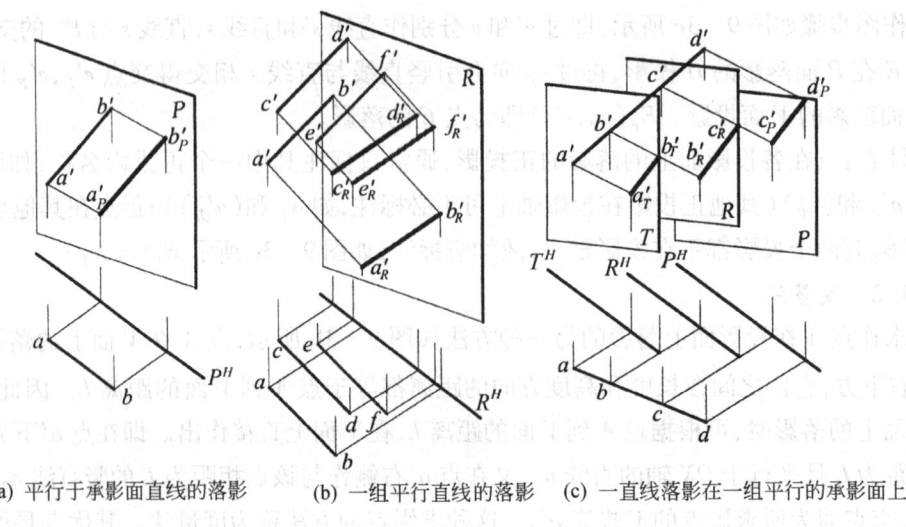

(a) 平行于承影面直线的落影　　(b) 一组平行直线的落影　　(c) 一直线落影在一组平行的承影面上

图 9-4　直线的影的平行规律

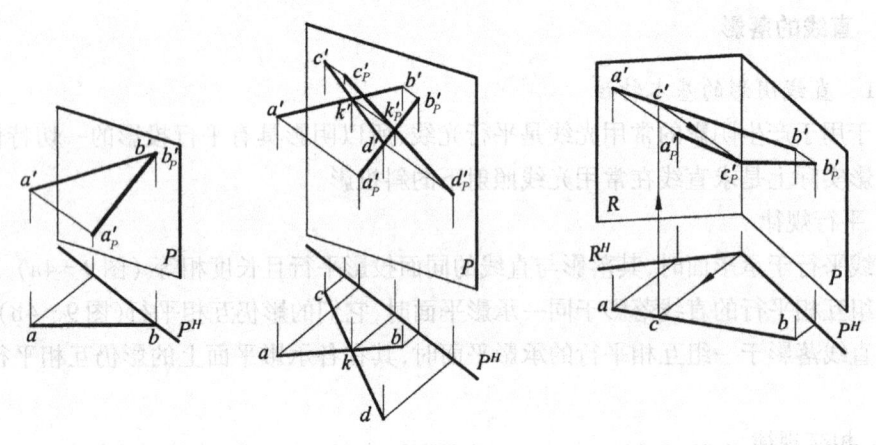

(a) 与承影面相交直线的落影　　(b) 两相交直线的落影　　(c) 一直线在两相交承影面上的落影

图 9-5　直线的影的相交规律

同一投影面上的影,然后连接这两个影,即作出直线段的落影。

如图 9-6c 所示,当直线段两端点(E 和 F)的影落在不同的投影面上时,先分别求出直线段的两端点(E 和 F)落在不同的投影面上的影(e_0 和 f'_0),然后需求出折影点,求折影点作法有两种:

(1)作出直线上端点(T 或 E)的虚影(f_0)或(e'_0);

(2)作出直线与投影面的交点(该交点位于承影面上,其落影与自身重合(如 $T \equiv t \equiv t_0$))。

两种作法均可求得直线在同一投影面的影(线),该影(线)与投影轴 OX 交点即为折影点(k_0),最后用直线分别将影点 e_0 和 f'_0 与折影点 k_0 相连,即作出直线段落在不同的投影面上的影(该影为相交于折影点的两条直线段 $e_0 k_0 f'_0$)。

如图 9-6d 所示,当直线平行于光线方向时,其影重合为一点。

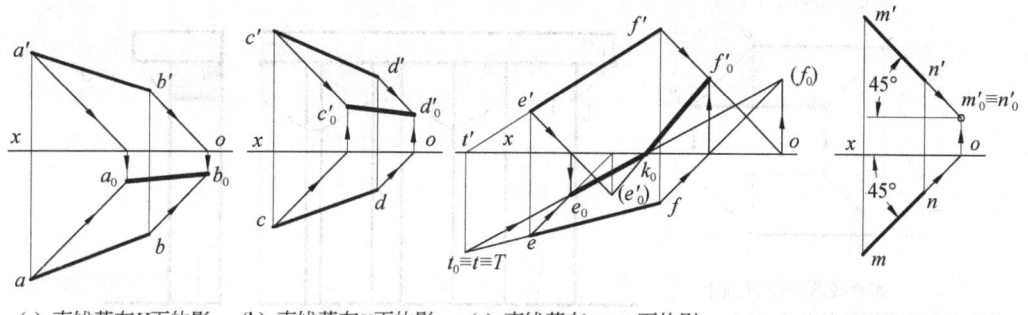

(a) 直线落在 H 面的影　(b) 直线落在 V 面的影　(c) 直线落在 H、V 面的影　(d) 与光线平行的直线的落影

图 9-6　一般位置直线落在投影面的影

2. 垂直于投影面的直线在投影面上的落影

由于建筑形体上以铅垂线、正垂线、侧垂线居多,故下面着重介绍这三种投影面垂直线落影的画法。

（1）铅垂线的落影（图 9-7）

从直线阴影的基本特性可知,过铅垂线的光平面为铅垂面。不管光平面与承影面的交线如何,铅垂线在 H 面上的落影,一定是一条平行光线 H 投影的直线。铅垂线在 V 面上的落影是与其自身 V 投影平行的直线段。具体作法如图 9-7a 所示。

铅垂线落影在形体上时,由于过铅垂线的光平面对 V 和 W 投影面的倾角均为 45°角,所以铅垂线在形体上的落影的 V 和 W 两投影对称于 Z 轴的平行线,如图 9-7b 所示。

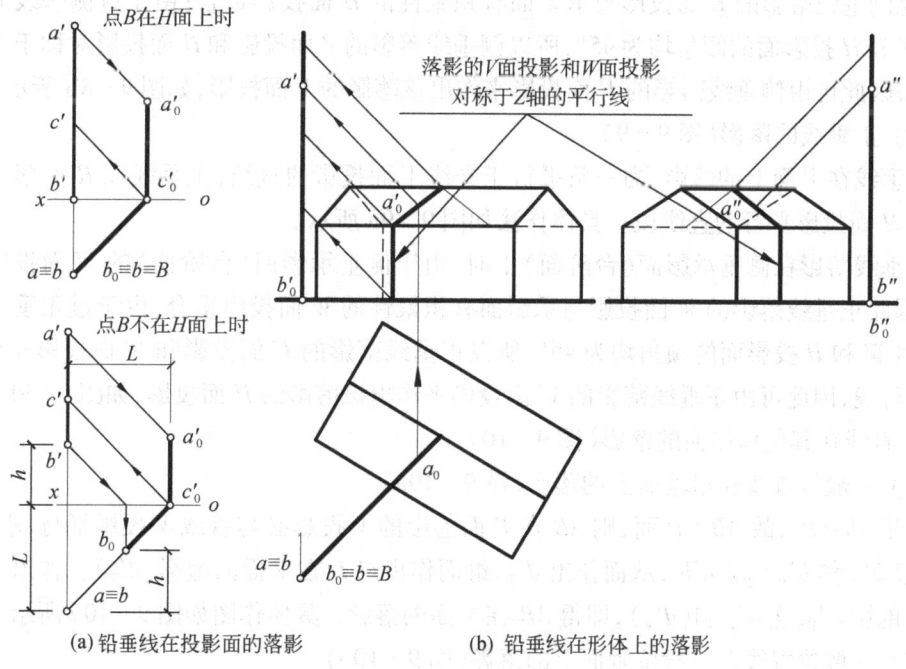

(a) 铅垂线在投影面的落影　　(b) 铅垂线在形体上的落影

图 9-7　铅垂线的落影

(2) 侧垂线的落影(图9-8)

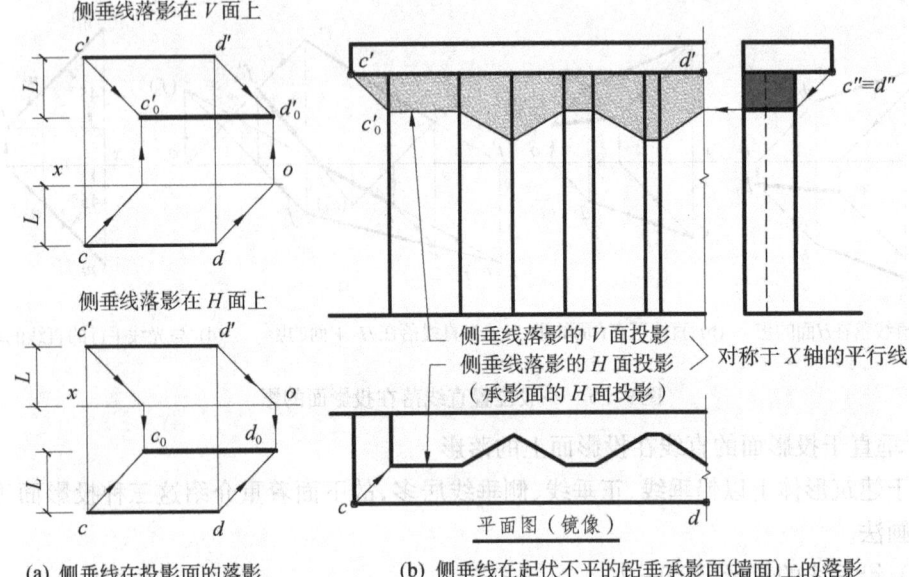

图9-8 侧垂线的落影

侧垂线在W面上的落影,为一条平行于光线W面投影的直线;侧垂线在$V(H)$面落影是与其自身$V(H)$投影平行且等长的直线段。具体作法如图9-8a所示。

侧垂线落影在起伏不平铅垂承影面(墙面)上时,由于铅垂承影面的H面投影有积聚性,因此侧垂线落影的H面投影与承影面有积聚性的H面投影重合;由于过侧垂线的光平面,对V和H投影面的倾角均为45°,所以侧垂线落影的V面投影和H面投影对称于X轴的平行线,因此可由侧垂线落影的H面投影来作出该落影的V面投影,如图9-8b所示。

(3) 正垂线的落影(图9-9)

正垂线在V面上的落影,为一条平行于光线V面投影的直线;正垂线在H面落影是与其自身H面投影平行的直线段。具体作法如图9-9a所示。

正垂线落影在侧垂承影面(台阶面)上时,由于侧垂承影面(台阶面)的W面投影有积聚性,因此正垂线落影的W面投影与承影面有积聚性的W面投影重合;由于过正垂线的光平面,对W和H投影面的倾角均为45°,所以正垂线落影的H面投影和W面投影对称于Y轴的平行线,因此可由正垂线落影的W面投影来作出该落影的H面投影,如图9-9b所示。

3. 直线在其他承影面的落影(图9-10)

(1) 一般位置线在铅垂面上的落影(图9-10a)

由于$ab// P^H$,故$AB// P$面,则AB在P面落影的V投影必与直线V投影平行,求出b'_P后,可过b'_P作$b'_P d'_P // a'b'$,从而作出d'_P,继而作出点D在V面的虚影(d'_V)。作出点A落在V面的影a'_V,连a'_V和(d'_V),即得AB在V面的落影。具体作图如图9-10a所示。

(2) 一般位置线在一般位置面上的落影(图9-10b)

求一般位置线在一般位置面上的落影,即是按线面交点法,求出过一般位置线两端点的光线与承影面的两交点,两交点连线即为所求之一般位置线在一般位置面上的落影。求一

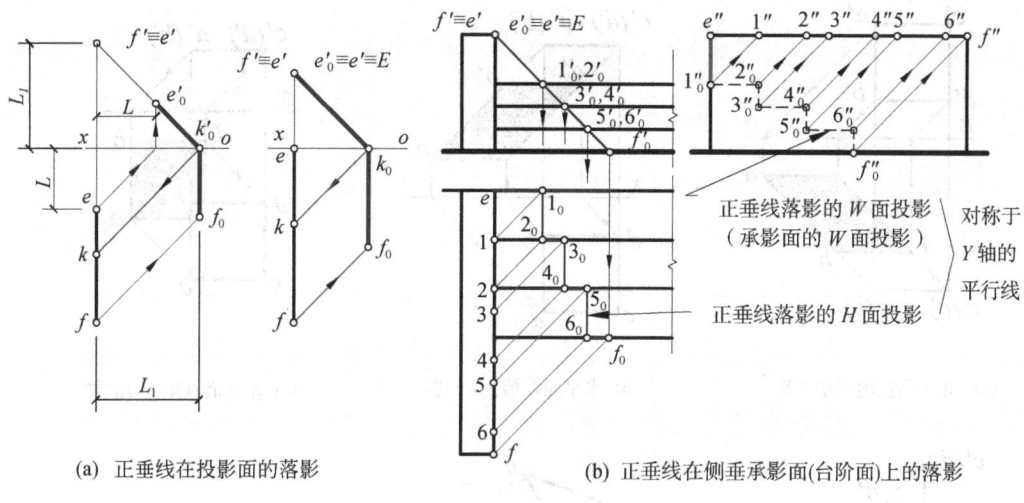

(a) 正垂线在投影面的落影　　(b) 正垂线在侧垂承影面(台阶面)上的落影

图 9-9　正垂线的落影

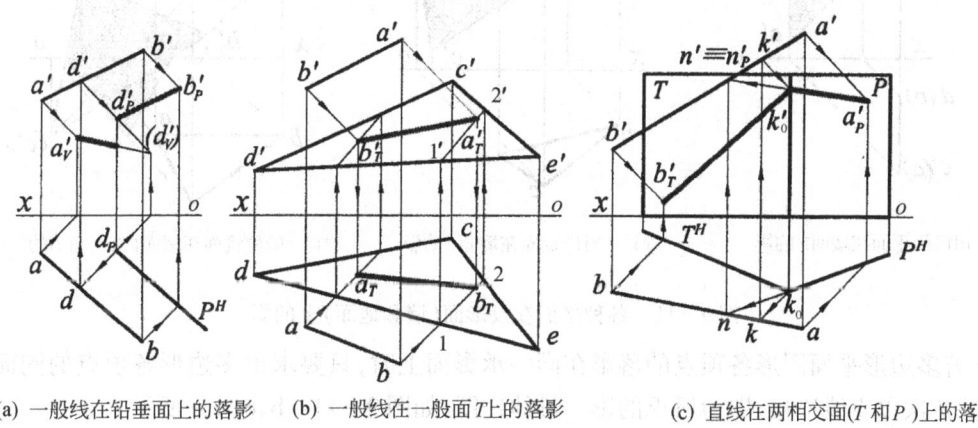

(a) 一般线在铅垂面上的落影　(b) 一般线在一般面T上的落影　(c) 直线在两相交面(T和P)上的落影

图 9-10　直线在其他承影面的落影

般位置线 AB 在一般位置面 $T(\triangle CDE)$ 上落影的 V、H 面投影（$(a'_T b'_T)$、$(a_T b_T)$），具体作图步骤如图 9-10b 所示。

（3）一般位置线在两相交平面(T 和 P)上的落影（图 9-10c）

一般位置线在两相交平面(T 和 P)上的落影，是交于折影点的两直线段，而折影点必在两平面的交线上。求落影的关键是求折影点。可由 $k_0 \rightarrow k \rightarrow k' \rightarrow k'_0$ 作出折影点 k'_0；也可由 $n \rightarrow n'_P(n')$，作出 n'_P 后连点 n'_P 和点 a'_P，该连线与两平面的交线相交，从而作出折影点 k'_0。具体作图步骤如图 9-10c 所示。

9.2.3　平面的落影

1. 多边形平面的落影（图 9-11）

多边形平面图形在承影面上的落影是由各边线的影所围成。

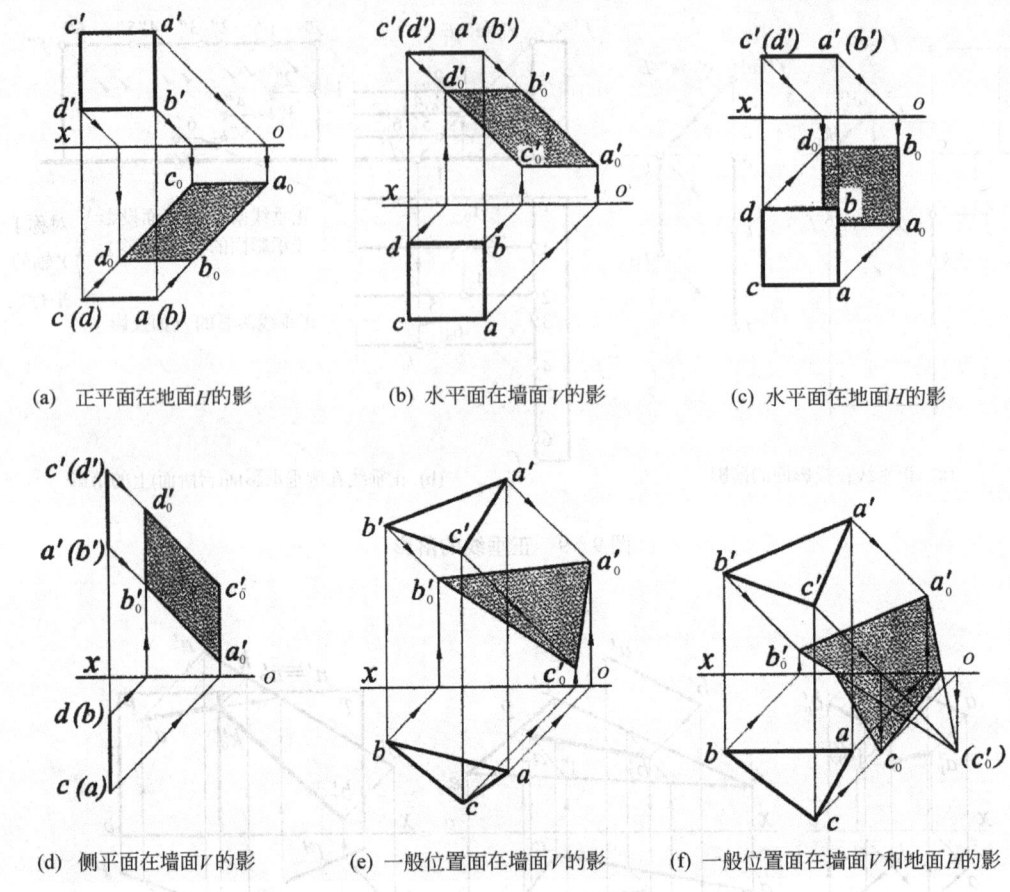

图 9-11 各种平面在投影面(墙和地面)上的影

若多边形平面图形各顶点的落影在同一承影面上时,只要求出多边形各顶点的同面落影,并依次以直线连接,即为所求的影。具体作图,如图 9-11a、b、c、d、e 所示。

若多边形平面图形各顶点的落影不在同一承影面上时,则必须求出边线落影的转折点,按同一承影面上落影的点才能相连的原则,依次连接各点,即得平面落影,作图过程如图 9-11f 所示。

2. 圆平面的影(图 9-12 和图 9-13)

(1) 当圆平面平行于承影平面时,圆在该面上的影与该圆平行,且反映实形。作影时,可先求出圆心的影,再以该影为圆心画出圆的实形即为所求(图 9-12)。

(2) 当圆平面平行于光线时,圆在承影平面上的影为一段直线。

(3) 当圆平面既不平行于承影平面又不平行于光线时,圆在承影平面上的影为椭圆,圆心的影即为椭圆心。可作出圆周上的一些点的影来连出影子椭圆,也可用第 7 章轴测投影中图 7-15 所示之八点法作出该影子椭圆。

在此,以求水平圆在 V 面投影面的落影(椭圆)为例(图 9-13a),说明八点法作影子椭圆的方法步骤:

① 在水平投影中作出圆的外切正方形 abcd 及其对角线,作出正方形在 V 面上的

影——平行四边形 $b'_0a'_0c'_0d'_0$。连接对角线 $a'_0d'_0$ 和 $b'_0c'_0$,其交点 o'_0 就是圆心的影的正面投影,即为椭圆的中心。

② 作平行四边形各边的中点,即得到椭圆上的四个点 $1'_0$、$3'_0$、$5'_0$、$7'_0$,由 $o'_0a'_0 = o'_09'_0$ 及 $o'_0d'_0 = o'_010'_0$,作出 $3'_07'_0$ 上的 $9'_0$、$10'_0$ 两点(也可用求 9、10 两点影的方法作出 $9'_0$、$10'_0$),分别过点 $9'_0$ 和 $10'_0$ 作平行于 OX 轴的直线与对角线交得四点 $2'_0$、$4'_0$、$6'_0$、$8'_0$。依次光滑地连接这八个点,即得圆的影——椭圆。

3. 平面图形的阴阳面的判断(假设平面不透明且没有厚度,图 9-14)

在光线的照射下,平面图形会产生阴面和阳面,因此,在正投影图中加绘阴影时,需要判别平面图形

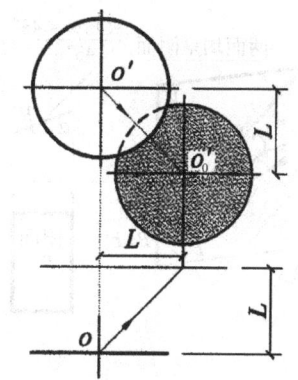

正平圆落在正平面的影——圆

图 9-12 圆落在其所平行投影面的影——圆

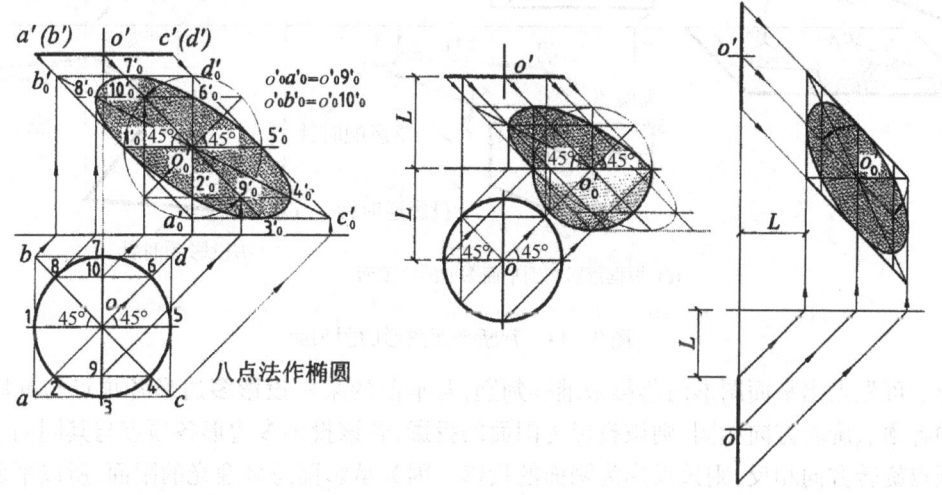

(a) 水平圆落在V面的影(椭圆)　(b) 水平圆落在V面和H面上的影(椭圆和圆)　(c) 侧平圆落在V面的影(椭圆)

图 9-13 圆的影

的各个投影是阳面的投影,还是阴面的投影,其判别方法如下:

(1)如图 9-14a 所示,平面与光线平行,则平面的两侧均为阴面。

(2)当多边形平面垂直于投影面时,可由其有积聚性投影与光线的同面投影的相互位置来判断。

①如图 9-14b 所示,$45°≤α<90°$时正垂面 H 投影为阴面的投影,其余为阳面的投影;

②如图 9-14b 所示,$45°≤β<90°$时铅垂面 V 投影为阴面的投影,其余为阳面的投影。

(3)当多边形平面不平行光线且不垂直于投影面时,若多边形平面的一个投影多边形各顶点旋转方向与另一个投影多边形各顶点旋转方向相同,则这两个投影同是阳面或同是阴面的投影;反之,若各顶点旋转方向不同,则两个投影中有一为阳面的投影,另一为阴面的

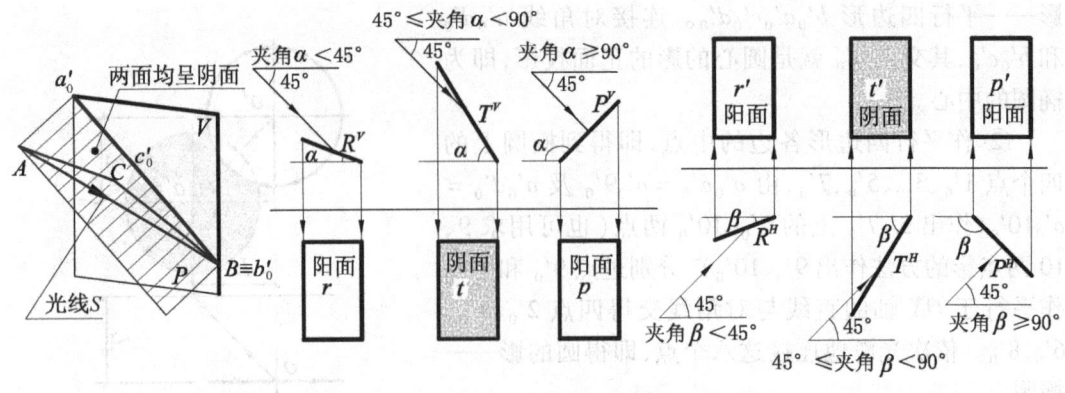

(a) 判别平行于光线平面的阴阳面　　(b) 判别投影面垂直面的阴阳面

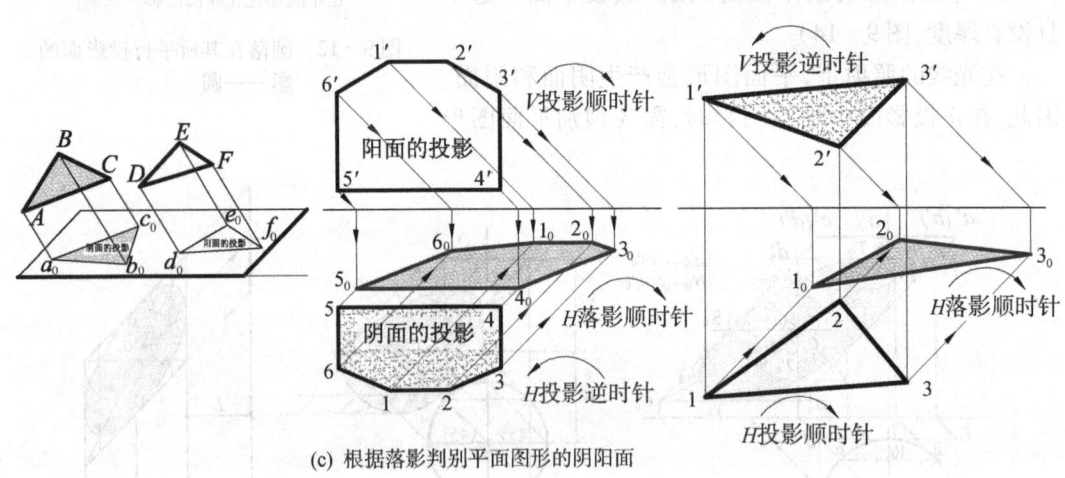

(c) 根据落影判别平面图形的阴阳面

图 9-14　判断平面图形的阴阳面

投影。可先求出平面图形的落影来继续判别,若平面的某一投影多边形各顶点与其同面落影的各顶点旋转方向相同,则该投影为阳面的投影,若该投影多边形各顶点与其同面落影的各顶点旋转方向相反,则该投影为阴面的投影。因为承影面总是迎光的阳面,所以平面图形在其上落影的各顶点旋转方向,只能与平面图形的阳面旋转方向相同,而与平面图形的阴面旋转方向相反。例如在图 9-14c 中,六边形各顶点在 H 面的落影,从 1_0 到 6_0 是按顺时针转向排列。而六边形各顶点的水平投影按逆时针转向排列,所以六边形的水平投影为阴面的投影,六边形各顶点正面投影按顺时针转向排列,与其水平投影转向排列不同,则六边形的正面投影为阳面的投影。

9.3　建筑形体的阴影

9.3.1　立体阴影的确定

求作形体的落影时,应根据形体的特征和安放位置进行分析。

(1) 应先判别阴面、阳面和确定出阴线,例如,当形体的侧面是投影面垂直面时,形体的阴线可直接在投影图中作出。如图 9-15 所示,作常用光线的 V、H、W 投影与正放四棱柱的同面投影相切,由于光线 V 投影分别切于 $b'(c')$ 和 $e'(h')$;光线 H 投影分别切于 $b(k)$ 和 $d(h)$;光线 W 投影切于 $d''(c'')$ 和 $e''(k'')$;即可先确定出整个长方体的阴线是 BC—CD—DH—HE—EK—KB,然后作出阴线的影,由于阴线的影所包围的图形就是形体的影,即可方便地作出形体的影(图 9-16 和图 9-17)。

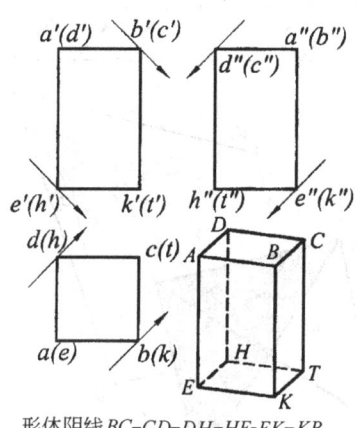

图 9-15　形体阴线的确定

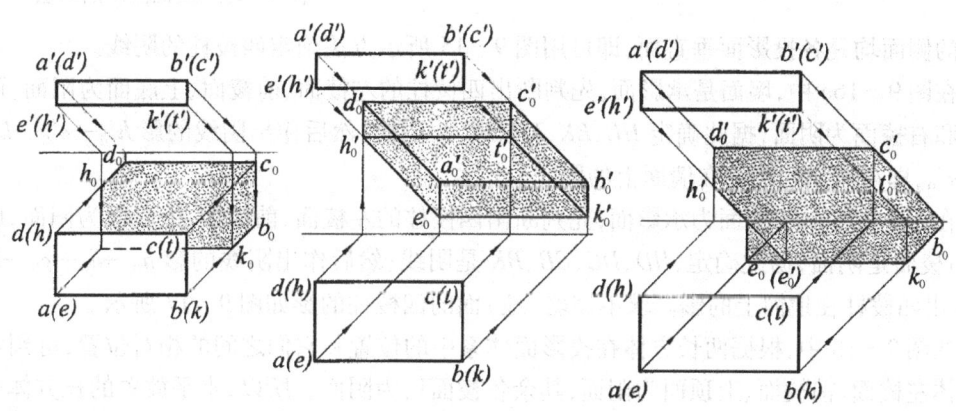

(a) 四棱柱在地面 H 上的影　(b) 四棱柱在墙面 V 上的影　(c) 四棱柱在墙面 V 和地面 H 上的影

图 9-17　四棱柱的影

(2) 若不能先确定出阴线,就作出立体表面(各顶点)的全部落影,连接最外围影点,便可确定出影子外轮廓界线,即得形体的落影,如图 9-19 所示。

9.3.2　基本几何体的阴影

1. 棱柱

首先在棱柱和光线的正投影图中,判断棱柱的阴、阳面,从而确定棱柱的阴线;然后分析阴线与承影面的相对位置及阴线落影于哪些(个)承影面上,还要分析承影面的形状及几个承影面之间的相互位置,从而作出阴线在承影面上的影。如图 9-16 和图 9-17 所示之四

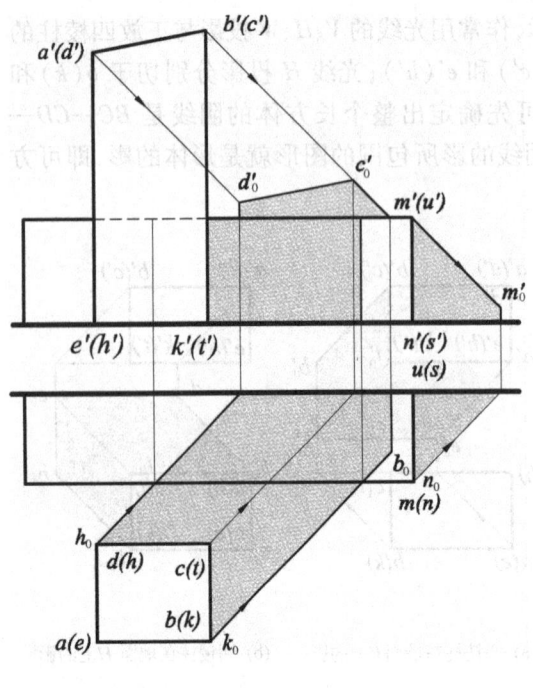

图 9-18 两长方体的落影

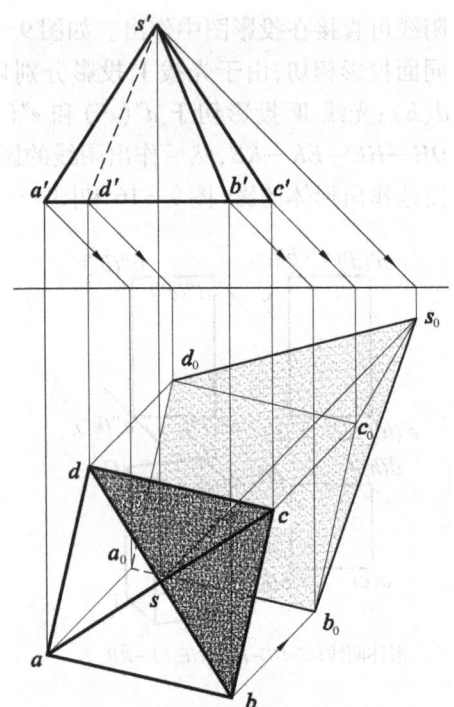

图 9-19 棱锥落影的画法

棱柱的侧面均是各投影面垂直面,即可用图 9-15 所示方法确定四棱柱的阴线。

在图 9-16a 中,墙面是承影面,先判断出四棱柱的左棱面、前棱面、上底面为阳面,而下底面和右棱面为阴面,据此确定 HE、EK、KB、BC 为阴线;然后作出阴线的影 h'_0—e'_0—k'_0—b'_0—c'_0,即可画出四棱柱在墙面上的影。

在图 9-16b 中,地面为承影面,先判断出四棱柱的左棱面、前棱面、上底面为阳面,后棱面、右棱面是阴面,据此确定,HD、DC、CB、BK 是阴线;然后作出阴线的影 h_0—d_0—c_0—b_0—k_0,画出四棱柱在地面上的影。求不靠墙(地)面的四棱柱的影如图 9-17 所示。

在图 9-18 中,根据两长方体在投影面体系中的位置和它们之间的相对位置,可判定两长方体左棱面、前棱面、上顶面为阳面,其余各棱面均为阴面。所以,水平放置的长方体的阴线为 UM 和 MN。直立长方体的阴线为 HD、DC、CB、BK,承影面除了 H、V 投影面外,直立长方体还落影在水平长方体的前棱面和上顶面上。

2. 棱锥

如图 9-19 所示,棱锥的棱面都不垂直于承影面时,在正投影图上就难以直接确定其阴、阳面,须作出各个顶点的落影,比较各顶点对 H 面和对 V 面的距离,可确定棱锥各顶点落影全落在 H 面上,因此要先求出底面和锥顶在同一承影面(H)上的影,然后自锥顶的影向底面各顶点的影连线,连接最外围影点 $a_0 \rightarrow b_0 \rightarrow s_0 \cdots$ 从而作出棱锥落影。

3. 圆柱

如图 9-20a 所示,光线照射直立的圆柱体,其左前半圆柱面和上顶圆为阳面,右后半圆柱面和下底圆为阴面。由此得两条半圆阴线和两条圆柱面素线阴线所组成的闭合的圆柱体阴线,两条圆柱面素线阴线即为光平面与圆柱面的切线。圆柱的影即为上下两圆上阴线的影和两素线阴线的影所围成。

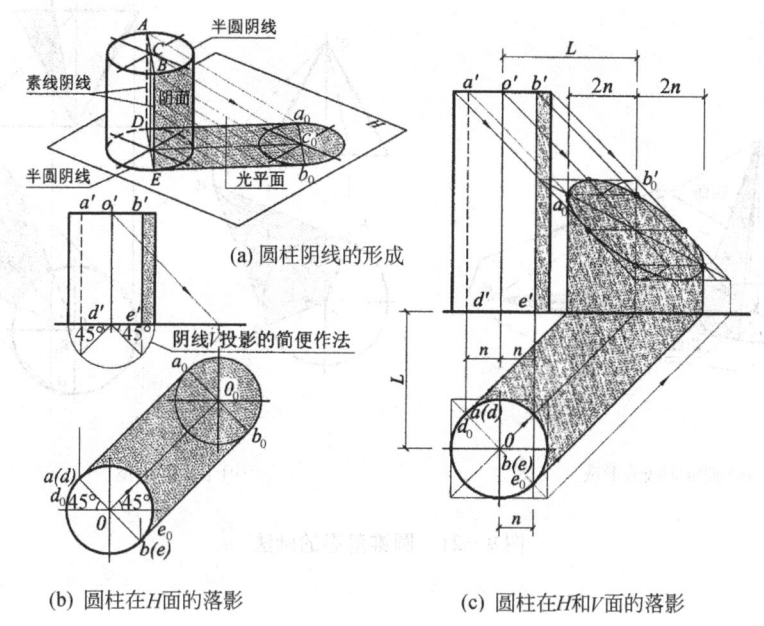

图 9-20　圆柱的阴线和落影的画法

如图 9-20b 所示,圆柱落影在 H 面上,注意先作出圆柱轴线的影,从而在其上定出圆心的影,作出圆柱上下两圆的影,然后作两圆的落影(圆)的公切线,两公切线就是两条铅垂阴线 BE 与 AD 在 H 面上的落影,必平行于光线的 H 面投影,即可作出圆柱落在 H 面上的影;确定出两条阴线 BE 与 AD 的水平投影(积聚为两点)后,即可作出两条阴线 BE 与 AD 的正面投影(也可在圆柱正面投影图中作两底角为 45°的直角等腰三角形直接作出两条阴线的正面投影)。

如图 9-20c 中的圆柱的影,落在 H 和 V 两个投影面上。先作出圆柱轴线的影,然后作上下两底圆的影。其中,上顶圆落在 V 面上的影为一椭圆,而下底圆落在 H 面上的影是一个圆(该圆与圆柱有积聚性的水平投影重合)。最后作出两条圆柱面铅垂阴线在 H 和 V 面上的影,它们与上顶圆和下底圆的影相切,圆柱在 V 面上的影的宽度是阴线的 V 投影至轴线的 V 投影之间距离 n 的 4 倍。

4. 圆锥

如图 9-21a 所示,光线照射圆锥,形成光平面与圆锥面相切,两条切线就是圆锥面的阴线,它们是圆锥面上的两条素线。如图 9-21b 所示,先作出圆锥锥顶在其底面 H 上的影 e_0,然后过点 e_0 作底圆(底圆的落影与本身重合)的切线,即得圆锥在 H 面上的影,继而作出圆锥正面投影上的阴线,从而作出圆锥的阴影。

9.3.3　建筑形体的阴影

9.3.3.1　建筑细部的阴影

房屋上的门窗洞、雨篷、出檐、台阶等局部构件称为建筑细部。其阴影的画法与长方体在墙面上的落影、长方体在 H 面上的落影相似。窗扇、门扇均假定是关闭的,故可作为承

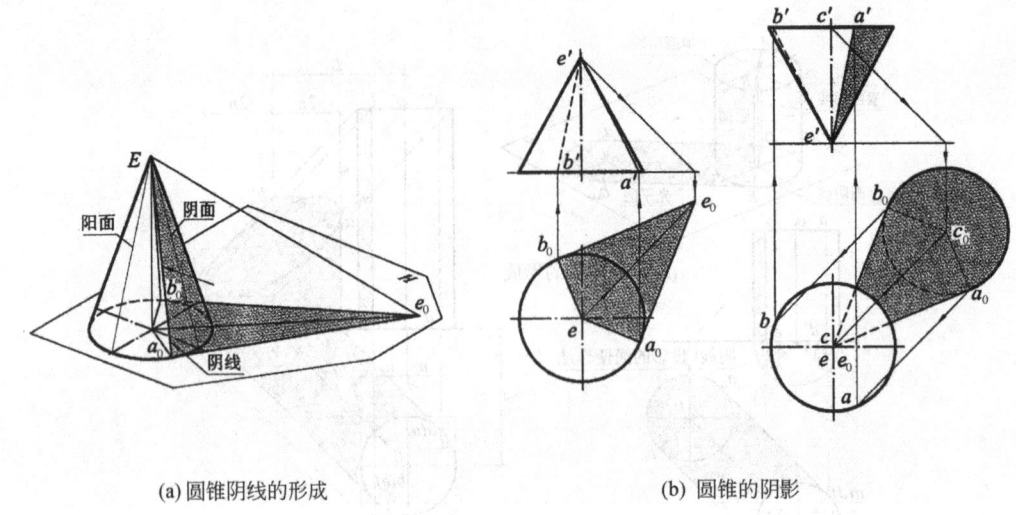

(a) 圆锥阴线的形成　　　　　　(b) 圆锥的阴影

图 9-21　圆锥落影的画法

影面。

1. 带方顶盖柱头的阴影（图 9-22）

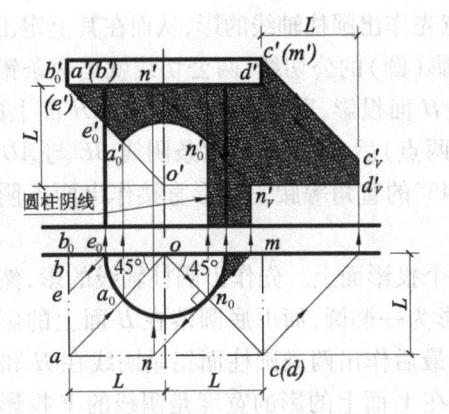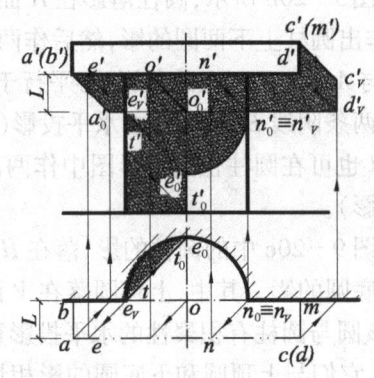

(a) 方顶盖在墙(V)面和外凸圆柱面的落影　　　(b) 方顶盖在墙(V)面和内凹圆柱面的落影

图 9-22　方顶盖在墙(V)面和圆柱面的落影

图 9-22a 所示，矩形盖盘在 V 面和外凸圆柱面上的落影是由该盖盘正垂阴线 AB 和侧垂阴线 AD 的落影所组成：

（1）正垂阴线 AB，其 AE 段落影在外凸圆柱面上，EB 段落影在 V 面上，正垂阴线 AB 两段落影的 V 面投影是一条平行于光线 V 面投影的直线段 $a'_0e'_0b'_0$，作图时，先过点 A 的 H 投影 a 作光线的 H 面投影，交半圆（外凸圆柱面在 H 面上的积聚投影）于点 a_0，由 a_0 作出 a'_0，而 b'_0 与 b' 重合，连接 a'_0 和 b' 即为所求之正垂阴线 AB 落影的 V 面投影。

（2）侧垂阴线 AD，其 AN 段落影在外凸圆柱面上，ND 段落影在 V 面上。AN 段在圆柱面

上落影的 H 投影为圆弧 $\overparen{a_0n_0}$，该圆弧 $\overparen{a_0n_0}$ 与圆柱的 H 投影(半圆)相重合。侧垂线 AN 在圆柱面上的落影的 V 投影是与圆弧 $\overparen{a_0n_0}$ 成对称形状的圆弧 $\overparen{a'_0n'_0}$，成对称形状的两圆弧的半径相等，即为圆柱的半径；因为圆弧 $\overparen{a'_0n'_0}$ 的圆心 o' 与 $a'd'$ 之间的距离(L)等于该阴线 AD 到圆柱轴线间的距离，即等于 H 面投影中的点 O(圆柱轴线有积聚性的投影)与 ad 之间的距离(L)，所以可将 H 投影中的距离 L 量取到 V 投影中，作出圆心 o'，作反射光线即由 $n_0 \to n \to n' \to n'_0$ 步骤作出圆弧 $\overparen{a'_0n'_0}$ 的端点 n'，n'_0 也为侧垂线 AD 上的 N 点落在圆柱阴线上的影，且 N 点还落影在墙(V)面上为点 n'_V。由圆心 o' 和圆弧两端点 a'_0 和 n'_0，即可作出侧垂线 AN 在圆柱面上的落影圆弧 $\overparen{a'_0n'_0}$。侧垂线 ND 段落影在 V 面上，其落影的 V 面投影作图不再赘述，注意作出圆柱铅垂阴线的 V 面投影、作出圆柱铅垂阴线落影的 V 面投影和 H 面投影。详细作法如图 9-22a 所示。

图 9-22b 所示是带长方形雨篷的半圆门洞，其雨篷在墙(V)面上的落影不再赘述，雨篷阴线 AD 是侧垂线，该侧垂阴线的 EN 段落影在内凹圆柱面上，其 H 面投影为圆弧 $\overparen{e_0n_0}$，其落影的 V 面投影是与圆弧 $\overparen{e_0n_0}$ 成对称形状的圆弧 $\overparen{e'_0n'_0}$。同样，也可作反射光线即由 $n_0 \to n \to n' \to n'_0$ 作出圆弧 $\overparen{e'_0n'_0}$ 的端点 n'_0，求落影的作图方法与图 9-22a 大同小异。详细作法如图 9-22b 所示。

2. 门窗洞的阴影(图 9-23)

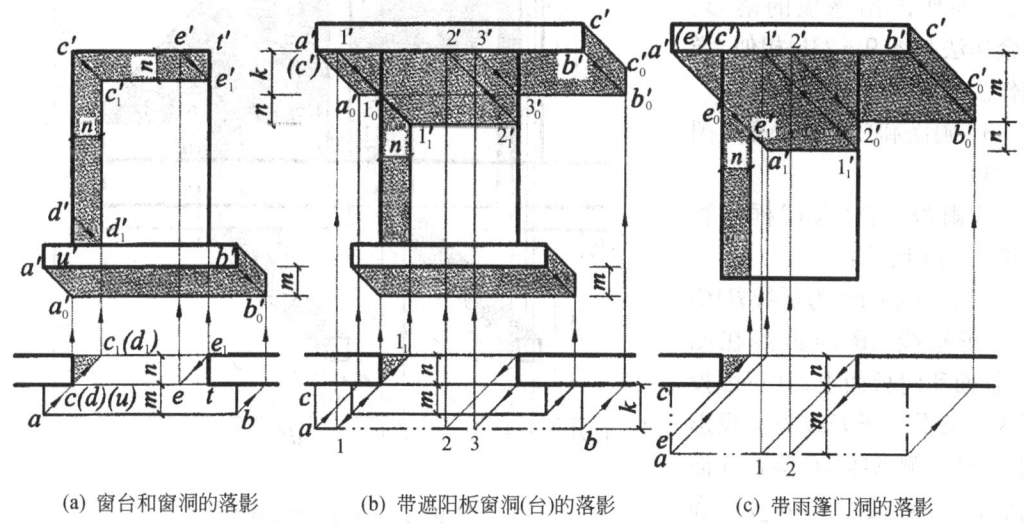

(a) 窗台和窗洞的落影　　(b) 带遮阳板窗洞(台)的落影　　(c) 带雨篷门洞的落影

图 9-23　雨篷、门窗洞的落影

如图 9-23a 所示，作窗台和窗洞的落影：

(1) 作窗台在墙面上的落影与作靠在 V 面上的长方体在 V 面上的落影相同。

(2) 用度量法作窗洞的阴影，洞口侧垂阴线 CE 段和铅垂阴线 CD 段在窗扇上落影宽度(n)等于窗洞的深度(n)，据此作出窗洞的阴影；其中侧垂阴线 CT 中的 CE 段落影在窗扇面上为 $c'_1 e'_1$ (在此作反射光线即由 $e_1 \to e \to e' \to e'_1$ 作出点 E 在窗扇面上的落影 e'_1)，ET 段落影在窗洞的右侧面上,与窗洞右侧面在 V 面的积聚投影重合。铅垂线 CU 中的 CD 段落影在窗扇面上为 $c'_1 d'_1$,DU 段落影在窗洞的底面(即窗台顶面),该段投影的正面投影与窗台顶面在 V 面的积聚投影重合,从而作出窗洞的落影。详细作法如图 9-23a 所示。

如图 9-23b 所示,作带遮阳板窗洞(台)的落影:

(1) 窗台和窗洞的落影作法如图 9-23a 所示。

(2) 用度量法作遮阳板的阴影,遮阳板上的侧垂阴线 AB 中的 A Ⅰ 段落影在墙面上为 $a'_0 1'_0$,其在墙面上的落影宽度 (k) 等于侧垂线 AB 至墙面的深度 (k);Ⅰ Ⅱ 段落影在窗扇面上为 $1'_1 2'_1$,其在窗扇面上落影宽度 $(k+n)$ 等于侧垂线 AB 至窗扇面的深度 $(k+n)$;Ⅱ Ⅲ 段落影在窗洞的右侧面上,与窗洞右侧面在 V 面的积聚投影重合;Ⅲ B 段落影在墙面上为 $3'_1 b'_0$(也可作反射光线即由 1_1(或 2_1 或 3_1)→1(或 2 或 3)→$1'$(或 $2'$ 或 $3'$)→$1'_1$(或 $2'_1$ 或 $3'_1$)步骤作出点Ⅰ、Ⅱ和Ⅲ在窗扇面上的落影 $1'_1$、$2'_1$ 和 $3'_1$),遮阳板上的正垂阴线 AC 在墙面落影的 V 面投影,为一条过 c' 且平行于光线 V 面投影的直线段,从而作出遮阳板的落影。详细作法如图 9-23b 所示。

如图 9-23c 所示,作带雨篷门洞的落影:

雨篷板上的侧垂阴线 AB 中的 A Ⅰ 段落影在门扇面上为 $a'_1 1'_1$;Ⅰ Ⅱ 段落影在门洞的右侧面上,与门洞右侧面在 V 面的积聚投影重合;Ⅱ B 段落影在墙面上为 $2'_0 b'_0$,雨篷板上的正垂阴线 AC 在墙面和门扇面上落影的 V 投影,为一条过 c' 且平行于光线 V 面投影的直线段,从而作出雨篷板的落影。其余作法与图 9-23b 相似,详细作法如图 9-23c 所示。

3. 雨篷和门柱的落影(图 9-24)

作雨篷、门柱及门框阴影如图 9-24 所示:

(1) 雨篷阴线为折线 BAC-DE。正垂线 AB 的影落在墙面、柱面和门板面上,其正面投影为一条平行于光线正面投影的直线段;侧垂线 AC 落在柱面的影的正面投影为 $a'_2 1'_2$ 和 $5'_2 6'_2$,落在门板面上影的正面投影为 $1'_1 2'_1$,落在墙面上的正面投影为 $4'_0 c'_0$。

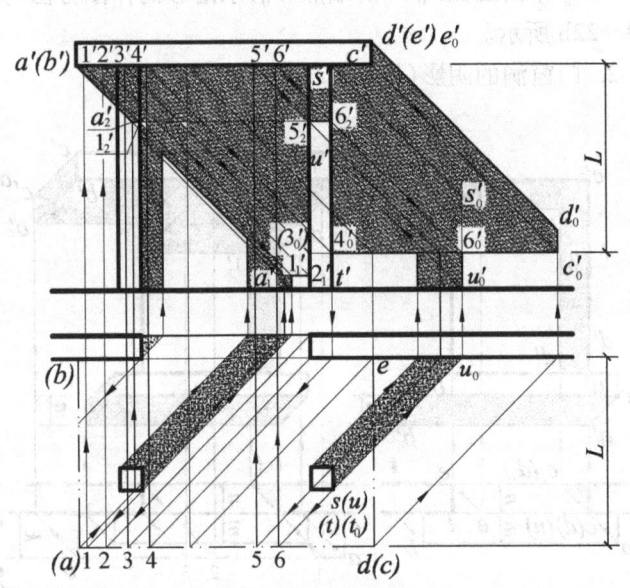

图 9-24 雨篷和门柱的影

(2) 门柱阴线 ST 为铅垂线,其上 SU 段落在墙面上影的正面投影为 $s'_0 u'_0$;UT 段落在地板面上影的水平投影为 $u_0 t_0$。作雨篷、门柱和门框上其余阴影的详细作法如图 9-24 所示。

4. 门廊的落影(图 9-25)

(1) 作遮阳板上正垂阴线 AC 落在墙面和墙垛(正、侧)面上的影。

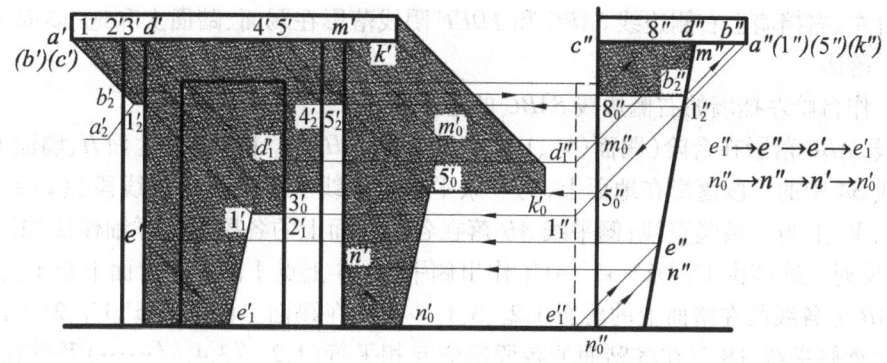

图 9-25 门廊的阴影

先由过点 A 的光线作出其在墙垛正面的影 a'_2，从而作出阴线 AC 落在墙垛正面的影 $a'_2 b'_2$ 和落在墙面上的影 $b'_2 c'$；由 $b'_2 \rightarrow b''_2$ 作出阴线 AC 落在墙垛侧面的影 $b''_2 8''_0$。

（2）作遮阳板上侧垂阴线 AK 落在墙面、墙垛正面和门板面上的影。

过 a'_2 作出阴线 AK 落在墙垛正面上的影 $a'_2 1'_2$ 和 $4'_2 5'_2$，作出阴线 AK 落在门板面上的影 $1'_1 2'_1$ 和落在墙面上的影 $3'_0 k'_0$。

（3）作两墙垛阴线 DE 和 MN（侧平线）落在门板面和墙面上的影。

用反射光线即由 $e''_1 \rightarrow e'' \rightarrow e' \rightarrow e'_1$ 和 $d'' \rightarrow d''_1$ 及 $d' \rightarrow d'_1$ 作出左墙垛上的阴线 DE 落在门板面上的影 $e'_1 d'_1$，同样作出右墙垛上阴线 MN 落在墙面上的影 $m'_0 n'_0$（注意 $e'_1 d'_1 \parallel m'_0 n'_0$）。

作门廊其余阴影的详细作法如图 9-25 所示。

5. 台阶的落影（图 9-26）

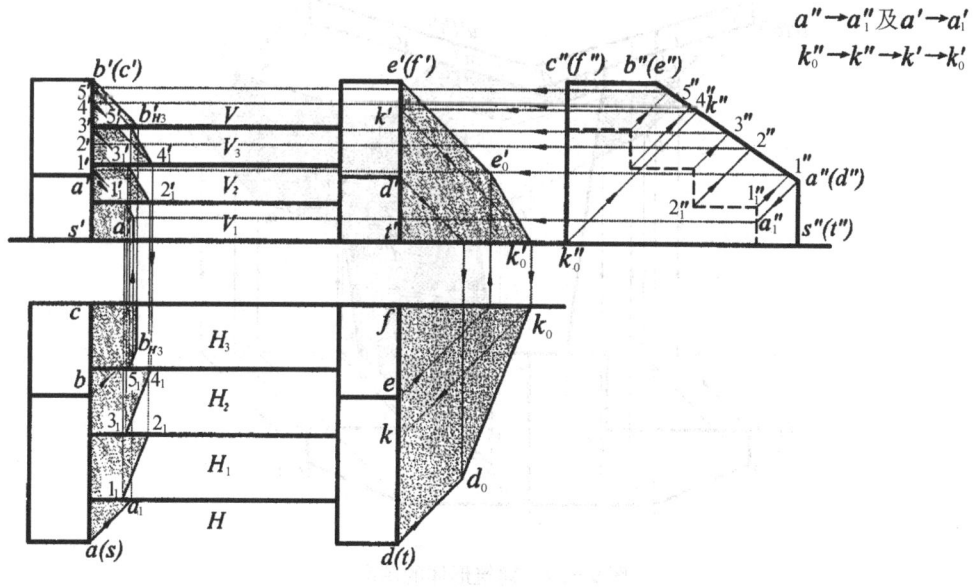

图 9-26 台阶的阴影

台阶左、右挡墙上右侧边线 SABC 和 TDEF 阴线落影在踢面、踏面上和地、墙面上,形成了台阶的落影。

(1) 作台阶左挡墙的右侧边线 SABC 的落影。

边线 SABC 落影在台阶(踢面(V_1、V_2 和 V_3)、踏面(H_1、H_2 和 H_3)和地面 H、墙面 V 上,其中铅垂线 SA 中的一段落影在地面上,为一条平行于光线水平投影的直线段($(s)a_1$);另一段落影在 V_1 上为一条竖直线;侧平线 AB 落在各台阶面上的各段影的详细作法如图 9-26 所示,用反射光线即由 $1''_1 \to 1'' \to 1' \to 1'_1$ 作出侧平线 AB 上点 I 落在台阶面上影 $1'_1$,同法顺次作出 AB 上各线段在踏面上的落影 $1_1 2_1$、$3_1 4_1$……和在踢面上的落影 $a'_1 1'_1$、$2'_1 3'_1$……作图时应注意侧平线 AB 落在各踏面的各段影应互相平行($1_1 2_1 // 3_1 4_1 //$……)及落在各踢面的各段影应互相平行($a'_1 1'_1 // 2'_1 3'_1 //$……),正垂线 BC 落影在墙面上为一条平行于光线正面投影的直线段($(c')b'_{H1}$)。

(2) 作台阶右挡墙的右侧边线 TDEF 的落影。

边线 TDEF 落影在墙面和地面上:铅垂线 TD 落影在地面上为一条平行于光线水平投影的直线段($(t)d_0$);侧平线 DE 中的 DK 段落影在地面上为 $d_0 k_0$($d_0 k_0 // 1_1 2_1$),KE 段落影在墙面上为 $k'_0 e'_0$($k'_0 e'_0 // 2'_1 3'_1$),其中用反射光线即由 $k'' \to k'' \to k' \to k'_0 \to k_0$ 作出折影点 $k'_0(k_0)$;正垂线 EF 落影在墙面上为一条平行于光线正面投影的直线段($(f')e'_0$)。

台阶的落影详细作法如图 9-26 所示。

6. 建筑形体的落影(图 9-27)

形体上的阴线 KABCDEFST、UH 和 MN 落影在墙和地面上,形成了建筑形体的落影。其中 CD、DE 和 MN 平行于墙(V)面,根据图 9-4a 所示之平行于承影面直线的落影特性:有 $c'_0 d'_0 // c'd'$、$d'_0 e'_0 // d'e'$、$m'_0 n'_0 // m'n'$。例如在作出 m'_0 后,即可过 m'_0 作直线 $// m'n'$,从而求出 n'_0。其余阴线的落影详细作法如图 9-27 所示。

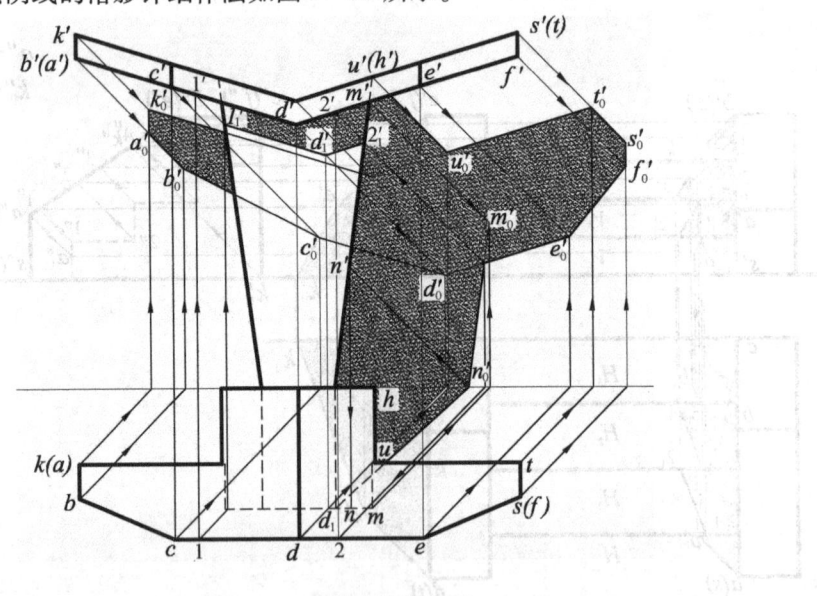

图 9-27 建筑形体的落影

7. 建筑细部的落影(图 9-28)

由雨篷、门窗、阳台、隔墙等建筑细部的立面图和平面图,作其各部分的阴影。

如图 9-28 所示，建筑细部的影是由以下几个部分组成：① 雨篷阴线 $EDCAB$ 分别落于隔墙、门窗扇和墙面上的影；② 阳台阴线分别落于门窗扇及墙面上的影；③ 隔墙的阴线落于窗扇、阳台正立面上的影（图中阳台阴线落在阳台地面上的影省略）。

(1) 求雨篷落在墙、门、窗扇面和隔墙上的落影。作侧垂阴线 CA 在墙等面上的落影方法同图 9-24，也可根据阴线 CA 距墙面的距离 m 和距门扇面的距离 $(m+n)$ 及距窗扇面的距离 $(m+t)$ 用图 9-3 所示的度量法作出侧垂阴线 CA 在墙、门、窗扇面和隔墙上的落影（深度）。

(2) 阳台在墙面、门窗扇上的落影，按图 9-16 所示之长方体靠在 V 面上落影的方法求出。其中阳台扶手落影的作法：过平面图上 $k(u)$ 作 45°线与墙面的积聚投影相交，过交点作竖直线与过 k'、u' 所作 45°线相交得 k'_0、u'_0，过 u'_0 作平行于 OX 轴方向的直线，与过 j'_0 的竖直线相交得 $6'_0$，过 $6'_0$ 作反射光线与阳台右前棱交于 $6'_4$，过 $6'_4$ 再作平行于 OX 轴方向的直线，得立面图上阳台扶手阴线在阳台前侧面上的落影。阳台在门扇、窗扇上落影（深度）的求法同雨篷。

(3) 隔墙在阳台前侧面、窗扇、墙面上落影宽度即为隔墙（凸出）前侧面与阳台前侧面、窗扇、墙面的距离（图中未标注），或在平面图上过 i 作光线的 H 面投影，与阳台、窗和墙的积聚性投影交于 i_4、i_1 和 i_0，过这些点分别作竖直线，与过 i' 所作光线的 V 面投影相得 i'_4、i'_1 和 i'_0（图中未标注），得隔墙阴线在阳台前侧面、窗扇和墙面的落影宽度（图中未标注），从而作出隔墙在阳台前侧面、窗扇、墙面上的落影。

详细作法如图 9-28 所示。

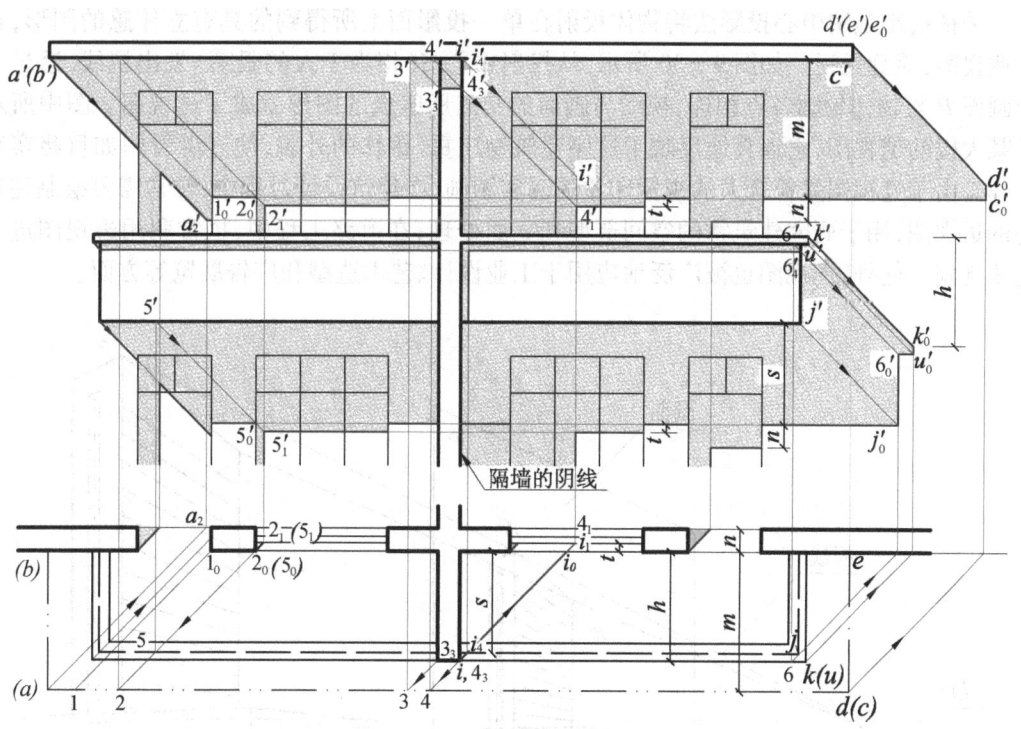

图 9-28 雨篷、阳台、隔墙、门窗洞的阴影

9.4 透视投影的基本知识

9.4.1 透视投影的形成与作用

当我们站在公路上向远处眺望时,就会看到一个很明显的特点,就是公路旁的建筑物上原本等长的墙面、公路上原本等宽的路面以及公路边原本等高的电杆,变得近宽远窄或近大远小,见图 9-29。这是一种透视现象,是人类视觉印象的特征。

图 9-29 透视投影的特征

透视投影是用中心投影法将物体投射在单一投影面上所得到的具有立体感的图形,也称透视图,简称透视。如图 9-30 所示,从投射中心 S(相当于人的眼睛)发出视线,透过一个画面 P 与物体轮廓各点相连,视线与画面的交点所组成的图形就成了透视图。图中所示是某大楼的透视图,它逼真地反映了这座建筑物庄重、雄伟的外貌,使观者看图如目睹实物一样。由于透视图是符合人的视觉印象的真实图画,在建筑设计过程中,常常需要绘制建筑物的透视图,用于研究建筑物的空间造型和立面处理;在道路工程中,也常利用透视图进行选线规划。此外,透视图也被广泛地应用于工业设计、艺术造型和广告展览等方面。

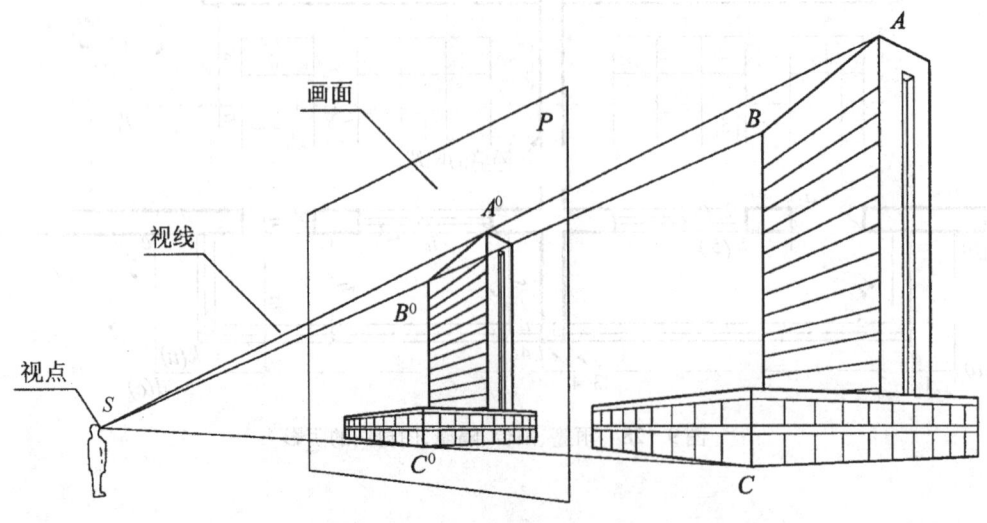

图 9-30 透视投影的形成

第 9 章 阴影与透视

透视图和轴测图一样,都是一种单面投影,即用一个投影面表达物体的立体图。不同之处在于,轴测图是用平行投影法画出,透视图则是用中心投影法画出。透视图的立体感比轴测图强,但作图较繁琐,度量性差。透视图和轴测图在工程中一般只作为辅助图样。

9.4.2 透视投影中的常用术语

在透视投影中,常用到一些专用的术语,弄清它们的确切含义将有助于进一步学习透视作图。如图 9-31 所示,透视投影中的常用术语如下:

基面——建筑物所在的地平面,用字母 H 表示;

画面——绘制透视图的投影面,常用垂直于地面的平面做画面,用字母 P 表示;

基线——基面 H 与画面 P 的交线,用 OX 表示;

视点——投影中心,用字母 S 表示;

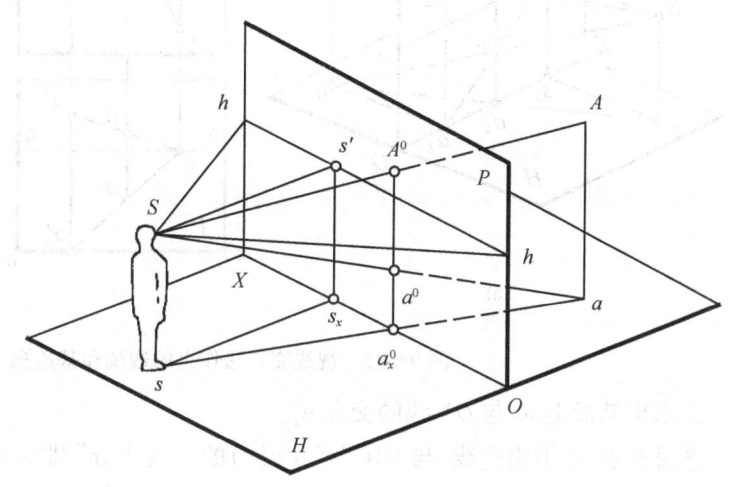

图 9-31 透视投影中的常用术语

站点——视点 S 在基面 H 上的正投影,以小写字母 s 表示;

主点——视点 S 在画面 P 上的正投影,以小写字母 s' 表示;

视平面——过视点 S 所作的水平面,即 hSh 平面;

视平线——视平面 hSh 与画面 P 的交线,用 hh 表示;

视高——视点 S 到基面 H 的高度,用 Ss 表示;

视距——视点 S 到画面 P 的距离,用 Ss' 表示;

视线——通过视点的投影线,如视点 S 与空间点 A 的连线 SA。

此外,视线 SA 与画面 P 的交点 A^0,就是空间点 A 的透视。点 a 是空间点 A 在基面 H 上的正投影,称为点 A 的基点。基点 a 的透视 a^0,称为点 A 的基透视。

9.4.3 点的透视

求连接空间点和视点的视线与画面的交点的作法,称为视线交点法。求出空间物体上各点的透视后,连接这些交点即得物体的透视。故视线交点法是透视图的基本作法。如图 9-32a 所示,已知空间点 A 的正投影(a'、a)、视点 S 的正投影(s'、s)、画面 P 和基面 H,求 A 点的透视和基透视(A^0、a^0)。作图步骤如下:

(1)作视线 SA,即在画面上连 $s'a'$、$s'a'_x$(视线 SA、Sa 在画面 P 上的投影),在基面 H 上连 sa(视线 SA、Sa 在基面上的投影)。

(2)求视线 SA、Sa 与画面的交点 A^0、a^0。

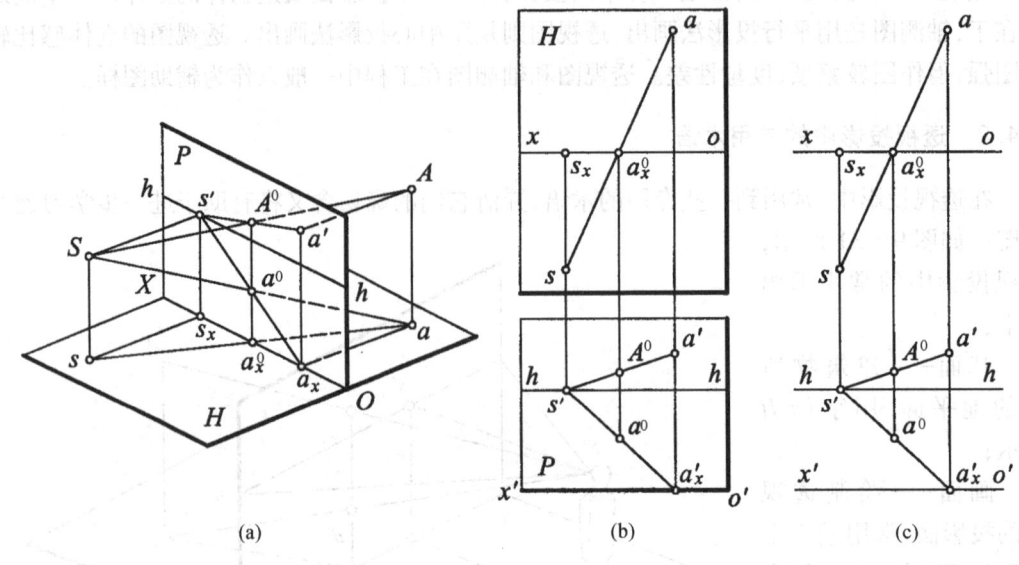

图 9-32 视线交点法作点的透视和基透视

①求出基面上 sa 与 OX 线的交点 a_x^0。

②过此点 a_x^0 引铅垂线,与 $SA(s'a',s'a_x')$ 的交点 A^0、a^0 即为 A 点的透视与基透视。

具体作图时,为使图形清晰起见,投影面展开时,通常把基面 H 和画面 P 分开放置在一个平面上,基面 H 可以画在画面 P 的正上方或正下方,习惯上把基面放在正上方,画面放在正下方,左右对齐,使 s' 与 s、a'、a_x' 与 a 符合正投影规律(图 9-32b)。由于投影面(P、H)边框线与作图无关,故可省略不画(图 9-32c)。图中 ox 线表示画面 P 在基面 H 上的水平投影,$o'x'$ 线表示基面 H 在画面上的投影。

9.4.4 直线的透视

9.4.4.1 直线的迹点和灭点

直线与画面的交点称为直线的画面迹点,简称迹点。如图 9-33 中两条相互平行且与画面相交的直线 AB 与 CD,其迹点分别是 M 与 N。

直线上离画面无穷远点的透视,称为该直线的灭点。如图 9-33 所示,求直线 AB 无穷远点的透视,应先通过视点 S 作视线与 AB 平行,该视线与画面的交点 F 称为直线 AB 的灭点。

从几何学知道,两平行直线交于无限远点,因而,相互平行直线组有一个共同的灭点,该灭点就是直线上无穷远点的透视,图中点 F 是相互平行的直线 AB 与 CD 的共同灭点。

9.4.4.2 画面平行线的透视

画面平行线与画面无交点。如图 9-33 中直线 EG 和图 9-34 中平行于高度方向的竖直线(铅垂线)HI 均平行于画面,故与画面无交点,过视点 S 且分别与直线 EG 和竖直线 HI 平行的两条视线与画面也无交点。由此可得:平行于画面的平行线组没有迹点和灭点,它们的透视与线段本身平行,其透视长度长短不等,符合近大远小的规律。位于画面上的直线,其透视就是直线本身。即所有平行于高度方向的竖直线,它们的透视仍是竖直线。但应特别注意，只有当高度方向的竖直线段在画面上时，它的透视高度才等于实高（故称之为真高线）；若该线段不在画面上，它的透视高度则变短或变长。

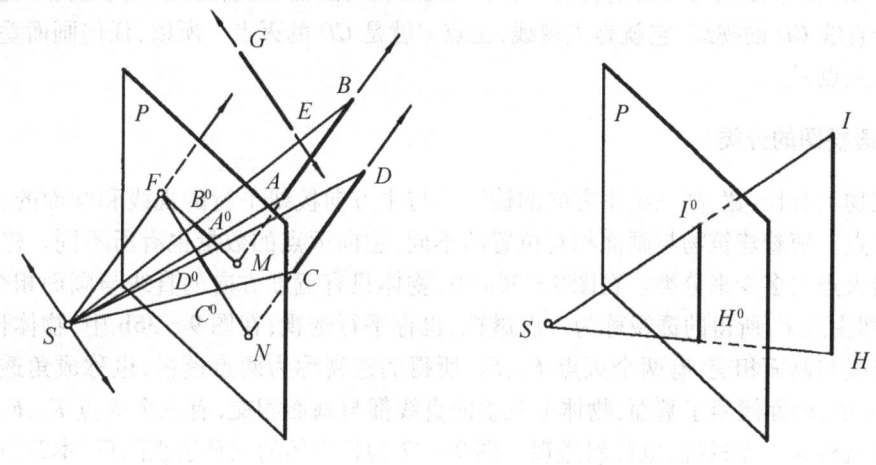

图 9-33 直线的迹点和灭点　　　　图 9-34 铅垂线的透视

9.4.4.3 基面上与画面相交的直线的透视

基面上与画面相交的直线有两种情况，一种与画面斜交，另一种与画面垂直，见图 9-35。

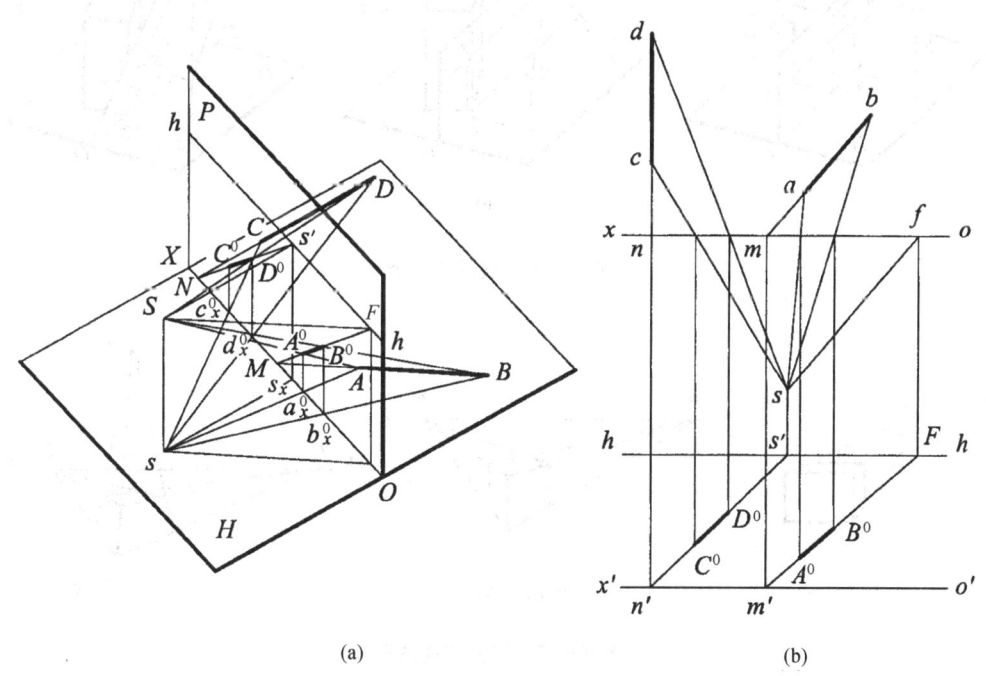

(a)　　　　　　　　　　　　(b)

图 9-35 基面上与画面相交的直线的透视

1. 基面上与画面斜交的直线

基面上的直线 AB 倾斜于画面。将它的 A 端延长与画面相交，交点 M 就是它的迹点，它必在基线上。过视点 S 引与直线 AB 平行的视线，它与画面的交点 F 就是直线 AB 的灭点。

该灭点在视平线上。由此可得：与画面相交的任何水平线的灭点都在视平线上。

2. 基面上与画面垂直的直线

直线 CD 为基面上与画面垂直的线，将 C 端延长与画面相交，交点 N 为迹点。过视点 S 作平行于直线 CD 的视线，它就是主视线，主点 s' 就是 CD 的灭点。所以，任何画面垂直线的灭点就是主点 s'。

9.4.5 透视图的分类

建筑物具有长、宽、高三组主方向的棱线。与主方向棱线平行的视线和画面的交点，称为主向灭点。随着建筑物与画面相对位置的不同，主向灭点的数量也有所不同。建筑透视图按主向灭点的多少来分类。在图 9-36a 中，物体只有宽度方向的直线与画面相交，有一个灭点，即主点 s'，所得的透视称为一点透视，也称平行透视；在图 9-36b 中，物体长、宽两个主向直线与画面相交，有两个灭点 F_1、F_2，所得的透视称为两点透视，也称成角透视。在图 9-36c 中，画面倾斜于基面，物体上三主向直线都与画面相交，有三个灭点 F_1、F_2、F_3，所得的透视就称为三点透视，也称斜透视。图 9-37 为长方体的三种透视图形，本章只介绍前两种透视的画法。

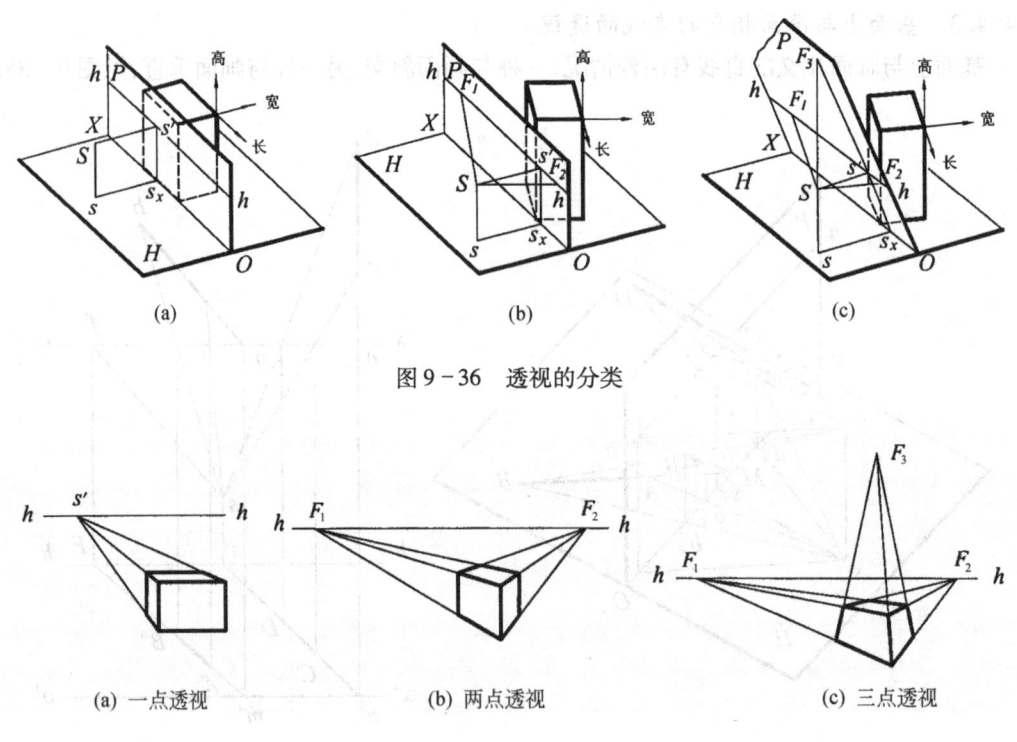

图 9-36 透视的分类

(a) 一点透视　　(b) 两点透视　　(c) 三点透视

图 9-37 三种透视图形

9.5 透视图的画法

9.5.1 绘制透视图的基本方法

9.5.1.1 迹点灭点法

在图 9-38a 中有一长方体的正投影图。设视高为 H。为便于作图,使画面经过长方体的一条棱线 AB,并使其正面和侧面与画面的夹角为 30°和 60°。过站点作长方体两主向直线的平行线,得灭点的投影 f_1 和 f_2。将长方体底面边线 dc 和 de 延长至画面上,得到两个迹点 1 和 2。由此量得三个迹点间的距离为 m、n。

在图 9-38b 中,先根据高度 H 确定基线 $o'x'$ 和视平线 hh。再根据图 9-38a 中 ox 线上各点的相对位置,确定灭点 F_1、F_2 和三个迹点的位置 $1'$、

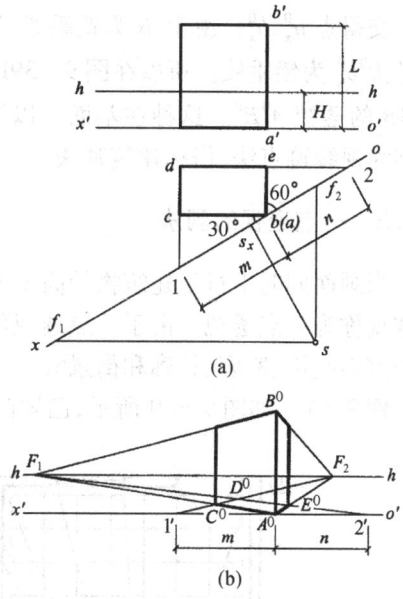

图 9-38 迹点灭点法作长方体的透视

A^0、$2'$。由这三个迹点与相应的灭点相连,就得到长方体的基透视 $A^0C^0D^0E^0$,即长方体的透视平面图。过迹点 A^0 作高为 L 的真高线 A^0B^0,连 B^0F_1、B^0F_2,它们与过 $1'$、$2'$ 两点的竖直线相交,得到长方体的透视。这种利用直线的迹点和灭点来作出形体透视的方法,就称为迹点灭点法。

9.5.1.2 视线迹点法

如图 9-39a 所示,基面上有一条直线 AB,作其迹点 N、灭点 F,直线段 AB 的透视就包含

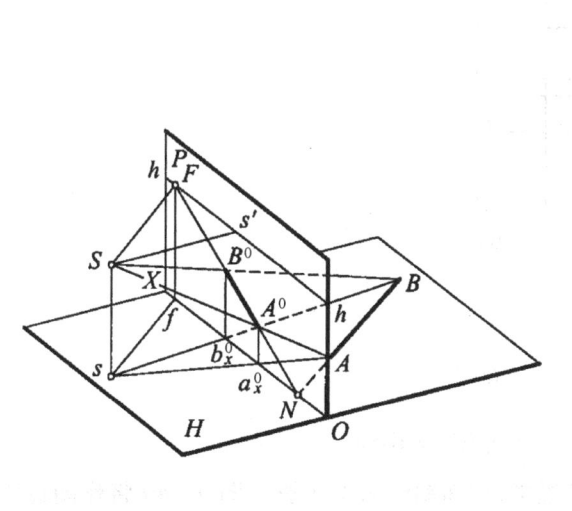

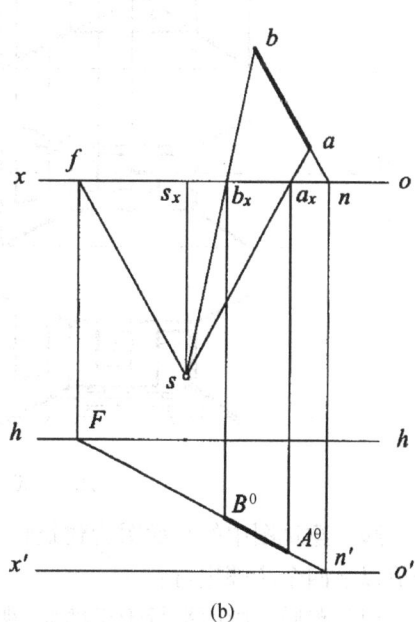

图 9-39 视线迹点法作直线的透视

在 N 和 F 点的连线 NF 内。为了作出 A、B 两点的透视,过站点 s 作辅助线 sA、sB,它们与基线相交得点 a_x^0、b_x^0。由于 Ss 为铅垂线,所以,平面 SAs 和 SBs 都是铅垂面,它们与画面的交线 $A^0a_x^0$、$B^0b_x^0$ 为铅垂线。所以在图 9-39b 中,由 a_x^0、b_x^0 向上作竖直线与 NF 相交,就可得出直线 AB 的透视 A^0B^0。这种在基面上以过站点的直线作为辅助线,求得基面上各点透视的方法称为视线迹点法,俗称建筑师法。

9.5.2 一点透视的画法

当画面同时平行于建筑物的高度方向和长度方向时,宽度方向的直线有一个灭点,所得的透视称为一点透视。由于一点透视可以同时看到观看者前面和左右侧面的情况,一般用于画室内装饰、庭园、长廊和街景等。

例 9-1 如图 9-40 所示,已知门厅的平面图和立面图,求作室内一点透视图。

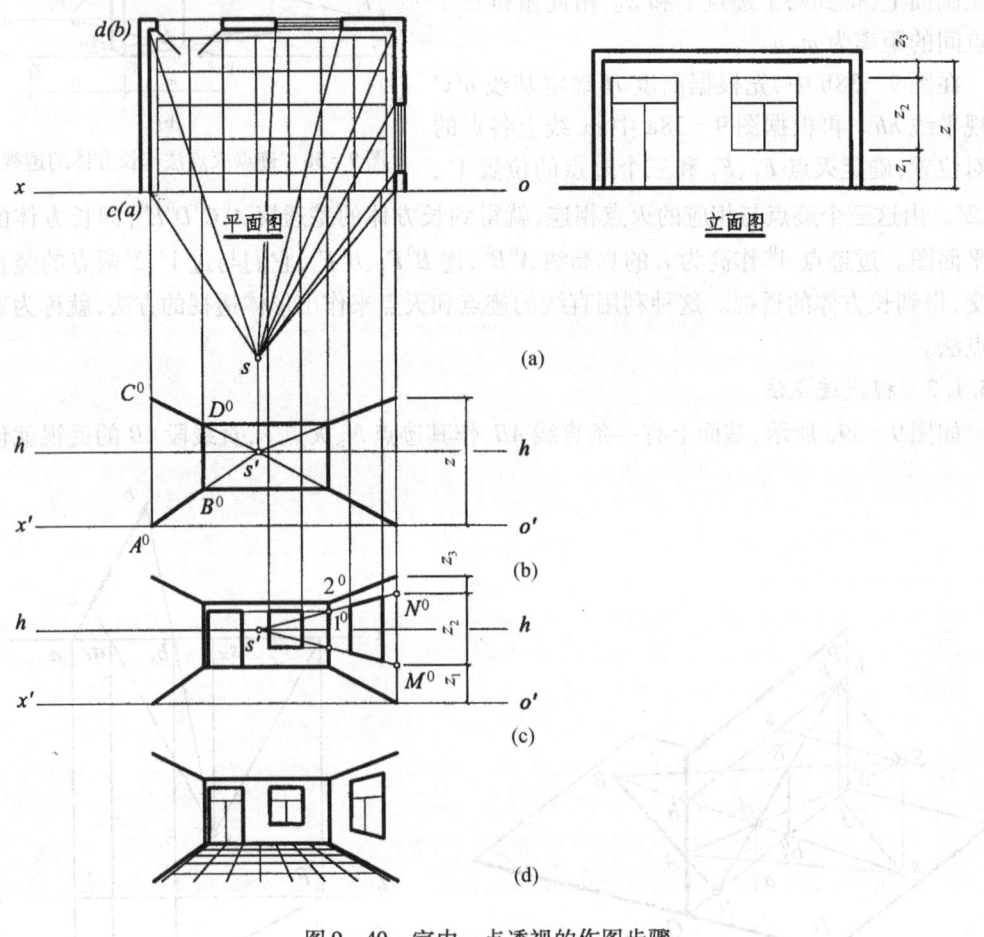

图 9-40 室内一点透视的作图步骤

解 建筑图中的平面图为建筑物的 H 投影,立面图则为 V 投影。图 9-40 将作图过程分成以下四个步骤进行:

(1)布局。画面平行于正墙面,视角一般取 $60°\sim 80°$。站点可稍偏于一侧,使构图不致因太正而显得呆板。视点高度一般取 1.6 m 左右。画好视平线后,求宽度方向的灭点 F。

由于宽度方向垂直于画面，所以主点 s' 就是所求灭点 F，它必在视平线 hh 上，如图 9-40a 所示。

（2）作墙角线等的透视。左侧墙角线 AB 和墙顶线 CD，分别与画面交于 A^0 和 C^0，即画面交点。它们的透视方向分别是 $A^0 s'$ 和 $C^0 s'$。用视线迹点法即可求得墙角线 BD 的透视 $B^0 D^0$。同样的方法作出右墙的透视。最后连接正墙的墙脚线和墙顶线。必须注意，由于它们在空间是平行于画面的水平线，它们的透视仍然是水平线，如图 9-40b 所示。

（3）作门窗洞的透视。作正墙面的窗洞时，假想把窗洞向右侧延伸至与墙面相接，利用墙面与画面的交线反映真实高度的特性，先确定窗台和窗顶在墙面与画面交线上的高度点 M^0、N^0，再连接灭点得 $M^0 s'$、$N^0 s'$，与墙角线的交点 1^0、2^0 就是窗台和窗顶的透视高度点，如图 9-40c 所示。

（4）作门窗洞与地板的分隔线的透视，完成全图，如图 9-40d 所示。

值得一提的是，如果还需画家具，则按先画其外框，再画细部的步骤进行。

例 9-2 如图 9-41 所示，已知台阶的 H、V 面投影，求作台阶的一点透视图。

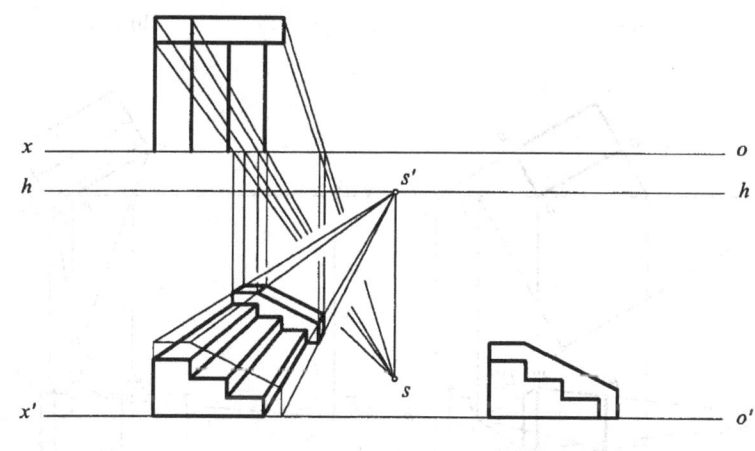

图 9-41 台阶的一点透视

解 使台阶的前立面在画面上，确定站点 s，并根据台阶立面图高度定出基线 $o'x'$ 和视平线 hh 的位置。

因为台阶的前立面在画面上，故其透视与前立面重合。将立面图上的各点与主点 s' 相连，即为踏步上所有与画面垂直的棱线的全长透视。

利用视线迹点法按顺序画出台阶踏步各踏面和踢面的透视。由于踏步前后立面均为画面平行面，故踏步前后立面的透视为相似图形。

台阶侧板的透视，可用同样的方法画出。透视图上看得见的轮廓线用粗实线画出，看不见的轮廓线不必画出。

9.5.3 两点透视的画法

当画面仅平行于建筑物的高度方向时，长度方向和宽度方向的直线各有一个灭点，所得的透视称为两点透视。两点透视符合人们平时观察物体时的视角印象，透视效果真实自然，广泛应用于表达单体建筑物，是常用的一种透视图。

例9-3 已知如图9-42a所示两坡顶房屋,试作其两点透视图。

解 该房屋轮廓由下方长方体和上方人字坡屋面所组成,作图的方法和步骤如下:

(1) 布局

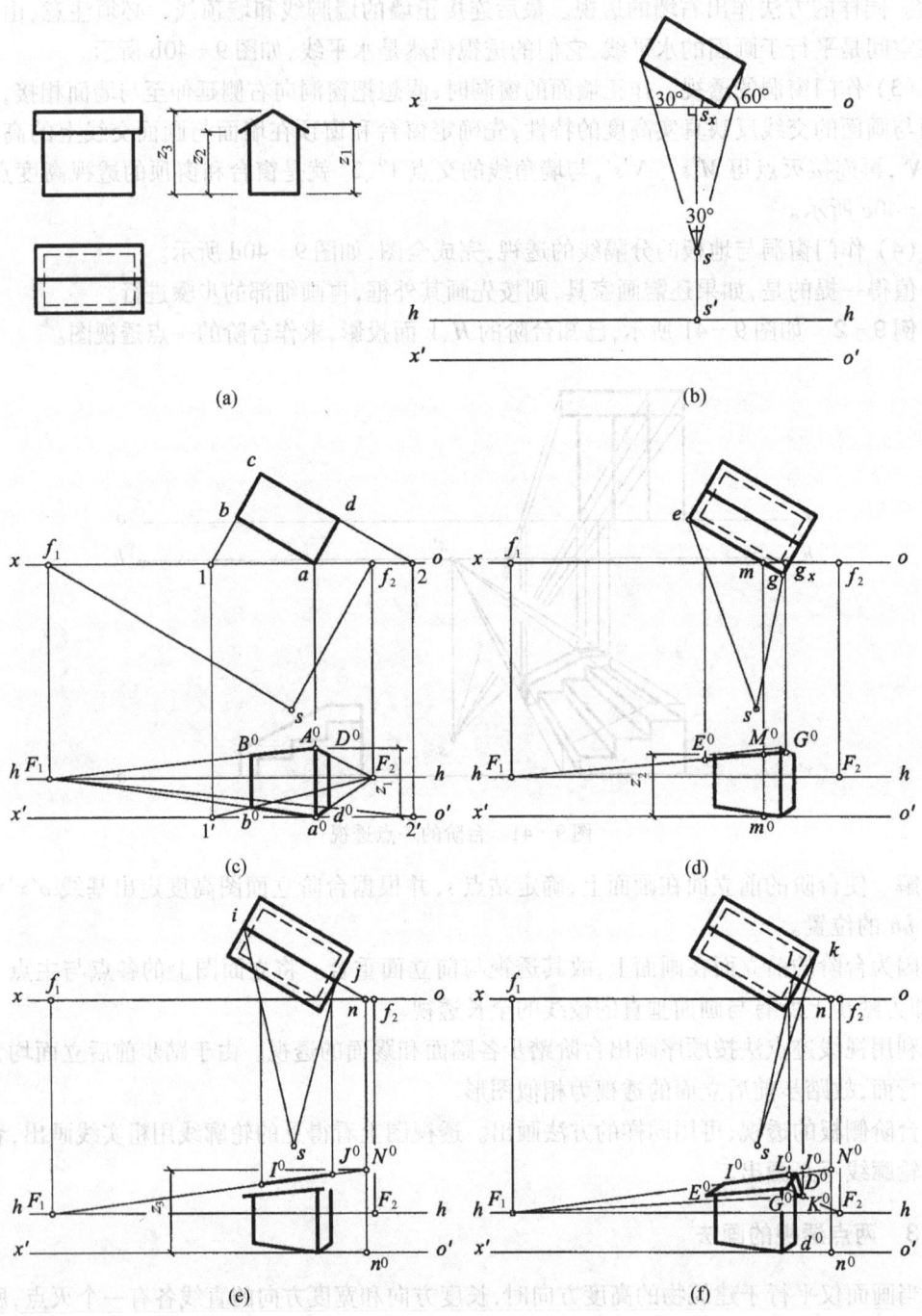

图9-42 作两坡顶房屋的两点透视

着手画一个建筑物的透视时,先要进行合理的布局,如图 9-42b 所示。铅垂的画面 P 习惯上与长方体的一根侧棱(建筑物的墙角线)接触,并且与长方体的正立面成 30°左右的夹角。

确定视平线。实际上也就是确定视点的高度,一般视平线的高度取人眼平均高 1.6 m 左右,在画面上以建筑图同样的比例画出,如图 9-42b 中所示 hh。

确定视角。对于两点透视,一般视角取 30°左右,而且主视线应大致是视角的分角线,见图 9-42b 所示,这样所画出的透视图的效果较好。

(2) 求水平线的灭点

长方体共有四根平行于长度方向的水平线 AB、ab、CD、cd,如图 9-42c。如前所述,它们的透视的延长线,必相交于一个灭点 F_1。如果先把灭点 F_1 求出,作图就非常方便。由此,在透视图上过站点 s 引直线平行于建筑物的长度方向,即 sf_1//ab,与 ox 轴相交于 f_1,得灭点的水平投影。过 f_1 引铅直线与画面 P 上的视平线 hh 相交,即得灭点 F_1。用同样的方法可求出宽度方向的灭点 F_2。

(3) 绘画房屋下方长方体的透视

用迹点灭点法作长方体的透视,如图 9-42c。作图方法可参阅图 9-38,这里不再重述。其中长方体的侧棱 Aa 与画面重合,因而它的透视 A^0a^0 等于真高 Z_1。

在竖高度的同时,作出 AB 和 AC 的透视 A^0B^0 和 A^0C^0。长方体背后其他线条都看不见,不必画出。

(4) 作屋檐线的透视

如图 9-42d 所示,由于布局时已设置画面与墙角接触,因此前屋檐线就有一段 GM 凸出画面。作图时可如前所述,先求屋檐线的水平投影 ge 的透视,然后竖高度,求出 GE。但不难看出,与墙角线 Aa 一样,直线 Mn 也位于画面上,可直接从点 m^0 截取檐口高度 Z_2,求得点 M 的透视 M^0;然后连 M^0F_1,就是前屋檐线的透视方向;最后用视线迹点法求出两端点 G 和 E 的透视,即得 G^0E^0。

(5) 作屋脊线的透视

屋脊线 IJ 也是平行于长度方向的水平线,它与画面没有现成的交点。作图时,先将屋脊线延长,与画面相交于点 N,如图 9-42e。点 N 的水平投影 n,就是 IJ 的水平投影 ij 延长后与 ox 轴的交点。作图时,先延长 ij 交 ox 轴得 n,过 n 引竖直连线交 $o'x'$ 于 n^0,从 n^0 起在竖直线上量取 N^0n^0 等于屋脊高度 Z_3,得屋脊的画面交点 N^0。连 N^0F_1,就是屋脊线的透视方向。最后用视线迹点法求出两端点 I 和 J 的透视,即得屋脊线的透视 I^0J^0。

(6) 作人字屋檐线的透视

求出了前屋檐和屋脊的透视之后,只要分别连接 I^0E^0 和 J^0G^0,就得前坡面两侧人字屋檐的透视,如图 9-42f。用同样的方法求出后屋檐线一个端点 K 以及屋脊线与山墙的交点 L 后,连接 J^0K^0,完成后坡面人字屋檐的透视,过 L^0 与墙角线 Dd 中的 D^0 点相连,可求出坡屋面与山墙的交线,完成全图。

例 9-4 已知如图 9-43 所示的门洞平面图、剖面图、站点和画面,试作其两点透视图。

解 图中求出灭点 F_1、F_2 之后,站点 s 就用不着了。因点的透视不再是用视线迹点的基面投影求得,而是用过该点的两组全长透视相交求得该点的透视。作图步骤如下:

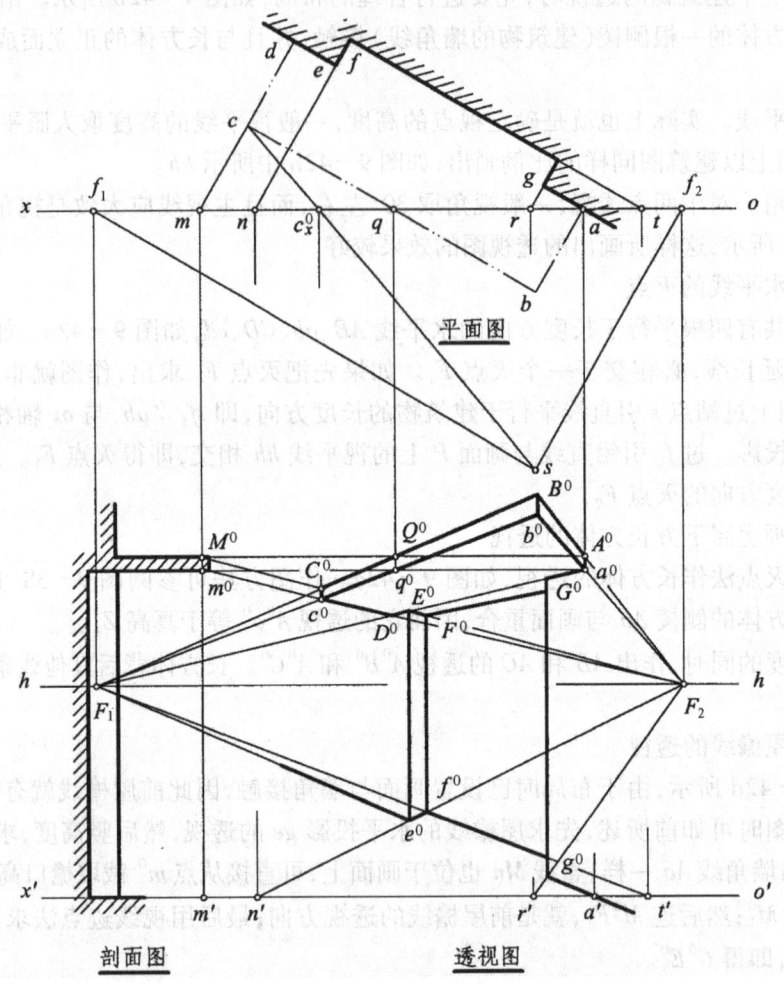

图 9-43 作门洞的两点透视

(1) 在平面图上过 s 作 $sf_1 /\!/ bc$，作 $sf_2 /\!/ ab$，它们与 ox 轴线相交得 f_1、f_2，过 f_1、f_2 引铅垂线与视平线 hh 相交得 F_1、F_2。

(2) 在平面图中求得各直线迹点的基面投影 m、n、q、r、t，再根据剖面图中各部分高度求得相应直线的画面迹点 $M^0 m^0$、$Q^0 q^0$、$A^0 a^0$。

(3) 求雨篷的透视。

① 连 $A^0 F_2$，$a^0 F_2$ 并延长，连 $Q^0 F_1$，$q^0 F_1$ 并延长，此两组全长透视相交得角点 B、b 的放大透视 $B^0 b^0$。

② 连 $M^0 F_2$ 与 $m^0 F_2$ 相交得 C^0、c^0，$a^0 F_x$ 与 $m^0 F_2$ 相交得 D^0。

(4) 求门洞的透视。

① 连 $F_x a'$ 即得地平线(墙面与地面的交线)。

② 连 $n' F_2$、$r' F_2$ 与 $F_x a'$ 相交得 e^0、g^0，过 e^0、g^0 竖高度与 $a^0 F_1$ 相交得门洞的透视高度 $E^0 e^0$、$G^0 g^0$，再连 $t' F_1$ 与 $n' F_2$ 相交得 f^0。

③ 由于雨篷底面与门洞顶面在同一水平面上，所以连 $E^0 F_y$ 与过 f^0 的铅垂线相交得

F^0,再连F^0F_x,并延长到G^0g^0相交止。至此,门洞的透视全部作完。

在工程实践中,往往需要根据小比例的建筑平面图和立面图,在画面上画出放大几倍后的透视图。如图9-44a所示的设计图的比例为1∶100,现要求按设计图放大一倍($n=2$),即比例为1∶50绘制两点透视。绘画透视图时,确定画面基点a'后,定墙角线点b'时,只要使$a'b'=2ab$即可,其他点的确定照此类推,如$a'c'=2ac,a'd'=2ad$等(图9-44b)。必须注意的是,视平线和各部分的真高线也应放大同样的倍数。详细作图过程如图9-44a、b、c、d、e所示。

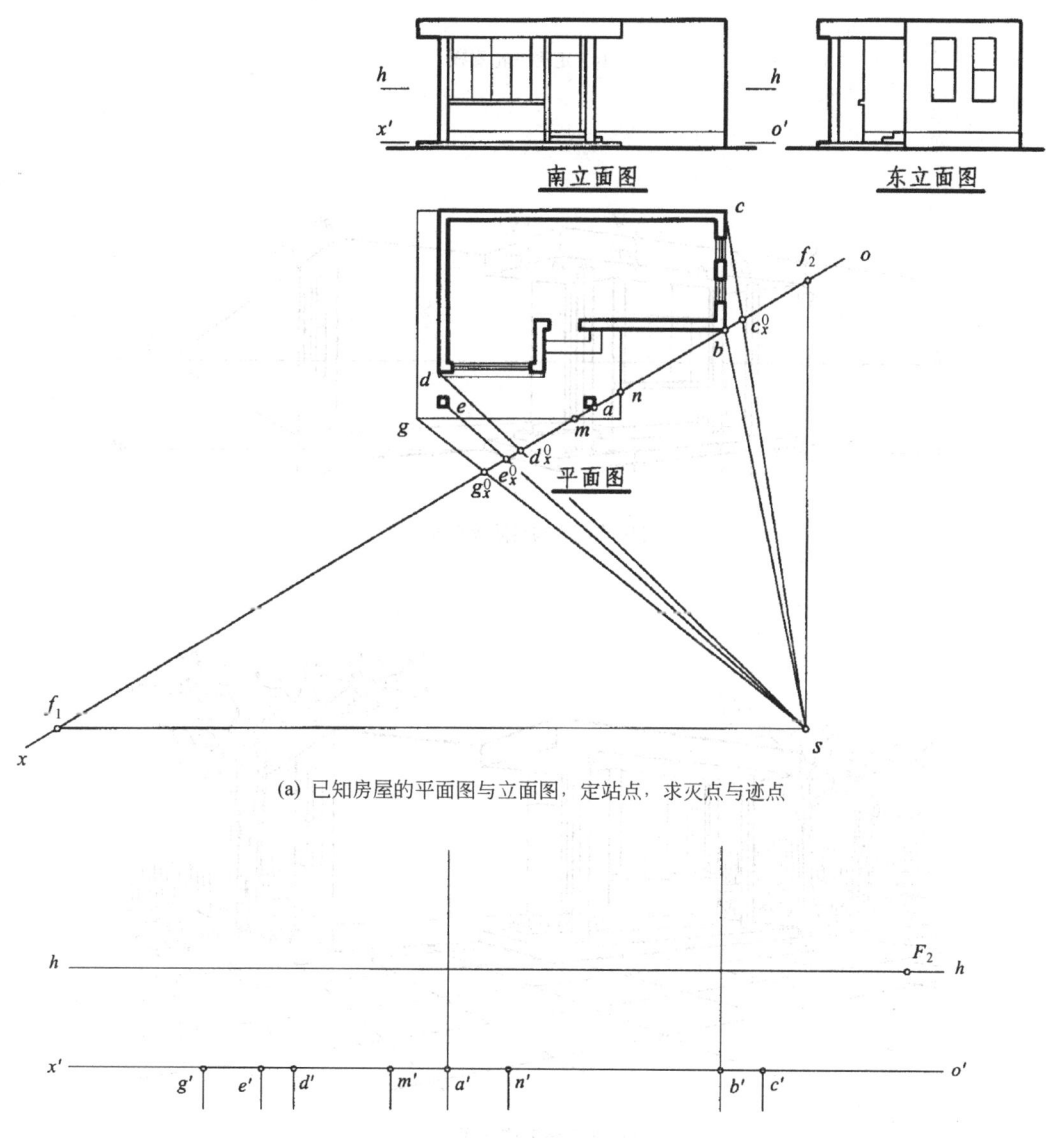

(a) 已知房屋的平面图与立面图,定站点,求灭点与迹点

(b) 定画面,按相应倍数确定真高线及各迹点

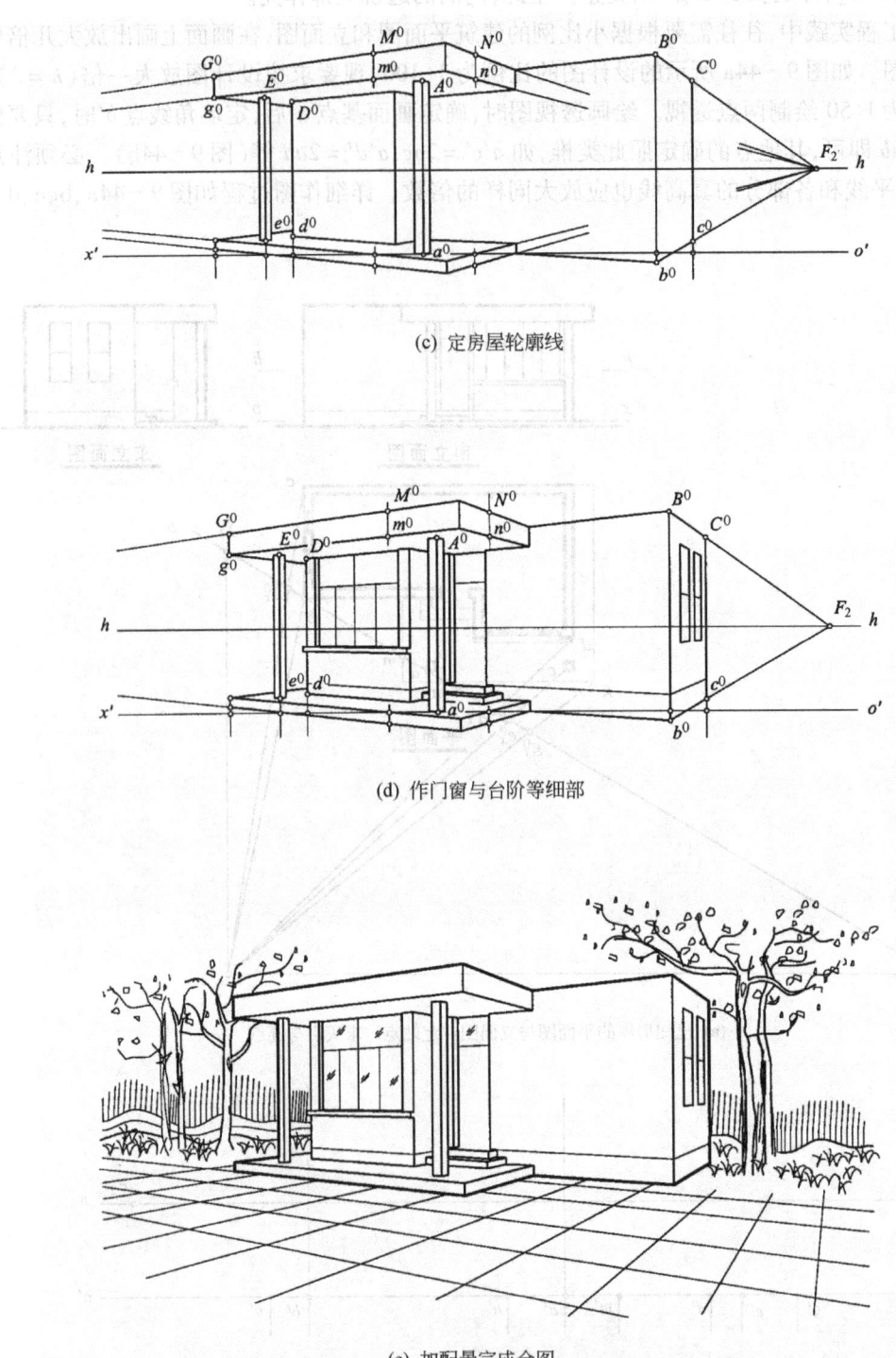

(c) 定房屋轮廓线

(d) 作门窗与台阶等细部

(e) 加配景完成全图

图 9-44 放大绘画建筑物透视图步骤

9.5.4 透视图的选择

视点、物体、画面是透视成图的三要素。它们之间的相对位置关系决定了透视图的形象。人们要求画出的透视图应当符合人们处于最适宜位置观察建筑物所获得的最清晰的视觉形象,使所绘的透视图既能反映出设计意图,又能使图面达到最佳效果。因此,必须注意以下几方面的选择。

1. 视角和视点的选择

从实际经验可知,当视点过偏、视距过近时,视角就会增大,透视易产生失真现象。若头部不动以一只眼睛观看前方时,上下、左右能看到的范围构成一个以眼睛为顶点的椭圆形的视锥,其顶角称为视锥角,视锥面与画面的交线称视阈。视轴即视锥高必垂直于画面。为了简便,实际应用时把视锥作为正圆锥,这样的视域即为正圆。视锥角 θ 一般在 $110°\sim130°$。清晰可见的视锥角为 $\alpha=60°$,最清晰的在 $28°\sim37°$ 范围内。画室内透视可略大于 $60°$,但不宜超过 $90°$,否则会失真。绘室外透视一般采用 $\theta=30°$,以便使用 $30°$ 三角板选定站点,如图 9-45 所示。

以主视线 ss_x 为对称轴,将 $30°$ 三角板的斜边和所夹 $30°$ 角的直角边靠住建筑平面图的最左最右边角点,这时 $30°$ 三角板顶点位置即为理想站点 s 的位置。主视线 ss_x 在画面宽度 W 的中点的位置为最佳位置,也允许在距中点位置为 $\frac{1}{3}W$ 的范围内移动。

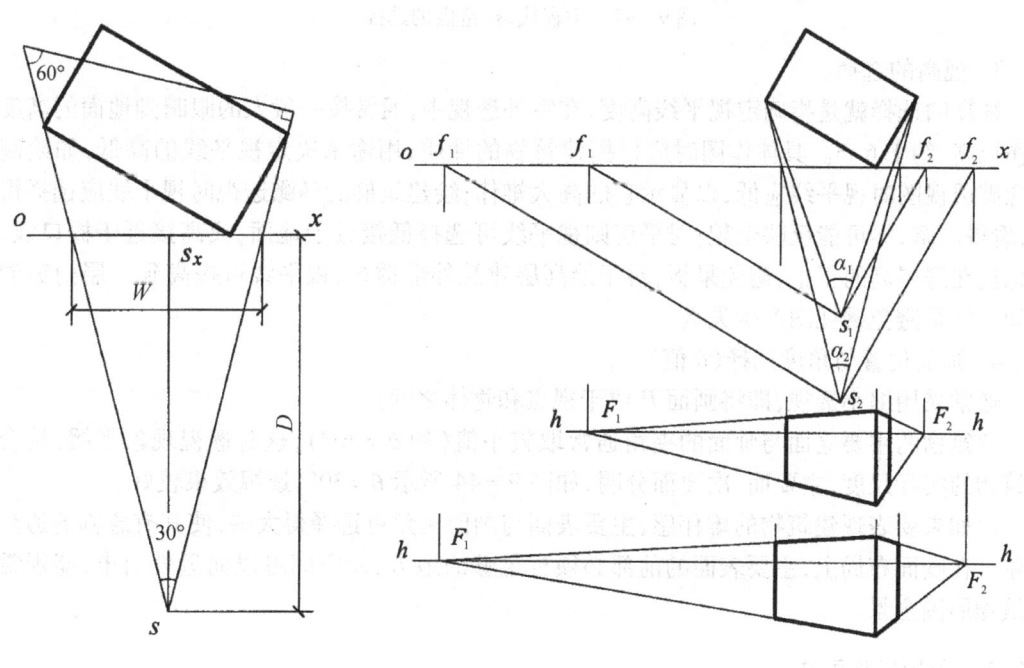

图 9-45 视角选择　　　　图 9-46 视距选择

2. 视距的选择

如图 9-46 所示,以 s_1 为站点获得的透视图,F_2 过于靠近右侧面不能充分体现立体感;以 s_2 为站点获得的透视图效果较好。视点位置选择应保证透视图有一定的立体感,若物体与画面位置已定,视角也已定,还需要考虑站点的左右位置,其位置选择应保证能看到一个长方体的两个面,可左右移动来获得。偏移的范围至少不宜超出 W 宽度范围,否则会严重失真,使形体不完整,见图 9-47。

图 9-47 所示,形体由三个体块组合。图 9-47a 中,s_x 的位置在画面宽度 W 的中间,所绘透视图中能看到 3 个体块;而图 9-47b 所示 s_x 的位置超出 W 宽度范围,所绘的透视图中只能看到两个体块,严重失真。

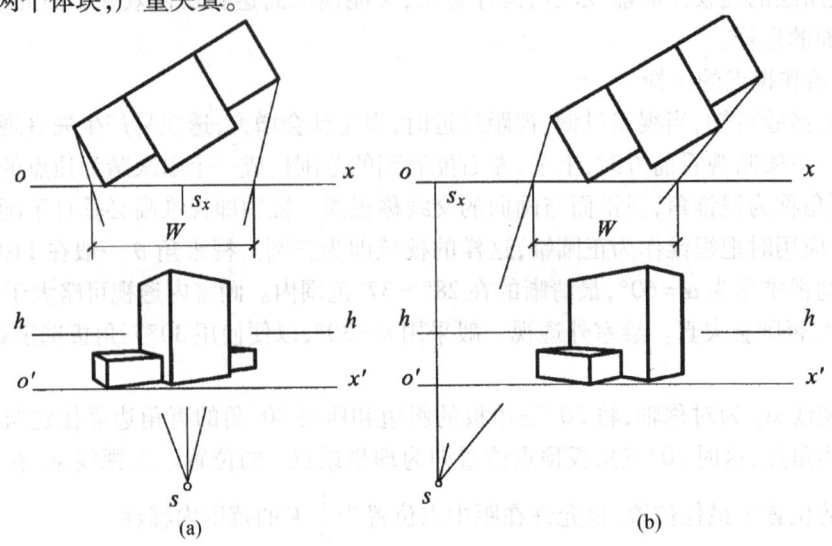

图 9-47 主视线 ss_x 范围的选择

3. 视高的选择

视高的选择就是指确定视平线高度,在室外透视中,通常按一般人的眼睛到地面的高度来作视高,约 1.6 m。具体作图时应根据建筑物的性质、用途来决定视平线的高低,如绘制纪念碑透视图时视平线应低,以显示它的高大雄伟;绘建筑群的鸟瞰透视时视平线应选择得高,看得广阔,尽可能反映全貌;对平房则视平线可选择低接近于地面,或高接近于檐口线,切忌选在房屋高的正中,避免呆板;对于绘高层建筑外形透视,视平线可提高到二层门窗洞之间。尽量避免透视图产生失真。

4. 画面位置与角度选择(θ 值)

通常采用缩小透视,即将画面 P 位于视点和物体之间。

建筑物的主要立面与画面的夹角通常取较小值(如 $\theta=30°$),这时透视现象平缓,符合建筑物的实际尺度,主要面、次要面分明,如图 9-44 所示 $\theta=30°$,透视效果较好。

但如果要表现建筑物的雄伟感,主要表面与画面夹角可选择得大些,使其有急剧的透视现象。在画面布局上,主要表面的前部必须有足够的地方,使空间可以向远处引申,能观赏建筑物周围全景。

9.5.5 圆的透视画法

根据圆平面与画面的相对位置不同,圆的透视一般情况下可得到圆或椭圆。

9.5.5.1 平行于画面的圆

当圆平行于画面时,其透视仍为一个圆。圆的透视的大小依圆距画面的远近而定。图 9-48 为轴线垂直于画面的水平圆管的透视。圆管的前端面位于画面上,其透视就是它本身;后端面在画面之后,与画面平行,其透视则是半径缩小的圆。为此,先求出后端面圆心 C_2 的透视 C_2^0,再求出后端面两同心圆的半径 $A_2^0 C_2^0$、$B_2^0 C_2^0$ 的透视 $A_2^0 C_2^0$ 和 $B_2^0 C_2^0$,然后分别以此为半径画圆,得到后端面两个圆的透视。最后,画出圆管上与前后两外圆相切的轮廓素线,完成圆管的透视图。

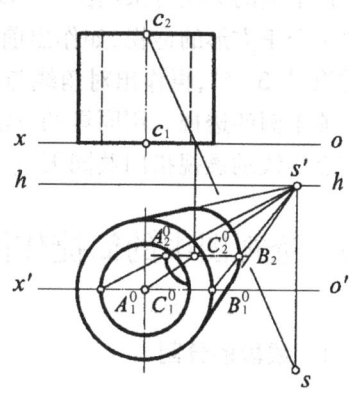

图 9-48 圆管的透视

9.5.5.2 水平圆及侧平圆

水平圆及侧平圆的透视在一般情况下是椭圆。为了画出其透视,采用类似于轴测投影中的八点法。其中四点为圆的外切正方形各边中点的透视,另外四点是圆与其外切正方形两条对角线的交点。

在图 9-49a 中,先作出圆的外切正方形的透视 $A^0 B^0 C^0 D^0$,过其对角线的交点 O^0,作正方形对边中点连线的透视,得 1^0、3^0、5^0、7^0 四点。再按图中作法在基线 $o'x'$ 线上定出 9、10 两点,并引线至主点 s',交对角线于另外四点 2^0、4^0、6^0、8^0。光滑地连接这八点即得所求圆的透视。用类似的方法可作出侧平圆的透视,如图 9-49b 所示。

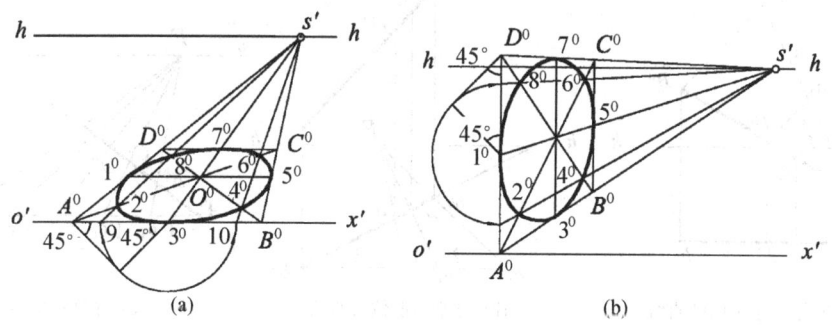

图 9-49 八点法作透视图的椭圆

图 9-50 所示为圆拱门的二面投影,作透视图的关键是作圆拱门前、后两个半圆的透

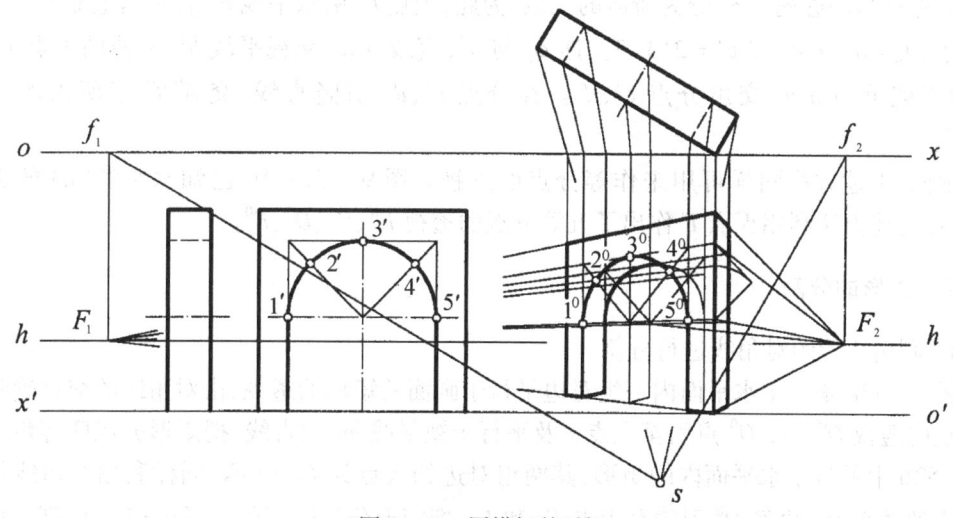

图 9-50 圆拱门的透视

视。作半圆的透视可采用图 9-49 八点法作透视图椭圆的方法,将半圆纳入半个正方形中,作出半个正方形的透视,如作出前半圆所在的半个正方形的透视后,可得到前半圆上三个点的透视 1^0、3^0、5^0,再作出对角线与半圆交点的透视 2^0 和 4^0,将这五个点光滑地连接起来,就得到前半圆的透视。用同样的方法可求出后半圆弧的透视,图中是利用过前后两个半圆上对应点连线的透视指向共同灭点 F_2 的特性,使作图简化,作图过程这里不再详述。

9.6 透视图中的简捷作图法

9.6.1 线段的分割

对于平行于画面的直线,直线上各段之比等于其透视各段之比。如图 9-51a 所示,已知与画面平行的线段 AB 上的两点 C、D 把 AB 分为 $AC:CD:DB=2:1:3$。则其透视 $A^0C^0:C^0D^0:D^0B^0$ 及其基透视 $a^0c^0:c^0d^0:d^0b^0$ 各段之比亦应为 $2:1:3$。

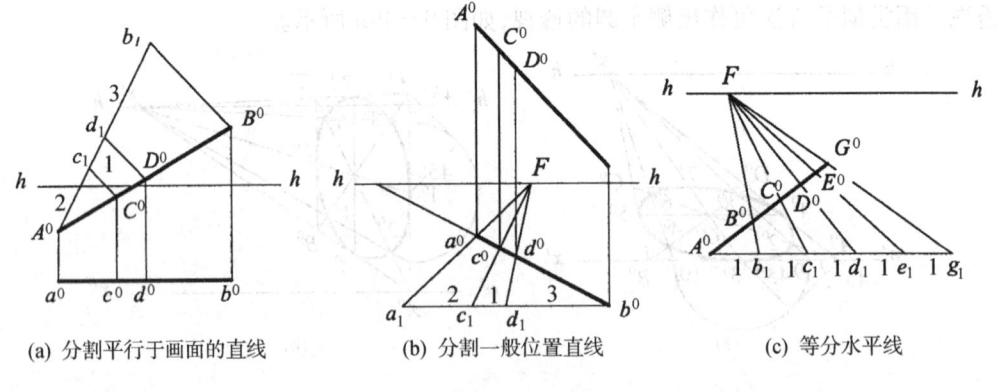

(a) 分割平行于画面的直线　　(b) 分割一般位置直线　　(c) 等分水平线

图 9-51 线段的分割

如图 9-51b 所示,如果要把一般位置线段 AB 分为 $AC:CD:DB=2:1:3$ 三段,则在透视图中应先将其基透视 a^0b^0 分为所需的三段,为此,经点 b^0 引水平线 b^0a_1,在其上截取 a_1、c_1、d_1 三点,使 $a_1c_1:c_1d_1:d_1b^0=2:1:3$。连 a_1 与 a^0,直线 a_1a^0 交视平线 hh 于辅助灭点 F,则 c_1F、d_1F 就可与 a^0b^0 交出分点 c^0、d^0。经分点 c^0、d^0 引竖直线,交 A^0B^0 于所需的分点 C^0、D^0。

显然,上述方法同样可用来作等分点的透视。图 9-51c 中,已知水平线 AD 的透视 A^0G^0,按上述方法利用灭点 F 作出了五等分点的透视 B^0、C^0、D^0、E^0。

9.6.2 矩形的分割

1. 利用矩形的对角线进行分割

图 9-52a 是位于水平面内一组对边平行于画面的矩形的透视,由对角线的交点确定了其中点的透视 O^0。过 O^0 点引至主点 s' 及平行于视平线 hh 的直线,把矩形分成四等份。在图 9-52b 中的位于水平面内的矩形,其两组对边的灭点为 F_1 和 F_2,同样利用对角线作出其中点的透视 O^0,再经 O^0 引线至灭点 F_1 和 F_2,把矩形分为四等份。图 9-52c 中则是把位

于铅垂面内的矩形,在透视中分割为四等份的作法。

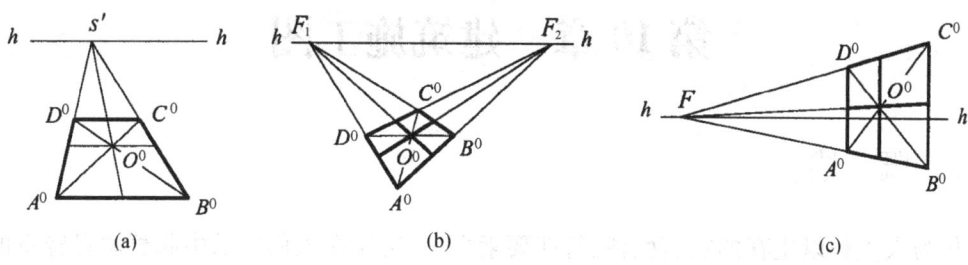

图 9-52 把矩形分割成四等份

2. 利用矩形的一条对角线和一组平行线,将水平分割转换为垂直分割

在图 9-53 中,要将矩形沿水平方向按 1∶3∶2 的比例分割,可先在竖直线 A^0B^0 上以任一长度为单位按已知比例截量,得 I^0、G^0、E^0 点。以 $A^0I^0J^0D^0$ 作为矩形的透视,作对角线 D^0I^0,然后将 E^0、G^0 两点与灭点 F 相连,直线 G^0F、E^0F 与对角线 D^0I^0 相交于 M^0、N^0 两点,通过 M^0、N^0 两点作竖直线,就可得出矩形 $ABCD$ 按比例 1∶3∶2 在透视图中的竖直分割。

3. 利用辅助灭点将矩形进行分割

如图 9-54 所示,将矩形 $ABCD$ 的透视 $A^0B^0C^0D^0$ 进行分割,首先按图 9-51b 中的方法,利用辅助灭点 F_3,把矩形的边分成所需的比例,然后通过各分点作竖直线就可将其分割。图 9-54 为建筑物的两个立面按所需的比例分割。

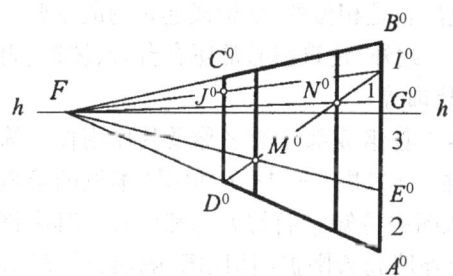

图 9-53 将矩形的水平分割转换为垂直分割

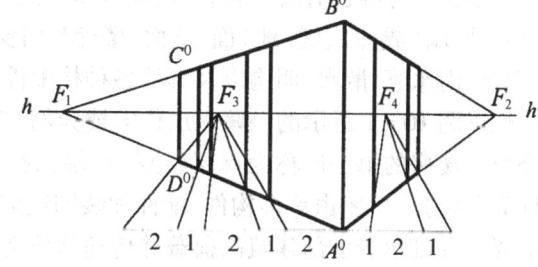

图 9-54 利用辅助灭点将矩形分割

第10章 建筑施工图

10.1 概　述

作为人类赖以生存的衣、食、住、行四要素之一,房屋在人们生活中起着举足轻重的作用。建造房屋要经过设计与施工的两个过程。设计时把想象中的房屋,按照"国标"的规定,用正投影方法画出的图样,称为房屋建筑图。设计过程中用来研究、比较、审批等反映房屋功能组合、房屋内外概貌和设计意图的图样,称为房屋初步设计图,简称初设图。为施工服务的图样称为房屋施工图,简称施工图。

10.1.1 房屋的组成

房屋建筑按其使用功能通常可分为工业建筑、农业建筑和民用建筑。工业建筑包括各种厂房、仓库、动力站等;农业建筑包括谷仓、饲养场、农机站等。在民用建筑中,一般又分为居住建筑和公共建筑两种。居住建筑包括住宅、宿舍、公寓等;公共建筑包括学校、办公楼、宾馆、图书馆、车站、码头、飞机场、体育场馆等。

各种不同类型的建筑物,尽管它们在使用要求、空间组合、外形处理、结构型式、构造方式及规模大小等各自有着种种特点,但其基本的组成内容是相似的,如构成建筑物的主要部分是基础、墙(或柱)、楼(地)面、屋面、楼梯和门窗等。此外,建筑物通常还有台阶、坡道、雨篷、阳台、雨水管、散水、明沟以及其他各种构配件和装饰等。

现以图10-1所示的一幢六层住宅楼为例,将房屋各组成部分的名称及其作用作一简单介绍。楼房的第一层称为首层(也称底层),往上数,称二层、三层……顶层(本例的第六层即为顶层)。房屋由许多构件、配件和装饰组成,从图中可知它们的名称和位置。其中钢筋混凝土基础承受上部建筑的荷载并传递到地基;内外墙起着围护(挡风雨、隔热、保温)和分隔作用;楼面与地面是分隔建筑空间的水平承重构件;屋面是房屋顶部的围护和承重构件,由承重层、防水层和隔热层等组成;楼梯是楼房的垂直交通设施,供人们上下楼层之用;门主要用作交通联系和分隔房间,窗主要用作采光和通风,门窗是建筑外观的一部分,对建筑的立面造型和室内装饰产生影响。此外,压顶、女儿墙、雨篷、雨水管、勒脚、散水、明沟等起着排水和保护墙身的作用。阳台供远眺、晾晒之用,女儿墙在屋面上起遮拦的作用,它们同时也起到立面造型的效果。

10.1.2 施工图的产生及分类

房屋建筑的设计一般分为两个阶段:初步设计阶段和施工图设计阶段。但对于一些大型的、重要的或技术复杂的工程,还要增加扩大初步设计(或称技术设计)阶段,作为协调该工程各专业工种之间的关系和绘制施工图的准备,其图样称为扩大初步设计图,简称扩初图。

1. 初步设计阶段

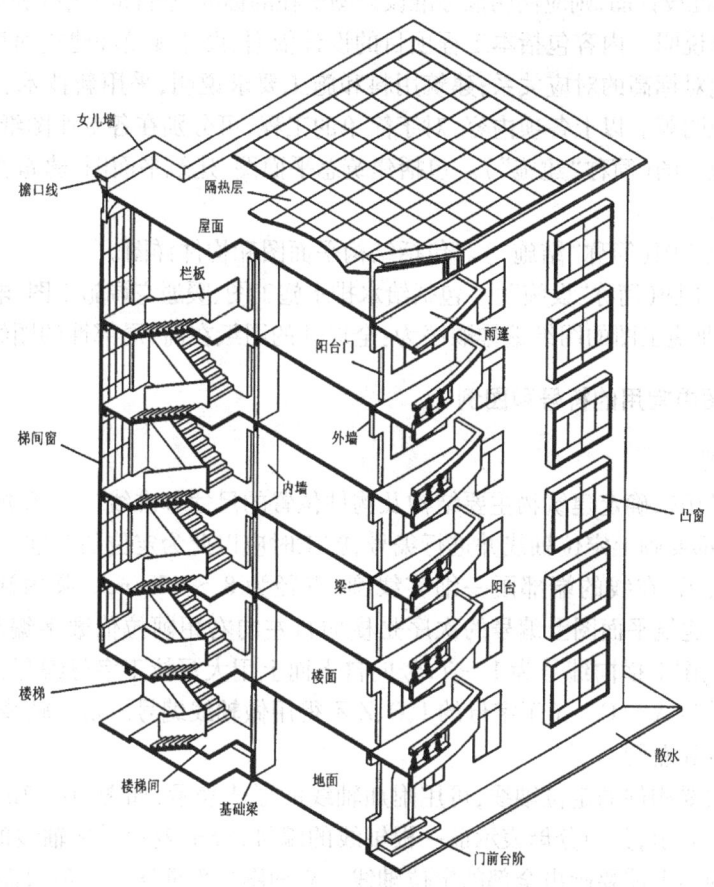

图 10-1 房屋各组成部分示意图

根据该项目的设计任务,明确要求,收集资料,调查研究。对于建筑中的主要问题,如建筑的平面布置,水平与垂直交通的安排,建筑外形与内部空间处理的基本意图,建筑与周围环境的整体关系,建筑材料和结构形式的选择等进行初步的考虑,作出较为合理的设计方案。设计方案主要用平面图、立面图和剖面图等图样,把设计意图表达出来,以便于与建设方做进一步研究和修改。重要建筑常做多个方案以便比较选用。

设计方案确定后,需进一步去解决结构选型及布置,各工种之间的配合等技术问题,从而对方案做进一步修改;然后按一定的比例绘制初步设计图,送有关部门审批。初步设计图的内容包括建筑总平面图,建筑平、立、剖面图。此外,通常还加绘彩色透视图等表达建筑物外表面的颜色搭配及其立体造型效果,必要时还要做出小比例的模型,以表示建筑物竣工后的外貌。

2. 施工图设计阶段

施工图设计主要是依据报批获准的初步设计图,按照施工的要求予以具体化。各专业各自用尽可能详尽的图样、尺寸、文字、表格等方式,将工程对象在本专业方面的有关情况表达清楚。为施工安装、编制工程概预算、工程竣工后验收等工作提供完整的依据。

一套完整的施工图,根据其专业内容或作用的不同,一般的编排顺序为:

(1) 图纸目录。列出本套图纸有几类,各类图纸有几张,每张图纸的编号、图名和图幅大小。如果选用标准设计图,则应注明该标准设计图所在的标准设计图集名称和图号或页次。

(2) 设计总说明。内容包括本工程项目的设计依据、设计规模和建筑面积;本工程项目的相对标高与绝对标高的对应关系;建筑用料和施工要求说明;采用新技术、新材料或有特殊要求的做法说明等。以上各项内容,对于简单的工程,可分别在各专业图纸上表述。

(3) 建筑施工图(简称"建施")。包括建筑总平面图、建筑平面图、建筑立面图、建筑剖面图及建筑详图。

(4) 结构施工图(简称"结施")。包括结构平面图和构件详图。

(5) 设备施工图(简称"设施")。包括给水排水施工图、暖通空调施工图、电气施工图等。
此外,各专业施工图的图纸编排顺序为:全局性的图纸在前,局部性的图纸在后。

10.1.3 施工图中常用的符号和图例

1. 定位轴线

定位轴线是用来确定建筑物主要结构及构件位置的尺寸基准线。凡承重构件如墙、柱、梁、屋架等位置都要画上定位轴线并进行编号,施工时应以此为定位的基准。定位轴线应用细单点长画线表示,在线的端部画一细实线圆,直径为 8~10 mm。圆内注写编号,如图 10-2a 所示。在建筑平面图上编号的次序是横向自左向右用阿拉伯数字编写,如图 10-9(第 214 页)平面图上横向编号为 1~7;竖向自下而上用大写拉丁字母编写,如图 10-9 平面图上竖向编号为 A~C。拉丁字母的 I、O、Z 不得用做轴线编号。定位轴线的编号一般注写在图形的下方和左侧。

对于某些次要构件的定位轴线,可用附加轴线的形式表示,如图 10-2b 所示。附加轴线的编号以分数表示,其中分母表示前一根轴线的编号,分子表示附加轴线的编号,用数字依次编写。平面图上需要画出全部的定位轴线。立面图或剖面图上一般只需画出两端的定位轴线。

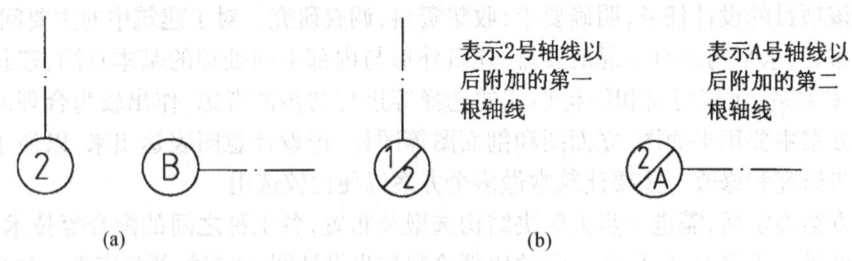

图 10-2 定位轴线

2. 标高符号

标高符号表示某一部位的高度。在图中用标高符号加注尺寸数字表示,见图 10-3a。标高符号用细实线绘制,符号中的三角形为等腰三角形。当标注位置不够时,也可按图 10-3b 所示形式绘制。标高符号的具体画法应符合图 10-3c 的规定,长横线上下可用来注写尺寸,尺寸单位为米,注写到小数点后三位(总平面图上可注到小数点后两位)。总平面图上的标高符号,用涂黑的三角形表示,见图 10-3d。标高符号的尖端指至被注高度,尖端宜向下,也可向上,见图 10-3e。

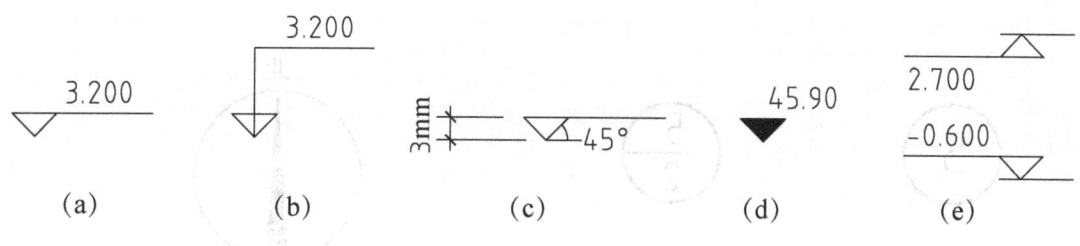

图 10-3　标高符号

常以房屋的底层室内地面作为零点标高,注写形式为：±0.000;零点标高以上为"正",标高数字前不必注写"＋"号,如 3.200;零点标高以下为"负",标高数字前必须加注"－"号,如 －0.600。标高的注写形式可参见图 10-9 所示。

3. 索引符号和详图符号

在房屋建筑图中某一局部或构配件需要另见详图时,应以索引符号索引。如在图 10-23（第 232 页）的 1—1 剖面图中画出了索引符号⊖,并在相应的天沟剖面节点详图上,标注了详图符号①等。标注索引符号和详图符号的方法规定如下：

（1）索引符号。用一细实线为引出线指出要画详图的地方,在线的另一端画一直径为 8mm～10 mm 的细实线圆,圆内过圆心画一水平线,见图 10-4a。如索引出的详图与被索引的图样同在一张图纸内,应在索引符号的上半圆内用阿拉伯数字注明该详图的编号,并在下半圆内画一段水平细实线,见图 10-4b;如索引出的详图与被索引的图样不在同一张图纸内,应在索引符号的下半圆中用阿拉伯数字注明该详图所在图纸的图号,如图 10-4c,表示索引的 5 号详图在图号为 2 的图纸上。如索引的详图采用标准图,应在索引符号水平直径的延长线上加注该标准图册的编号,如图 10-4d,表示索引的 5 号详图在名为 J103 的标准图册、图号为 2 的图纸上。

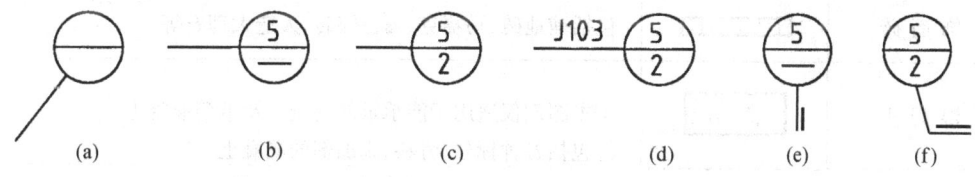

图 10-4　索引符号

索引符号如用于索引剖面详图,应在被剖切的部位绘制剖切的位置线,并以引出线引出索引符号,引出线所在的一侧应为投射方向。如图 10-4e 所示,表示剖切后向左投射。

（2）详图符号。详图符号为一粗实线圆,直径为 14 mm。表示方法如图 10-5 所示,图 10-5a 表示这个详图的编号为 5,被索引的图样与这个详图同在一张图纸内;图 10-5b 表示这个详图的编号为 5,与被索引的图样不在同一张图纸内,而在图号为 2 的图纸内。

4. 指北针

在首层建筑平面图上的左下角,均应画上指北针。如图 10-6 所示,指北针用细实线绘制,圆的直径为 24 mm,指针尾部宽度为 3 mm,指针头部应注"北"或"N"字。

5. 建筑施工图常用图例

为了简化作图,建筑施工图中常用建筑材料的图例见表 10-1。在房屋建筑图中,对比

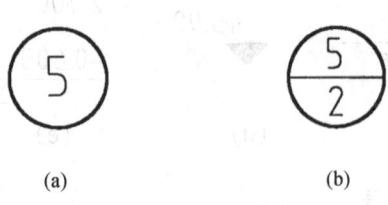
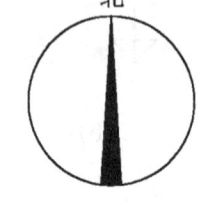

图 10-5　详图符号　　　　　　　　图 10-6　指北针

例小于或等于 1:50 的平面图和剖面图，砖墙的图例不画斜线；对比例小于或等于 1:100 的平面图和剖面图，钢筋混凝土构件（如柱、梁、板等）的建筑材料图例可简化为涂黑。

表 10-2 为建筑施工图中常用的建筑构造及配件图例。

表 10-1　常用建筑材料的图例

名　称	图　例	说　明
自然土壤		包括各种自然土壤
夯实土壤		
沙、灰土		靠近轮廓线较密的点
粉　刷		本图例点绘以较稀的点
普通砖		①包括砌体、砌块 ②断面较窄、不易画出图例线时，可涂红
饰面砖		包括铺地砖、马赛克、陶瓷锦砖、人造大理石等
混凝土		①本图例仅适用于能承重的混凝土及钢筋混凝土 ②包括各种标号、骨料、添加剂的混凝土 ③在剖面图上画出钢筋时，不画图例线 ④断面较窄，不易画出图例线时，可涂黑
钢筋混凝土		
毛　石		
木　材		①上图为横断面，左上图为垫木、木砖、木龙骨 ②下图为纵断面
金　属		①包括各种金属 ②图形小时，可涂黑

第10章 建筑施工图

表 10-2 常用的建筑构造及配件图例

名 称	图 例	说 明	名 称	图 例	说 明
楼梯	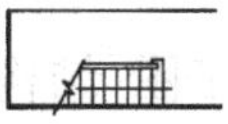	①上图为底层楼梯平面 中图为中层楼梯平面 下图为顶层楼梯平面 ②楼梯的形式及步数应按实际情况绘制	单扇门（包括平开或单面弹簧)	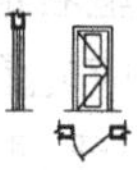	①门的名称代号用 M 表示 ②剖视图上左为外,右为内,平面图中下为外,上为内 ③立面图上开启方向线交角的一侧为安装合页的一侧,实线为外开,虚线为内开 ④平面图上的开启弧线及立面图上的开启方向线,在一般设计图上不需表示,仅在制作图上表示 ⑤立面形式应按实际情况绘制
坡度			单扇双面弹簧门	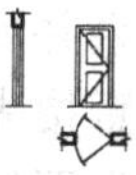	
检查孔		左图为可见检查孔 右图为不可见检查孔	双扇门（包括平开或单面弹簧)		
孔洞			双扇双面弹簧门	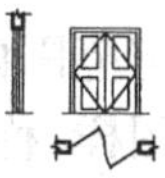	
坑槽			对开折叠门	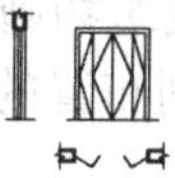	
墙预留洞			单层固定窗	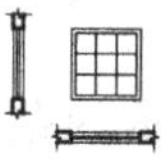	①窗的名称代号用 C 表示 ②立面图中的虚线表示窗的开关方向,实线为外开,虚线为内开;开启方向,线交角的一侧为安装合页的一侧,一般设计图中可不表示 ③剖视图上左为外、右为内,平面图中下为外,上为内 ④平面图、剖视图上的虚线仅说明开关方式,在设计图中不需要表示 ⑤窗的立面形式应按实际情况绘制
墙预留槽			单层外开上悬窗	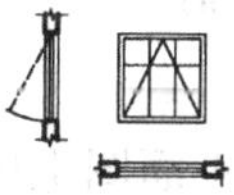	
烟道			单层中悬窗	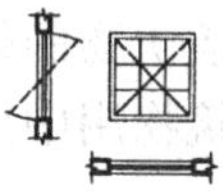	
通风道			单层外开平开窗	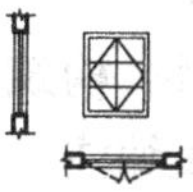	
空门洞			左右推拉窗	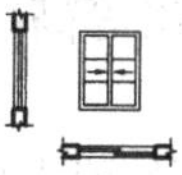	

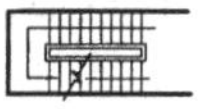

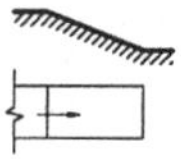

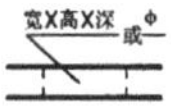

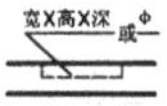

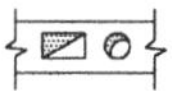

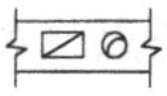

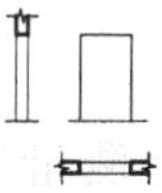

10.1.4 阅读施工图的步骤

一套完整的房屋施工图,简单的有十几张,复杂的有几十张,甚至几百张。当我们阅读这些图纸时,究竟应从哪里看起呢?

对于全套图纸来说,应先看图纸目录和设计总说明,再按建筑施工图、结构施工图和设备施工图的顺序阅读。对于建筑施工图来说,先平面图、立面图、剖面图(简称平、立、剖),后详图。对于结构施工图来说,先基础图、结构平面图,后构件详图。当然,这些步骤不是孤立的,而是要经常互相联系并反复进行。

阅读图样时,还应注意按先整体后局部,先文字说明后图样,先图形后尺寸的原则依次进行。同时,还应注意各类图纸之间的联系,弄清各专业工种之间的关系等。

10.2 建筑总平面图

10.2.1 图示方法和内容

将新建建筑物在一定范围内的建筑物、构筑物连同其周围的环境状况,用水平投影方法和相应的图例所画出的图样,称为建筑总平面图,简称总平面图或总图。它表明了新建筑物的平面形状、位置、朝向、高程,以及与周围环境,如原有建筑物、道路、绿化等之间的关系。因此,总平面图是新建建筑物施工定位和规划布置场地的依据,也是其他专业(如水、暖、电等)的管线总平面图规划布置的依据。

10.2.2 有关规定和画法特点

1. 比例

建筑总平面图所表示的范围比较大,一般都采用较小的比例,常用的比例有 $1:500$,$1:1000$,$1:2000$ 等。工程实践中,由于有关部门提供的地形图一般采用 $1:500$ 的比例,故总平面图的比例常用 $1:500$。

2. 图例与线型

由于比例很小,总平面图上的内容一般是按图例绘制的,常用图例见表 10-3。当标准所列图例不够用时,也可自编图例,但应加以说明。

从图例可知,新建建筑物的外形轮廓线用粗实线绘制,新建的道路、桥涵、围墙等用中实线绘制,计划扩建的建筑物用中虚线绘制,原有的建筑物、道路及坐标网、尺寸线、引出线等用细实线绘制。

3. 注写名称与层数

总平面图上的建筑物、构筑物应注写名称与层数。当图样比例小或图面无足够位置注写名称时,可用编号列表编注。注写层数则应在图形内右上角用小圆黑点或数字表示。

4. 地形

当地形复杂时要画出等高线,表明地形的高低起伏变化。

5. 坐标网络

总平面图表示的范围较大时,应画出测量坐标网或建筑坐标网。测量坐标代号宜用"X、Y"表示,例如 X1200、Y700;建筑坐标代号宜用"A、B"表示,例如 A100、B200。

6. 尺寸标注与标高注法

第10章 建筑施工图

表 10-3 总平面图常用图例

名称	图例	说明	名称	图例	说明
新建的建筑物	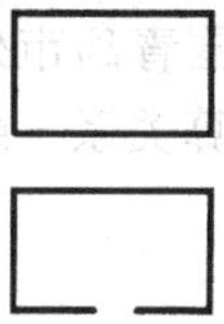	①上图为不画出入口图例，下图为画出入口图例 ②需要时，可在图形内右上角以点数或数字(高层宜用数字)表示层数 ③用粗实线表示	填挖边坡 护坡		边坡较长时可在一端或两端局部表示
原有的建筑物		①应注明利用者 ②用细实线表示	雨水井 消火栓井		
计划扩建的预留地或建筑物		用中虚线表示	室内标高	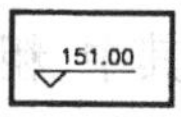 ▽ 151.00	
拆除的建筑物		用细实线表示	室外标高	 ▼ 143.00	
新建的地下建筑物或构筑物	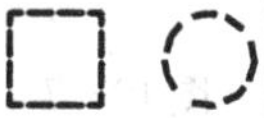	用粗虚线表示	新建道路	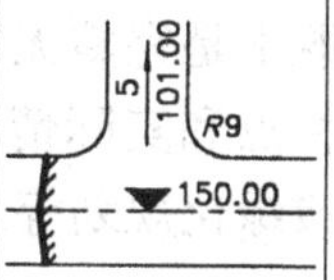	①"R9"表示道路转弯半径为9m；"150.00"为路面中心标高；"5"表示5%，为纵向坡度；"101.00"表示变坡点距离 ②图中斜线为道路端面示意，根据实际需要绘制
围墙及大门		①上图为砖石、混凝土或金属材料的围墙 ②下图为镀锌铁丝网、篱笆等围墙 ③如仅表示围墙时不画大门	原有道路 计划扩建的道路		
露天桥式起重机	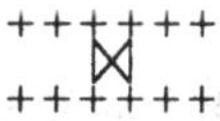		道路曲线段	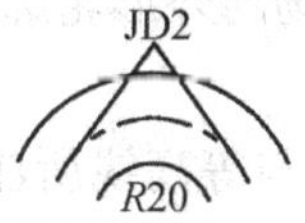	①"JD2"为曲线转折点编号 ②"R20"表示道路曲线半径为20 m
架空索道		"I"为支架位置	桥梁	 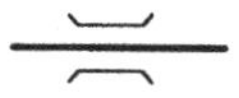	①上图为公路桥 ②下图为铁路桥 ③用于旱桥时应注明
坐标	X105.00 Y425.00 A131.51 B278.25	①上图表示测量坐标 ②下图表示施工坐标	跨线桥		道路跨铁路 铁路跨道路 道路跨道路 铁路跨铁路
方格网交叉点标高	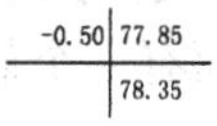 -0.50 | 77.85 78.35	①"78.35"为原地面标高 ②"77.85"为设计标高 ③"-0.50"为施工高度 ④"-"表示挖方，"+"表示填方	管线	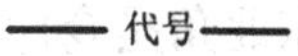 —— 代号 ——	管线代号按现行国家有关标准的规定标注

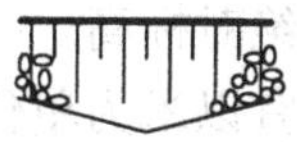

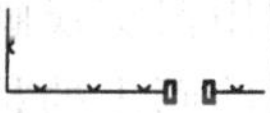

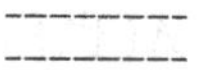

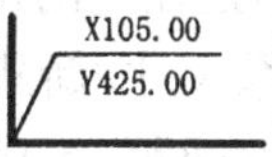

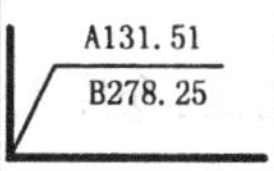

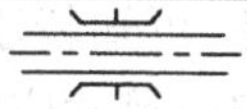

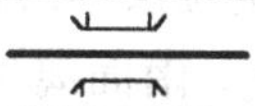

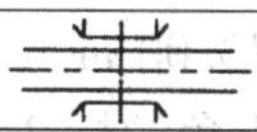

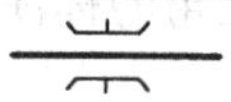

总平面图中尺寸标注的内容包括:新建建筑物的总长和总宽;新建建筑物与原有建筑物或道路的间距;新增道路的宽度等。

总平面图中标注的标高应为绝对标高。所谓绝对标高,是指以我国青岛市外的黄海海平面作为零点而测定的高度尺寸。假如标注相对标高,则应注明其换算关系。新建建筑物应标注室内外地面的绝对标高。

标高及坐标尺寸宜以米为单位,并保留至小数点后两位。

7. 指北针或风玫瑰图

总平面图应按上北下南方向绘制。根据场地形状或布局,可向左或右偏转,但不宜超过45°。总平面图上应画出指北针或风玫瑰图。风玫瑰图也称风向频率玫瑰图,一般画出十六个方向的长短线来表示该地区常年风向频率。其中,粗实线表示全年风向频率,细实线表示冬季风向频率,虚线表示夏季风向频率。图10-7是广州市的风玫瑰图,表明该地区冬季北风发生的次数最多,而夏季东南风发生的次数最多。由于风玫瑰图同时也表明了建筑物的朝向情况,因此,如果在总平面图上绘制了风玫瑰图,则不必再绘制指北针。

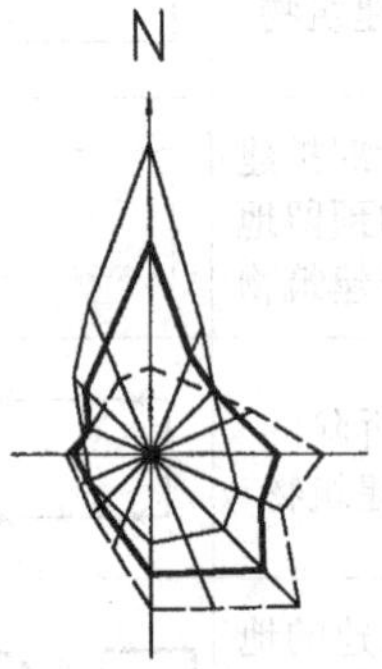

8. 绿化规划与补充图例

上面所列内容,既不是完整无缺,也不是任何工程设计都缺一不可,而应根据工程的特点和实际情况而定。对一些简单的工程,可不画出等高线、坐标网或绿化规划等。

图10-7 风向频率玫瑰图

10.2.3 识读建筑总平面图示例

图10-8是某住宅小区一角的总平面图,选用比例1:500。图中用粗实线画出的图形是两幢相同的新建住宅A(也称代号为A的住宅)的外形轮廓。细实线画出的是原有住宅B、综合楼、仓库和球场的外形轮廓,以及道路、围墙和绿化等。虚线画出的是计划扩建的住宅外形轮廓。

从图中风玫瑰图与等高线所注写的数值,可知总平面图按上北下南方向绘制,图中所示该地区全年最大的风向频率为东南风和北风。该小区地势是自西北向东南倾斜。新建住宅室内地坪,标注建筑图中±0.00 m处的绝对标高为19.20 m。注意室内外地坪标高标注符号的不同。

从图中的尺寸标注,可知新建住宅总长23.40 m,总宽9.30 m。新建住宅的位置可用定位尺寸或坐标确定。定位尺寸应注出与原建筑物或道路中心线的联系尺寸,新建住宅西面离道路中心线11.90 m,南面离道路边线10.00 m,两幢新建住宅南北间距15.00 m,新建住宅北面离原有住宅13.00 m。

从各个图形的右上角的标注,可知新建住宅6层高,原有住宅3层高,仓库1层高,综合楼12层高。

从图中还可以了解到周围环境的情况。如新建住宅的南面有名为文园路的道路,东面有计划扩建的住宅,东北角是仓库并建有围墙,北面有原有住宅,西北面有一个篮球场,西面有道路和综合楼,综合楼的西南面有一待拆的房屋等等。

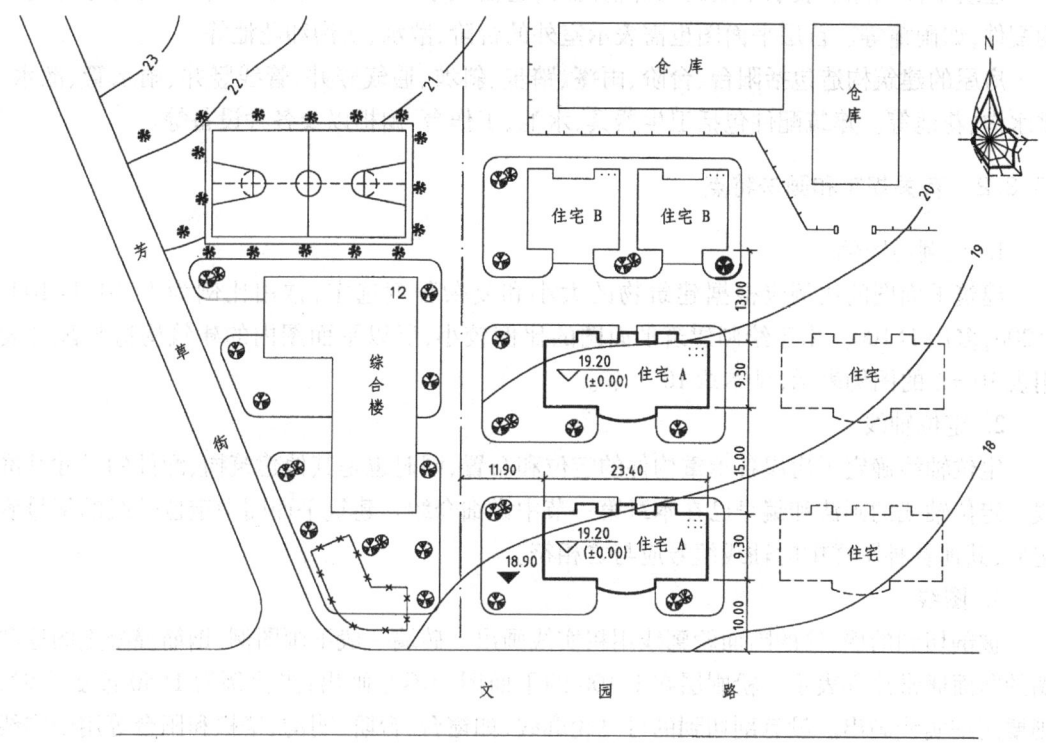

图 10-8 某住宅小区一角的总平面图

10.3 建筑平面图

10.3.1 图示方法和内容

假想用一个水平的剖切平面沿门窗洞的位置将房屋剖开,移去上面部分后,向水平投影面作正投影所得的水平剖面图,称为建筑平面图,简称平面图。

建筑平面图反映了建筑物的平面形状和平面布置,包括墙和柱、门窗以及其他建筑构配件的位置和大小等。它是墙体砌筑、门窗安装和室内装修的重要依据,是施工图中最基本的图样之一。

如果是楼房,沿首层剖开所得到的全剖面图称首层平面图,沿二层、三层……剖开所得到的全剖面图则相应称为二层平面图、三层平面图……房屋有几层,通常就应画出几个平面图,并在图的下方注明相应的图名和比例。当房屋上下各楼层的平面布置相同时,可共用一个平面图,图名为标准层平面图或 X～Y 层平面图(如三～八层平面图)。此外还有屋面平面图,是房屋顶面的水平投影。

建筑平面图除了表示本层的内部情况外,还需表示下一层平面图中未反映的可见建筑构配件,如雨篷等。首层平面图也需表示室外的台阶、散水、明沟和花池等。

房屋的建筑构造包括阳台、台阶、雨篷、踏步、斜坡、通气竖井、管线竖井、雨水管、散水、排水沟、花池等。建筑配件包括卫生器具、水池、工作台、橱柜以及各种设备等。

10.3.2 有关规定和画法特点

1. 比例与图例

建筑平面图的比例应根据建筑物的大小和复杂程度选定,常用比例为1:50、1:100、1:200,多用1:100。由于绘制建筑平面图的比例较小,所以平面图内的建筑构造与配件要用表10-2的图例表示,见本章10.1节。

2. 定位轴线

定位轴线确定了房屋各承重构件的定位和布置,同时也是其他建筑构、配件的尺寸基准线。定位轴线的画法和编号已在本章第一节中详细介绍。建筑平面图中定位轴线的编号确定后,其他各种图样中的轴线编号应与之相符。

3. 图线

被剖切到的墙、柱的断面轮廓线用粗实线画出。砖墙一般不画图例,钢筋混凝土的柱和墙的断面通常涂黑表示。粉刷层在1:100的平面图中不必画出;当比例为1:50或更大时,则要用细实线画出。没有剖切到的可见轮廓线,如窗台、台阶、明沟、楼梯和阳台等用中实线画出(当绘制较简单的图样时,也可用细实线画出)。尺寸线与尺寸界线、标高符号、定位轴线等用细实线和细单点长画线画出。

4. 门窗布置及编号

门与窗均按图例画出,门线用90°或45°的中实线(或细实线)表示开启方向;窗线用两条平行的细实线(高窗用细虚线)表示窗框与窗扇。门窗的代号分别为"M"和"C",当设计选用的门、窗是标准设计时,也可选用门窗标准图集中的门窗型号或代号来标注。门窗代号的后面都注有编号,编号为阿拉伯数字,同一类型和大小的门窗为同一代号和编号。为了方便工程预算、订货与加工,通常还需有一个门窗明细表,列出该房屋所选用的门窗编号、洞口尺寸、数量、采用标准图集及编号等,见表10-4。

表10-4 门窗表

设计编号	洞口尺寸(宽×高)	数量	采用标准图集名称及编号	备　　注
M1	900×2 700	2		柚木门,带半圆太阳花亮窗
M2	900×2 100	10	中南标 98ZJ601 M21—0921	双面夹板木门
M3	800×2 700	12	中南标 98ZJ601 M22—0827	双面夹板木门,带亮窗
M4	800×2 100	48	中南标 98ZJ601 M21—0821	双面夹板木门
M5	700×2 000	24		豪华塑料门

续表 10-4

设计编号	洞口尺寸（宽×高）	数量	采用标准图集名称及编号	备 注
C1	2 400×2 100	12	见 J—22 铝合金窗详图	铝合金推拉窗
C2	1 200×2 100	8	见 J—22 铝合金窗详图	铝合金推拉窗
C3	850×2 100	4	见 J—22 铝合金窗详图	铝合金推拉窗
C4	900×1 500	2	见 J—22 铝合金窗详图	铝合金推拉窗,高窗,离地 1 600
C5	600×1 500	2	见 J—22 铝合金窗详图	铝合金中悬窗,高窗,离楼面 1 600
C6	1 200×15 700	1	见 J—22 铝合金窗详图	铝合金花格窗
C7	2 400×1 800	10	见 J—22 铝合金窗详图	铝合金推拉窗
C8	1 200×1 800	40	见 J—22 铝合金窗详图	铝合金推拉窗
C9	900×1 100	10	见 J—22 铝合金窗详图	铝合金推拉窗,高窗,离地 1 600
C10	600×1 100	10	见 J—22 铝合金窗详图	铝合金中悬窗,高窗,离楼面 1 600

注：木门油漆为粟色清水漆，铝合金窗均为 1.2 厚绿色铝合金框和 5 厚绿玻璃。

5. 尺寸与标高

标注的尺寸包括外部尺寸和内部尺寸。外部尺寸通常为三道尺寸，一般注写在图形下方和左方，最外面一道尺寸称第一道尺寸，表示外轮廓的总尺寸，即指从一端外墙边到另一端外墙边的总长和总宽尺寸；第二道尺寸表示轴线之间的距离，通常为房间的开间和进深尺寸；第三道尺寸为细部尺寸，表示门窗洞口的宽度和位置、墙柱的大小和位置等。内部尺寸用于表示室内的门窗洞、孔洞、墙厚、房间净空和固定设施等的大小和位置。

注写楼、地面标高，表明该楼、地面对首层地面的零点标高（注写为±0.000）的相对高度。注写的标高为装修后完成面的相对标高，也称注写建筑标高。

6. 其他标注

房间应根据其功能注上名称或编号。楼梯间是用图例按实际梯段的水平投影画出，同时还要表示"上"与"下"的关系。首层平面图应在图形的左下角画上指北针。同时，建筑剖面图的剖切符号，如 1—1、2—2 等，也应在首层平面图上标注。当平面图上某一部分另有详图表示时，应画上索引符号。对于部分用文字更能表示清楚，或者需要说明的问题，可在图上用文字说明。

10.3.3　识读建筑平面图示例

图 10-9～图 10-11 为某住宅小区 A 型住宅的建筑平面图，现以首层平面图、楼层平面图、屋面平面图的顺序识读。

1. 识读首层平面图

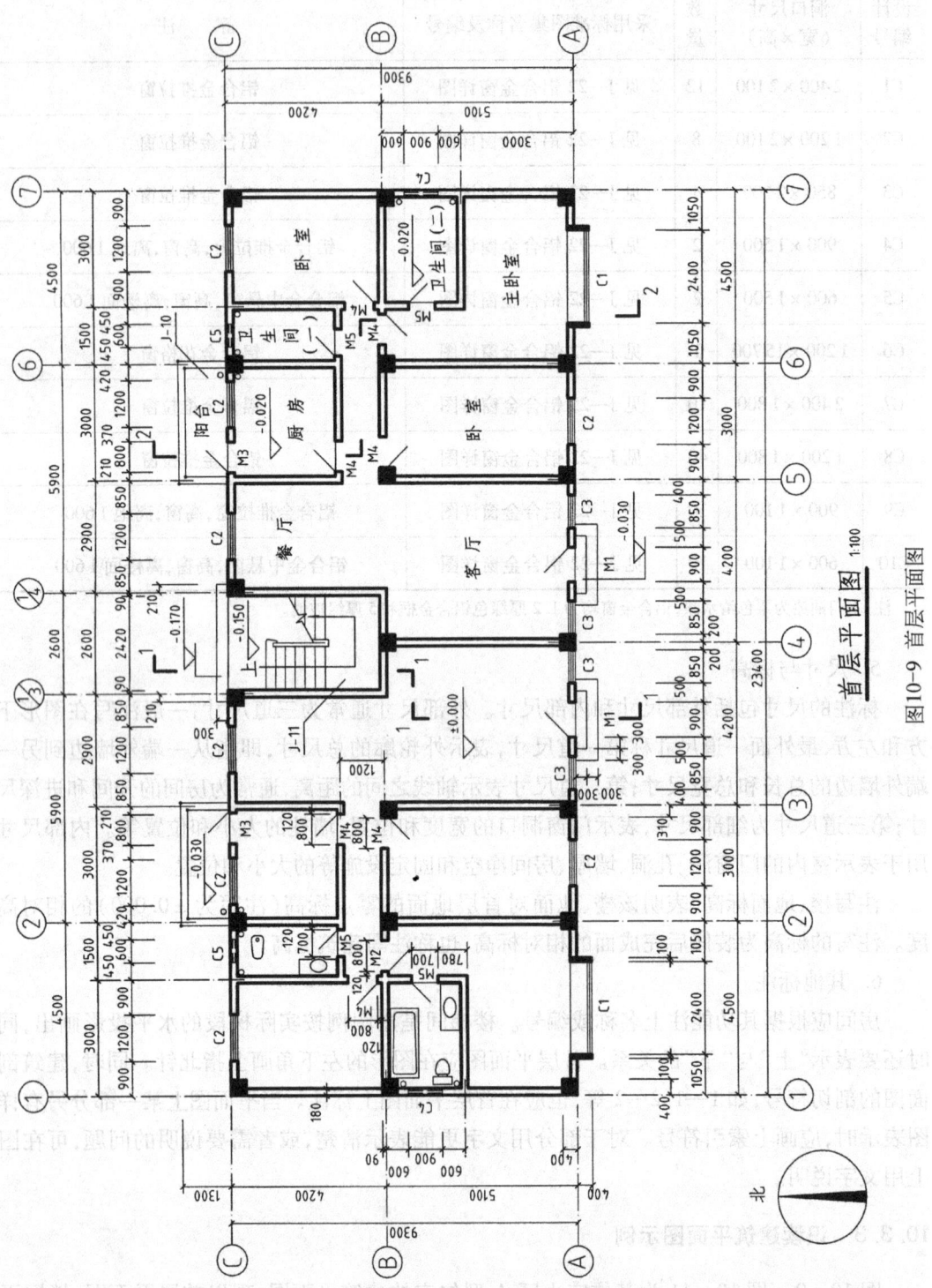

图10-9 首层平面图

第 10 章 建筑施工图

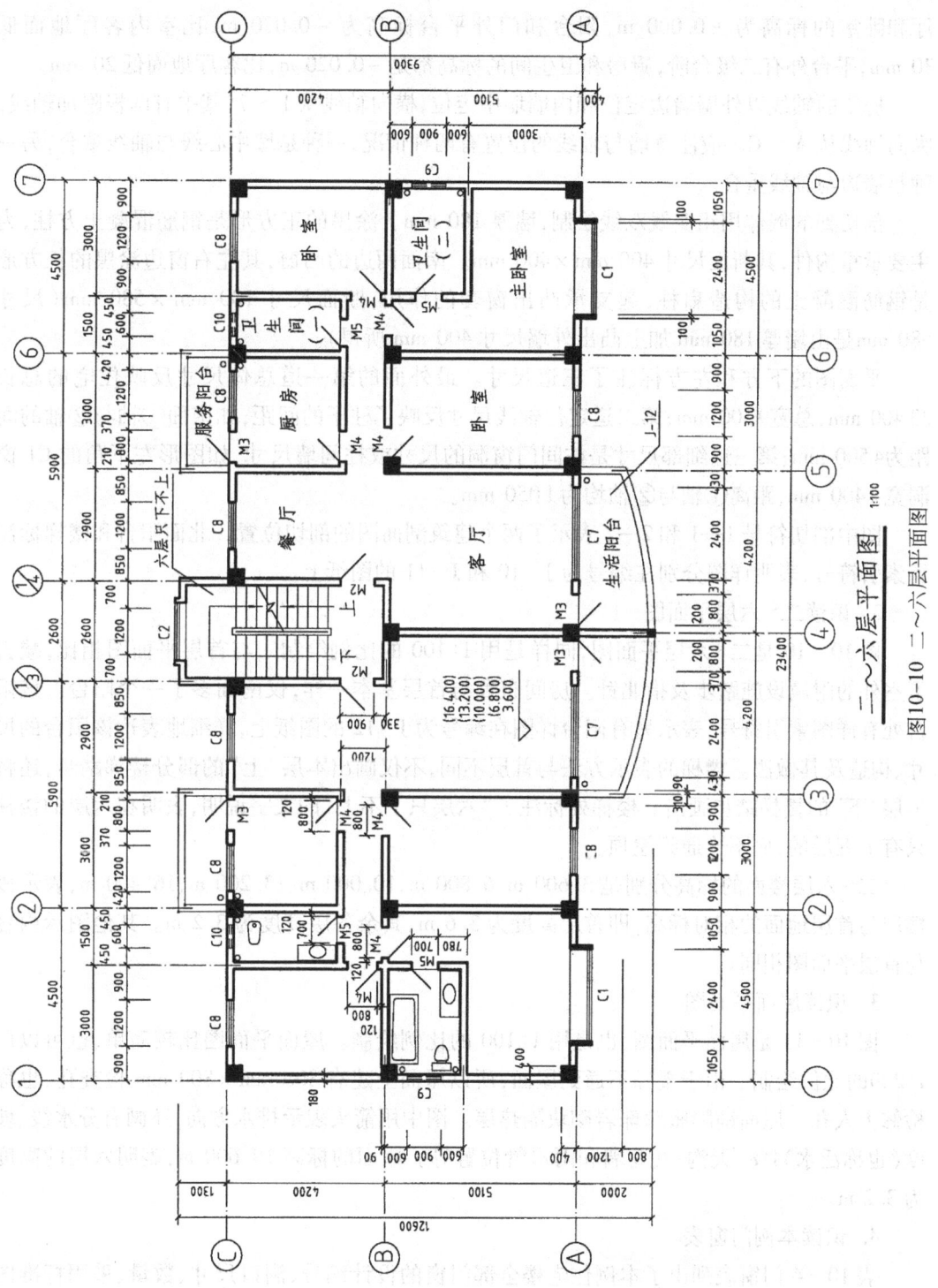

图10-10 二~六层平面图

215

图 10-9 是首层平面图,是用 1:100 的比例绘制。该建筑物坐北朝南,平面图形状基本为矩形,为一梯两户,大门在南面,每户均有客厅、餐厅、卧室、阳台、厨房和卫生间。客厅、餐厅和卧室的标高为 ±0.000 m,阳台和门外平台标高为 -0.030 m,比室内客厅地面低 30 mm,平台外有二级台阶,厨房和卫生间的标高都是 -0.020 m,比客厅地面低 20 mm。

房屋的轴线以外墙墙边定位和内墙墙中定位,横向轴线从 1~7,其中有两根附加轴线,纵向轴线从 A~C。应注意墙与轴线的位置有两种情况,一种是墙中心线与轴线重合,另一种是墙边与轴线重合。

剖切到的墙体用粗实线双线绘制,墙厚 180 mm。涂黑的正方形是钢筋混凝土方柱,为主要承重构件,其断面尺寸 400 mm×400 mm。南面两边的凸窗,其左右窗边涂黑的长方形是钢筋混凝土的构造扁柱,起支承凸出窗套的作用,断面尺寸 100 mm×580 mm(尺寸 580 mm 是由墙厚 180 mm 加上凸出外墙尺寸 400 mm 所得)。

平面图的下方和左方标注了三道尺寸。最外面的第一道总体尺寸反映住宅的总长 23 400 mm,总宽 9 300 mm;第二道定位轴线尺寸反映了柱子的间距,如南面①轴与②轴的间距为 4 500 mm;第三道细部尺寸是柱间门窗洞的尺寸或柱间墙尺寸,如图形左下角的 C1 窗洞宽 2 400 mm,距离①轴与②轴均为 1 050 mm。

图中剖切符号 1—1 和 2—2 表示了两个建筑剖面图的剖切位置。北面阳台和楼梯标注了索引符号,表明详图分别在编号为 J-10 和 J-11 的图纸上。

2. 识读二~六层平面图

图 10-10 是二~六层平面图,同样是用 1:100 的比例绘制。与首层平面图相比,减去了室外的附属设施踏步及指北针。房间布置与首层基本一样,仅南面多了一个阳台。该阳台处有详图索引符号,表示另有阳台详图在编号为 J-12 的图纸上,详细地表达该阳台的尺寸、构造及其做法。楼梯的表示方法与首层不同,不仅画出本层"上"的部分楼梯踏步,还将本层"下"的楼梯踏步画出。楼梯处标注了"六层只下不上"的文字说明,表明在六层的楼梯只有下五层的,而不连通到屋顶。

二~六层楼面的标高分别是 3.600 m、6.800 m、10.000 m、13.200 m、16.400 m,表示该楼层与首层地面的相对标高,即首层高度为 3.6 m,其余各层高度为 3.2 m。其他图示内容与首层平面图相同。

3. 识读屋面平面图

图 10-11 是屋面平面图,也是用 1:100 的比例绘制。屋面平面图比较简单,也可以用 1:200 的比例绘制。由于楼梯不通到屋面,所以屋面上建有 800 mm×800 mm 检查孔,也称检修上人孔。屋面铺膨胀珍珠岩砌块隔热层。图中用箭头表示排水方向,还画有分水线、坡度(也称泛水)1%、天沟、女儿墙和雨水管位置等。屋面的标高 19.600 m,表明六层的高度为 3.2 m。

4. 识读本例门窗表

表 10-4 门窗表列出了本例住宅楼全部门窗的设计编号、洞口尺寸、数量、采用标准图集名称及编号和备注等,是工程预算、订货和加工的重要资料。例如:编号为 M1 的大门,门洞尺寸为宽 900,高 2 700,共 2 个,用柚木制作,为带半圆太阳花亮窗;编号为 M4 的木门,门

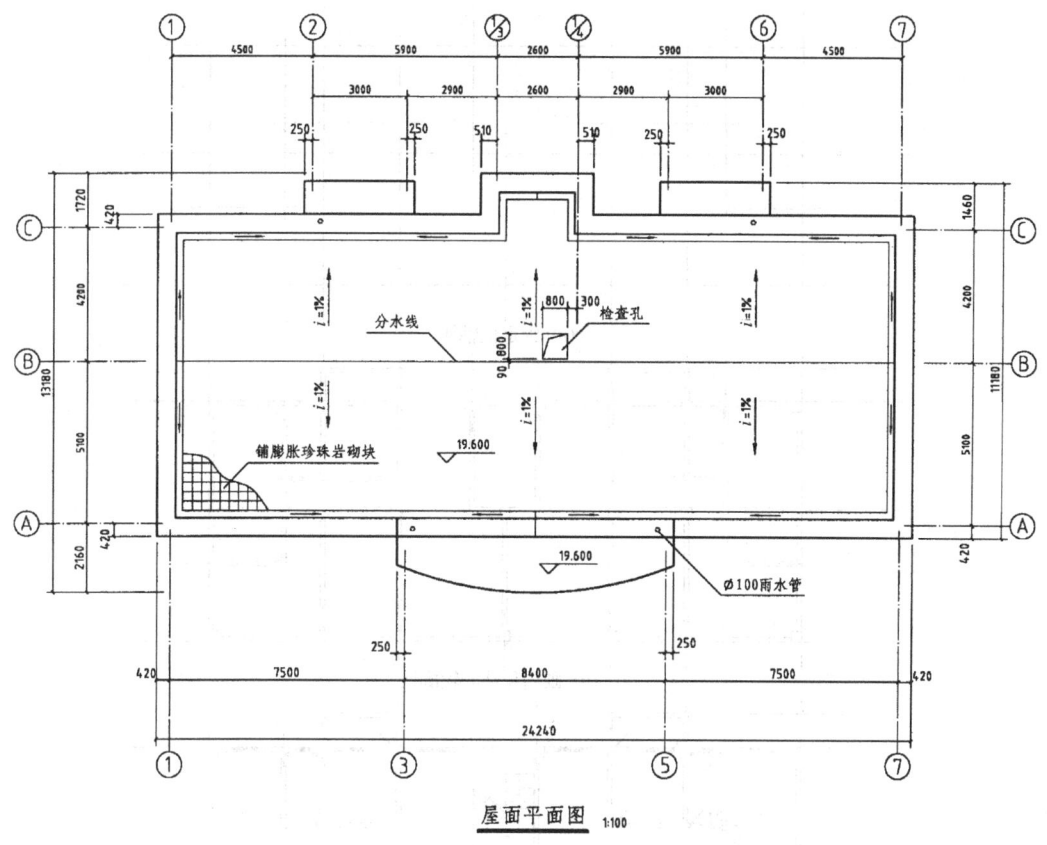

图 10-11 屋面平面图

洞尺寸为宽 800,高 2 100,共 48 个,采用标准图集名称是"中南标(中南五省的标准图集)",标准号为"98ZJ601",编号为"M21—0821",是双面夹板木门;编号为 C1 的窗,洞口尺寸为宽 2 400,高 2 100,共 12 个,其详图在建筑施工图编号为 J-22 的铝合金窗详图中(图 10-24),是铝合金推拉窗。

门窗表后面的注释,说明了门窗的用料及加工要求,本例注明木门油漆为栗色清水漆,铝合金窗用 1.2 mm 厚的绿色铝合金框,玻璃也是绿色,厚度为 5 mm。

10.3.4 绘制建筑平面图步骤

绘制建筑施工图一般先从平面图开始,然后再画立面图、剖面图和详图等。

绘制建筑平面图应按图 10-12 所示的步骤进行:

(1) 画定位轴线(图 10-12a);
(2) 画墙和柱的轮廓线(图 10-12b);
(3) 画门窗洞和细部构造(图 10-12c);
(4) 标注尺寸等(图 10-12d),最后完成全图。

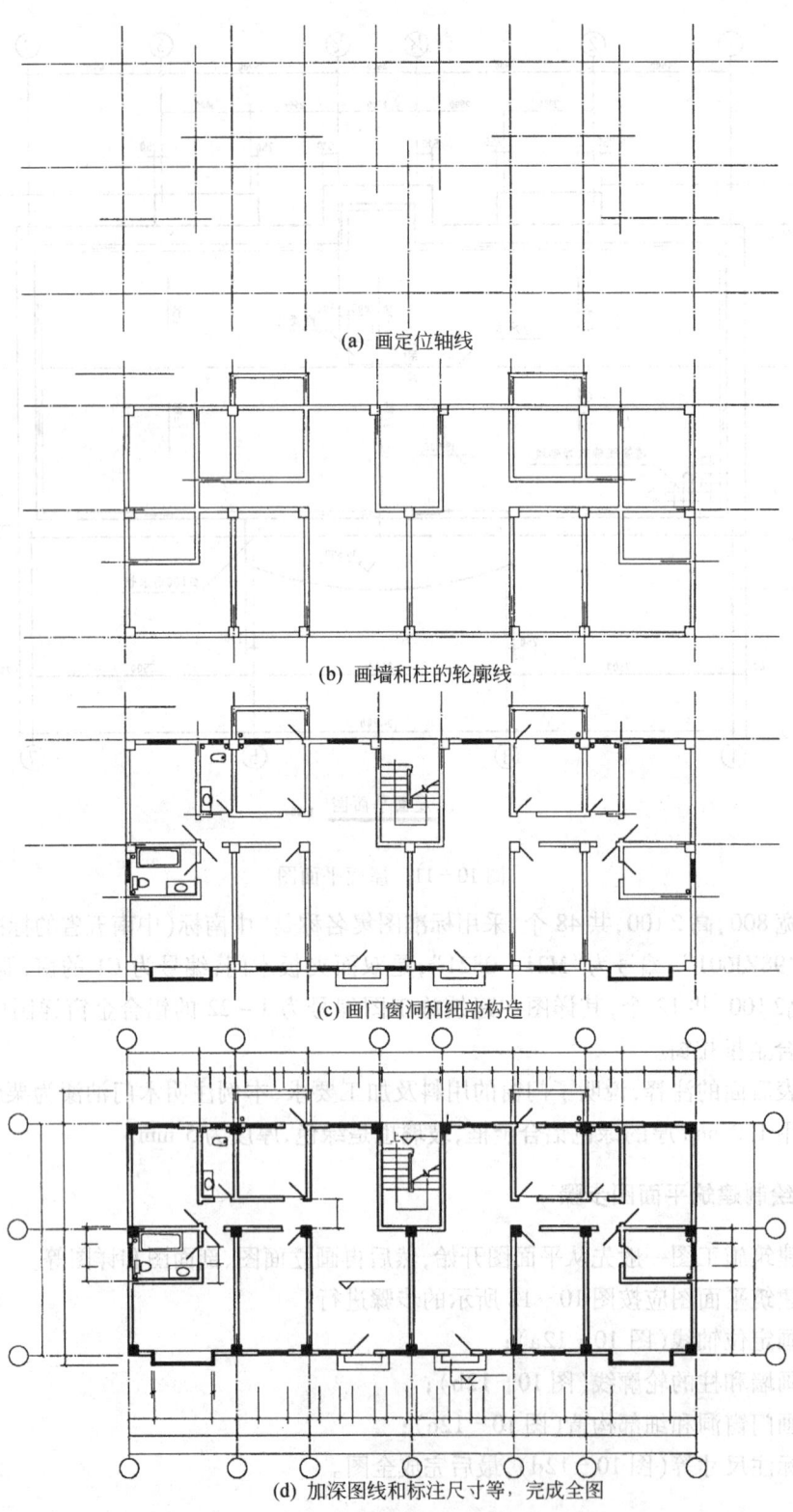

图 10-12 绘制建筑平面图步骤

10.4 建筑立面图

10.4.1 图示方法和内容

建筑物是否美观,很大程度上取决于它在主要立面上的艺术处理,包括造型与装修是否优美。在初步设计阶段中,立面图主要是用来研究这种艺术处理的。在施工图中,它主要反映房屋的外貌、门窗形式和位置、墙面的装饰材料、做法及色彩等。

在平行于建筑物立面的投影面上所作建筑物的正投影图,称为建筑立面图,简称立面图。立面图的命名,可以根据建筑物主要入口或比较显著地反映出建筑物外貌特征的那一面为正立面图,其余的立面图相应地称为背立面图、左侧立面图、右侧立面图。但通常是根据房屋的朝向来命名,如南立面图、北立面图、东立面图和西立面图。还可以根据立面图两端轴线的编号来命名,如①~⑦立面图、⑦~①立面图、Ⓐ~Ⓒ立面图和Ⓒ~Ⓐ立面图等。

建筑立面图应画出可见的建筑物外轮廓线、建筑构造和构配件的投影,并注写墙面做法及必要的尺寸和标高。但由于立面图的比例较小,如门窗扇、檐口构造、阳台、雨篷和墙面装饰等细部,往往只用图例表示,它们的构造和做法,都另有详图或文字说明。如果建筑物完全对称,在不影响构造处理和施工的情况下,立面图可绘制一半,并在对称线处画上对称符号。例如房屋东西立面对称时,南立面图和北立面图可各画一半,单独布置或合并成一图。

建筑物立面如果有一部分不平行于投影面,例如圆弧形、折线形、曲线形等,可将该部分展开到与投影面平行,再用正投影法画出其立面图,但应在图名后注写"展开"两字。

10.4.2 有关规定和画法特点

1. 比例与图例

建筑立面图的比例与建筑平面图相同,通常为1∶50、1∶100、1∶200等,多用1∶100。由于绘制建筑立面图的比例较小,按投影很难将所有细部表达清楚,所以立面图内的建筑构造与配件要用表10-2的图例表示(见10.1节)。如门、窗等都是用图例来绘制的,且只画出主要轮廓线及分隔线。

2. 定位轴线

在建筑立面图中一般只画出两端的定位轴线及其编号,以便与平面图对照。

3. 图线

为了加强建筑立面图的表达效果,使建筑物的轮廓突出、层次分明,通常把建筑立面的最外的轮廓线用粗实线画出;室外地坪线用加粗线(1.4b)画出;门窗洞、阳台、台阶、花池等建筑构配件的轮廓线用中实线画出(对于凸出的建筑构配件,如阳台和雨篷等,其轮廓线有时也可以画成比中实线略粗一点);门窗分格线、墙面装饰线、雨水管以及用料注释引出线等用细实线画出。

4. 尺寸与标高

建筑立面图的高度尺寸用标高的形式标注,主要包括建筑物的室内外地面、台阶、窗台、门窗洞顶部、檐口、阳台、雨篷、女儿墙及水箱顶部等处的标高。各标高注写在立面图的左侧或右侧且排列整齐。立面图上除了标高,有时还要补充一些没有详图表示的局部尺寸,如外墙留洞除注出标高外,还应注出其大小尺寸及定位尺寸。

5. 其他标注

凡是需要绘制详图的部位,都应画上索引符号。房屋外墙面的各部分装饰材料、做法、色彩等用文字或列表说明。

10.4.3 识读建筑立面图示例

图10-13是10.3.3节所示例的住宅楼的南立面图,用1:100的比例绘制。南立面图是建筑物的主要立面,它反映该建筑的外貌特征及装饰风格。配合建筑平面图,可以看出建筑物为六层,左右立面对称,南面有首层套房的大门,门前有一台阶,台阶踏步为二级。立面的左右两侧都有一个凸出的大窗台,不仅室内采光效果好,增加了房间的使用面积,也加强了建筑物的立体感。二~六层都有阳台,阳台为半通透形,虚实结合加强了建筑物的艺术效果。屋面的女儿墙压顶采用饰线造型,南面正中为尖顶造型,中间有一圆孔。

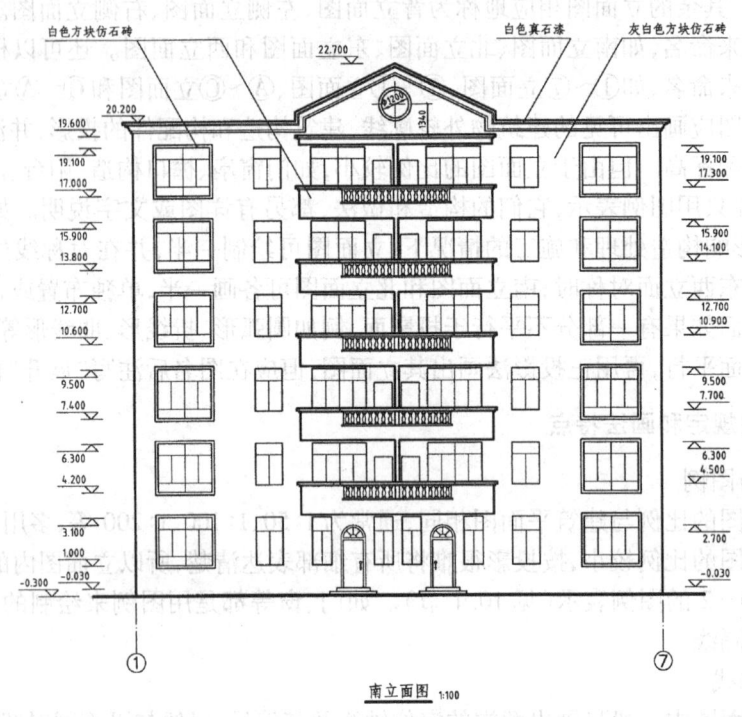

图10-13 南立面图

外墙装饰的主格调采用灰白色方块仿石砖贴面,阳台、凸窗盒和女儿墙用白色方块仿石砖贴面,女儿墙顶部装饰线用白色真石漆喷涂。

该南立面图上采用以下多种线型:用粗实线绘制的外轮廓线显示了南立面的总长和总高;用加粗线画出室外地坪线;用中实线画出窗洞的形状与分布、女儿墙上圆孔的位置、阳台和顶层阳台上的雨篷轮廓等;用细实线画出门窗分格线、阳台和屋顶装饰线、雨水管,以及用料注释引出线等。

南立面图分别注有室内外地坪、门窗洞顶、窗台、雨篷、女儿墙压顶等标高。从所标注的标高可知,此房屋室外地坪比室内±0.000低300 mm,女儿墙顶面处为20.200 m,所以房屋的外墙总高度为20.500 m。

图10-14、15、16是住宅楼的北立面图、西立面图和东立面图。表达了各向的体形和外貌,矩形窗的位置与形状,各细部构件的标高等。读法与南立面图大致相同。这里不再多叙。

第10章 建筑施工图

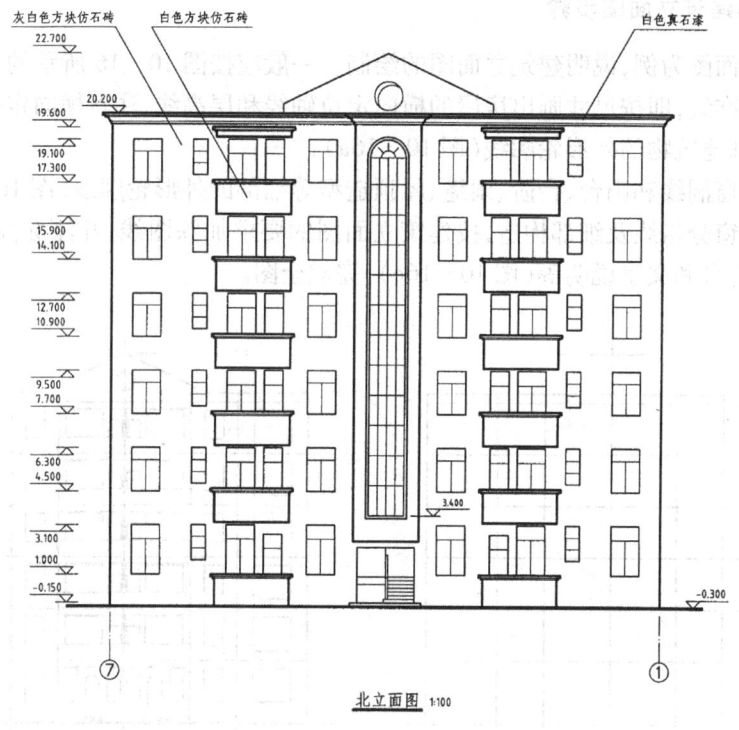

图 10-14 北立面图

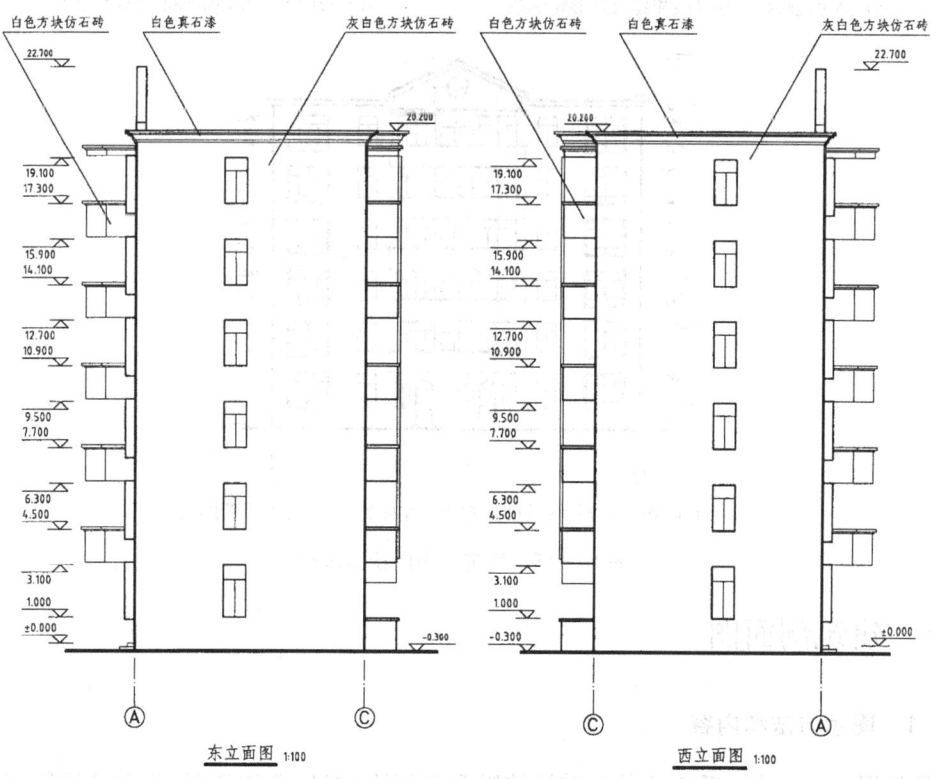

图 10-15 东、西立面图

10.4.4 绘制建筑立面图步骤

现以南立面图为例,说明建筑立面图的绘制。一般应按图 10-16 所示的步骤进行:

(1) 画基准线,即按尺寸画出房屋的横向定位轴线和层高线,注意横向定位轴线与平面图保持一致,画建筑物的外形轮廓线(图 10-16a);

(2) 画门窗洞线和阳台、台阶、雨篷、屋顶造型等细部的外形轮廓线(图 10-16b);

(3) 画门窗分格线及细部构造,按建筑立面图的要求加深图线,并注标高尺寸、轴线编号、详图索引符号和文字说明等(图 10-16c),完成全图。

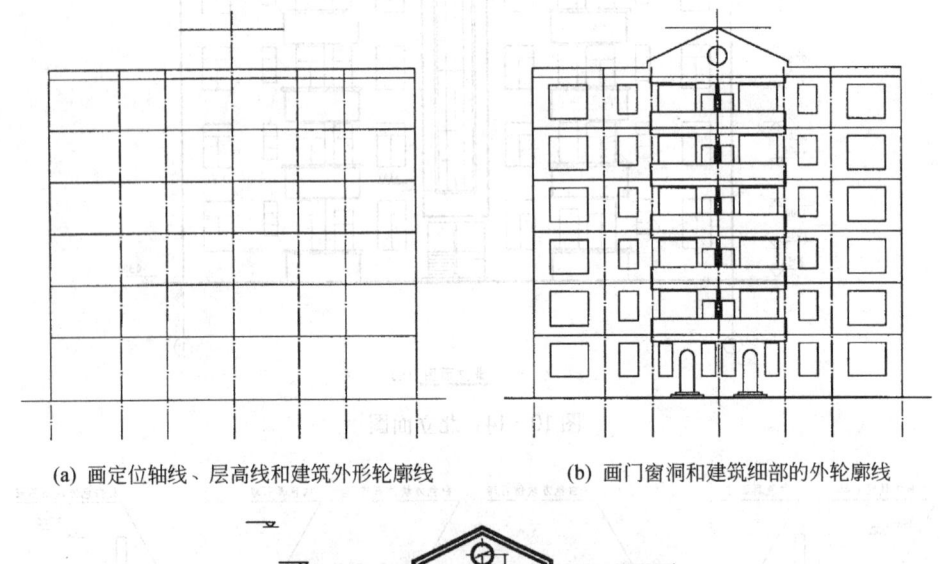

(a) 画定位轴线、层高线和建筑外形轮廓线　　(b) 画门窗洞和建筑细部的外轮廓线

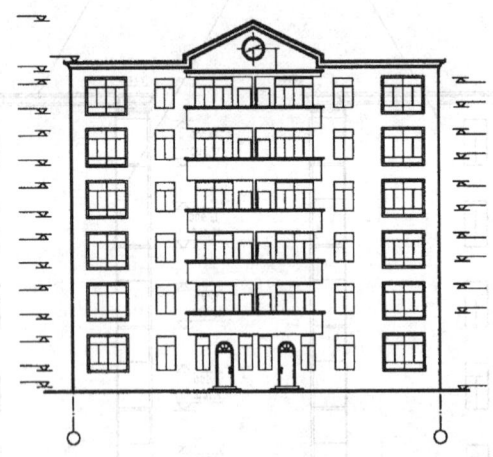

(c) 画门窗分格线及细部构造,注标高尺寸和文字说明等

图 10-16　建筑立面图绘图步骤

10.5 建筑剖面图

10.5.1 图示方法和内容

假想用一个或多个垂直于外墙轴线的铅垂剖切面,将建筑物剖开,所得的投影图,称为

建筑剖面图,简称剖面图。剖面图用以表示建筑物内部的主要结构形式、分层情况、构造做法、材料及其高度等,是与平、立面图相互配合的不可缺少的重要图样之一。

剖面图的剖切位置,应在平面图上选择能反映建筑物内部全貌的构造特性,以及有代表性的部位,并应在首层平面图中标明。剖面图的图名,应与平面图上所标注剖切符号的编号一致,如1—1剖面图、2—2剖面图等。根据房屋的复杂程度,剖面图可绘制一个或多个,如果房屋的局部构造有变化,还可以画局部剖面图。

建筑剖面图往往采用横向剖切,即平行于侧立面;需要时也可以用纵向剖切,即平行于正立面。剖切的位置常常选择通过门厅、门窗洞口、楼梯、阳台和高低变化较多的地方。

10.5.2 有关规定和画法特点

1. 比例与图例

建筑剖面图的比例应与建筑平面图、立面图一致,通常为1∶50、1∶100、1∶200等,多用1∶100。由于绘制建筑立面图的比例较小,按投影很难将所有细部表达清楚,所以立面图内的建筑构造与配件也要用表10-2的图例表示,见本章10.1节。

2. 定位轴线

与建筑立面图一样,只画出两端的定位轴线及其编号,以便与平面图对照。需要时也可以注出中间轴线。

3. 图线

被剖切到的墙、楼面、屋面、梁的断面轮廓线用粗实线画出。砖墙一般不画图例,钢筋混凝土的梁、楼面、屋面和柱的断面通常涂黑表示。粉刷层在1∶100的剖面图中不必画出,当比例为1∶50或更大时,则要用细实线画出。室内外地坪线用加粗线(1.4b)表示。没有剖切到的可见轮廓线,如门窗洞、踢脚线、楼梯栏杆、扶手等用中实线画出(当绘制较简单的图样时,也可用细实线画出)。尺寸线与尺寸界线、图例线、引出线、标高符号、雨水管等用细实线画出。定位轴线用细单点长画线画出。

4. 尺寸与标高

尺寸标注与建筑平面图一样,包括外部尺寸和内部尺寸。外部尺寸通常为三道尺寸,最外面一道称第一道尺寸,为总高尺寸,表示从室外地坪到女儿墙压顶面的高度;第二道为层高尺寸;第三道为细部尺寸,表示勒脚、门窗洞、洞间墙、檐口等高度方向尺寸。内部尺寸用于表示室内门、窗、隔断、搁板、平台和墙裙等的高度。

另外还需要用标高符号标出室内外地坪、各层楼面、楼梯休息平台、屋面和女儿墙压顶面等处的标高。

注写尺寸与标高时,注意与建筑平面图和建筑立面图相一致。

5. 其他标注

对于局部构造表达不清楚时,可用索引符号引出,另绘详图。某些细部的做法,如地面、楼面的做法,可用多层构造引出标注。

10.5.3 识读建筑剖面图示例

图10-17是本例住宅楼的建筑剖面图,图中1—1剖面图是按图10-9首层平面图中1—1剖切位置绘制的,为全剖面图。其剖切位置通过大厅、楼梯、南面二层以上的阳台和门

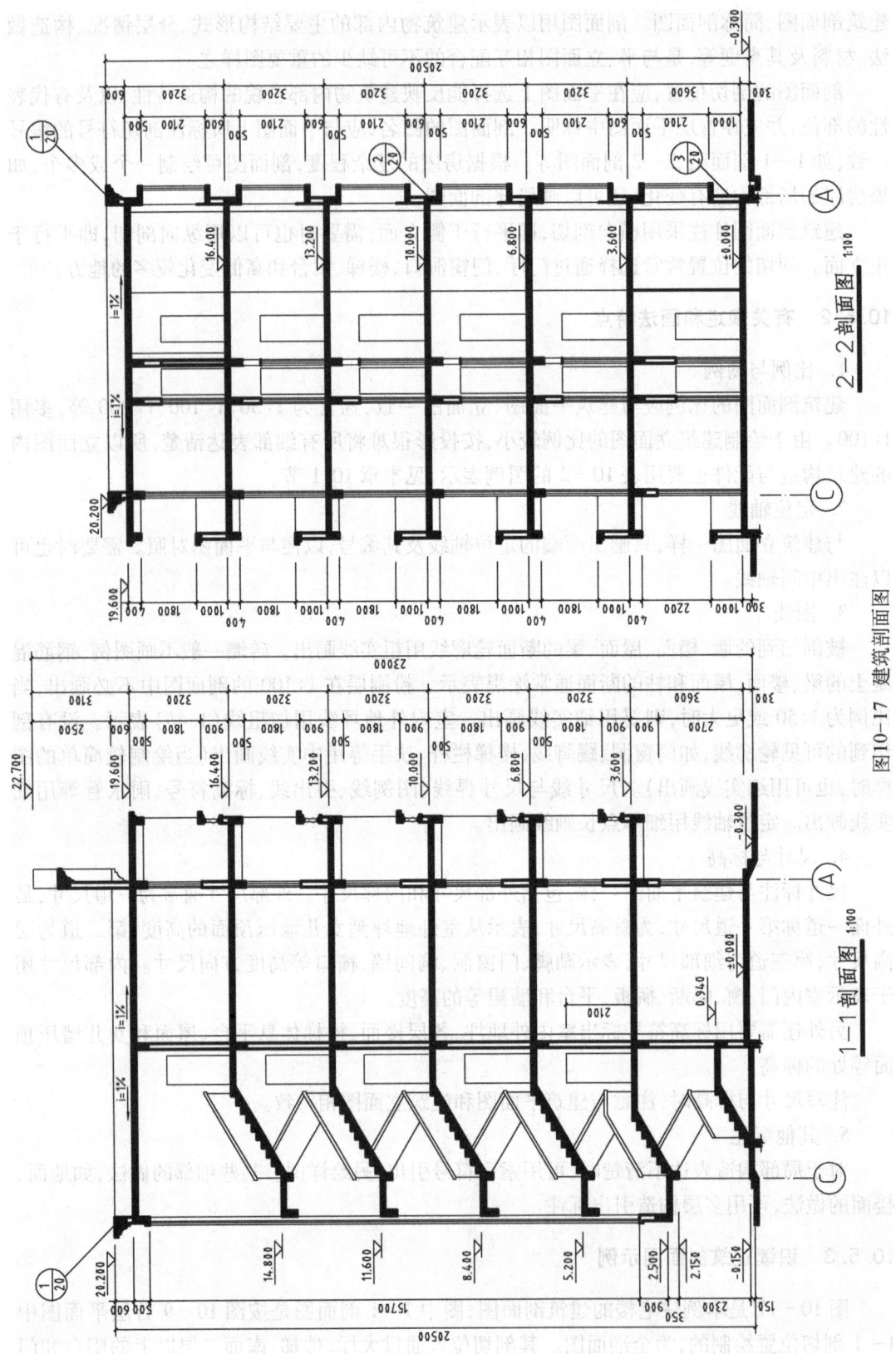

图10-17 建筑剖面图

窗洞,剖切后向右进行投影所得的横向剖面图,基本能反映建筑物内部全貌的构造特性。

1—1剖面图的比例是1∶100,室内外地坪线画加粗线,地坪线以下部分不画,墙体用折断线隔开。剖切到的墙体用两条粗实线表示,不画图例,表示用砖砌成。剖切到的楼面、屋面、梁、阳台和女儿墙压顶均涂黑,表示其材料为钢筋混凝土。剖面图中还画出未剖到而可见的门,并标注高度尺寸2 100 mm。图中左侧楼梯间有一个从二层到六层的花格窗,总高15 700 mm。

从标高尺寸可知,住宅楼首层层高3.6 m,其余各层层高均为3.2 m,房屋总高20.5 m,从室外地坪到女儿墙造型尖顶则23 m。从图中标注的屋面坡度可知,该处为双向排水屋面,其坡度为1%,以便屋面雨水排向雨水管。

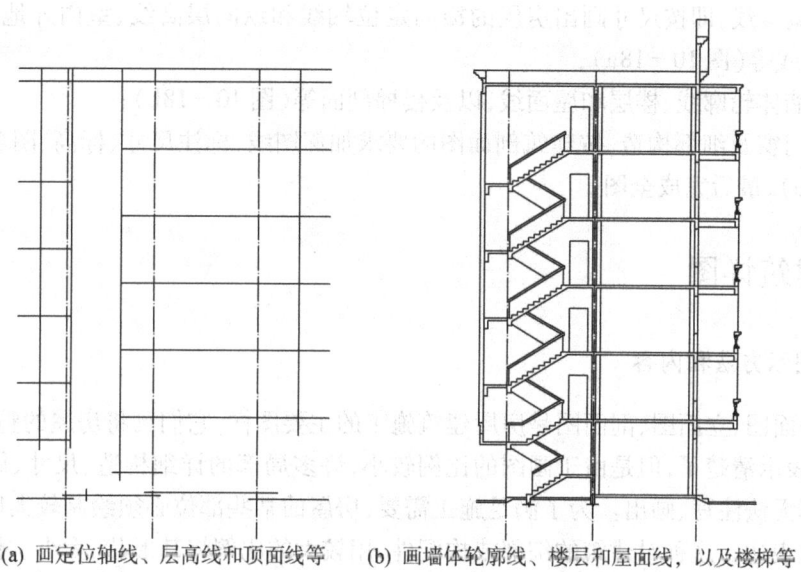

(a) 画定位轴线、层高线和顶面线等　　(b) 画墙体轮廓线、楼层和屋面线,以及楼梯等

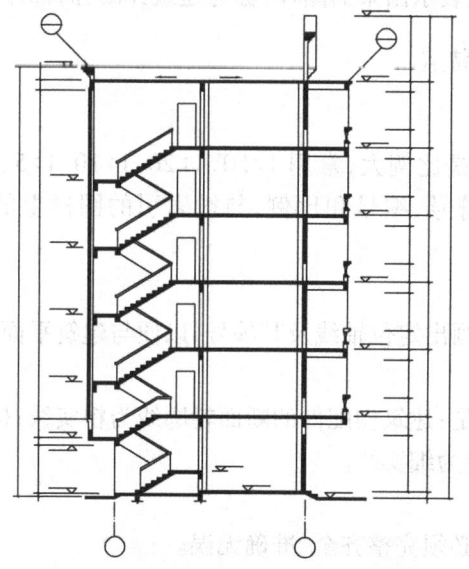

(c) 画门窗及细部构造,按规定加深图线,标注尺寸等

图10-18　建筑剖面图绘图步骤

剖面图的左、右上角都有一索引符号,分别表示女儿墙压顶与顶层阳台雨篷造型另有详图。其中女儿墙压顶详图的编号为4,画在图号为20的建筑施工图上,顶层阳台雨篷的边部造型详图的编号为3,同样画在图号为20的建筑施工图上。

2—2剖面图是按照图10-9首层平面图中2—2剖切位置绘制的,为阶梯剖面图。它反映了北面阳台和主卧室凸窗洞的构造,同时也反映了门窗的高度。其他内容的表达方法及要求与1—1剖面图相同。

10.5.4 绘制建筑剖面图的步骤

现以1—1剖面图为例,说明建筑剖面图的绘制一般应按图10-18所示的步骤进行:

(1)画基准线,即按尺寸画出房屋的横向定位轴线和纵向层高线、室内外地坪线、女儿墙顶部位置线等(图10-18a);

(2)画墙体轮廓线、楼层和屋面线,以及楼梯剖面等(图10-18b);

(3)画门窗及细部构造,按建筑剖面图的要求加深图线,标注尺寸、标高、图名和比例等(图10-18c),最后完成全图。

10.6 建筑详图

10.6.1 图示方法和内容

建筑平面图、立面图、剖面图是房屋建筑施工的主要图样,它们已将房屋的整体形状、结构、尺寸等表示清楚了,但是由于画图的比例较小,许多局部的详细构造、尺寸、做法及施工要求图上都无法注写、画出。为了满足施工需要,房屋的某些部位必须绘制较大比例的图样才能清楚地表达。这种对建筑的细部或构配件,用较大的比例将其形状、大小、材料和做法,按正投影图的画法,详细地表示出来的图样,称为建筑详图,简称详图。

10.6.2 有关规定和画法特点

1. 比例与图名

建筑详图最大的特点是比例大,常用1:50、1:20、1:10、1:5、1:2等比例绘制。建筑详图的图名,是画出详图符号、编号和比例,与被索引的图样上的索引符号对应,以便对照查阅。

2. 定位轴线

在建筑详图中一般应画出定位轴线及其编号,以便与建筑平面图、立面图、剖面图对照。

3. 图线

建筑详图的图线要求是:建筑构配件的断面轮廓线为粗实线;构配件的可见轮廓线为中实线或细实线;材料图例线为细实线。

4. 尺寸与标高

建筑详图的尺寸标注必须完整齐全、准确无误。

5. 其他标注

对于套用标准图或通用图集的建筑构配件和建筑细部,只要注明所套用图集的名称、详图所在的页数和编号,不必再画详图。建筑详图中凡是需要再绘制详图的部位,同样要画上索引符号。另外,建筑详图还应把有关的用料、做法和技术要求等用文字说明。

10.6.3 识读建筑详图示例

现以外墙剖面详图、楼梯详图、阳台详图和铝合金窗详图为例,说明建筑详图的识读方法。

1. 外墙剖面节点详图

图 10-19 是本章实例中的外墙剖面节点详图,是按照图 10-17 的 2—2 剖面图中轴线 A(该住宅楼南面外墙)的有关部位局部放大绘制,它表达房屋的屋面、楼层、地面和檐口构造、楼板与墙的连接、门窗顶、窗台和勒脚、散水等处构造的情况,是建筑施工的重要依据。

该详图用 1∶20 较大比例画出。多层建筑中,若各层的情况一样时,可只画底层、顶层或加一个中间层来表示。画图时,往往在窗洞中间处断开,成为几个节点详图的组合。有时,也可不画整个墙身的详图,而是把各个节点的详图分别单独绘制。

在详图中,对屋面、楼层和地面的构造,采用多层构造说明方法来表示。

详图的上部①是屋顶外墙剖面节点部分。从图中可了解到屋面的承重层是现浇钢筋混凝土板,按 1% 来砌坡,上面有水泥砂浆防水层和膨胀珍珠岩砌块架空层,以加强屋面的防漏和隔热。女儿墙用砖砌,其钢筋混凝土压顶的造型在图中作了详细的表达。从图中还可以了解到带有钢筋混凝土飘板窗顶的构造做法。

详图的中部②为楼层外墙剖面节点部分。从楼板与墙身连接部分,可了解各层楼板与墙身的关系。其中有现浇的钢筋混凝土楼板和高度为 500 的钢筋混凝土梁。从图中还可以了解到带有钢筋混凝土飘板窗台的构造做法。

详图的下部③为勒脚剖面节点部分。从图中可知房屋室内地面为 C10 素混凝土层。外(内)墙身的防潮层,在室内地面下 60 mm 处,以防地下水对墙身的侵蚀。在外墙面,离室外地面 300~500 mm 高度范围内(或窗台以下),用坚硬防水的材料做成勒脚。在勒脚的外地面,用 1∶2 的水泥砂浆抹面,做出 3% 坡度的散水和排水沟,以防雨水或地面水对墙基础的侵蚀。

在详图中,一般应注出各部位的标高和细部的大小尺寸。因窗框和窗扇的形状与尺寸另有详图,故本详图可用图例简化表达。

2. 楼梯详图

楼梯是建筑物上下交通的主要设施,目前多采用预制或现浇钢筋混凝土的楼梯。楼梯主要是由楼梯段(简称梯段)、平台和栏板(或栏杆)等组成。梯段是联系两个不同标高平面的倾斜构件,上面做有踏步,踏步的水平面称踏面,踏步的铅垂面称踢面。平台起休息和转换梯段的作用,也称休息平台。栏板(或栏杆)与扶手是保证上下楼梯的安全。

根据楼梯的布置形式分类,两个楼层之间以一个梯段连接的称单跑楼梯;两个楼层之间以两个或多个梯段连接的,称双跑楼梯或多跑楼梯。

楼梯详图由楼梯平面图、楼梯剖面图以及楼梯踏步、栏板、扶手等节点详图组成,并尽可能画在同一张图纸内。楼梯的建筑详图与结构详图,一般是分别绘制的。但对一些较简单的现浇钢筋混凝土楼梯,其建筑和结构详图可合并绘制,列入建筑施工图或结构施工图中。

图 10-20~图 10-22 是本章实例中的楼梯详图,包括有楼梯平面图、剖面图和节点详图,表示了楼梯的类型、结构、尺寸、梯段的形式和栏板的材料及做法等。以下结合本例介绍

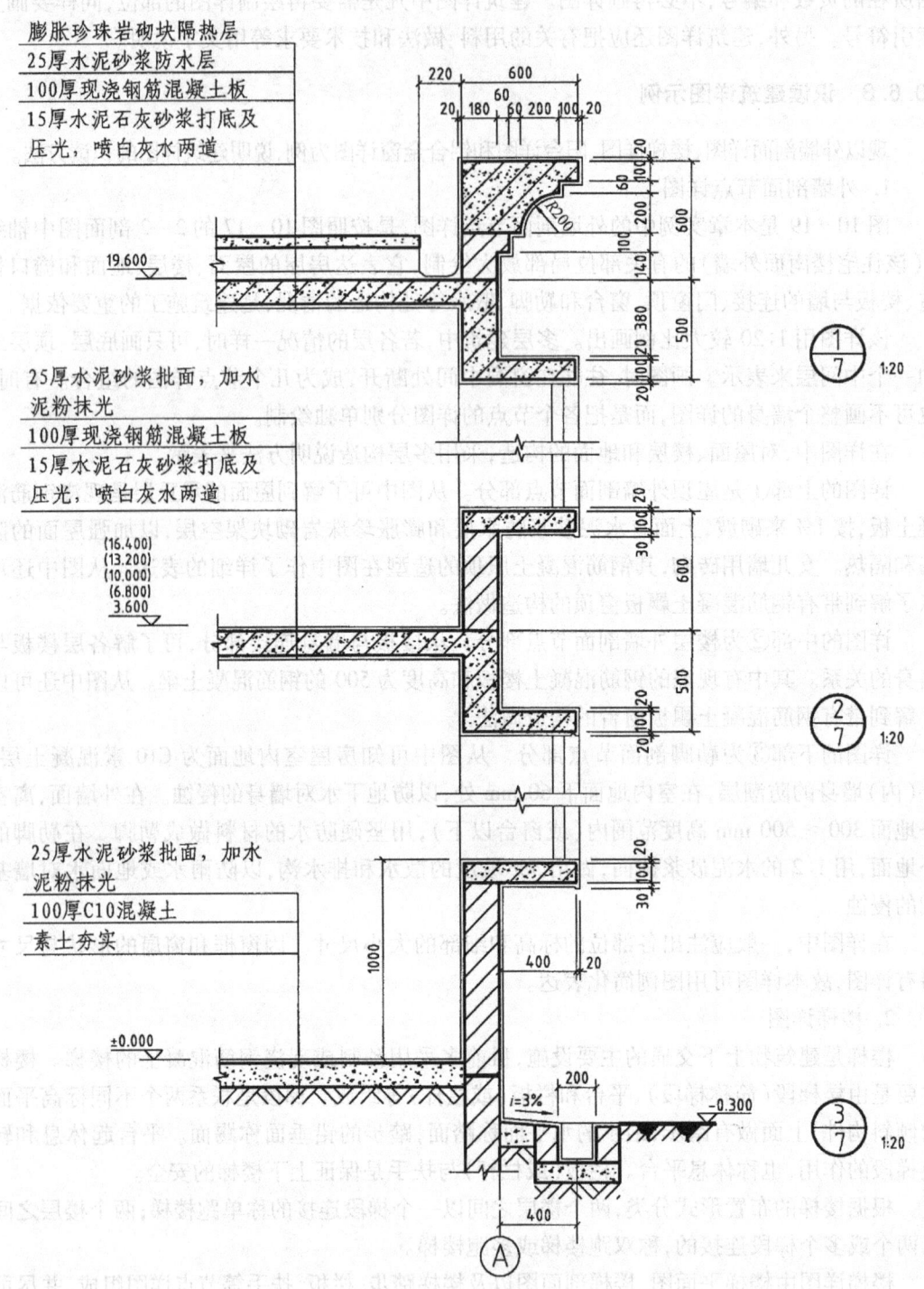

图 10-19 外墙剖面节点详图

楼梯详图的内容及其图示方法。

(1) 楼梯平面图

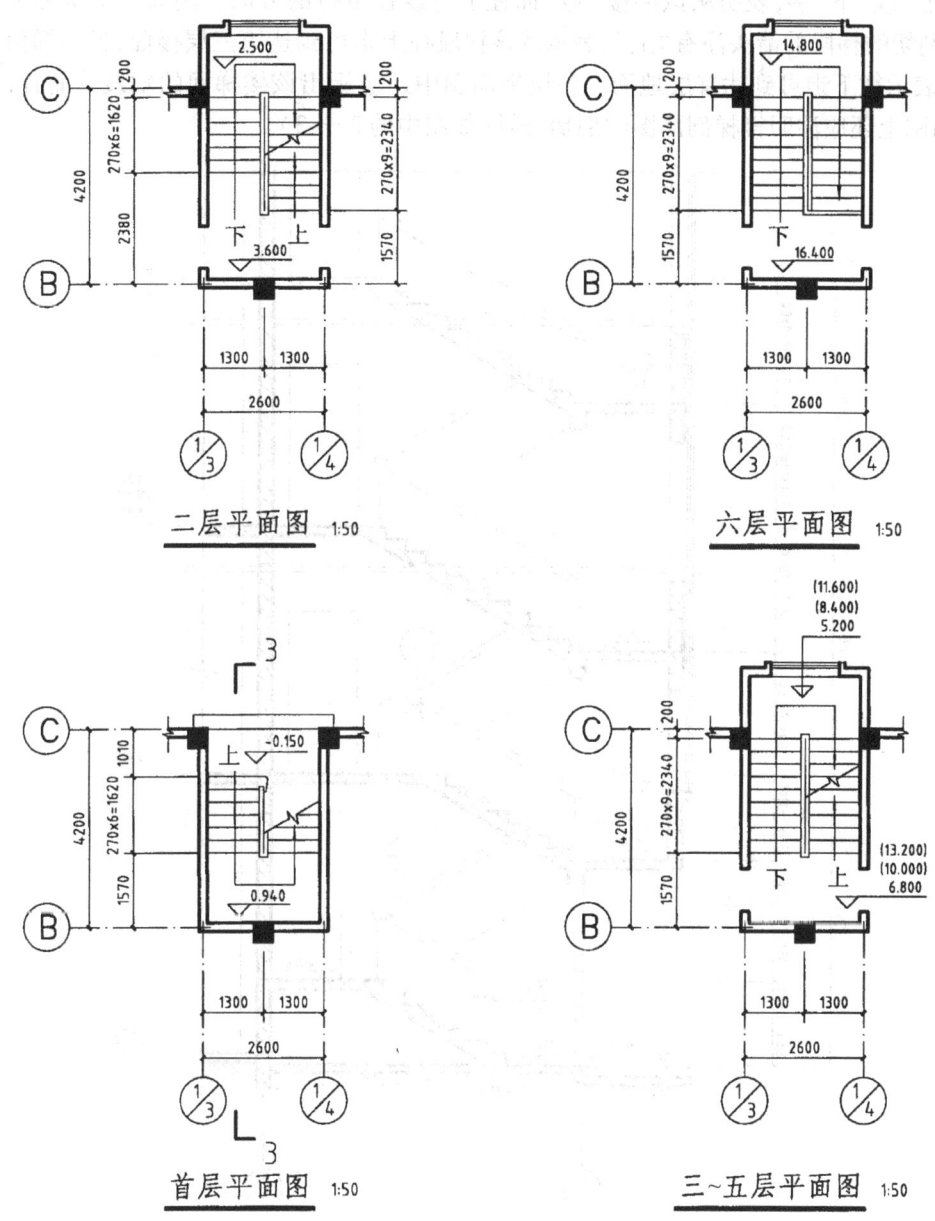

图 10-20 楼梯平面图

楼梯平面图的形成与建筑平面图相同,绘图不同之处是用较大的比例(本例为 1:50),以便于把楼梯的构配件和尺寸详细表达。一般每一层楼都要画一楼梯平面图。三层以上的房屋,若中间各层的楼梯位置及其梯段数、踏步数和大小都相同时,通常只画出首层、中间层和顶层三个平面图就可以了。本例因首层与二层之间为三跑梯,其余各层为双跑梯,所以需画四个平面图。

楼梯平面图的剖切位置,是在该层往上走的第一梯段的任一位置处。各层被剖切到的梯段,按"国标"规定,均在平面图中以倾斜的折断线表示。在每一梯段处画有一长箭头,并

229

注写"上"或"下"字,表明从该层楼(地)面往上行或往下行的方向。例如二层楼梯平面图中,被剖切的梯段的箭头注有"上",表示从该梯段往上走可到达第三层楼面;另一梯段注有"下",表示往下走可到达首层地面。各层平面图中还应标出该楼梯间的轴线。而且,在首层平面图上还应注明楼梯剖面图的剖切符号(如图中的3—3)。

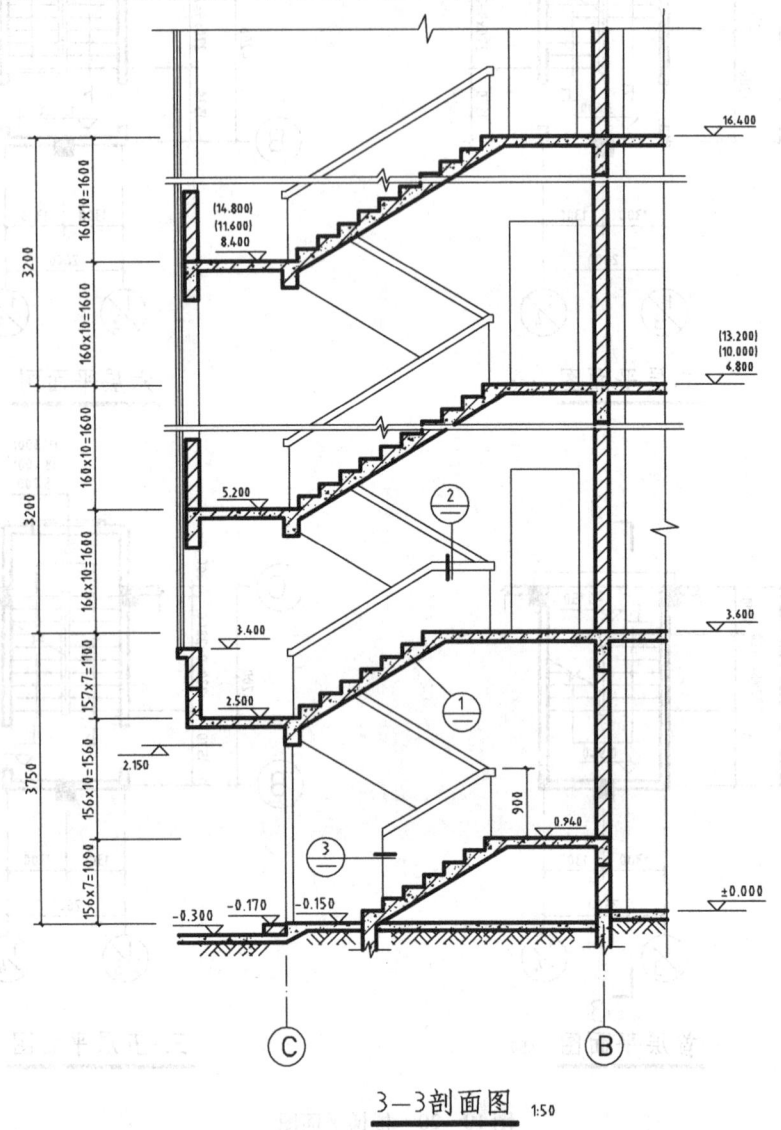

3—3剖面图 1:50

图10-21 楼梯剖面图

楼梯平面图中,除注出楼梯间的开间和进深尺寸、楼层地面和平台面的标高尺寸外,还需注出各细部的详细尺寸。通常把梯段长度尺寸与踏面数、踏面宽的尺寸合并写在一起。如首层平面图中的6×270=1620,表示该梯段有6个踏面,每一踏面宽为270 mm,梯段长为1620 mm。通常,全部楼梯平面图画在同一张图纸内,并互相对齐,以便于阅读。

从本例楼梯平面图可看出,首层到二层设有三个楼梯段:从标高-0.150上到0.940处平台为第一梯段,共7级;从标高0.940上到2.500处平台为第二梯段,共10级;从标高

2.500 上到 3.600 处二层平面为第三梯段,共 7 级。中间层平面图既画出被剖切的往上走的梯段,还画出该层往下走的完整的梯段、楼梯平台以及平台往下的梯段。这部分梯段与被剖切的梯段的投影重合,以倾斜的折断线为分界。顶层平面图画有两段完整的梯段和楼梯平台,在梯口处只有一个注有"下"字的长箭头,表示只下不上。各层平面图上所画的每一分格,表示梯段的一级踏面。但因梯段最高一级的踏面与平台面或楼面重合,因此平面图中每一梯段画出的踏面(格)数,总比步级数少一格。如顶层平面图中往下走的第一梯段共有 10 级,但在平面图中只画有 9 格,梯段长度为 270×9=2 430。

(2)楼梯剖面图

楼梯剖面图的形成与建筑剖面图相同。它能完整、清晰地表示出楼梯间内各层楼地面、梯段、平台、栏板等的构造、结构形式以及它们之间的相互关系。习惯上,若楼梯间的屋面没有特殊之处,一般可不画出。在多层房屋中,若中间各层的楼梯构造相同时,则剖面图可只画出底层、中间层和顶层剖面,中间用折断线分开。

楼梯剖面图能表达出楼梯的建造材料、建筑物的层数、楼梯梯段数、步级数以及楼梯的类型及其结构形式。本例的绘图比例为 1:50,从图中断面的图例可知,楼梯是一个现浇钢筋混凝土板式楼梯。根据标高可知为六层楼房,从首层到二层有三梯段,其余各层均有两梯段,被剖梯段的步级数可直接看出,未剖梯段的步级,因被栏板遮挡而看不见,有时可画上虚线表示,但亦可在其高度尺寸上标出该段步级的数目。如标准层梯段的尺寸 10×160=1 600,表示该梯段为 10 级。

楼梯剖面图还注明地面、平台面、楼面等的标高和梯段、栏板的高度尺寸。梯段高度尺寸注法与楼梯平面图中梯段长度注法相同,高度尺寸中注的是"该梯段的步级数×踢面高=梯段高。注意步级数与踏面数相差为 1。栏杆高度尺寸,是从踏面中间算至扶手顶面,一般为 900 mm,扶手坡度应与梯段坡度一致。

(3)楼梯节点详图

图 10-22 所示的楼梯节点详图反映了踏步、栏板和扶手的形状、材料、构造与尺寸。

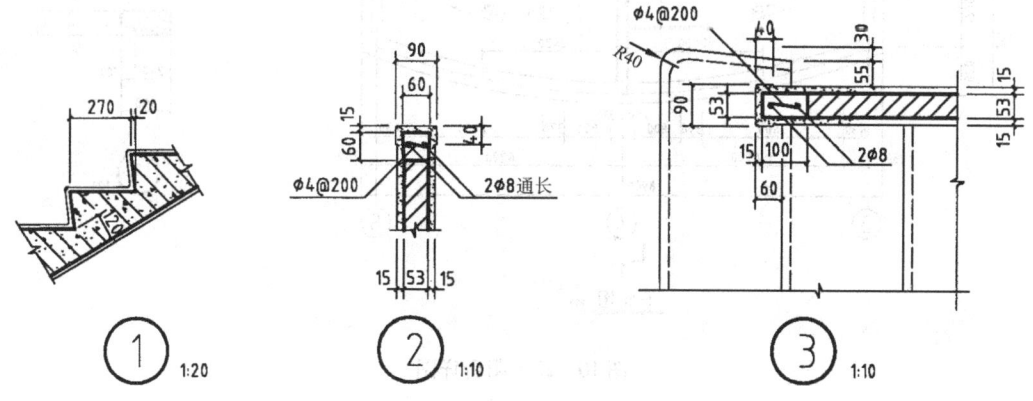

图 10-22 楼梯节点详图

楼梯踏步节点详图是由图 10-21 楼梯剖面图中引出的详图①,绘图比例 1:20,从图中可知现浇钢筋混凝土的板式楼梯的梯板厚 120 mm,踏步宽为 270 mm,由于踢面上方向前倾斜 20 mm,使得楼梯踏步宽增大到 290 mm。节点②③为栏板和扶手的详图,②为横断面图,③为平面图,反映的内容包括:栏板的厚度 53 mm,即用 1/4 砖砌,两边抹面层均为 15 mm,栏板的实际厚度为 83 mm;支承和保护栏板的构造柱和扶手的材料为现浇钢筋混凝土,配置 $\phi 8$ 与 $\phi 4$ 的钢筋,构造柱的断面尺寸为 100 mm × 53 mm,扶手的断面尺寸为 60 mm × 60 mm。该节点详图还反映了首层梯段的起步梯级的造型与尺寸。

3. 阳台详图

图 10 - 23 是本章实例中的南面阳台详图,包括阳台的平面详图、立面详图和剖面详图。三投影图保持了"长对正、高平齐、宽相等"的投影关系,并采用相同的比例,通常为1:50或1:30。在 1—1 剖面详图中,钢筋混凝土的压顶过小,表达不清,采用了索引详图的方法,并另画比例为 1:20 的详图①,详尽地表达阳台压顶的形状与尺寸。在阳台的平面图中,通过定位轴线,可知该阳台在建筑物中的位置关系。阳台两侧有雨水管,从箭头与标注可知其排水方向和坡度。标高 H - 0.030 表示阳台面的高度比楼(地)面的高度低30 mm。从阳台立面图中的指引线可知,中间通透部分安装高度为 540 mm 的绿色光杆,但还需看样板后再确定;阳台的外墙面贴白色正方形的仿石瓷质砖;阳台的压顶喷涂白色真石漆。

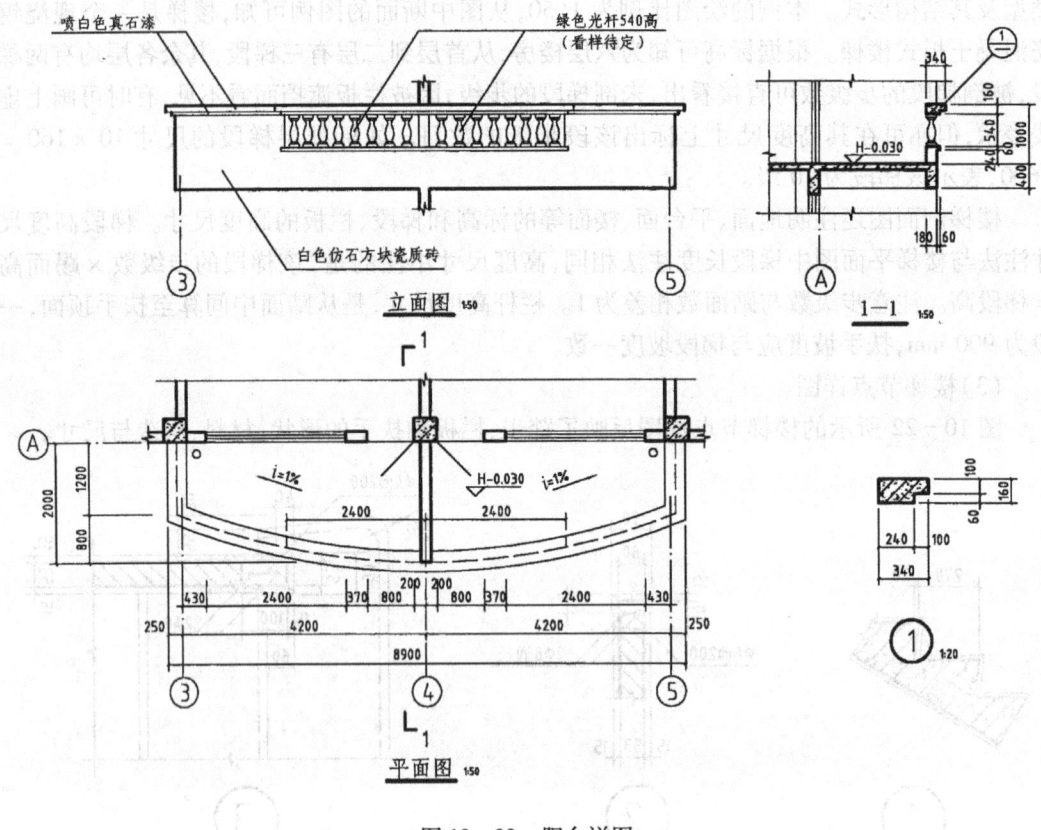

图 10 - 23 阳台详图

4. 门窗详图

门窗在房屋建筑中大量地使用,各地区一般都有预先绘制好的各种不同规格的门窗标准图,以供设计者选用。因此,在施工图中,只要说明该门窗详图所在标准图集的名称和其中的编号,就可不必另画详图。从建筑"工业化"这一基本要求出发,设计中需要使用木门窗时,应优先选用标准图。

各地区的标准图集关于门窗部分的代号与具体的门窗形式、规格编号等可能不尽相同,由中南六省共同制定的《中南地区通用建筑标准设计》中的《常用木门》和《常用木窗》标准图,图集号分别为98ZJ601与98ZJ701。从本章实例中的门窗表(表10-4)可知,M2门的门洞口宽900 mm,高2 100 mm,采用了上述图集号为98ZJ601的标准图,查阅该标准图集得知,M21表示夹板木门;M3门的门洞口宽800 mm,高2 700 mm,采用图集号相同,M22表示夹板木门,顶部有亮窗。

标准图集中没有关于铝合金门窗部分,因为铝合金型材已有定型的规格与尺寸,不能随意改变,而用铝合金型材又可以很自由地做成各种形状和尺寸的门窗。因此,绘制铝合金门窗详图,不需要绘画铝合金型材的断面图,仅需画出门窗立面图,只表示门窗的外形、开启方式及方向、主要尺寸等内容。

门窗立面图尺寸一般有三道:第一道为门窗洞口尺寸;第二道为门窗框外包尺寸;第三道为门窗扇尺寸。窗洞口尺寸应与建筑平、剖面图的窗洞口尺寸一致。窗框和窗扇尺寸均为成品的净尺寸。

门窗立面图上的线型,除外轮廓线用粗实线外,其余均用细实线。

图10-24是本章实例中的铝合金窗详图,仅画出铝合金窗立面,绘图比例为1:50。如设计编号为C1的铝合金窗,窗洞尺寸为宽2 400 mm和高2 100 mm,门窗框外包尺寸为宽2 350 mm和高2 050 mm;从分格情况可知,该铝合金窗为四扇窗,尺寸为宽2 350 mm和高1 200 mm,每扇窗都可向左或向右推拉,上、下部分为安装固定的玻璃。该铝合金窗的用料从门窗表(表10-4)可知,采用1.2 mm厚的绿色铝合金型材,以及5 mm厚的绿色透明玻璃。

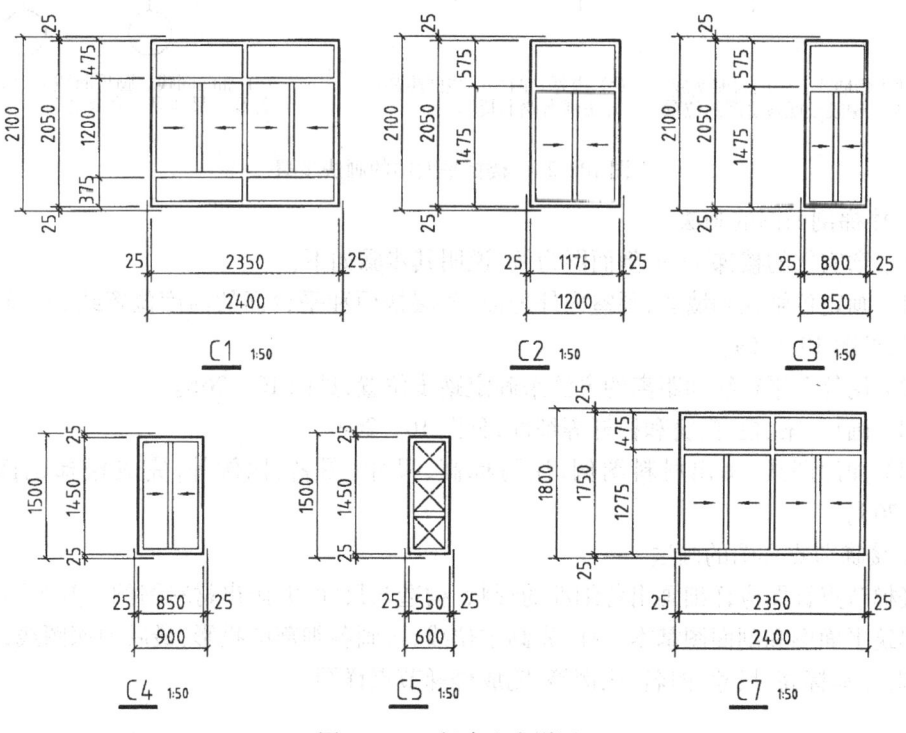

图10-24 铝合金窗详图

10.6.4 绘制建筑详图步骤

现以上述楼梯详图为例,说明绘制楼梯平面图、剖面图及其节点详图的一般步骤:

1. 楼梯平面图的画法

以本章实例的楼梯二层平面图为例,说明其步骤如下:

(1) 画定位轴线和墙(柱)线,并确定门、窗洞的位置,以及平台深度、梯段长度与宽度的位置,见图 10-25a。

(2) 用等分两平行线间距的方法画出踏面投影,见图 10-25b。

(3) 加深图线,画折断线、箭头,注写标高、尺寸、图名、比例等,完成楼梯平面图,见图 10-25c。

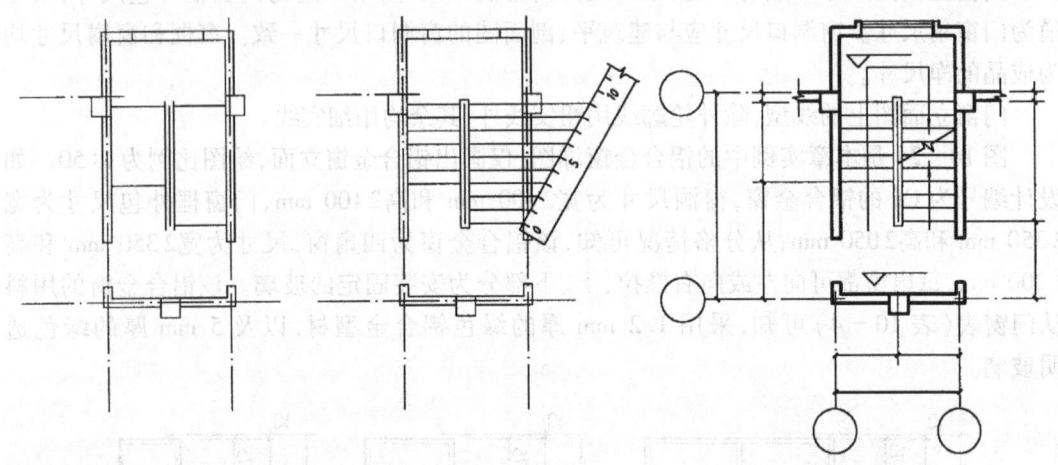

(a) 画轴线和墙线,定门窗洞宽度、平台深度、梯段长度与宽度的位置

(b) 用等分两平行线间距离的方法画出踏面投影

(c) 加深图线,画折断线、箭头,注写标高、尺寸等,完成全图

图 10-25 楼梯平面图的画法步骤

2. 楼梯剖面图的画法

以本章实例的楼梯 1—1 剖面图为例,说明其步骤如下:

(1) 画定位轴线和墙线,画室内外地面、各层楼面和平台面的高度位置线,并确定梯段的位置,见图 10-26a。

(2) 用等分平行线间距离的方法来确定踏步位置,见图 10-26b。

(3) 画板、梁、柱、门窗和栏杆等细部,见图 10-26c。

(4) 加深图线,画出材料图例,注写标高、尺寸、图名、比例等,完成楼梯剖面图,见图 10-26d。

3. 楼梯节点详图的画法

楼梯节点详图应详细画出各细部的形状、构造与尺寸,并画出材料图例。其画图步骤与上述建筑平面图和剖面图基本一样,先画定位线,再画各细部的投影,最后加深图线,画出材料图例,注写标高、尺寸、图名、比例等,完成楼梯节点详图。

第 10 章　建筑施工图

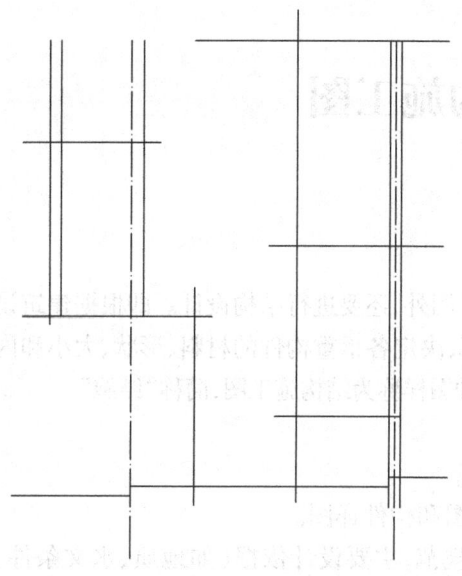
(a) 定轴线、墙线和梯段位置，画楼地面和平台表面线

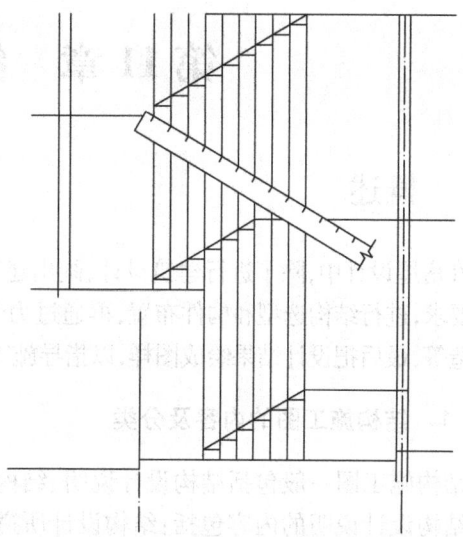
(b) 用等分平行线间距离的方法确定踏步位置

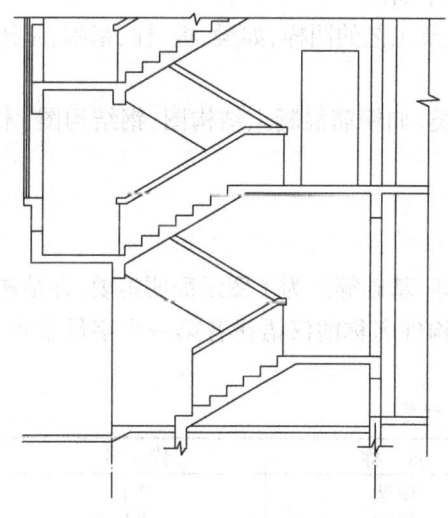
(c) 画板、梁、柱、门窗和栏杆等细部

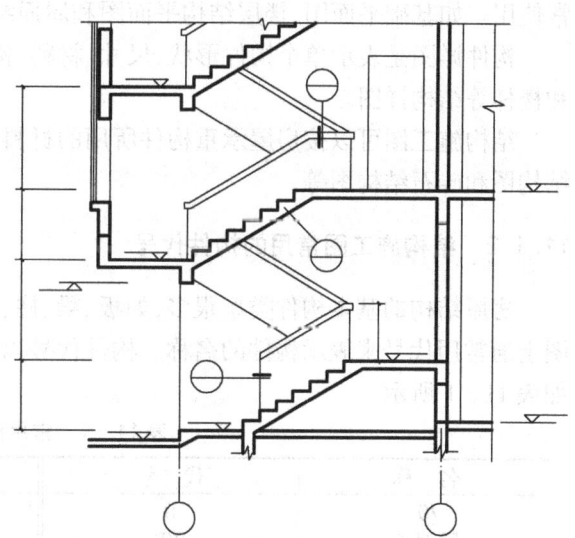
(d) 加深图线，画图例，注写标高、尺寸等，完成全图

图 10-26　楼梯剖面图的画法步骤

第 11 章 结构施工图

11.1 概述

在房屋设计中,除了进行建筑设计,画出建筑施工图外,还要进行结构设计。即根据建筑设计的要求,进行结构选型和构件布置,再通过力学计算,决定各承重构件的材料、形状、大小和内部构造等,最后把设计结果绘成图样,以指导施工,这种图样称为结构施工图,简称"结施"。

11.1.1 结构施工图的内容及分类

结构施工图一般包括结构设计说明、结构布置图和构件详图。

结构设计说明的内容包括:结构设计所遵照的规范,主要设计依据(如地质、水文条件、荷载情况、抗震要求等)、统一的构造做法、技术措施、对结构材料及施工的要求等。

结构布置图是房屋承重结构的整体布置图。主要表示结构构件的位置、数量、型号及相互关系。房屋的结构布置按需要可用结构平面图、立面图、剖面图表示,其中结构平面图较常使用。如基础平面图、楼层结构平面图和屋面结构平面图等。

构件详图是表示单个构件形状、尺寸、材料、构造及工艺的图样,如梁、板、柱、基础、屋架和楼梯等结构详图。

结构施工图可以按房屋承重构件所用的材料分类,如钢筋混凝土结构图、钢结构图、木结构图和砖石结构图等。

11.1.2 结构施工图常用的构件代号

房屋结构的基本构件类型很多,如板、梁、柱、屋架、基础等。为了图示简明扼要,在结构图上通常用代号来表示构件的名称。构件代号以该构件名称的汉语拼音第一个字母表示。如表 11-1 所示。

表 11-1 常用构件代号

名 称	代 号	名 称	代 号
板	B	屋架	WJ
屋面板	WB	框架	KJ
空心板	KB	支架	ZJ
楼梯板	TB	柱	Z
盖板	GB	框架柱	KZ
墙板	QB	构造柱	GZ
梁	L	基础	J
屋面梁	WL	设备基础	SJ
吊车梁	DL	桩	ZH
圈梁	QL	挡土墙	DQ
过梁	GL	梯	T
基础梁	JL	雨篷	YP
楼梯梁	TL	阳台	YT
框架梁	KL	预埋件	M

预制钢筋混凝土构件、现浇钢筋混凝土构件、钢构件和木构件,一般可采用本表中的构件代号。当需要区别上述构件的材料种类时,应在图纸中加以说明。预应力钢筋混凝土构件的代号,应在构件代号前加注"Y-",例如 Y-DL 表示预应力钢筋混凝土吊车梁。

11.1.3 钢筋混凝土的基本知识

混凝土是由水泥、沙、石子和水按一定的比例拌和而成,凝固后坚硬如石。混凝土的抗压强度较高,但抗拉强度低,极易因受拉、受弯而断裂。钢筋不但具有良好的抗拉强度,而且与混凝土有良好的黏结力,其热膨胀系数与混凝土相近。因此,常在混凝土受拉区域内配置一定数量的钢筋,使两种材料黏结成一个整体,共同承受外力。这种配有钢筋的混凝土,称为钢筋混凝土。用钢筋混凝土制成的梁、板、柱等构件,称为钢筋混凝土构件;没有钢筋的混凝土构件称为混凝土构件或素混凝土构件。此外,有的构件在制作过程中,通过张拉钢筋对混凝土施加一定的压力,以提高构件的抗拉和抗裂性能,称为预应力钢筋混凝土构件。

建筑物的结构分类,是根据承重构件所用的材料而定。全部用钢筋混凝土构件承重的建筑物,称为框架结构,如第 10 章示例中的住宅楼;用砖墙承重,楼面、屋面和楼梯等用钢筋混凝土板和梁构件的建筑物,称为混合结构;外围用砖墙承重,屋内用钢筋混凝土构件承重的建筑物,称为内框架结构。

钢筋混凝土构件按施工方法的不同,分为现浇和预制两种。现浇构件是在建筑工地现场浇制的构件;预制构件是在工厂预先把构件制作好,再运到工地安装,或者在工地上预制后安装。

1. 混凝土和钢筋的强度等级

混凝土按其抗压强度分为不同的等级,普通混凝土分 C7.5,C10,C15,C20,C25,C30,C35,C40,C45,C50,C55,C60 等 12 级,等级愈高混凝土抗压强度也愈高。

钢筋按其抗拉强度和品种分为不同的等级,并分别给予不同的直径代号,以便标注与识别,如表 11-2 所示。

表 11-2 钢筋代号

钢筋种类	代号	钢筋种类	代号
Ⅰ级钢筋(即3号光圆钢筋)	ϕ	冷拉Ⅰ级钢筋	ϕ^l
Ⅱ级钢筋(如20锰硅螺纹钢筋)	ϕ	冷拉Ⅱ级钢筋	ϕ^l
Ⅲ级钢筋(如25锰硅螺纹钢筋)	ϕ	冷拉Ⅲ级钢筋	ϕ^l
Ⅳ级钢筋(45硅2锰钛、40硅2锰钒)	ϕ	冷拔低碳钢丝	ϕ^b

2. 钢筋的分类和作用

如图 11-1 所示,按钢筋在构件中所起的作用不同,可分为:

(1) 受力筋——也称主筋,承受拉(或压)应力的钢筋,用于梁、板、柱等各种钢筋混凝土构件。

(2) 箍筋——也称钢箍,在构件内主要起着固定受力筋位置的作用,同时将承受的荷载均匀地传给受力筋,并可承受部分斜拉应力,一般用于梁和柱内。

(3) 架立筋——一般只在梁中使用,以固定箍筋的位置,与受力筋、箍筋一起构成钢筋骨架。

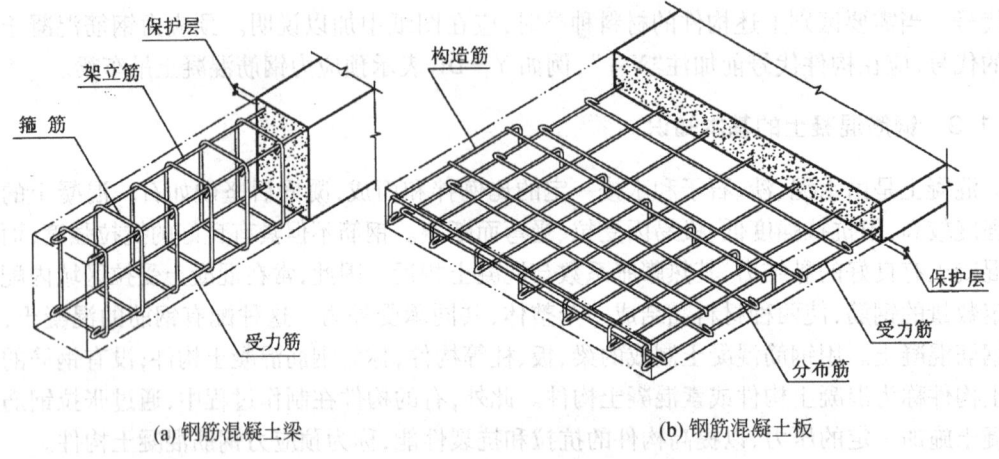

(a) 钢筋混凝土梁　　　　　　　　(b) 钢筋混凝土板

图 11-1　钢筋混凝土梁、板配筋示意图

(4) 分布筋——用于板类构件中,与板内的受力筋垂直布置。其作用是将承受的重量均匀地传给受力筋,并固定受力筋的位置,与受力筋一起构成钢筋网。

(5) 构造筋——用于因构件在构造上的要求或施工安装需要配置的钢筋。

3. 钢筋的保护层和弯钩

为了防止钢筋锈蚀,保证钢筋与混凝土的黏结力,钢筋外缘到构件表面应保持一定的厚度,称之为保护层。梁和柱的保护层厚度为 25 mm,板的保护层厚度为 10～15 mm。保护层厚度在图上一般不需标注。

如果受力筋用光圆钢筋,如Ⅰ级钢筋,则钢筋两端常做成弯钩,以加强钢筋与混凝土的黏结力,避免钢筋在受拉时产生滑动。Ⅱ级钢筋或Ⅱ级以上的钢筋因表面有肋纹,一般不需做弯钩。图 11-2a 是常见的两种钢筋弯钩形式,图 11-2b 是钢箍的弯钩形式。

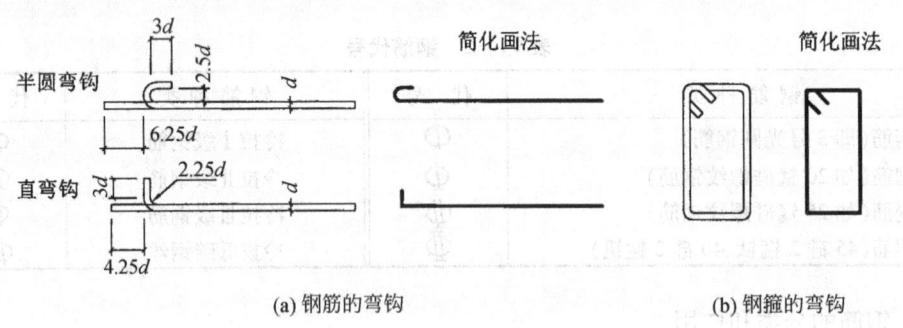

(a) 钢筋的弯钩　　　　　　　　(b) 钢箍的弯钩

图 11-2　钢筋与钢箍的弯钩

11.1.4　钢筋的表示方法和标注

1. 配筋图及其图线

对于钢筋混凝土构件,不仅要表示构件的形状、尺寸,而且更主要的是表示钢筋的配置情况,包括钢筋的种类、数量、等级、直径、形状、尺寸、间距等。为此,假想混凝土是透明体,

可透过混凝土看到构件内部的钢筋。这种能反映构件钢筋配置情况的图样,称之为配筋图。配筋图一般包括平面图、立面图、断面图,有时还需要画出构件中各种钢筋的单独成型详图并列出钢筋表。配筋图是钢筋混凝土构件图中最主要的图样。如果构件的形状较复杂,且有预埋件时,还应另外绘制构件的外形图,称之为模板图。

配筋图中的钢筋用粗实线画出,构件的外形轮廓线用细实线画出,混凝土材料图例不画,钢筋的断面用黑圆点表示。

2. 钢筋的编号与标注

构件中的各种钢筋(凡等级、直径、形状、长度等要素不同的)一般均应编号,编号数字写在直径为 6 mm 的细线圆中,编号圆宜绘制在引出线的端部,见图 11-3。

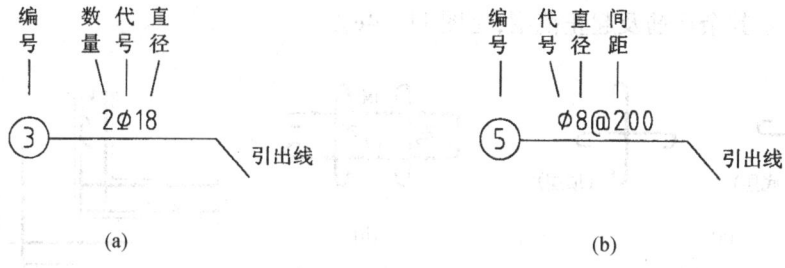

图 11-3 钢筋的编号与标注

钢筋的标注有两种:一种是标注钢筋的根数、级别、直径。如图 11-3a,表示钢筋编号为 3,钢筋数量为 2 根,钢筋等级为Ⅱ级,钢筋直径 18 mm;另一种是标注钢筋级别、直径、相邻钢筋中心距。如图 11-3b,表示钢筋编号为 5,钢筋等级为Ⅰ级,钢筋直径 8 mm,相邻钢筋中心距 200 mm。

3. 钢筋的图例

一般钢筋的常用图例如表 11-3 所示,其他如预应力钢筋、焊接网、钢筋焊接接头的图例可查阅有关标准。

表 11-3 常用钢筋图例

名　　称	图　　例	说　　明
钢筋横断面	●	
无弯钩的钢筋端部		下图表示长、短钢筋投影重叠时,短钢筋的端部用45°斜画线表示
带半圆形弯钩的钢筋端部		
带直钩的钢筋端部		
无弯钩的钢筋搭接		
带半圆形弯钩的钢筋搭接		
带直弯钩的钢筋搭接		
机械连接的钢筋接头		用文字说明机械连接的方式(或冷挤压或锥螺纹等)
预应力钢筋或钢绞线		
单根预应力钢筋断面	+	

4. 钢筋的画法

在结构施工图中,钢筋的常规画法应符合以下规定:

(1) 在结构平面图中配置双层钢筋时,底层钢筋的弯钩应向上或向左,顶层钢筋的弯钩则向下或向右,见图 11-4a。

(2) 钢筋混凝土墙体配双层钢筋时,在配筋立面图中,远面钢筋的弯钩应向上或向左,而近面钢筋的弯钩则向下或向右,见图 11-4b(JM 近面;YM 远面)。

(3) 若在断面图中不能表达清楚的钢筋布置,应在断面图外增加钢筋大样图,例如钢筋混凝土墙、楼梯等,见图 11-4c。

(4) 图中所表示的钢箍、环筋等若布置复杂时,可加画钢筋大样及说明,见图 11-4d。

(5) 每组相同的钢筋、箍筋或环筋,可用一根粗实线表示,同时用一两端带斜短画线的横穿细线,表示其余钢筋及起止范围,见图 11-4e。

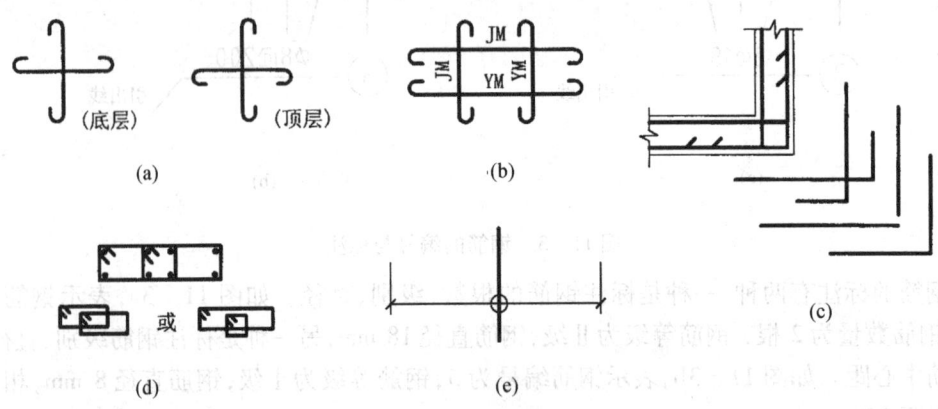

图 11-4 钢筋的画法

11.2 基 础 图

基础是在建筑物地面以下的部分,它承受房屋全部荷载,并将其传递给地基(房屋下的土层)。基础的形式与上部结构系统及荷载大小与地基的承载力有关,一般有条形基础、独立基础、整板基础等形式。

表达房屋基础结构及构造的图样称基础结构图,简称基础图,一般包括基础平面图和基础详图。

11.2.1 基础平面图

基础平面图是假想用一水平面沿地面将房屋切开,移去上面部分和周围土层,向下投影所得的全剖面图。

基础平面图绘图的比例一般与建筑平面图的比例相同。其定位轴线及编号也应与建筑平面图一致,以便对照阅读。基础中的梁、柱用代号表示。凡尺寸和构造不同的条形基础都需加画断面图,基础平面图上剖切符号要依次编号。

尺寸标注方面需要标出定位轴线间的尺寸、条形基础底面和独立基础底面的尺寸。整板基础的底面尺寸是标注在基础垫层示意图上的。

基础平面图的图线要求是:剖切到的墙画粗实线;可见的基础轮廓、基础梁等画中实线。

剖切到的钢筋混凝土柱涂黑。

11.2.2 基础详图

基础平面图仅表示基础的平面布置,而基础各部分的形状、大小、材料、构造及埋置深度需要画基础详图来表示。

各种基础的图示方法不同,条形基础采用垂直剖面图,独立基础则采用垂直剖面和平面图表示。

基础详图用大的比例绘制,常用比例为1:20或1:30。其定位轴线的编号应与基础平面图一致以便对照查阅。基础墙和垫层等都应画上相应的材料图例。

尺寸标注方面除了标注基础上各部分的尺寸以外,还应标注钢筋的规格、室内外地面及基础底面标高等。

基础详图的图线要求是:对于条形基础,剖切到的砖墙和垫层画粗实线;而对于钢筋混凝土的独立基础,其基础轮廓、柱轮廓用中实线或细实线绘制,钢筋用粗实线绘制,钢筋断面为黑圆点。

11.2.3 识读基础图示例

图11-5是某住宅楼的基础平面图,比例1:100,为条形基础。轴线两侧的粗实线是墙

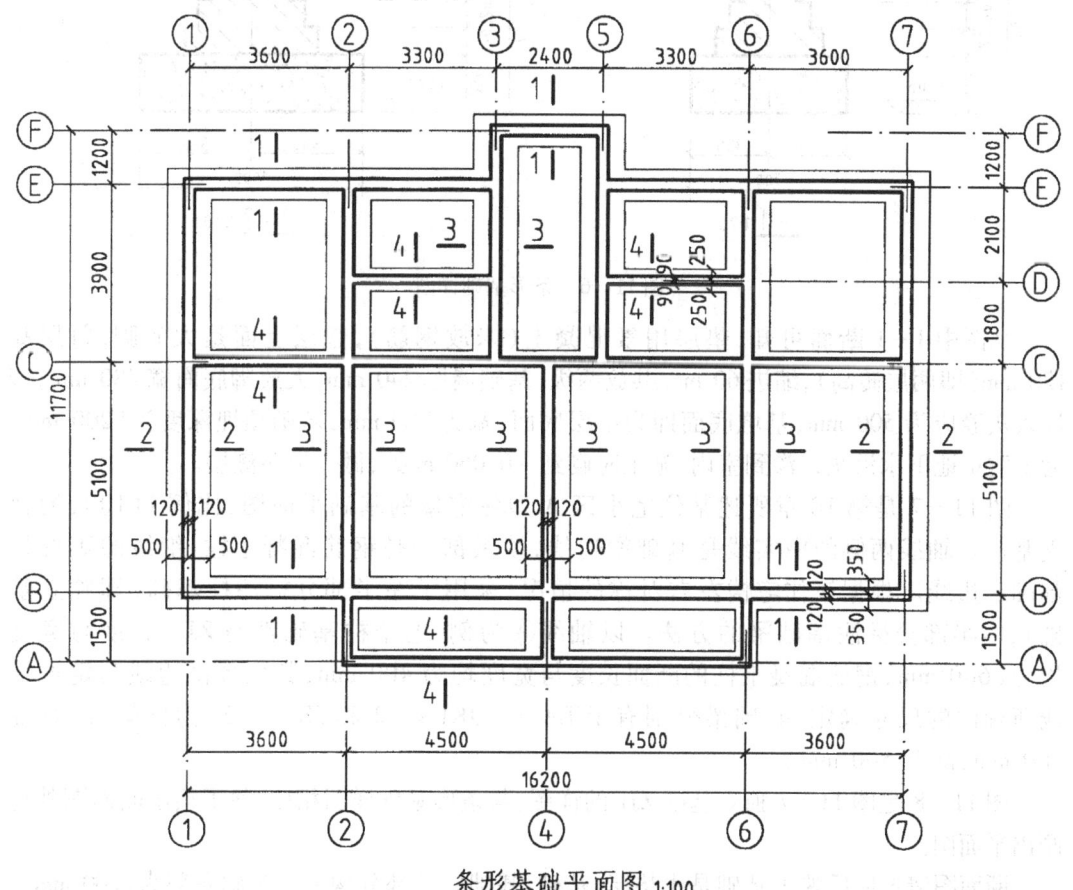

图11-5 条形基础平面图

边线,细线是基础底边线。以轴线①为例,左右墙边到轴线的定位尺寸120,也就是其墙厚240,左右基础底边线到轴线的定位尺寸500,基础底宽度尺寸1000。该处是2—2剖切断面,凡是同一编号的断面,其定位与尺寸都应完全一样。轴线⑦也有2—2断面,因此,其墙厚和基础底边线的定位和尺寸,与轴线①的相同。

图11-6是某住宅的条形基础的详图,比例为1:20。其剖切位置见图11-6,1—1断面是纵向外墙Ⓑ、Ⓔ和Ⓕ的基础。2—2断面是横向承重外墙①、⑦轴线处的基础。图中注出室内地面标高 ±0.000 m,室外地面标高 -0.500 m,垫层底面标高 -1.200 m,垫层厚度 250 mm,垫层宽度分别是 700 mm 和 1000 mm。

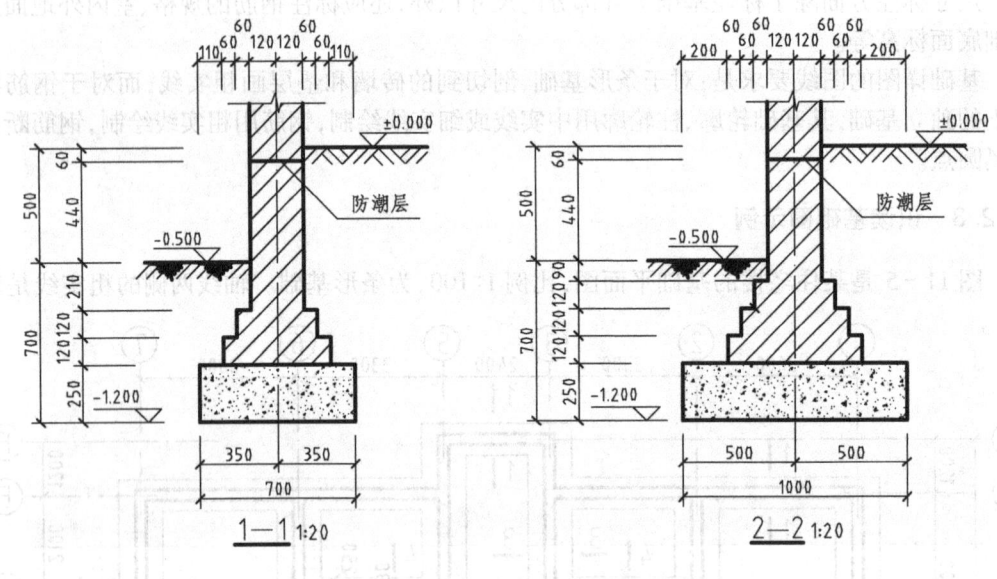

图 11-6 条形基础详图

从图中1—1断面可知,垫层用素混凝土(未放钢筋),垫层上面是大放脚,每层高120 mm(即两层砖高),缩进60 mm 共放两级,基础墙厚240 mm,大放脚底面宽480 mm,若计入灰缝应为500 mm,基坑底面即为垫层底面,宽为700 mm,基础预埋深度为1200 mm。为了防止地下水沿灰缝渗到室内,施工时砌到 -0.060 m 处,做一道防潮层。

图11-7是第10章所述某住宅小区 A 型住宅楼的基础平面图,比例1:100,为独立基础。轴线两侧的中实线是基础梁边线,填黑部分是钢筋混凝土柱,细线的矩形是基础底边线。根据该住宅楼左右对称的情况,采用了左半部分标注柱基础(即独立基础),右半部分标注基础梁的方法。以轴线Ⓐ为例,七个柱基础都是 ZJ1,长度与宽度均为1600 mm,钢筋混凝土柱的断面长度与宽度均为 400 mm,其位置由边线与定位轴线所标注的尺寸确定;基础梁分别有 JKLA-1、JKLA-2 和 JKLA-3,为框架梁,宽度180 mm,高度500 mm。

图11-8是图11-7独立基础 ZJ1 的详图,与条形基础详图相比,除了绘出断面图外还画出平面图。

断面图清晰地反映了基础是由垫层、基础、基础柱三部分构成。基础底部为1600 mm × 1600 mm 的矩形,基础高500 mm 并向四边逐渐减低到200 mm 形成四棱台形状。

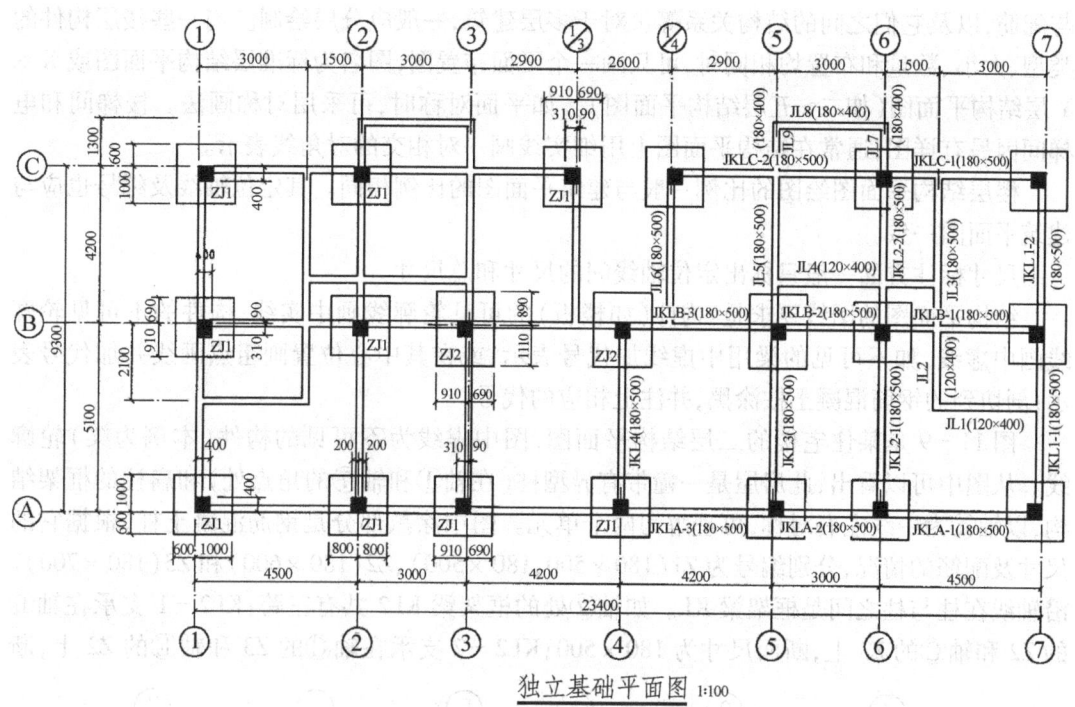

图 11-7 独立基础平面图

在基础底部配置了 $\phi12@150$ 的双向钢筋。基础下面用 C10 混凝土做垫层,垫层高 100 mm,每边宽出基础 100 mm。基础上部是基础柱,尺寸 400 mm × 400 mm。柱内放置 4 根 $\phi22$ 钢筋,钢筋下端直接伸到基础内部,上端与柱 Z2 中的钢筋搭接。基础柱内箍筋按 $\phi6@200$ 配置。平面图用局部剖面表示基础中双向钢筋的布置。

11.3 结构平面布置图

结构布置图主要是用平面图的形式来表示建筑物承重构件的布置情况。结构平面布置图包括基础平面图、楼层结构平面图和屋顶结构平面图等。这里仅介绍房屋的楼层结构平面图。

楼层结构平面图是假想沿楼板面将房屋水平剖开后所作的楼层结构水平投影图,用来表示每层楼的梁、板、柱等构件的平面布置,现浇钢筋混凝土楼板的构造

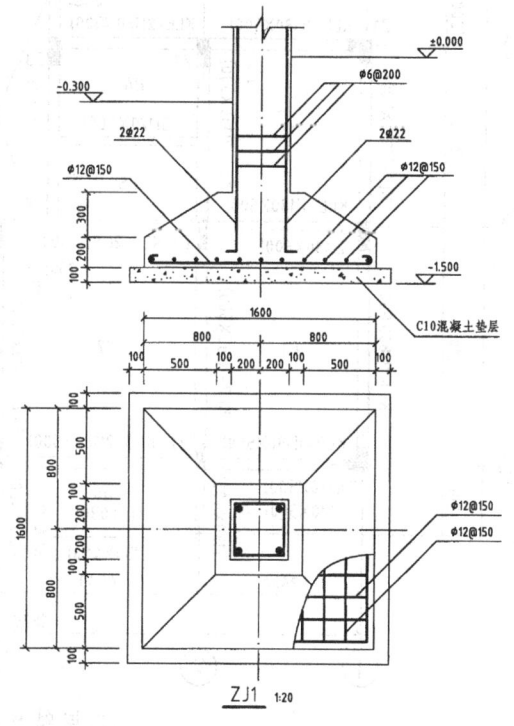

图 11-8 独立基础详图

与配筋,以及它们之间的结构关系等。对于多层建筑,一般应分层绘制。当一些楼层构件的类型、大小、数量和布置均相同时,可只画一个平面布置图,图名为标准层结构平面图或 X～Y 层结构平面图(如二～五层结构平面图)。如平面对称时,可采用对称画法。楼梯间和电梯间因另有详图,通常在结构平面图上用细实线画一对相交的对角线表示。

楼层结构平面图绘图的比例一般与建筑平面图的比例相同。其定位轴线及编号也应与建筑平面图一致。

尺寸标注方面一般只标出定位轴线间的尺寸和总尺寸。

结构平面图的图线要求是:构件(如楼板)的可见轮廓线画中实线;构件的不可见轮廓线画中虚线,如不可见的梁用中虚线加代号表示,或在其中心位置画粗点画线并加代号表示;剖切到的钢筋混凝土柱涂黑,并注上相应的代号。

图 11-9 是某住宅楼的二层结构平面图,图中虚线为不可见的构件(本例为梁)轮廓线。从图中可以看出,此房屋是一幢带有异型柱(在轴①和轴⑦的角点处)和扁柱的框架结构,以轴④为中线左右对称,可理解为两个单元。图中涂黑部分是钢筋混凝土柱,根据它的尺寸及配筋的情况,分别编号为 Z1(180×500,180×500)、Z2(180×600)和 Z3(180×700)。沿轴线在柱与柱之间是框架梁 KL。如轴②处的框架梁 KL2 共有三跨:KL2-1 支承在轴Ⓑ的 Z2 和轴Ⓒ的 Z3 上,断面尺寸为 180×500;KL2-2 支承在轴Ⓒ的 Z3 和轴Ⓔ的 Z2 上,断

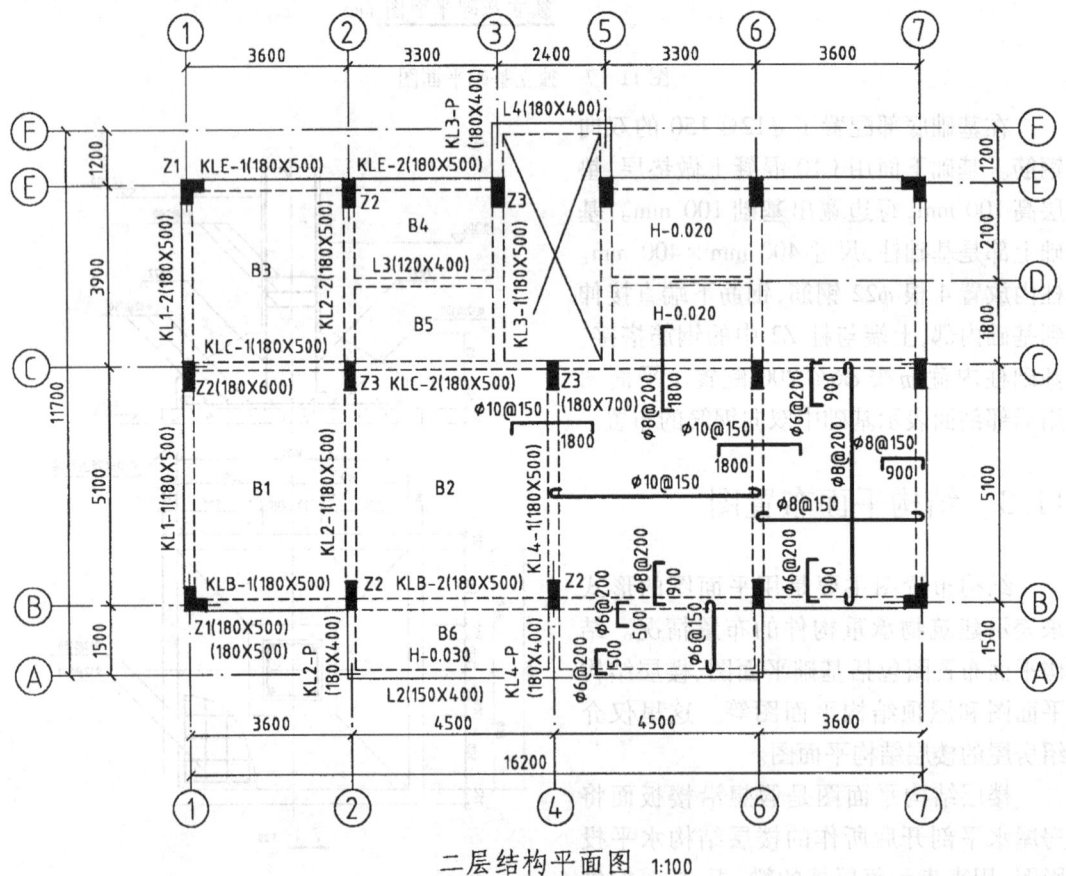

图 11-9 二层结构平面图

面尺寸同为 180×500;在轴Ⓐ与轴Ⓑ之间是悬挑梁,编号为 KL2 - P(180×400)。轴③至轴⑤处为楼梯间,另有结构详图,这里只用细实线画出交叉对角线。每一单元的楼板被梁隔为 6 块,分别编号为 B1 至 B6。由于本例左右对称,以上的柱、梁和板的位置和编号,只标注在住宅的左半部分。

值得注意的是,一般的板面标高为 H(即该楼层的结构标高),而 B4 和 B5 是厨房与卫生间,板面标高为 H - 0.020,表示比房间低 20 mm。前面阳台的 B6 板,板面标高为 H - 0.030,表示比房间地面低 30 mm,防止阳台地面的水流入房间。

图 11 - 9 中右半部分标注了住宅楼板 B1、B2 和 B6 的钢筋配置情况。B1 为双向板,有两个方向的受力钢筋;纵向配置 $\phi 8@150$,即每隔 150 mm 放置一根 $\phi 8$ 钢筋,钢筋两端弯钩向上;横向配置 $\phi 8@200$,即每隔 200 mm 配置一根 $\phi 8$ 钢筋,弯钩也是向上。另在板边配置面筋 $\phi 8@150$,长 900 mm,面筋两端的直弯钩向下。两板(B1 和 B2)之间配面筋 $\phi 10@150$,长 1 800 mm,其直弯钩也是向下。B2 为单向板,只画出纵向的受力筋 $\phi 10@150$。横向为分布筋,它的尺寸及配置情况在结构总说明中注明,不必在此标注。B6 也是单向板,受力筋 $\phi 6@150$ 横向配置,板边也配有面筋 $\phi 8@200$,长 500 mm。

二层结构平面图的比例与定位轴线之间的尺寸,应与二层建筑平面图一致。建筑平面图上要画出门窗、楼梯等构配件的图例及其位置,而结构平面图则不画门窗、楼梯等构配件。

11.4 钢筋混凝土构件详图

结构平面布置图只表示出建筑物各承重构件的布置情况,而它们的形状、大小、材料、构造和连接情况等,则需要分别画出各承重构件的结构详图表达。

钢筋混凝土构件的结构详图在断面图上不画混凝土的材料图例,而被剖切到的砖砌体的轮廓线用中实线表示,砖砌体的断面则应画出砖的材料图例。砖与钢筋混凝土构件在交接处的分界线,仍按钢筋混凝土构件的外形轮廓线用细实线画出。

下面选择建筑工程中具有代表性的钢筋混凝土梁、板、柱构件,说明钢筋混凝土构件的结构详图所表达的内容。

11.4.1 钢筋混凝土梁

钢筋混凝土梁的结构详图一般包括配筋立面图、断面图和钢筋详图。立面图主要表示梁的轮廓、尺寸及钢筋的位置。钢筋用粗实线表示,而梁的轮廓线则用细实线表示。当配筋较复杂时,通常在立面图的上方(下方)用同一比例画出钢筋详图。如为简单的构件,钢筋详图不必画出,可在钢筋表中用简图表示。断面图主要表示梁的断面形状、尺寸,箍筋的形式及钢筋的位置。断面图的剖切位置应在梁内钢筋数量有变化处。立面图和断面图都应注出各类钢筋编号以便与钢筋表对照。钢筋表附在图样的旁边,其内容主要是每一种钢筋的形状、长度、规格、数量,以便于加工制作和做预算。

识读钢筋混凝土梁结构详图的一般步骤是:先从立面图开始,从立面图可看出梁的立面轮廓、长度尺寸及钢筋在梁内上下左右的配置情况;然后再对照断面图,进一步了解梁的断面形状、宽度尺寸和钢筋在上下前后的排列情况。

图 11 - 10 所示为一钢筋混凝土梁的结构详图,从立面图上轴线编号可以知道该梁是位

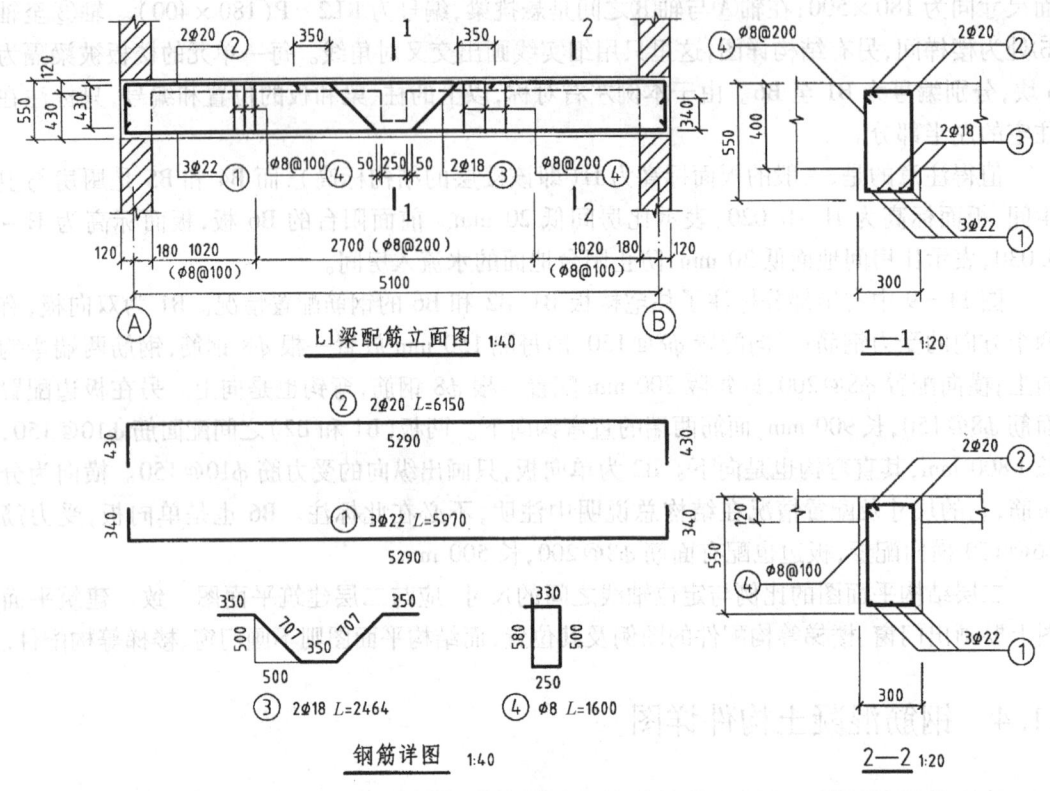

图 11-10 钢筋混凝土梁结构详图

于Ⓐ到Ⓑ跨之间。该梁是一根矩形梁,全长5340 mm(5100+120+120),宽300 mm,高550 mm。在配筋立面图的下方,是钢筋详图,钢筋详图中注明了每种钢筋的编号、根数、直径、各段长度以及弯起点位置等。在1—1断面图中,②号钢筋是架立筋,为两根Ⅱ级钢筋,直径为20 mm,一前一后放在梁的上方;①号钢筋是受力筋,共三根Ⅱ级钢筋,直径为22 mm,按前中后的位置放在梁的下方。在2—2断面处,多了两根③号钢筋,③号钢筋是一根直径为16 mm的弯筋,两端弯起的长度均为350 mm。④号钢筋是箍筋,是直径为8 mm的Ⅰ级钢筋,箍筋布置在梁中段是每隔200 mm一个,在梁的两端则加密箍,每隔100 mm放置一个。

为了便于编造施工预算、统计用料,一般还列出钢筋表,说明钢筋的编号、钢筋简图、直径、长度、数量、总数量、总长和重量等,见表11-4。

表 11-4 钢筋表

构件	编号	简 图	直径	长度(mm)	数量(根)	备注
L1 (一根)	①	340 5290 340	3 ɸ 22	5970	3	
	②	430 5290 430	2 ɸ 20	6150	2	
	③	350 350	2 ɸ 18	2464	2	
	④	580 250 330 500	ɸ 8	1600	36	

11.4.2 钢筋混凝土板

钢筋混凝土板根据施工方法的不同,有预制板和现浇板两种。

1. 钢筋混凝土预制板

钢筋混凝土预制板是混凝土制品厂的定型产品,一般不必绘制结构详图,只需在图中注明预制板的型号,在施工说明中注出选用的图集名称和编号,如工业厂房中的槽型板、民用建筑中的预应力多孔板等。

图 11-11 是预制的预应力多孔板的横断面图,其型号为 YKB-5-××-2。板的名义宽度应是 500 mm,但考虑到制作误差及板间构造嵌缝,故板宽的设计尺寸定为 480 mm。图中的钢筋标注表示:10 根直径为 4 的冷拔低碳钢丝。

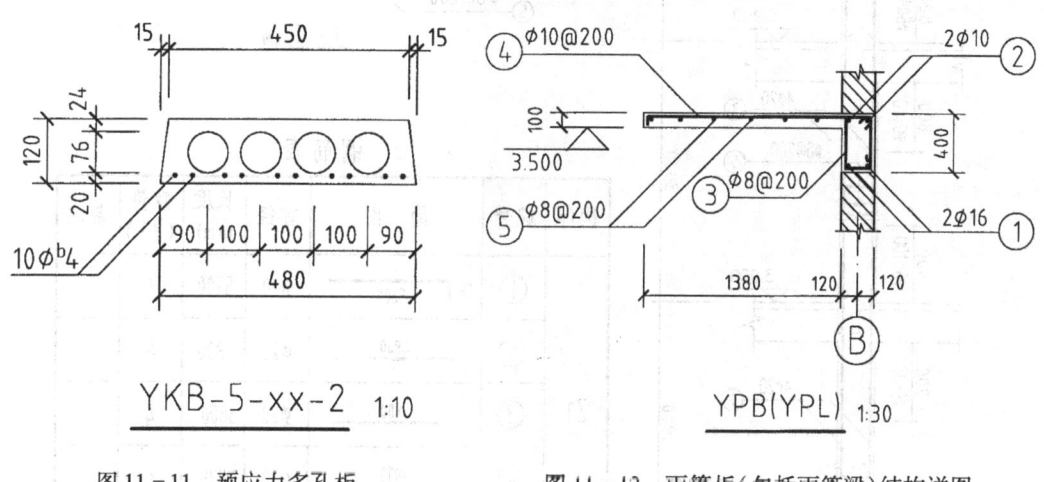

图 11-11 预应力多孔板　　　图 11-12 雨篷板(包括雨篷梁)结构详图

2. 钢筋混凝土现浇板

钢筋混凝土现浇板的结构详图,一般采用断面图表示。图 11-12 是某住宅的现浇雨篷板的结构详图,采用一个断面图来表示,绘图比例为 1∶30,它是一块悬挑板,支承于雨篷梁(YPL)上,板的厚度为 100 mm,板底标高是 3.500 m。受力筋④φ10@200 放在板的上部,分布筋为⑤φ8@200 置于受力筋之下。板的配筋图中标出板的外形尺寸,板的宽度1380 mm,板的长度一般标注在结构平面图中。雨篷梁(YPL)的断面也一起表示在雨篷板的结构详图中,表示梁的受力筋①2φ16 放在梁的下部,架立筋②2φ10 放在梁的上部,箍筋为③φ8@200。雨篷梁定位在Ⓑ轴上,雨篷梁的宽度 240 mm,高度 400 mm,梁的长度一般标注在结构平面图中。

对于现浇钢筋混凝土楼板,当板中配筋比较简单时,常可直接画在楼层结构平面图上,而不必画断面图,如上一节结构平面布置图中的二层结构平面图,见图 11-8。

11.4.3 现浇钢筋混凝土柱

柱是房屋的主要承重构件,其结构详图包括立面图和断面图,如果柱的外形变化复杂或有预埋件,则还应增画模板图,模板图上的预埋件只画其位置示意和编号,具体细部情况另绘详图。柱立面图主要表示柱的高度方向尺寸,柱内钢筋配置、钢筋截断位置(Ⅰ级钢筋以上用45°斜短画线表示),钢筋搭接区长度,搭接区内箍筋需要加密的具体数量及与柱有关的梁、板。

柱的断面图主要反映截面的尺寸、箍筋的形状和受力筋的位置、数量。断面图的剖切位置应设在截面尺寸有变化及受力筋数量、位置有变化处。

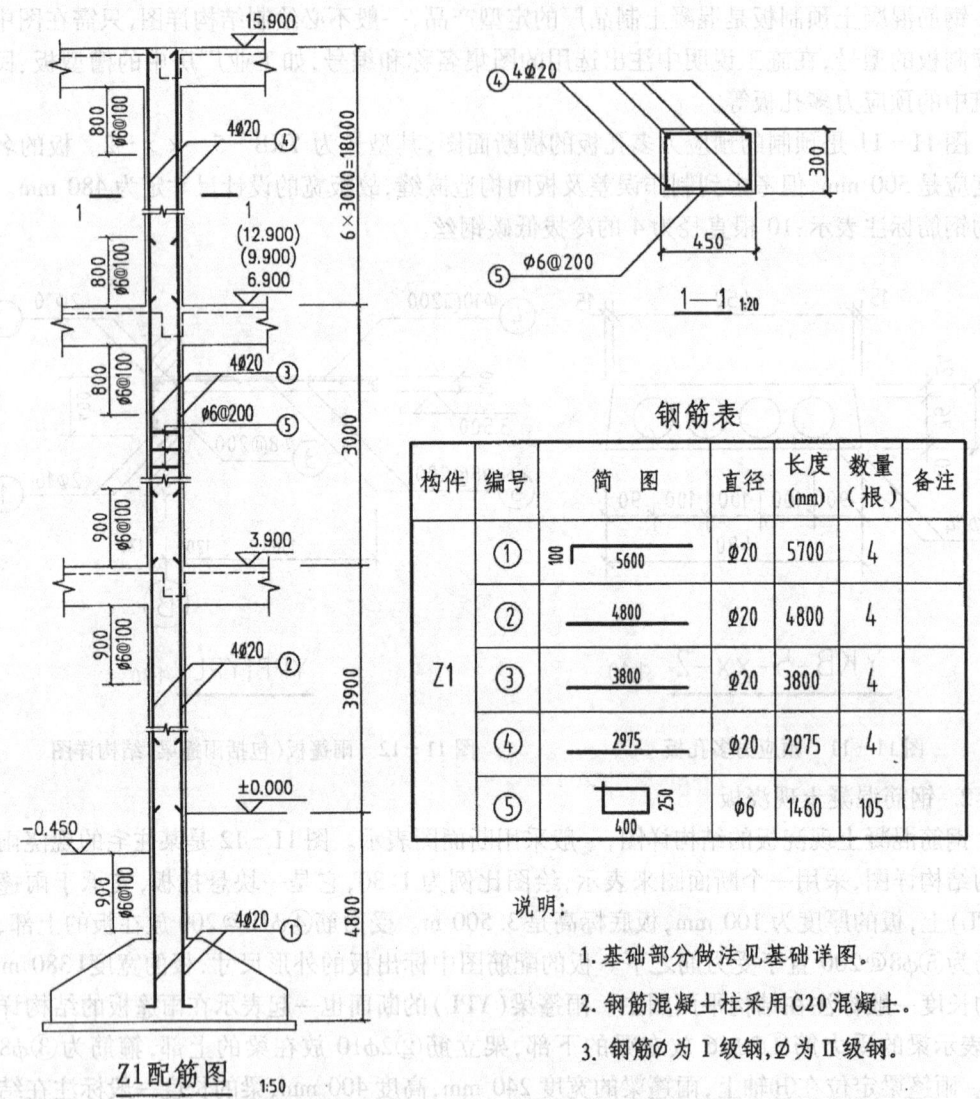

图11-13 钢筋混凝土柱结构详图

图11-13所示为一钢筋混凝土柱Z1的结构详图。从立面图的标高可看出柱高为15.9 m,±0.000以下为基础部分,其详细做法可参阅基础详图。受力筋都是4φ20,但从钢筋表可以看出,①②③④号的钢筋长度有所不同。箍筋⑤为φ6@200,在靠近梁的地方和接搭区内箍筋则加密为φ6@100。从断面图可看出柱的截面形状为矩形,尺寸是450mm×300mm,四根受力筋分别固定在箍筋的四角。

11.5 钢结构图

钢结构是由各种形状的型钢,如角钢、工字钢、钢板等组合连接而成,常用于大跨度建筑、高层建筑和工业厂房中。

11.5.1 型钢及其连接方法

钢结构中所使用的钢材是由轧钢厂按标准规格(型号)轧制而成的,称为型钢。常用的型钢的种类及标注方法见表11-5。

表11-5 常用的型钢的标注方法

名 称	截 面	标 注	说 明
等边角钢	∟	∟$b \times t$	b 为肢宽,t 为肢厚
不等边角钢	∟	∟$B \times b \times t$	B 为长肢宽,b 为短肢宽,t 为肢厚
工字钢	I	IN Q IN	轻型工字钢加注 Q 字 N 为工字钢的型号
槽钢	[	[N Q [N	轻型槽钢加注 Q 字 N 为槽钢的型号
方钢	b	□b	
钢板	—	$\dfrac{-b \times t}{l}$	
圆钢	⊘	ϕd	
钢管	○	$DN \times \times$ $d \times t$	内径 外径×壁厚

钢结构中型钢的连接形式常用焊接和螺栓连接。

1. 焊接和焊缝代号

焊接就是通过加热或加压或两者并用,使得焊件连接在一起的金属加工方法。在焊接的钢结构图中,必须把焊缝的位置、形式和尺寸标注清楚。焊缝按规定采用焊缝代号来标注。焊缝代号由带箭头的引出线、图形符号、焊缝尺寸和辅助符号组成,如图11-14所示。

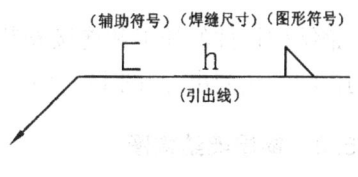

图11-14 焊缝代号

常用焊缝的图形符号和辅助符号如表11-6所示。

表 11-6 焊缝的图形符号和辅助符号

焊缝名称	焊缝形式	图形符号	符号名称	焊缝形式	说明	标注方式
V 型焊缝		V	周围焊缝符号		○	
单边 V 型焊缝		V	三面焊缝符号			
I 型焊缝		‖	现场焊接符号			
贴角焊缝		△	尾部符号		<	

2. 螺栓连接

螺栓连接拆装方便,操作简单,其连接形式可用简化的图例表示,见表 11-7。

表 11-7 螺栓与螺栓孔的表示方法

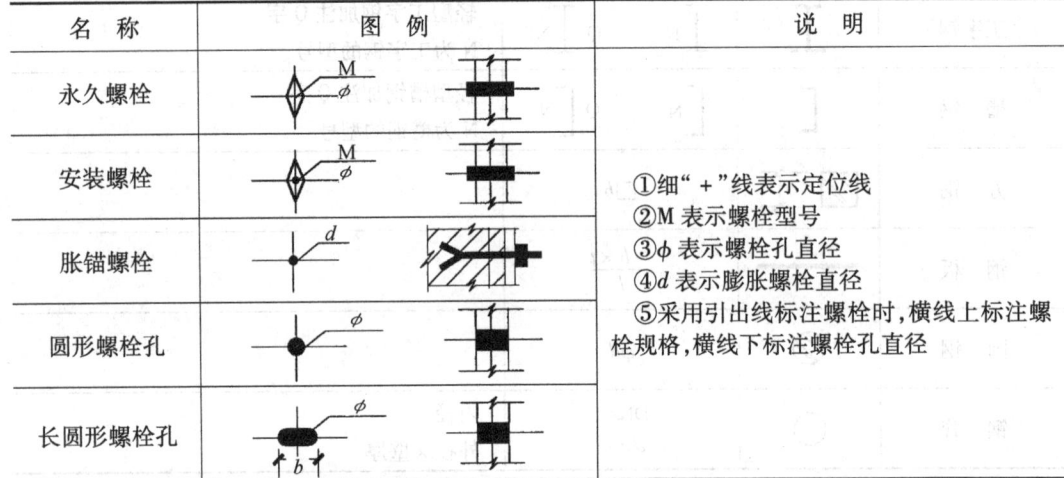

名 称	图 例	说 明
永久螺栓		①细"+"线表示定位线 ②M 表示螺栓型号 ③φ 表示螺栓孔直径 ④d 表示膨胀螺栓直径 ⑤采用引出线标注螺栓时,横线上标注螺栓规格,横线下标注螺栓孔直径
安装螺栓		
胀锚螺栓		
圆形螺栓孔		
长圆形螺栓孔		

11.5.2 钢结构的尺寸标注

钢结构杆件的加工和连接安装要求较高,标注尺寸应达到准确、清晰和完整。以下将常见的标注方法列出,见图 11-15。

11.5.3 钢屋架结构图

钢屋架结构图是表示钢屋架的形式、大小、型钢的规格、杆件的组合和连接情况的图样。钢屋架结构图主要有屋架简图、屋架立面图和节点详图等。

11.5.3.1 屋架简图

图 11-16 是某厂房的钢屋架简图。绘图比例较小,为 1:200。屋架简图用单线图表示,一般用中实线绘制,习惯上画在图纸的左上角和右上角。从定位轴线可知道屋架位于轴Ⓐ

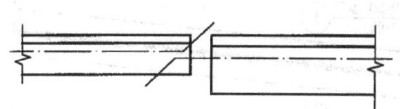

(a) 两构件的两条重心线靠得很近时，应在交汇处各自向外错开

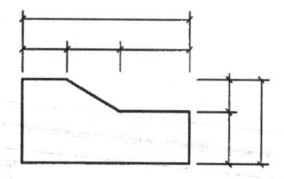

(b) 切割的板材，应标注各线段的长度及位置

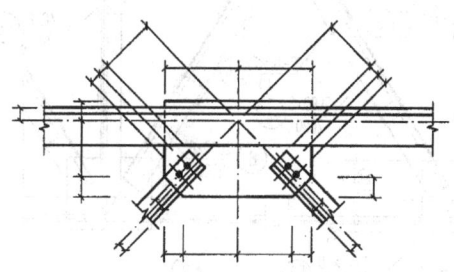

(c) 节点尺寸应注明节点板的尺寸和各杆件螺栓孔中心，以及杆件端部至几何中心线交点的距离

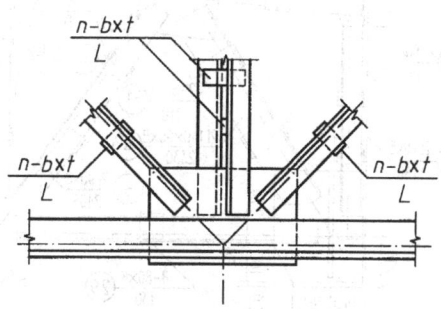

(d) 双型钢组合截面的构件，应注明连接板的数量及尺寸。引出横线上方标注数量、宽度和厚度，下方标注长度尺寸

图 11-15　钢结构的尺寸标注

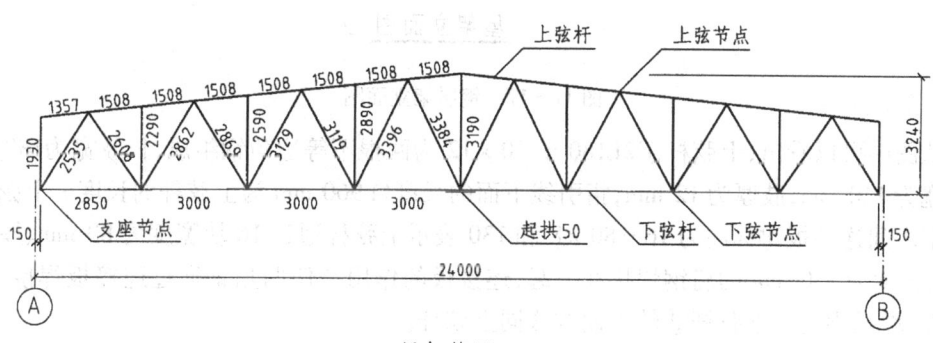

图 11-16　钢屋架简图

与轴Ⓑ之间，表明了该屋架在建筑物中的位置。图中还注明了屋架的跨度、高度和各节点之间杆件的长度等。

11.5.3.2　屋架立面图

图 11-17 是上述钢屋架的立面图（局部），绘图比例用 1∶50。钢屋架立面图中杆件与节点板轮廓用中实线绘制，其余为细实线。从定位轴线Ⓐ可知道该屋架是上述屋架简图所示的屋架立面图。

该屋架立面图由三部分图样组成，中间是屋架立面图，屋架上、下弦杆的实形投影图位于上下两侧。由于屋架的跨度和高度尺寸较大，而杆件的截面尺寸较小，所以通常在立面图中采用了两种不同的比例，即屋架轴线用较小比例 1∶50，杆件和节点用较大比例，如 1∶25。

251

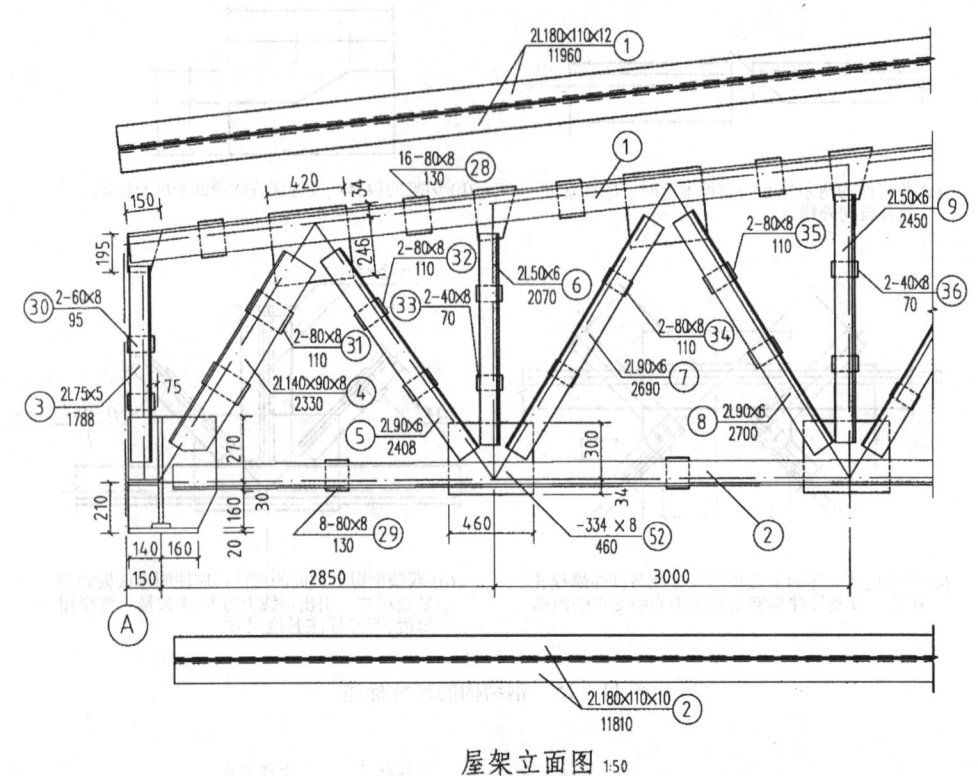

图 11-17 钢屋架立面图

从图中可以看出，上弦杆①2L180×110×12 为两根不等边角钢组成，长肢宽为180 mm，短肢宽为110 mm，肢厚为12 mm，指引线下面的长度11 960 mm 为上弦杆的长度。上弦杆两根角钢之间连接板㉘标注为 16-80×8 和 130 表示上弦杆通过 16 块宽度为 80 mm、厚度为 8 mm、长度为 130 mm 的扁钢焊接在一起，连接板的作用是使两角钢通过连接板焊接，加强整体性，增强刚度。下弦杆②的识读方法同上弦杆。

左端的竖杆③为 2-L75×5 表示竖杆由两根等边角钢组成，角钢肢宽 75 mm，肢厚 5 mm，角钢长度为1 788 mm。竖杆由两块扁钢㉚作为连接板焊接在一起，扁钢标注为 2-60×8 和 95，表示扁钢宽 60 mm、厚 8 mm、长 95 mm。其他竖杆的识读方法同上。

左端的斜杆④为 2L140×90 和 2 330 表示斜杆由两根不等边角钢组成，长肢宽 140 mm，短肢宽 90 mm，肢厚 5 mm，角钢长度为2 330mm。斜杆由两块扁钢㉛焊接在一起，扁钢标注为 2-80×8 和 110，表示扁钢宽 80 mm、厚 8 mm、长 110 mm。其他斜杆的识读方法同上。

11.5.3.3 节点详图

图 11-18 是上述钢屋架中编号为 2 的一个下弦节点图。为详尽表达该节点的结构，其绘图比例较大，通常为 1:20。

节点由斜杆⑤和⑦以及竖杆⑥通过节点板㊸和下弦杆②焊接而成。斜杆⑤和⑦分别由两根等边角钢 L90×6 组成，竖杆⑥由两根等边角钢 L50×6 组成，下弦杆②由两根不等边角钢 L180×110×10 组成。由于每根钢杆都由两根角钢所组成，所以在两角钢之间有连接板。

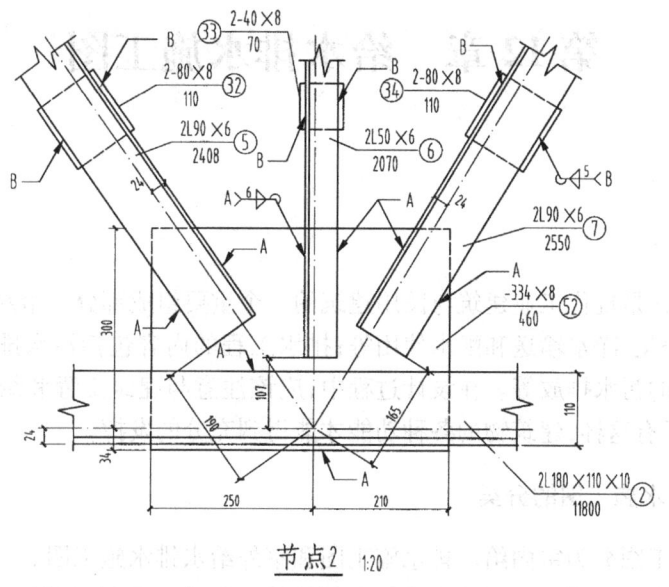

图 11-18 钢屋架节点详图

在节点详图中,不仅应注明各型钢的规格尺寸和它的长度尺寸,还应注明各杆件的定位尺寸(如 105、190 和 165)和连接板的定位尺寸(如 250、210、34 和 300)等。

另外,图中还标注了焊缝代号,从标注可知,所有节点采用的都是双面角焊缝,由于焊缝的高度尺寸不同(分别为 6 mm 和 5 mm)而分为两类(A 和 B)。

在钢屋架结构图中一般还附有材料表(略),表中按零件编号详细注明了组成杆件的各型钢的截面规格尺寸、长度、数量和重量等内容。

第 12 章 给水排水施工图

12.1 概述

给水排水工程是现代工业建筑与民用建筑的一个重要组成部分。给水工程的内容包括水源取水、水质净化、净水输送和配水使用等；排水工程的内容包括污水排除、污水汇集、污水处理和处理后的污水排放等。在设计过程中，应该注意与建筑工程和结构工程的紧密配合和协调一致，只有这样，建筑物的各种功能才能得到充分的发挥。

12.1.1 给水排水施工图的分类

给水排水施工图分为室内给水排水施工图和室外给水排水施工图。

室内给水排水施工图表示一幢建筑物内部的给水排水工程设施情况，主要画出房屋内的浴厕、厨房等房间或工业厂房中的锅炉间、澡堂、化验室以及需要用水的车间的用水部门的管道布置，一般包括平面图、系统图、屋面排水平面图、剖面图和详图。

室外给水排水施工图表达的范围比较广，它可以表示一个城市的给排水工程，也可以表示工矿企业内的厂区或一幢建筑物外部的给水排水工程设施。其内容包括平面图、高程图、纵剖面图和横剖面图以及详图。

此外，对水质净化和污水处理设施来说，尚有工艺流程图、水处理构筑物工艺图等。对于一般建筑给水排水工程而言，主要包括室内给水排水平面图、系统图，室外给水排水平面图及有关详图。

12.1.2 管道的画法

给水排水施工图是民用建筑中常见的管道施工图的一种。管道施工图从图形上可分成单线图和双线图。管道一般为圆柱管，若完全按投影绘制，应画出内外圆柱面的投影，如图 12-1a 所示。在实际施工中，要安装的管线往往很长而且很多，把这些管线画在图纸上时，

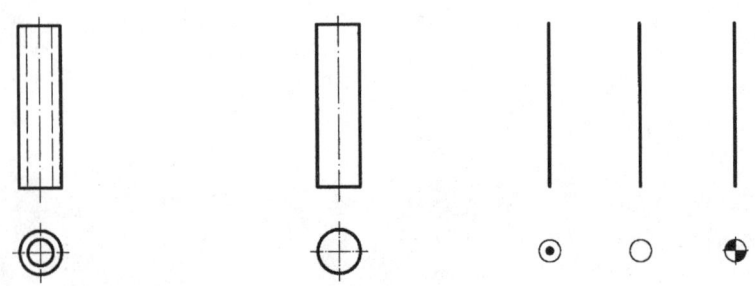

(a) 完全按投影表示的管道　　(b) 用双线图形表示的管道　　(c) 用单线图形表示的管道

图 12-1　管道的各种表示方法

线条往往纵横交错密集繁多,不易分清;同时,为了在图纸上能完整地显示这些代表管道的线条,势必要把每根管道都画得很小很细才行。在这种情况下,管道的壁厚就很难再用虚线和实线表示清楚,所以在图形中往往仅用两根线条表示管道的形状。这种不用线条表示管道壁厚的方法通常叫做双线表示法,用它画出的图样称为双线图,见图12-1b。

另外,由于管子的截面尺寸比管子的长度尺寸要小得多,所以在小比例的施工图中,往往把管子的壁厚和空心的管腔全部看成是一条线的投影。这种在图形中用一根粗实线表示管道的图样,通常叫做单线表示法,由它画成的图样称为单线图,见图12-1c。

在给水排水施工图中,平面图和系统图中的管道通常采用单线图,剖面图和详图中往往采用双线图。

12.1.3 给水排水施工图的图示特点

(1) 给水排水施工图的图样一般采用正投影绘制。但系统图采用轴测投影绘制,工艺流程图采用示意法绘制。

(2) 图中的管道、器材和设备一般采用国家有关制图标准规定的图例表示。其中如卫生器具图例是较实物大为简化的一种象形符号,一般应按比例画出。

(3) 不同直径的管道,以同样线宽的线条表示,管道坡度也无需按比例画出(画成水平),但应用数字注明管径和坡度。

(4) 管道与墙的距离示意性绘出,安装时按有关施工规范确定。即使暗装管道亦与明装管道一样画在墙外,但应附说明。

(5) 当在同一平面位置布置有几根不同高度的管道时,若严格按投影来画,平面图就会重叠在一起,这时可画成平行排列。

(6) 为了删掉不需表明的管道部分,常在管线端部采用细线的 S 形折断符号表示(参见本章插图)。

(7) 管道上的连接配件均属标准的定型工业产品,在图中均不予画出。

12.1.4 给水排水施工图的一般规定

1. 图线

(1) 新设计的各种给水排水管线分别采用中粗实线($0.75b$)、粗实线(b)表示。当其轮廓线不可见时分别采用中粗虚线、粗虚线。

(2) 原有的各种给水排水管线分别采用中实线($0.50b$)、中粗实线表示;当其轮廓线不可见时分别采用中虚线、中粗虚线。

(3) 给水排水设备、零(附)件的可见轮廓线,总图中新建的建筑物和构筑物的可见轮廓线采用中实线;其不可见轮廓线采用中虚线。

(4) 建筑的可见轮廓线,总图中原有的建筑物和构筑物的可见轮廓线,制图中的各种标注线采用细实线($0.25b$)表示;建筑的不可见轮廓线,总图中原有的建筑物和构筑物的不可见轮廓线采用细虚线表示。

(5) 中心线、定位轴线采用细单点长画线表示。

(6) 断开界线采用折断线表示。波浪线表示平面图中水面线、局部构造层次范围线和保温范围示意线等。

2. 比例

（1）给水排水专业制图常用的比例，宜与建筑专业一致。详图采用较大的比例，如 1∶1、1∶2、1∶5、1∶10、1∶20、1∶30。

（2）在管道纵剖面图中，可根据需要对纵向横向采用不同的组合比例。

（3）在建筑给水排水轴测图中，如局部表达有困难时，该处可不按比例绘制。

3. 标高

（1）标高单位为米，一般注至小数点后第三位，在总图中可注写到小数点后第二位。

（2）标高种类：室内工程应标注相对标高；室外工程宜标注绝对标高，当无绝对标高资料时，可标注相对标高，但应与总图所注的相对标高一致。

（3）标注部位：

① 沟渠和重力流管道的起讫处、转角处、连接点、变坡点、变尺寸（管径）点及交叉点；

② 压力流管道中的标高控制点；

③ 管道穿外墙、剪力墙和构造物的壁及底板等处；

④ 不同水位线处；

⑤ 构筑物和土建部分的相关标高；

⑥ 压力管道应标注管中心标高；沟渠和重力流宜标注沟（管）内底标高。

（4）标高的标注方法应符合下列规定：

① 平面图中，管道标高应按图 12-2 的方式标注。

② 平面图中，沟渠标高应按图 12-3 的方式标注。

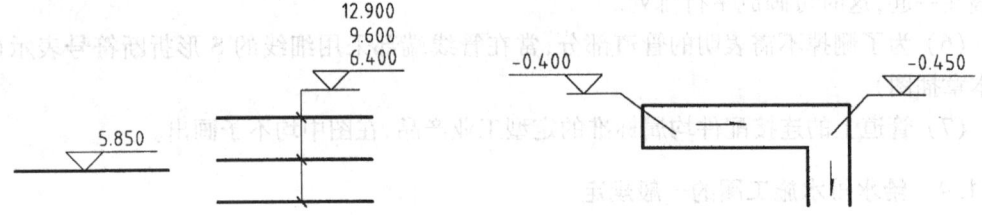

图 12-2　平面图中管道标高标注法　　图 12-3　平面图中沟渠标高标注法

③ 剖面图中，管道及水位的标高应按图 12-4 的方式标注。

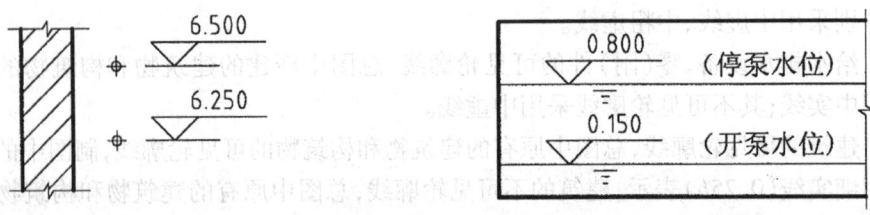

图 12-4　剖面图中管道及水位标高标注法

④ 轴测图中,管道标高应按图 12-5 的方式标注。

⑤ 在建筑工程中,管道也可标注相对本层建筑地面的标高,标注方法为 $h+\times.\times\times\times$,$h$ 表示本层建筑地面标高(如 $h+0.250$)。

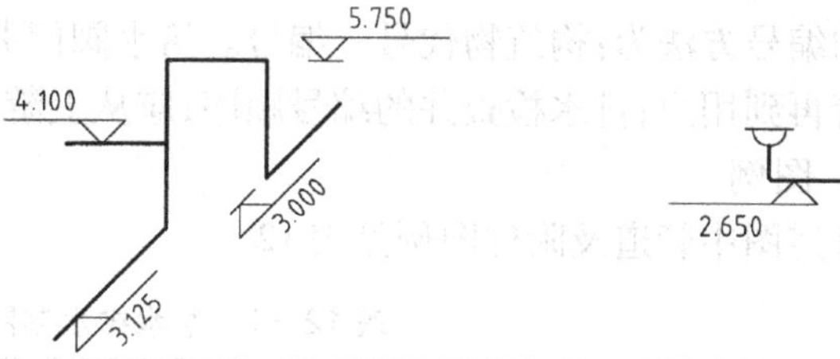

4. 管径

(1) 管径应以毫米为单位。

图 12-5 轴测图中管道标高标注法

(2) 不同的管材,管径的表示方式不同:

① 镀锌或不镀锌钢管、铸铁管等管材,管径宜以公称直径 DN 表示(如 DN15、DN50);钢筋混凝土(或混凝土)管、陶土管、耐酸陶瓷管、缸瓦管等管材,管径宜以内径 d 表示(如 d230、d380 等);

② 无缝钢管、焊接钢管(直缝或螺旋缝)、不锈钢管等管材,管径宜以外径 D×壁厚表示(如 D108×4、D159×4.5 等);

③ 塑料管材,管径宜按产品标准的方法表示;

④ 当设计均用公称直径 DN 表示管径时,应有公称直径 DN 与相应产品规格对照表;

⑤ 管径的标注方法:单管及多管标注如图 12-6 所示。

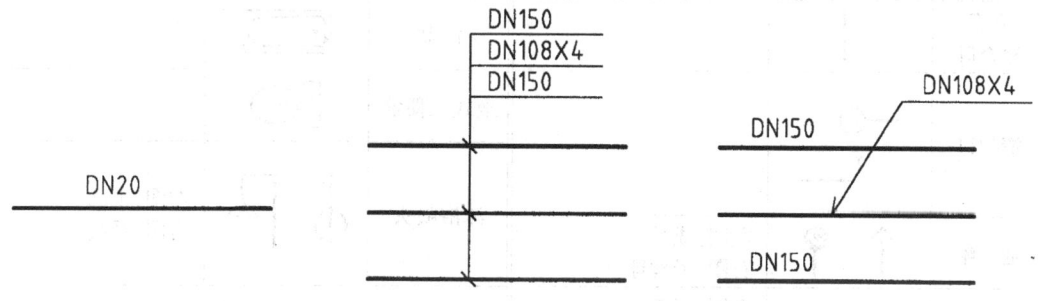

图 12-6 单管及多管管径标注法

5. 编号

(1) 当建筑物的给水排水进、出口数量多于一个时,宜进行编号,编号形式如图 12-7 所示。

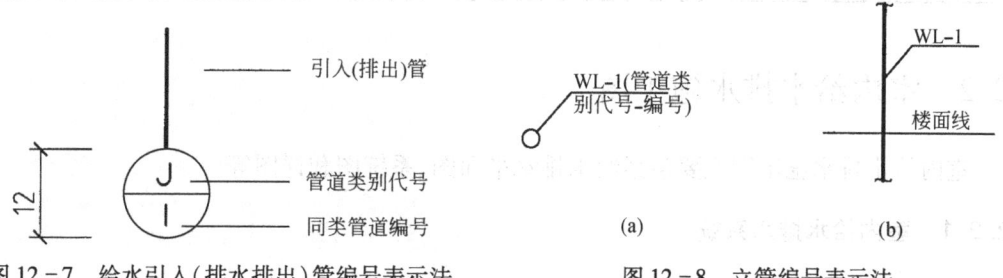

图 12-7 给水引入(排水排出)管编号表示法

图 12-8 立管编号表示法

(2) 建筑物内穿过楼层的立管,其数量多于一个时,宜进行编号,见图 12-8,其中 WL 为管道类别和立管代号。

(3) 给水排水附属构筑物(阀门井、检查井、水表井、化粪池等)多于一个时应编号。构筑物的编号方法为:构筑物代号—编号。给水阀门井的编号顺序,应从水源到用户,从干管到支管再到用户;排水检查井的编号顺序,应从上游到下游,先支管后干管。

6. 图例

管道图中管道及附件图例见表 12-1。

表 12-1 给水排水制图常用图例

名称	图例	说明	名称	图例	说明
管道	 —J— —F— —W— —Y—	用汉语拼音字头表示管道类别。左图分别为生活给水管、废水管、污水管和雨水管	放水龙头	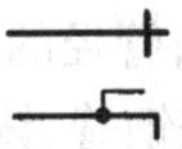	上图:平面 下图:系统
多孔管			室内消火栓 (单口)	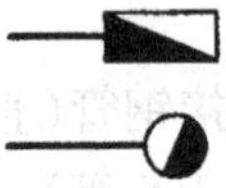	上图:平面 下图:系统
空调凝结水管	 —KN—				
排水明沟	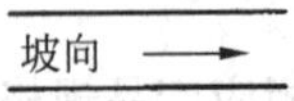 坡向 →	箭头指向下坡	水表		
存水弯		S型、P型	台式洗脸盆	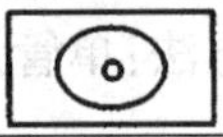	
立管检查口			浴盆	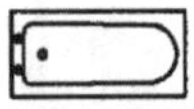	
清扫口	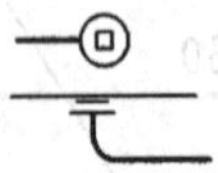		坐式大便盆		
通气帽		左图:成品 右图:铅丝球	沐浴喷头		左图:平面 右图:系统
圆形地漏		左图:平面 右图:系统	矩形化粪池	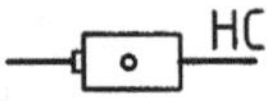	HC 为化粪池代号
闸阀			雨水口		单口
截止阀	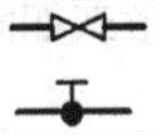	上图:DN≥50 下图:DN<50	水表井		

12.2 室内给水排水施工图

室内给水排水施工图主要包括给水排水平面图、系统图和详图等。

12.2.1 室内给水排水系统

12.2.1.1 室内给水系统的组成

(1) 引入管 自室外(住宅区、校区、厂区)供水管引入室内的一段水平管。引入管通常采用埋地暗敷方式引入,其坡度不小于 0.003、斜向室外给水管网。对引入管应有编号标注,表示方法见图12-7。

(2) 水表节点　在引入管室外部分离开建筑物适当位置处,设置水表井或阀门井,在引入管上接上水表、阀门等计量及控制附件,用以记录用水量或总控制。

(3) 给水管网　由给水水平干管、立管、支管组成室内给水管网。其中当穿过楼层的给水立管多于一个时应对立管以阿拉伯数字编号,以便于读图。如图12-8所示。

(4) 用水或配水器具或设备　如支管端部的各种配水龙头、阀门及卫生设备等。

(5) 室内消防设备　根据建筑物的防火等级要求必须设置消防给水设备,一般应设置消火栓、消防水池等消防设备。有特殊要求时,还应专门装设自动喷淋消防或水幕设备。

除上述基本组成部分外,根据城市给水管网的水压情况,有时还要在室内给水系统中附加一些其他必需的加压、沉淀设备,如加压水泵、加压塔、水箱、蓄水池等。

室内排水系统是把各个用水设备内的污水经排水栓,排至排水横管、立管、排出管,再排至窨井(化粪池)。

12.2.1.2　室内排水系统的组成

(1) 排水横管　连接卫生器具和大便器的水平管段称为排水横管。连接大便器的水平横管管径不小于100,且流向立管方向有2%的坡度。当大便器多于一个或卫生器具多于两个时,排水横管应有清扫口。

(2) 排水立管　管径一般为100,但不能小于50或不能小于所连接的横管管径。立管在底层和顶层应有检查口。多层建筑中则每隔一层应有一个检查口,检查口距地面高度为1.00 m。

(3) 排出管　把室内排水立管的污水排入检查井的水平管段,称为排出管。其管径应大于或等于100,向检查口方向应有1%~2%的坡度(管径为100时坡度取2%,管径为150时坡度取1%)。

(4) 通气管　在顶层检查口以上的一段立管称为通气管,以排除臭气。通气管应高出屋面0.3(平屋面)至0.7 m(坡屋面)。在寒冷地区,通气管管径应比立管管径大50,以备冬季时管内因结冰而管内径减小。在南方地区,通气管管径与排水立管相同,最小不应小于50。

(5) 清扫口和检查口　用于清理、疏通排水管道用。

12.2.2　室内给水排水平面图

室内给水排水平面图是建筑给水排水施工图中最基本的图样,它主要反映卫生洁具、管道及其构件相对于房屋的平面位置。现以第10章建筑施工图所述的某住宅小区A型住宅为例,讨论建筑给水排水施工图的图示方法及内容。图12-9和图12-10分别为首层和二~六层的给水排水平面图。

1. 图示内容和特点

(1) 比例

给水排水平面图的比例,可采用与房屋建筑平面图相同的比例,一般为1:100。如在卫生设备或管路布置较复杂的房间,画1:100不足以表达清楚时,可选择较大的比例(如1:50)来画。

(2) 平面图的数量和表达范围

多层房屋的给水排水平面图原则上应分层绘制。若楼层平面的管道布置相同时,可绘制一个管道平面图。但要说明的是:首层管道平面图均应单独绘制(如图12-9所示),屋面上的管道系统可附画在顶层管道平面图中或另画一个屋顶管道平面图。

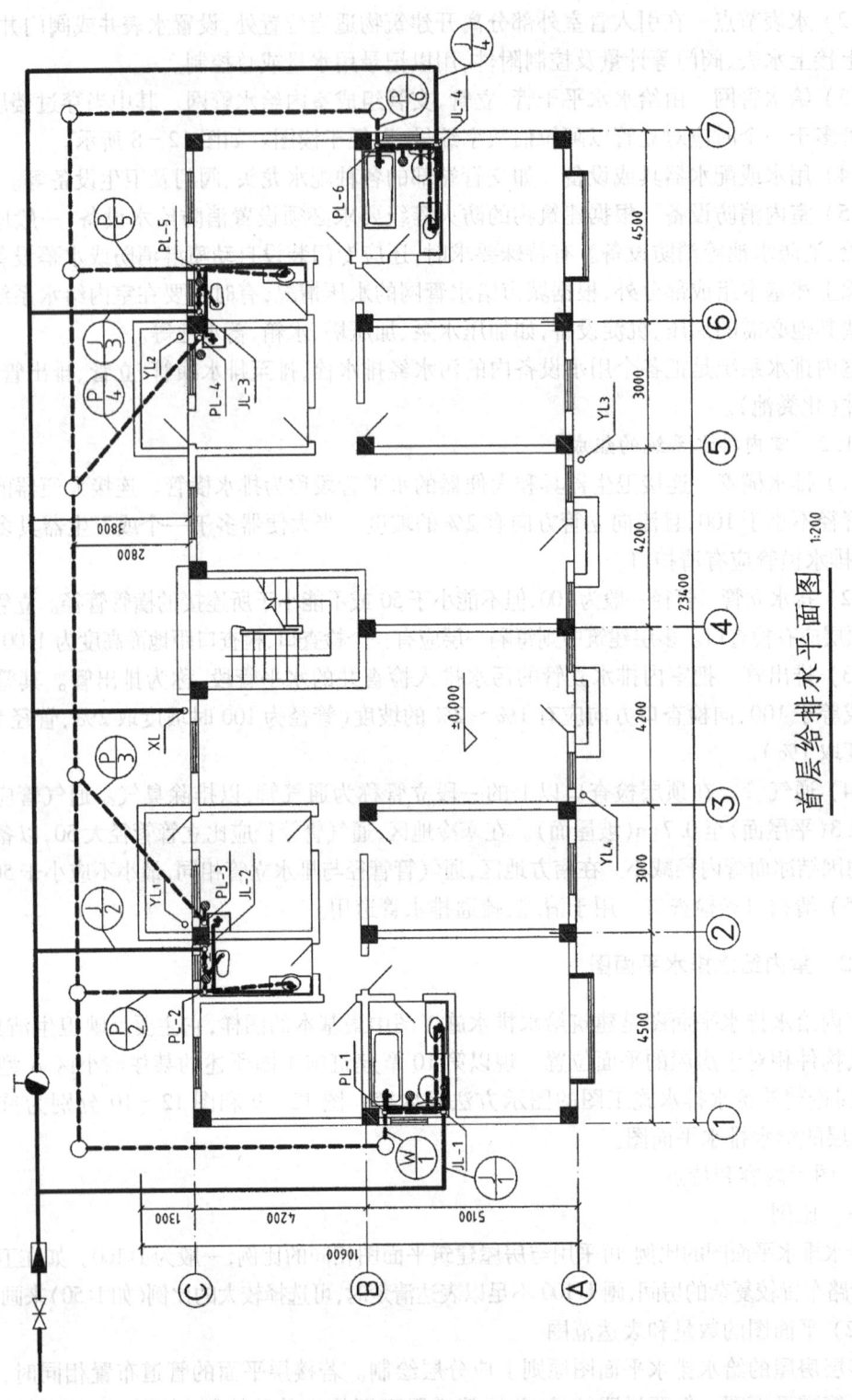

图12-9 首层给排水平面图

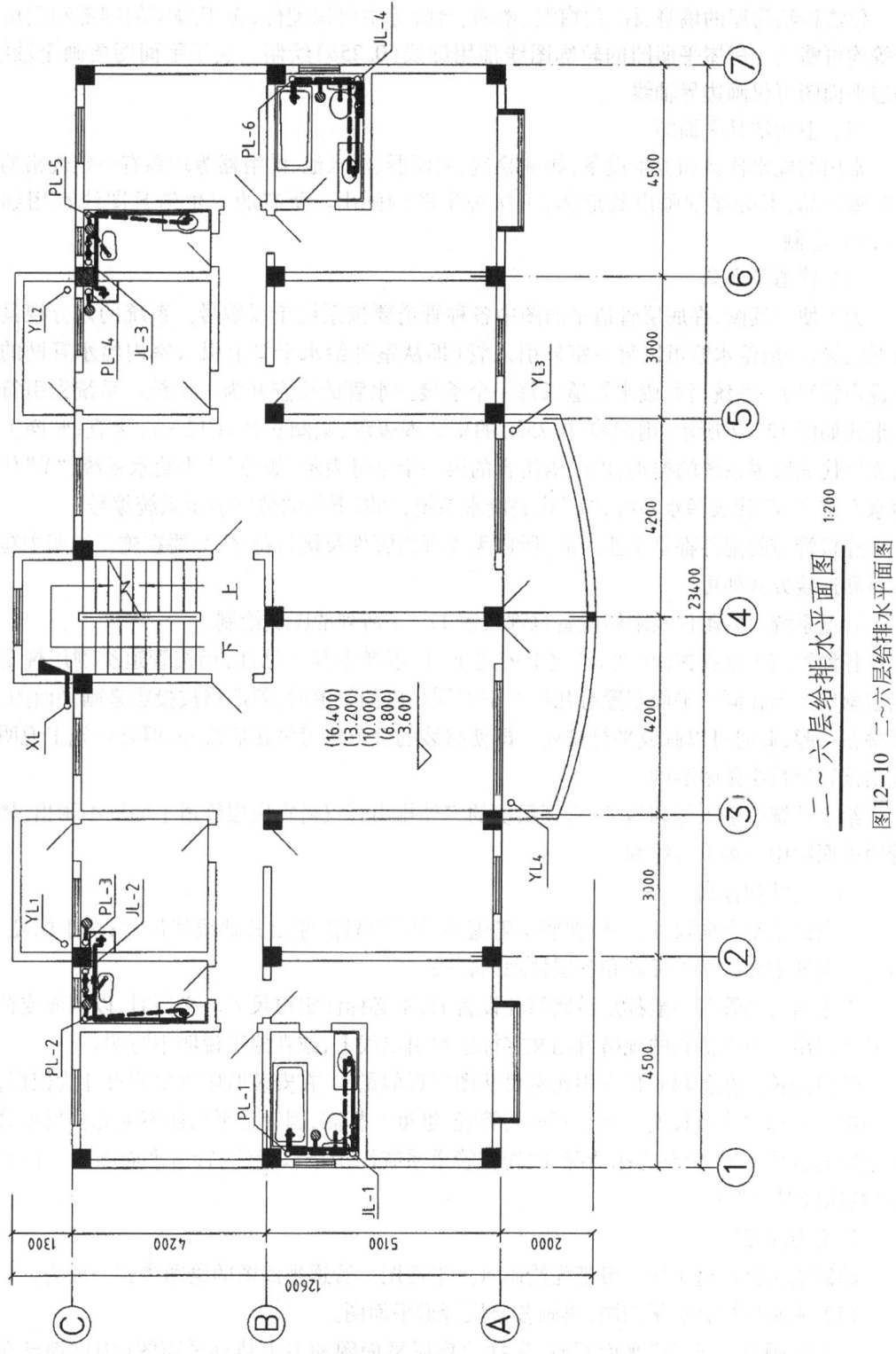

图12-10 二～六层给排水平面图

(3) 房屋平面图

仅需抄绘房屋的墙身、柱、门窗洞、楼梯、台阶等主要构配件,至于房屋的细部和门窗代号等均可略去。房屋平面图的轮廓图线都用细线($0.25b$)绘制。底层平面图要画全轴线,楼层平面图可仅画边界轴线。

(4) 卫生洁具平面图

常用的配水器具和卫生设备,如洗脸盆、大便器、污水池、淋浴器等均系有一定规格的工业定型产品,不必详细画出其形体,可按规定图例画出。所有的卫生洁具图线都用细线($0.25b$)绘制。

(5) 管道平面图

为了便于读图,在底层管道平面图中各种管道要按系统予以编号。系统的划分视具体情况而异,一般给水管可以每一室外引入管(即从室外给水干管上引入室内给水管网的水平进户管)为一系统,污、废水管道以每一个承接排水管的检查井为一系统。系统索引符号的形式如图 12-7 所示,用细线($0.25b$)的单圆圈表示,圆圈直径以 12 mm 为宜;圆圈上部的文字代表管道系统的类别,以汉语拼音的第一个字母表示,如"J"代表给水系统,"Y"代表雨水系统,"W"代表污水系统,"F"代表废水系统,圆圈下部的数字表示系统编号。

连接管道的附件都是工业产品,所以无需画出管件及接口符号,只要在施工说明中写明管材和连接方式即可。

管道系统上的附件及附属设备也都按表 12-1 所列的图例绘制。

各种管道不论在楼面(地面)之上或之下,均不考虑其可见性,仍按管道类别用规定的线型画出。当在同一平面布置有几根上下不同高度的管道时,若严格按投影来画平面图,会重叠在一起,此时可以画成平行排列。即使暗装的管道也可画在墙线外,但要在施工说明中注明该管道系统是暗装的。

给水系统的引入管和污、废水管系统的室外排出管仅需在底层管道平面图中画出,楼层管道平面图中一概不需绘制。

(6) 尺寸和标高

房屋的水平方向尺寸,一般在底层管道平面图中只需注出其轴线间尺寸;至于标高,只需标注室外地面的整平标高和各层楼地面标高。

卫生洁具和管道一般都是沿墙靠柱设置的,不必标注定位尺寸。必要时,以墙面或柱面为基准标出。卫生洁具的规格可用文字标注在引出线上,或在施工说明中写明。

管道的长度在备料时只需用比例尺从图中近似量出,在安装时则以实测尺寸为依据,所以图中均不标注管道长度。至于管道的管径、坡度和标高,因管道平面图不能充分反映管道在空间的具体布置、管路连接情况,故均在管道系统图中予以标注,管道平面图中一概不标注(特殊情况除外)。

2. 绘图步骤

绘制给水排水施工图一般都先绘画管道平面图。管道平面图的绘图步骤一般为:

(1) 先画底层管道平面图,再画各楼层管道平面图。

(2) 在画每一层管道平面图时,先抄绘房屋平面图和卫生洁具平面图(因这都已在建筑平面图上布置好),再画管道布置,最后标注有关尺寸、标高、文字说明等。

(3) 抄绘房屋平面图的步骤与画建筑平面图一样,先画轴线,再画墙身和门窗洞,最后画其他构配件。

(4) 画管道布置图时,先画立管,再画引入管和排水管,最后按水流方向画出横支管和附件。给水管一般画至各设备的放水龙头或冲洗水箱的支管接口;排水管一般画至各设备的废、污水的排泄口。

12.2.3 室内给水排水系统图

给水排水平面图主要显示室内给水排水设备的水平安排和布置,而连接各管路的管道系统因其在空间转折较多,上下交叉重叠,往往在平面图中无法完整且清楚地表达,因此,需要有一个同时能反映空间三个方向的图来表达。这种图被称为给水排水系统图。它能反映各管道系统的管道空间走向和各种附件在管道上的位置。

1. 图示内容和特点

(1) 比例

一般采用与给水排水平面图相同的比例 1:100,必要时也可不按比例绘制。总之,视具体情况而定,以能表达清楚管路情况为原则。

(2) 轴测轴和轴向变形系数

为了完整、全面地反映管道系统,选用能反映三维情况的轴测图来绘制给水排水系统图。目前我国一般采用正面斜等轴测图。即 OX 轴处于水平位置;OZ 垂直;OY 轴与水平线组成 $45°$ 的夹角,如图 12-11 所示(有时也可 $30°$ 或 $60°$。三轴的变形系数 $p=q=r=1$)。

系统图的轴向要与平面图的轴向一致,也就是说 OX 轴与平面图的水平方向一致,OY 轴与平面图的水平方向垂直。

(3) 管道系统

各管道系统图符号的编号应与底层管道平面图中的系统索引符号的编号相同。

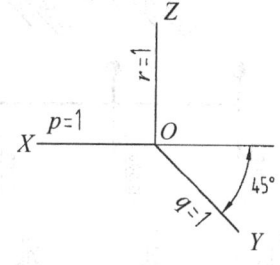

图 12-11 正面斜等轴测图($45°$)

给水排水系统图一般应按系统分别绘制,这样可避免过多的管道重叠和交叉,但当管道系统简单时,有时可画在一起。

某住宅小区 A 型住宅楼给水排水系统图是按系统分别绘制的。图 12-12 为给水管道系统图,图 12-13 为排水管道系统图。

系统图的画法与平面图一样,用各种线型来表示各个系统。管道附件及附属构筑物也都用图例表示(参见表 12-1)。当空间交叉的管道在图中相交时,应鉴别其可见性,可见管道画成连续,不可见管道在相交处断开。当管道被附属构筑物等遮挡时,可用虚线画出。

(4) 房屋构件位置的表示

为了反映管道与房屋的联系,在管道系统图中还要画出被管道穿过的墙、梁、地面、楼面和屋面的位置,其表示方法如图 12-14 所示。这些构件的图线均用细实线画出,剖面线的方向按剖面轴测图的剖面线方向绘制。

(5) 管径、坡度、标高

管道系统中所有管段的直径、坡度和标高均应标注在管道系统图上。

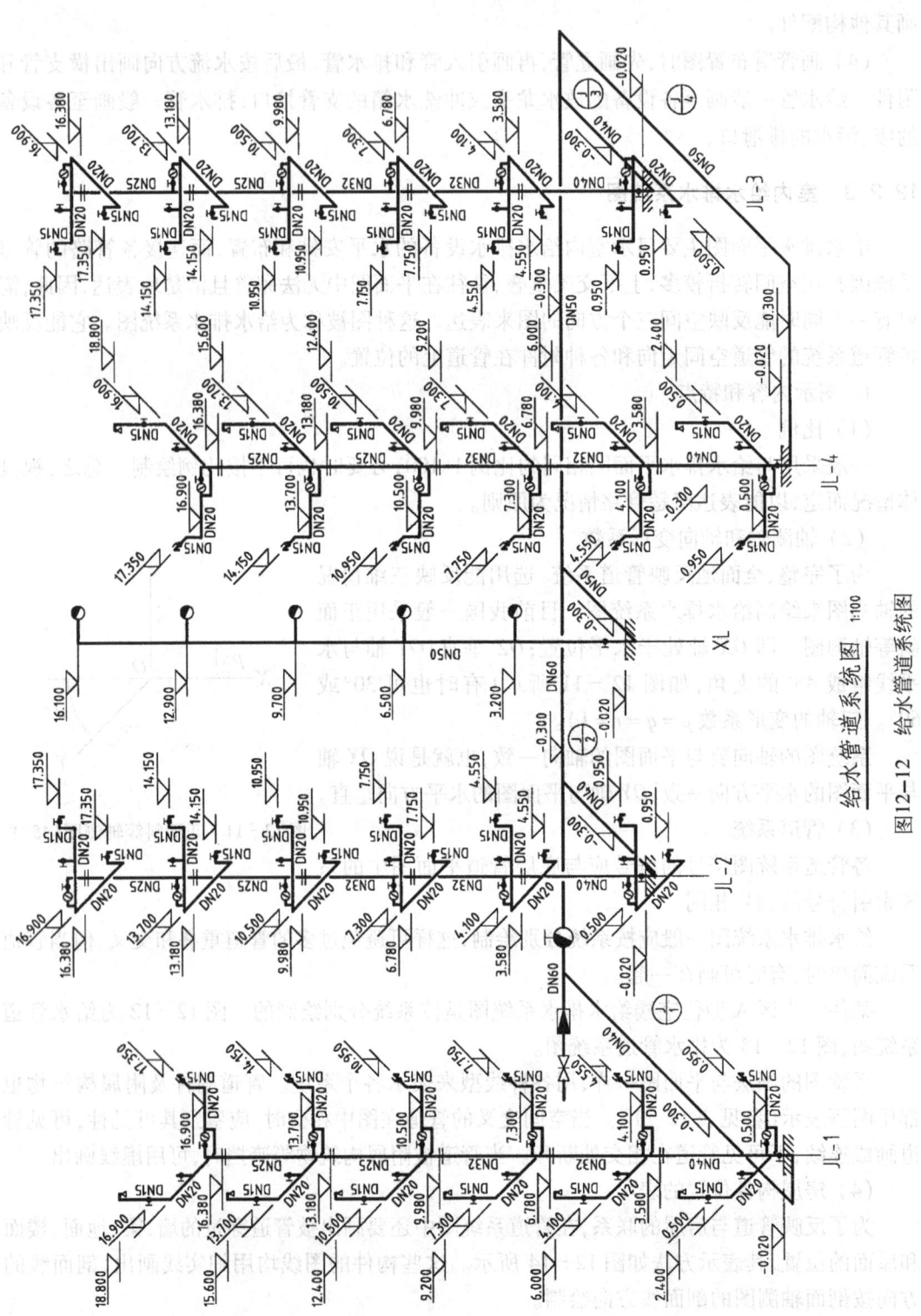

图12-12 给水管道系统图

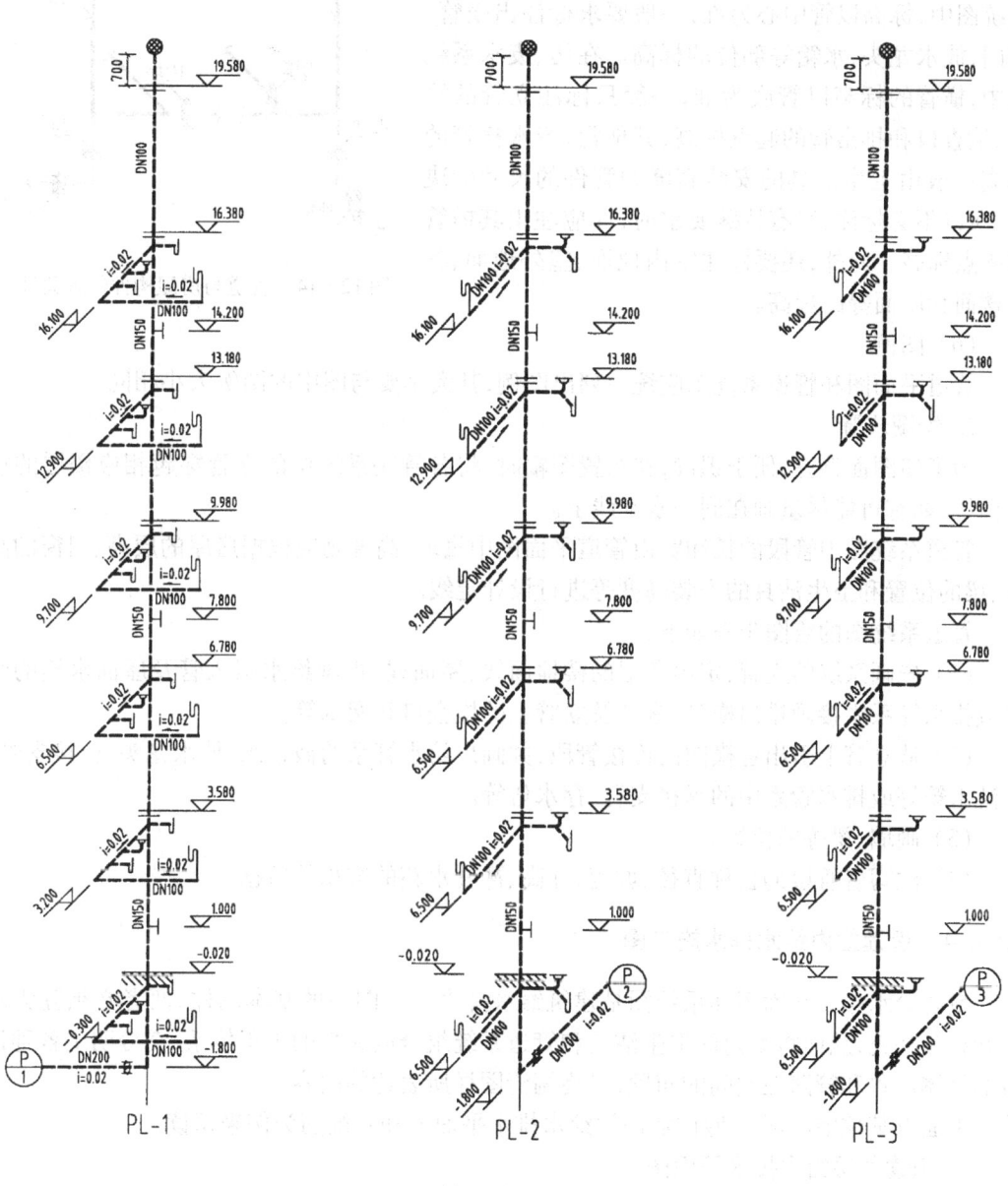

图 12-13 排水管道系统图

① 各管段的直径可直接标注在该管段旁边或引出线上。

② 给水系统的管路因为是压力流,当不设置坡度时,可不标注坡度。排水系统的管路一般都是重力流,所以在排水横管的旁边都要标注坡度,坡度可注在管段旁边或引出线上,在坡度数字前须加代号"i",数字下边再以箭头表示坡向(指向下游),如 $i=0.05$。当污、废水管的横管采用标准坡度时,在图中可省略不注,而在施工说明中写明即可。

③ 标高应以米为单位,宜注写到小数点后第三位。系统图中标注的标高都是相对标

高。即以底层室内地面作为标高±0.000 m。在给水系统图中，标高以管中心为准，一般要求标注出横管、阀门、放水龙头、水箱等部位的标高。在污、废水系统图中，横管的标高以管底为准，一般只标注立管的管顶、检查口和排出管的起点标高，其他污、废水横管的标高一般由卫生洁具的安装高度和管件的尺寸所决定，所以不必标注；当有特殊要求时，亦应注出其横管的起点标高。此外，还要标注室内地面、室外地面、各层楼面和屋面等的标高。

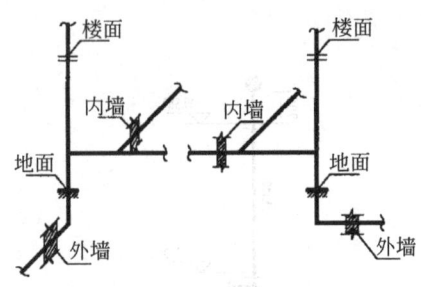

图 12 - 14 管道与房屋构件位置关系

(6) 图例

管道平面图和管道系统图应统一列出图例，其大小要与图中的图例大小相同。

2. 绘图步骤

为了使图面整齐，便于识读，在布置图幅时，将各管路系统中的立管穿越相应楼层的楼地面线，如有可能尽量画在同一水平线上。

管道系统图中管段的长和宽由管道平面图中量取，高度则应根据房屋的层高、门窗的高度、梁的位置和卫生洁具的安装高度等进行设计定线。

管道系统图的绘图步骤如下：

(1) 先画系统的立管，定出各层的楼地面线、屋面线；再画给水引入管及屋面水箱的管路或排水管系中接画排出横管、窨井及立管上的检查口和网罩等。

(2) 从立管上引出各横向的连接管段，并画出给水管系的截止阀、放水龙头、连接支管、冲洗水箱等或排水管系中的承接支管、存水弯等。

(3) 画墙、梁等的位置。

(4) 注写各管段的公称直径、坡度、标高、冲洗水箱的容积等数据。

12.2.4　识读室内给水排水施工图

室内给水排水平面图和系统图是建筑给水排水施工图中的基本图样，两者必须互为对照和相互补充，从而将室内的卫生洁具和管道系统组合成完整的工程体系，充分明确各种设备的具体位置和管路在空间的布置，最终搞清图样所表达的内容。

下面以某住宅小区 A 型住宅楼的给水排水平面图和系统图为例来识读。

1. 识读各层给水排水平面图

要求搞清下列两个问题：

(1) 各层平面图中，哪些房间布置有卫生洁具和管道？这些房间的卫生洁具又是怎样布置的？楼(地)面标高是多少？

例如，在首层平面图(图 12 - 9)中可以看出：首层布置卫生洁具和管道的房间有厨房、两个卫生间。卫生间内有低水箱坐式大便器、洗脸盆和地漏；厨房中有洗涤池和地漏。卫生间的地面高度比各楼面低 0.020 m。

各楼层平面图由读者自行照样一一识读。

(2) 有哪几个管道系统？

根据底层给水排水平面图的管道编号可知：给水的引入管有 J/1～J/4，立管有 JL-1～

JL-4；排水的排出管有 P/1～P/6，立管有 PL-1～PL-6；还有一消防给水立管 XL。

2. 识读各给水排水系统图

识读管道系统图必须与管道平面图配合。在底层管道平面图中，可按系统索引符号找出相应的管道系统；在各楼层管道平面图中，可根据该系统的立管代号及位置找出相应的管道系统。

（1）给水管道系统

一般从室外引入管开始识读，依次为引入管→水平干管→立管→支管→卫生洁具；如有水箱，则要找出水箱的进水管，依次为水箱的进水管→水平干管→立管→支管→卫生洁具。

下面就以给水管道系统为例，识读如下：

首先由底层给水排水平面图识读，找出管道系统的总引入管。由图可知：室外总引入管为 DN60，其上装一闸阀和一个水表，管中心标高为 -0.300 m；从房屋西北角引入，布置在北面，分别向东西两个单元分出两支干管，另有一根 DN50 向南穿过阳台墙入各层消火栓。干管的直径变小为 DN40，与在墙内侧的立管 JL-1～4（DN40）连接。立管 JL-1 出地面后登高至标高 0.500 m，接一根 DN20 的支管，其上接闸阀和水表再向厕所内的坐式大便器、浴盆和洗脸盆龙头供水。立管 JL-2 出地面后登高至标高 0.500 m，接一根 DN20 的支管，其上接闸阀和水表再向厕所内的蹲式大便器、洗脸盆龙头和厨房的水龙头供水。JL-3 和 JL-4 分别与 JL-2 和 JL-1 对称。

图中还给出了消防管道系统图。

（2）排水管道系统

先在底层管道平面图中找出相应的系统和立管的位置，再找出各楼层管道平面图中的立管位置，以此作为联系，依次按卫生洁具→连接管→横支管→立管→排出管→检查井的顺序进行识读。

排水系统图的识读：

配合底层管道平面图可知：本系统有 6 根排出管，排出管管底标高均为 -1.800 m，管径为 DN200。PL-1～PL-6 立管上底层、三层和六层距楼地面 1.000 m 处安装一检查口，立管一直穿出屋面，顶端（700 mm）处装有一通气帽。PL-1 立管承接洗脸盆、坐式大便器、浴池和地漏排出的污水，洗脸盆接有 P 形存水弯，坐式大便器、浴池接有 S 形存水弯以封住臭气。PL-2 立管也承接洗脸盆、蹲式大便器和地漏排出的污水，洗脸盆接有 P 形存水弯，蹲式大便器接有 S 形存水弯。PL-3 立管除承接洗菜盆外也承接厨房地漏排出的污水。PL-4～PL-6 立管与 PL-1～PL-3 对称。

12.3　室外给水排水施工图

室外给水排水施工图主要表示一个小区范围内的各种室外给水排水管道的连接和布置的图样。室外给水排水施工图包括室外给水排水平面图、管道纵剖面图、附属设备的施工图等。对于地形较平坦的居住小区、校园可不绘制管道纵剖面图。

本节通过图 12-15 某住宅小区 A 型住宅的室外给水排水平面图介绍其图示特点和内容，以及绘图和识读步骤。

12.3.1　室外给水排水平面图图示内容和特点

1. 比例

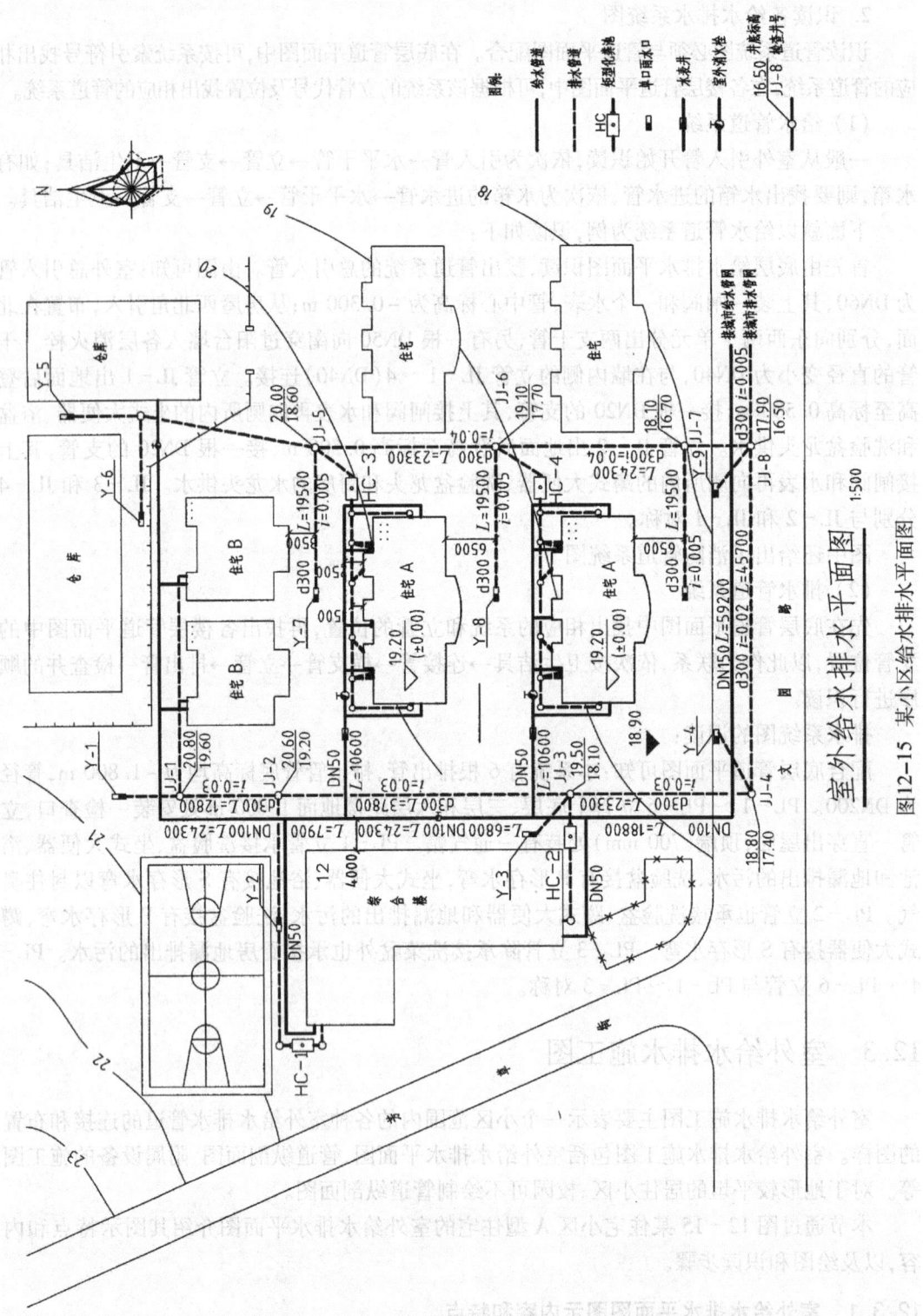

图12-15 某小区给水排水平面图 1:500

室外给水排水平面图的比例不宜小于1:500,一般采用与建筑总平面图相同的比例,以能表达清楚室外管道为原则。本例的室外给水排水平面图(图12-15)是以1:500绘制的。

2. 管道、建筑物及各种附属设施

一般把各种管道合画在一张总平面图上,各种管道和附属构筑物都按国标规定的图例绘制。各种建筑物、道路、围墙等均按建筑总平面图的图例绘制。图线要求按本章第二节的有关规定。

3. 管径、尺寸和标高

各种管道的管件按管道系统图图示特点中的第5点所述方法标注,一般注在管道旁边,当位置有限时,可用引出线标出。

室外管道一般应标注绝对标高,当无绝对标高资料时,也可用相对标高标出,图12-15的检查井处的管底标高均用绝对标高,这些标高都标在引出线的上方,在引出线的下方标出各检查井的编号。如Y—4表示4号雨水井,JJ—1表示1号检查井。检查井的编号顺序应从上游到下游,先干管后支管。

管道及附属构筑物的定位尺寸可以以附近房屋的外墙面为基准注出。对于复杂工程可以用建筑物坐标来定位。

4. 指北针(或风玫瑰)

为了表示房间的朝向,在室外给水排水平面图右上角应画出指北针(或风玫瑰)。

5. 图例

在室外给水排水平面图上应列出该图所用的图例,以便于识读。

12.3.2 室外给水排水平面图的画图步骤

(1) 若采用与建筑总平面图相同的比例,则可直接描绘建筑总平面图;否则,要按比例把建筑总平面图画出。

(2) 根据底层管道平面图,画出给水系统的引入管和污、废水系统的排出管,并布置道路进水井(雨水井)。

(3) 根据市政部门提供的原有室外给水系统和排水系统的情况,确定给水管线和排水管线。

(4) 画出给水系统的水表、闸阀、排水系统的检查井和化粪池等。

(5) 标出管径和管底的标高,以及管道和附属构筑物的定位尺寸。

(6) 画图例及注写说明。

12.3.3 室外给水排水平面图的阅读

识读室外给水排水平面图要按系统进行,必要时还需与底层管道平面图对照,下面以图12-15为例介绍如下。

首先阅读给水管道系统。原有给水管道由东南角的城市给水管网引入,管径DN150。在西南角转弯进入小区,管中心距综合楼4 m,管径改为DN100。给水管一直向北再折向东。沿途分别设置两支管接入综合楼(DN50)、住宅B(DN50)和仓库(DN100),并分别在综合楼和仓库前设置了一个室外消火栓。

新建A型住宅楼的给水管道从综合楼东面的原有引水管引入,管中心距住宅楼北阳台外墙 2.50 m,管径为 DN50,其上先装一阀门及水表,以控制整栋楼的用水,并进行计量。而后接 4 条干管至房间,每一单元有 2 条干管。每栋楼的西北角设置了一个室外消火栓。如图 12-15 所示。

再阅读排水管道系统。本工程采用合流制,即污水和雨水两个系统合在一起排放。原有的排水管分两路排入城市给水管网。东路接纳东北角的仓库的污水和雨水,西路接纳综合楼和住宅 B 的污水和雨水。综合楼和住宅 B 的污水经过化粪池经简单处理后排入排水干管。新建住宅 A 的排水管位于楼的北边,距离楼的北外墙 2.8 m 处,接纳住宅 A 的污水汇集到化粪池 HC,排入东边的排水干管,最后排入城市给水管网。

12.4 管道上构配件详图

室内给水排水平面布置图、轴测图和室外给水排水管网总平面布置图等,只表示了卫生洁具、设备、管道及其附件相对于房屋的位置以及各管道的类型规格及布置连接情况,它们的安装还要依据安装详图来施工。常用的管道构配件、卫生洁具等安装详图,可在国家建筑标准《给水排水标准图集》中选用,不必另行绘制,但必须在施工图说明中,注明所选用的详图编号。

详图一般采用的比例较大,常用 1:25～1:5,以能表达清楚或按施工要求确定。详图必须画得详尽、具体、明确,尺寸注写充分,材料、规格清楚。

图 12-16 为管道穿墙的一种做法。当各种管道穿越基础、地下室、楼地面、屋面、梁和墙等建筑结构时,其所需预留孔洞和预埋件的位置与尺寸,均应在建筑结构施工图中明确表示,而管道穿越构件的具体做法需以安装详图表示。

图 12-17 表示洗脸盆的安装详图。由这些安装详图可知洗脸盆的进、出水管的安装位置和高度。在设计、绘制管道平面图和管道系统图时,各种卫生洁具的进、出水管的平面位置和安装高度必须与安装详图取得一致,以免在施工安装上引起差错。

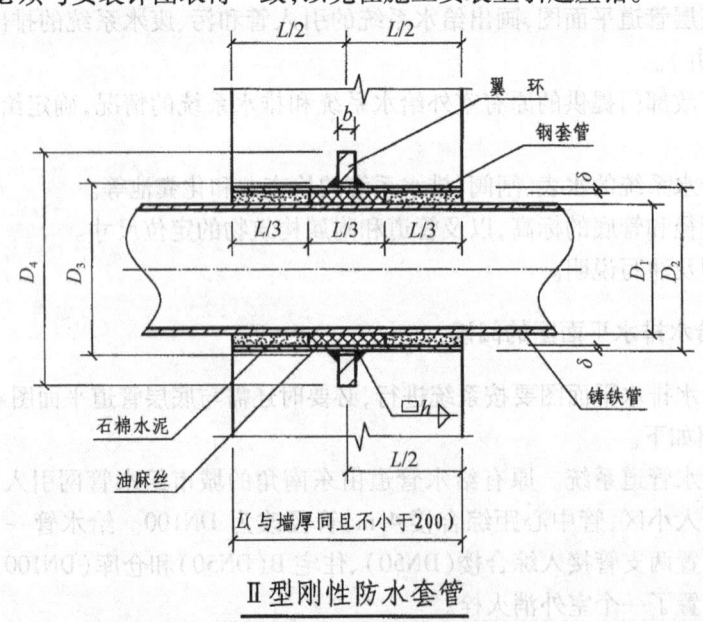

图 12-16 Ⅱ型刚性防水套管

第12章 给水排水施工图

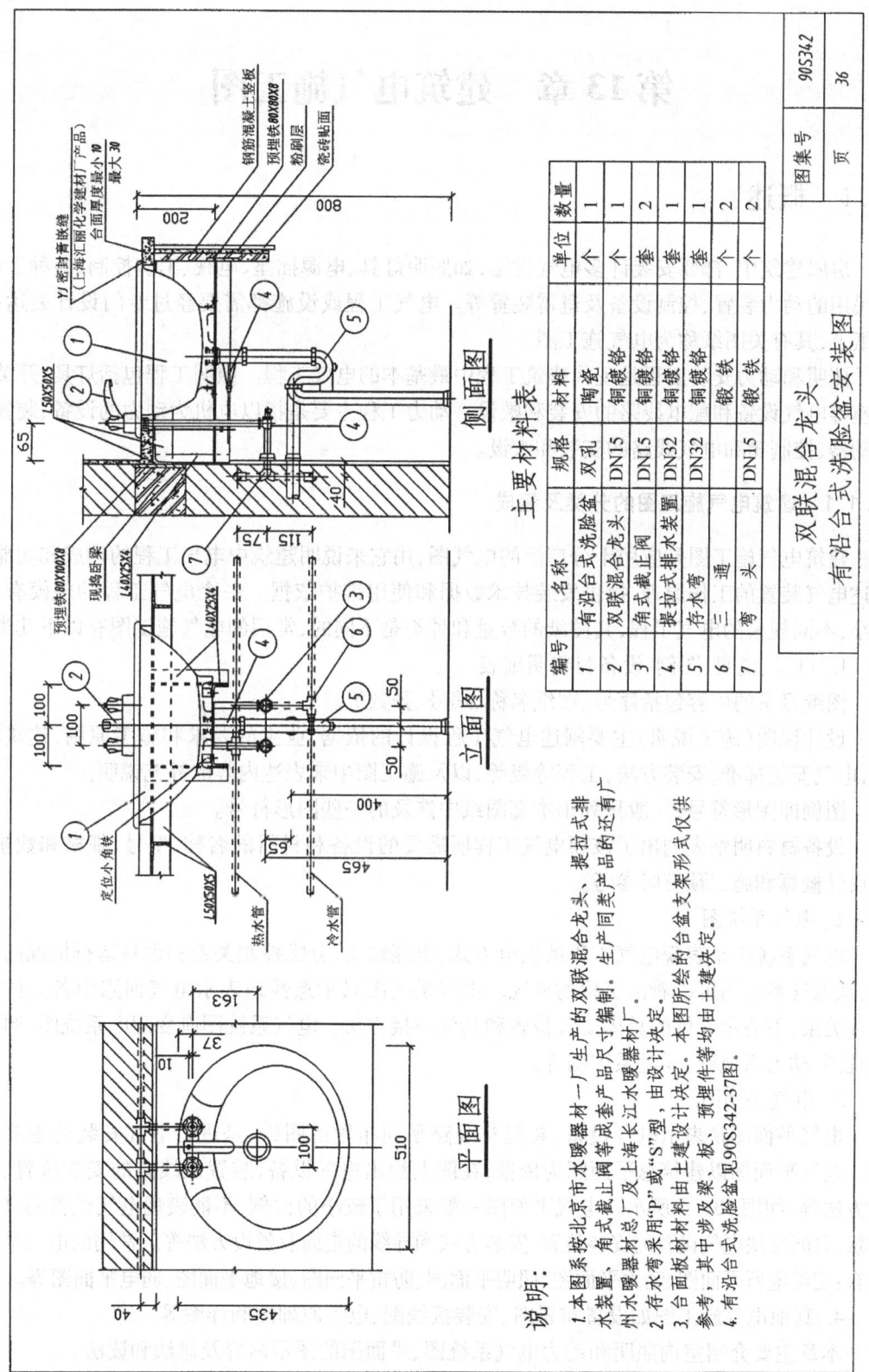

图12-17 双联混合龙头有沿台式洗脸盆安装图

第 13 章 建筑电气施工图

13.1 概述

房屋建筑中,都要安装许多电气设施,如照明灯具、电源插座、电视、消防控制、各种工业与民用的动力装置、控制设备及避雷装置等。电气工程或设施都需要经过专门设计表达在图纸上,其有关图纸称为电气施工图。

照明和动力安装工程是现代建筑工程中最基本的电气工程。照明工程包括灯具、开关、插座等电气设备和配电线路的安装和敷设。动力工程主要是指以电机为动力的设备、装置、启动器、控制箱和电气线路的安装和敷设。

13.1.1 建筑电气施工图的分类及组成

建筑电气施工图是应用十分广泛的电气图,用它来说明建筑中电气工程的构成和功能,描述电气装置的工作原理,提供安装技术数据和使用维护依据。一个电气工程的规模有大有小,不同规模的电气工程,其图纸的数量和种类是不同的,常用的电气施工图有以下几类。

1. 目录、说明、图例、设备材料明细表

图纸目录的内容包括序号、图纸名称、编号、张数等。

设计说明(施工说明)主要阐述电气工程设计的依据,业主的要求和施工原则,建筑特点,电气安装标准,安装方法,工程等级等,以及施工图中未表达内容的补充说明。

图例即图形符号,一般只列出本套图纸中涉及的一些图形符号。

设备材料明细表列出了该项电气工程所需要的设备和材料的名称、型号、规格和数量,供设计概算和施工预算时参考。

2. 电气系统图

电气系统图是表现电气工程的供电方式、电能输送、分配控制关系和设备运行情况的图纸,从电气系统图可以看出工程的概况。电气系统图只示意性地表示电气回路中各元件的连接关系,不表示元件的具体安装位置和具体连接方法。电气系统图有变配电系统图、照明系统图、动力系统图、弱电系统图等。

3. 电气平面图

电气平面图是表示电气设备、装置与线路平面布置的图纸,是进行电气安装的主要依据。电气平面图以建筑总平面图为依据,在图上绘出电气设备、装置及线路的安装位置、敷设方法等,如图 13-4 所示。电气平面图一般采用了较小的比例,不能表现电气设备的具体形状,只能反映电气设备的安装位置、安装方式和导线的走向及敷设方法等。常用的电气平面图有:变配电所平面图、动力平面图、照明平面图、防雷平面图、接地平面图、弱电平面图等。

4. 其他电气施工图如设备布置图、安装接线图、电气原理图和详图等

本章主要介绍室内照明和动力电气系统图、平面图的图示内容及画法和读法。

13.1.2 电气施工图的图示特点

(1) 电气施工图的主要形式是简图,它是用图形符号、带注释的图框或简化外形表示系统或设备之间相互关系的图。电气系统图、电气平面图、安装接线图、电气原理图都是简图。

(2) 图形符号、文字符号和项目代号是构成电气施工图的基本要素。一个电气系统、装置或设备通常由许多部件、元件等组成,在电气施工图中并不按比例绘出它们的外形尺寸,而是采用图形符号表示,并用文字符号、安装代号来说明电气装置、设备和线路的安装位置、相互关系和敷设方法等。

(3) 电气装置和电气系统主要是由电气元件和电气连接线构成,所以电气元件和电气连接线是电气施工图描述的主要内容。如平面图和接线图表明安装位置和接线方法,电气系统图可表示供电关系,电气原理图说明电气设备工作原理。由于对元件和连接线的描述不同,构成了电气施工图的多样性。

(4) 位置布局法和功能布局法是电气施工图中两种最基本的布局方法。位置布局法是指电气图中元件符号按实际位置布置,如电气平面图、安装接线图中的灯具、配电箱、电动机等都是按实际位置布置的。功能布局法中的元件符号的排列只考虑元件间的功能关系,而不考虑实际位置,如电气系统图、电气原理图中电气元件按供电顺序和动作顺序排列。

(5) 电气设备和线路在平面图中通常采用图例来表示,并不按比例绘出它们的外形和外形尺寸。导线和电气设备的空间位置一般在平面图上标注安装标高或用施工说明来表示,也不用立面图表示。为了清晰地表示出电气设备和线路的安装位置、敷设方法,电气平面图一般都在简化的建筑平面图上绘出,与电气设备、线路有关的土建部分(墙、柱、门窗、楼梯等)应简化画出。但图纸主要表现电气部分,在图中电气线路用中实线,土建部分用细实线。

13.1.3 图例

电气照明施工图中包含大量的电气符号。电气符号包括图形符号、文字符号等。

1. 电气照明施工图的常用电气图形符号(表 13-1)

表 13-1 电气照明施工图中常用电气图形符号

名 称	图 例	名 称	图 例
配电箱		电度表	kWh
接地线		灯具的一般符号	
熔断器		荧光灯管(单管)	
壁灯		荧光灯管(三管)	
吸顶灯		荧光灯管(五管)	
明装单相双极插座		暗装双联开关	
暗装单相双极插座		拉线开关	

续表 13-1

名　称	图　例	名　称	图　例
暗装单相三极插座		向上引线	
暗装三相四极插座		向下引线	
电源引入线		向下及向上引线	
花吊灯		自上向下引线	
电动机		自下向上引线	
暗装开关	 单极　双极　三极	一根导线	
		两根导线	
明装开关	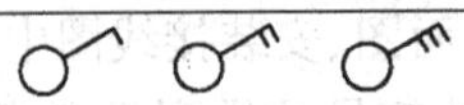 单极　双极　三极	三根导线	 或 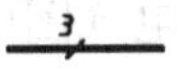
		n 根导线	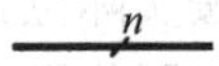

2．电气照明施工图的文字符号

电气设备文字符号用来标明系统图和原理图中设备、器件、装置和线路的名称、性能、作用、安装位置和安装方式。

在电力平面图中标注的文字符号规定如下：

（1）线路敷设代号格式

照明线路或电力线路在平面图中，只要走向相同，无论导线的根数多少，都可以用一条图线表示，同时在图线上画上短斜线表示根数，例：———表示三根导线。也可画上一根短斜线，在短斜线旁标注数字，表示导线根数，例：———表示 n 根导线（$n \geq 3$）。对于两根导线，可用一条图线表示，不必标注根数，这在照明或动力平面图中已成惯例。

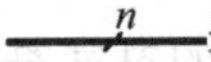

照明线路或电力线路的编号、导线型号、规格、根数、敷设方式、管径、敷设部位等的表示，可以在图线旁直接标注线路安装代号。其基本格式是

$$a \quad b{-}c(d \times e + f \times g)i{-}jh$$

式中　a——线路的编号或线路用途；

　　　b——导线型号；

　　　c——导线根数；

　　　d——电缆线芯数；

　　　e——导线截面，mm^2；

　　　f——PE、N（保护线、中性线）线芯数；

　　　g——导线截面，mm^2；

　　　i——导线敷设方式和穿管直径，mm；

　　　j——导线敷设部位；

　　　h——线缆敷设安装高度，m。

注：上述字母无内容则可省略该部分。

常见的绝缘电线和电缆的型号、品种见表13-2。表达导线敷设方式、敷设部位和线路用途的文字符号见表13-3。

表13-2 常见的绝缘电线的型号、品种

类 别	型 号	名 称
聚氯乙烯塑料绝缘电线	BV	铜芯聚氯乙烯绝缘电线
	BLV	铝芯聚氯乙烯绝缘电线
	BVV	铜芯聚氯乙烯绝缘聚氯乙烯护套电线
	BLVV	铝芯聚氯乙烯绝缘聚氯乙烯护套电线
	BVR	铜芯聚氯乙烯绝缘软线
	BLVR	铝芯聚氯乙烯绝缘软线
	RVB	铜芯聚氯乙烯绝缘平行软线
	RVS	铜芯聚氯乙烯绝缘绞形软线
	RVZ	铜芯聚氯乙烯绝缘聚氯乙烯护套软线
橡皮绝缘电线	BX	铜芯橡皮线
	BLX	铝芯橡皮线
	BBX	铜芯玻璃丝织橡皮线
	BBLX	铝芯玻璃丝织橡皮线
	BXR	铜芯橡皮软线
	BXS	棉纱织双绞软线
VV系列电力电缆	VV-1000	聚氯乙烯绝缘聚氯乙烯护套电力电缆(耐压1 000V)
YJV系列电力电缆	YJV22	交联聚氯乙烯绝缘聚氯乙烯护套铠装加固电缆

表13-3 导线敷设方式、敷设部位和线路用途的文字符号

文字符号	文字符号的意义	文字符号	文字符号的意义	文字符号	文字符号的意义
PR	用塑料线槽敷设	AC	沿柱或跨柱敷设	WC	控制线路
MR	用金属线槽敷设	WS	沿墙面敷设	WD	直流线路
SC	穿焊接钢管敷设	CE	沿天棚面或顶板面敷设	WE	应急照明线路
MT	穿电线管敷设	SCE	吊顶内敷设	WF	电话线路
PC	穿聚氯乙烯硬质管敷设	BC	暗敷设在梁内	WL	照明线路
DB	直接埋设	WC	暗敷设在墙内	WP	电力线路
CT	用电缆桥架敷设	F	敷设在地板或地面下	WS	声道(广播)线路
CP	穿金属软管敷设	CC	暗敷设在顶板内	WX	插座线路

例如,在施工图中某配电线路上标注"WL—1—BV(2×16+1×10)MT32—WC",表示照明第一回路,导线型号BV(聚氯乙烯绝缘铜芯线),2根导线截面积为16 mm²,1根保护接地(接零保护)线,截面为10 mm²,穿电线管敷设,管径为32 mm,沿墙暗敷。

又如,"WL—2—BV(2×2.5+1×2.5)SC20—FC",表示照明第二回路,导线型号BV(塑料铜芯线),2根导线截面积为2.5 mm²,1根保护接地线,截面为2.5 mm²,穿焊接钢管敷设,管径为20 mm,落地暗敷。

(2)照明和动力设备的表示方法

照明和动力设备(配电箱、灯具、开关、插座)在电气平面图上均应用图形符号表示,图形符号应选用GB 4728中所规定的符号;若GB 4728中无合适符号选用,可自行设计图形符号,并用图例来说明。

照明和动力设备用图形符号表示后,还可以在图形符号旁加注文字符号,用以说明照明和动力设备的型号、规格、数量、安装方式、离地高度等。

① 照明灯具的标写格式:

$$a-b\frac{c\times d\times L}{e}f$$

式中　a——灯具数量;

　　　b——灯具型号或编号(无则省略);

　　　c——每盏照明灯具的灯泡数或灯管数;

　　　d——灯泡容量,W;

　　　e——安装高度,m;"—"表示吸顶安装;

　　　f——安装方式;

　　　L——光源种类。

注:安装高度为壁灯灯具中心离地面距离。

表达照明灯具的安装方式见表13-4。

表13-4　照明灯具安装方式的文字符号

文字符号	文字符号的意义	文字符号	文字符号的意义	文字符号	文字符号的意义
SW	线吊式、自在器线吊式	W	壁装式	CR	顶棚内安装
CS	链吊式	C	吸顶式	WR	墙壁内安装
DS	管吊式	R	嵌入式	S	支架上安装

一般灯具标注,往往不写型号。如 $6\frac{60}{2.8}DS$ 表示6个灯具,每盏灯为一个灯泡或一个灯管,每盏灯中装有60 W灯,离地2.8 m,管吊式安装。吊灯的安装高度是指灯具底部与楼地面距离。

② 动力和照明设备标写格式:

$$\frac{a}{b}$$

式中　a——设备编号或设备位号;

　　　b——额定功率,kW或kVA。

13.2 室内电气照明施工图

13.2.1 电气照明的一般知识

建筑物内部的电气照明,一般由以下几部分组成:引入室内的电源引入线、照明配电箱、由照明配电箱引向灯具和插座的配电回路、灯具及插座等。如图13-1、图13-2所示。

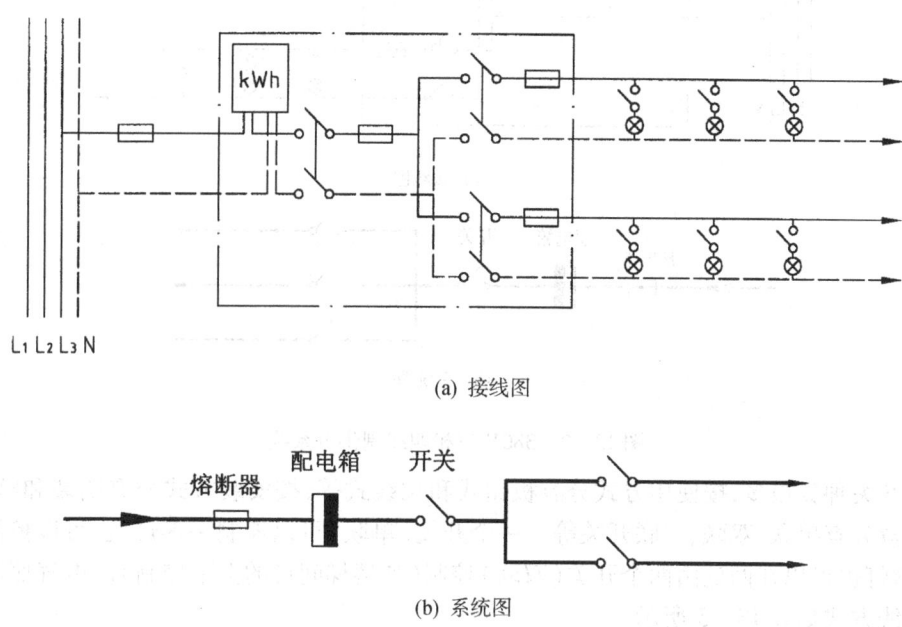

(a) 接线图

(b) 系统图

图13-1 220V 单相二线制供电系统

照明供电系统有380V/220V三相四线制(TN—C系统)(如图13-2)和220V单相两线制(如图13-1)。由市电网的用户配电变压器或变配电室的低压侧引出三根相线(或称火线,以 L_1、L_2、L_3 表示)和一根中性线(以 N 表示)。照明供电系统可采用单线图绘制,也可采用多线图绘制。在照明分支线中,一般采用220V单相供电;在照明总干线中,要三相四线制供电,并且尽量地把负荷均匀地分配到各相线路上,使供电系统三相平衡。

配电箱的安装方式有明装(落地式、悬挂式)和暗装(嵌入式)。进线一般为三相四线,出线(分支线)主要是单相多回路的,也有用三相四线或二相三线的。配电箱内装有计量用电量的电度表、进行总控制的总开关和总保护熔断器、各分支的分开关和分路熔断器。由配电箱引出的数条分支线路通过最短的路径,直接敷设到灯具和插座上。用电器具、设备的负荷尽可能均匀地分配到各个支路上,每一支路的负载电流不超过16A。灯具为单独回路时数量不宜超过25个。

室内照明线路的敷设方式有明敷和暗敷两种。明敷是指导线直接或者在管子、线槽等保护体内,敷设于墙壁、顶棚的表面及桁架、支架等处;暗敷是指导线在管子、线槽等保护体内,敷设于墙壁、顶棚、地坪及楼板等内部,或者在混凝土板孔内敷线。管内所穿导线总面积不应超过管内截面积的40%,同一管内的绝缘导线的根数不应多于8根。管内和线槽内布线不允许有接头。

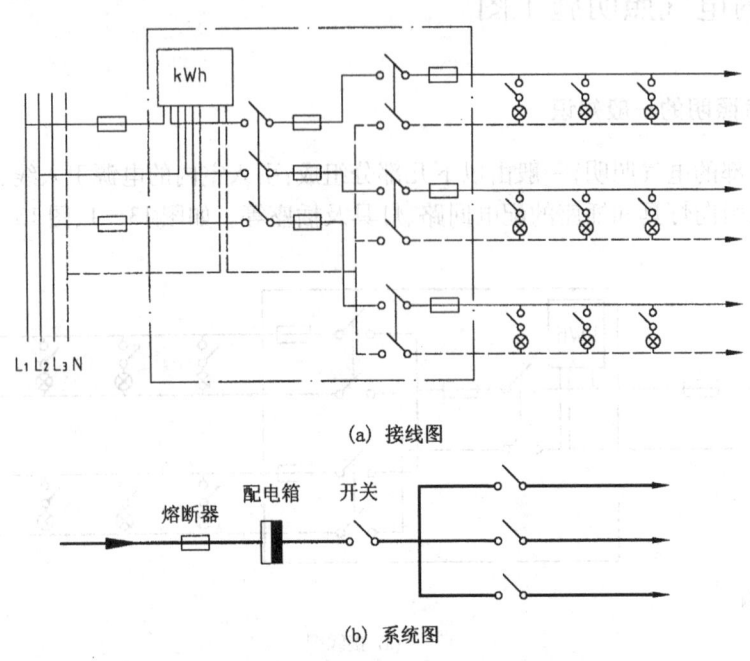

(a) 接线图

(b) 系统图

图13-2　380V三相四线制供电系统

灯开关种类很多,按使用方式分有板钮式和拉线式等;按安装方式分有明装和暗装;按控制数量分有单联、双联、三联开关等。一个开关(单联)可以控制一盏灯,也可以控制多盏灯;一盏灯也可以在两处由两个开关(双联)控制(如楼梯间灯的上下控制)。电气照明线路基本接线方式如表13-5所示。

表13-5　电气照明线路基本接线方式

接线图		电路图	说　　明
			一个单联开关控制一盏灯,开关应安装在火线上
			一个单联开关控制二盏或多盏灯,一个单联开关控制多盏灯时应注意开关的容量是否足够 接线左图有中间接头,日久易松动;右图无中间接头,照明线路大多采用此种方式
			一个单联开关控制一盏灯和一个插座 接线左图有中间接头;右图无中间接头

续表 13-5

接 线 图	电 路 图	说　　明
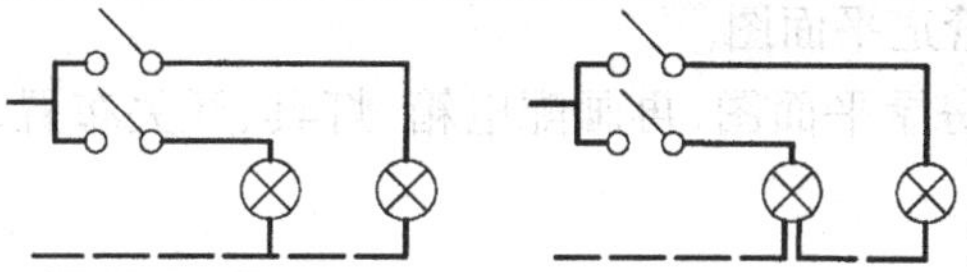		两个单联开关分别控制两盏灯 接线左图有中间接头；右图无中间接头
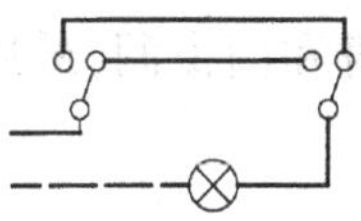	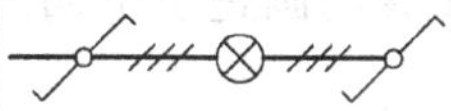	两个双联开关在两个地方控制一盏灯。适用于楼梯灯需楼上楼下同时控制或走廊内电灯需在走廊两端同时控制

插座主要用来插接移动的电器设备和家用电器设备。按相数分单相插座、三相插座；按安装方式分明装和暗装。

13.2.2　室内照明系统图

照明系统图是表示建筑物内照明及其他日用电器的供电与配电的图纸。在系统图中集中反映了所用的配电装置，配电线路所选用导线的型号、规格和敷设方式及穿管管径，开关及熔断器的型号、规格等。

系统图用来表示总体供电系统的组成和连接方式，通常用粗实线表示。系统图通常不表明电气设备的具体安装位置，所以它不是投影图，没有比例关系，主要表明整个工程的供电全貌和连接关系。

室内照明系统图的主要内容有：
（1）建筑物内的配电系统的组成和连接的原理。
（2）各回路配电装置的组成，用电容量值。
（3）导线和器材的型号、规格、数量、敷设方式，穿线管的名称、管径。
（4）各回路的去向。
（5）线路中设备、器材的接地方式。

13.2.3　室内照明平面图

室内照明平面图主要表达电源进户线、照明配电箱、照明器具的安装位置，导线的规格、型号、根数、走向及其敷设方式，灯具的型号、规格以及安装方式和安装高度等的图样。它是照明施工的主要依据。

13.2.3.1　室内照明平面图的主要内容

（1）电源进户线的位置、导线的型号、规格、数量、引入方法。
（2）照明配电箱的型号、规格、数量、安装位置、安装标高，配电箱的电气系统。
（3）照明线路的配线方式，敷设的位置，线路的走向，导线的型号、规格及根数，导线的连接方法。
（4）灯具的类型、功率、安装位置、安装方式和安装标高。
（5）开关的类型、安装位置，离地高度。
（6）插座及其他电器的类型、容量,安装位置和安装标高等。

13.2.3.2 室内照明平面图绘图步骤

绘制室内照明平面图的绘图步骤一般为：

（1）先画底层室内照明平面图，再画各楼层管道平面图。

（2）在画每一层室内照明平面图时，先抄绘房屋平面图，再画配电箱、灯具、开关布置，最后标注有关型号、规格、数量等文字说明。

（3）绘制电器的连线。

（4）抄绘房屋平面图的步骤与画建筑平面图一样，先画轴线，再画墙身和门窗洞，最后画其他构配件。

13.2.4 识读室内电气照明施工图

图 13-3～图 13-5 是住宅小区 A 型住宅的室内照明系统图、室内照明平面图，以此图为例介绍室内电气照明施工图的读图方法。

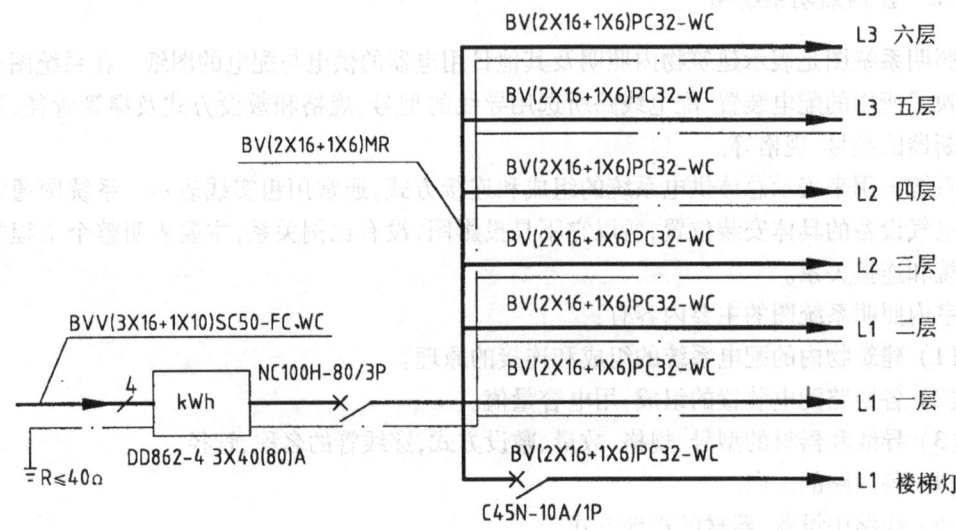

(a) 主配电箱AL接线图

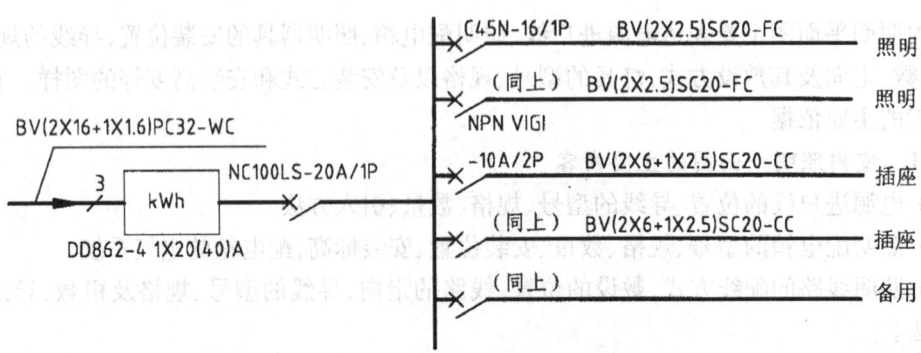

(b) 分配电箱AL1~AL12接线图

图 13-3　室内照明系统图

第13章 建筑电气施工图

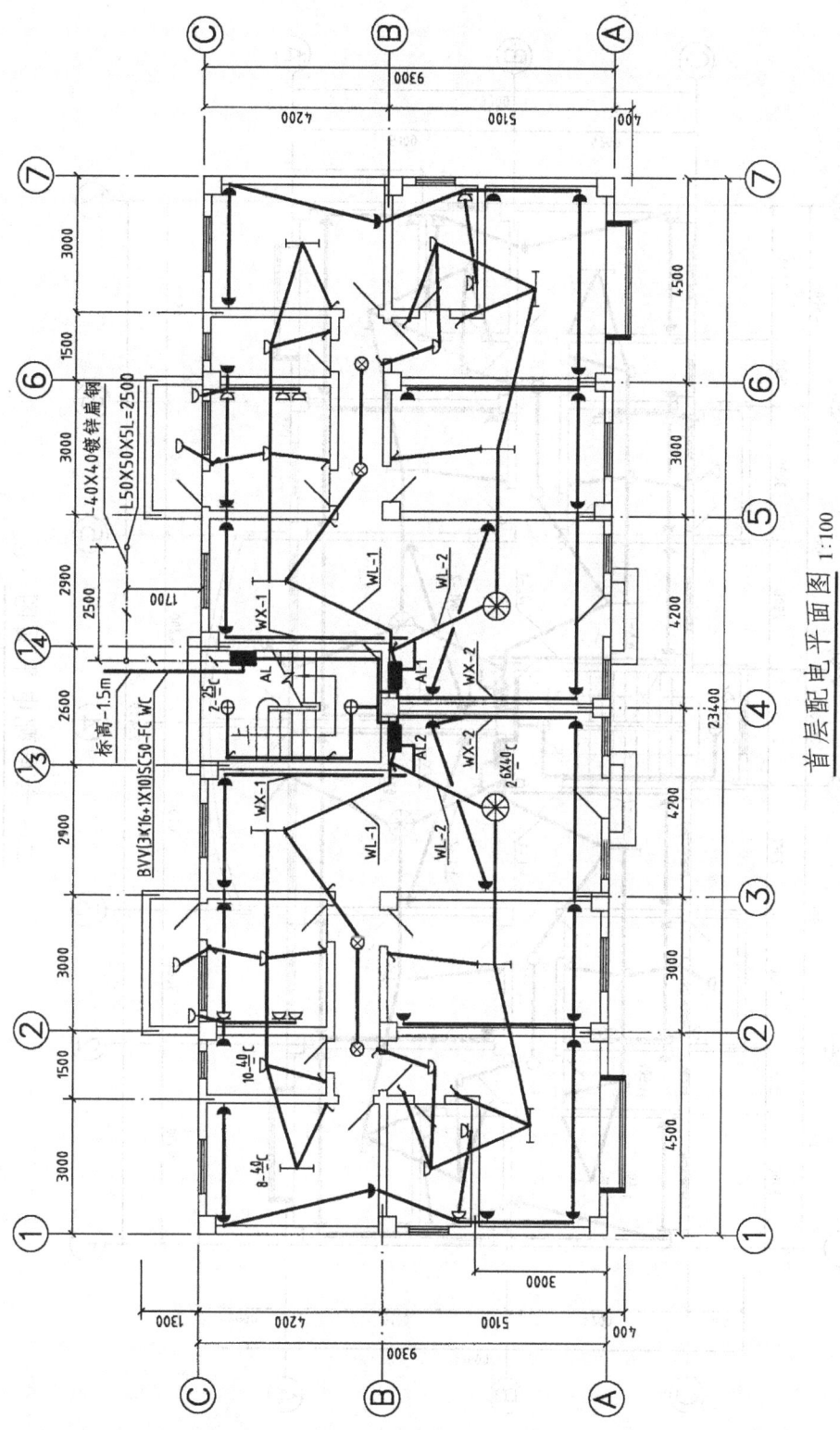

图13-4 室内照明首层平面图

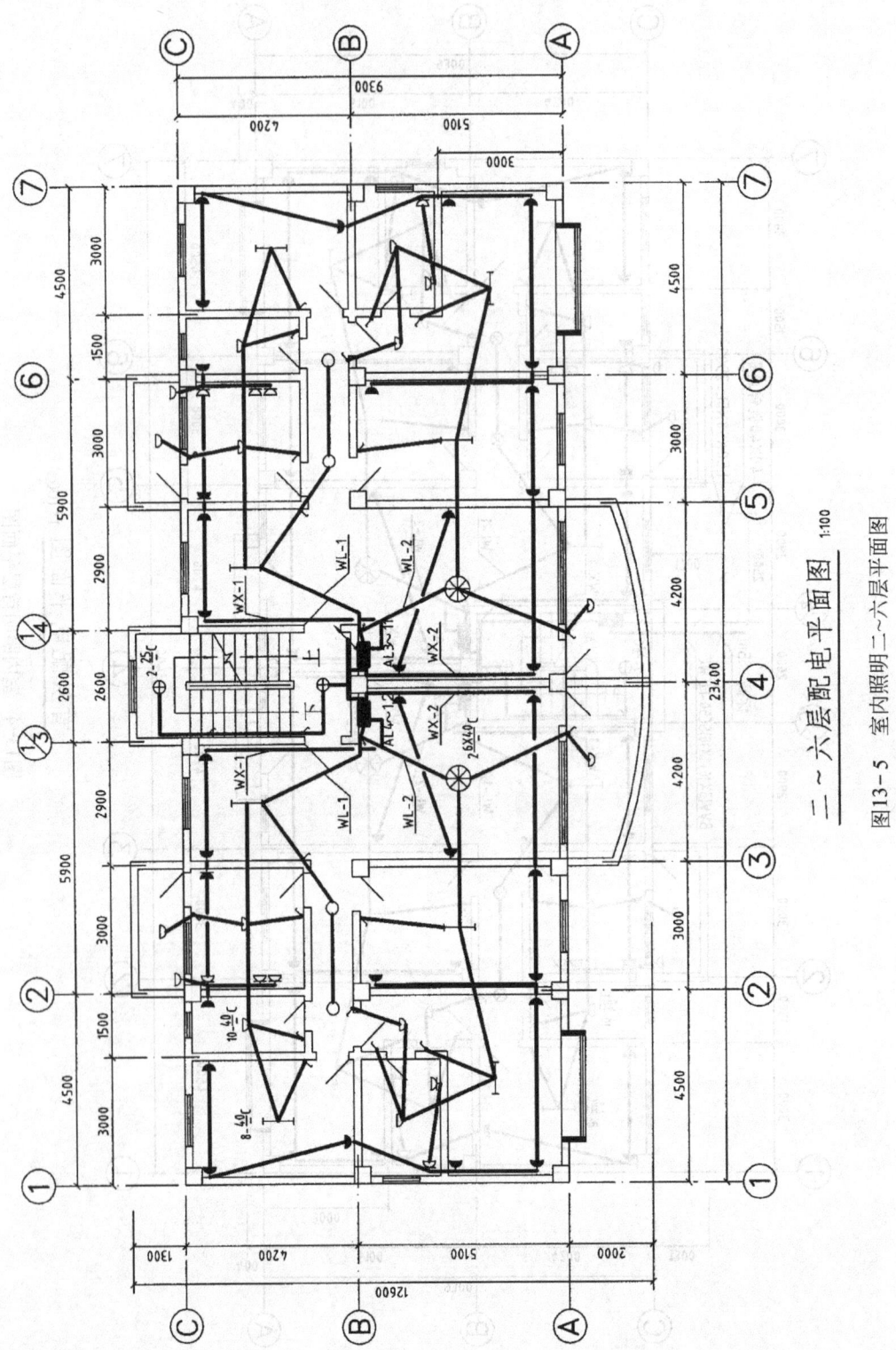

图13-5 室内照明二～六层平面图

从系统图中可以看出,图中左端箭头上方标明进户电源线 BVV(3×16+1×10)SC50—FC、WC,表明采用三相四线制电源,导线为三根 16 mm² 及一根 10 mm² 的铜芯聚氯乙烯绝缘聚氯乙烯护套电线(BVV 型),穿入公称直径为 50 mm 的焊接钢管内,沿地、沿墙暗敷,进入主配电箱"AL"。主配电箱还接出一细点画线至室外,表示有一根接地保护线(PE)。主电表箱内装有电度表,型号为 DD862-4,3×40(80)A 表示三相、电流为 40(80)A。电表后接一照明、动力保护型断路器,型号为 NC100H,允许电流为 80A。由主配电箱再向上接出干线向二~六层供电,线路上标有 BV(2×16+1×6)PC32-WC,表明导线为两根 16 mm² 及一根 6 mm² 的铜芯聚氯乙烯绝缘电线(BV 型),穿入公称直径为 32 mm 的聚氯乙烯硬质管内,沿墙暗敷。分配电箱共 12 个(AL1~AL12)。各层分配电箱内均有一 NC100LS-20A/1P 型照明保护型断路器,然后分四个回路。其中两个照明回路均有型号为 C45N—16A/1P 单极过流保护型断路器,两个插座回路有型号为 NPN VIGI-10A/2P 过流、漏电保护的单极断路器。主电表箱还接出一路为楼梯灯供电,该回路上接有照明过流保护型断路器,型号为 C45N—10A/1P。

为使各相线路负载比较均匀,每两层的供电回路接在不同的电源相序上,使每一相电源向建筑物的两层供电回路供电。

再从首层平面图可知,电源电压为 380/220V,电源从北面楼梯口处引入,埋地暗敷,进户线标高为-1.5 m。电源线由主配电箱向南引入首层住户室内分配电箱,在楼梯东南角有一向上引线的图形符号,表明向二~六层供电的导线在此处沿墙暗敷引向上一层(AL1~AL12)。各层住宅内的分配电箱(AL1~AL12),嵌入墙内暗装,离地 1.8 m。每套住宅的配电箱引出四个回路:两路控制室内照明,两路控制插座。客厅内设有一花吊灯,餐厅内装有一日光灯,用一安装在大门一侧的双联开关分别控制。三个卧室分别装有一日光灯,吸顶安装。厨房、浴室、厕所及阳台安装吸顶灯。每个房间装有三个二、三插座,厨房、浴室、厕所的插座采用防水防尘插座。

13.3 动力电气施工图

动力电气施工图是用图形符号和文字符号表示某一建筑物内各种动力设备平面布置、安装、接线、调试的一种简图。动力电气施工图包括有动力电气线路系统图、平面图和控制原理图等。

在电力供电系统中,为了避免照明和动力的相互影响,并且便于管理,照明系统和动力系统一般是分开的。照明主要是三相负荷不平衡,且线路故障多,造成停电,影响电动机工作。而动力设备中电动机的启动,造成电网电压下降,影响照明灯发光。

13.3.1 动力电气系统图

动力配电系统的电压等级一般为 380V 三相电源。动力系统图一般采用单线图绘制,但有时为了更详细地表明接线情况,也可用多线绘制。动力配电系统的接线方式有三种形式:放射式、树干式、链式。

1. 放射式动力系统图

图 13-6 所示为放射式动力系统图。当动力设备数量不多、容量大小差别较大、排列不

整齐且运行状态比较稳定时,可采用放射式配电。主配电箱安放在容量较大的设备附近,分配电箱和控制开关则与所控制的电气设备安装在一起。这样不仅能保证供电的可靠性,而且还能减少线路的损耗和节省投资。

2. 树干式动力系统图

图 13-7 所示为树干式动力系统图。当动力设备分布较均匀,容量差别不大且距离较近时,可采用树干式配电。高层建筑中,垂直母线槽和插接式配电箱组成一个树干式供电系统,能节省导线和提高供电可靠性。

3. 链式动力系统图

图 13-8 所示为链式动力系统图。当配电屏较远且动力设备容量较小、相互间距离不大时,可采用链式配电,由一条线路供电,先接至一台设备,然后由这台设备接至邻近的动力设备,通常一条线路链接的设备不超过 3 台或 4 台。链式供电系统可节省导线,但供电可靠性较差,一条线路发生故障,可能影响多台设备。

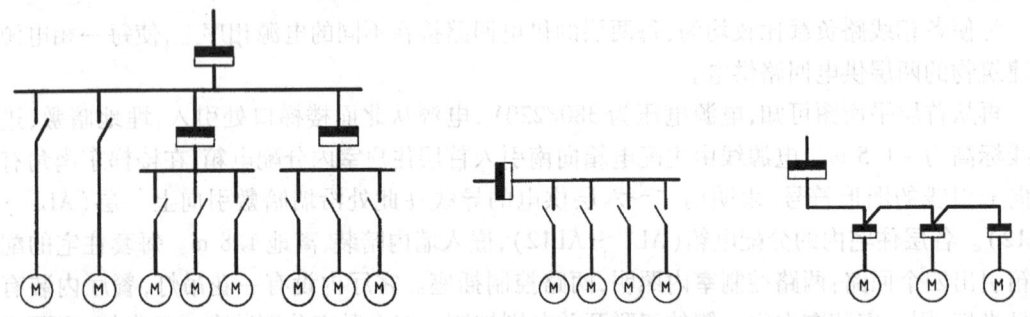

图 13-6 放射式动力系统图　　图 13-7 树干式动力系统图　　图 13-8 链式动力系统图

动力系统图一般采用单线图绘制,如图 13-9 所示。图中标出了进线电缆为 VV—1000(3X—75+1×35)SC80—WS,表示耐压 1 000 V,导线为三根 75 mm² 及一根 35 mm² 的铜芯聚氯乙烯绝缘聚氯乙烯护套电线(VV 型),穿入公称直径为 80 mm 的焊接钢管内,沿墙面敷设。总开关为 C250N 空气断路器,三极,脱扣器整定电流 $I_H = 200A$,分支开关为 C45N 型断路器,三极,整定电流 $I_H = 50A、25A、20A$。线路导线为 BV 塑料铜芯线,铜芯横截面 10 mm²,6 mm²,4 mm²,启动设备为 FPSC 控制箱,电动机 4 台,分别带动喷淋泵、消防泵、排风机、送风机。一个三相插座,额定电流为 20A,一路备用。

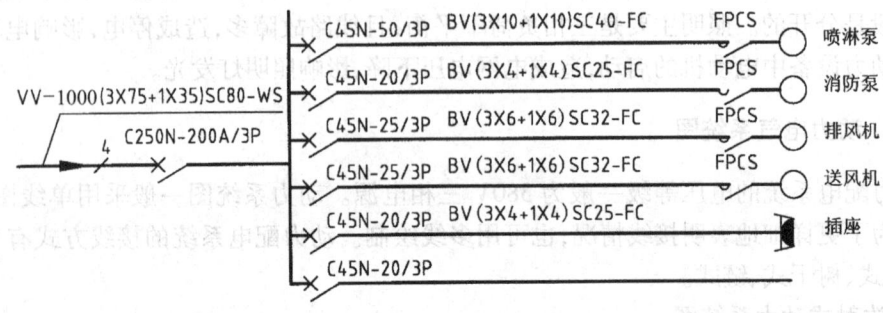

图 13-9 动力系统图

13.3.2 动力电气工程平面图

动力电气工程平面图的主要内容有:
(1) 动力设备的型号、规格、数量、安装位置、安装标高,接线方式。
(2) 配电线路的敷设路径、敷设方式,导线的型号、规格及根数,导线穿管类型及管径。
(3) 动力配电箱型号、规格、安装位置、安装方式和安装标高。
(4) 动力控制设备的型号、规格、安装位置及标高。

动力电气工程与照明工程比较,其复杂程度要大得多,但动力设备一般比照明设备要少,所以动力设备的平面布置图比照明布置图要简单,但动力设备的原理图要复杂得多。动力设备的控制原理图可参阅其他书籍。

13.3.3 动力电气平面图的读图

图 13-10~图 13-11 是某锅炉房的安装平面图,以此图为例介绍动力电气施工图的读图方法。

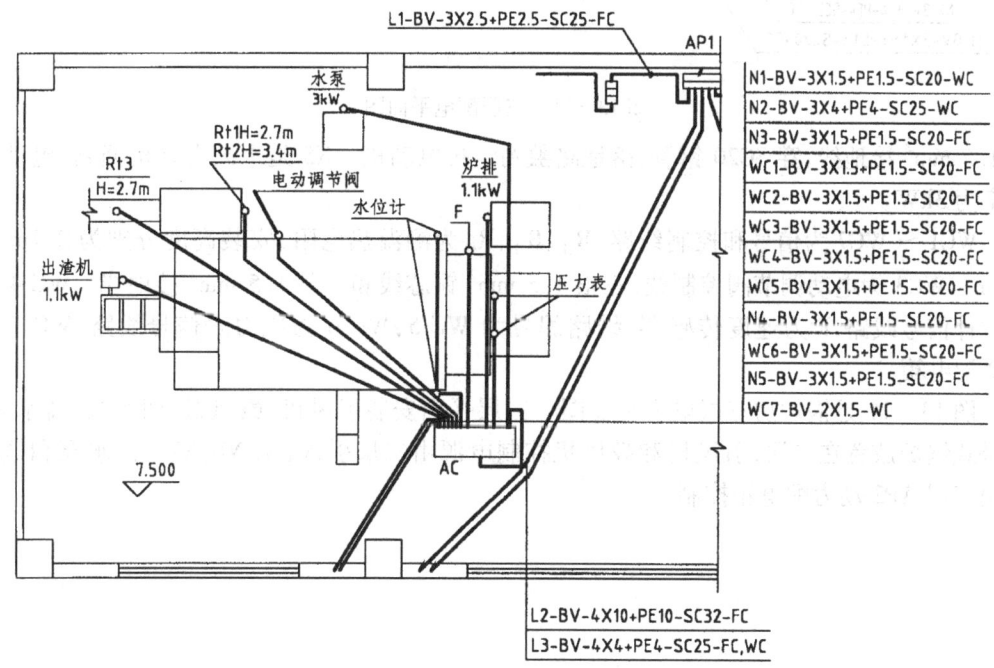

图 13-10 二层配电平面图

图 13-10、图 13-11 是两吨卧式锅炉房的电力平面图。此锅炉房是一个三层的钢筋混凝土结构,每层层高 7.5 m,一层为煤场,进线电源由一层引入到二层,二层标高为 7.5 m。二层电力配电箱 AP1,L1 线路接到墙上铁壳开关,用于控制电动葫芦。L2 线路接到锅炉控制台 AC,AC 控制台有 5 条电力线路,7 条信号线路,N1、N2 经地坪,沿墙暗敷到三层。N3 回路到出渣机电动机,电动机为 1.1 kW,用三根 1.5 mm² 铜芯线和一条接地线,穿 SC20 钢管,落地暗敷到出渣机。N4 是炉排电动机回路,电动机为 1.1 kW,3 根 1.5 mm² 铜芯线和一

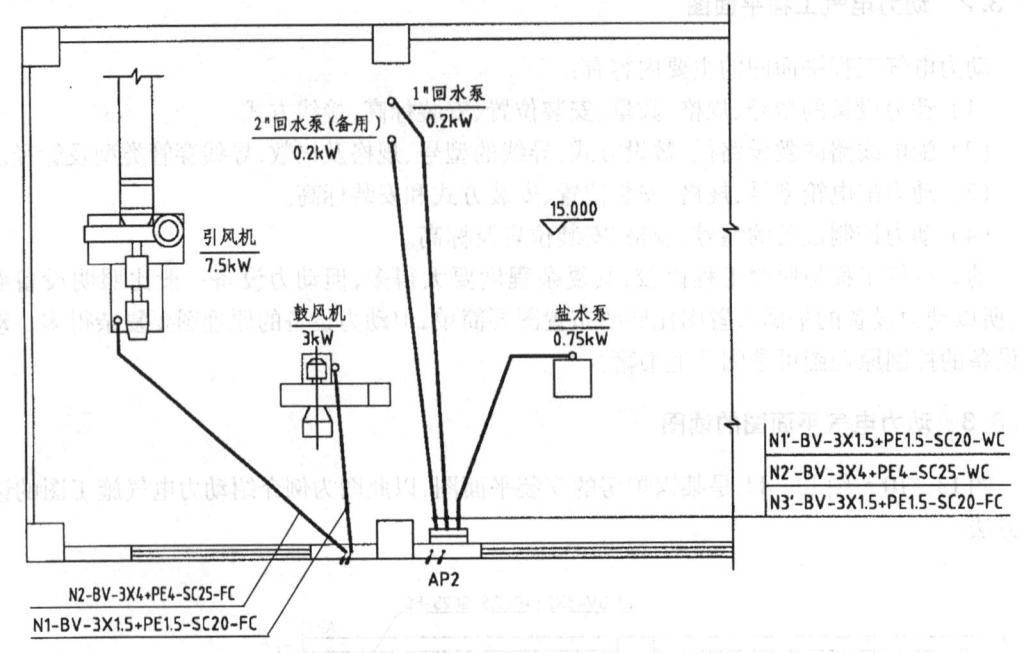

图 13-11 三层配电平面图

条 1.5 mm² 接地线,穿 SC20 钢管,落地暗敷到炉排电动机。N5 是水泵电动机回路,电动机功率为 3kW。

WC1～WC7 为信号和控制线路,R_{t1}、R_{t2}、R_{t3} 为测温热电阻,安装高度分别为 2.7m 和 3.4m。WC3 为电动调节阀控制线,三根 1.5 mm² 铜芯线和一条 1.5 mm² 接地线。WC 4 为水位计信号线路,F 为速度传感器,线路编号为 WC 5,WC 6 为压力表信号线路,WC 7 到 AP2 配电箱。

图 13-11 是锅炉房三层电力平面图。三层平面安装引风机、鼓风机、回水泵、盐水泵。两卧式锅炉放置在二层,引风机和鼓风机控制电源由二层引入,见 N1、N2。回水泵和盐水泵由三层 AP2 动力配电箱控制。

第14章 道路及桥涵工程图

14.1 概述

道路是建筑在地面上,供车辆行驶和人们步行的带状工程构筑物,其基本组成部分包括路基、路面,以及桥梁、涵洞、隧道、防护工程、排水设施等构造物。因此,道路工程图是由表达道路整体状况的路线工程图和表达各工程实体构造的桥梁、涵洞、隧道等工程图组成。

桥梁、涵洞是修筑道路时,保证车辆通过江河、山谷、低洼地带和宣泄水流的建筑物。桥梁通过江河时,还要考虑船只通航。桥梁和涵洞的主要区别在于跨径的大小,根据有关标准的规定,凡单孔跨径小于5 m、多孔跨径小于8 m,以及管涵、箱涵,不论其管径或跨径大小、孔数多少均称为涵洞。

隧道是道路穿越山岭的建筑物。在山岭地区修筑道路时,为了减少土石方数量,保证车辆平稳行驶和缩短里程,通常可考虑修筑公路隧道。

本章介绍道路工程及其配套的桥梁、涵洞、隧道等建筑物的表达内容、图示方法和画法特点。学习绘制和阅读这方面的专业图样时,应遵守《GB 50162—92 道路工程制图标准》中的有关规定。

图14-1是某城市的路桥景观,美观实用的路桥与周边环境的有机结合,为城市注入了生机和活力。

图14-1 某城市的路桥景观

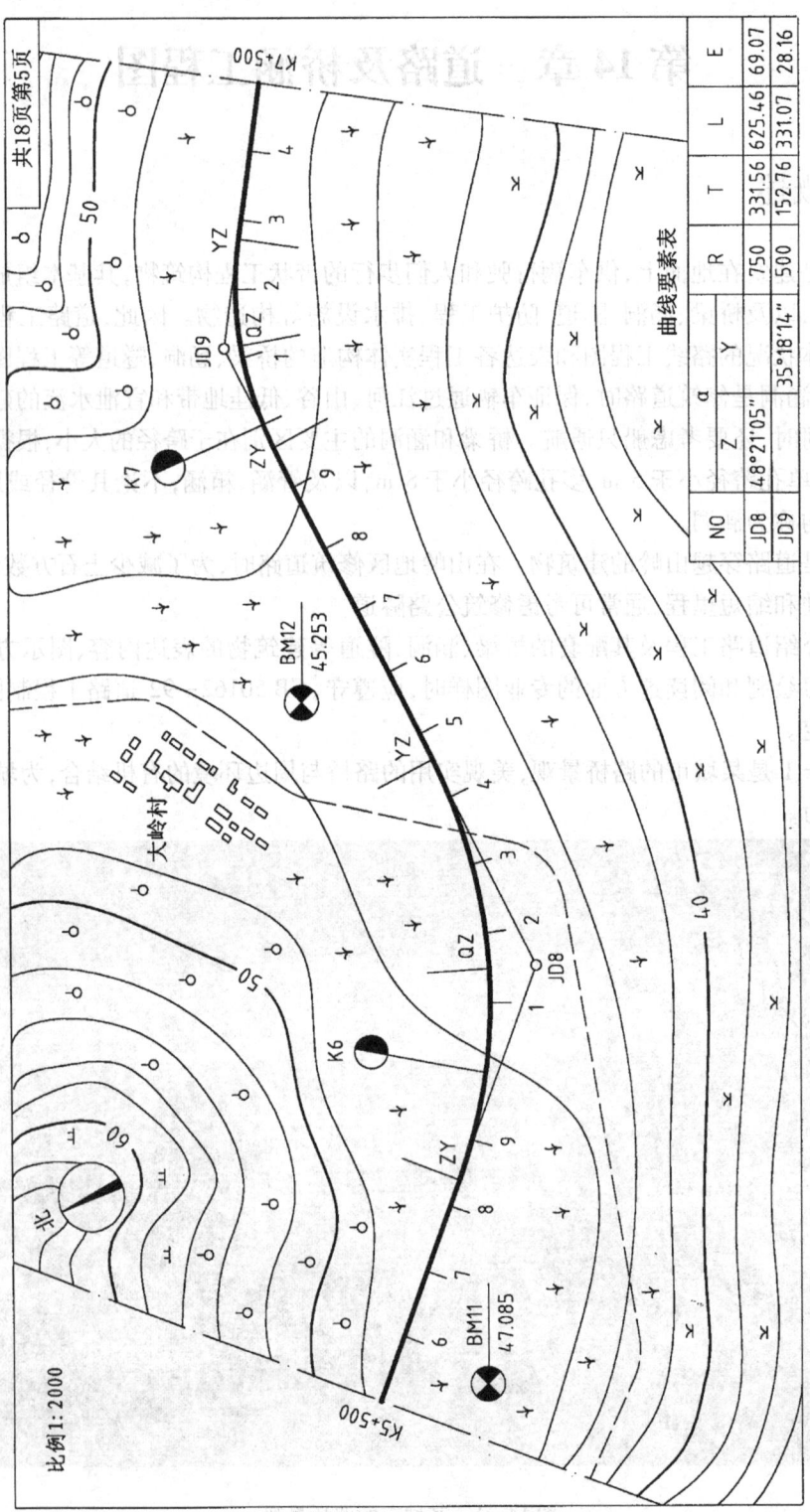

图14-2 路线平面图

14.2 道路路线工程图

道路的路线工程图用于表达道路路线的平面位置、线型状况、沿线的地形和地物、纵断面标高与坡度、路基宽度和边坡、路面结构、土壤地质情况以及路线上的配套建筑物(如桥梁、涵洞、隧道、挡土墙等)的位置及其与路线的相互关系。

由于道路路线有竖向高差和平面弯曲的变化,所以从整体来看,道路路线是一条空间曲线。根据这一特点,道路路线工程图的图示方法与一般的工程图样不完全相同,它主要由路线平面图、路线纵断面图和路线横断面图所组成。

14.2.1 路线平面图

路线平面图是从上向下投影所得到的水平投影图,也就是用标高投影的方法所绘制的道路沿线周围区域的地形、地物图。路线平面图所表达的内容,包括路线的走向和平面状况(直线和左右弯道曲线),以及沿线两侧一定范围内的地形、地物等情况。

由于道路是修筑在大地表面一段狭长地带上的,其竖向起落和平面弯曲情况都与地形紧密相关,因此,路线平面图采用在地形图上进行设计绘制的方法。

图 14-2 是某公路从 K5+500 至 K7+500 段的路线平面图,下面分地形与路线两部分,介绍路线平面图的表达内容及其画法特点。

1. 地形、地物部分

(1) 比例 路线平面图所用比例一般较小,通常在城镇区采用 1∶500 或 1∶1 000;山岭区采用 1∶2 000,丘陵区和平原区采用 1∶5 000 或 1∶10 000。本图比例用 1∶2 000。

(2) 方位与走向 为了表示道路所在地区的方位和路线走向,在路线平面图上应画出指北针或测量坐标网。同时,指北针和测量坐标网都是拼接图纸的主要依据。

(3) 地形 平面图中地形主要是用等高线表示,本图中每两根等高线之间的高差为 2 m,每隔四条等高线就有一条线型较宽的等高线,并标注标高数值,称为计曲线。根据图中等高线的疏密可以看出,该地区西北和东北地势较高,西北方的山峰高约 65 m,标高 44 ~ 48 m 处地势较平坦。

(4) 地物 在平面图中,地形面上的地物如河流、房屋、水库、道路、桥梁、铁路、农田、电力线和植被等,都是按规定图例绘制的。常见的图例如表 14-1 所示。对照图例可知,该地区中部地势较平坦处有一村庄,名为大岭村。村前有一条从北向西南的小路,小路两边是水稻田,山坡栽有果树。南面地势较低处为菜地。

表 14-1 路线平面图中的常用图例

名 称	图 例	名 称	图 例	名 称	图 例
房屋	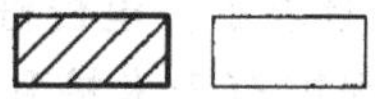	涵洞	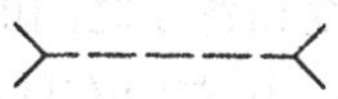	水库鱼塘	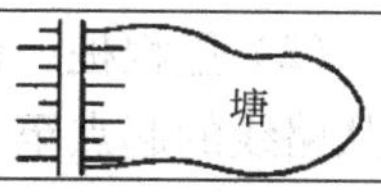
铁路		桥梁	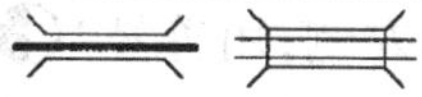	高压电力线	
大车路	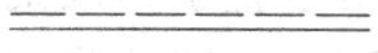	隧道		低压电力线	

续表 14-1

名称	图例	名称	图例	名称	图例
小路	— — —	养护机构		草地	
堤坝		管理机构		水稻田	
水沟		防护网	—×—×—	旱地	
河流		防护栏	—▲—▲—▲—	菜地	
渡船		隔离墩	—■—■—■—	果树	

（5）水准点 沿路线附近每隔一段距离,就在图中标有水准点的位置,用于路线的标高测量,如 $\bigotimes \frac{BM11}{47.085}$ 表示路线的第 11 个水准点,该点标高为 47.085 m。

2. 路线部分

（1）图线 一般情况下平面图的比例较小,路线宽度无法按实际尺寸绘出,所以设计路线是沿道路的路中心线,用加粗的粗实线（$1.4b \sim 2.0b$）来表示。由于道路的宽度相对于长度来说尺寸小得多,为了表达路宽,通常也绘画较大比例的平面图,在这种情况下,道路中线用细单点长画线表示,中央分隔带边缘线用细实线（$0.25b$）表示,路基边缘线用粗实线表示,见图 14-3。此外,导线、边坡线、引出线和原有道路边线等采用细实线表示,用地界线采用中单点长画线（$0.50b$）表示,规划红线采用粗双点长画线表示。

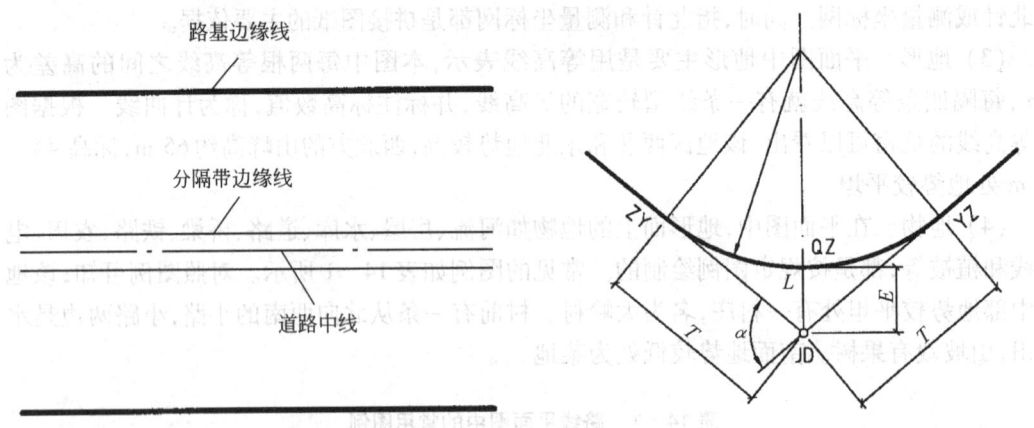

图 14-3 道路在较大比例的平面图中的图线　　图 14-4 平面线几何要素

（2）里程桩 道路路线的总长度和各段之间的长度用里程桩号表示。里程桩号的标注应从路线的起点至终点,按从小到大,从左向右的顺序编号。里程桩有千米桩和百米桩两种,千米桩宜注在路线前进方向的左侧,用符号"◐"表示,千米数注写在符号的上方,如"K6"表示离起点 6 km。百米桩宜标注在路线前进方向的右侧,用垂直于路线的细短线和"1"至"9"数字表示,数字写在短细线的端部,字头朝上。例如在 K6 km 桩的前方的"2",表示桩号为 K6 +200,说明该点距路线起点为 6 200 m。

(3) 平曲线 道路路线在平面上是由直线段和曲线段组成的,在路线的转折处应设平曲线。最常见的、较简单的平曲线为圆弧,其基本的几何要素如图 14-4 所示:JD 为交角点,是路线的两直线段的理论交点;α 为转折角,是路线前进时向左(α_Z)或向右(α_Y)偏转的角度;R 为圆曲线半径,是连接圆弧的半径长度;T 为切线长,是切点与交角点之间的长度;E 为外距,是曲线中点到交角点的距离;L 为曲线长,是圆曲线两切点之间的弧长。

在路线平面图中,转折处应注写交角点代号并依次编号,如 JD8 表示第 8 个交角点。还要注出曲线段的起点 ZY(直圆)、中点 QZ(曲中)、终点 YZ(圆直)的位置,为了将路线上各段平曲线的几何要素值表示清楚,一般还应在图中的适当位置列出平曲线要素表,如图 14-2 右下角的"曲线要素表"。

通过读图 14-2 可以知道,新设计的这段公路是从 K5 +500 处开始,由西北方地势较平缓处引来,在交角点 JD8 处向左转折,$\alpha_Z = 48°21'05''$,圆曲线半径 $R = 750$ m,通过虚线表示的小路后,到交角点 JD9 处再向右转折,$\alpha_Y = 35°18'14''$,圆曲线半径 $R = 500$ m,公路向东延伸。图中表达的这段公路到 K7 +500 处,共 2 km 长。

关于尺寸标注方面,在这里提请读者注意:《GB 50162—92 道路工程制图标准》所规定的尺寸注法与《GB/T 5001—2001 房屋建筑制图统一标准》的规定基本相同,尺寸起止符号可以采用由尺寸界线顺时针转 45°的斜短线表示,半径、直径、角度、弧长的尺寸起止符号用箭头表示。但《道路工程制图标准》规定,尺寸起止符号可用单边箭头表示,箭头在尺寸线右边时,应标注在尺寸线之上;反之,应标注在尺寸线之下;半径、直径、角度、弧长的尺寸起止符号也可用单边箭头表示,在半径、直径的尺寸数字前,应标注 r 或 R,d 或 D。

道路工程图中的尺寸单位有如下规定:线路的里程桩号以 km 为单位;钢筋直径及钢结构尺寸以 mm 为单位;其余均以 cm 为单位。当不按以上规定时,应在图纸中予以说明。

3. 路线平面图的拼接

由于道路路线较长,不可能将整个路线平面图画在同一张图纸内,因此需分段绘制在若干张图纸上,使用时再将各张图纸拼接起来。每张图纸的右上角应画有角标,角标内应注明该张图纸的序号和总张数。在最后一张图纸的右下角绘制标题栏。

平面图中路线的分段宜在整数里程桩处断开,并垂直于路线画出细单点长画线作为接图线。相邻图纸拼接时,路线中心对齐,接图线重合,并以正北方向为准,如图 14-5 所示。

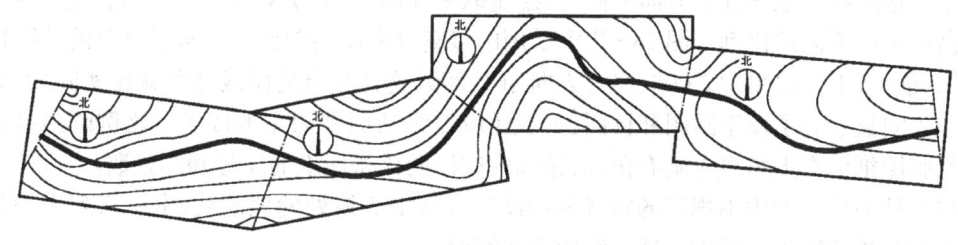

图 14-5 路线平面图的拼接

14.2.2 路线纵断面图

路线纵断面图是假想用铅垂面沿道路中心线剖切,然后展开成平行于投影面的平面,向投影面作正投影所获得的。图14-6是某地段的高速公路,其路线纵断面图可理解为沿道路中的虚线剖切所得。由于道路中心线由直线和曲线所组成,所以剖切面既有平面,又有曲面(柱面)。为了清楚地表达路线的纵断面的情况,需要将此纵断面顺次连续展开,再投影成路线纵断面图,其作用是表达路线纵向设计坡度、竖曲线形状以及地面起伏、地质和沿线设置构造物的情况。

图14-6 某地段高速公路

图14-7是某公路K5+500至K6+900段的路线纵断面图,包括图样与资料表两部分。下面结合该图说明这两部分内容。

1. 图样部分

因为路线纵断面图是采用沿路中心线垂直剖切并展开后投影所形成的图样,所以它的长度就是路线的长度。图中水平方向表示长度,竖直方向表示高程。由于路线与地面竖直方向的高差比水平方向的长度小很多,如果用同一比例绘制,则很难把高差表示出来。为了清晰地表达路线与地面垂直方向的高差,绘制纵断面图时,通常对水平方向的长度与竖直方向的高程采用不同的比例。图14-7中采用的竖直方向的绘图比例比水平方向的绘图比例放大10倍,水平方向用1:2 000,竖直方向用1:200,这样画出的路线坡度就比实际大,看上去也较为明显。为了便于画图和读图,一般还应在纵断面图的左侧按竖向比例画出高程标尺。每张图纸的右上角也应画有角标,角标内应注明该张图纸的序号和总张数。

(1) 地面线 图中不规则的折线表示设计道路中心线处的地面线,由一系列中心桩的实测地面高程依次连接而成。地面线用细实线画出。

(2) 设计路线 简称设计线,在纵断面图中道路的设计线用粗实线表示,设计线是根据地形起伏和公路等级,按相应的工程技术标准确定的,设计线上各点的标高通常是指路基边缘的设计高程。

(3) 竖曲线 设计线是由直线和竖曲线组成的,为了便于车辆行驶,按技术标准的规定,在设计线纵坡变更处应设置竖曲线。竖曲线的几何要素与标注见图 14-8。其中,竖曲线的几何要素(半径 R、切线长 T、外距 E)的数值均应标注在水平细实线上方,见图 14-8a。竖曲线标注也可布置在测设数据表内,此时,变坡点的位置应在坡度、距离栏内示出,见图 14-8b。竖曲线分为凸形和凹形两种,在图中分别用"⌐⌐"和"⌐⌐"的符号表示。符号中部的竖线应对准变坡点,竖线左侧标注变坡点的里程桩号,竖线右侧标注变坡点的高程。符号的水平线两端应对准竖曲线的始点和终点,竖曲线要素(半径 R、切线长 T、外距 E)的数值标注在水平线上方。在本图中的变坡点 K5+980 处设有凸形竖曲线($R=3000$ m, $T=142$ m, $E=0.45$ m),在变坡点 K6+463 处设有凹形竖曲线($R=3500$ m, $T=88$ m, $E=0.39$ m)。

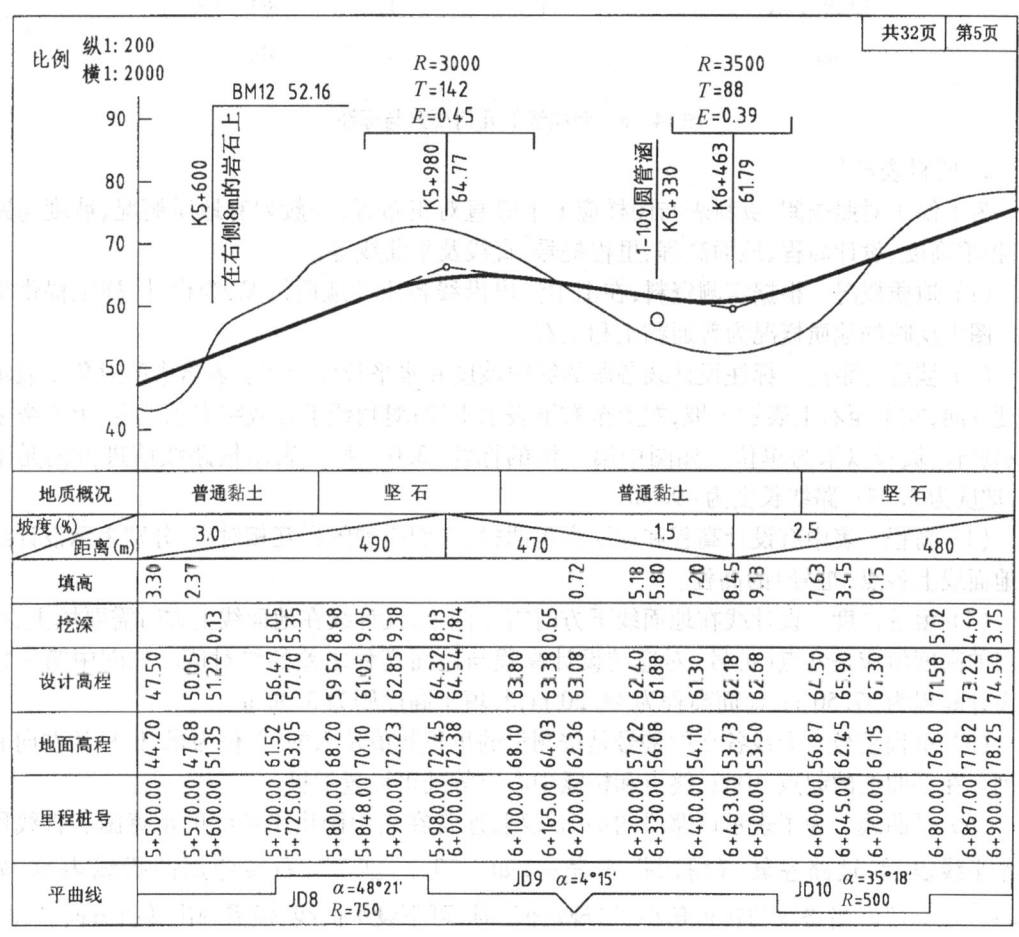

图 14-7 路线纵断面图

（4）道路沿线构筑物 道路沿线的工程构筑物如桥梁、涵洞等,应在设计线的上方或下方用竖直引出线标注,竖直引出线应对准构筑物的中心位置,并注出构筑物的名称、规格和里程桩号。例如图 14-7 中在涵洞中心位置用"O"表示,并进行标注,表示在里程桩 K6+330 处设有一座单孔直径为 100 cm 的圆管涵洞。

（5）水准点 沿线设置的测量水准点也应标注,竖直引出线对准水准点,左侧注写里程桩号,右侧写明其位置,水平线上方注出其编号和高程。如图 14-7 中水准点 BM12 设置在里程 K5+600 处的右侧距离为 8 m 的岩石上,高程为 52.16 m。

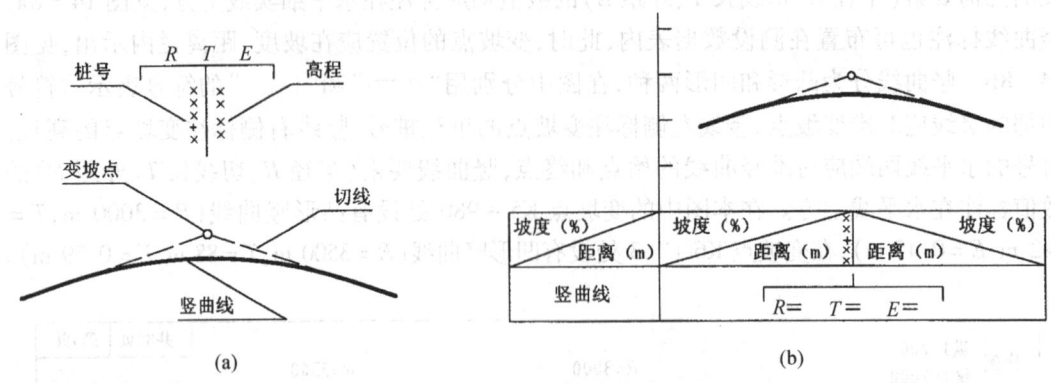

图 14-8 竖曲线的几何要素与标注

2. 资料表部分

为了便于对照查阅,资料表与图样应上下竖直对正布置,一般列有地质概况、坡度与距离、挖填高度、设计高程、地面高程、里程桩号、直线及平曲线等。

(1) 地质概况 根据实测资料,在图中注出沿线各段的地质情况,为设计、施工提供资料。图中反映的地质概况为普通黏土和坚石。

(2) 坡度与距离 标注设计线各段的纵向坡度和水平长度距离。表格中的对角线表示坡度方向,左下至右上表示上坡,左上至右下表示下坡;对角线上方数字表示坡度,上方数字表示坡长,坡长以米为单位。如图中第一格的标注"3.0/490",表示按路线前进方向是上坡,坡度为 3.0%,路线长度为 490 m。

(3) 高程 表中有设计高程和地面高程两栏,它们应和图样互相对应,分别表示设计线和地面线上各点(桩号)的高程。

(4) 填挖高度 设计线在地面线下方时需要挖土,设计线在地面线上方时需要填土,挖或填的高度值应是各点(桩号)对应的设计高程与地面高程之差的绝对值。如图中第一栏的设计高程为 47.50 m,地面高程为 44.20 m,其填土高度则为 3.30 m。

(5) 里程桩号 沿线各点的桩号是按测量的里程数值填入的,单位为米,桩号从左向右排列。在平曲线的起点、中点、终点和桥涵中心点等处可设置加桩。

(6) 平曲线 为了表示该路段的平面线型,通常在表中画出平曲线的示意图。直线段用水平线表示,道路左转弯用凹折线表示,如"⌐___⌐",右转弯用凸折线表示,如"⌐___⌐"。当路线的转折角小于"规定值"时,可不设平曲线,但需画出转折方向,"∨"表示左转弯,"∧"表示右转弯。"规定值"是按公路等级而定,如四级公路的转折角 ≤5° 时,不设平曲线。通常还需注出交角点编号、偏角角度值和曲线半径等平曲线各要素的值。如图中左边第一个交角点 JD8,转折角 α 为 48°21′,圆曲线半径 R 为 750 m。

路线纵断面图和路线平面图一般安排在两张图纸上,由于高等级公路的平曲线半径较大,路线平面图与纵断面图长度相差不大,就可以放在一张图纸上,阅读时便于互相对照。

14.2.3 路线横断面图

路线横断面图是用假想的剖切平面,垂直于路中心线剖切而得到的图形。主要用于表达路线的横断面形状、填挖高度、边坡坡长,以及路线中心桩处横向地面的情况。通常在每一中心桩处,根据测量资料和设计要求,顺次画出每一个路基横断面图,作为计算公路的土石方量和路基施工的依据。

在路线横断面图中,路面线、路肩线、边坡线、护坡线均用粗实线表示,路面厚度用中粗实线表示,原有地面线用细实线表示,路中心线用细单点长线表示。

横断面图的水平方向和高度方向宜采用相同比例,一般比例为1:200、1:100或1:50。路线横断面图一般以路基边缘的标高作为路中心的设计标高。路基横断面图的基本形式有三种:

(1) 填方路基(路堤式) 如图14-9a所示,整个路基全为填土区称为路堤。填土高度等于设计标高减去地面标高,填方边坡一般为1:1.5。在图样下方标注里程桩号,图样右侧标注中心线处的填方高度 $h_T(m)$ 以及该断面的填方面积 $A_T(m^2)$。

(2) 挖方路基(路堑式) 如图14-9b所示,整个路基全为挖土区称为路堑。挖土深度等于地面标高减去设计标高。挖方边坡一般为1:1。在图样下方标注里程桩号,图样右侧标注中心线处的挖土深度 $h_W(m)$ 以及该断面的挖方面积 $A_W(m^2)$。

(3) 半填半挖路基 如图14-9c所示,路基断面一部分为填土区,一部分为挖土区。同样是在图样下方标注里程桩号,图样右侧标注中心线处的填(或挖)方高度以及该断面的填方面积和或挖方面积。

在同一张图纸内绘制的路基横断面图,应按里程桩号顺序排列,从图纸的左下方开始,先由下而上、再自左向右排列,如图14-10所示。每张图纸右上角应有角标,注明图纸的序号和总张数。

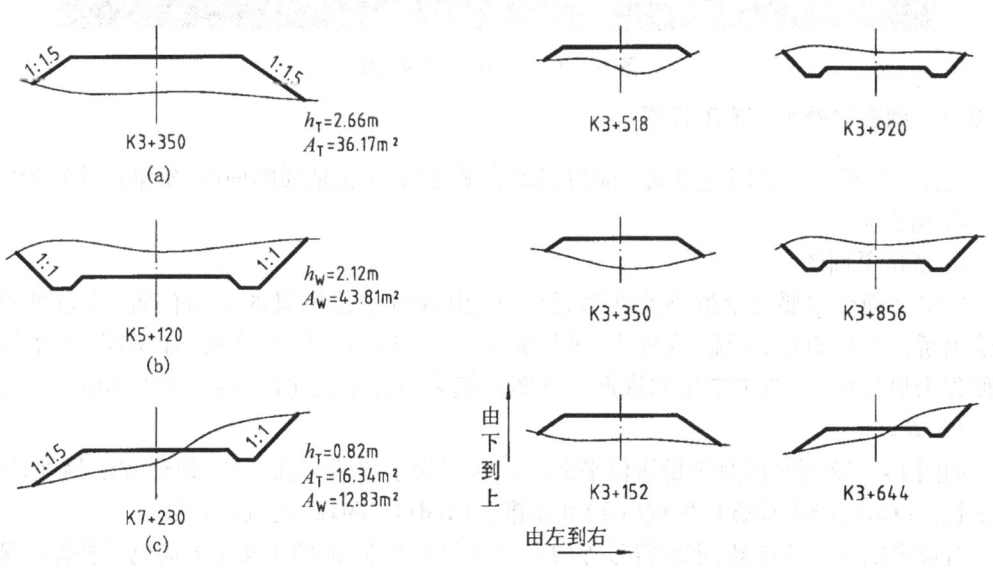

图 14-9 路线横断面图的基本形式　　　图 14-10 路线横断面图的排列

14.3 桥梁工程图

当道路通过江河、山谷和低洼地带时,桥梁是保证车辆行驶和宣泄水流,并考虑船只通行的建筑物。桥梁由上部结构(主梁或主拱圈和桥面系)、下部结构(桥台、桥墩和基础)、附属结构(护栏、灯柱等)等三部分组成。桥梁的种类很多,按结构形式分有梁桥、拱桥、桁架桥、斜拉桥和悬索桥等。按建筑材料分有钢筋混凝土梁桥、钢桥、石桥和木桥等。图 14-11 所示的广州丫髻沙大桥,是近年来建造的一座大型钢桁架拱桥,其造型不仅考虑了它的功能,而且也增添了人文景观。虽然各种桥梁的形式或建筑材料有所不同,但在绘制设计图样时,都按前面所讲述的投影理论和绘图方法绘画,并具有相同的图示特点。

图 14-11　广州丫髻沙大桥

14.3.1　钢筋混凝土桥梁工程图

设计一座桥梁要绘制的图纸一般包括桥位平面图、桥位地质断面图、桥梁总体布置图和构件结构图等。

1. 桥位平面图

桥位平面图主要表示道路路线通过江河、山谷时建造桥梁的平面位置,通过地形测量绘出桥位处的道路、河流、水准点、地质钻探孔、附近的地形和地物(如房屋、老桥等),以便作为设计桥梁、施工定位的依据。该图一般采用较小的比例绘制,如 1∶500、1∶1 000、1∶2 000 等。

如图 14-12 所示的是某桥桥位平面图。除了表示路线平面形状、地形和地物外,还表明了钻孔(CK1、CK2、CK3)、里程(K7)和水准点(BM11、BM12)的位置和数据。

桥位平面图中的植被、水准符号等均应以正北方为准,而图中文字方向则可按路线要求及总图标方向来决定。

2. 桥位地质断面图

桥位地质断面图是根据水文调查和地质钻探所得的水文地质资料,绘制桥位处河床位置的地质断面图,包括河床断面线、最高水位线、常水位线和最低水位线,作为设计桥梁、桥台、桥墩和计算土石方工程数量的依据。

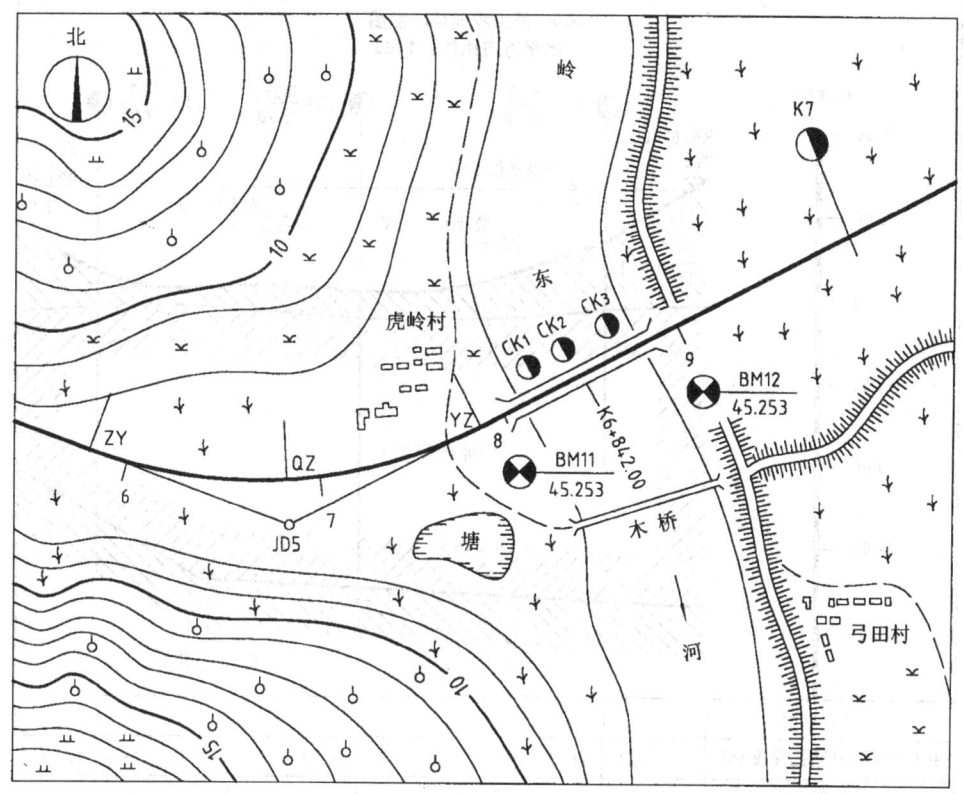

图 14-12 某桥桥位平面图

地质断面图为了明显表示地质和河床深度的变化情况，特意把地形高度的比例与水平方向的比例放大数倍画出。如图 14-13 所示，地形高度的比例采用 1:200，水平方向的比例采用 1:500。图中还画出了 CK1、CK2、CK3 三个钻孔的位置，并在图下方列出了钻孔的有关数据、资料。

3. 桥梁总体布置图

桥梁总体布置图是表达桥梁上部结构、下部结构和附属结构等三部分组成情况的总图。主要表明桥梁的型式、跨径、孔数、总体尺寸、各主要构件的相互位置关系、桥梁各部分的标高、材料数量以及有关的说明等，作为施工时确定墩台位置、安装构件和控制标高的依据。

图 14-14 为某桥的总体布置图，包括立面图、平面图、1—1 和 2—2 横剖面图，采用1:200 绘图比例。该桥为三孔钢筋混凝土空心板简支梁桥，总长度 37.20 m，总宽度 14 m，中孔跨径 15 m，两边孔跨径 10 m。桥中设有两个柱式桥墩，两端为重力式混凝土桥台，桥台和桥墩的基础均采用钢筋混凝土预制打入桩。桥上部承重构件为钢筋混凝土空心板梁。

(1) 立面图

桥梁一般是左右对称的，所以立面图常常是由半立面和半纵剖面合成的，左半立面图为左侧桥台、1 号桥墩、板梁、人行道栏杆等主要部分的外形视图。右半纵剖面图是沿桥梁中心线纵向剖开而得到的，2 号桥墩、右侧桥台、板梁和桥面均应按剖开绘制。图中还画出了河床的断面形状，在半立面图中，河床断面线以下的结构如桥台、桩等用虚线绘制，在半剖面

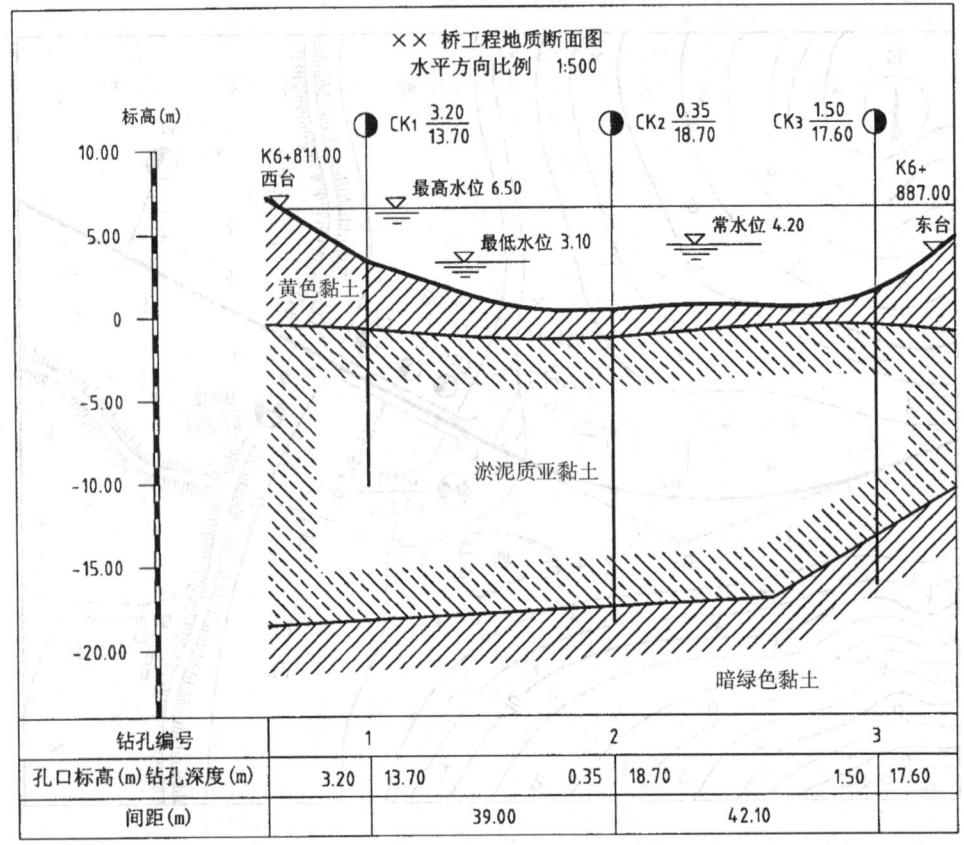

图 14-13 某桥桥位地质断面图

图中地下的结构均画实线。由于预制桩打入到地下较深的位置，不必全部画出，为了节省图幅，采用了断开画法。图中还注出了桥梁各重要部位如桥面、梁底、桥墩、桥台和桩尖等处的高程，以及常水位（即常年平均水位）。

尺寸标注采用定形尺寸、定位尺寸、标高尺寸和里程桩号综合注法，便于绘图、阅读与施工放样。图中的尺寸单位为厘米，里程桩号与标高尺寸的单位为米。

（2）平面图

桥梁的平面图按"长对正"配置在立面图的下方，常采用对称画法，即对称形体以对称符号为界，一半画外形图，一半画剖面图。左半平面图是从上向下投影得到的桥面水平投影，主要画出了车行道、人行道、栏杆等的位置。由所注尺寸可知，桥面车行道净宽为 10 m，两边人行道各为 2 m。右半部采用的是剖切画法（或分层揭开画法），假想把上部结构移去后，画出了 2 号桥墩和右侧桥台的平面形状和位置。桥墩中的虚线圆是立柱的投影，桥台中的虚线正方形是下面方桩的投影。

（3）横剖面图

根据立面图中所标注的剖切位置可以看出，1—1 剖面是在中跨位置剖切的，2—2 剖面是在边跨位置剖切的，桥梁的横剖面图是由左半部 1—1 剖面和右半部 2—2 剖面合并而成的。桥梁中跨和边跨部分的上部结构相同，桥面总宽度为 14 m，是由 10 块钢筋混凝土空心

第14章 道路及桥涵工程图

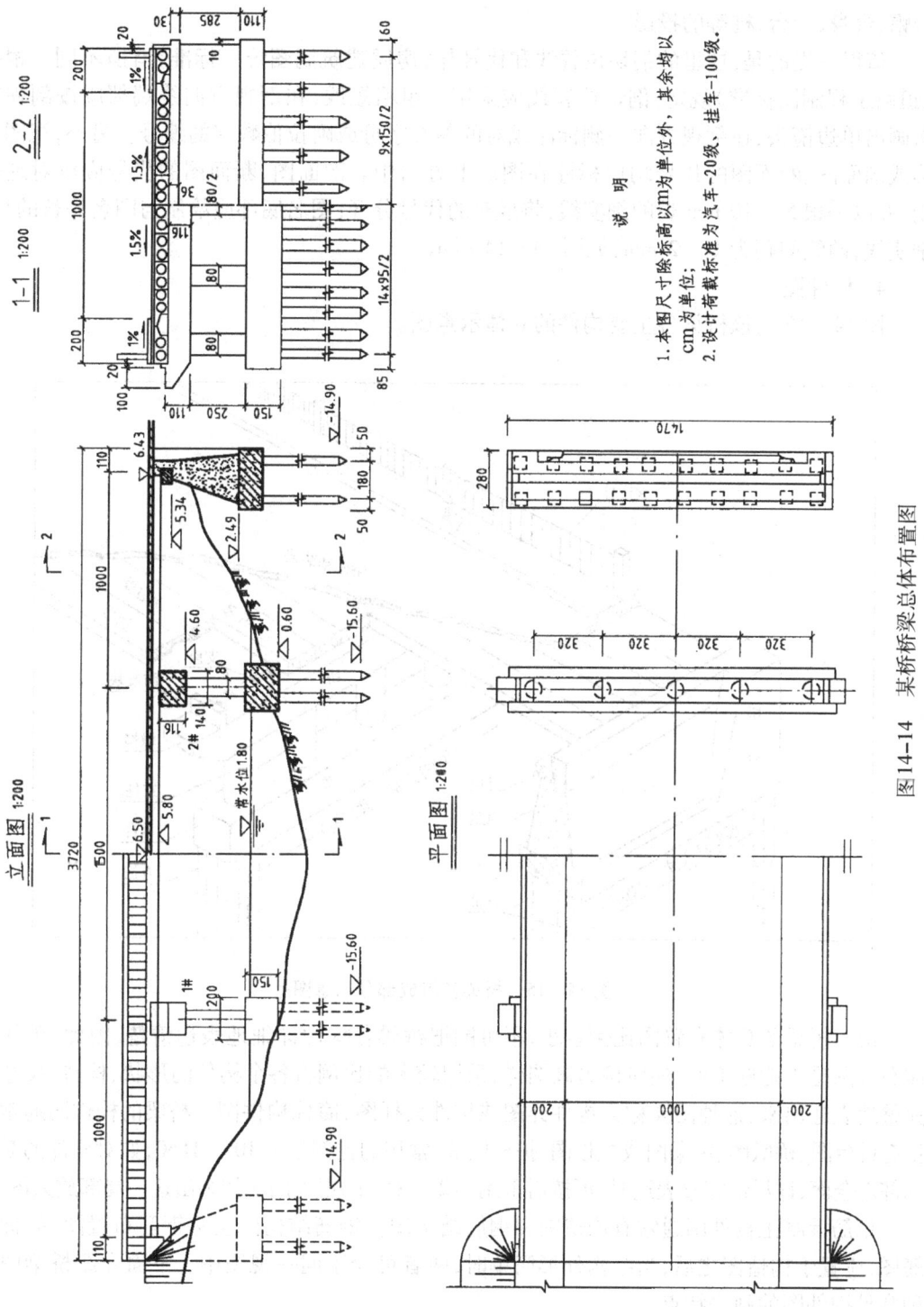

图14-14 某桥桥梁总体布置图

板拼接而成,图中由于板的断面形状太小,没有画出其材料符号。在 1—1 剖面图中画出了桥墩各部分,包括墩帽、立柱、承台、桩等的投影。在 2—2 剖面图中画出了桥台各部分,包括台帽、台身、承台、桩等的投影。

值得一提的是,这里的剖切位置线和代号与《房屋建筑制图统一标准》有所不同。根据《道路工程制图标准》规定,剖切位置线应采用一组粗短线,在剖视方向线端部应按剖视方向画出单边箭头,在剖视方向一侧标注成对的英文字母或阿拉伯数字的编号。另外,视图名称或剖面图、断面图的代号均应标注在图的上方居中。剖面图、断面图的代号应成对地采用,并以一根 5~10 mm 长的细实线,将成对的代号分开,图名底部应绘制与图名等长的粗、细实线,两线间距为 1~2 mm,如图 14-14 所示。

4. 构件图

图 14-15 为该桥梁各主要构件的立体示意图。

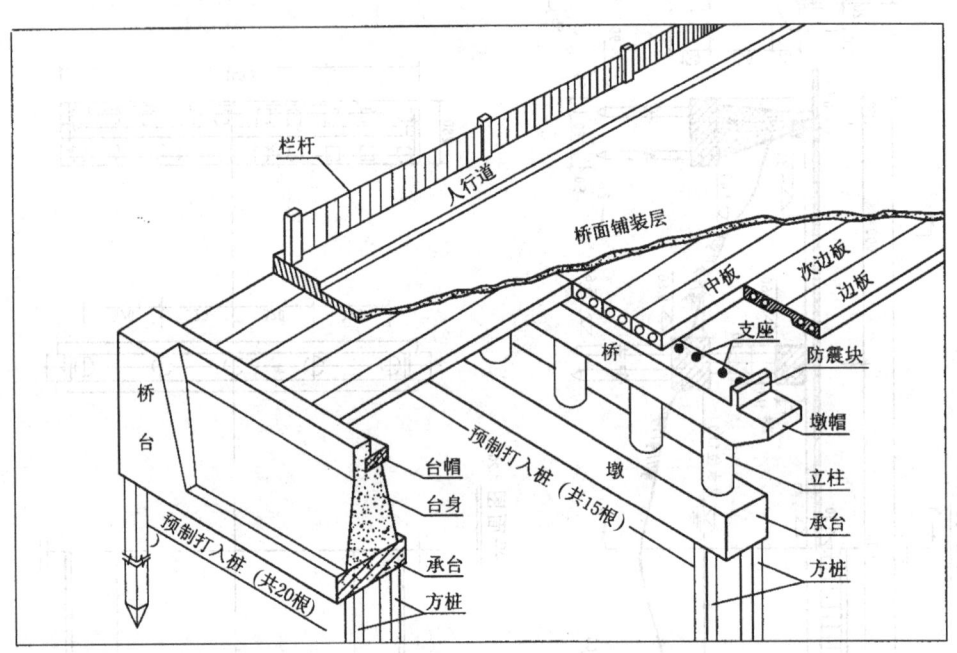

图 14-15 桥梁各组成部分示意图

由于桥梁的总体布置图比例较小,不可能把桥梁各构件详细地表达清楚,因此,单凭总体布置图是不能施工的,还应该另画图样,采用较大的比例将各个构件的形状、构造、尺寸都完整地表达出来,这种图样称为构件详图或构件大样图,简称构件图。桥梁的构件图通常包括有桥台图、桥墩图、主梁图或主板图、护栏图等,常用的比例是 1∶10~1∶50,如对构件的某一局部需全面、详尽地完整表达时,可按需采用 1∶2~1∶5 的更大的比例画出这一局部放大图。

钢筋混凝土构件图通常有构造图和钢筋结构图。钢筋结构图也称钢筋布置图,简称配筋图,应置于构造图之后,当结构外形简单时,两者可绘于同一视图中。下面介绍桥梁中几种常见构件图的画法特点。

(1) 钢筋混凝土空心板图

钢筋混凝土空心板是该桥梁上部结构中最主要的受力构件,它两端搁置在桥墩和桥台上,中跨为15 m,边跨为10 m。图14-16为边跨10 m空心板构造图,由立面图、平面图和断面图组成,主要表达空心板的形状、构造和尺寸。整个桥宽由10块板拼成,按不同位置分为三种:中板(中间共6块)、次边板(两侧各1块)、边板(两边各1块)。三种板的厚度相同,均为55 cm,故只画出了中板立面图,由于三种板的宽度和构造不同,故分别绘制了中板、次边板和边板的平面图,中板宽124 cm,次边板宽162 cm,边板宽162 cm。板的纵向是对称的,所以立面图和平面图均只画出了一半,边跨板长名义尺寸为10 m,但减去板接头缝后实际板长为996 cm。三种板均分别绘制了跨中断面图,可以看出它们不同的断面形状和详细尺寸。另外还画出了板与板之间拼接的铰缝详图,具体施工做法详见说明。

每种钢筋混凝土板都必须绘制钢筋布置图,现以边板为例介绍,图14-17为边跨10 m空心板边板的配筋图。立面图假定混凝土是透明的,主要表达所用钢筋及其布置情况。由于板中有弯起钢筋,所以绘制了跨中横断面2—2和跨端横断面3—3,可以看出②号钢筋在中部时是位于板的底部,在端部时则位于板的顶部。为了更清楚地表示钢筋的布置情况,还画出了板的顶层钢筋平面图。整块板共有十种钢筋,每种钢筋都绘出了钢筋详图。这样几种图样互相配合,对照阅读,再结合列出的钢筋明细表,就可以清楚地了解该板中所有钢筋的位置、形状、尺寸、规格、直径、数量等内容,以及几种弯筋、斜筋与整个钢筋骨架的焊接位置和长度。

(2) 桥墩图

图14-18为某桥桥墩构造图,主要表达桥墩各部分的形状和尺寸。这里绘制了桥墩的立面图、侧面图和1—1剖面图,由于桥墩是左右对称的,故立面图和剖面图均只画出一半。该桥墩由墩帽、立柱、承台和基桩组成,根据所标注的剖切位置可以看出,1—1剖面图实质上为承台平面图,承台为长方体,长1 500 cm,宽200 cm,高150 cm。承台下的基桩分两排交错(呈梅花形)布置,施工时先将预制桩打入地基,下端到达设计深度(标高)后,再浇铸承台,桩的上端深入承台内部80 cm,在立面图中这一段用虚线绘制。承台上有五根圆形立柱,直径为80 cm,高为250 cm,立柱上面有墩帽,墩帽的全长为1 650 m,宽为140 cm,高度在中部为116 cm,在两端为110 cm,有一定的坡度,为的是使桥面形成1.5%的横坡。墩帽的两端各有一个20 cm×30 cm的抗震挡块,是防止空心板移动而设置的。墩帽上的支座,详见支座布置图。

桥墩的各部分均是钢筋混凝土结构,需要绘制钢筋布置图。图14-19为桥墩墩帽的配筋图,由立面图、1—1和2—2横断面图,以及钢筋详图组成。立面图比例为1∶30,由于墩帽内钢筋较多,所以横断面图的比例更大,采用1∶20。墩帽内共配有九种钢筋:在顶层有13根①号钢筋;在底层有11根②号钢筋;③号弯起钢筋有2根;④、⑤、⑥号是加强斜筋;⑧号箍筋布置在墩帽的两端,且尺寸依截面的变化而变化;⑨号箍筋分布在墩帽的中部,间隔为10 cm或20 cm,立面图中注出了具体位置;为了增强墩帽的刚度,在两侧各布置了7根⑦号腰筋。由于篇幅所限,桥墩其他部分如立柱、承台等的配筋图略。

(3) 桥台图

桥台属于桥梁的下部结构,主要是支承上部的板梁,并承受路堤填土的水平推力。图14-20为重力式混凝土桥台的构造图,用平面图、剖面图和侧面图表示。该桥台由台帽、台身、侧墙、承台和基桩组成。这里桥台的立面图用1—1剖面图代替,既可表示出桥台的内部构造,又可画出材料图例,该桥台的台身和侧墙均用C30混凝土浇筑而成,台帽和承台的材

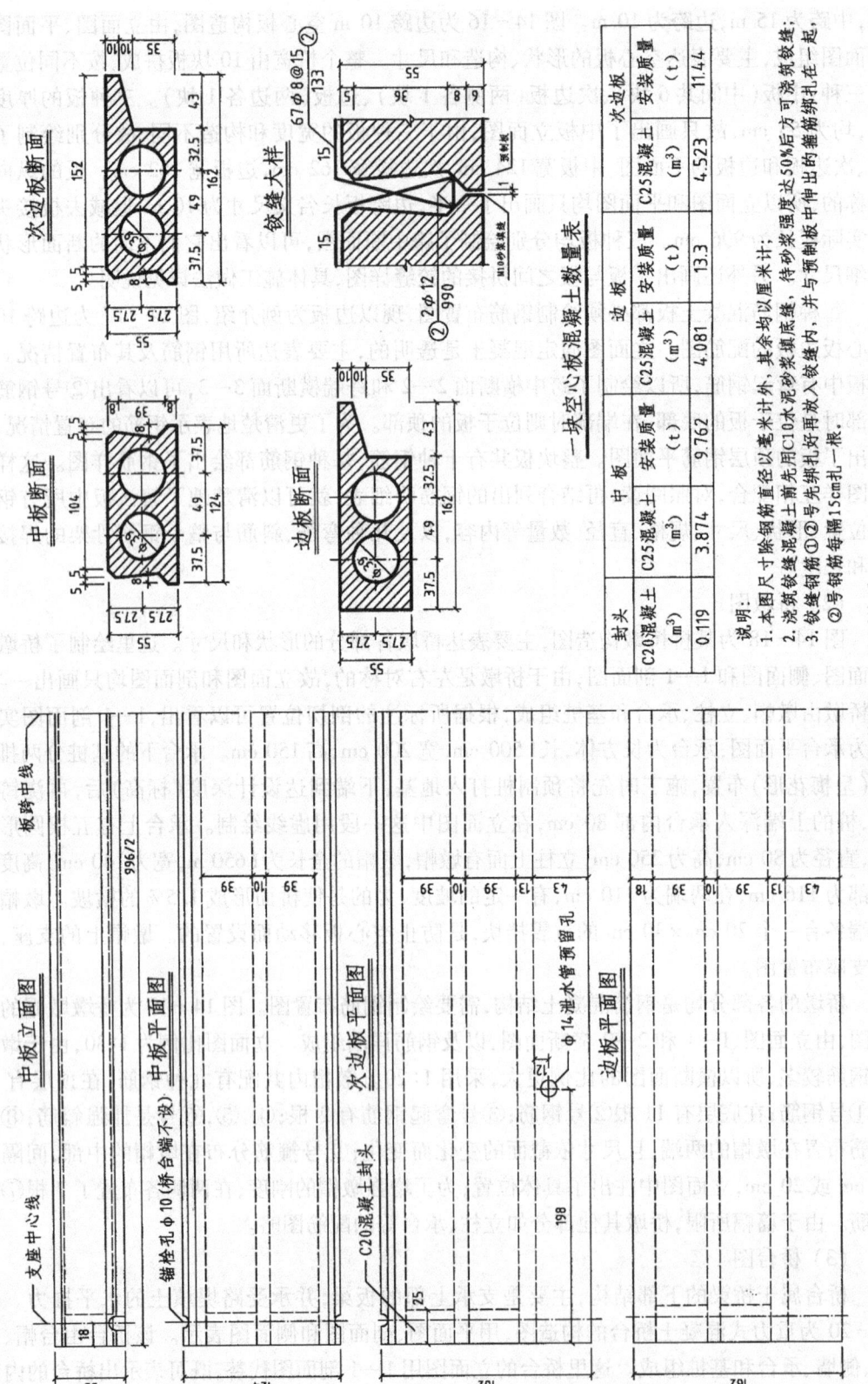

图14-16 边跨10m空心板构造

第14章 道路及桥涵工程图

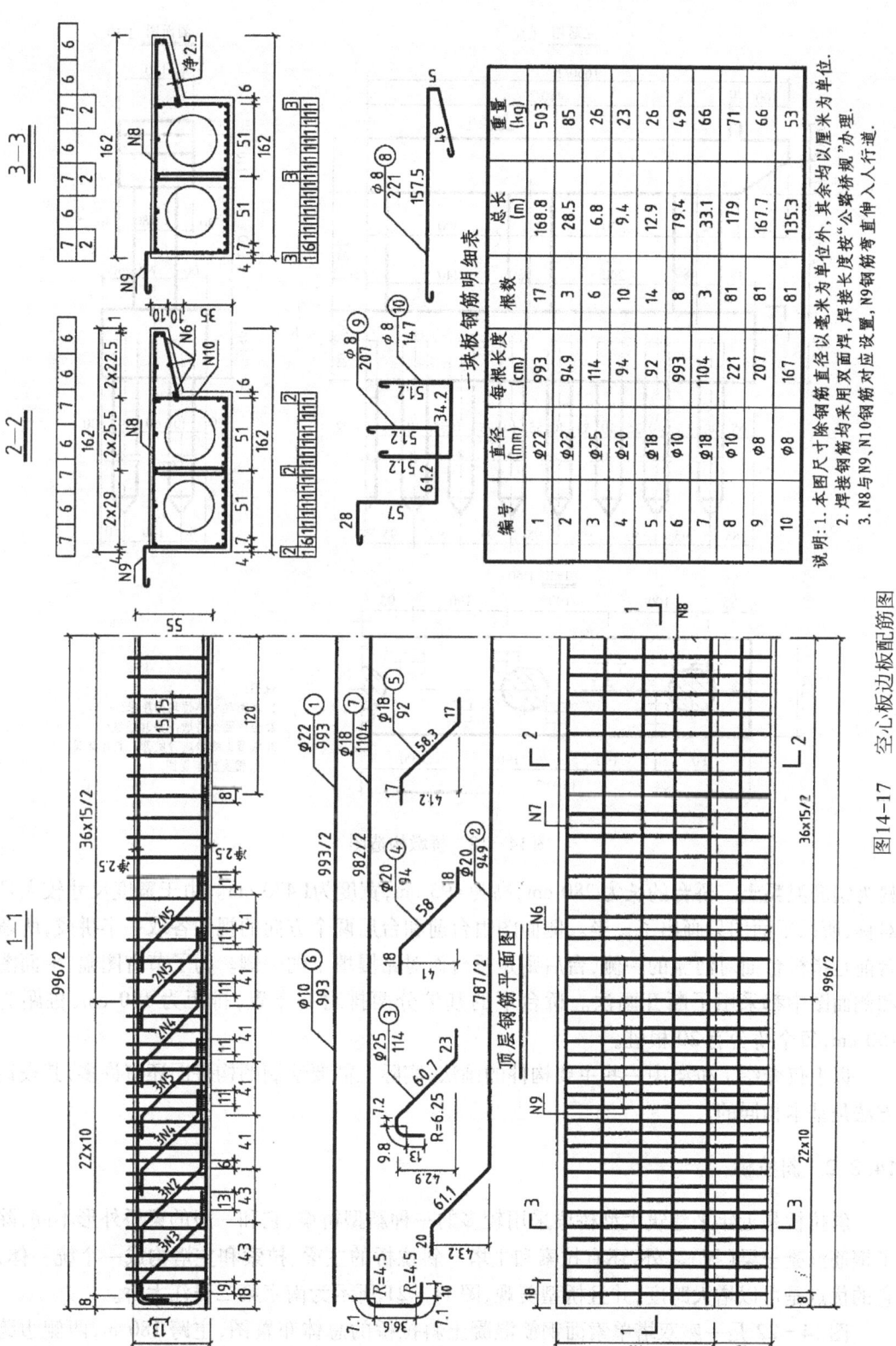

图14-17 空心板边板配筋图

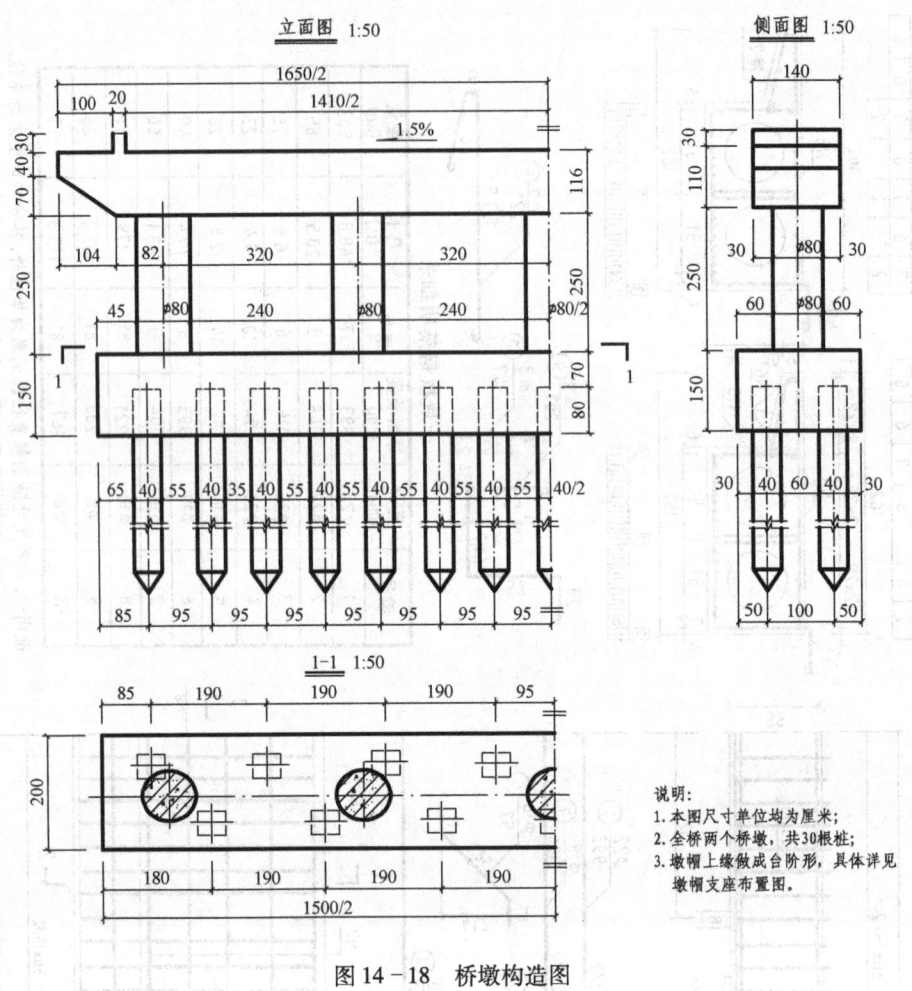

图 14-18 桥墩构造图

料为钢筋混凝土。桥台的长为 280 cm,高为 493 cm,宽度为 1 470 cm。由于宽度尺寸较大且对称,所以平面图只画出了一半。侧面图由台前和台后两个方向的视图各取一半拼成,所谓台前是指桥台面对河流的一侧,台后则是桥台面对路堤填土的一侧。为了节省图幅,平面图和侧面图中都采用了断开画法。桥台下的基桩分两排对齐布置,排距为 180 cm,桩距为 150 cm,每个桥台有 20 根桩。

以上仅介绍了桥梁中一些主要构件的画法,实际上需要绘制的构件图还有许多,其表达方法是基本相同的。

14.3.2 斜拉桥

斜拉桥是近年来建筑大型桥梁采用较多的一种新型桥梁,它和一般的梁桥外形不同,除了钢筋混凝土梁(板)之外,还有拉索和主塔。斜拉桥的主梁、拉索和主塔构成一个统一体,它的优点是可以增大跨度,并且桥型美观,图 14-21 所示为南京第二长江大桥。

图 14-22 是一座双塔单索面钢筋混凝土斜拉桥的总体布置图,主跨 180 m,两侧边跨各为 80 m,两边引桥部分用折断线断开后省略不画。

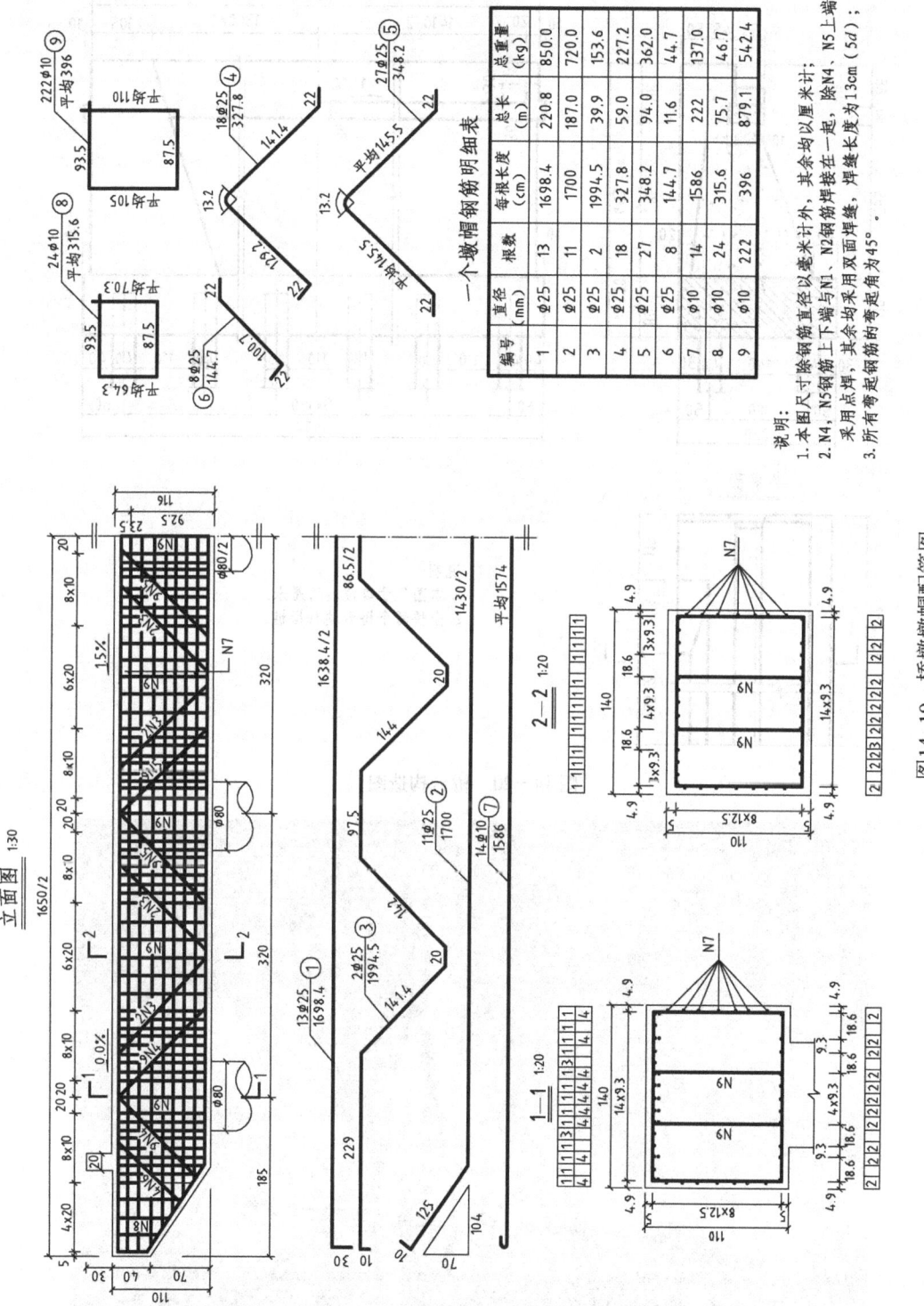

图 14-19 桥墩墩帽配筋图

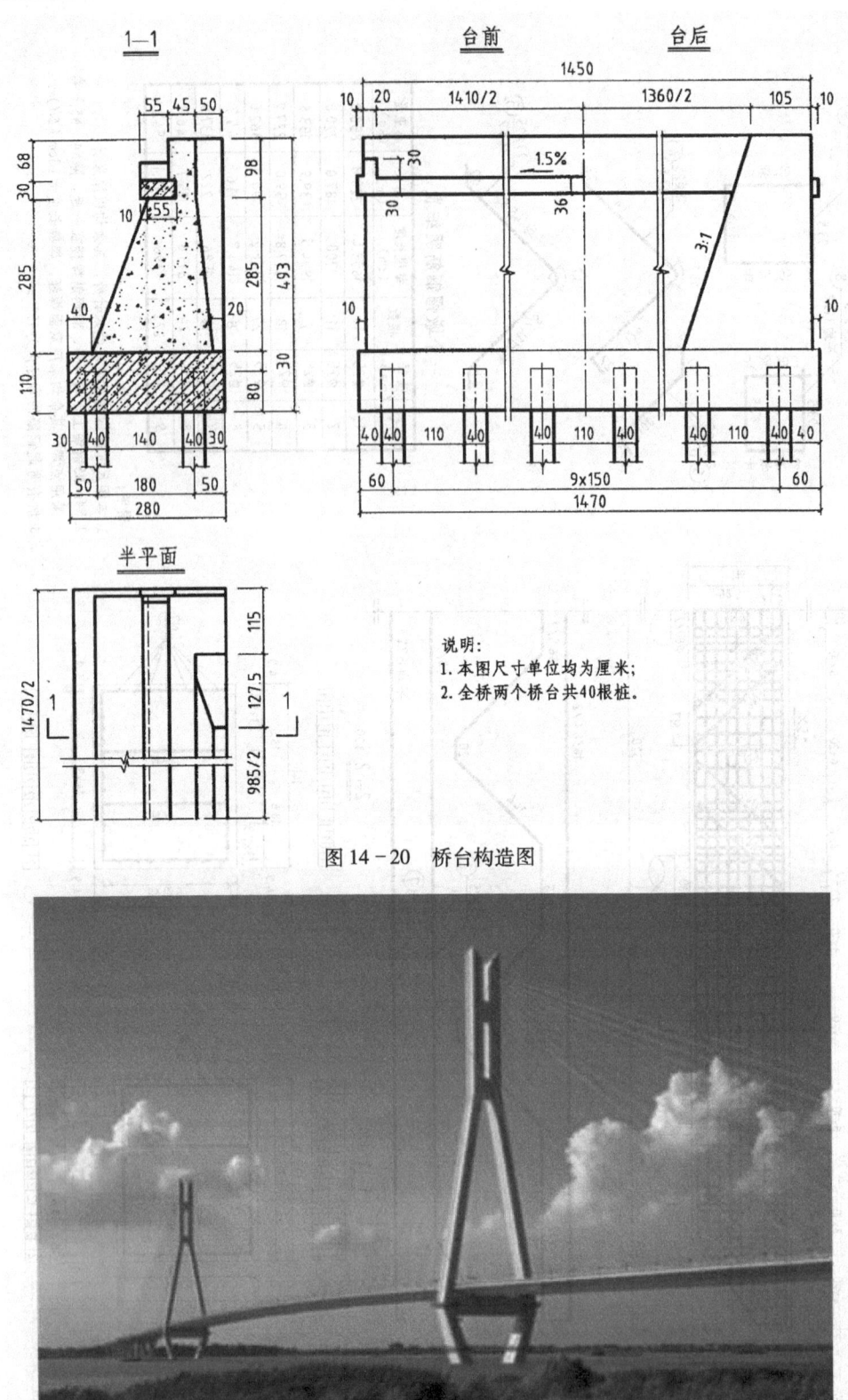

图 14-20 桥台构造图

图 14-21 南京第二长江大桥

第14章 道路及桥涵工程图

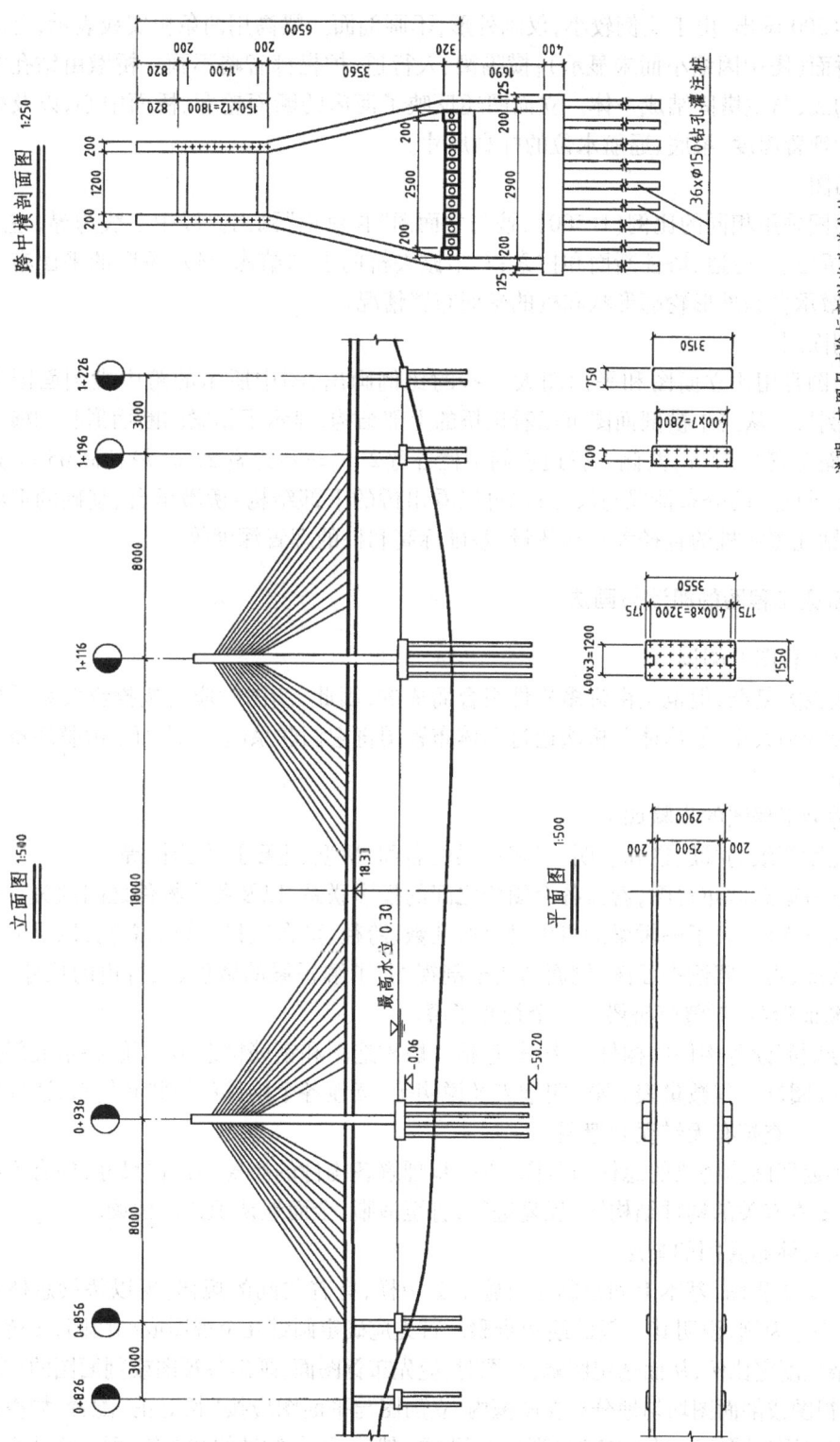

图14-22 某斜拉桥总体布置图

1. 立面图

采用 1∶500 画出，由于比例较小，仅画外形，不画剖面。梁高用两条粗实线表示，上加细实线表示桥面（图中因缩小而未显示）；横隔梁、人行道、护栏都省略不画。桥墩由钻孔灌注桩和承台构成，与主塔固结成一体。立面图还反映了河床的断面轮廓、桥面中心，以及桩和桥墩基础的埋置深度、梁底、通航水位的标高尺寸。

2. 平面图

与立面图采用相同的比例（1∶500），按与立面图"长对正"画出。以中心线为界，左边画外形，显示桥面、人行道、塔柱断面和拉索；右半掀去桥的上部结构，显示桥墩的平面布置情况，以及桥墩承台的外形轮廓形状和桩的平面布置情况。

3. 横剖面图

横剖面图常用比立面图和平面图大一些的比例画出，图中所示的跨中横剖面图采用 1∶250 的比例尺。从跨中横剖面图可以看出桥的上部结构，显示了箱梁的断面形状和横隔梁的形状，桥面总宽共 29 m，两侧人行道连同护栏各宽 2 m，车行道宽 25 m，塔柱高 65 m，还显示了拉索在塔柱上的分布情况与尺寸；也可以看出桥的下部结构：桥墩承台、基础的形状和高度尺寸，钻孔灌注桩的直径大小与数量，基础标高和桩的埋置深度等。

14.3.3 桥梁工程图的阅读与画法

1. 桥梁工程图的阅读

桥梁虽庞大复杂，但也是由许多构件组合而成的，因此，读图时应先按投影关系看懂各个构件的形状和大小，按形体分析法通过总体布置图将它们联系起来，从而了解整座桥梁的形状和大小。

阅读桥梁工程图的步骤如下：

（1）先读图纸的标题栏和说明，了解桥梁的名称、桥型、主要技术指标等。

（2）读桥梁总体布置图，看懂各个图样之间的投影联系，以及各个构件之间的关系与相对位置。先读立面图，了解桥梁的概貌：桥型、孔数、跨径、墩台数目、总长、总高，以及河床断面与地质状况；再对照读平面图、侧面图或横剖视图，了解桥梁的宽度、人行道的尺寸、主梁（主板）的断面形状，对整座桥梁有一个初步了解。

（3）分别阅读各构件的构件结构图，包括一般构造图和钢筋构造图，了解各组成部分所用的材料，并阅读工程数量表、钢筋明细表及说明等，读懂各个构件的形状和构造，读懂图形后再复核尺寸，查核有无错误和遗漏。

（4）再返回阅读桥梁的总体布置图，进一步理解各构件的布置与定位尺寸，如有不够清楚之处，再复查有关的构件结构图，反复进行，直至清晰、全面地认识该座桥梁。

2. 桥梁总体布置图的画法

绘制桥梁工程图，基本上和绘制建筑施工图一样，有着共同的规律，现以桥梁总体布置图（图 14-14）为例，说明其一般的绘图步骤。首先应确定画哪几个视图或剖面图，按桥梁的大小和复杂程度定比例，从而选定图幅；绘图时，应先布置图面，画出各视图或剖面图的作图基线，将各个视图或剖面图均匀地分布在图框内，立面图与平面图应按"长对正"配置，如横剖面图与立面图采用相同的比例，则应按"高平齐"配置；然后，画各构件的主要轮廓线，再从大到小画全各构件的投影；最后，校核底稿后铅笔加深或上墨，标绘尺寸、符号和有关说明，并作复核。

14.4 涵洞工程图

14.4.1 概述

涵洞是公路工程中宣泄小量水流的构筑物。涵洞顶上一般都有较厚的填土,填土不仅可以保持路面的连续性,而且分散了汽车荷载的集中压力,并减少它对涵洞的冲击力。涵洞按所用建筑材料可分为钢筋混凝土涵、混凝土涵、石涵、砖涵、木涵等;按构造型式可分为圆管涵、盖板涵、拱涵、箱涵等;按洞身断面形状可分为圆形涵、拱形涵、矩形涵、梯形涵等;按孔数可分为单孔、双孔、多孔等;按洞口形式可分为一字式(端墙式)、八字式(翼墙式)、领圈式、阶梯式等。

涵洞是由洞口、洞身和基础三部分所组成。图 14-23 为钢筋混凝土盖板涵洞的立体示意图,图 14-25 为石拱涵洞的立体示意图,从图中可以了解涵洞部分的名称、位置和构造。

洞身是涵洞的主要部分,它的作用是承受活载压力和土压力等并将其传递给地基,并保证设计流量通过的必要孔径。

洞口包括端墙、翼墙或护坡、截水墙和缘石等部分,主要是保护涵洞基础和两侧路基免受冲刷,使水流顺畅,一般进水口和出水口常采用相同的形式。

14.4.2 涵洞工程图的图示特点

涵洞是窄而长的构筑物,它从路面下方横穿过道路,埋置于路基土层中。用图示表达时,一般是不考虑涵洞上方的覆土,或者假想土层是透明的,再进行投影。尽管涵洞的种类很多,但图示方法和表达内容基本相同。涵洞工程图主要由平面图、纵剖面图、洞口立面图(侧面图)、横断面图及详图组成。

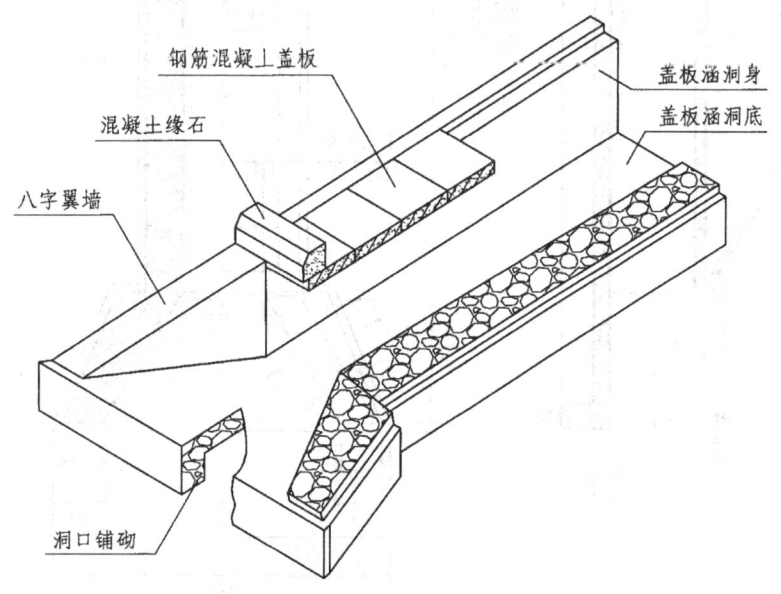

图 14-23 钢筋混凝土盖板涵立体图

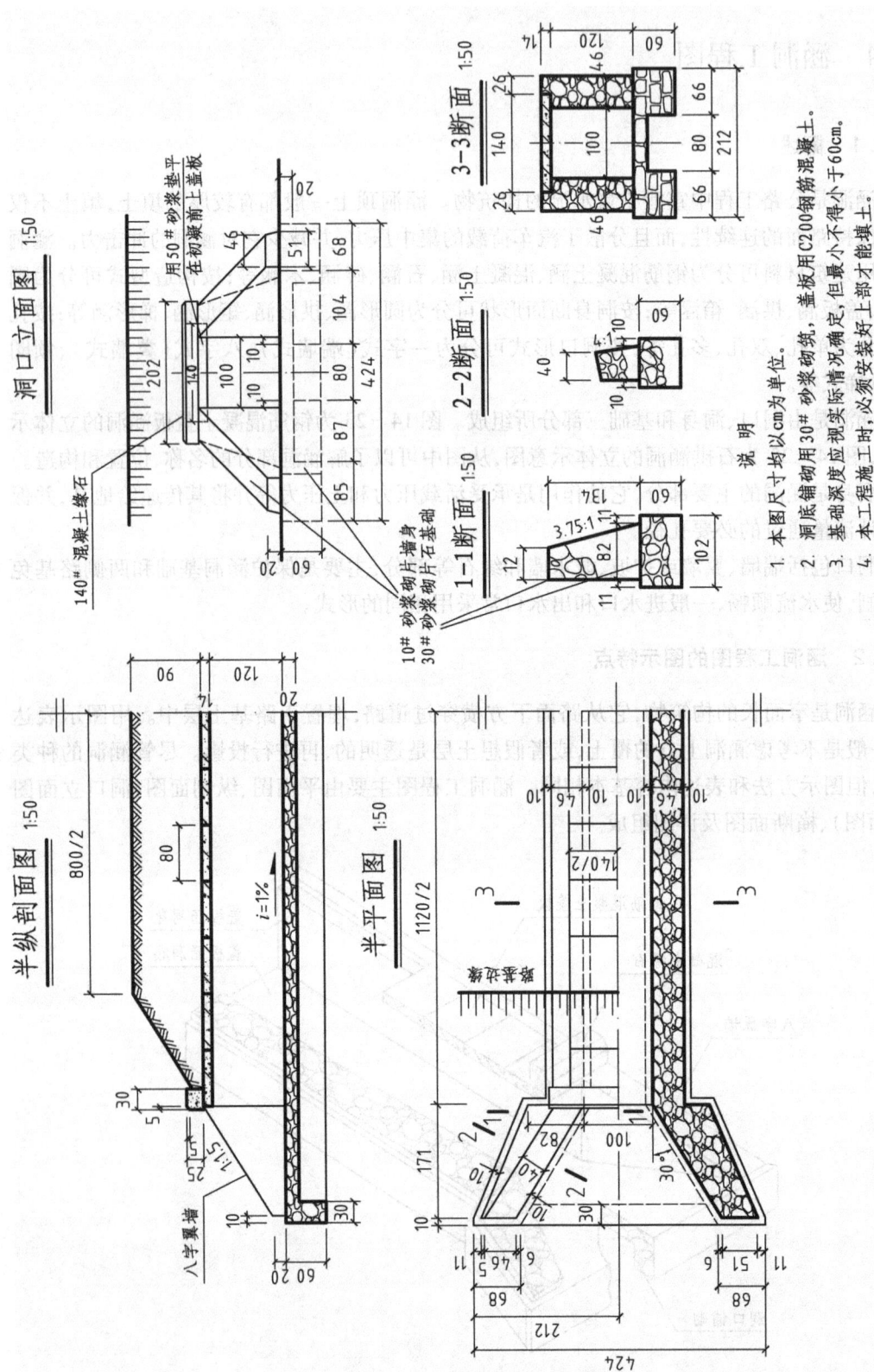

图14-24 某钢筋混凝土盖板涵工程图

因为涵洞比桥梁小得多,所以涵洞工程图采用的比例较桥梁工程图大。现以常用的钢筋混凝土盖板涵洞和石拱涵洞为例,介绍涵洞的一般构造,具体说明涵洞工程图的图示特点和表达方法。

14.4.3 涵洞工程图示例

1. 钢筋混凝土盖板涵

图14-23所示为单孔钢筋混凝土盖板涵立体图。图14-24所示则为其涵洞工程图,绘图比例为1:50,洞口两侧为八字翼墙,洞高120 cm,洞宽100 cm,总长1 382 cm。采用平面图、纵剖面图、洞口立面图和三个横断面图。

(1) 平面图

由于涵洞前后对称,平面图采用了半剖面画法。平面图表达了涵洞的墙身厚度、八字翼墙和缘石的位置、涵身的长度、洞口的平面形状和尺寸以及墙身和翼墙的材料等。为了详尽表达翼墙的构造,以便于施工,在该部分的1—1和2—2位置进行剖切,并另作1—1和2—2断面图来表示该位置翼墙墙身和基础的尺寸、墙背坡度以及材料等情况。平面图中还画出了洞身上部钢筋混凝土盖板之间的分缝线,每块盖板长140 cm,宽80 cm,厚14 cm。

(2) 纵剖面图

由于涵洞进出洞口一样,左右基本对称,所以只画半纵剖面图,并在对称中心线上用对称符号表示。该图是涵洞的从左向右以水流方向纵向剖切所得,表示了洞身、洞口、路基以及它们之间的相互关系。由于剖切平面是前后对称面,所以省略剖切符号。洞顶上部为路基填土,边坡比例为1:1.5。洞口设八字翼墙,坡度与路基边坡相同;身身全长11.2 m,设计流水坡度1%,洞高120 cm,盖板厚14 cm,填土90 cm。从图中还可看出有关的尺寸,如缘石的断面为30 cm×25 cm等。

(3) 洞口立面图

洞口立面图实际上就是左侧立面图,反映了涵洞口的基本形式,缘石、盖板、翼墙、截水墙、基础等的相互关系,宽度和高度尺寸反映各个构件的大小和相对位置。

(4) 洞身断面图

洞身断面图实际上就是洞身的横断面图,表示了涵洞洞身的细部构造以及盖板的宽度尺寸。尤其是清晰表达了该涵洞的特征尺寸,涵洞净宽100 cm,净高120 cm,如图14-24中3—3断面所示。

2. 石拱涵

图14-25所示为八字式单孔石拱涵立体图。图14-26所示则为其涵洞工程图,包括有平面图、纵剖面图和出水洞口立面图等。

(1) 平面图

本图的特点在于拱顶与拱顶上的两端侧墙的交线均为椭圆弧,画该段曲线时,应按第五章所述求截交线的方法画出。从图中还可看出,八字翼墙与上述盖板涵有所不同,盖板涵的翼墙是单面斜坡,端部为侧平面,而本图则是两面斜坡,端部为铅垂面。

(2) 纵剖面图

涵洞的纵向是指水流方向即洞身的长度方向。由于主要是表达涵洞的内部构造,所以通常用纵剖面图来代替立面图。纵剖面图是沿涵洞的中心线位置纵向剖切的,凡是剖到的各部

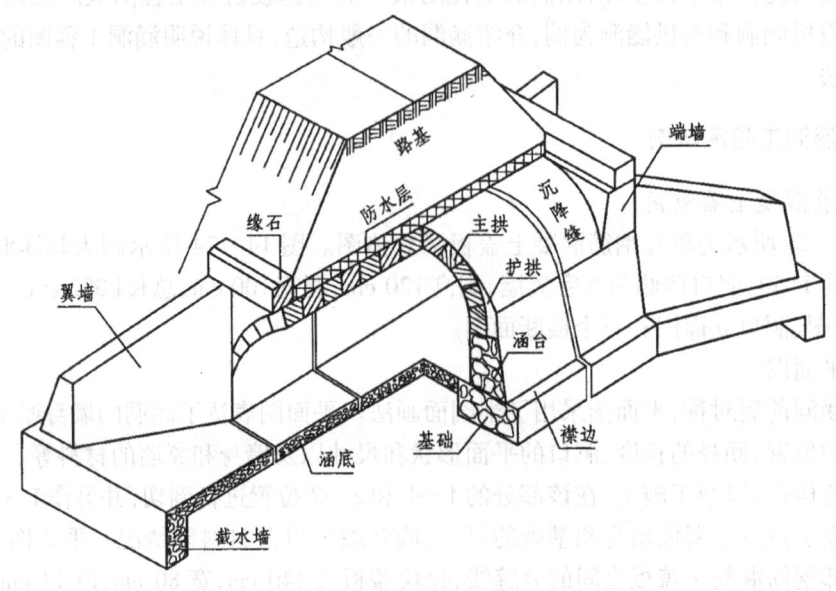

图 14-25 石拱涵洞立体图

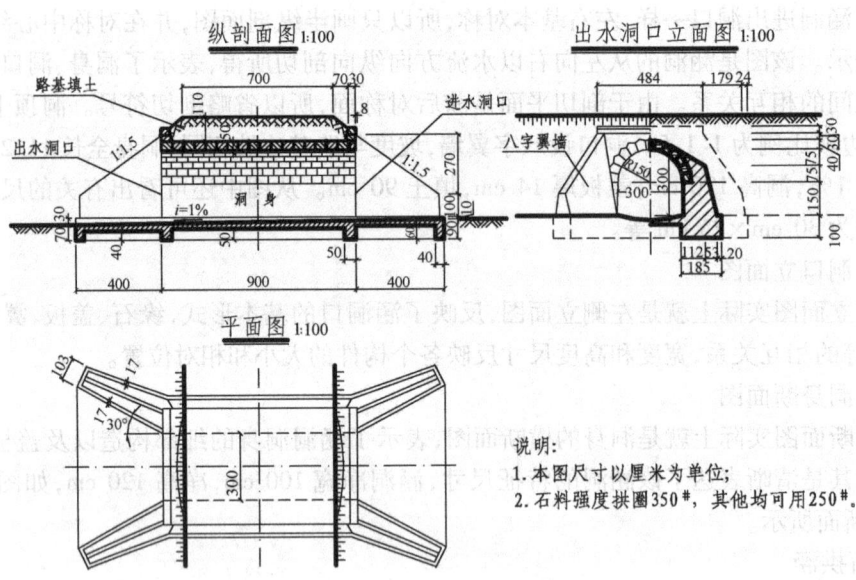

图 14-26 某石拱涵洞工程图

分如截水墙、涵底、拱顶、防水层、端墙帽、路基等都应按剖开绘制,并画出相应的材料图例;另外能看到的各部分如翼墙、端墙、涵台、基础等也应画出它们的位置。为了显示拱底为圆柱面,故每层拱圈石投影的高度不一,下疏而上密。图中还表达了洞底流水方向和坡度1%。

(3) 洞口立面图

由于涵洞前后对称,侧面图采用了半剖面图的形式,即一半表达洞口外形和另一半表达洞口的特征以及洞身与基础的连接关系。左半部为洞口部分的外形投影,主要反映洞口的正面形状和翼墙、端墙、缘石、基础等的相对位置,所以习惯上称为洞口立面图。右半部为洞身横断面图,主要表达洞身的断面形状,主拱、护拱和涵台的连接关系,以及防水层的设置情况等。

14.5 隧道工程图

隧道是公路穿越山岭的狭长的构筑物,中间的断面形状很少变化,因此,隧道工程图除用平面图表示其地理位置外,表示构造的主要图样有隧道洞门图、横断面图(表示洞身断面形状和衬砌)以及避车洞图等。

下面分别举例介绍隧道洞门图和隧道避车洞图的图示特点和读图方法。

14.5.1 隧道洞门图

隧道洞门大体上可分为端墙式和翼墙式,主要视洞门口的地质状况而定。图14-27为某隧道的翼墙式洞门。

图14-27 某隧道洞门

图14-28是隧道的端墙式洞门设计图,主要用立面图、平面图和剖面图表达,采用1∶100的比例绘图。

1. 立面图

立面图是隧道洞门的正面投影,不论洞门是否左右对称,两边都应画全。它反映了洞门墙的式样,洞门墙上面高出的部分为帽顶,同时也表示出洞口衬砌断面的形状。它是圆拱形洞口,洞口净空尺寸宽为790 cm,高为750 cm,洞门墙的上面有一条从左往右方向倾斜的虚线,并画上箭头和注有2%,表示洞口顶部有坡度为2%的排水沟,用箭头表示流水方向。其他虚线表示了洞门墙和隧道底面的不可见轮廓线。它们被洞门前面两侧路堑边坡和公路路面遮住,所以用虚线表示。

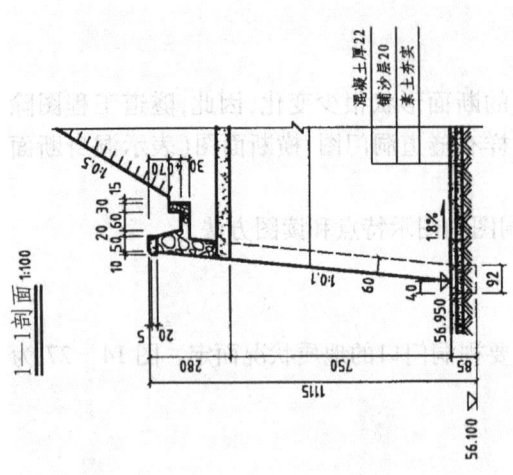

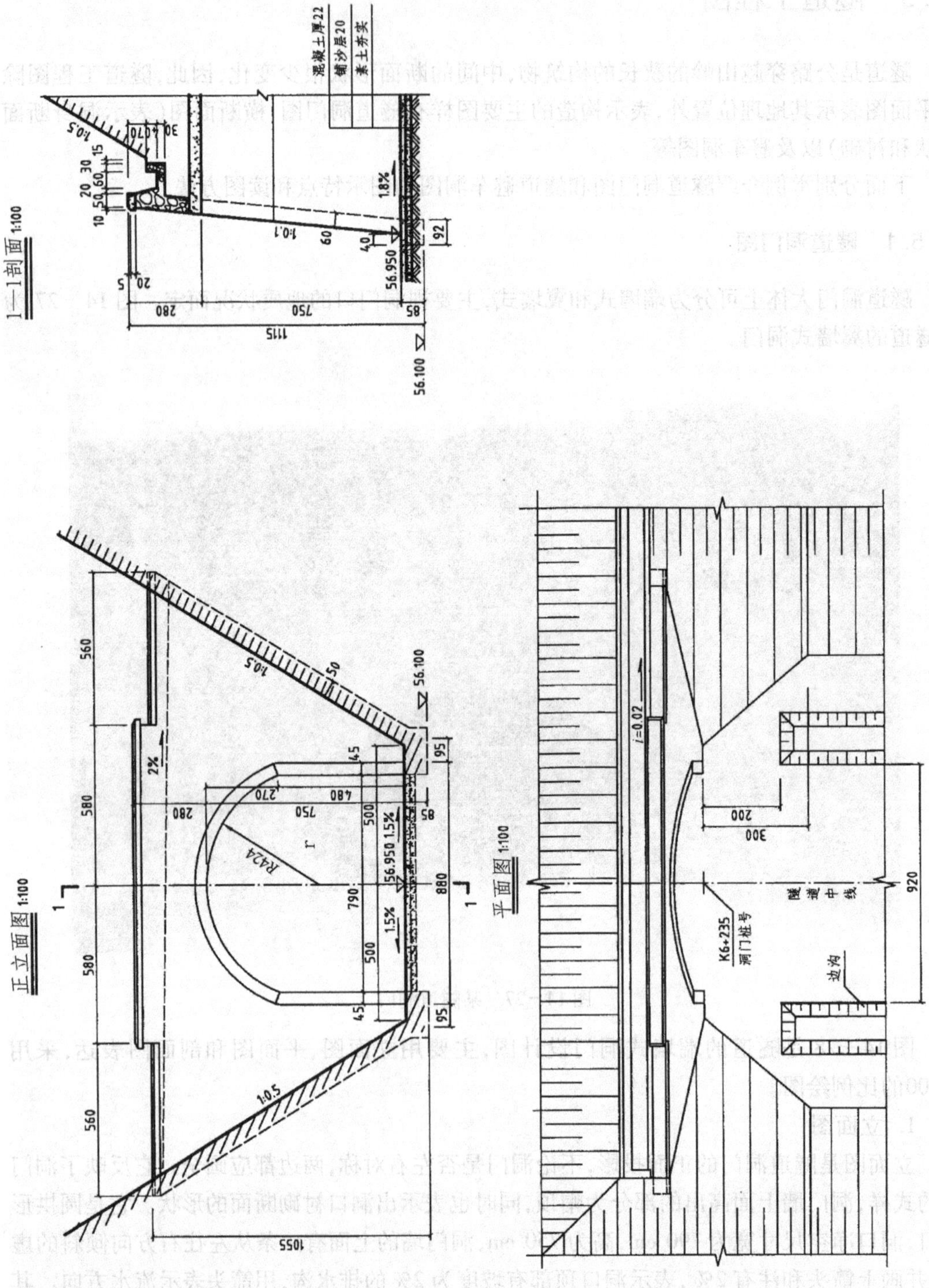

图14-28 某隧道洞门图

2. 平面图

平面图是隧道洞门的水平投影图,仅画出洞门及其前后的外露部分,表示了顶帽、端墙、洞顶排水沟和边沟的位置和形状,同时也表示了洞门桩号等。图中洞门外的曲线是椭圆,从立面图和1—1剖面图可知,它是1:0.1的斜坡平面与半径$R424$圆柱的截交线。

3. 1—1 剖面图

从立面图中编号为1的剖切符号可知,1—1剖视图是用沿隧道轴线的侧平面剖切后,向左投影而获得的,仅画出洞口处的一小段。它表示了洞门口端墙倾斜的坡度为1:0.1,厚度为60 cm,还表示了洞顶排水沟的断面形状、拱圈厚度及材料图例、基础底面高程为56.100 m、隧道洞门口高程为56.950 m和隧道路面坡度1.8%等。

14.5.2 隧道避车洞图

隧道避车洞是供行人和隧道维修人员及维修小车避让来往车辆而设置的,它们沿路线方向交错设置在隧道两侧的边墙上。避车洞有大、小两种,通常小避车洞每隔30 m设置一个,大避车洞每隔150 m设置一个,为了表示大、小避车洞的相互位置,采用隧道避车洞布置图来表示。另外,还需绘制大、小避车洞详图。

图14-29是某隧道避车洞布置图,用平面图和纵剖面图来表示。由于图形比较简单,为了节省图幅,纵横方向采用了不同的比例,纵方向常采用1:2 000,横方向常采用1:200等。

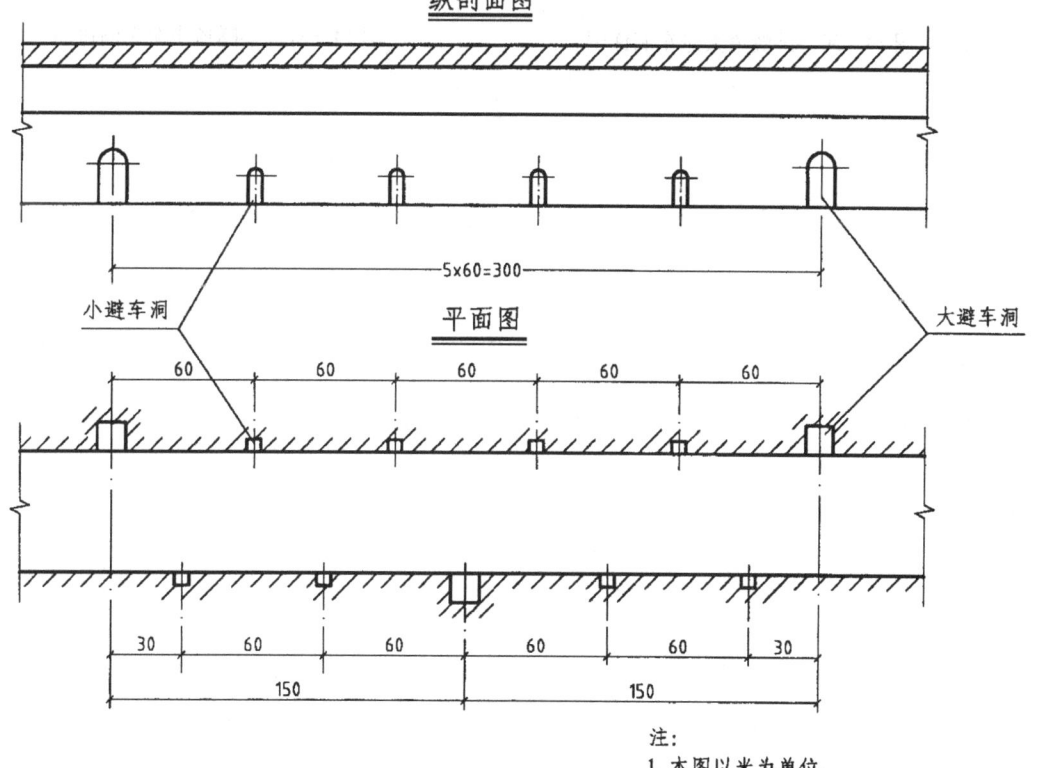

图14-29 某隧道避车洞布置图

图 14-30 和图 14-31 是隧道的大、小避车洞详图,绘图比例为 1:50。大避车洞净空尺寸为:长 400 cm、宽 250 cm、高 400 cm,小避车洞净空尺寸为:长 200 cm、宽 100 cm、高 210 cm,洞内底面有 1% 坡度以便排水。

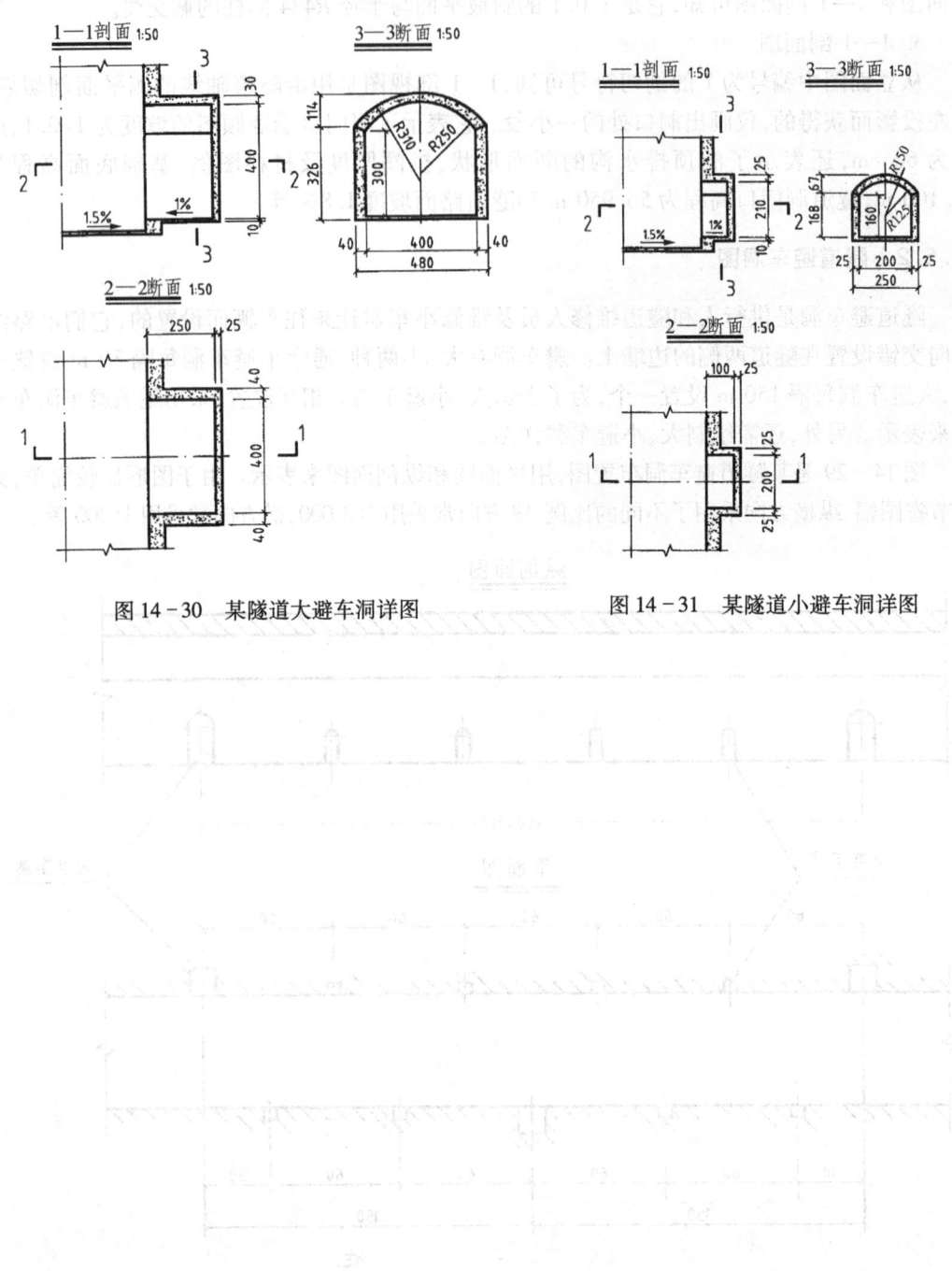

图 14-30 某隧道大避车洞详图   图 14-31 某隧道小避车洞详图

第 15 章 计算机绘图

计算机绘图是指利用计算机的硬、软件和图形功能,用键盘、鼠标、数字化仪等输入图形信息,经计算机处理后,在显示器、绘图仪或打印机等设备上输出图形的一项技术,是目前科学研究、工程设计中普遍采用的计算机应用技术。目前计算机绘图多数是借助绘图软件实现的。这些软件可分为代替仪器绘图的软件和三维实体造型的软件。

AutoCAD 是美国 Autodesk 公司开发的一个功能强大的绘图软件,从它 1982 年推出第一个版本以来,经过多次升级修改,目前最新的 AutoCAD 2010 版已成为一个可以方便准确绘制二维图形,实现三维实体造型、上色渲染的软件,它可由三维实体模型直接生成二维投影图,并具有管理、生产和互联网共享等新功能,是目前全世界最流行的计算机绘图软件。

本章介绍 AutoCAD 2010 全汉化版的功能与命令。借助这些功能与命令,可以完全代替手工仪器的绘图,并提供手工仪器不可能实现的三维实体造型。

15.1 AutoCAD 2010 系统简介及基本设置

15.1.1 快捷键及快捷钮的内容及用法

在计算机的键盘上设有一些功能键和快捷键,它们能迅速提供一些常用的功能。

从 F1 到 F11 是 AutoCAD 2010 的快捷键,它提供的功能如下:

F1——帮助(help)的文本。按 F1 可见帮助对话框(图 15-1),可在对话框中浏览或查询所需的帮助。

图 15-1 F1 帮助

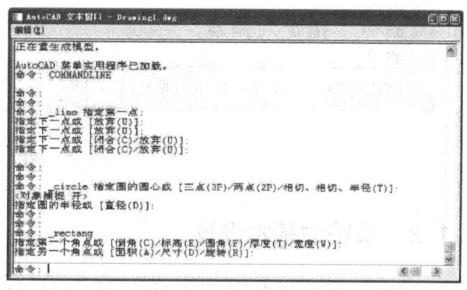

图 15-2 F2 文本窗口

F2——文本窗口。在此窗口中可见先前输入的文本(命令和提示)(图 15-2)。

F3——对象捕捉开关。按 F3 可看见在屏幕最下一行的"对象捕捉"按钮高亮度显示。也可直接点击 AutoCAD 最下面一行中的按钮"对象捕捉",设置对象捕捉开关(设置见 15.1.2 第

3点)。

对象捕捉有许多种,例如,端点捕捉、中点捕捉、圆心捕捉、切点捕捉和交点捕捉等。它们的作用是在绘图或选择目标时,选定某一对象(目标),从这个对象开始绘图或进行其他编辑操作。

F4——数字化仪开关。

F5——轴测平面开关(Isoplane)。这个开关要在轴测坐标系设立后才起作用,重复按F5,屏幕上的坐标网格就会在水平面(等轴测平面 上)、正面(等轴测平面 右)和侧面(等轴测平面 左)之间切换。

F6——当前坐标显示开关。在坐标开的情况下,光标移动时,在屏幕左下角的坐标数值就随之变动,指示着当前光标所在处的坐标。

F7——栅格开关。栅格即是坐标网格,这个开关开时,可见网点,它的设置见15.1.2节。

F8——正交开关。正交开时,画的直线只能是垂直的或水平的。

F9——捕捉(栅格捕捉)开关。这个开关开时,光标只能在设定的栅格的点上走。

F10——极轴(角度捕捉)开关。这个开关开时,直线可在设定的方向绘制。

F11——对象追踪(目标追踪)开关。这个开关开的时候,鼠标自动跟踪设定的目标并形成一条轨迹线,鼠标锁定在轨迹线上。例如锁定在这个目标的延长线、方位线、过中点、交点、圆心点的轨迹线或过两条线段的延长线的交点等。

Esc——中断命令。按计算机键盘左上角的Esc(Escape)键,可以中断正在执行的任何命令或取消目标选择。

屏幕下方也有一排对应的用鼠标点触的快捷按钮,见图15-3。快捷按钮从左到右分别为:捕捉(坐标网格捕捉开关),栅格(坐标网格开关),正交(正交开关),极轴追踪(角度捕捉开关),对象捕捉(目标捕捉开关),对象捕捉追踪(目标追踪开关),动态UCS开关,动态输入开关,线宽显示开关,快捷特性开关,模型空间和图形空间开关。

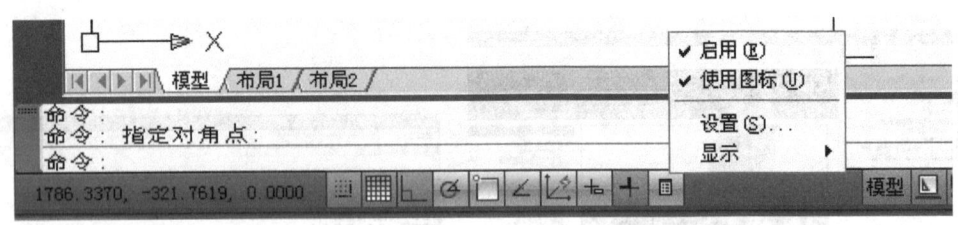

图15-3 设置

15.1.2 系统的基本设置

用鼠标右键点击屏幕下边的快捷按钮,都会看见"设置"项(图15-3),左键点击"设置"就会出现设置对话框。

1. 捕捉、栅格与动态输入

在图15-4中,通过改写XY方向的捕捉或栅格的数字,就可改变捕捉或栅格的间距,但捕捉和栅格的间距最好相等,例如为10或20等。在图15-4的表中"角度(A)"如果填

45,当栅格打开时,栅格成45°分布。注意,点选"等轴测捕捉"就设正等测坐标,点选"极轴捕捉"就设角度捕捉。在"捕捉类型和样式"一栏选"等轴测捕捉"就打开了轴测网格,这时可按F5切换轴测坐标平面。

　　点击上排"动态输入"钮,可看见图15-5所示对话框,这时如果再勾选"启用指针输入",再按"确定"退出后,每输一个绘图命令,就会在屏幕上动态地看见有关关键点的坐标;如果勾选"可能时启用标注输入",则鼠标在屏幕上移动或点击一些角点(例如:矩形顶点、圆心点等)时,屏幕上就会显示尺寸的标注。

　　在图15-4所示的对话框中点击"选项(T)…"时,出现系统总设置对话框,在其中选"显示",出现图15-6所示对话框。如果勾选"显示屏幕菜单",就会在屏幕上显示屏幕菜单。

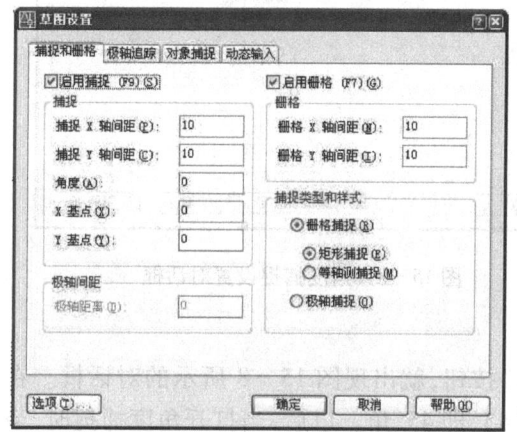

图15-4　捕捉、栅格设置

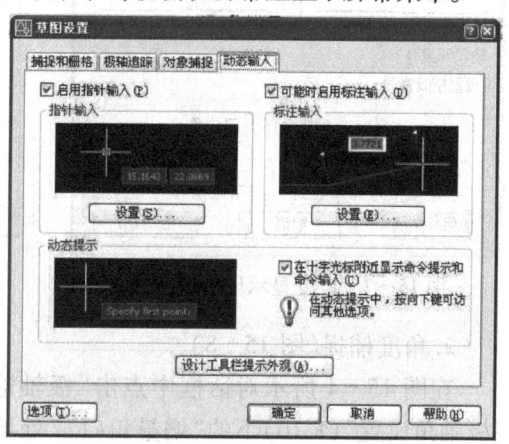

图15-5　动态输入设置

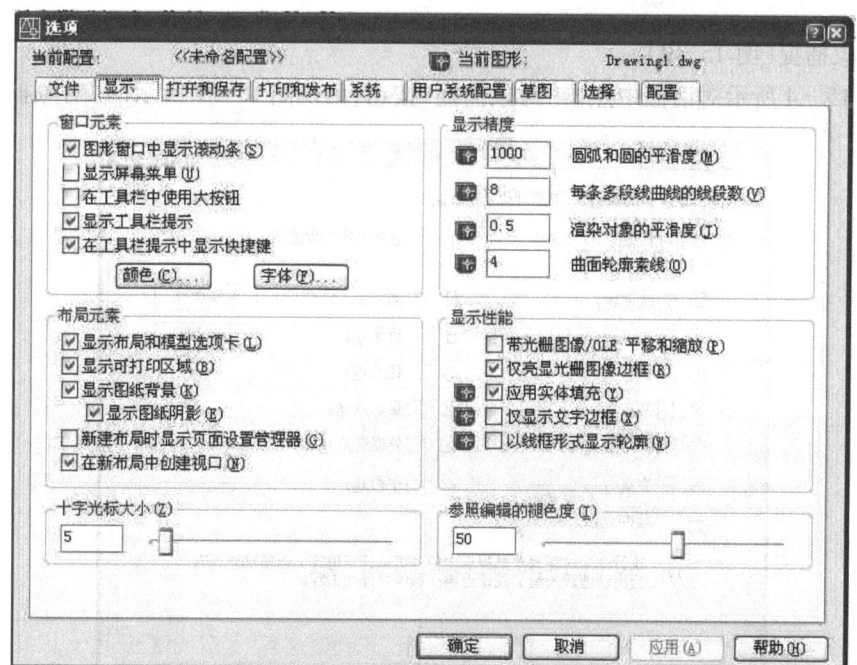

图15-6　系统总设置对话框

在屏幕菜单中点击"颜色(C)"出现图15-7所示对话框,在这个对话框中可改变显示屏幕的颜色。例如,在"窗口元素中选"模型空间背景",在"颜色(C)"旁的框中选白色,屏幕绘图区就变成白色,原来的白色线条变成黑色,其余颜色不变。

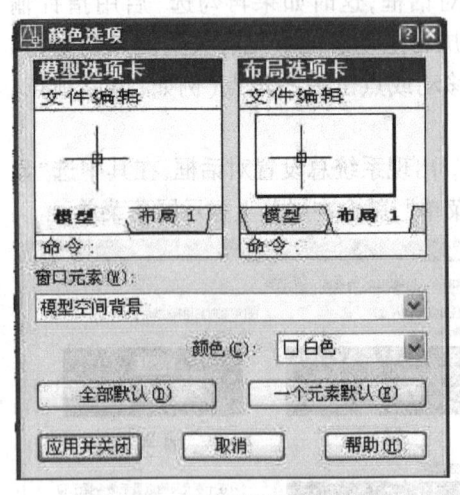

图15-7 改变显示屏幕的颜色

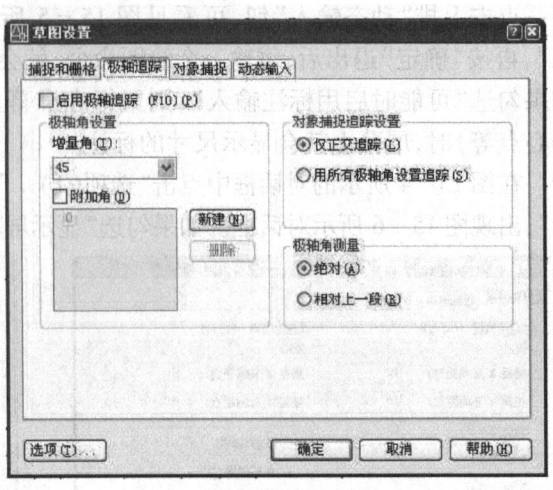

图15-8 角度捕捉设置对话框

2. 角度捕捉(图15-8)

在图15-4所示对话框中点击"极轴追踪"按钮,就出现图15-8所示的对话框。在"极轴角设置"(F10)下的"增量角(I)"处填写45,即45°角。以后,当打开角度捕捉时,当鼠标所在位置与前一点所组成的线段与X正向成45°的整数倍数附近时,就会自动捕捉这个方向。

3. 对象捕捉(图15-9)

在图15-4所示对话框中点击"对象捕捉"按钮,出现图15-9所示的"对象捕捉"对话

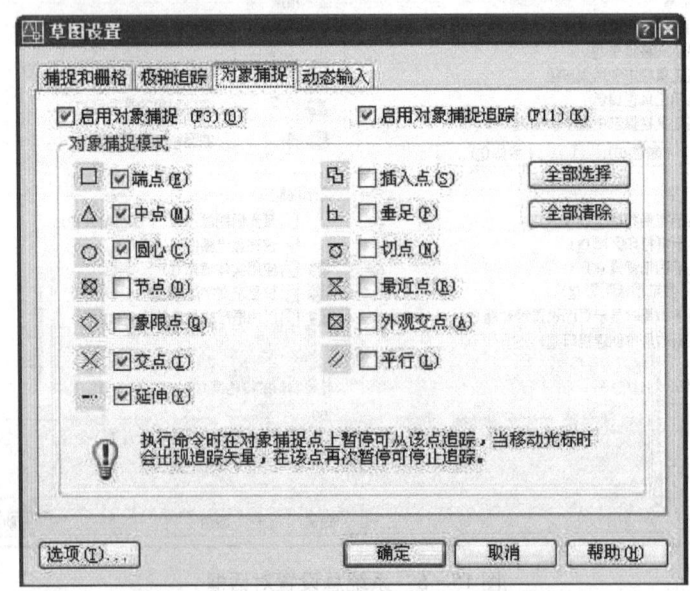

图15-9 对象捕捉(目标捕捉)对话框

框,打钩的是已设定的捕捉。通常打开捕捉端点、最近点、交点、圆心等。

4. 线宽显示开关(图 15-10)

AutoCAD 可设定每一种线型的宽度,最好在每一层设一种宽度(层的概念见 15.2 节)。这时,点击图 15-3 所示界面右下方"线宽"按钮,可开关线宽。当线宽开时,可在屏幕上看见不同的宽度。注意在设立线宽时,多段线自身的线宽应设为 0。图 15-10 为在"线宽"钮处单击右键打开的对话框。这个对话框设定默认线宽,图中为 0.25 mm,调节显示比例,移动这个比例杆,可改变显示的线的粗细。但改变显示的线的粗细不影响打印出图的线型粗细,打印的粗细是由线型的线宽数字确定的。

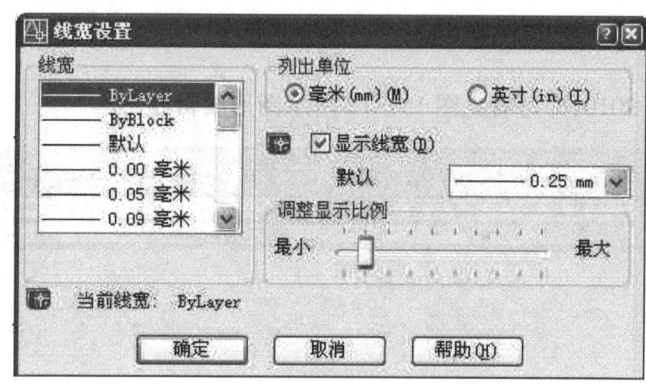

图 15-10 显示线宽比例设置

5. 模型空间和图纸空间变换

点击图 15-3 所示屏幕右下方最右一个按钮"模型"或"图纸",可以变换模型空间和图纸空间,这时,点击绘图区左下角的"模型"、"布局1"、"布局2",可在三种状态间变换。

6. 设立绘图工具(图 15-11)

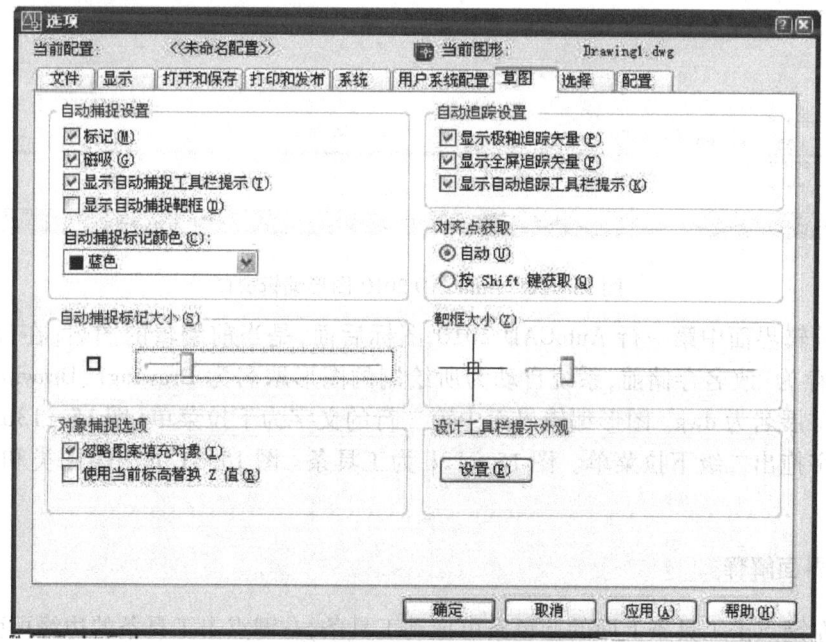

图 15-11 设立绘图工具

在图 15-4、图 15-8、图 15-9 等对话框中点击"选项"按钮,弹出图 15-11 对话框。这个对话框是选项中的"草图"项,可在其中设立捕捉与绘图光标的大小、是否显示捕捉光靶、提示文字、跟踪线等等。

15.2 设置样板图

要画出一张符合国家标准的图,首先应按国标的各种规定设立图幅大小,线型、线宽及颜色,还有文本的样式和尺寸标注的样式等,这些设定可以样板图的方式存储以备后来调用。

15.2.1 基本界面

打开 AutoCAD 2010,即可看见图 15-12 所示图形编辑界面。

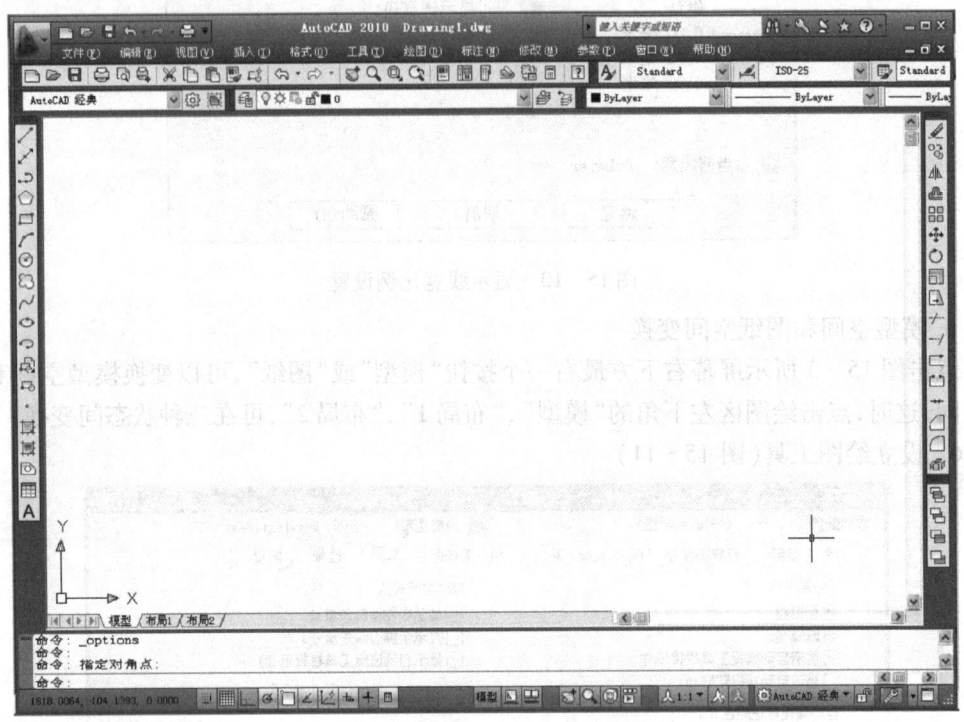

图 15-12 AutoCAD 2010 图形编辑窗口

图形编辑界面中第一行 AutoCAD 2010 图标后面,是当前编辑的图名,在没有用"保存"或"另存为"改名存储前,系统自动为所绘制的图形取名为 Drawing1、Drawing2 等,图形文件的扩展名为 dwg。图形编辑界面中第二行的文字为下拉菜单(图 15-13a),按下拉菜单的文字拖出二级下拉菜单。图 15-13b 为工具条。图 15-13c 为绘图类和修改类工具条。

15.2.2 界面解释

鼠标左键点击工具条上面的蓝色条可拖动工具条,右键点击工具条的边缘可弹出工具

第 15 章 计算机绘图

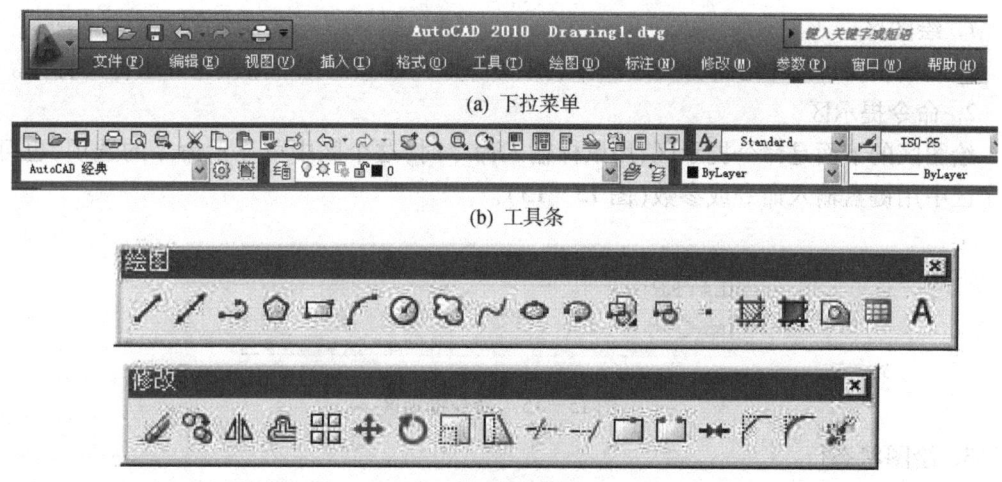

(a) 下拉菜单

(b) 工具条

(c) 绘图类和修改类工具条

图 15-13 下拉菜单与工具条

条选项框(图 15-14)。其中,打钩的是已弹出的工具条。[1]

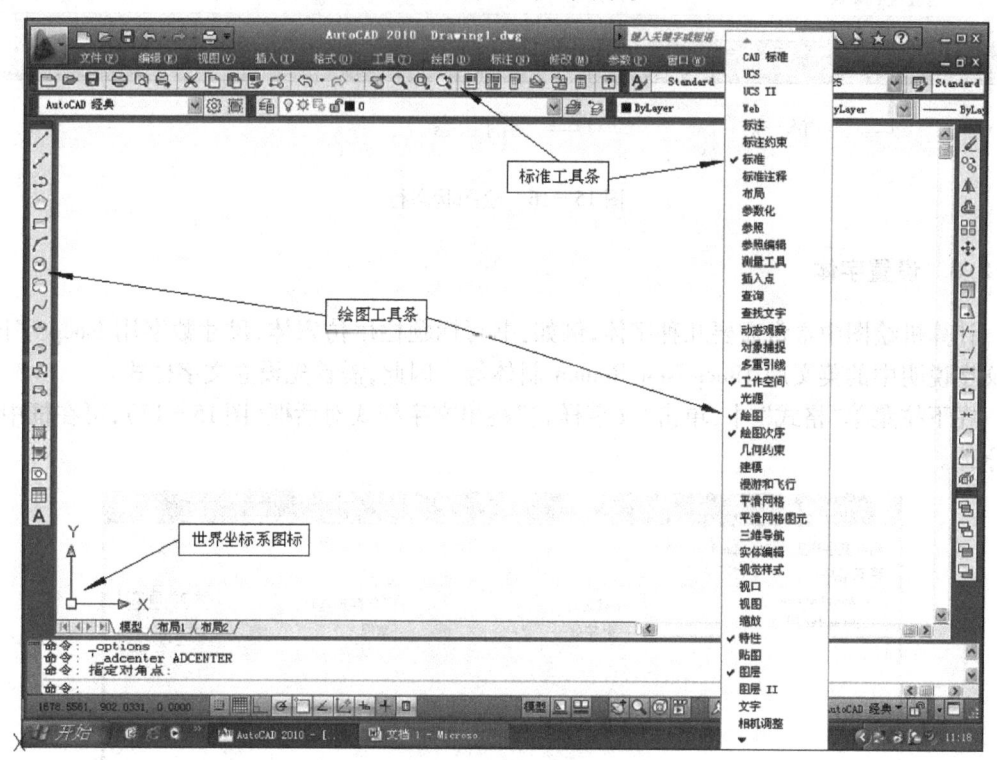

图 15-14 工具条选择菜单

注：[1] 在操作说明中,"/"表示单击左键,"\"为按 Enter 键或单击右键。例如:"文件／新建/"表示依次左键单击下拉菜单的"文件"和"新建"。按左键还是右键的原则是,凡用鼠标在屏幕显示的文字或图标上点取命令用左键;凡用键盘输入了文字、数字或符号时,用键盘上的 Enter 键,当然有的也可用右键,但不如用 Enter 键方便;结束一个命令用右键,再点击一次右键重复上一个命令。例如"\\\"为点击 Enter 键三次或点击右键三次。

1. 绘图区

图形编辑窗口的中心部分是绘图区(图 15-14),绘图区左下角是世界坐标的标记。

2. 命令提示区

绘图区的下面是命令提示区,用鼠标输入命令时,这个区中可显示命令的选项,也可在这个区中用键盘输入命令或参数(图 15-15)。

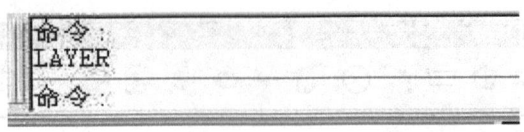

图 15-15 命令提示区

3. 绘图状态行

屏幕最下一行为绘图状态行(图 15-16),显示当前的坐标等信息。

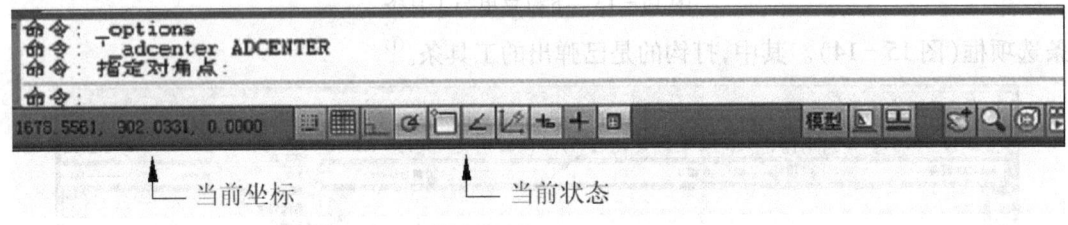

图 15-16 绘图状态行

15.2.3 设置字体

计算机绘图中常常需要几种字体,例如:书写标题栏用仿宋体,尺寸数字用 Isocp 字体,在文字说明中的英文用 Times New Roman 斜体等。因此,需首先设立文字样式。

在下拉菜单"格式"中,单击"文字样式"跳出文字样式对话框(图 15-17),可在框中设置字体。

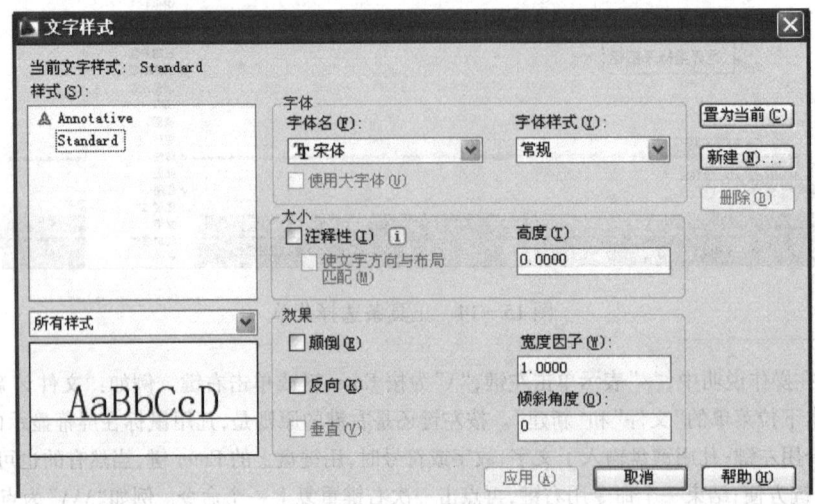

图 15-17 设立新字体

操作步骤如下：

格式/文字样式/新建/取名"仿宋"，在"字体名"栏目内找"T 仿宋 GB2312"/。新建/取名"Isocp"，在"字体名"栏目内找"isocp.shx"/ 点取"使用大字体(U)"中的□，看到打钩后，在"大字体(B)"中选取"gbcbig.shx"/应用/关闭/。

可用此方法设立其他常用的字体。

15.2.4 修改尺寸标注样式

为了使尺寸标注符合国家标准规定，必须首先初步设置尺寸标注样式，使字体、箭头和标注方向等符合国家标准规定。点击下拉菜单的格式，再选标注样式得到图 15-18 所示对话框。选"修改"，得到图 15-19 所示对话框。选"文字"，在"文字样式"中选"Isocp"样式，即可得到国家标准《机械制图》的数字样式。在"文字对齐"一栏，选"ISO 标准"，再选择图 15-20 "主单位"修改单位和"修改标注样式"进行调整（选文字），就得到图 15-21 所示的样式。

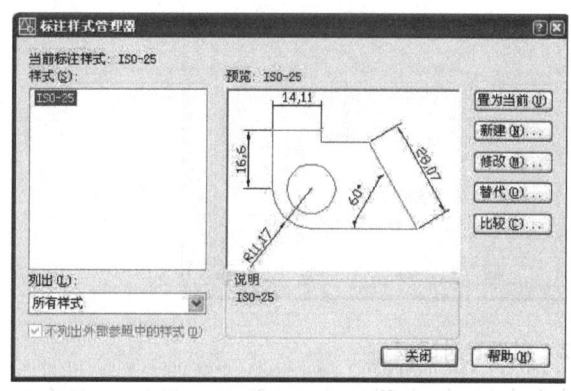

图 15-18 尺寸标注样式管理器

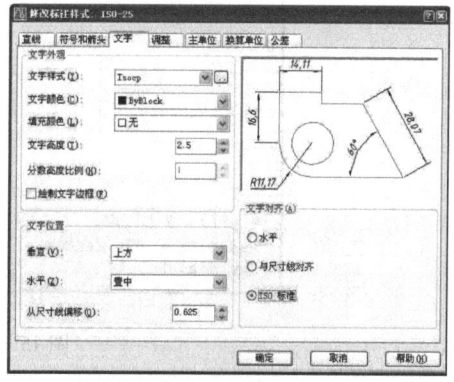

图 15-19 修改文字样式

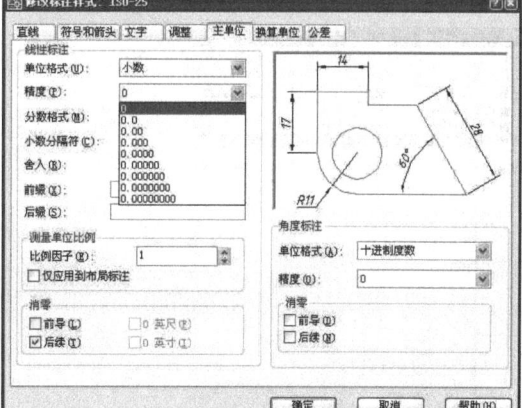

图 15-20 修改单位

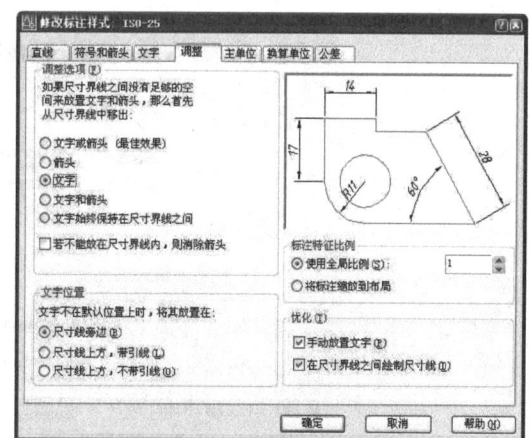

图 15-21 修改标注样式调整

15.2.5 层设置

AutoCAD 的图形可画在不同的层上。一个层好像一张透明纸,可在某一层上设定一种线型或一类图形。例如将中心线画在一层,粗实线画在一层,虚线画在一层,以便管理。

1. 层设置对话框

命令:Layer

下拉菜单:格式/层/

图标菜单:"对象特性工具条"中的

以上操作都弹出层设置对话框,如图 15-22 所示。

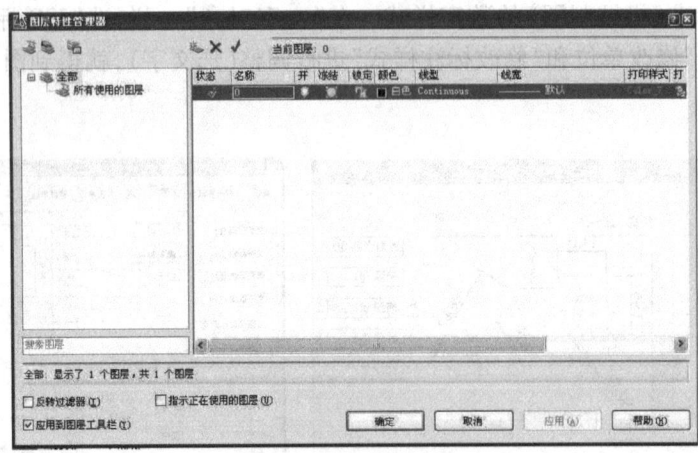

图 15-22 层设置对话框

(1) 在"状态"或"名称"栏下的层中单击右键,拉出下拉菜单(图 15-23),选五次"新建图层"设立五个新层,或按五次顶上一排中间的"新建图层"图标 ,也有同样的效果。

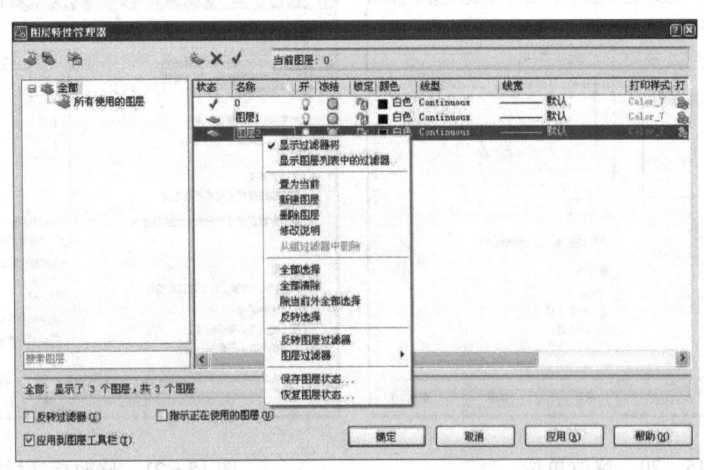

图 15-23 设新层对话框

(2)在图 15-24 中,鼠标左键单击"名称"下的某一行,就可修改这一行。在"名称"栏目内将名字修改为 center(画细单点长画线层),hidden(画细虚线层),dim(标注尺寸层),section(画剖面线),thin(画细实线层)等。

2. 修改颜色

在图 15-23 中点击"颜色"下面的小方块,出现颜色对话框(图 15-25),点击要选的颜色。优先选名为红色、黄色、绿色、青色、蓝色、品红、白的颜色。然后点击"确定"。

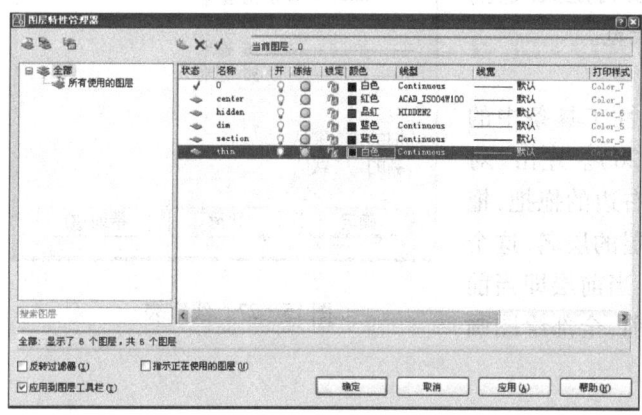

图 15-24 修改新层对话框

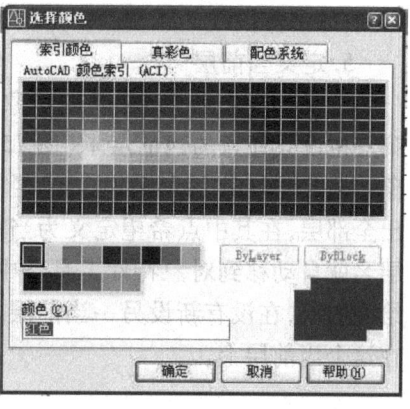

图 15-25 设颜色对话框

3. 修改线型

第一次选线型时,需先调出线型表。在图 15-24 中,左击"线型"下面的文字,出现图 15-26a 所示线型选择对话框。左击"加载"出现图 15-26b 所示线型表。

选 ACAD_ISO0w4100/"确定"/ 再选"加载"/Hidden2/"确定"/将中心线(画细单点长画线)和细虚线调入了线型选择对话框。这时,选中一种线型左击"确定",就把该线型赋给"线型"下选中的层。如果不赋线型,就是缺省线型——实线(continue)。

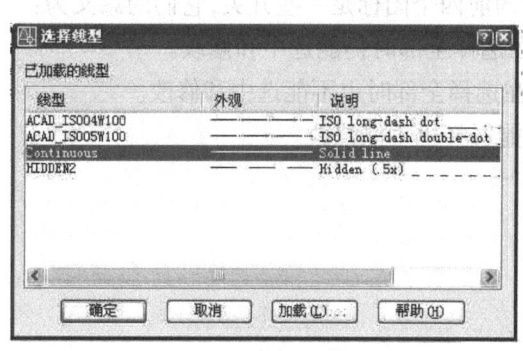

(a) 线型选择对话框

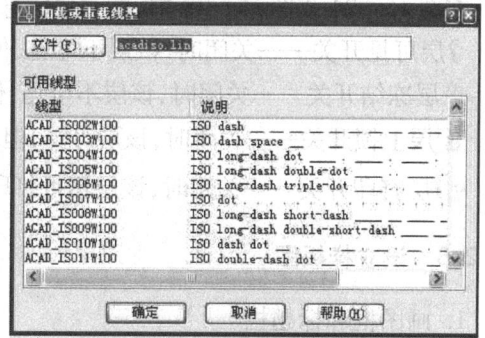

(b) 线型表

图 15-26 调用线型

4. 修改线宽

点击"线宽"以下的任何一栏可见线宽表。在线宽表选一线宽，最好设置 0 层为粗线，线宽 0.5，细线线宽 0.25（默认值）。图 15－27 为线宽表。左击屏幕右下角的"线宽"可开关线宽。

注意在设立了层的线宽后，在绘制具有可修改宽度的线（如：多段线 polyline）时，不要再定义线宽，否则，显示多段线的线宽而不是层的线宽。

5. 定义当前层

定义了层之后，就可以在对象特性工具条中的第三栏设立任意的当前层了（图 15－28）。左击"对象特性"工具条"的"当前层名"栏的右边的拖把，拖出全部层，在其中点希望定义为当前层的层名，这个层名就自动移到对象特性工具条中。当前层即当前绘图的层，在没有新设另一当前层之前，全部绘图画在这个当前层上。

图 15－27 线宽表

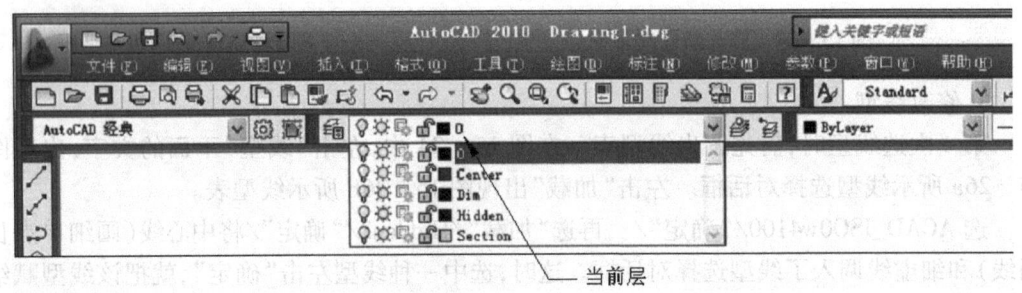

图 15－28 设立当前层

在图 15－24 或图 15－28 中，每一层信息中的前四个图标是一些开关，它们的意义为：

💡层可见开关——关闭时，该层不可见，但在选择全部时仍能选中和修改。

❄层冻结开关——关闭时，该层不可见，但在选择全部时也不能选中和修改。

🔒层上锁开关——关闭时，该层可见，但不能选择也不能修改。

🖨层打印开关——关闭时，该层不可打印。

15.2.6 设立样板图

1. 画图框和标题栏

（1）画图纸边线

选 Dim 层

绘图/矩形/

指定第一个角点或[倒角(C)/标高(E)/圆角(F)/厚度(T)/宽度(W)]:指定另一个角点或[尺寸(D)]:
─────────────────────\───────────────────────────*
　　　　　　　　　　　0,0　　　　　　　　　　　　　420,297

(2)画图框线

选 0 层

绘图/矩形/────\─────\
　　　　　　25,5　　415,292

也可按"绘图"工具条中的口选"矩形"命令。

(3)标题栏

　　　　指定起点：

绘图/多段线/────\─────\─────\
　　　　　　285,5　　285,45　　415,45

选 Dim 层

绘图/直线/────\─────\─────\─────\\\─────\\─────\\\
　　　　　350,5　350,45　285,29　415,29　@0,-8　@-130,0　@40,-16
─\\\────\─────\\\────\────\\
@0,24　@-40,-16　@65,0　@-50,-8　@0,24

2. 写文字

绘图/文字/多行文字/

按提示,框住要写文字的部分,出现对话框如图 15-29 所示("绘图"工具条中的图标 A 也是这个命令)。

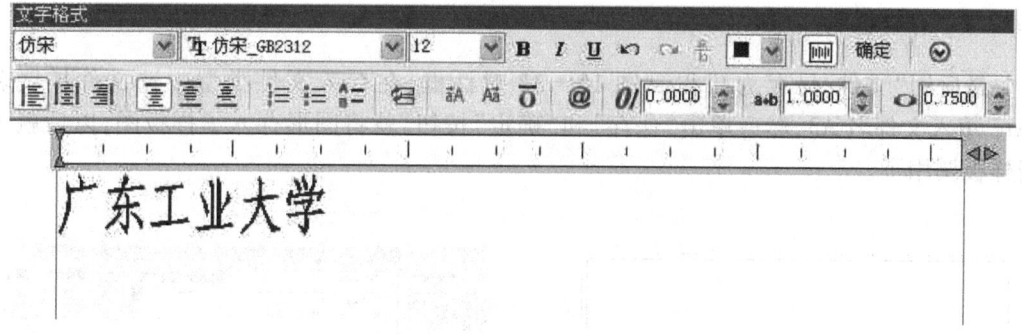

图 15-29　多行文字输入对话框

在第一栏中选字体,例如仿宋体或楷体。在第二栏中修改字高,例如 6 或 8。同时敲击 Ctrl + Space 长键打开汉字输入方式。再在空栏中输入汉字,左键击"确定",最后得如图 15-31 的样板图形。汉字写在 Dim 层上。

注： *　在这一个式子和本书以下的式子中,分式的分子是 AutoCAD 2010 界面中"命令"(command)窗口中的提示,其中圆括号中的是选项名称,名称中的大写字母是可用键盘输入的命令缩写字母,这里 C 表示矩形倒角；F 表示倒圆,即矩形的四个角为圆角；E 为该图的高度,T 为厚度,W 为线宽,一般不设线宽),分母是输入的数据或选项,以后的式子多数省略了分子部分的内容。

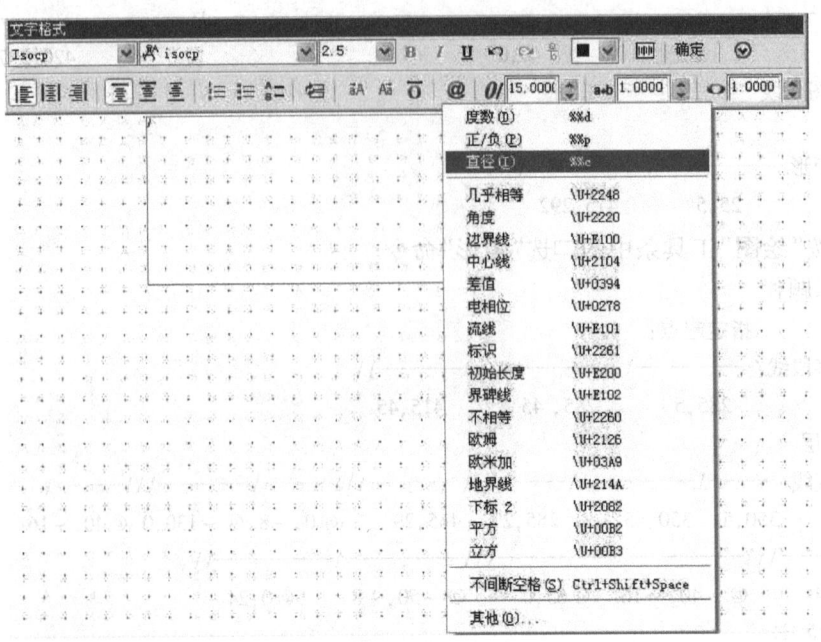

图 15-30　书写文字中的特殊符号输入

如果在图15-29文字格式对话框中左击第二排的@,会拖出如图15-30的菜单,在菜单中,可选择如图所示的特殊符号,例如:直径符号"φ",角度单位"°"等。

15.2.7　存样板图

最后用"文件/另存为/"得到图15-32对话框,在存入文件类型中选文件扩展名dwt,填入文件名A3,然后单击"保存"和"确定"按钮,就将图形存入了样板图,以后就可当样板调用了。

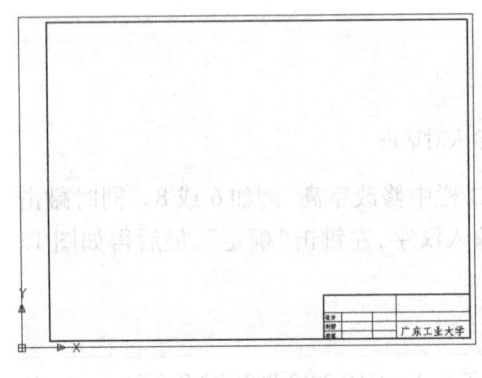

图 15-31　样板图　　　　　　　　　图 15-32　保存样板图

15.2.8 调用样板图

在打开新图时,选用第三项:"使用样板",在"选择样板"项中选 A3,就在画一张新图时将样板一起调出来了(图 15-33)。

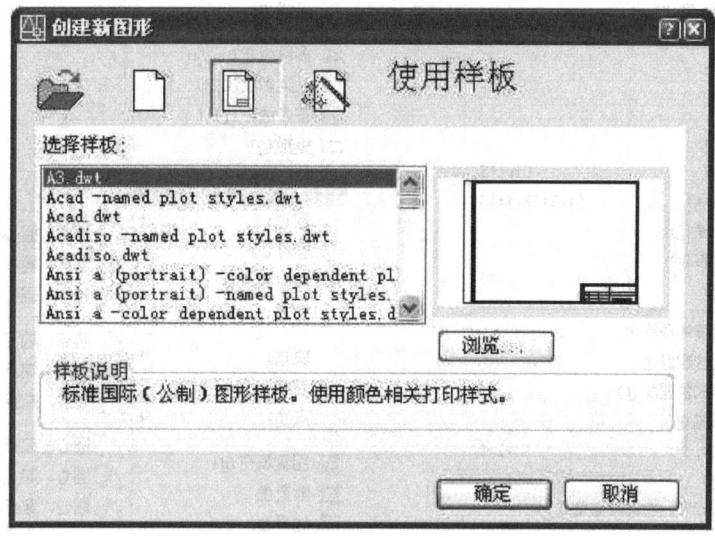

图 15-33 调用样板图

15.3 AutoCAD 2010 的基本命令

15.3.1 文件管理类命令

文件管理类命令包括图 15-34 所示的有关图形文件的存取、打印等命令。有黑三角形的地方可以拖出命令的选择项,有"…"的地方可拖出对话框。

如果开始是用"新建"绘新图,这时系统自动设图名为 Drawing1.dwg,再一次绘新图,就取名为 Drawing2.dwg,可将这些名改为用户可分辨的名字。以后每次用"保存"存图,就不再有提示自动将图存入用户定义的名字中。在画图过程中,应经常用"保存"命令存图形,以免错误中断或停电而丢失了图形。注意:用"保存"存图时,就是按照最开始的图名存图。用"另存为"存图时,就要求输入一个新图名,这时,所绘图形就存入另一文件中。一般将图形文件存为 dwg 文件。

15.3.2 绘图类命令及其使用

下拉菜单"绘图"或工具条"绘图"的图标都可调出绘图类命令。下拉菜单中,具有黑三角形的命令,是当鼠标移到三角形时,可拖出这些命令的下拉选项,如图 15-35 所示。

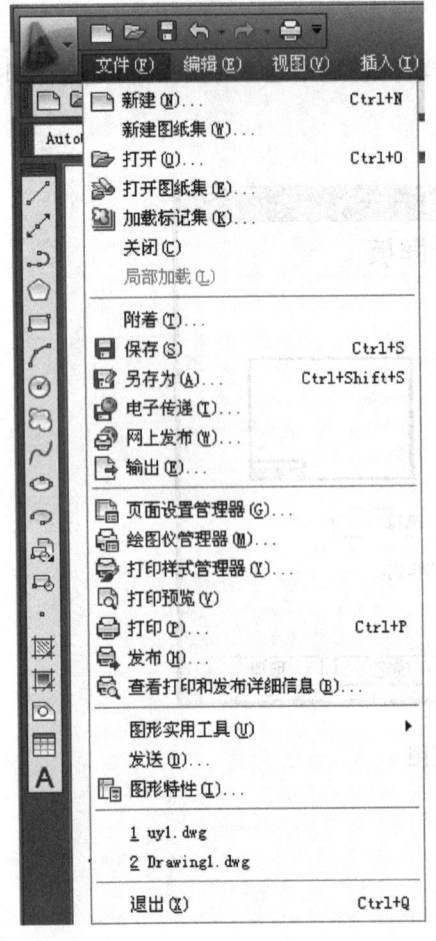
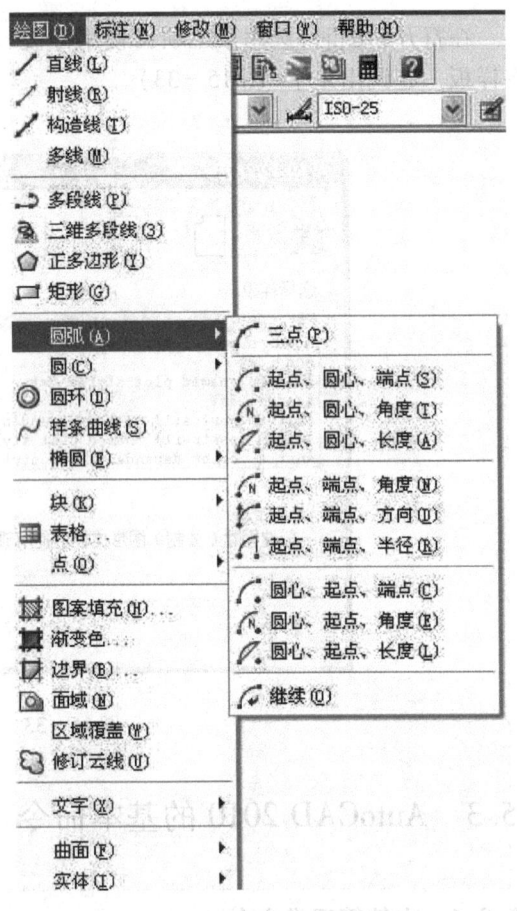

图 15-34　文件命令下拉菜单　　　　图 15-35　绘图类命令及图标

1. 绘直线

命令：Line

下拉菜单：绘图/直线/

```
         指定第一点：   指定下一点：   指定下一点：   指定下一点：
直线/————\————\————\————\\
         100,100      300,250       @ 90, -50      @80<45
```

式中：100,100 及 300,250 是绝对坐标；@90,-50 是相对坐标，90 为 X 方向增量（X 方向正值为向右，负为值向左），-50 为 Y 方向增量（Y 方向正值为向上，负值为向下）；@80<45 是极坐标，即从先前一点画到与水平线成逆时针 45°长 80 的点。

2. 多线（双线）

命令：Mline

下拉菜单：绘图/多线/

```
多线/————\————\————\————\————\————\\
       s    10    200,150    @100,0    @0,80    @ -100,0    c
```

式中:s 为设线宽;c 为首尾闭合。

3. 多段线

命令: Pline

下拉菜单:绘图/多段线/

多段线/——\——\——\——\——\——\——\——\——\——\

　　　　50,200　　@0,-50　　A　　CE　　@20,0　　A　　90　　CE　　@0,-20

——\——\——\——\——\——\——\——\——\——\

　A　-90　L　@0-20　@100,0　@0,20　A　CE　@20,0　A　-90　CE　@0,20

——\——\——\\

　A　　90　　L　　@0,50　　c

这一段命令画出的图形如图 15-36 所示,如果在输入命令的过程中出错,可按命令提示区的提示,执行命令 U 取消前一次输入,再重新输入。

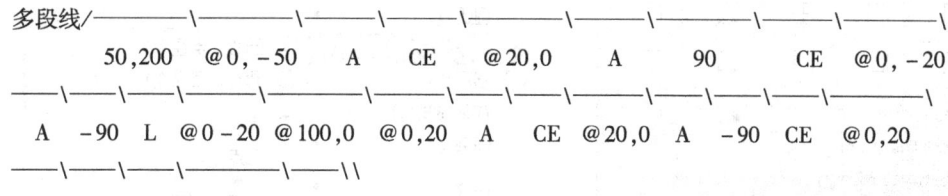

4. 画正多边形

命令: Polygon

图 15-36　多段线

下拉菜单:绘图/正多边形/

正多边形/——\——\——\——\\

　　　　　6(六边形)　　200,150　　I(圆内接)　　@40,0(一个顶点)　　6(重复画六边形)

——\——\——\——\

C(圆外切)　　200,150　　@40,0(另一顶点)

5. 画矩形

命令: Rectang

下拉菜单:绘图/矩形/

矩形/——\——\\——\——\——\——\

　　　　100,150　　　200,100　　　C(倒角)　　10　　10　　250,240

——\\——\——\——\——\——\

350,160　　F(倒圆)　　8(半径)　　300,200　　400,120

这里画了三个矩形,第一个是尖角的,第二个是倒角的,第三个是倒圆的。

6. 画圆弧

命令: Arc

下拉菜单:绘图/圆弧/

(1)过已知三点画圆弧

① 调出点的样式对话框

格式/点样式/ 出现点的样式对话框(图 15-37)。选 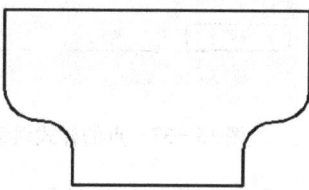,并将符号尺寸改为 3,选用绝对单位设置尺寸。

单击"确定"返回后,用下列命令画四个点:

绘图/点/多点/——\——\——\——\esc/

　　　　　　　100,100　　200,150　　250,80　　340,70　　用 Esc 键断开

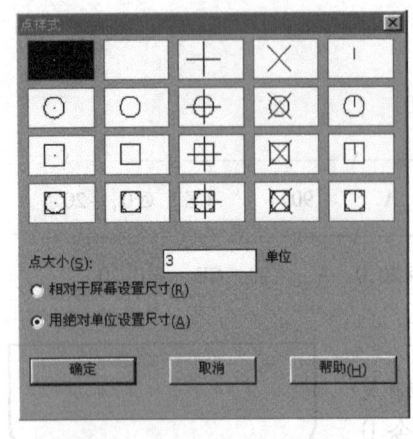

图 15-37 点的样式对话框

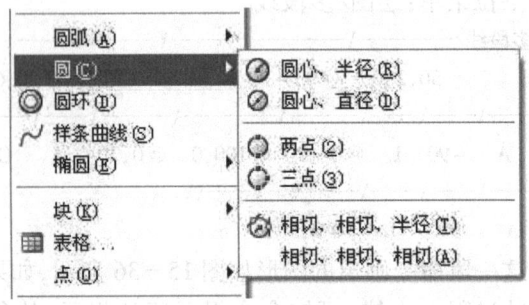

图 15-38 绘圆命令下拉菜单

② 打开目标捕捉功能

在屏幕最下面有一行功能键,用右键击"对象捕捉"命令再选"设置",出现对象捕捉对话框(图 15-9)。将端点(Endpoint)、节点(Node)和交点(Intersection)捕捉打开。

③ 绘控制点

绘制四个点。

绘图/点/多点/————/————/————/————/
　　　　　　　50,100　　　　100,50　　　　150,110　　　　90,150

④ 三点画弧

绘图/圆弧/三点/————/————/————/————/
　　　　　　□捕捉左起第一个点　□捕捉左起下面第二个点　□捕捉左起下面第三个点

圆弧/继续/————/
　　　　□捕捉上面的点

这样就可画出过控制点的连续相切的弧。如果鼠标经过控制点,没有看见捕捉靶出现,那是捕捉关闭。按 F3 键打开目标捕捉。再按 F3 键就又关闭目标捕捉。

(2) 起点,圆心,终点画圆弧

绘图/圆弧/起点,圆心,端点/————\————\————\
　　　　　　　　　　200,100　　@50,0　（半径为50）　@0,100

其余画圆弧的方法与此类似。

7. 画圆(图 15-38)

命令:Circle

下拉菜单:绘图/圆/

(1) 圆心,半径画圆

绘图/圆/圆心,半径/————\————\
　　　　　　　　100,100　　50

(2) 圆心,直径画圆

绘图/圆/圆心,直径/————\————\
　　　　　　　　　100,100　　100

(3) 与两目标相切和取半径画圆

绘图/圆/相切,相切,半径/————/————/————\
　　　　　　　　　　　□捕捉第一条切线　□捕捉第二条切线　40(半径)

注意:半径如果小于两个相切的目标的最短距离就画不出这个圆。

(4) 与三目标相切画圆

绘图/圆/相切,相切,相切/————/————/————/
　　　　　　　　□捕捉第一条切线　　□捕捉第二条切线　　□捕捉第三条切线

8. 光滑曲线

命令:Spline

下拉菜单:绘图/样条曲线/

样条曲线/——/——/——/——/——/——\\
　　　　　　+　　+　　+　　+　　+　　+　　c

式中:+ 表示在屏幕上任意点击左键;c 为闭合曲线。

如果在屏幕上已经预先画好许多控制点,这时可以打开节点(Node)捕捉,捕捉这些结点绘制样条曲线。

9. 椭圆

命令:Ellipse

下拉菜单:绘图/椭圆/

(1) 圆心及轴线画椭圆

绘图/椭圆/中心点/————\————\————\
　　　　　　　　　100,100　　@60,0　　@0,20

式中:100,100 为椭圆中心坐标;@60,0 为从中心起,椭圆轴线及长(短)轴;@0,20 为从中心起,另一条椭圆轴线及短(长)轴。

(2) 轴方向和终点画椭圆

绘图/椭圆/轴,端点/————\————\————\————\
　　　　　　　　　　100,100　　200,150　　R(旋转)　　45(转45°)

(3) 椭圆弧

绘图/椭圆/圆弧/————\————\————\————\
　　　　　　　　200,100　　300,200　　50　　30　　120

式中:(200,100)—(300,200)为椭圆的一条轴线;50 为另一条轴线距前一条轴线的距离;30 为椭圆弧的起始角(从 100,100 起,逆时针转 30°);120 为终角(从 100,100 起逆时针转 120°)。

10. 绘制剖面线

命令:Bhatch

下拉菜单:绘图/图案填充/

先在 0 层绘一个圆和一个矩形。

绘图/圆/圆心,半径/————\————\　绘图/矩形/————\————\
　　　　　　　　　200,150　　80(半径)　　　　　　　　160,180　　240,120

在层选择表中选 Section 层,如图 15-39 所示。

绘剖面线:绘图/图案填充/,出现图 15-40 所示对话框,点击"样例"右边的图案,打开剖面线表,选 ANSI 得到图 15-41 的图案,点击 ANSI31 金属剖面线图案,单击"确定"返回前一对话框(图 15-40)。

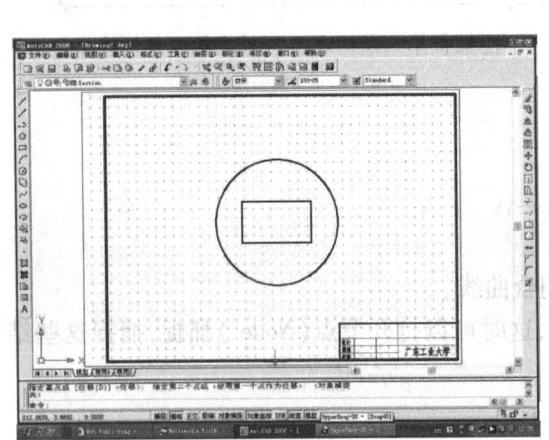

图 15-39　选 Section 层　　　　　　　　图 15-40　剖面线对话框

将"比例"改为 2,点击"拾取点",出现图 15-39 的图形,在圆和矩形之间用左键点一下,再按右键,这时弹出菜单项,点击"预览",如果看到剖面线满足要求,单击右键返回图 15-40 对话框,再单击"确定"结束,得到图 15-42。如果剖面线不满足要求,单击右键返回图 15-40 剖面线对话框,修改各参数后再继续"预览",达到要求为止。

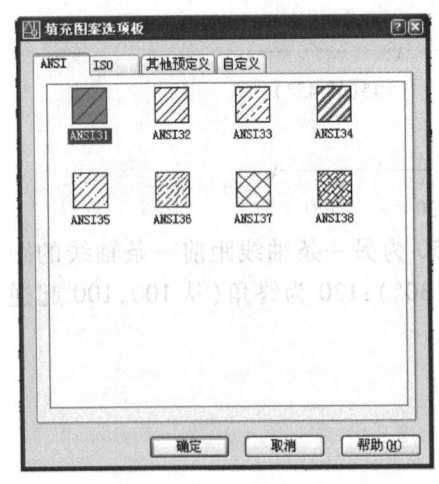
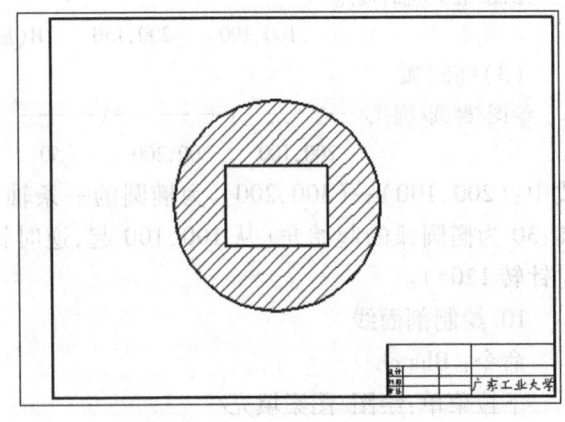

图 15-41　剖面线表　　　　　　　　图 15-42　绘制好的剖面线

注意:在绘制剖面线时,所有图形的边界应是闭合的,如果某个地方有缝,就不能画出剖面线。

11. 绘点、定数等分和定距等分(测量)

点命令如图 15-43 所示。

命令：Point

下拉菜单：绘图/点/

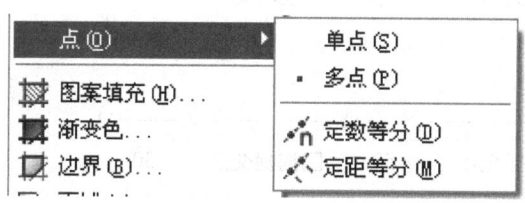

图 15-43　点命令

（1）绘点

为了使点能够看得清，先按图 15-36 所示设点的样式。绘单点时，在屏幕上点一下或输入一个坐标值，就结束命令。绘多点时，提示不断地输入点的坐标，连续地绘点，直到按 Enter 键或右键退出。

（2）等分

等分是用点或符号将一条线段分成设定的段数。

先画一个图形，例如一个圆（半径 60）。

绘图/点/定数等分/————————/————————\
　　　　　　　□选择圆　　7（等分）

（3）定距等分（测量）

用定长的线段去测量一个目标。先画一个图形，例如一个圆（半径 60）。

绘图/点/定距等分/————————/————————————————\
　　　　　　　□选择圆　　30（用长度 30 去测量，看可分为多少段）

12. 写文字

命令：Mtext

下拉菜单：绘图/文字/

写文字可分为两种方式，多行文字和单行文字，前面绘样板图时已经介绍了"多行文字"，这里介绍"单行文字"。

（1）选择字体

因为前面图 15-17 中已经设立了三种字体：Isocp，Roman 和仿宋，这时，若要用 Isocp 字体写字，只需打开文字样式对话框，将这种字体调出。

（2）用以下命令写单行文字。

绘图/文字/单行字/————————\————————\————————\————————\
　　　　　　　+（点写字的起点）　10（字高）　　转角为 0　　ABCDEFG（输入文字）
————————\\
abcdefg（在另一地方输入文字）

如果选择了汉字字体，在输入汉字前，按 Ctrl + Space 确定输入法才能输入汉字。输完汉字后要取消汉字输入法才能接受其他的命令。

13. 综合练习

画如图 15-44 所示的图形。

(1) 画中心线

选 center 层

直线 /———\———\\\———\\\\———\

　　　130,250　　130,30　　70,90　　200,90

(2) 画圆

选 0 层

圆 /圆心，半径/——————\—————\

　　　　　　　□捕捉交点　50　　□捕捉交点　30

—————/——\

□捕捉交点　20

(3) 画正立剖面图

多段线/———\———\———\———\———\———\

　　　80,160　@100,0　@0,20　@-20,0　@0,50　@-60,0

\———\———\C

@0,-50　@-20,0

多段线/ ————\———\\\———\

　　　110,160　@0,70　　150,160　@0,70

(4) 画剖面线

选 Section 层

图案填充/样例/ANSI/ANSI31/确定/比例(改为 2)/拾取点/(在要画剖面线的两处各点一下)/ /\预览/\确定/

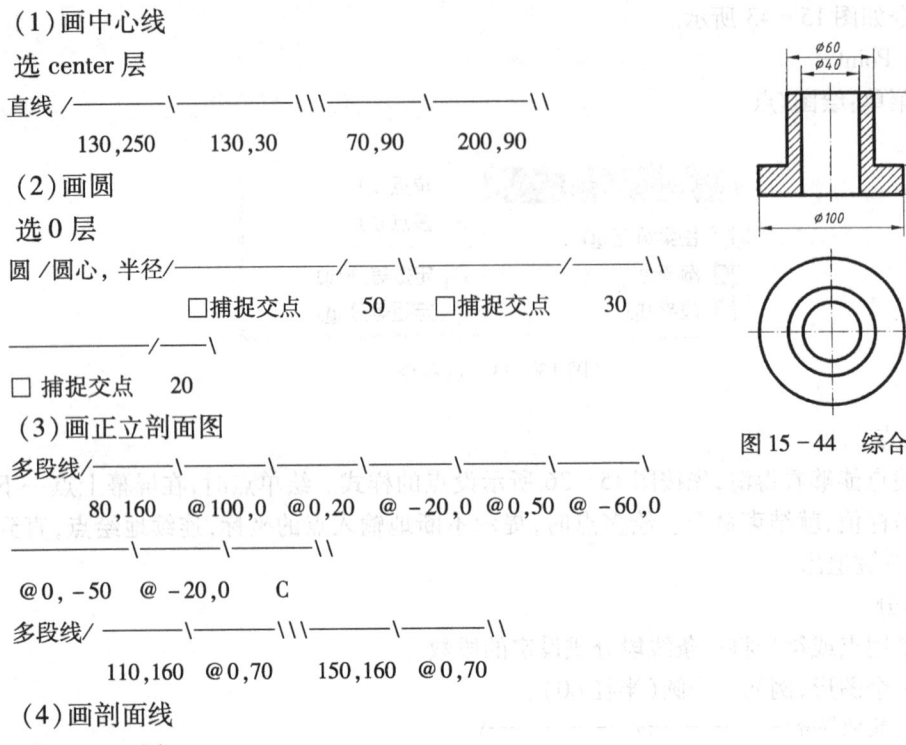

图 15-44　综合练习

15.3.3　修改类命令

1. 修改类命令一览表

从下拉菜单"修改(Modify)"拖出全部修改类命令(图 15-45)。

2. 主要修改命令的应用

(1) 删除

命令：Erase

下拉菜单：修改/删除/

删除/—————————/—————————/\

　　　　□点第一个要删除的目标　　□点第二个要删除的目标

注意：所有命令操作结束后，如果按右键，会弹出对话框，如图 15-46。选择"重复删除"，就可继续使用删除命令。对话框中的其他命令是一些常用命令，最常见的是"平移"和"缩放"，即移动屏幕和实时放缩。右键显示必须在图 15-6 所示的系统总设置对话框中配置，选"用户系统配置"，在"绘图区域中使用快捷菜单"前打钩，再按"自定义右键单击"，选"快捷菜单"之后，右键才会生效。

(2) 复制

命令：Copy

下拉菜单：修改/复制/

复制/—————/\—————/————/————/————/————/————/————/\
　　　　□选择目标　　+选择基点　　+　　+　　+　　+　　+　　+
注意:最好打开对象捕捉开关F3(应设中点、端点、交点和圆心点等捕捉)。
AutoCAD 2009版本的复制就是多个复制,在这以前的版本有单个与多个之分。
(3)镜像(对称复制)(图15-47)

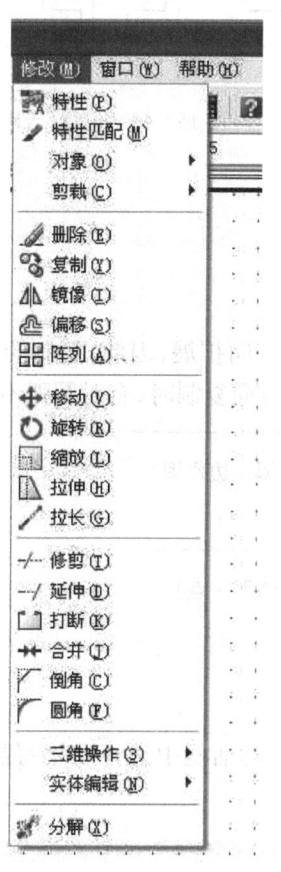

图15-45　编辑类命令一览表　　　图15-46　重复前一命令对话框

命令:Mirror

下拉菜单:修改/镜像/

镜像/—————/\—————————/—————————/\
　　选择一个目标　　+对称线上的一点　　+对称线上的另一点

如果镜像的目标中有文字,根据提示可选文字镜像或不镜像。不镜像时文字的位置镜像了,但字型还是正面,不翻转。在镜像命令中,最后一个提示是:是否保留原先的一个图形,缺省的选择是(Y)保留,得到的结果如图15-47所示;如果选择否(N),左边的原图就不保留了。

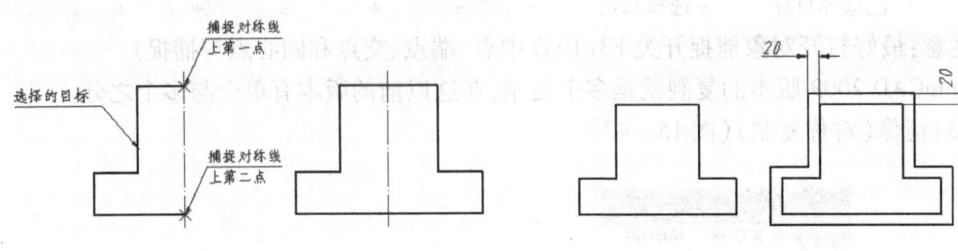

图 15-47　镜像操作　　　　　　图 15-48　偏移(等距复制)

(4) 偏移(等距复制)(图 15-48)

命令：Offset

下拉菜单：修改/偏移/

① 按数值等距复制(以下选择 20 为等距数值)

等距复制时，图形按它的每一点在原图该点垂直方向扩展，因此，复制的图形就不一定与原图类似。特别是有圆弧的图形，如果在弧的内部方向复制时，有时圆弧不复存在了。

偏移/ ——————————/——————————/——————————/\
　　20(设等距的距离)　□选择一个目标　　+(点在哪一边作图)

② 按通过那一点复制

偏移/ ——————————/——————————/——————————/\
　　T(通过某一点)　□选择一个目标　　+(点通过的那一点)

(5) 阵列

命令：Array

下拉菜单：修改/阵列/

选择了这个命令后出现图 15-49 所示对话框，在对话框中选择和填写数值，就得到阵列复制。

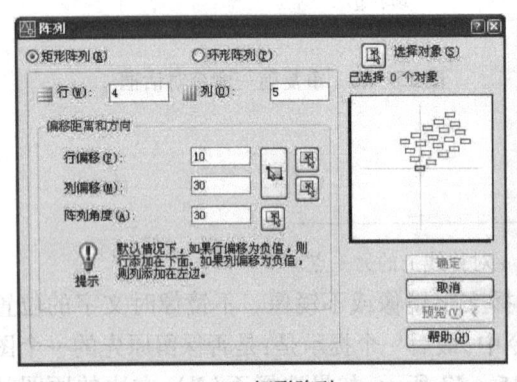

(a) 矩形阵列　　　　　　(b) 环形阵列

图 15-49　阵列对话框

① 矩形阵列

矩形阵列是按方阵(矩形)将原图复制成几行几列。在图 15-49a 中选"矩形阵列"，填入行数列数,这里填4行5列;填行偏移(行距)和列偏移(列距),这里填10和30;填阵列角度,如果填0,阵列的行和列为水平和竖直的,这里填30,即行与水平线成30°角。还需点击"选择对象"在屏幕上选取要做阵列的图形,返回后就会在对话框中预览到结果,单击"确定"退出对话框。

注意:行距为正时向上排列,为负时向下排列;列距为正时向右排列,列距为负时向左排列。

② 环形阵列

环形阵列是在圆弧的圆周上将原图复制若干个。这里可选择复制时原图跟随旋转或平移。在图15-49b中选"环形阵列", 按对话框中的选项填写复制个数(项目总数),填充角度,选取复制对象等,就可在对话框中预览结果,单击"确定"退出对话框。

(6) 移动

命令:Move

下拉菜单:修改/移动/

移动／————————／\————————／————————————————\
　　　□选择一个目标　　+(选基点)　　+(选移动到的那一个点)

(7) 旋转

命令:Rotate

下拉菜单:修改/旋转/

旋转／————————／\————————／————————————————\
　　　□选择一个目标　　+(选基点)　　45(逆时针转角)

如果角度数值选负值,即顺时针旋转。

(8) 缩放

命令:Scale

下拉菜单:修改/缩放/

缩放／————————／\————————／————————————————\
　　　□选择一个目标　　+(选基点)　　2(放大倍数)
缩放／————————／\————————／————————————————\
　　　□选择一个目标　　R(参照)　　100(原图形上100单位)　　120(新图形上变为120)

(9) 拉伸(图15-50)

命令:Stretch

下拉菜单:修改/拉伸/

拉伸／————————／\————————／
　　　□选择一个目标　　+(选基点)
————————\
+(拉到的位置)

注意:选择目标时,要从右到左框住要拉伸的部分,不需要拉伸的地方不要框住,这样可以仅拉两端或仅拉中间的某部分。

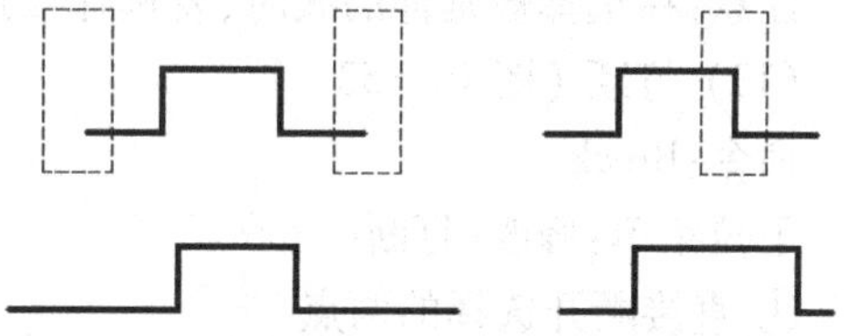

(10) 拉长

命令:Lengthen

只拉伸两边　　只拉伸中间

图15-50 拉伸

下拉菜单:修改/拉长/

拉长/——————/——————\——————\——————/
　　　　□选择一个目标　　p　　200(伸长200%)　　□选择同一目标

这样就按200%(增加1倍)拉长这条线段。

(11) 修剪(图15-51)

命令:Trim

下拉菜单:修改/修剪/

① 单剪(图15-51a)

修剪/——————————/\——————————/
　　　　□选择作为剪刀的图线　　□选择被剪的图线

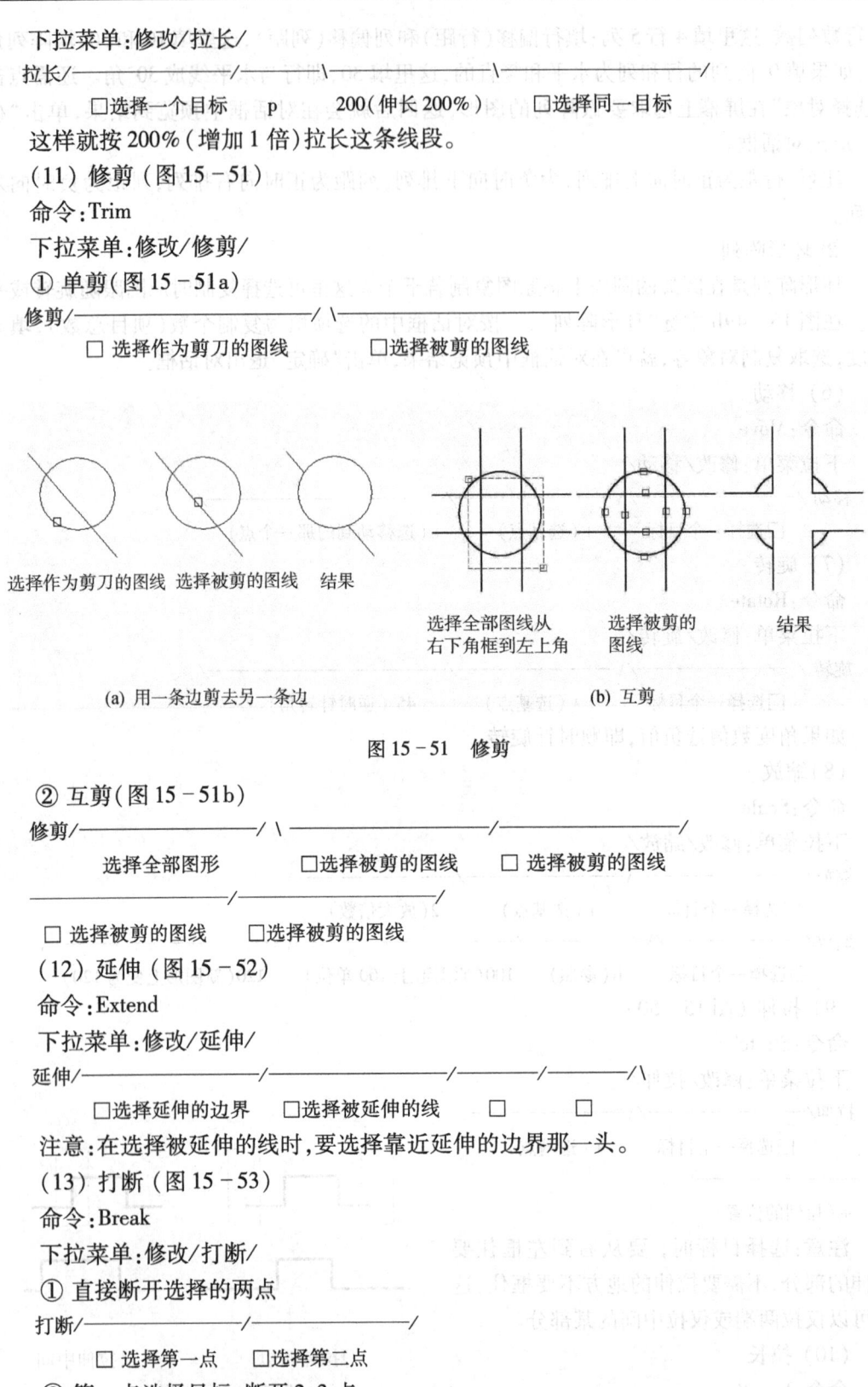

(a) 用一条边剪去另一条边　　　　　　(b) 互剪

图15-51　修剪

② 互剪(图15-51b)

修剪/——————/\——————/——————/
　　　　选择全部图形　　□选择被剪的图线　　□选择被剪的图线
——————/
　　□选择被剪的图线　　□选择被剪的图线

(12) 延伸(图15-52)

命令:Extend

下拉菜单:修改/延伸/

延伸/——————————/——————————/\
　　　　□选择延伸的边界　　□选择被延伸的线　　□　　　□

注意:在选择被延伸的线时,要选择靠近延伸的边界那一头。

(13) 打断(图15-53)

命令:Break

下拉菜单:修改/打断/

① 直接断开选择的两点

打断/——————/——————/
　　　　□选择第一点　　□选择第二点

② 第一点选择目标,断开2、3点

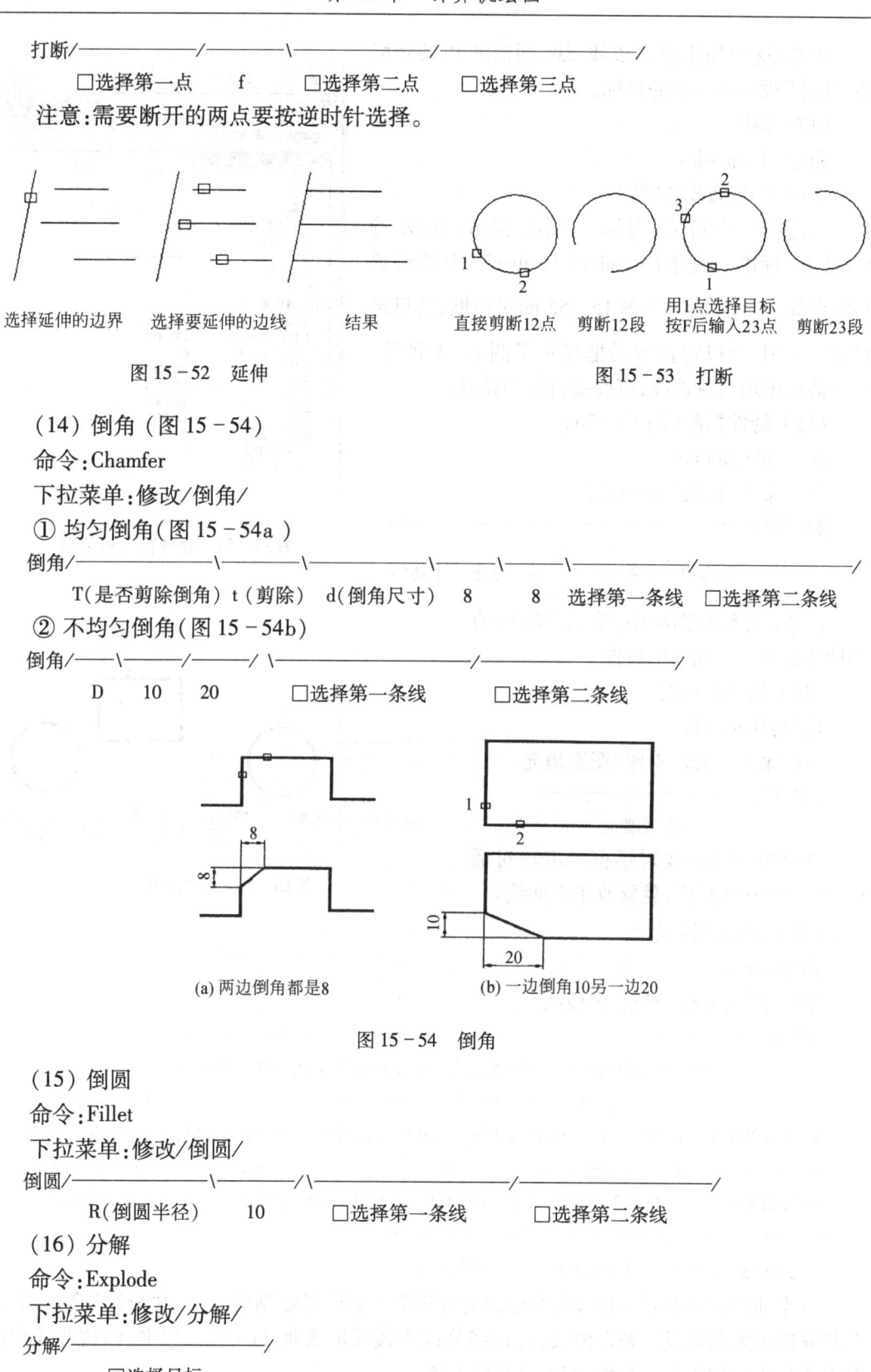

(14) 倒角（图15-54）

命令：Chamfer

下拉菜单：修改/倒角/

① 均匀倒角（图15-54a）

倒角/——\——\——\——\——\——/——/

　　T(是否剪除倒角) t(剪除)　d(倒角尺寸)　8　　8　　选择第一条线　□选择第二条线

② 不均匀倒角（图15-54b）

倒角/——\——/——\——/——/

　　D　10　20　□选择第一条线　□选择第二条线

(15) 倒圆

命令：Fillet

下拉菜单：修改/倒圆/

倒圆/——\——/\——/——/

　　R(倒圆半径)　10　□选择第一条线　□选择第二条线

(16) 分解

命令：Explode

下拉菜单：修改/分解/

分解/——/

　　□选择目标

注意:这个操作将多段线、块、剖面线和尺寸标注"炸开"成一个一个的目标。

(17) 特性

命令:Properties

下拉菜单:修改/特性/

先选择一个目标,例如一个圆,再击:修改/特性/或选"标准工具条(Standard Toolbar)"中的对象特征图标,就看见如图 15-55 的对话框,这里选择了一个圆,所以特性对话框显示了圆心、半径等。在对话框中填写或选择,可改变目标的特性。

(18) 特性匹配(图 15-56)

命令:Matchprop

下拉菜单:修改/特性匹配/

特性匹配/————————————————/
　　　　□选第一个物体　　　选第二个物体

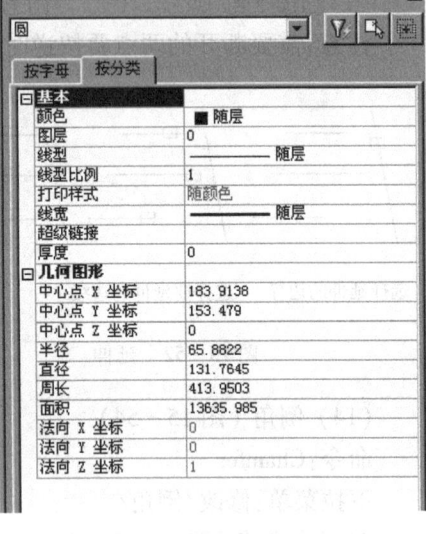

图 15-55　物体特性对话框

注意:在特性匹配中,第二个物体的特性变为第一个物体的特性。

(19) 修改剖面线

命令:Hatchedit

下拉菜单:修改/对象/图案填充/

图案填充/————————————————/
　　　　　　　□选择剖面线

这时出现剖面线对话框。填写对话框,然后单击"确定",就修改了剖面线。

(a) 选第一个物体　　(b) 选第二个物体,第二个物体的特性变成第一个物体的特性

图 15-56　特性匹配

(20) 修改多段线

命令:Pedit

下拉菜单:修改/对象/多段线/

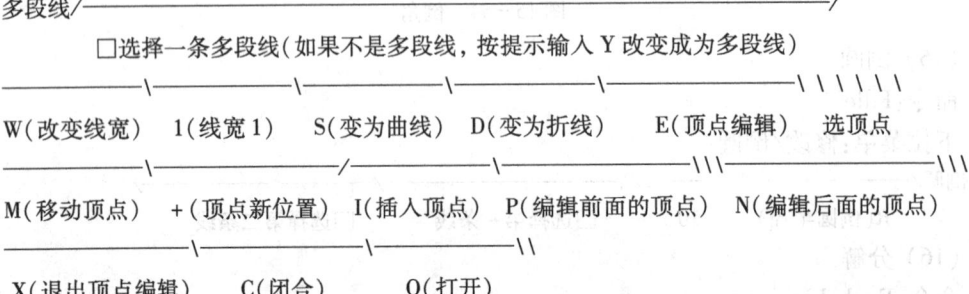

一个连续的折线是由直线命令绘制的或先前由多段线绘制后来已用"分解"命令炸开,如果这时想重新连成一条多段线,可选择修改多段线的选项 Join 连接起来,但这些线段必须是首尾真正地接在一起的,而不是搭接上的。

修改/多段线/─────────────────────────────/─────\
　　　　　□选择一条多义线(如果不是多义线,按提示输入 Y 改变成为多义线)　　j
────────────────────────────────/\

将需连接的线段一条一条地选择或用虚框选择全部线段

(21) 文本编辑(图 15－57)

命令:Ddedit

下拉菜单:修改/对象/文字/编辑/

修改/ 对象/文字/编辑/──────────────────/───────/ 确定 /
　　　　　　　　　选择文本(如图 15－57 中的 ABCD)　　在对话框中填入 EFGHI

此时,ABCD 就变成了 CDEFG。

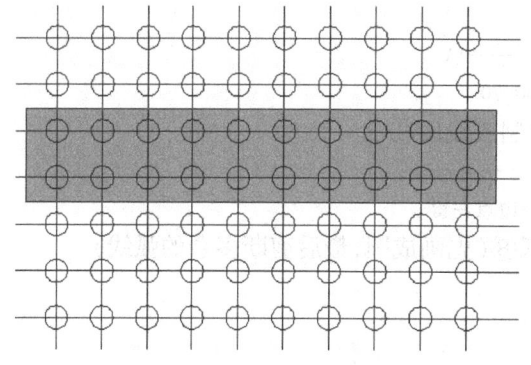

图 15－57　修改文字

如果文字是用"多行文字"命令写的,就会出现用"多行文字"写字时的对话框(图 15－28),可在这个框中修改文字。

15.3.4　选择目标与夹点

1. 选择目标(图 15－58)

在执行 AutoCAD 的编辑命令时,经常要选择目标,这时出现一个小的方块,用这个方块逐个左键点图线的边缘,就可选中目标,这时目标变成虚线。但是也可不去点图线,而是将鼠标从左向右或从右向左拖动。按住鼠标左键从左向右拖出一个实线矩形框(称为实框,图 15－56a),将框内全部框住的图线选中(window 方式)。从右向左拖动时,拖出一个虚线矩形框(称为虚框,图 15－56b),将这个框经过的所有图线选中(cross 方式)。

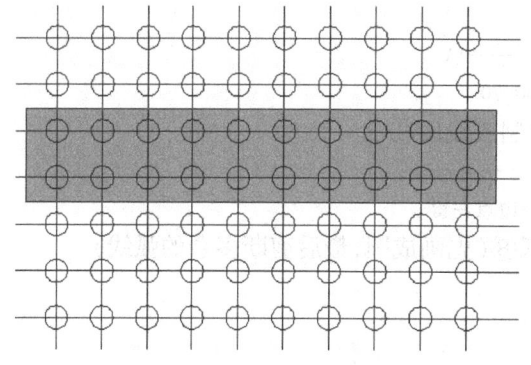
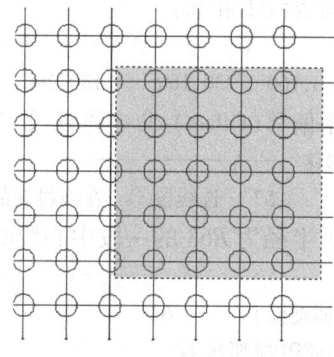

(a) 实框选择(鼠标从左向右拖)　　　(b) 虚框选择(鼠标从右向左拖)选到
　　只选择到窗口中的小圆　　　　　　　　窗口和边框经过的所有圆和直线

图 15－58　选择目标

2. 夹点

在没有选用任何命令时,如果用鼠标左键点任一个图线,就会看见图线的一些关键点处出现一些蓝色小方块,这就是"夹点"。如果用鼠标点一个"夹点",这个夹点就变成红色。这时,可做拖动、旋转、放缩等变化。夹点的颜色可在图 15-6"系统总设置对话框"的"选择"钮中修改。

15.3.5 举例

例 15-1 画图 15-59 的圆弧连接图形。

各段图形的代号参见图 15-60。

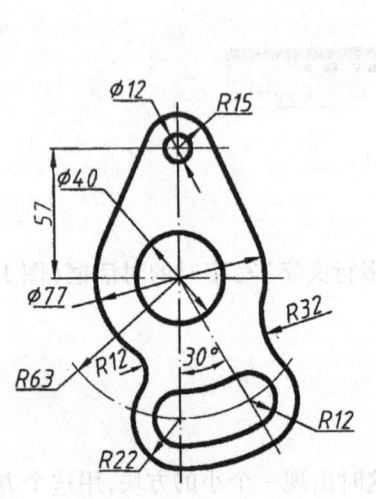

图 15-59 圆弧连接

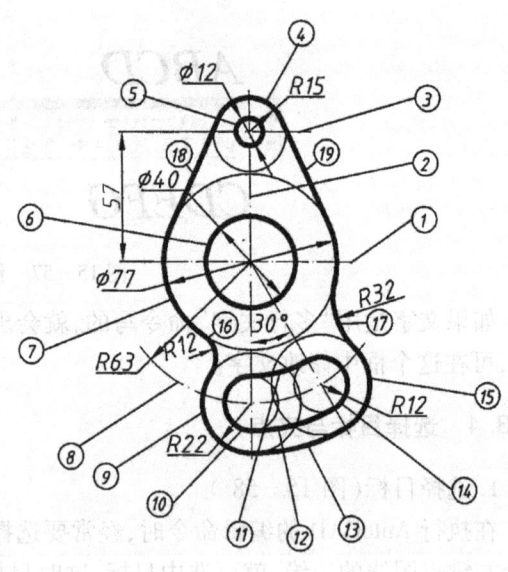

图 15-60 作图步骤及顺序

1. 画中心线。

选 center 层(交点在 180,160 处)

(1) 画线段①和②:

直线/———\\———\\ \———\———\\

　　　130,160　230,160　　180,240　180,70

(2) 用偏移(Offset)命令将线段①复制成线段③

修改/偏移——\————/————/

　　　　　57　选线段①　在线段③的一边点左键

(3) 画半径为 R63 的一段中心线圆弧⑧(先画成圆,最后剪断多余的弧线)

圆/————/————\

□捕捉圆心　　　63

2. 画圆和圆弧连接。

(1) 设置 0 层为当前层。

(2) 画④⑤⑥⑦⑨⑩⑭⑮几个圆。

(3) 用"绘图/圆/相切,相切,半径/"命令画⑫、⑪ 两个圆,分别与⑩、⑭两个圆内外切;

346

画圆⑬与圆⑨和⑮内切。然后用"修改/修剪/"将多余的线剪去。

（4）用"绘图/圆/相切,相切,半径/"命令画⑯和⑰两个圆,分别与⑦、⑨和⑦、⑮圆外切,然后用"修改/修剪/"将多余的线剪去。

3. 画⑱、⑲两条直线,这两条直线分别与④、⑦两边相切。

（1）画直线⑱

绘图/直线/————————————————/————————————————/
　　　　　　选捕捉切点,在估计的圆④的切点处点左键　选捕捉切点,在估计的圆⑦的切点处点左键

（2）用修改/修剪/将多余的线段剪去。

（3）将线段⑱镜像,作线段⑲。

修改/修剪/—————/ \—————————/—————————/ \—————————/
　　　　　选线段⑱　　□捕捉对称线上的一点　　□捕捉对称线上的另一点

4. 用修剪命令和断开命令将多余的和太长的线段除去,完成作图。

5. 用"另存为"（Save as）命令存盘,取名为:圆弧连接。

例 15-2　画图 15-61 的图形。

1. 如图 15-62a,选择中心线层,用直线（Line）命令在恰当的地方作水平中心线。

2. 选0层,在任意地方作一个 24×61 的矩形,然后将它移动到以先前的中心线为对称中心的地方。

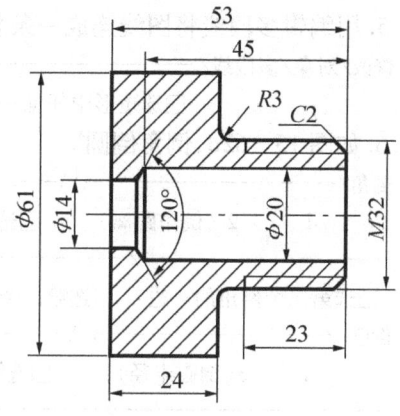

图 15-61　修改命令练习题

矩形/————————/—————\移动/————————/
　　任点一下　　@24,61　　□选矩形
\—————————————/—————————————/\—————————————/
△ 找到矩形最左边的线段的中点　　□将中点移动到中心线的左端点上

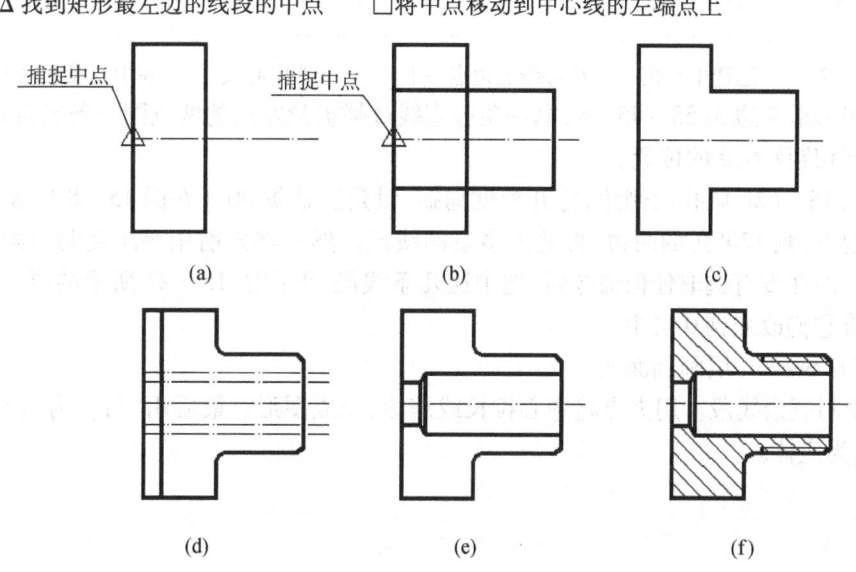

图 15-62　作图步骤

注意先在图 15-9 的目标(物体)捕捉对话框中勾选"选择中点(Midpoint)",并注意按 F3 将目标捕捉功能打开。

3. 如图 15-62b,在任意地方作一个 53×32 的矩形,然后将它的左边中点移动到前一个矩形的左边中点处。

矩形/————————/\移动/————选择目标:————/————————————————
  任点一下 @53,32   □选矩形   △找到矩形左侧边的中点
————————————————————
 △将中点移动到前一个矩形的同一中点处

4. 如图 15-62c,用修剪命令剪除多余图线。

修剪/————————————————/\
  用虚框选全部目标 剪去多余线段

5. 用编辑多段线将图线连成一条多段线。

修改/对象/多段线/————————————/————————/\
    □选矩形中任意一边 j 用虚框选全部

6. 如图 15-62d,倒角倒圆。

倒角/—\————\\\————————————/————————————\
  d 2(倒角距离) □选第一个倒角的一边 □选第一个倒角的另一边
————————————/————————————————
□选第二个倒角的一边 □选第二个倒角的另一边

倒圆 t/—\————\\\————————————/————————————\
  r 3(倒圆半径) □选第一个倒圆的一边 □选第一个倒圆的另一边
————————————/————————————————
□选第二个倒圆的一边 □选第二个倒圆的另一边

7. 如图 15-62e,用等距复制画 $\phi20$ 和 $\phi14$ 的两边。

偏移/————\————————————/————————————\
  10 □选中心线 在中心线上边点一下 □选中心线 在中心线下边点一下

偏移/————\————————————/————————————\
  7 □选中心线 在中心线上边点一下 □选中心线 在中心线下边点一下

8. 距图形最左边 8(53-45=8)画一条竖直线或捕捉最左边的两点画一条竖直线,然后将它移动到相距@6,0 的位置。

9. 如图 15-62f,画孔内倒角,打开角度捕捉,设角度捕捉 30°(在图 15-8 中设置),先捕捉线段起点,画 120°角的两边,再剪去多余的线段。然后将先前用等距复制所画的线改到 0 层中。即在没有选取任何命令时,选中这几条线段,再在图 15-27 所示的层工具条中点 0 层而将它们改变到 0 层中。

10. 打开 Section 层画剖面线。

11. 绘制剩余线段。用夹点将中心拉长或缩短,完成图形。最后用"另存为"(Save as)存盘,取名为座体。

15.4 尺寸标注和其他功能

15.4.1 尺寸标注

在标注尺寸前,首先需设定尺寸标注样式,才能标注出符合国家标准规定的尺寸。

在15.2.4节修改尺寸标注样式中,已经简单介绍了最基本的样式修改(图15-17~图15-20)。这里介绍进一步的样式设定。

用:"格式/标注样式/"或用下拉菜单"标注/标注样式/"都弹出图15-18所示"标注样式管理器"对话框。在这个对话框中已设立了一个标准样式"ISO-25",即缺省样式。

1. 修改尺寸标注变量

在图15-18中按"修改"就进入修改对话框,在1∶1的尺寸标注中:

(1) 修改直线和箭头

在修改直线对话框中(图15-63a),修改尺寸线、尺寸界线。例如可将尺寸界线超出尺寸线的距离改为2,起点偏移量改为2。在"尺寸线"框中,将"隐藏:"之后的"尺寸线1"打钩时第一边无箭头。"尺寸线2"打钩时第二边无箭头。在"尺寸界线"框中,将"隐藏:"之后的"尺寸界线1"打钩时第一边无尺寸界线;"尺寸界线2"打钩时第二边无尺寸界线。将基线间距改为8(即两条基线制的尺寸线的间距为8)。

修改"符号和箭头"对话框(图15-63b)可修改箭头的样式和大小等。例如将箭头修改为"建筑标记"形式,即粗短斜线,箭头大小改为2。并将圆心标记改为4,即在选定圆的圆心处画一个长度为4的十字。图15-64是用这种设置标注的尺寸。

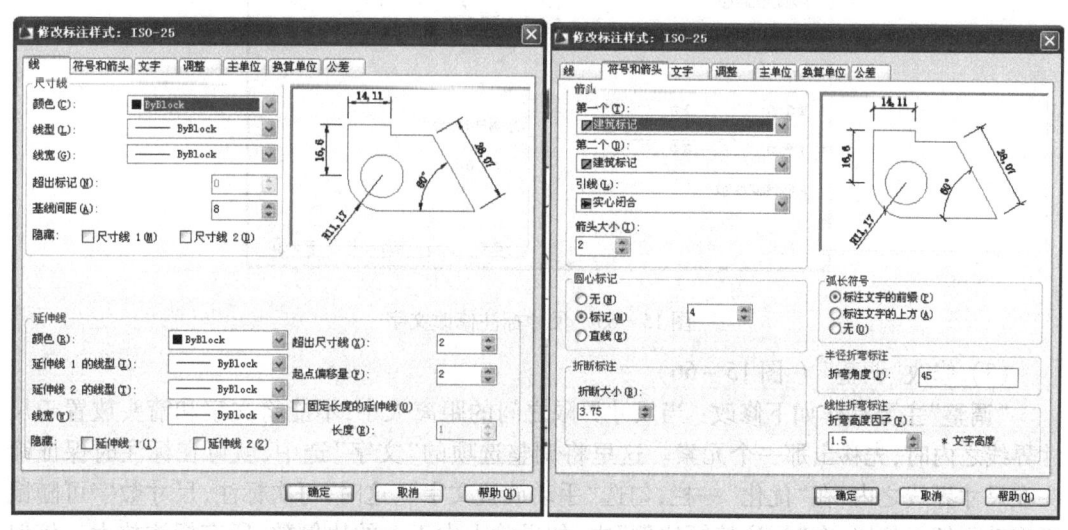

(a) 修改尺寸线和尺寸界限   (b) 修改箭头和圆心标记等

图15-63 修改线和箭头

（2）修改文字

按图15-65中的"文字"按钮修改文字,主要是修改文字的形态(字体和颜色)和放置的位置。因为前面已经设置了字体isocp和仿宋样式(图15-17),并在图15-19"文字样式"中选择Isocp,即得到国家标准的数字标注样式。在"文字对齐"中选ISO标准,即是文字写在尺寸界线内时,尺寸数字与尺寸线平行,尺寸如果写在尺寸界线外时,尺寸数字总是水平的。文字高度选3,即1∶1绘图出图时字高为3 mm。

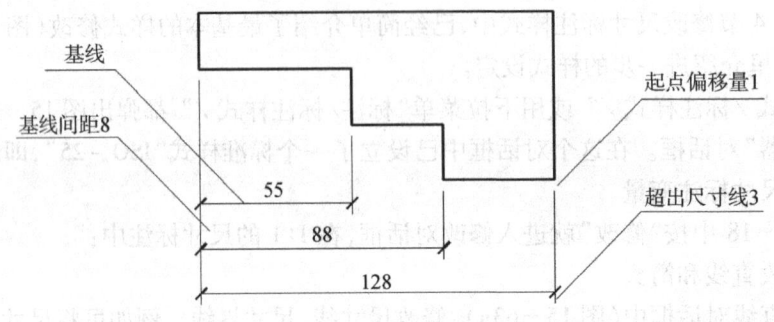

图15-64 修改图例

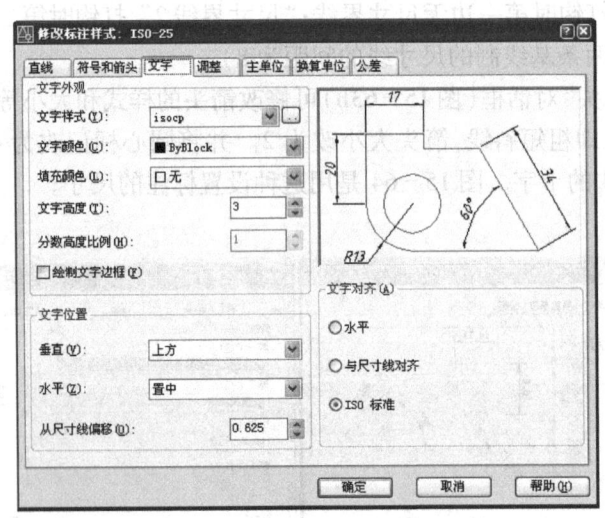

图15-65 尺寸标注修改文字

（3）修改"调整"（图15-66）

"调整"主要是作如下修改：当尺寸界限之间的距离太小,不能将文字和箭头放置于尺寸线之内时,先移出那一个元素。这里将调整选项的"文字"选中,就可在标注时保证箭头在尺寸界线之内;在"优化"一栏,勾选"手动放置文字",这时,每次标注,尺寸数字可随鼠标拖动到任意位置;在"标注特征比例"中,如果输入大于1的比例数,所有标注放大一倍但尺寸数字不变。

（4）主单位（图15-67）

在主单位对话框中,主要修改线性标注的精度。将线性尺寸和角度尺寸修改为精确到

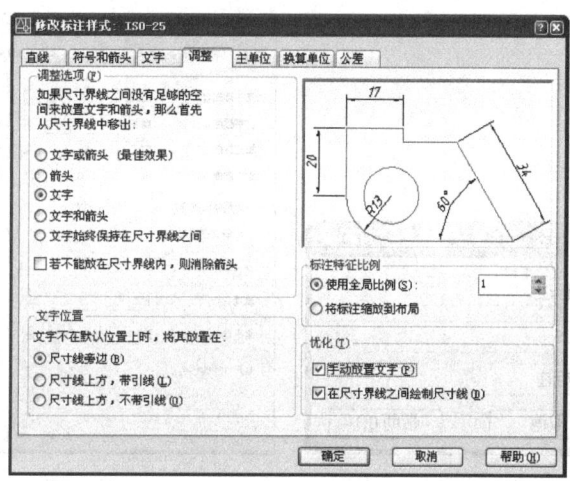

图 15-66　修改"调整"

个位,这样在标注尺寸时,只要捕捉图线,就将图线的尺寸精确到个位标注到图中。"主单位"中的"测量单位比例"一栏中的比例因子的意义为标注的数字与实际的长度之比。例如:当标注的数字与实际的长度一致时,比例因子为1;当标注的数字为2,实际长度为1时,比例因子为2;当标注的数字为1,实际长度为2时,比例因子为0.5。

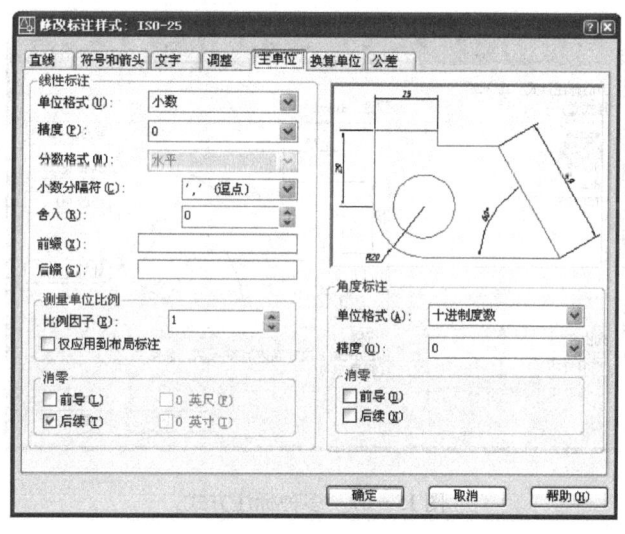

图 15-67　主单位

2. 设立多种标注方式

在"标注样式管理器"中,左击"新建",出现"创建新标注样式"对话框(图15-68a),"基础样式"为当前的方式,这里为 ISO-25,取新样式名为角度标注。再点击"继续",进入图 15-68b 新建标注样式"角度标注"对话框。修改各种标注变量,这里,主要设定文字为水平,就得到一种新的尺寸标注方式,选这种方式在标注角度时数字总是水平书写。

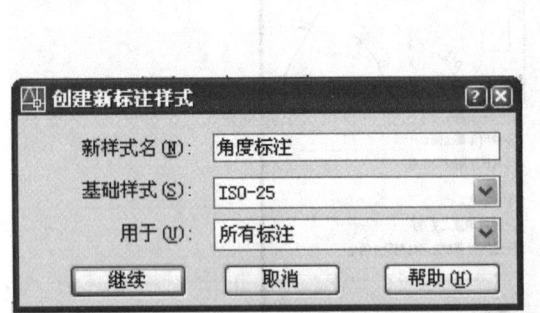
(a) "创建新标注样式"对话框

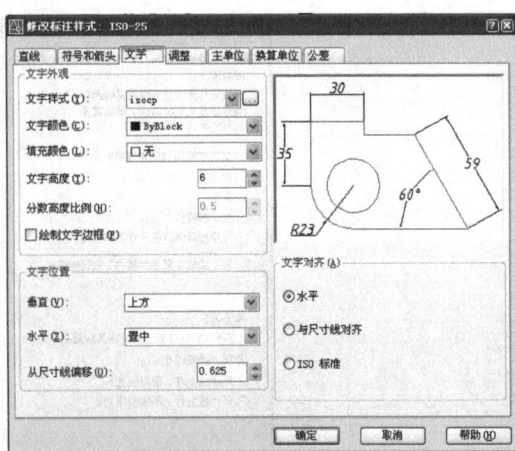
(b) 修改"角度标注"方式

图 15-68　创建新标注样式及修改样式

用此方法可设立多种标注方式。最后在标注时,选一种标注名,再点击"置为当前"之后,就按这种方式标注了。

此外,还可设其他标注方式,图 15-69 中,设定了名为 angle,dim-1,dim-2,dim-3,ISO-25 等的方式,只需用选中标注名,再点击"置为当前",就将当前标注的样式设定。

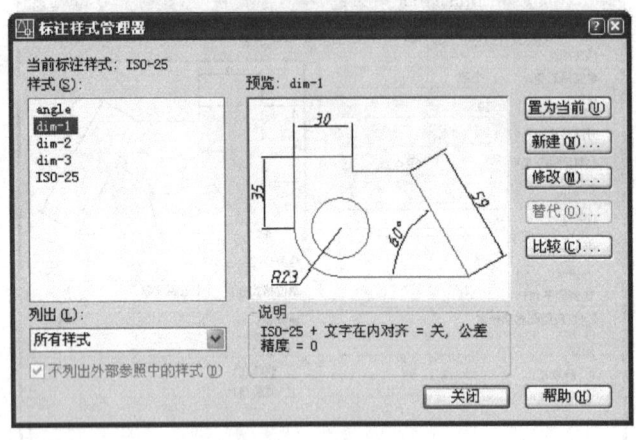

图 15-69　多种标注方式

3. 尺寸标注举例

(1) 尺寸标注的方式

可以选取快速标注尺寸、线性尺寸、对齐方式、连续、基线、半径、直径、角度和指引线等方式标注尺寸。图 15-70 是尺寸标注的菜单和图标。

(2) 快速标注

例如,屏幕上画有一个圆和一个矩形。

标注/快速标注/────────/\────────/ \ 重复快速标注────────/ \────────/ \

　　　　　□ 点矩形　　+　拖动(长)　　　　　　　　　　□ 点矩形　　+　拖动(宽)

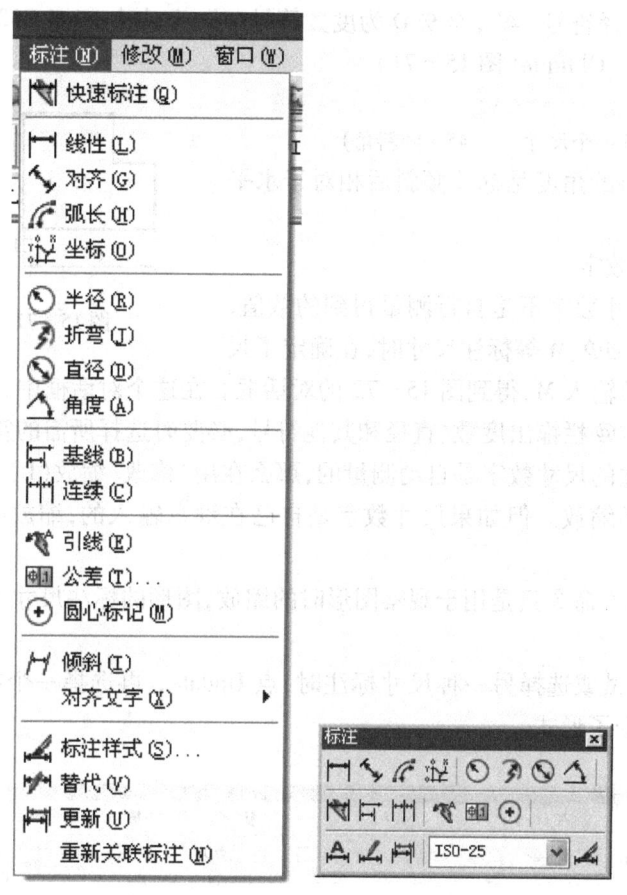

图 15-70 尺寸标注的菜单和图标

重复快速标注/————————/ \————————/ \————————/ \
　　　　　　□点圆　　　D(标圆的直径)　　+ 拖动(标注位置)

（3）标线性尺寸(基线制)

标注/线性/————————/————————/————————/标注/ 基线 /————————\
　　　+选择第一点　+选择第二点　+拖到尺寸数字所在点　　　+选择第三点

（4）标线性尺寸(连续制)

标注/线性/————————/————————/————————/标注 / 连续 /————————\
　　　+选择第一点　+选择第二点　+拖到尺寸数字所在点　　　+选择第三点

（5）标注半径和直径尺寸

标注/半径/————————————/标注/ 直径 /————————\
　　　□ 选一弧并拖到希望的位置　　　□选一圆并拖到希望的位置

（6）标注角度

标注/角度/————————/————————/
　　　□选一直线　　□选另一直线

（7）指引线

标注/引线/————————/————————/ \\ - 符号\直径(%%c)/————————\
　　　+选一点　　选另一点　　　　　　　　　　　　30

注:%%C 为直径符号"ϕ",%%D 为度数符号"°",上式中,%%C30 为 ϕ30。

(8) 倾斜标注　Oblique(图 15-71)

标注/倾斜/————/ \————\
　　　□ 选一个尺寸　　45(倾斜角)

注意:这里倾斜的角度是标注倾斜后相对于水平正方向的绝对角度。

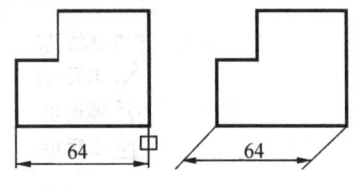

图 15-71　倾斜标注

(9) 修改尺寸数字

当要标注的尺寸数字不是自行测量得到的数值,或者需要在数值前加 ϕ、M 等标注尺寸时,在确定了尺寸界线之后,按提示输入 M,得到图 15-72 的对话框。在这个对话框中,原有尺寸数字被遮罩,可修改数字或按@栏拖出度数、直径和其他符号,必要时选择所需的符号。

注意:如果标注的尺寸数字是自动测量的,那么在用"修改/缩放(L)/"命令将图形缩放后,尺寸数字也跟随缩放。但如果尺寸数字是自己在键盘输入的,缩放图形不会改变尺寸数字。

视图/缩放(Z)/命令只是用于观察图形时的缩放,图形的标注尺寸不会变化。

(10) 更新

当改变尺寸变量或选择另一种尺寸标注时,点 Update,再选择一个或数个已标好的尺寸,将这些标注改变了形式。

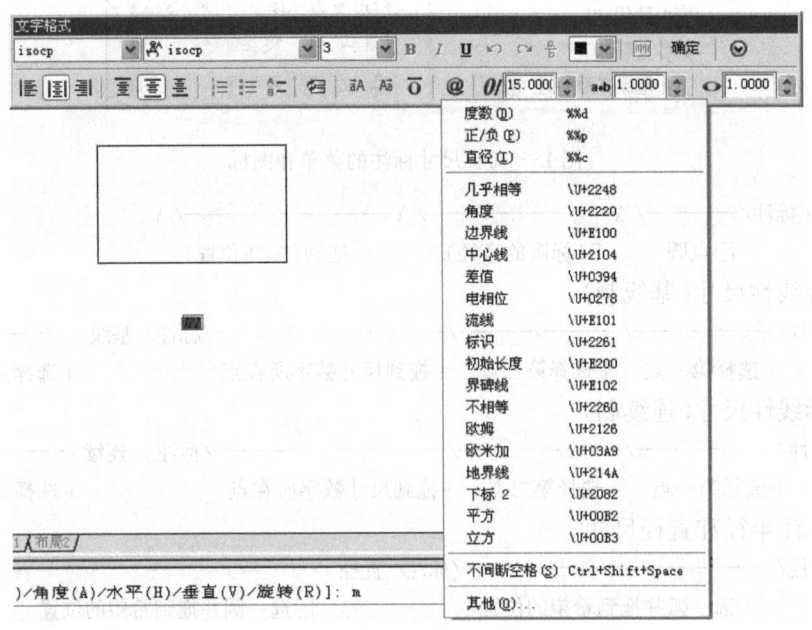

图 15-72　修改尺寸数字

15.4.2　显示命令

下拉菜单"视图"(图 15-73)中列出了显示命令。

"视图"类的命令是用各种方法观察图形,不影响图形自身的形状。在图形编辑窗口中的菜单中点击"视图"选项,即出现图 15 - 73 的显示类命令下拉菜单。下面分别介绍显示类各命令的功能。

1. 缩放

如图 15 - 73 所示,缩放有 11 个选择项,其中实时缩放(realtime)即为"标准工具条"中的放大镜图标,可自由缩小放大图形。

2. 平移(移屏幕)(图 15 - 74)

一般采用"实时"平移,即标准工具条中手样图标,拖动鼠标将图形在屏幕移动以便观看。

3. 视口(图 15 - 75)

视口类命令包括"命名视口"和"多视口显示"两类命令。

用"命名视口"即将当前显示的状态取名,并记住这种状态。在以后运行的任何时候,如果选用这个命令,已命名的视口名就会显示在对话框中,点取某一视口名,就立即将这个名的状态显示在屏幕上,见图 15 - 76a 视口命令对话框。

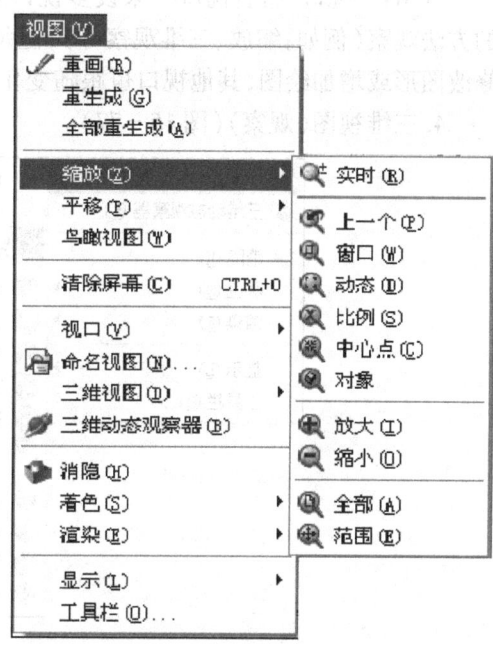

图 15 - 73　显示命令及二级菜单缩放命令

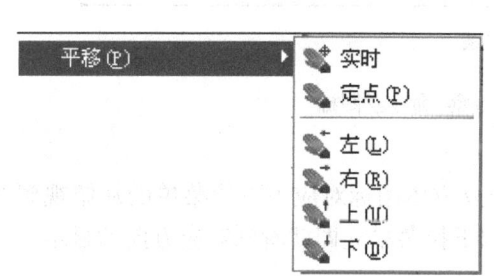

图 15 - 74　移屏幕命令图

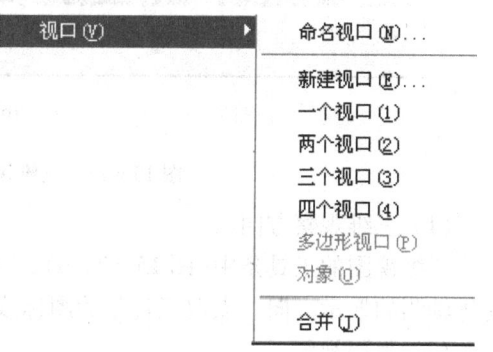

图 15 - 75　视口命令

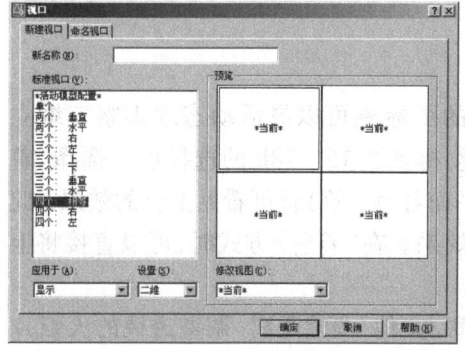

(a) 视口命令对话框

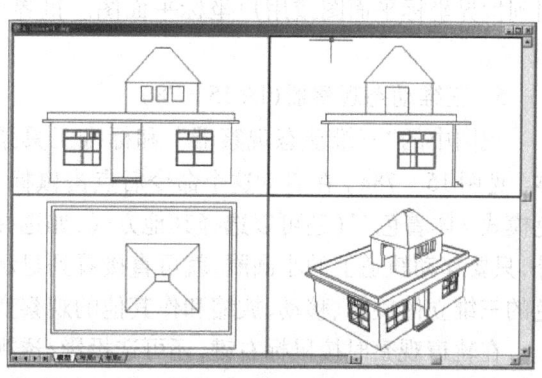

(b) 四视口显示

图 15 - 76　视口命令

可用："视口/命名视口/"来设多视口观察。在多视口的每个窗口（视口）中可用不同的方法观察（例如：缩放、三维观察等），但每个视口中的图形是同一个图形，在一个视口中修改图形或增加绘图，其他视口也跟随变化，图 15－76b 为四视口显示。

4．三维视图（观察）（图 15－77）

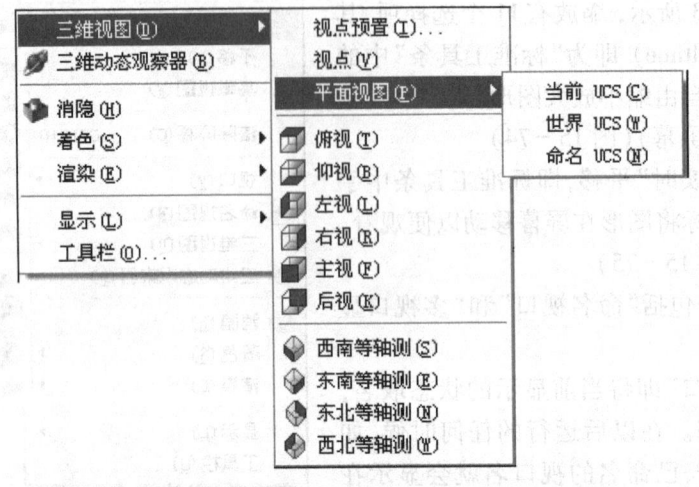

(a) 三维视图命令

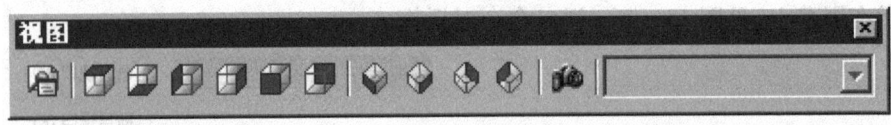

(b) 工具条

图 15－77　三维视图（观察）命令及图标

（1）三维观察方向

三维视图的工具条中（图 15－77 b），十个小立方体图标对应了下拉菜单的从俯视到西北等轴测的显示方向。点取工具条的图标或拾取下拉菜单立即就看到对应方向的显示。

（2）平面视图

在显示成三维的情况下，若想观察平面图，可选择图 15－77 a 的平面视图（观察）命令，回到世界坐标平面图或用户坐标平面图。世界坐标平面图相当于选取工具条的第二个图标 。

5．三维动态观察器（图 15－78）

视图中的"三维动态观察器"和标准工具条中的图标 可以灵活动态地观察三维立体，见图 15－78a。在启动这个命令后点击鼠标右键，得到图 15－78b 的选择项。选择"着色模式／体着色／"（还可以选择其他方式，如选择"平面着色"等）就可看见上色的效果。此外，只要移动轨道上的小圆圈，就可直接看到显示的效果。在"着色"方式时，可以直接将上色的三维立体旋转、移动、放缩和作其他的观察变换。

在轨道观察时按鼠标右键，还可选投影／透视投影／其他／调整距离（调整透视的灭点）／调整剪裁平面／启用前（后）向剪裁（剪去太远的或太近的）／连续观察。在连续观察时，只要将鼠标在屏幕上拖动，图形就会在这个方向自动旋转，形成动画，而且，鼠标拖得快，图形就旋转得快。此外,选择预置视图下的选项,可在所示的固定方向显示(图 15 – 77)。还有更多的选项见图 15 – 79。

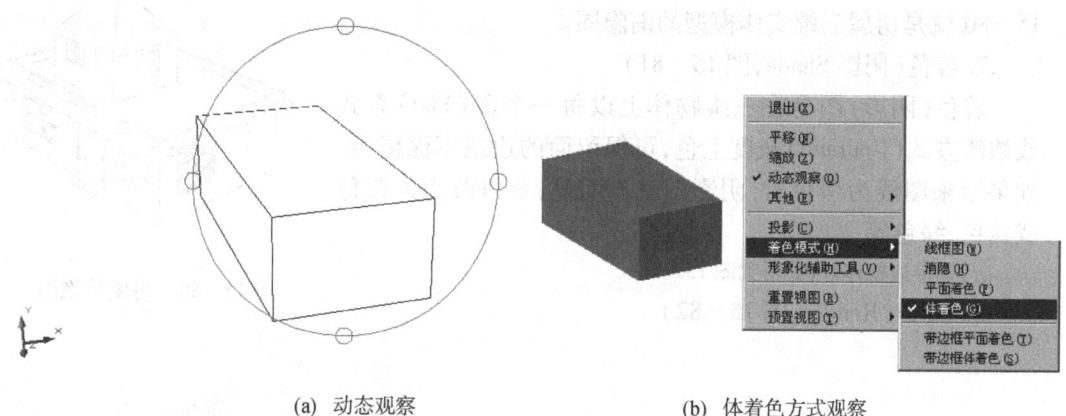

(a) 动态观察　　　　　　　　(b) 体着色方式观察

图 15 – 78　三维动态观察

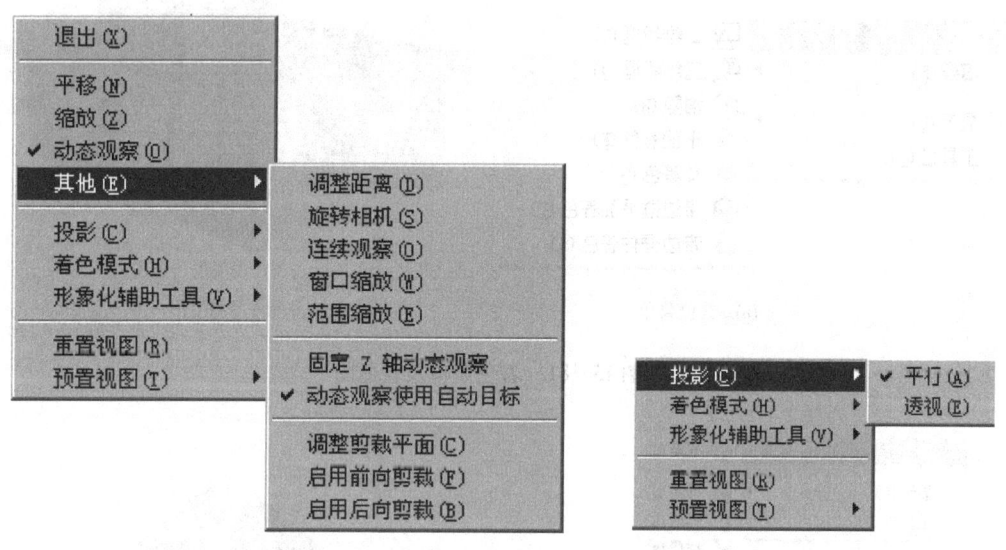

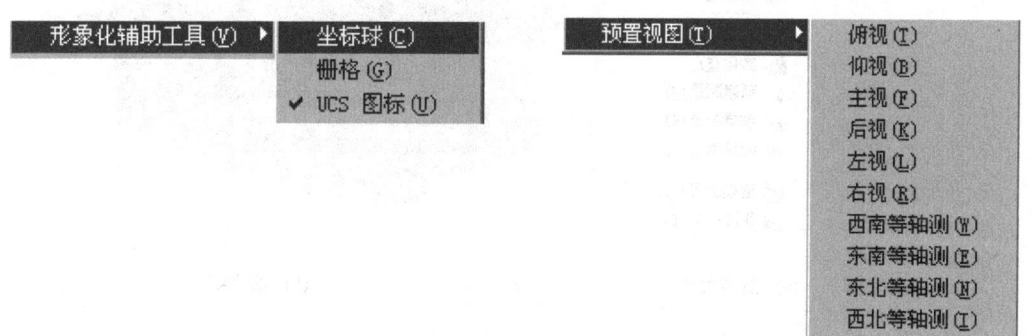

图 15 – 79　更多的选项

6. 消隐(Hide)

"消隐"以线框形式显示看不到背面的立体消隐图。图 15-80 就是房屋三维实体模型的消隐图。

7. 着色(阴影 Shade,图 15-81)

着色(阴影)图是在三维物体上以每一个面(Flat)方式或浓淡方式(Gouraud)灰度上色,可保留面的边或不保留边。如果原来图线为黑色时,阴影图就不明显,所以改为天蓝色或黄色、绿色等。

着色/带边框体着色/得到图 15-81b

8. 渲染(Render,图 15-82)

图 15-80　房屋消隐图

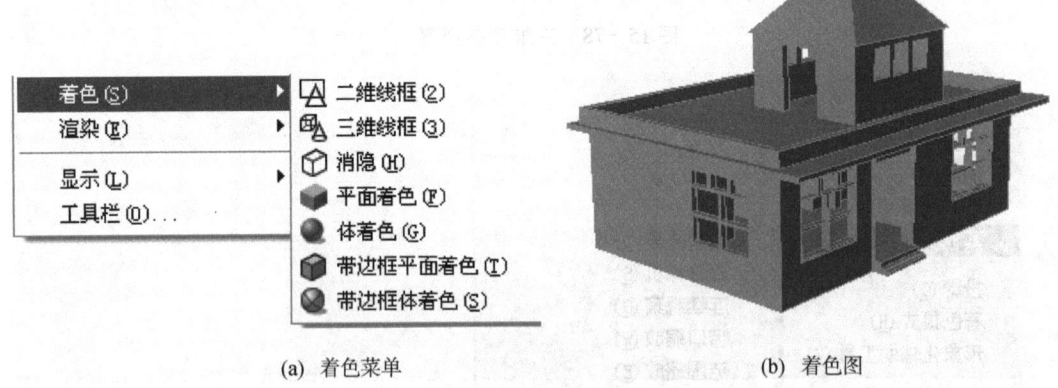

(a) 着色菜单　　　　　　　　(b) 着色图

图 15-81　着色菜单及着色图

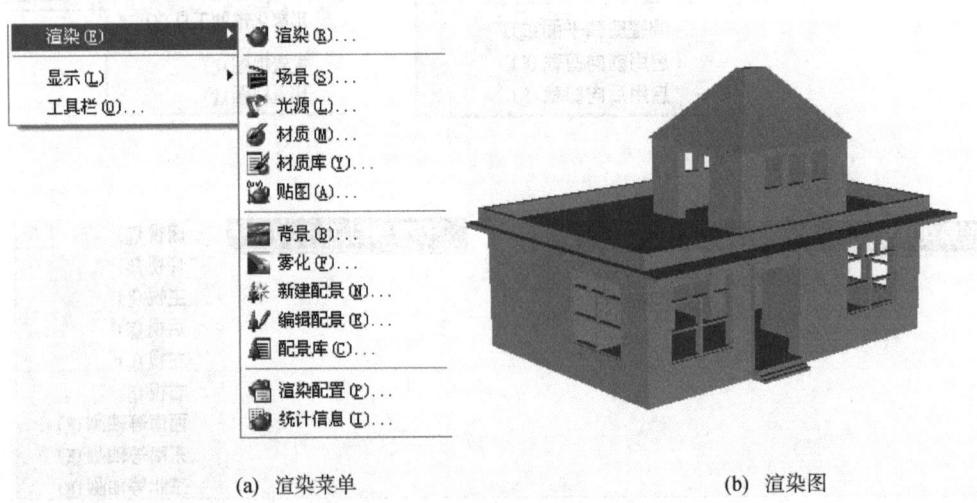

(a) 渲染菜单　　　　　　　　(b) 渲染图

图 15-82　渲染菜单及渲染图

渲染是可以赋予材料、灯光、背景、贴图等的细致的上色图。

(1) 材质

可在渲染菜单(图15-82a)选"材质"得图15-83a所示的材质对话框,选"材料库"得图15-83b的"材质库"对话框,在框的右边"当前库下的第二个框中选一种材质(这里选Sand Texture 砂质),点击"预览"和"输入"将选取的材质输入了当前的场景,按"确定"返回材质对话框,选"修改"得图15-83c"修改标准材质"对话框,可选定需修改的属性,再调整属性值,预览后,如果满意点击"确定"退回材质对话框,按"附着"返回图形编辑界面,这时,选需要赋给材料的立体。

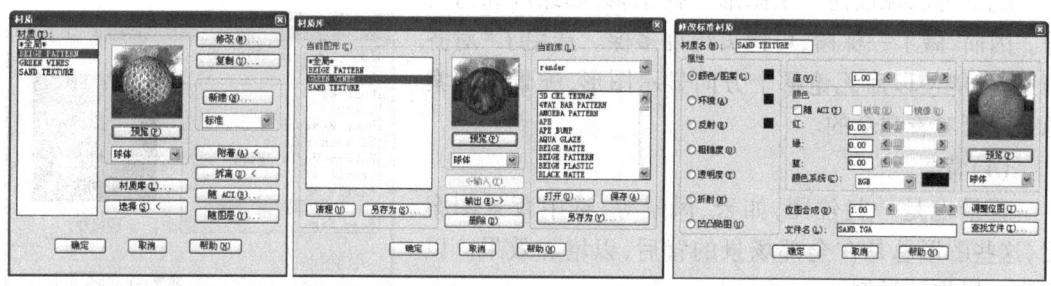

(a) 材质对话框　　　　　　(b) 材质库　　　　　　(c) 修改标准材质

图15-83　材料选择

(2) 贴图

图15-84中的"贴图"是选取贴图坐标。当材料选择中选取的材料是位图(有图案的画片)时,就需一定的贴图坐标来确定贴图的方向与样式等。这里有"平面""柱坐标""球坐标""实体"等贴图方式。选一种方式可以最好地将需要贴图的目标包围,再选"调整坐标"进入图15-84b。这时,选XY、XZ或YZ平面,预览就可看见图案分布的情况。选择满意的情况,点击"确定"返回图15-84a,再点击"确定"返回图形编辑窗口。这时,再渲染就可看见贴图的效果了。

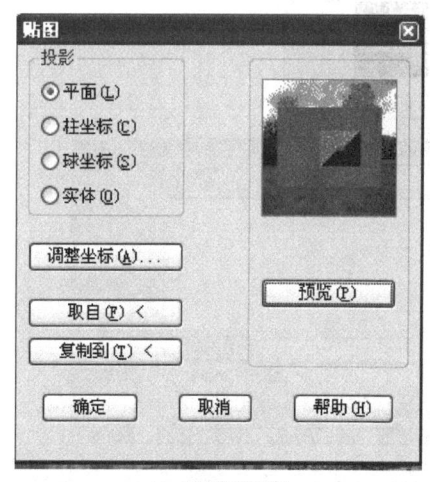 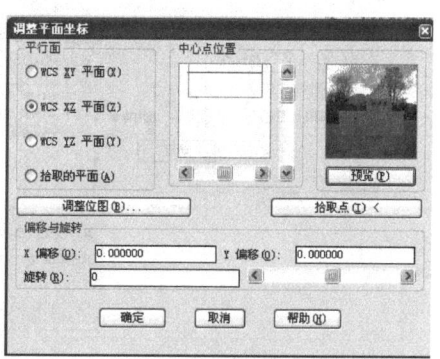

(a) 贴图对话框　　　　　　　　　(b) 调整贴图坐标

图15-84　贴图

(3)配景

配景是一些位图,如树、人物等,这些位图附在一些片状的立体上,选中后,插入场景中,加强效果。

用"视图/渲染/新建配景/"得如图 15-85 对话框。在图库中选 Quaking Aspen/预览(看见预览框中的树)/跨越表面(相交表面即相互垂直的两个方向都可见图案,如果选单面即一个方向可见图案)/对齐浏览/ 拖动高度确定配景的高度比例(这里是 80%)/ 位置(返回图形编辑窗口)/(左键确定配景放置的位置)。

配景可以像任何一个图形一样编辑,如缩放和拷贝等。因而,做了一棵树,可拷贝出许多棵。选用了"对齐浏览"才能使以后无论哪个方向显示图形,配景的图案总是正面对着观众的。

(4)背景

背景也是一些位图,如云、风景等,选中背景图案后,这些图形总是在全部场景的背后,以增加效果。以下为一操作的举例。

视图/渲染/背景/得如图 15-86 对话框/ 图像/查找文件,看见文件目录,实际上可在任何目录中找图形文件,文件类型可为 bmp, png, jpg, tga, gif, tif, pcx 等,这里在"E:\土建制图 08\第 15 章\zuo\图片 02. jpg (一张风景画)/ 打开/ 预览(看见预览框中的风景照片)/ 在'使用背景'处打钩/ 确定"。这样,渲染后就可见到天空和野外风光背景了。

图 15-85 配景选择

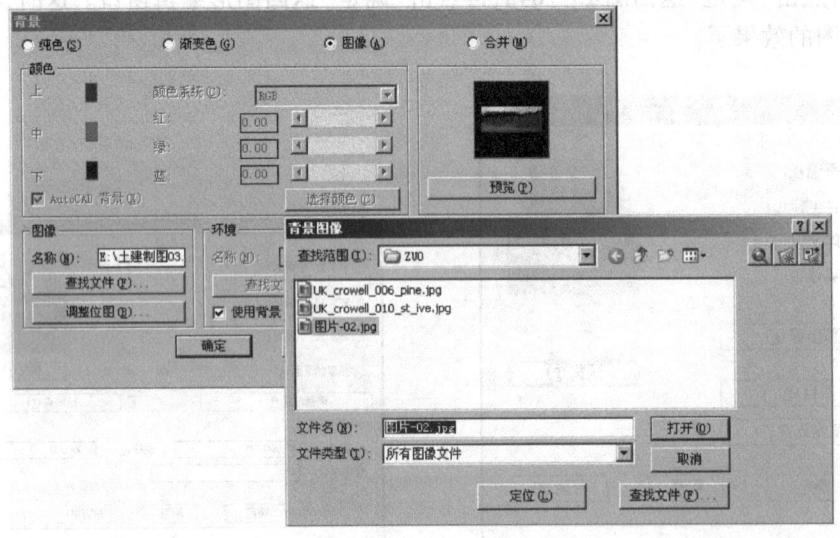

图 15-86 背景选择

在渲染时要在对话框中选"照片级真实感渲染""平滑着色""应用材料""阴影"等,再点击"渲染"(图 15-87a),就可渲染出逼真的效果图(图 15-87 b)。当然要渲染出更好的图,可在 3DS max 中点击输入"import"(命令),调入 3DS max 渲染。

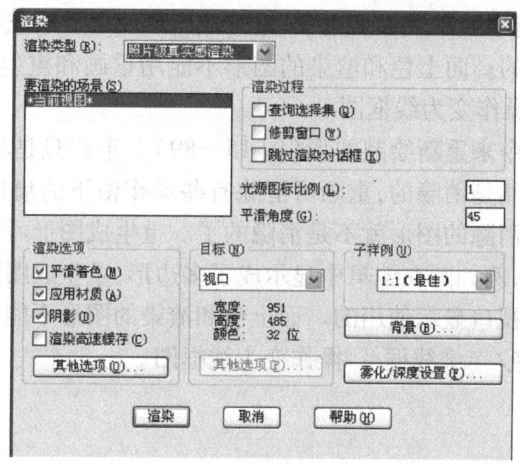

(a) 渲染主对话框

(b) 渲染结果(效果图)

图 15-87

消隐、上色和渲染只对三维图形才起作用。

9. 显示(Display,图 15-88)

图 15-88 显示命令

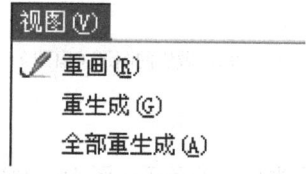

图 15-89 重画,重生成

显示命令的第一项"UCS 图标"可将坐标系的图标贴在用户坐标平面上。

10. 重画、重生成和全部重生成

可经常用这三个命令来重新绘制图形。重画只是将屏幕上的图形重新绘制,例如,消隐的图形仍然是消隐的,重画可清除有些动作留下的痕迹。重生成图形是用原始数据重画图形,因此,消隐的图形就不是消隐的了,重生成图形可使在图形编辑过程中简略显示的图线精确显示,例如圆在编辑中显示成了多边形,重生成图形使之显示成精确的圆形。全部重生成是为多视口显示使用的。而上色和渲染的图形不能用重画和重生成变成线框图,只能用视图/着色/二维线框/ 操作变为线框图。

可经常用这三个命令来重新绘制图形(图 15-89)。重画只是将屏幕上的图形重新绘制,例如,消隐的图形仍然是消隐的,重画可清除有些动作留下的痕迹。重生成图形是用原始数据重画图形,因此,消隐的图形就不是消隐的了。重生成图形可使在图形编辑过程中简略显示的图线精确显示,例如圆在编辑中显示成了多边形,重生成图形使之显示成精确的圆形。全部重生成是为多视口显示使用的。而上色和渲染的图形不能用重画和重生成变成线框图,只能用"视图/着色/二维线框/"操作变为线框图。

15.4.3 块操作

块的意义是将一个完整的和常用的图形(可以在不同的层上)作成一个块,这个块存储在本幅图中,并可在这幅图中反复调用。如要在其他图中调用,就要将这个块存入硬盘中。块操作的步骤如下:

1. 定义块(图 15-90)

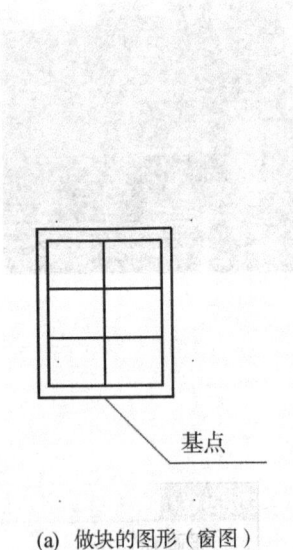
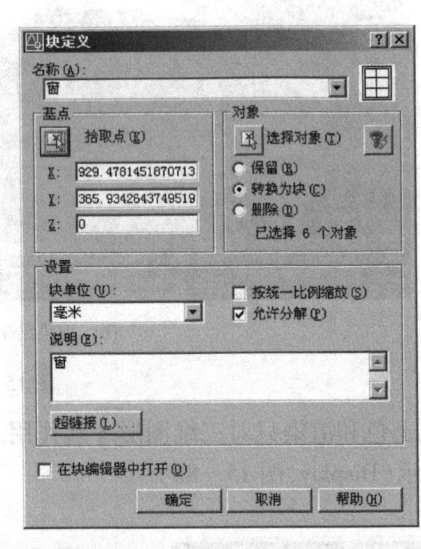

(a) 做块的图形(窗图)　　　　　　　(b) 定义块对话框

图 15-90　定义块示例

(1)先作一个图形(图 15-90a),按 1:100 做一个窗。

(2)定义块(图 15-90b)。

先将当前层设为 0 层。

绘图 / 块 / 创建 / 基点(拾取点) /─────────────────────/ \
　　出现"块定义"对话框　　　找一个基点(这个基点如图 15-88 所示,以便以后插入)

选择对象/―――――――――/ \ 名称（填入:窗）\ 确定/
　　　□框住全部做块的图形

2. 将块写入硬盘

从键盘输入 W(Write)，出现图 15-91 对话框。

在"块"右边的空栏中填入块名"窗"，也可点击右边的箭头找出来。在下面两条空栏中分别填入文件名、存盘的目录等，点击"确定"写入硬盘。

3. 插入块（图 15-92）

下拉菜单:插入/块…/，出现图 15-92 对话框，在框中点"浏览"，找出先前文件名（E:\土建制图 08 版\第 15 章计算机绘图 2008 稿\窗.dwg)/确定/，这时块"窗.dwg"就跟随先前的基点（底边中点）出现在图中。

　　―\ ―――\ ―――――/
　　s(scale)　2(绘图比例)　捕捉插入点

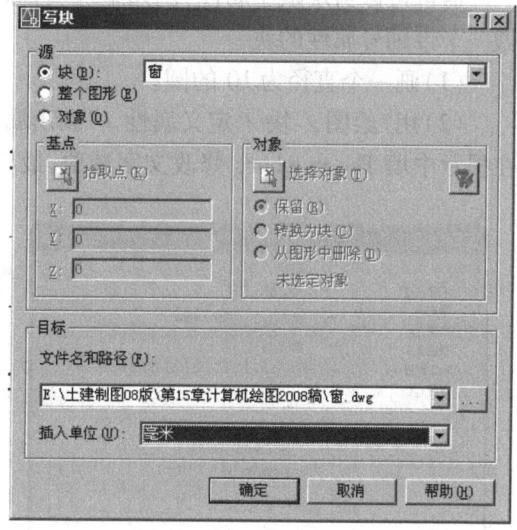

图 15-91　写块对话框

即用 2∶1 插入了窗图形。也可在图 15-92 对话框中填入 X、Y、Z 方向的比例数字，捕捉某点或输入某点坐标而插入这个图形。插入的块是一个整体，如果需要分解成单条图线，在图 15-92 中的"分解"处打钩，就可以将每一图线炸开。也可插入之后用"修改/分解"命令炸开。

注意:在作块时，将当前层设为 0 层，插入时，也处于 0 层。

所有 dwg 文件都可看作块来插入，但这些块的插入基点为(0,0,0)。

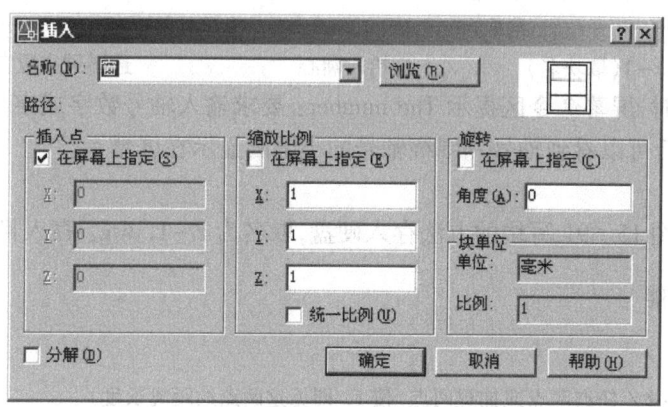

图 15-92　插入块对话框

注意:作块时的尺寸非常重要，例如原来做的块的尺寸为 1000×1000 时，插入到其他图中时，不论这张图的比例是多少，这个块的尺寸总是 1000×1000。所以，要扩大相应的比例，就需在图 15-92 的插入块对话框中"缩放比例"的 X,Y,Z 方向输入比例数字。例如现在画的图形为 1∶2,在插入块对话框中的 X,Y,Z 栏分别输入 2。所以，通常将块作成 1×1×1

大小,插入时,按比例放大。

4. 属性

通常可以给块赋予属性,例如编号、名称等。属性可在插入块时修改,所以很方便,以下做一个带轴号属性的块。

(1)画一个直径为10的圆。

(2)用"绘图／块／定义属性／"调出属性命令对话框(图15-93a),并在标记中填1,在提示中填 The number,修改文字选项,最后"确定"退出,这样就定义了一个属性。

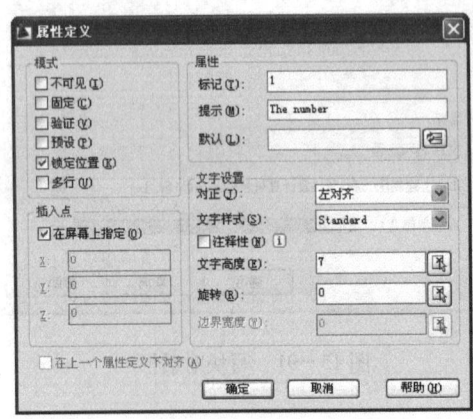
(a) 属性命令对话框

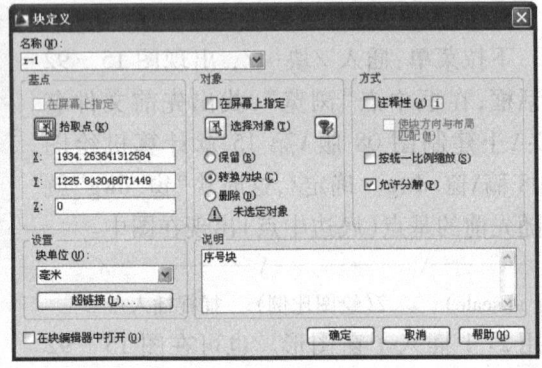
(b) 设定带属性的块

图 15-93 属性命令

(3)设定块(图15-93b 设定带属性的块)。

设定带属性的块:按照图15-93b的对话框填写,并单击"拾取点",在图上选底线上的中点作为基点,返回后,单击"确定"退出。在图中将文字1置于圆的中央。

绘图/块/创建/————————拾取点\————————/选择对象\————————\确定/
　　　　　　　z-1(取块名)　　　　　　○拾取圆心　　　　　　　选择圆和数字

以后插入块时,屏幕命令区提示 The number:要求输入轴号数字或字母,如1,2,3,4或A,B,C,D 等,最后可以看到轴号和围绕轴号的小圆圈显示在屏幕上。

(4)存盘

将这个块按图15-91写块的方法存入硬盘,取名为 z-1.dwg。存入目录为 E:\aaa。

15.4.4 查询功能

1. 求距离

工具/ 询查 /距离/ 任点两点或捕捉两点(按F2即见这两点的距离长度)

2. 求面积

(1) 单一目标的面积

工具/ 询查 / 面积 /————————\————————/
　　　　　　　　　　　　O(Object)　　　　　　□选一目标

(2) 求复合的面积(面积的加减)

例如:求图15-94 的 1-2-3+4 的面积。

工具/询查/面积/————\————\
　　　　　　　　A(加)　　O(目标)
——/\———\——/—/\——\
选1　　　S(减)　　O　　选2　选3　　A
——\——/\\
O　　选4

即可见1-2-3+4的面积(图15-94)。

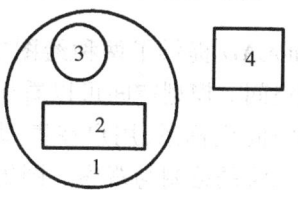

图15-94　计算复合的面积

3. 列表(list)

工具/询查/列表显示/——————/
　　　　　　　　　　□选一圆

便可见下表：

命令:LIST
选择对象:找到1个
选择对象：

　　　　　　CIRCIE　　图层:0
　　　　　　　　　　　空间:模型空间
　　　　　　句柄=114D
　　　圆心点, X = -182.2740　Y = 343.7841　Z = 0.0000
　　　半径　145.4203
　　　周长　913.7027
　　　面积　66435.4674

表中列出圆的全部属性,如层、圆心坐标、半径、周长和面积等。

4. 状态(Status)

工具/询查/状态/

即可见当前绘图的状态(图12-95)。

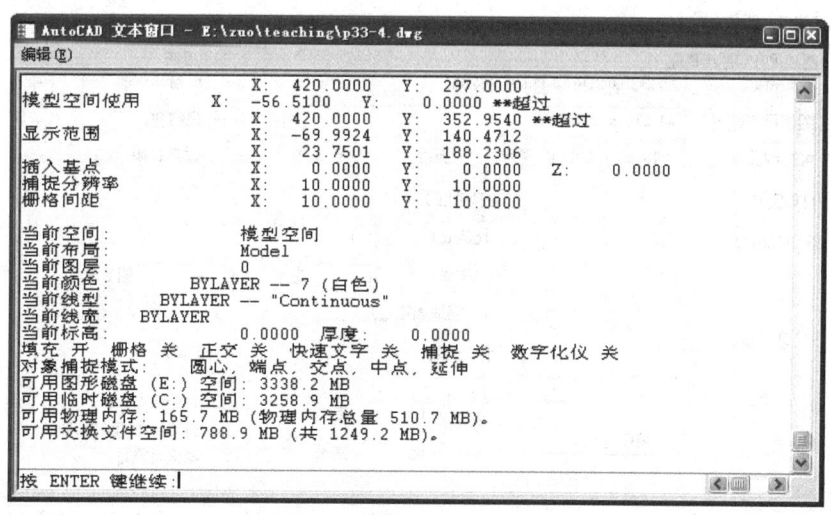

图15-95　当前状态显示

15.4.5 模型空间和图纸空间

AutoCAD 提供了两种绘图空间,即模型空间和图纸空间。模型空间可以看作是与实际空间相对应的空间坐标系,用户在模型空间中可以进行二维与三维的绘制与观察。图纸空间可看作是与工程图纸相对应的绘图空间,它用来创建最终提供给打印机和绘图仪出图的平面图形。对于比较简单的图形可只在模型空间绘图与打印。对于需要多个视图和多种比例或立体图和平面图形混合的情况,则可用图纸空间。

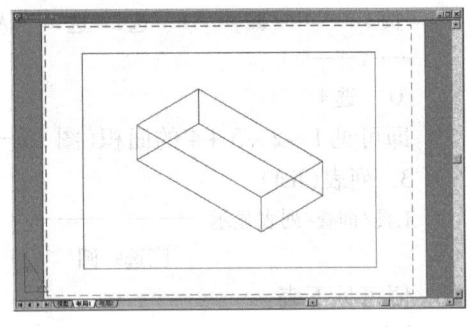

图 15-96 图纸空间

绘图过程中要经常在图纸空间与模型空间之间切换,切换命令为 Tilemode,当输入参数为 1 时,当前工作空间为模型空间;当输入参数为 0 时,当前工作空间为图纸空间。AutoCAD 提供了更为方便的切换方式,用图形编辑窗口的最下一行的最右一个按钮来变换。绘图窗口下面还设有一个"模型"标签和多个图纸空间窗口标签"布局 1"、"布局 2"等,如图 15-96 所示。只要用鼠标点击各标签,绘图空间也可自动转换。也可以在"布局"窗口中的视区使用 MSPACE 命令(在键盘上按 MS)和 PSPACE 命令(在键盘上按 PS)进入模型空间和图纸空间。第一次使用图纸空间"布局"时,AutoCAD 会弹出对话框(如图 15-97 所示)给用户设置图纸的各选项。也可以在图纸空间状态下点击鼠标右键,选择菜单项"图纸尺寸"来设置。在图 15-97 中,首先在"打印设备"

图 15-97 图纸空间页面设置对话框

中选绘图输出设备,即选用连接在该计算机上的绘图仪或打印机。确定了打印设备,就限制了图纸的大小。然后在"布局设置"中选这次绘图纸的大小。在"图形方向"中选图竖向还是横向。在"打印比例"中选择绘图比例,最后单击"确定"退出。

例 15-3 画图 15-98 所示建筑平面图。

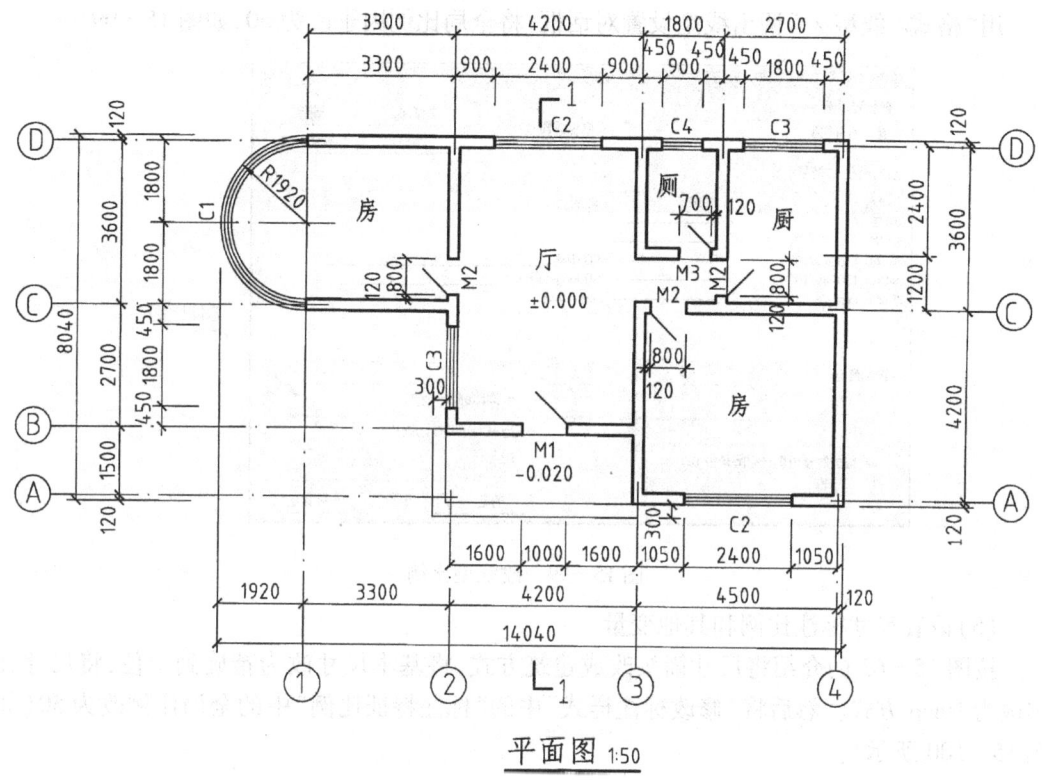

图 15-98 绘制建筑平面图

有两种方法绘制较大比例的平面图形。即在模型空间设定按绘图比例放大的图纸面积,然后设定图层、线型、文字高度的放大倍数和尺寸标注的总体比例,最后在出图时,按同样比例出图。按这种设置时,所绘图形用实际尺寸(以毫米为单位)输入数据。

另一种方法是在图纸空间绘图,即先设定图纸空间。在第一次设图纸"布局"时,选定输出图形的设备(绘图机或打印机),选定输出图纸的图纸大小,选定输出图形的比例,然后设定图层、线型和文字高的放大倍数,并在尺寸标注样式设置对话框中设总体比例。绘图时与在模型空间一样,按所绘图形用实际尺寸(毫米为单位)输入数据。

方法 1 在模型空间绘图。

1. 设立绘图条件

要绘制如图 15-98 图形,首先决定图纸的大小,例如要绘在 A3 图纸上并采用 1:50 比例。

(1)首先设立绘图区间

格式／图形界限／————＼　　　　　　　　　　＼
　　　　　　　　　0,0　　　　　　　　　21 000,14 850

注:21 000 = 420×50, 14 850 = 297×50。

(2)然后设立网格和捕捉:

用"捕捉\设置/"出现网格和捕捉对话框,将网格和捕捉间距分别改为500(10×50)。

(3)设立字体

按15.2节图15-16所示的方法设立制图数字字体 Isocp。

(4)设置线型比例

用"格式/线型/"调出线型设置对话框,将全局比例因子改为50,如图15-99。

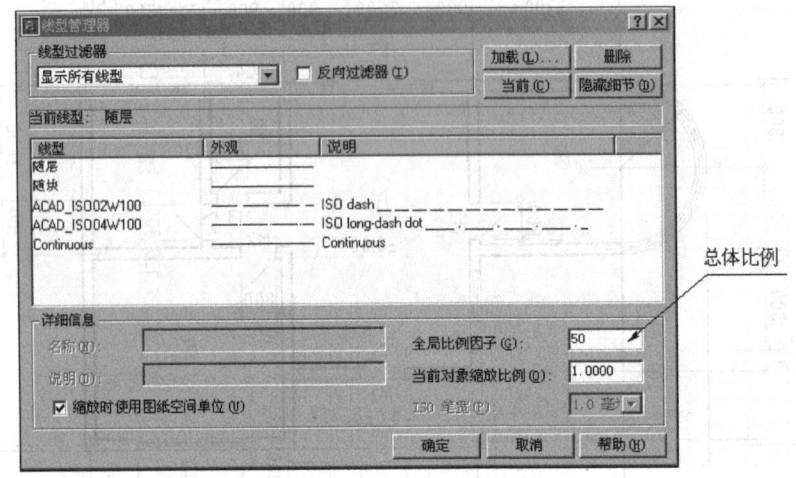

图15-99　改线型比例

(5)设置尺寸标注比例和其他变量

按图15-63的介绍将尺寸箭头改成建筑方式,将基本尺寸改为精确到个位,将尺寸文本改为 Isocp 方式。然后将"修改标注样式"中的"标注特征比例"中的全局比例改为50(如图15-100所示)。

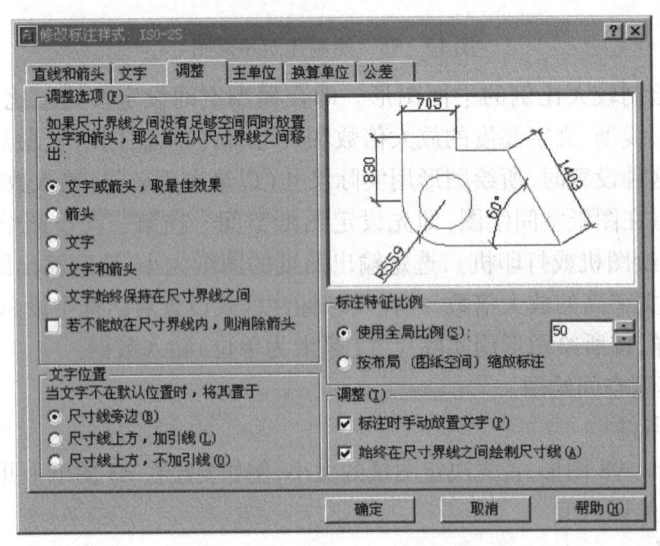

图15-100　修改尺寸标注比例

(6)设立层

按图15-23的方法设立 center(绘制中心线)、dim(标注尺寸)、mid(绘制中粗线)和

thin(绘制细线)层,并设立层的颜色、线型和线宽。设 0 层线宽为 0.60 ,center 和 dim 层线宽为 0.15,mid 层线宽为 0.30。

2. 绘图

(1)绘制中轴线

选择 center 层,用"直线"命令在恰当的地方作一条水平中心线和一条垂直中心线。令水平中心线长为1 100,垂直中心线为7 000。

用修改／偏移／命令将水平线按 120、1 500、2 700、3 600、120 复制,将垂直线按1 920、3 300、4 200、4 500、120 复制。

(2)用块为轴线标号

前面已经做了一个块 z-1.dwg,这个块具有属性。首先换到 Dim 层。

插入/块/浏览/————————/确定/————\————\————/————\

    D:\aaa\z-1(选出 z-1.dwg 块) s(选比例) 50(1:50) 选插入点 输入轴线标号

用此方法将所有的轴线加标号。

(3)画墙线

首先,设置双线(Multiline,多线)

用"格式／多线样式／"打开图 15-101a 对话框,鼠标左键单击"多线特性"得图 15-101 b。在图 b 中的"封口"栏的"直线"之后,在"起点"和"端点"处打钩,即设定线的起点和终点封闭。

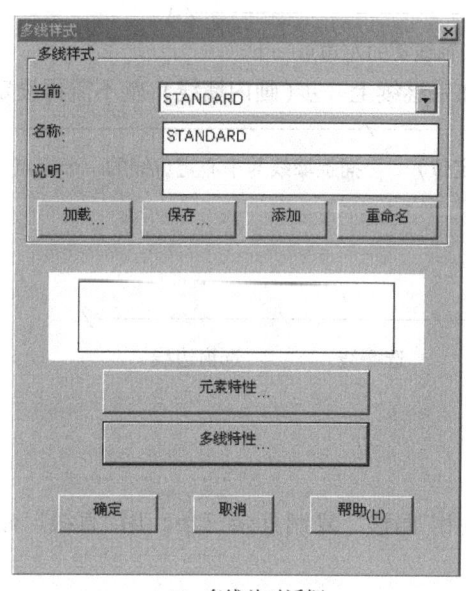
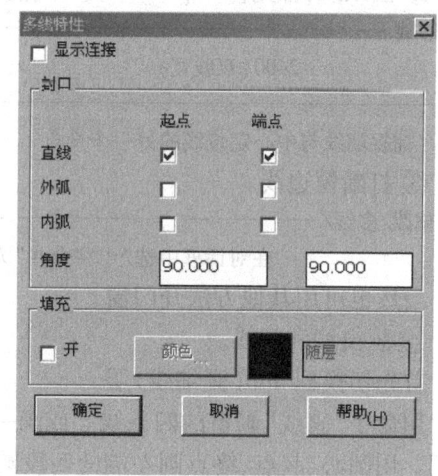

(a) 多线总对话框   (b) 多线特性

图 15-101 多线设置对话框

然后,设定当前层为 0 层,用"多线"捕捉墙的各转折点画墙线。起点应从左上角开始。

绘图/多线/————————/————————/————————/————————/

    J(对正) z(对称分布) s(比例) 200(双线宽) + + + +

捕捉墙的各转折点。Z 为双线沿捕捉点两边对称分布,选 T 为捕捉点与双线的顶部对齐,选 B 为捕捉点与双线的底部对齐。

(4)用"多线"画内墙线。

首先,在图 15-101 的多线设置对话框中添加两头不封闭的设置(即在图 15-101 b 取消"直线"中"起点"、"端点"的勾),并取名为 Cap-out。将 Cap-out 设为当前样式。

捕捉内墙的转折点绘制内墙并用修改多线打断相交处多余的线段。

执行"修改/多线/"出现图 15-102 所示对话框。点取需要打断的样式,"确定"返回后,点需要打断的两条双线。

(5)画门和窗

首先在门和窗的中心位置画定位线。然后用上述画双线的办法捕捉墙线的两边与中心位置定位线的交点,注意双线必须定义为两边不封口,多线需定义宽度为门或窗的开口宽,再用图 15-102 左上角的那种方法"十字合并"(Closed cross)打断门和窗的位置,注意这时选择目标需先选择要打断的那一条多线。

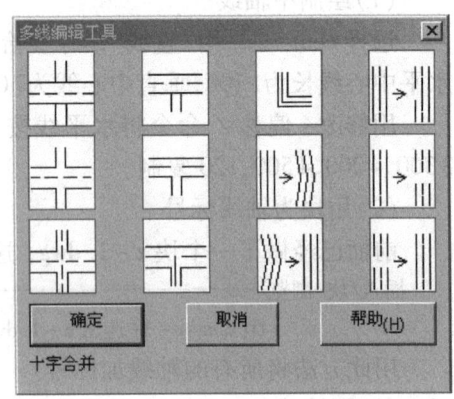

图 15-102 修改多线相交时的样式

例如图 15-98 所示,开右下角的宽度为 2 400 的那个窗。

① 先用"偏移"将编号为 4 的轴线复制到窗的中心位置。

修改/偏移/————————\————————/————————/\
   2205 选轴线 4   在轴线 4 的左边点一下

② 画双线:首先将 Cap-out 设为当前样式,如果继续上一步(画内墙线),就不需再设定。

多线/————————————————————/————————/————————
   s 2400(双线宽) j z(中心点定位) 捕捉墙线与中心定位线的一个交点
————————————————————————————/

捕捉墙线与中心定位线的另一个交点

③ 打断窗边线。

修改/多线/————————————————/————————/————————
   在对话框中选"十字合并"方式 选墙线 选窗边线

当然也可用其他方法开门窗。

④ 画窗线和门线。

首先切换到 thin(画细线)层。

用命令"直线"画窗的四条线。或画一条,再用"偏移"复制其余三条。用"直线"命令画门。用圆心、起点、终点画左端的四段圆弧。

(6)标注尺寸

切换到 Dim 层。

用"标注/线性/连续/"等将全部尺寸逐条表现出来。

(7)检查,剪去多余线段,补画细小部分,绘制图框、标题栏,存图。注意在出图时,用 1:50 比例。

方法 2 在图纸空间绘图。

1.设立图纸空间

（1）设立图纸空间大小

打开一张新图后，点击左下脚"布局1"，点击"打印设备"得图15-103a，点击"打印设备"选设备，这儿选EPSON Stylus COLOR 1520k（这个打印机应是本台计算机连接的打印机或网络连接的打印机）。再按"布局设置"得图15-103 b。"图纸尺寸"选A3，"图形方向"选"横向"，"打印比例"选1:50，"确定"退出。

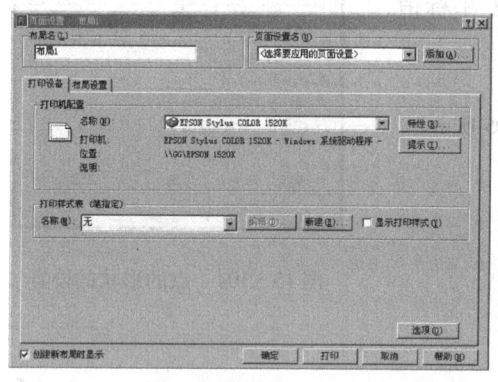
（a）选设备

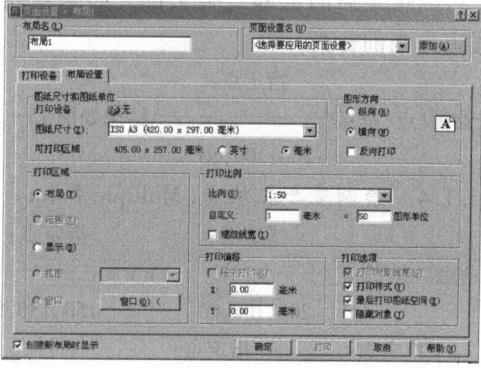
（b）选图纸大小和绘图比例

图15-103　设立图纸空间

（2）设定绘图初始条件

同样做模型空间的1中的(2)～(6)步，设置网格、捕捉、线型、字体、尺寸标注。

2. 绘图

绘图方法与模型空间相同。

15.5　三维图形的绘制与编辑

15.5.1　三维图形的绘制

AutoCAD 2010提供三种三维建模方式，即线框模型、曲面模型和三维实体模型。每种模型都有自己的创建方法和编辑技术。

线框模型描绘三维对象的框架。线框模型中没有面，只有描绘对象边界的点、直线和曲线。曲面模型比线框模型更为复杂，它不仅定义三维对象的边，而且定义面。AutoCAD曲面模型使用多边形网格定义镶嵌面。由于网格面是平面的，因此网格只能近似于曲面。

本节主要介绍绘制各种三维的点、线、面（包括曲面）的功能。

15.5.1.1　绘制三维点

命令：Point

下拉菜单：绘图/点(Draw/Point)

功能：绘制三维空间的点。

绘制三维点的命令与绘制二维点的命令相似，只是绘制三维点时输入三维坐标即可。绘制出的点可以使用目标捕捉(Object Snap)功能拾取。而点的形状可通过（格式/点样式）菜单命令设置，如图15-104所示。AutoCAD提供绘制单个三维点(Single Point)和多个三维点(Multiple Point)的两个功能。

15.5.1.2 点的形状的设置

点样式对话框
下拉菜单/格式/点样式/─────────\确定/
　　　　　　　　　　选择如图 15-104 所示

15.5.1.3 绘制单个三维点（Single Point）

可以指定点的全部三维坐标。如果省略 Z 坐标值，则假定为当前标高。

　　　　　　　　指定点：
绘图/点/单点/─────────\结果如图 15-105 所示。
　　　　　　200,100,60

15.5.1.4 绘制多个三维点（Multiple Point）

　　　　　　　指定点：　　　指定点：
绘图/点/多点/────\────\
　　　　　　200,100,60　　150,130,50

　　　指定点：　　　指定点：
────\────\ESC,如图 15-105 所示。
　　@80,40,50　　@0,-40,-30

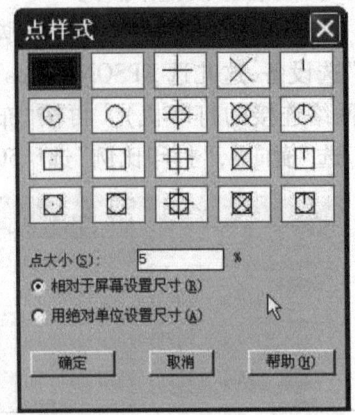

图 15-104 点的形状的设置

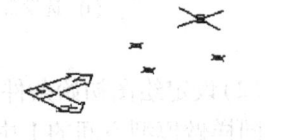

图 15-105 三维点的绘制

15.5.1.5 绘制三维线

大部分绘制三维线的命令与绘制二维线的命令相似，只需输入三维坐标即可。常用的三维线命令有三维直线菜单命令（LINE）和三维多义线（3DPOLY）菜单命令。

1. 绘制三维直线

命令：Line

下拉菜单：绘图/直线

功能：绘制三维空间的直线段。

　　　　_line 指定第一点：　　指定下一点或[放弃(U)]：　指定下一点或[放弃(U)]：
绘图/直线/─────────\────────\─────────\
　　　　　100,150,30　　　　　150,100,40　　　　　@-100,-50,-40

2. 绘制三维多段线

命令：3dpoly

下拉菜单：绘图/三维多段线

功能：绘制三维空间的由直线段构成的多段线。

　　　　　　　　指定多段线的起点：
绘图/三维多段线/─────────\
　　　　　　　　100,100,0

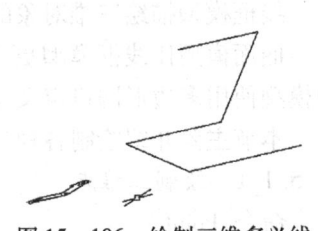

图 15-106 绘制三维多义线

指定直线的端点或[放弃(U)]：　指定直线的端点……：　指定直线的端点……：
─────────\─────────\─────────\
　　170,100,0　　　　　　170,50,30　　　　　　10,50,30

指定直线的端点……：　指定直线的端点……：
─────────\─────────\结果如图 15-106 所示。
　　110,110,60　　　　　　160,110,60

15.5.1.6 绘制三维立体表面

绘制三维立体表面的下拉菜单(绘图/曲面)如图 15－107 所示。下面介绍最常用的命令。

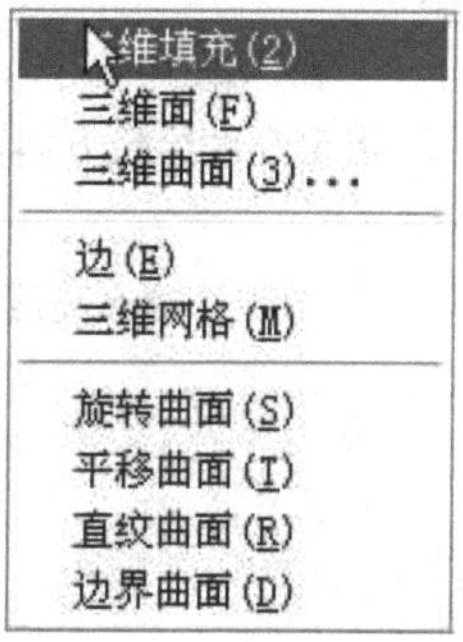

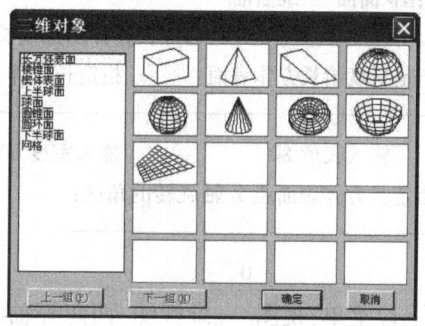

图 15－107 三维表面创建命令

图 15－108 三维对象对话框

15.5.1.7 绘制预定义的三维多面体表面

命令:3d

下拉菜单:绘图/曲面/三维曲面

功能:绘制常见立体表面。

三维命令用于创建下列三维形:长方体、圆锥体、下半球面、上半球面、网格、棱锥面、球体、圆环和楔体。除非使用了 HIDE、RENDER 或 SHADEMODE,否则这些网格都显示为线框形式。三维基本曲面通过对话框来建立,如图 15－108 所示。图 15－109 表示创建各种网格需要指定的点的数目以及所需的参数。下面分别介绍它们的创建方法。

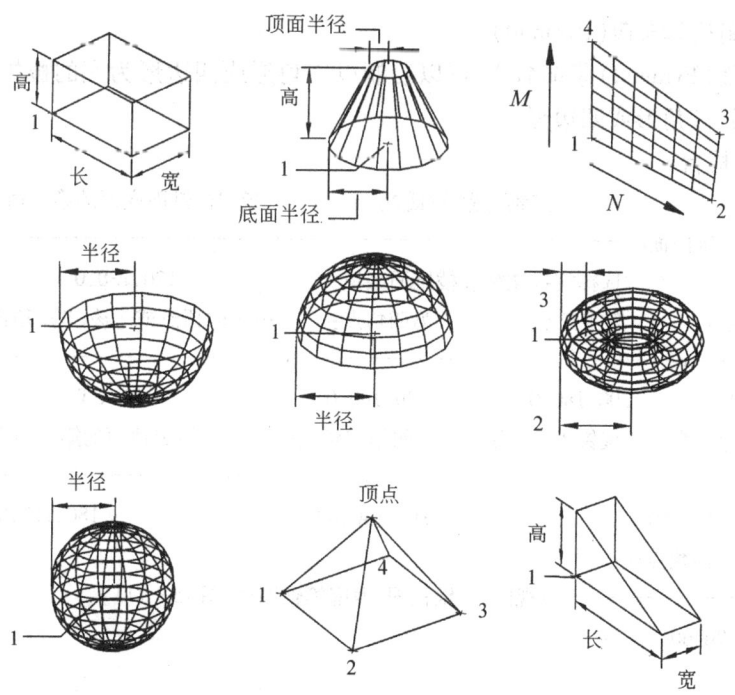

图 15－109 创建网格需要指定的点的数目以及所需的参数

15.5.1.8 绘制长方体表面(Box)

利用长方体表面(Box3d)菜单命令可以绘制长方体和正方体表面。

绘图/曲面/三维曲面/—三维对象对话框—\OK\—指定角点给长方体表面:—\输入点 100,200,0

选择长方体图标或长方体表面菜单

指定长度给长方体表面:—\输入长度 80 指定长方体表面的宽度……:—\输入宽度 60(输入 C 为正方体) 指定高度给长方体表面:—\输入高度 30

指定长方体表面绕 Z 轴旋转的角度:—\0

下拉菜单:视图/三维视图/西南等轴测/如图 15-110。

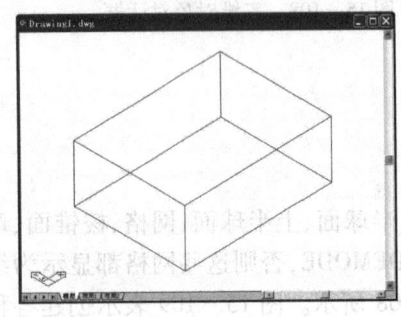

图 15-110 绘制长方体表面

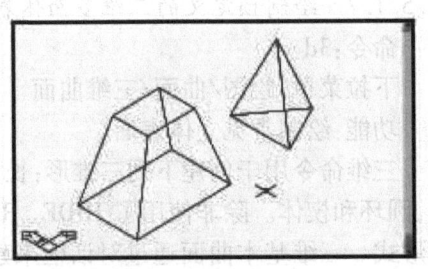

图 15-111 绘制棱锥表面

15.5.1.9 绘制棱锥表面(Pyramid)

利用棱锥面(Pyramid)菜单命令,可以绘制以三角形或四边形为底的棱锥表面;而锥顶可以是点、直线、三角形或四边形。

1. 绘制四棱台

绘图/曲面/三维曲面/—三维对象 对话框—\指定棱锥面底面的第一角点:—\120,130,0

选择棱锥图标或棱锥面菜单

第二角点:—\200,130,0 第三角点:—\200,180,0 第四角点:—\120,180,0 ……的顶点或[棱(R)/顶面(T)]:—\输入 T

指定顶面的第一角点给棱锥面:—\140,140,60 指定顶面的第二角点……:—\180,140,60 指定顶面的第三角点……:—\180,170,60

指定顶面的第四角点……:—\视图/三维视图/西南等轴测/如图 15-111。

140,170,60

2. 绘制三棱锥

绘图/曲面/三维曲面/	三维对象对话框 —————————\	指定棱锥面底面的第一角点: —————————\
	选择棱锥图标或棱锥面菜单	250,130,0
……第二角点: —————\	……第三角点: —————\	……第四角点或[四面体(T)]: —————\	指定四面体表面的顶点……: —————\
200,180,0	290,150,0	输入 T	265,155,60

视图/三维视图/西南等轴测/结果如图 15-111 所示。

15.5.1.10 绘制楔体表面(Wedge)

绘图/曲面/三维曲面/	三维对象对话框 —————————\	指定角点给楔体表面: —————————\	……的宽度: —————\
	选择楔形图标或楔体表面菜单	200,100,0	@100,0
指定长度……: —————\	指定高度……: —————\	指定楔体表面绕 Z 轴旋转的角度: —————\\
@80,0	40	0

下拉菜单:视图/三维视图/西南等轴测/视图/消隐/结果如图 15-112 所示。

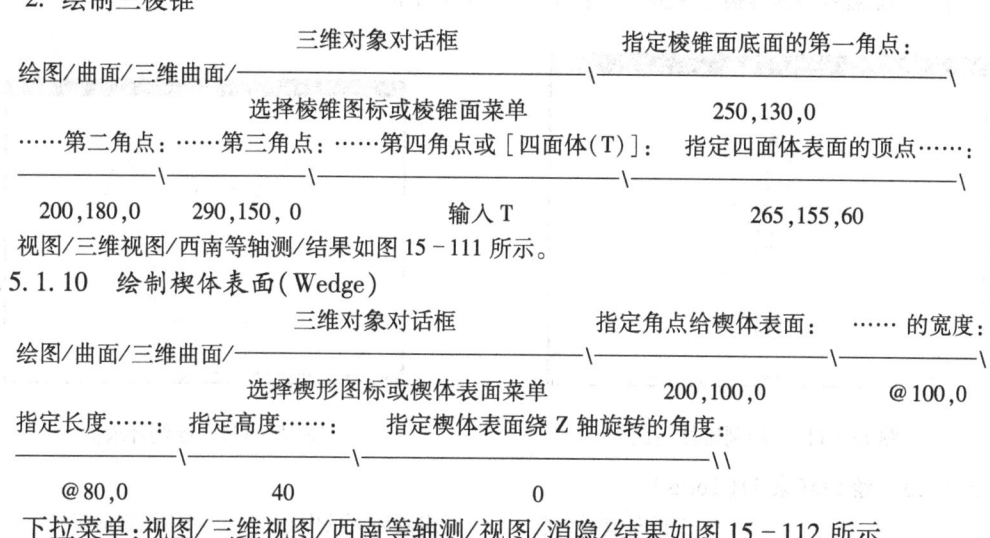

图 15-112 绘制楔形体表面　　　　图 15-113 绘制球体表面

15.5.1.11 绘制球体表面(Sphere)

绘图/曲面/三维曲面/	三维对象对话框 —————————\	指定中心点给球面: —————\	指定球面的半径: —————\
	选择球面图标或球面菜单	200,100,0	50
输入曲面的经线数目给球面⟨16⟩: —————\	输入曲面的纬线数目给球面⟨16⟩: —————\\
32	32

下拉菜单:视图/三维视图/西南等轴测/视图/消隐/结果如图 15-113 所示。

15.5.1.12 绘制锥体表面(Cone)

绘图/曲面/三维曲面/	三维对象对话框 —————————\	指定圆锥面底面的中心点: —————\
	选择锥面图标或圆锥面菜单	200,120,0
指定圆锥面底面的半径……: —————\	指定圆锥面顶面的半径⟨0⟩: —————\	指定圆锥面的高度: —————\\
30		70

视图/三维视图/西南等轴测/视图/消隐/如图 15-114 所示。

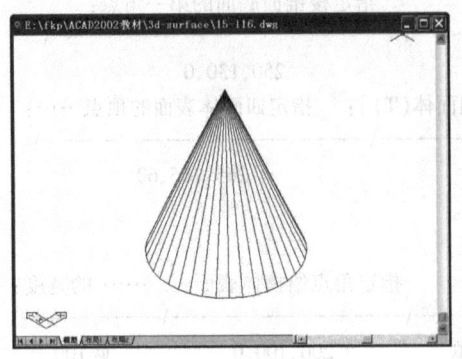

图 15-114 绘制锥体表面

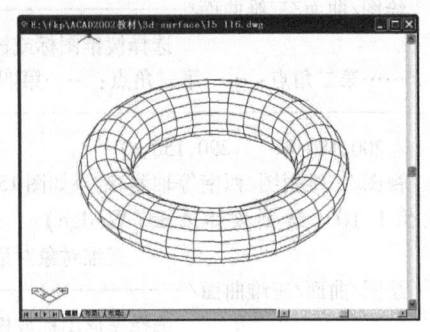

图 15-115 绘制环表面

15.5.1.13 绘制环表面(Torus)

绘图/曲面/三维曲面/————\————三维对象对话框————\\————选择环面图标或环面菜单————\————指定圆环面的中心点：200,150.0————\\————指定圆管的半径：30

指定圆管的半径：————\————输入环绕圆管圆周的线段数目〈16〉：————\\
6 30

视图/三维视图/西南等轴测/视图/消隐/如图 15-115 所示。

15.5.1.14 绘制三维面

命令:3dface

下拉菜单:绘图/曲面/三维面

功能:在三维空间位置上绘制一个有三条边或四条边的三维表面。

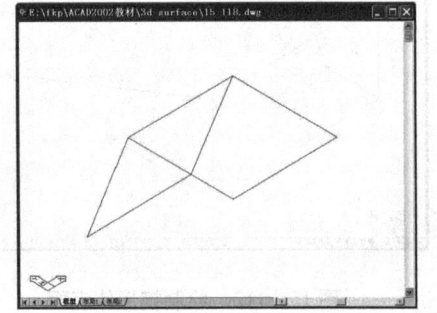

图 15-116 绘制三维面

绘图/曲面/三维面/————\————指定第一点或 [不可见(I)]：50,50,100

指定第二点：————\————指定第三点：————\————指定第四点或 [不可见(I)]：————\————指定第三点：————\————指定第四点……：————\
100,50,100 100,100,100 50,100,100 50,120,50 100,120,50

……〈退出〉：————\\

下拉菜单:视图/三维视图/西南等轴测/视图/消隐/如图 15-116 所示。

15.5.1.15 绘制三维网格面

命令:3dmesh

下拉菜单:绘图/曲面/三维网格

功能:绘制一个在 $M(2\sim156)$ 和 $N(2\sim256)$ 方向展开的三维多边形网格,格外顶点数为 $M\times N$。AutoCAD 用矩阵来定义多边形网格,其大小由 M 向和 N 向网格数决定。3dmesh 主要是为程序员设计的。

15.5.1.16 绘制回转曲面

命令:Revsurf

下拉菜单:绘图/曲面/旋转曲面

功能:将一条空间曲线绕一轴线旋转而形成一回转曲面。生成的网格的密度由 SURFTAB1 和 SURFTAB2 系统变量控制。SURFTAB1 指定在旋转方向上绘制的网格线的数目。如果路径曲线是直线、圆弧、圆或样条曲线拟合多段线,SURFTAB2 将指定绘制的网格线数目以进行等分。

1. 创建空间曲线轴线

      指定起点: 指定下一个点……: 指定下一个点……: 指定下一个点……:
绘图/多段线/————————\————————\————————\————————\
      180,210   180,170   A   170,160

指定下一个点……:   指定下一个点……:   指定下一个点……:
————————\————————————————\\
   L   160,160   160,120

2. 创建回转轴线

      指定起点: 指定下一个点…:
绘图/直线/————————\————————\\
      200,220   200,110

3. 增加表面网格密度

      输入 SURFTAB1 的新值〈6〉:
命令:Surftab1/————————\
       25

4. 创建回转面

      选择要旋转的对象:
绘图/曲面/旋转曲面————————\
      选择多段线
选择定义旋转轴的对象: 指定起点角度〈0〉: 指定包含角(+ = 逆时针, - = 顺时针)〈360〉:
————————\————————\————————————\
   选择旋转轴线

视图/三维视图/西南等轴测/视图/消隐/如图 15-117。

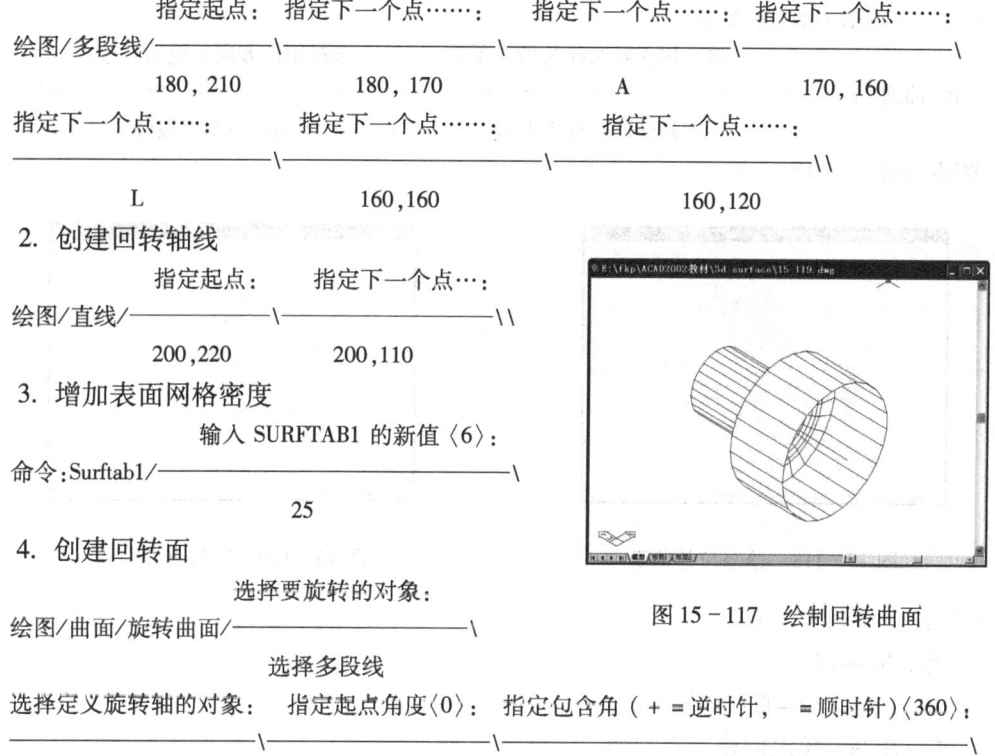

图 15-117 绘制回转曲面

15.5.1.17 绘制拉伸曲面

命令:Tabsure

下拉菜单:绘图/曲面/平移曲面

功能:绘制一个由路径曲线(轮廓线)沿给定的方向矢量拉伸而形成的曲面。

TABSURF 构造一个 $2 \times n$ 的多边形网格,其中 n 由 SURFTAB1 系统变量确定。网格的 M 方向始终为2并且沿着矢量的方向。N 方向沿着轮廓曲线的方向。轮廓曲线定义多边形网格的曲面。它可以是直线、圆弧、圆、椭圆、二维或三维多段线。AutoCAD 从轮廓曲线上离选定点最近的点开始绘制曲面,并且只考虑多段线的第一点和最后一点,忽略中间的顶点。

     指定第一个点或[对象(O)]: 指定下一点: 指定下一点或……: 指定下一点或……:
绘图/样条曲线/————————\————————\————————\————————\
     100,50,0   140,70,0   160,40,0   230,50,0

```
                        指定下一点或……：
                      ————————————————————\\\
                        260,30,0
                            指定多段线的起点：        指定直线的端点或……：
绘图/三维多段线/————————————————————\————————————————————\\
                            150,100,0              @20,50,80
                        输入 SURFTAB1 的新值〈6〉：
命令：Surftab1/————————————————————\
                                20
视图/三维视图/西南等轴测/
                        选择用作轮廓曲线的对象：    选择用作方向矢量的对象：
绘图/曲面/平移曲面/————————————————————\————————————————————\
                        选择绘制的样条曲线          选绘制的三维多段线
视图/消隐/如图 15-118。
```

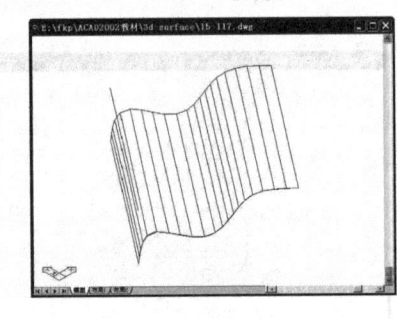
图 15-118 绘制拉伸曲面

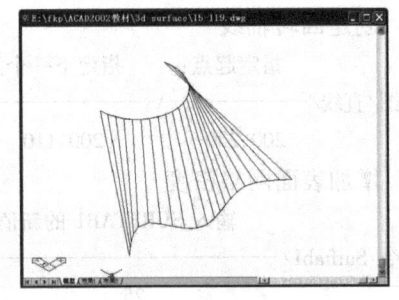
图 15-119 绘制直纹曲面

15.5.1.18 绘制直纹面

命令：Rulesurf

下拉菜单：绘图/曲面/直纹曲面

功能：在两对象之间建立直纹面。

直纹曲面以 $2 \times N$ 多边形网格的形式构造。RULESURF 将网格的半数顶点沿着一条定义好的曲线均匀放置，将另半数顶点沿着另一条曲线均匀放置。等分数目由 SURFTAB1 系统变量指定。

```
                        指定第一个点或[对象(O)]：  指定下一点：  指定下一点：  指定下一点
绘图/样条曲线/————————————————————\————————————\————————————\————————————\
                            100,50,0            140,70,0    160,40,0    230,50,0
        指定下一点：
      ————————————————————\\\\
        260,30,0
视图/三维视图/西南等轴测/
                        指定圆弧的起点或……：    于        （需要 Z）：    ……        ……
绘图/圆弧/三点/————————————————————\————————————\————————————\————————————\\
                            .xy                140,120     80          180,80     220,130
```

第15章 计算机绘图

绘图/曲面/直纹曲面/────选择第一条定义曲线：────\────选择第二条定义曲线：────\
　　　　　　　　　　　　选第一条曲线　　　　　　　选第二条曲线

视图/消隐/结果如图15-119。

15.5.1.19 绘制边界曲面

命令：Edgesurf

下拉菜单：绘图/曲面/边界曲面

功能：用来生成由四条相邻曲线所逼近的孔斯曲面片网格。

邻接边可以是直线、圆弧、样条曲线或开放的二维或三维多段线。这些边必须在端点处相交以形成一个拓扑形式的矩形的闭合路径。可以按任何次序选择这四条边。第一条边(SURFTAB1)决定了生成网格的 M 方向，该方向是从距选择点最近的端点延伸到另一端。与第一条边相接的两条边形成了网格的 N(SURFTAB2) 边。

绘图/样条曲线/──指定第一个点……：──\──指定下一点：──\──指定下一点：──\──指定第一个点……：──\\\\
　　　　　　　　　50,50,0　　　　　　30,80,30　　　　　　50,120,0　　　　　　50,120,0

──指定下一点：──\──指定下一点：──\\\\──指定第一个点……：──\──指定下一点：──指定下一点──\\\\
　80,100,20　　　　130,130,0　　　　　130,130,0　　　　　150,80,40　　　　135,50,0

──指定第一个点……：──\──指定下一点：──\──指定下一点──\\\\
　135,50,0　　　　　　80,60,20　　　　　　50,50,0

命令：Surftab2/──输入 SURFTAB1 的新值⟨6⟩:──\\Surftab2/──输入 SURFTAB2 的新值⟨6⟩:──\\
　　　　　　　　　　　　　　20　　　　　　　　　　　　　　　　　　　　　　　20

视图/三维视图/西南等轴测/

绘图/曲面/边界曲面/──选择用作曲面边界的对象1：──\──选择用作曲面边界的对象2：──\
　　　　　　　　　　　选择边界1　　　　　　　　　选择边界2

选择用作曲面边界的对象3：　选择用作曲面边界的对象4：
──────────────\──────────────\\视图/消隐/如图15-120所示。
　　选择边界3　　　　　　　选择边界4

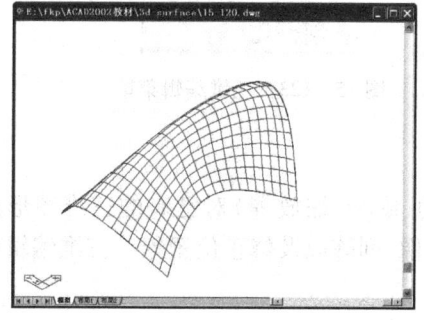

图15-120　绘制边界曲面

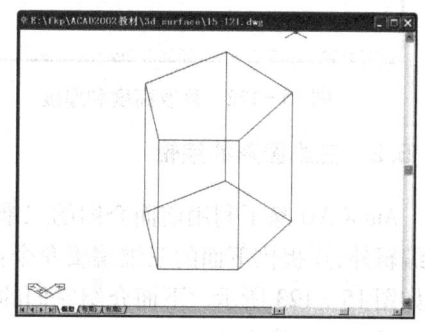

图15-121　绘制两维半网格面

15.5.1.20 绘制两维半网格面

命令：Elev,Thickness

功能：对二维图形设置其高度和厚度，可以建成类似于 AutoCAD 的三维网格面。其中 ELEVATION 为二维图形与基准面的高度；THICKNESS 为二维图形由 ELEVATION 高度被拉伸的距离。建成后的图形高度和厚度可通过 CHANGE 命令修改。

(1) 定义二维图形的高度和厚度

```
              指定新的默认厚度⟨0.0⟩：  指定新的默认标高⟨0.0⟩：
Elev\———————————————\———————————————\
              输入高度 30              输入厚度 80
```

(2) 绘制二维图形

```
           指定起点：  指定下一个点： 指定下一个点： 指定下一个点： 指定下一个点：
绘图/多段线/————————\————————\————————\————————\————————\
           110,100    140,70    190,80    190,130   140,140
    指定下一个点
————————————\如图 15-121。
    c
```

(3) 修改立体的高度和厚度

```
         选择对象：  指定修改点或[特性(P)]： 输入要修改的特性……：
Change \——————————\\———————————————————\———————————————————\\
         选网格立体                        p                     e
指定新标高⟨30.0000⟩：  输入要修改的特性……   指定新厚度⟨80.0000⟩：
————————————————————\————————————————————\————————————————————\\
         60                    t                    40
```

(4) 视图/三维视图/西南等轴测/结果如图 15-122 所示。

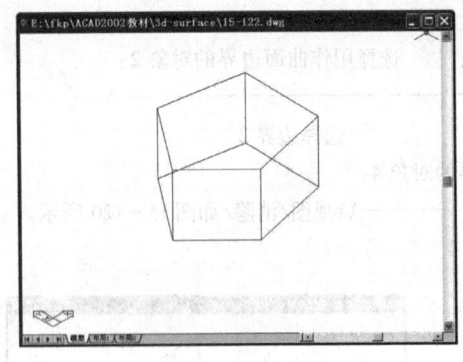

图 15-122 修改高度和厚度

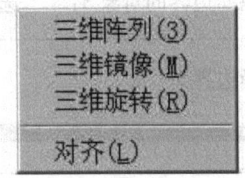

图 15-123 三维编辑菜单

15.5.2 三维图形的编辑

AutoCAD 除了利用前面介绍的二维命令(如移动、旋转、缩放等)对已有的三维图形进行编辑外，还提供下面的三维编辑命令：三维旋转、镜像、列阵以及修正位置等。三维编辑菜单如图 15-123 所示。下面介绍它们的使用方法。

15.5.2.1 三维旋转

命令：Rotate3d

下拉菜单:修改/三维操作/三维旋转

三维旋转命令可提供在三维空间将实体对象绕一指定轴旋转。旋转轴可以是两点坐标定义的空间直线,已有的直线段,当前用户坐标系的 X 轴、Y 轴和 Z 轴,垂直于圆或圆弧并通过其圆心的直线。

绘图/曲面/三维曲面/——三维对象对话框——\确定/——指定角点给长方体表面:——\60,50,0——指定长度:——\30

指定长方体表面的宽度:——\40——指定长方体的宽度:——\20——指定长方体表面绕 Z 轴旋转的角度:——\0

绘图/直线/——指定第一点:——\140,140,0——指定下一点:——\120,30,30——指定下一点 或[放弃]:——\

下拉菜单视图/三维视图/西南等轴测/如图 15-124 所示。

修改/三维操作/三维旋转/——选择对象:——\\选方块——指定轴上的第一个点或定义轴……:——\0

指定旋转角度 或 [参考]:
——\结果如图 15-125 所示。
180

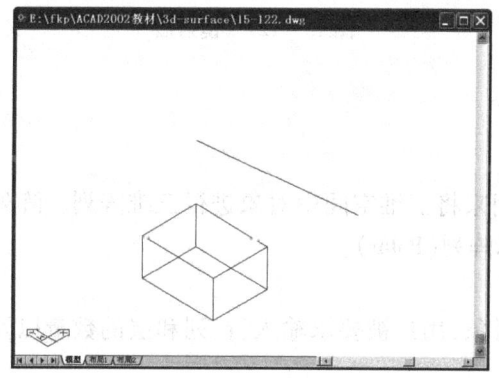
图 15-124 旋转前

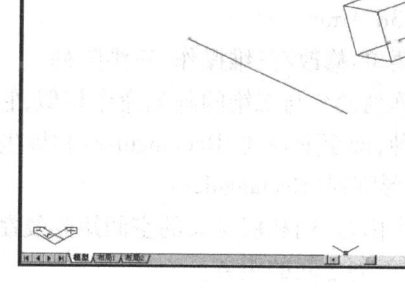
图 15-125 旋转后

15.5.2.2 三维镜射

命令:Mirror3d

下拉菜单:修改/三维操作/三维镜射

三维镜射命令提供使三维对象相对某个平面进行镜像操作。镜射平面可以是三点坐标定义的平面,已有的三维空间平面,或是与一法线垂直的平面,或是与三个基准平面之一平行的平面。

绘图/曲面/三维曲面/——三维对象对话框——\确定/——指定角点给楔体表面:——\200,90,0——指定长度……:——\60

选择楔形图标

……的宽度：	指定高度……：	指定楔体表面绕 Z 轴旋转的角度：
50	30	0

下拉菜单:视图/三维视图/西南等轴测/如图 15－126 所示。

	选择对象：	指定镜像平面（三点）的第一个点或：
修改/三维操作/三维镜射/	选楔块图标	3

在镜像平面上指定第一点：	指定第二点：	指定第三点：	是否删除源对象？〈否〉：
捕捉 A 点	捕捉 B 点	捕捉 C 点	

结果如图 15－127 所示。

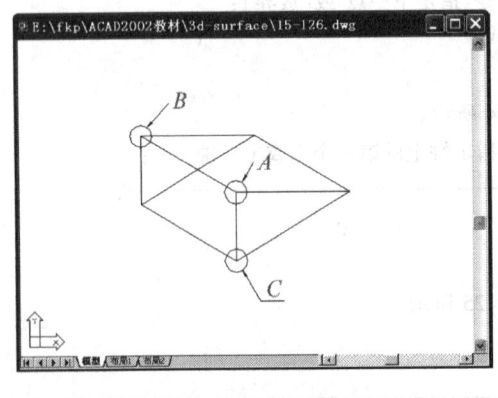

图 15－126 镜射前　　　　　图 15－127 镜射后

15.5.2.3 三维列阵

命令:3d Array

下拉菜单:修改/三维操作/三维阵列

三维阵列命令与二维的阵列命令相似,它用来将三维空间中对象进行三维阵列。阵列方法有两种,即矩形阵列(Rectangular)和极坐标阵列(Polar)。

1. 矩形阵列(Rectangular)

按一个由行、列和层定义的空间矩阵复制对象,用户被要求输入行、列和层的数量以及相对应的行、列之间的距离。

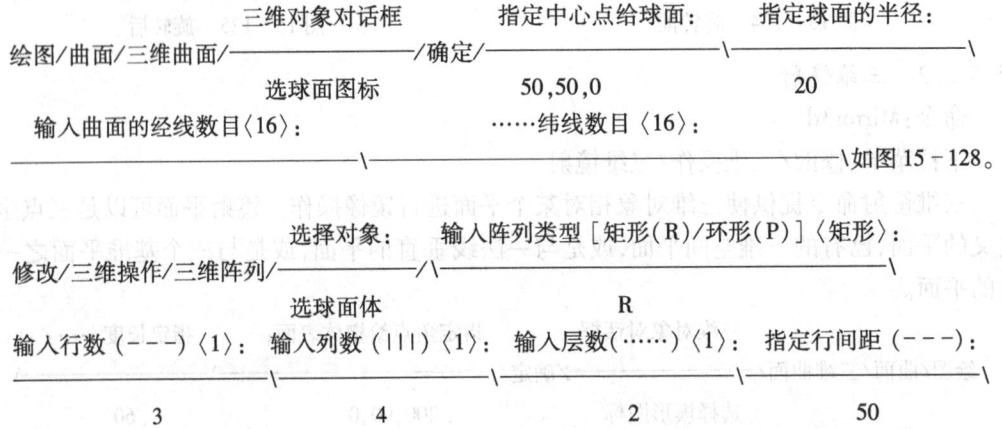

如图 15－128。

第 15 章　计算机绘图

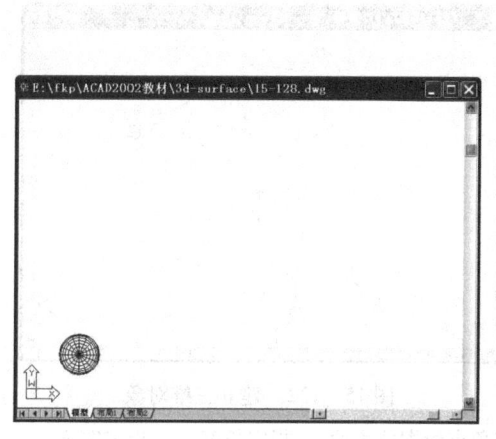

图 15-128　矩形阵列前

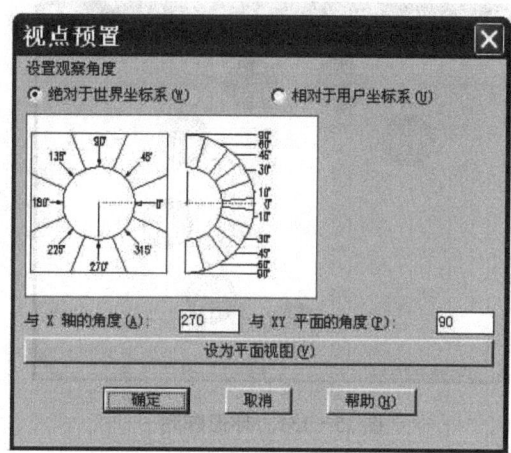

图 15-129　设置视点对话框

```
         指定列间距（|||）：   指定层间距(……)：
         ———————————\————————————\
              60                  70
视图／三维视图／顶视预置／
    顶视预置对话框
————————————————————\结果如图 15-130。
```

如图 15-129，输入角度 225 和 15

2. 环形阵列(Polar)

在三维空间围绕一个旋转轴的数组对象。

按上述生成一球面体，然后依下面步骤进行环形阵列：

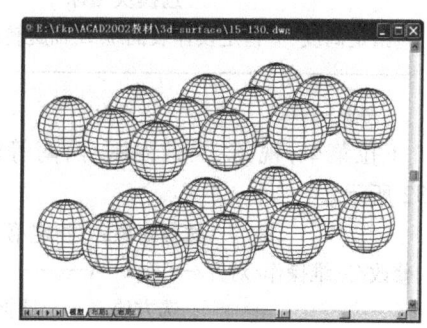

图 15-130　矩形阵列后

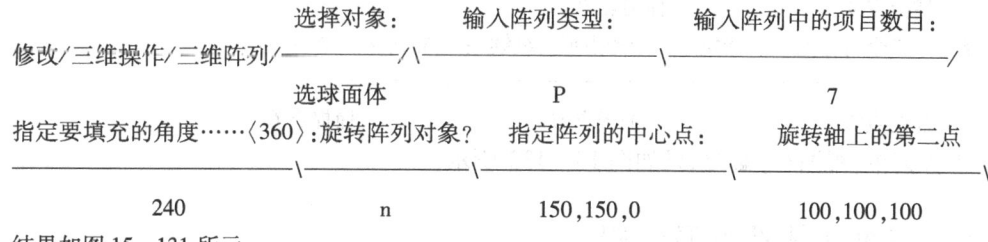

结果如图 15-131 所示。

15.5.2.4　三维对齐

命令：Align

下拉菜单：修改／三维操作／对齐

Align 命令将被选中的对象向另一对象对齐。

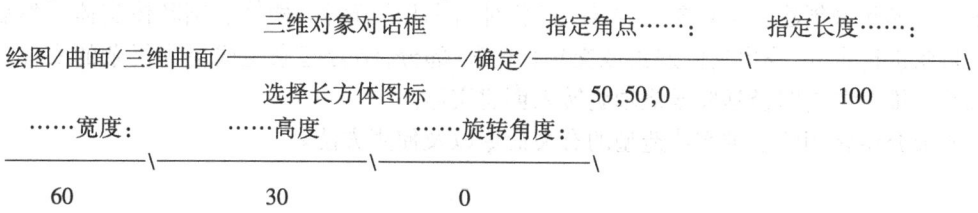

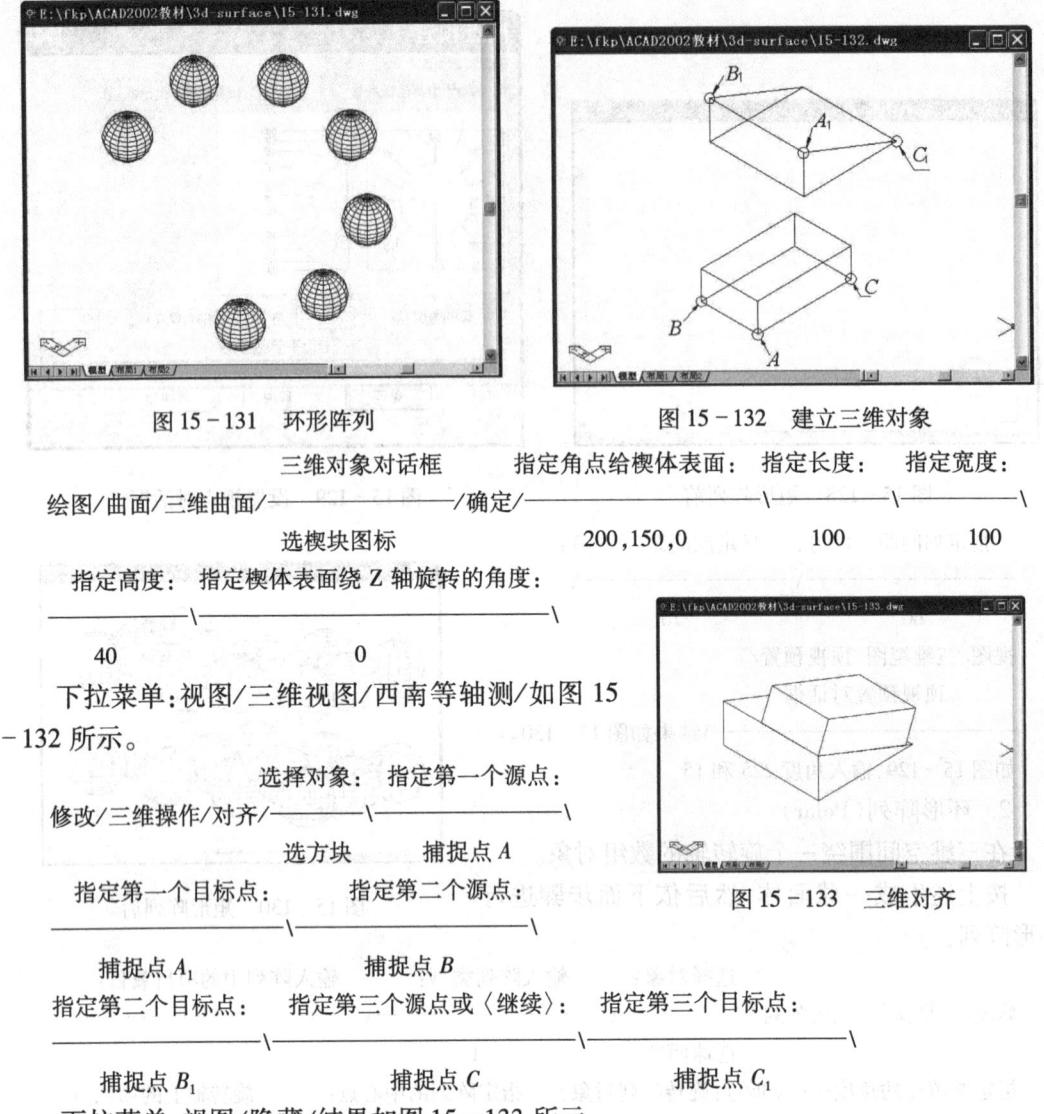

图 15-131　环形阵列

图 15-132　建立三维对象

三维对象对话框	指定角点给楔体表面：	指定长度：	指定宽度：
绘图/曲面/三维曲面/————/确定/	\	\	\
选楔块图标	200,150,0	100	100

指定高度：	指定楔体表面绕 Z 轴旋转的角度：
————————\	————————————\
40	0

下拉菜单：视图/三维视图/西南等轴测/如图 15-132 所示。

	选择对象：	指定第一个源点：
修改/三维操作/对齐/	———\	————\
	选方块	捕捉点 A

指定第一个目标点：	指定第二个源点：
————————\	————————\
捕捉点 A_1	捕捉点 B

指定第二个目标点：	指定第三个源点或〈继续〉：	指定第三个目标点：
————————\	————————————\	————————\
捕捉点 B_1	捕捉点 C	捕捉点 C_1

图 15-133　三维对齐

下拉菜单：视图/隐藏/结果如图 15-133 所示。

15.6　三维实体造型及编辑

AutoCAD 除了创建前面介绍的线框模型和曲面模型外，它还提供了强大的三维实体创建与编辑功能。

实体建模是最容易使用的三维建模类型。利用 AutoCAD 实体模型，可以通过创建下列基本三维形状来创建三维对象：长方体、圆锥体、圆柱体、球体、楔体和圆环体实体。然后对这些形状进行合并，找出它们差集或交集（重叠）部分，结合起来生成更为复杂的实体。也可以将二维对象沿路径延伸或绕轴旋转来创建实体。

本节介绍常用的三维实体造型的有关命令以及使用方法。

15.6.1 三维实体的创建

AutoCAD 的三维实体的命令可通过下拉菜单命令(绘图/实体)和实体工具栏(视图/工具栏/实体)获得,如图 15-134 所示。

15.6.1.1 创建三维基本体

AutoCAD 提供了若干三维基本体的创建命令,即长方体、球体、圆柱体、圆锥体、楔体和圆环体。下面具体介绍它们的创建方法。

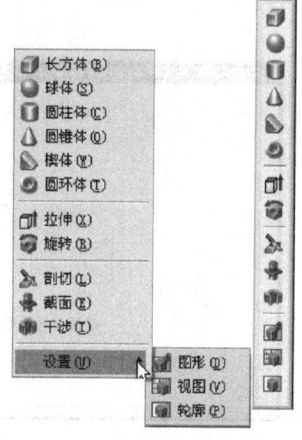

(a) Solids 下拉菜单　(b) 工具条

图 15-134　实体造型命令

1. 创建长方体(Box)

命令:Box

下拉菜单:绘图/实体/长方体(Draw/Solids/Box)

(1) 输入三维点定义长方体

　　　　　　　　指定长方体的角点或 [中心点(CE)]:指定角点或 [立方体(C)/长度(L)]:

绘图/实体/长方体/─────────────────\─────────────────\

　　　　　　　　输入矩形的第一点坐标:50,100,0　输入矩形对角的坐标@50,40

　　　指定高度:

───────────\结果如图 15-135 所示。

定义高度 30

(2) 输入长、宽、高定义长方体(Length)

　　　　　　　　指定长方体的角点或 [中心点(CE)]:　指定中心⟨0,0,0⟩:

绘图/实体/长方体/─────────────────────────────────\

　　　　　　　　　　CE　　　　　　　　　　200,100,0

……[立方体(C)/长度(L)]:　定义长度:　定义宽度:　定义高度:

────────────────\──────\──────\──────\如图 15-135 所示。

　　　　L　　　　　　60　　　　30　　　　40

(3) 创建正方体(Cube)

　　　　……角点或 [中心点(CE)]:长方体的中心点:角点或 [立方体(C)/长度(L)]:

绘图/实体/长方体/──────────────\────────────\────────────\

　　　　　　　　　CE　　　　　　350,100,0　　　　选择正方体方式 C

定义边长:

────── 结果如图 15-135 所示。

60

2. 创建球体(Sphere)

命令:Sphere

下拉菜单:绘图/实体/球体(Draw/Solids/Sphere)

　　　　　　　　指定球体球心⟨0,0,0⟩:　指定球体半径或 [直径(D)]:

绘图/实体/球/─────────────────\────────────────────\结果如图 15-136 所示。

　　　　输入球心坐标 100,100,0　　定义球的半径 40

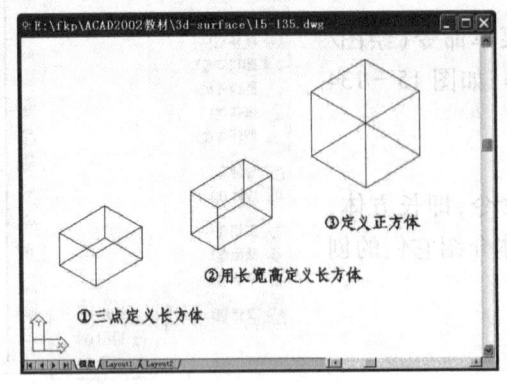

图 15-135　创建长方体　　　　　图 15-136　创建球体

3. 创建圆柱体(Cylinder)

命令:Cylinder

下拉菜单:绘图/实体/圆柱体(Draw/Solids/Cylinder)

Cylinder 命令能创建正圆柱体或椭圆柱体。

(1) 创建正圆柱体

　　　　　　　　　　　指定圆柱体底面的中心点或［椭圆(E)]⟨0,0,0⟩:　　圆柱体底面的半径:
绘图/实体/圆柱体/————————————————————\————————————\
　　　　　　　　　　　输入圆柱体的底圆心坐标50,100,0　　　　　定义底圆半径30

　　指定圆柱体高度:
————————————\结果如图 15-137 所示。

　　定义圆柱高度50

(2) 创建椭圆柱体(Elliptical)

　　　　　　　　　　指定圆柱体…或［椭圆(E)]
绘图/实体/圆柱体/————————————————\
　　　　　　　　　　选择椭圆创建柱体方法 e
指定圆柱体底面椭圆的轴端点或[中心点(C)]:
————————————————————\
　　　选择定义椭圆心法 c
指定圆柱体底面椭圆的中心点⟨0,0,0⟩:
————————————————\
　　定义椭圆圆心坐标200,100,0

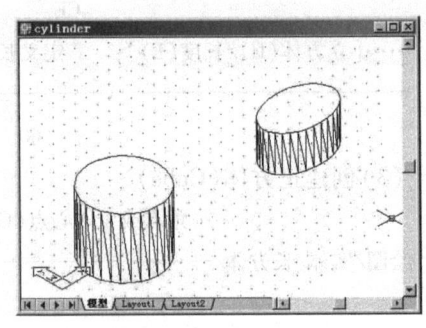

图 15-137　创建圆柱体

指定圆柱体底面椭圆的轴端点:指定……另一个轴的长度:指定圆柱体高度……:
————————\————————————\————————\如图 15-137。

定义椭圆一半轴端点坐标30　　定义椭圆另一半轴长20　　定义椭圆柱高30

4. 创建圆锥体

命令:Cone

下拉菜单:绘图/实体/圆锥体(Draw/Solids/Cone)

(1) 创建正圆锥体

第15章 计算机绘图

```
                            指定圆锥体底面的中心点或［椭圆(E)］〈0,0,0〉：圆锥体底面的半径
绘图/实体/圆锥体/———————————————————————————\——————————————————\
                            50,100,0                              30
指定圆锥体高度：
————————————\结果如图15－138所示。
     40
```

（2）创建椭圆锥体
```
                       ……或［椭圆(E)］〈0,0,0〉：
绘图/实体/圆锥体/————————————————————\
                         选择创建椭圆锥 e
圆锥体底面椭圆的轴端点或［中心点(C)］：
————————————————————————\
        选择定义椭圆中心 c
指定圆柱体底面椭圆的中心点〈0,0,0〉：       指
定圆锥体底面椭圆的轴端点：
—————————————————————\——————————————\
    定义椭圆中心 150,100,0          定义轴端坐标@－30,0
圆锥体底面的另一个轴的长度：      指定圆锥体高度
———————————————————\———————————————\结果如图15－138所示。
    定义另一轴半径 20              定义高度 40
```

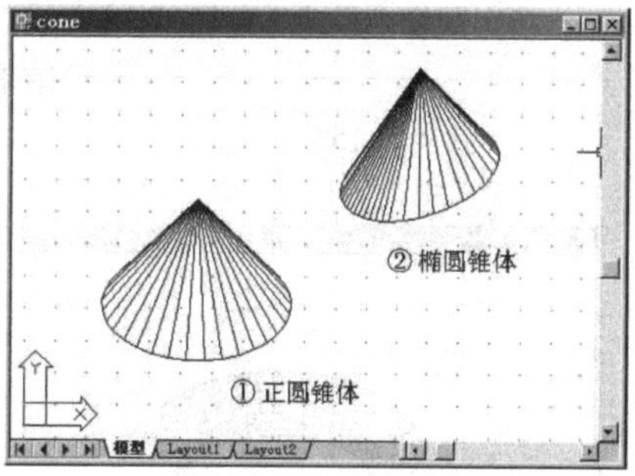

图15－138 创建圆锥体

5．创建楔体(Wedge)

命令：Wedge

下拉菜单：绘图/实体/楔体(Draw/Solids/Wedge)

（1）利用角点创建楔体
```
指定楔体的第一个角点或［中心点(CE)］〈0,0,0〉：
———————————————————————\
     定义一角点坐标 100,100,0
指定角点或［立方体(C)/长度(L)］：  指定高度：
———————————————————\———————\
     定义对角坐标@60,40        定义高度 30
```
结果如图15－139所示。

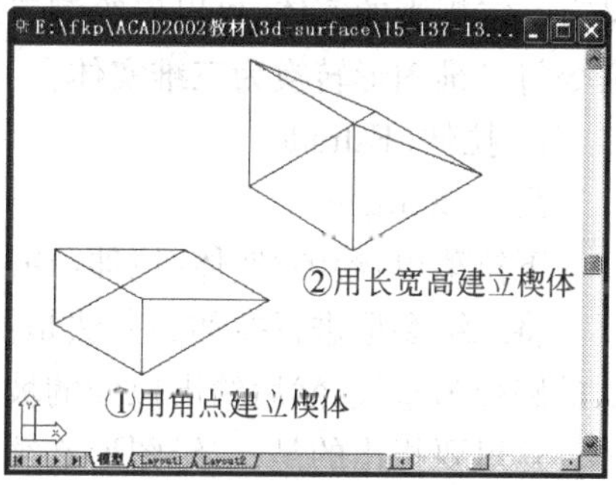

图15－139 创建楔体

（2）利用长、宽、高创建楔体
```
指定楔体的第一个角点或……：  指定角点或［立方体(C)/长度(L)］：  指定长度：  指定宽度：
——————————————\——————————————————\————\————\
   定义始点坐标 200,100,0      选择定义长宽高方法 L      60        50
指定高度：
————\结果如图15－139所示。
  50
```

6．创建圆环体(Torus)

命令：Torus

下拉菜单：绘图/实体/圆环体(Draw/Solids/Torus)

387

```
                          指定圆环体中心〈0,0,0〉：        指定圆环体半径或［直径(D)］：
绘图/实体/圆环体/─────────────────\─────────────────\
                              100,100,0                        60
          指定圆管半径或［直径(D)］：
         ─────────────\结果如图 15－140 所示。
                 15
```

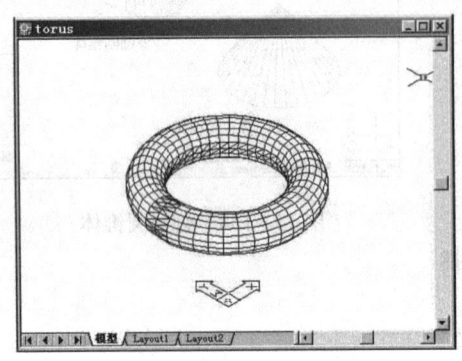
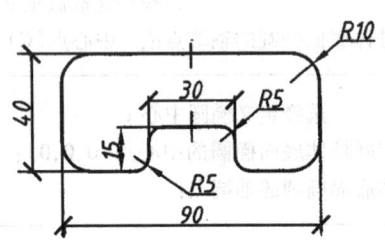

图 15－140　创建圆环体　　　　　　图 15－141　绘制二维图形

15.6.1.2　将二维对象转换为三维实体

AutoCAD 的二维命令功能齐全，作图快速而方便，对一些（如包含倒圆或倒角）复杂而又有一定规则的实体，可以先绘制二维图形，然后通过拉伸（Extrude）命令或回转（Revolve）命令将二维图形转换为三维实体。

1. 拉伸（Extrude）

命令：Extrude

下拉菜单：绘图/实体/拉伸（Draw/Solids/ Extrude）

将二维图形进行拉伸的方法是：给出拉伸的路径，路径可以是直线或曲线，AutoCAD 默认路径为直线；然后给出拉伸的坡度，二维图形经过上述的路径和坡度后就转换为三维实体。这里要指出的是，二维图形必须是多义线或面域。

（1）采用缺省路径（坡度＝0）

首先绘制出如图 15－141 所示的二维图形，然后按如下方法拉伸为三维实体。

```
             选择对象：      输入拉伸高度或［路径(P)］：
绘图/实体/拉伸────────/ \────────────────\\如图 15－142 所示。
            选二维图形                40
```

（2）采用缺省路径（坡度＝5）

```
             选择对象：   S 输入拉伸高度或［路径(P)］：   指定拉伸的倾斜角度
绘图/实体/拉伸────────/ \──────────────────\──────────────\
            选二维图形         输入拉伸高度 40                输入坡度为 5
```

结果如图 15－142 所示。

（3）采用指定的拉伸路径（Path）

当要使二维图形沿预先设定好的路径（如曲线等）进行拉伸时，则先要选择 Path 选项，然后选择拉伸路径。用来定义拉伸路径的图形包括：直线段、圆、圆弧段、椭圆、椭圆段、多义

第 15 章　计算机绘图

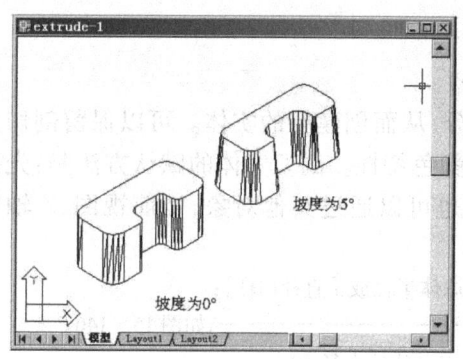

图 15-142　将二维图形拉伸为三维实体

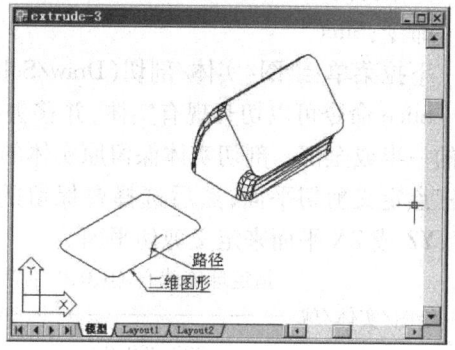

图 15-143　将二维图形沿曲线拉伸

线或样条曲线等。在拉伸过程中,截面形状保持不变。图 15-143 为一三维实体沿一曲线拉伸的前后情形。

2. 旋转(Revolve)

命令:Revolve

下拉菜单:绘图/实体/旋转(Draw/Solids/Revolve)

Revolve 命令是将二维图形绕一轴线旋转而成为三维回转体。回转轴线是指:预先定义好的直线、两点坐标定义的直线、X 轴线和 Y 轴线等。二维图形包括封闭的多义线、多边形、圆、椭圆、闭合的样条曲线和面域等,而自相交的多义线和块中的对象则不宜采用。下面以图 15-144 为例说明回转体的创建步骤与方法。

（1）建立二维图形和回转轴线

按图 15-144 所示尺寸创建用作旋转对象的二维图形和用作旋转轴的直线。

（2）利用 Revolve 命令创建回转体

　　　　　　　　　　　　　选择对象　　　　　　　指定旋转轴……[对象(O)/X 轴(X)/Y 轴(Y)]:
绘图/实体/旋转/————————————\————————————————\
　　　　　选择二维图形,如图 15-144 所示　　　选择预先定义轴线选项 O
　　　选择对象:　　　　　　指定旋转角度⟨360⟩:
——————————————\————————————\结果如图 15-145 所示。
选择定义的回转轴线

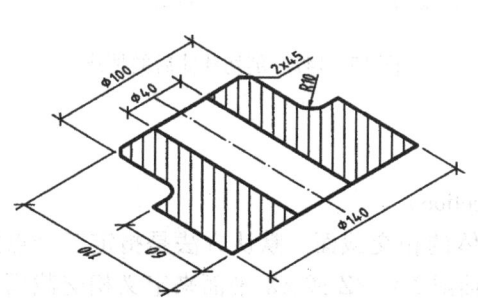

图 15-144　一回转体剖视图

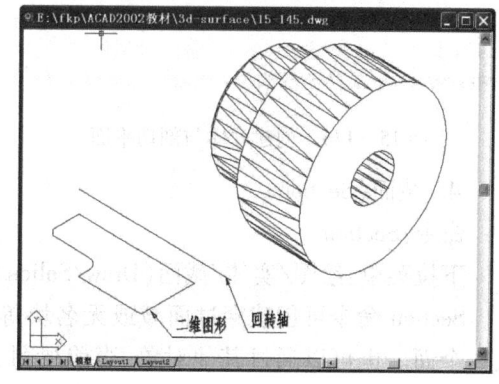

图 15-145　创建回转体

3. 剖切(Slice)

命令:Slice

下拉菜单:绘图/实体/剖切(Draw/Solids/ Slic)

Slice 命令可以切开现有实体,并移去指定部分,从而创建新的实体。可以保留剖切实体的一半或全部。剖切实体保留原实体的图层和颜色特性。剖切实体的默认方法是:先指定三点定义剪切平面,然后选择要保留的部分。也可以通过其他对象、当前视图、Z 轴或 XY、YZ 或 ZX 平面来定义剪切平面。

	指定球体球心〈0,0,0〉:	指定球体半径或[直径(D)]:	
绘图/实体/球/	——————————\	——————————\	如图 15-146。
	200,200,0	定义球的半径 50	

	指定第一个角点:	指定另一个角点:	
绘制/矩形	——————————/	——————————/	结果如图 15-146 所示。
	150,150,20	@160,160	

	选择对象:	指定切面上的第一个点,依照[对象(O)……]:
绘图/实体/剖切/	——————————/\	——————————/
	选择球体,如图 15-146	输入选择对象方式:O
	选择……二维多段线:	在要保留的一侧指定点或[保留两侧(B)]:
	——————————/	——————————\
	选择矩形	B(保留两侧)

	选择对象:	指定基点或位移:	指定位移的第二点:
修改/移动/	——————————/\	——————————\	——————————\
	选择被切球体的上半部分	200,200,0	@-150,150

结果如图 15-147 所示。

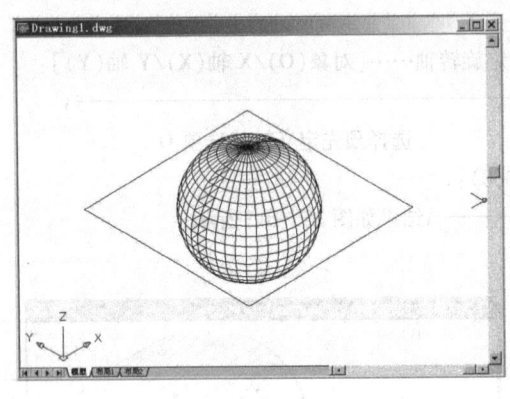

图 15-146 创建球体与剖切平面

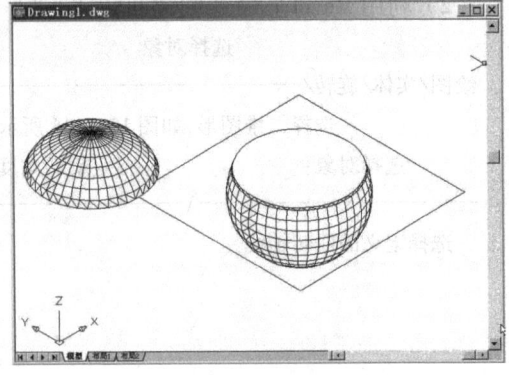

图 15-147 剖切球体后的情形

4. 截面(Section)

命令:Section

下拉菜单:绘图/实体/截面(Draw/Solids/ Section)

Section 命令可创建穿过面域或无名块等实体的相交截面。默认方法是指定三个点定义一个面。也可以通过其他对象、当前视图、Z 轴或 XY、YZ 或 ZX 平面来定义相交截面平面。AutoCAD 在当前图层上放置相交截面平面。

(1) 按图 15－145 所示绘出回转体。
(2) 在世界坐标创建一个 200×150 的矩形。如图 15－148 所示。

```
选择对象：          指定截面上的第一个点或[对象(O)…]
绘图/实体/截面 ————————/\————————————————————/
                 选择回转体                    0
             选择圆……或二维多段线：
——————————————————/移开回转体后如图 15－149 所示。
               选择矩形
```

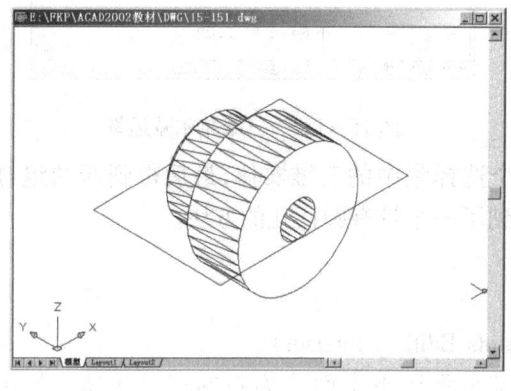
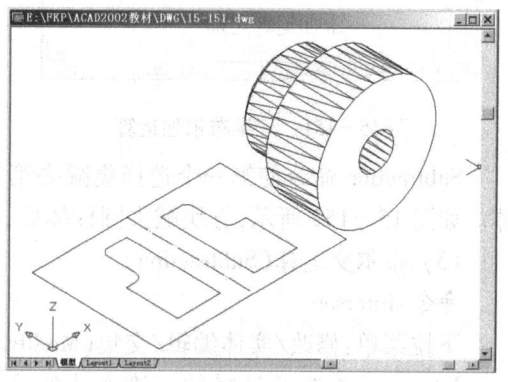

图 15－148　平面与回转体截交前　　　　图 15－149　平面与回转体截交后

15.6.2　三维实体的编辑

二维编辑中的多数常用命令，同样也适用于三维实体；另外，AutoCAD 还提供了比较齐全的针对三维实体编辑的功能，图 15－150 为三维实体编辑的浮动菜单与下拉命令。下面介绍其中一些常用的命令。

15.6.2.1　三维实体的布尔运算

由 AutoCAD 生成的三维基本实体，它们之间经过布尔运算后，可以生成复杂的组合体。布尔运算包括：实体之间的加（并）运算、实体之间的减运算和实体之间的交运算。

(1) 布尔加运算（Union）

命令：Union

下拉菜单：修改/实体编辑/并集（Modify/Solids Editing/Union）

Union 命令使两个或多个实体合并为单个实体。这种方法适用于组合体中基本体之间的叠加。图 15－151 为一方块与一圆柱体进行布尔加运算后的例子。

(2) 布尔减运算（Subtraction）

命令：Subtraction

下拉菜单：修改/实体编辑/差集（Modify/Solids Editing/Subtraction）

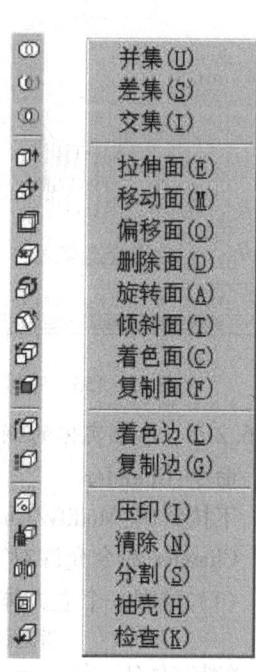

图 15－150　三维实体
　　　　　编辑命令

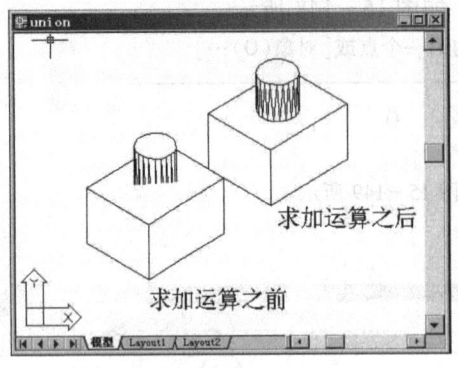 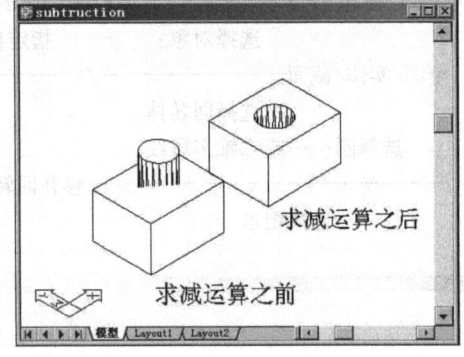

图 15-151　三维布尔加运算　　　　　图 15-152　三维布尔减运算

Subtraction 命令使第一个选择集减去第二个选择集中的三维实体,最后得到新的组合体。如图 15-152 所示,方块减去圆柱体后,得到了一个带有圆柱孔的方块。

(3) 布尔交运算(Subtraction)

命令:Interset

下拉菜单:修改/实体编辑/交集(Modify/Solids Editing/Interset)

Interset 命令将所选择的三维实体的公共部分保留下来而成为新的三维实体。如图 15-153 所示。

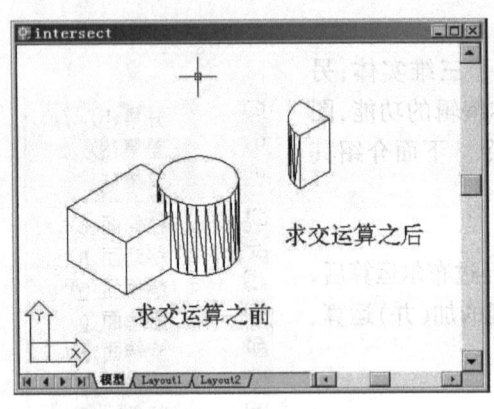 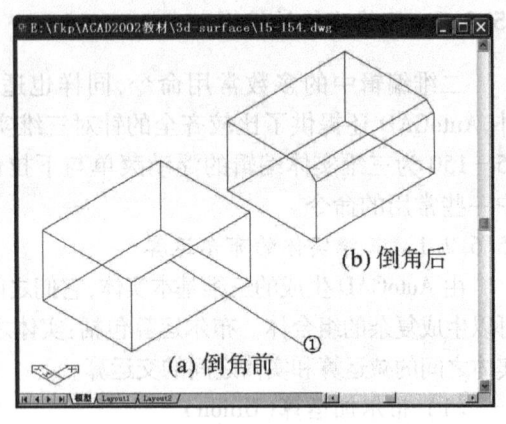

图 15-153　三维布尔交运算　　　　　图 15-154　对立体进行倒角

15.6.2.2　三维实体的倒角

命令:Chamfer

下拉菜单:Modify/Chamfer

Chamfer 命令允许对三维实体的边进行倒角。下面通过例子来说明。

(1) 建立一个立方体

　　　　　　　　　　指定长方角点坐标:　　指定角点坐标:　　指定高度:

绘图/实体/长方体/────────\────────\────────\如图 15-154a 所示。

　　　　　　　　　　100,100,0　　　　　　@80,60　　　　　　40

(2) 对立体进行倒角

```
                选择第一条直线：         指定基面的倒角距离〈10.0〉：
修改/倒角/—————————————————————\——————————————————————\
        选择如图 15-154 中的①棱边              5
指定其他曲面的倒角距离〈10.0〉：  选择边或［环(L)］：
—————————————————\——————————————————\结果如图 15-154b 所示。
                 5              再选择①棱边
```

15.6.2.3 三维实体的倒圆

命令：Fillet

下拉菜单：Modify/Fillet

Fillet 命令允许对三维实体的边进行倒圆。下面举例说明。

(1) 建立一个立方体

建立方法与 15.6.2.2 中的(1)相同。

(2) 对立体进行倒圆

```
                 选择第一个对象或：
修改/倒圆/————————————\
        选择如图 15-155 的①棱边
        输入圆角半径〈10.0〉：
————————————————————\\结果如图 15-155b 所示。
    输入倒圆半径 12
```

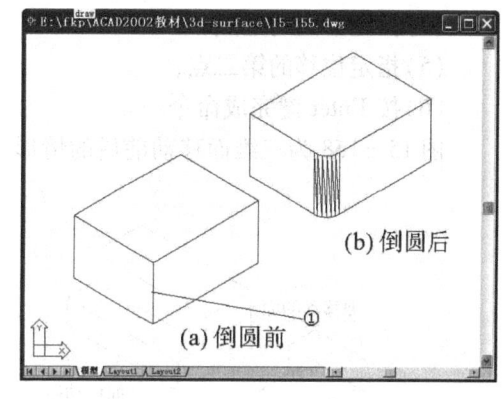

图 15-155　对立体进行倒圆

15.6.2.4 三维实体面编辑

AutoCAD 允许对已经创建的实体进行面编辑，常见的命令有 Extrude(面拉伸)、Move(面移动)和 Rotate(面旋转)等。

1. 实体面拉伸

可以沿一条路径拉伸平面，或者指定一个高度值和倾斜角。路径可以是直线或曲线。路径为正值时可沿正方向拉伸面(通常是向外)；为负值时可沿负方向拉伸面(通常是向内)。倾斜角为正时面将向内倾斜，负角度时面将向外倾斜。默认角度为 0。图 15-156 和图 15-157 分别为面沿着默认路径与定义路径拉伸的结果。

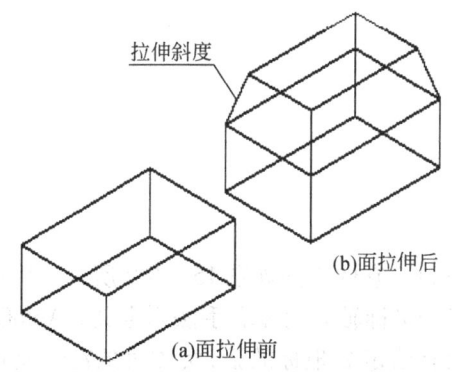 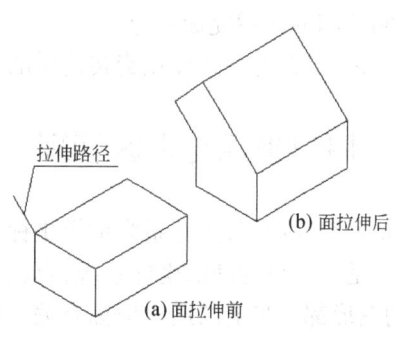

图 15-156　面沿着默认路径拉伸　　　图 15-157　面沿着定义的路径拉伸

2. 实体面移动

可通过移动面来编辑三维实体对象。AutoCAD 只移动选定的面而不改变其方向。可以使用"捕捉"模式、坐标和对象捕捉以精确地移动选定的面。面移动操作如下：

(1) 下拉菜单：实体编辑/移动面；
(2) 选择要移动的面；
(3) 选择其他面或按 Enter 键移动面；
(4) 指定移动的基点；
(5) 指定位移的第二点；
(6) 按 Enter 键完成命令。

图 15-158 为三维面移动前后的情形。

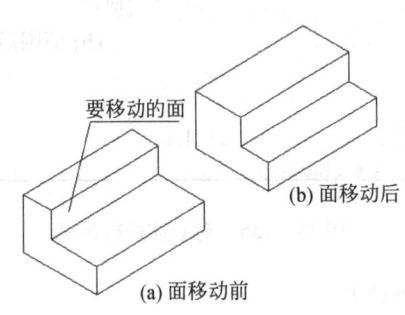

图 15-158　三维面移动

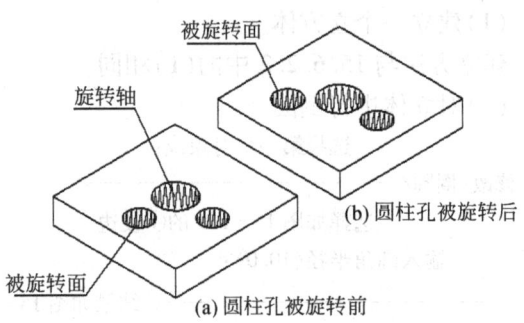

图 15-159　三维面旋转

3. 实体面旋转

通过选择基点和相对(或绝对)旋转角度，可以旋转实体上选定的面或特征集合，如孔等，所有三维面都绕指定轴旋转。旋转实体上的面的步骤如下：

(1) 下拉菜单：修改/实体编辑/旋转面；
(2) 选择要旋转的面；
(3) 选择其他面或按 Enter 键进行旋转；
(4) 输入 Z 表示轴点。也可以指定 X 或 Y 轴、两个点(定义旋转轴)，或通过对象指定轴(将旋转轴与现有对象对齐)从而定义轴点；
(5) 指定旋转角度；
(6) 按 Enter 键完成命令。

图 15-159 为一圆柱孔旋转前后的情形。

15.7　用户坐标与视区管理

AutoCAD 的缺省坐标系为世界坐标系(World)，它的方向如图 15-160 所示。用户坐标系 UCS，是一个可变动的坐标系统，组成它的三个坐标轴方向按右手法则定义。AutoCAD 所建立的图形都与当前的用户坐标有关。如果没有给定 Z 坐标的话，实体对象都绘制在 UCS 的 XY 平面上。

视区管理包括在布局模块中进行多视区的创建与管理，特别是实现工程图的各种表达方法,以及进行三维观察、生成三维透视图等。

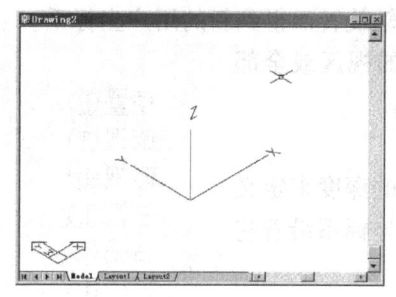

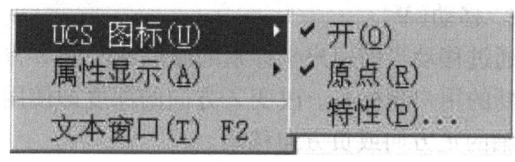

图 15-160 缺省坐标系   图 15-161 UCS 图标的下拉菜单

15.7.1 用户坐标的显示控制

命令:Ucsicon

下拉菜单:视图/显示/UCS 图标(如图 15-161)

Ucsicon 命令有六种选项,它的功能如下:

(1)开(ON):显示图标;

(2)关(OFF):不显示图标;

(3)全部(A):对所有窗口有效;

(4)非原点(N):在左下角显示;

(5)原点(OR):在原点显示。

(6)特性(P):设置图标的形状、大小、颜色等属性。

15.7.2 UCS 命令

命令:UCS

如图 15-162,UCS 命令用于设置和管理用户坐标系,它提供一系列选项,包括设置原点指定关于任意轴的旋转方向,通过对象调整、保存、列表和恢复等。它的命令选项为:新建(N)/移动(M)/正交(G)/上一个(P)/恢复(R)/保存(S)/删除(D)/应用(A)/?/世界(W)。下面分别介绍其各个功能。

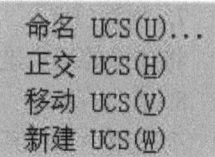

图 15-162 定义用户坐标系

1. 新建(N)

New 选项提供六种定义新的用户坐标系的方法。其菜单如图 15-163 所示。各个功能如下。

(1)世界(W):定义 UCS 为 AutoCAD 缺省的坐标系。

(2)对象(OB):根据所选的对象来确定新的用户坐标系,新坐标系的 Z 轴正方向与所选的三维对象的延伸方向一致。

(3)面(F):将用户坐标对准到一个实体对象的一个面上。

(4)视图(V):将用户设置当前的用户坐标平行于用户当前视图。

(5)Origin:设置新的用户坐标系的原点。

(6)Z 轴(ZA):通过定义坐标系的原点和 Z 轴正方向来确定新的用户坐标系。

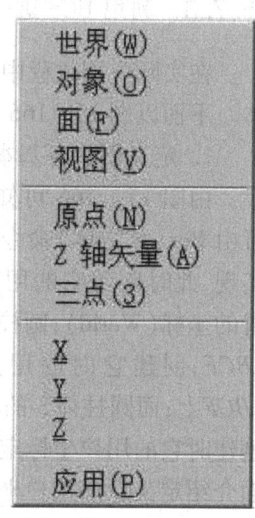

图 15-163 定义新 UCS

(7) 三点(3):通过定义坐标系的原点、X 轴及 Y 轴的正方向来定义新的用户坐标系。
(8) X/Y/Z:通过将当前的用户坐标系绕指定的轴旋转而得到新的用户坐标系。
(9) 应用:将当前的用户坐标系应用到所指定的视区或全部的视区上。

2. 移动(M)

通过移动当前用户坐标系的原点或改变 Z 方向的深度来定义一个新的用户坐标系。改变 Z 方向的深度即使用户坐标系沿着它的 Z 轴的正方向或负方向移动。

3. 正交(G)

选择 AutoCAD 提供的六个正交用户坐标系中的一个作为新的用户坐标系。这六个坐标系的名称如图 15-164 所示。选择六个正交用户坐标系的对话框,如图 15-165 所示。

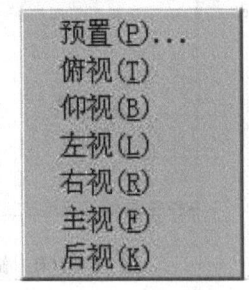

图 15-164 六个正交用户坐标系

4. 上一个(P)

恢复前一个用户坐标系。

5. 恢复(R)

恢复一个被保存过的用户坐标系。

6. 保存(S)

保存当前坐标系,用户可以为坐标系命名。

7. 删除(D)

将选择的用户坐标系从表中删除。

8. ?

列出用户坐标系的名字,并显示每个被保存的用户坐标系与当前坐标系相对的原点及 X、Y、Z 轴。

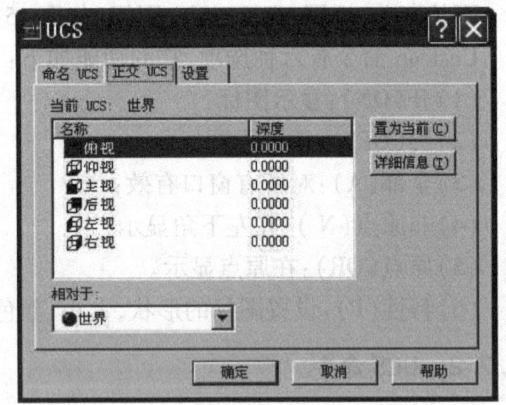

图 15-165 设置六个正交用户坐标系的对话框

15.7.3 利用 UCS 进行三维实体操作的方法与步骤

在实际应用过程中,用户往往需要在几个用户坐标之间切换,才能创建出比较复杂的形体。下面以图 15-166 所示的组合体为例,说明利用 UCS 进行实体造型的方法与步骤。

1. 定义创建各基本体的用户坐标

由图 15-166 可知,带有斜面的基本体 1 可由 Box(长方体)命令和 Chamfer(倒角)命令实现,此时创建它的用户坐标就是 AutoCAD 缺省的坐标(World);圆柱体 2 的轴线垂直于平面 ABCF,创建它时的用户坐标应定义在平面 ABCF 上;而圆柱体 3 的轴线垂直于斜面 BCDE,创建时它的用户坐标定义在平面 BCDE 上。下面介绍定义这些用户坐标的方法。

(1) 定义创建圆柱体 2 的用户坐标

① 利用"工具/正交 UCS/左视"命令定

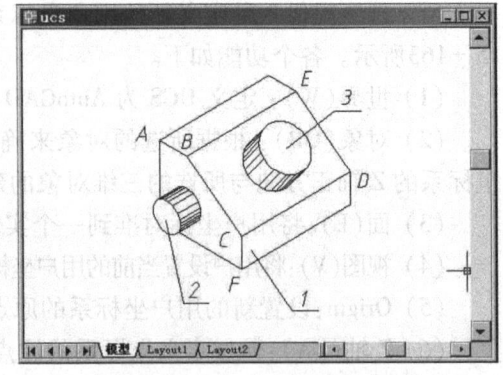

图 15-166 组合体的立体图

义 UCS 方向(此时为左视图方向);

② 利用"工具/新建 UCS/原点"命令定义 UCS 的原点;

③ 利用"工具/命名 UCS"命令保存当前的 UCS。

（2）定义创建圆柱体 3 的用户坐标

① 利用"工具/新建 UCS /3 点"命令定义 UCS 原点和方向

```
                        指定新原点〈0,0,0〉：    在正 X 轴范围上指定点〈〉：
工具/新建 UCS /3 点/————————————\————————————\
                        定义原点(捕捉点 C)            (捕捉点 D)
在 UCS XY 平面的正 Y 轴范围上指定点〈〉:
—————————————————————————\结果如图 15-167 所示。
定义 UCS 平面的 Y 轴方向(捕捉点 B)
```

② 利用 Tools/Named UCS 命令保存当前的 UCS

```
                  UCS 对话框
工具/命名 UCS/————————————————————/OK\
    在"未命名"处双击并输入 UCS 名字:2 - UCS
```

2. 切换用户坐标

由于已经对定义的 UCS 进行了命名及保存,因此可以快速地在所定义的 UCS 之间作切换,为随后三维创建与编辑提供了方便。切换 UCS 的方法如下：

① 打开 UCS 对话框;

② 选择想要切换的 UCS,并点击"置为当前"按钮;

③ 按"确定"退出。

3. 将视图方向变换为用户坐标的正投影方向并作图

为了直观地反映形体的位置,作图时往往将视图方向垂直于 UCS 的 XOY 平面。其方法由输入 Plan 命令或由下拉菜单命令(视图/三维 视图/平面图/当前 UCS/)实现。图 15-168 为变换后的 2-UCS 平面图。变换后,就可方便地在平面图上作图了。

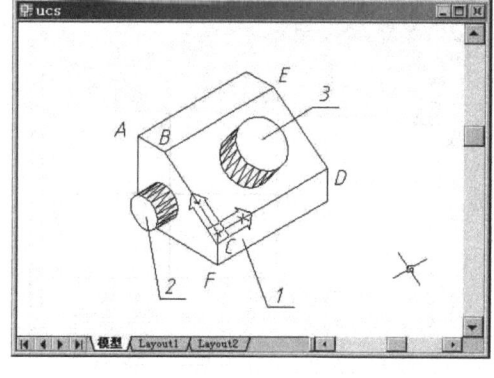

图 15-167 定义创建圆柱体 3 的用户坐标

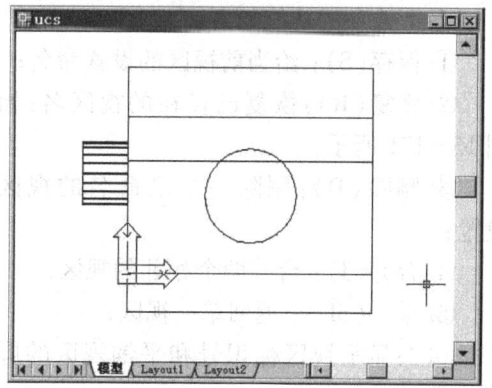

图 15-168 变换后的 2-UCS 平面图

15.7.4 多视区设置与管理

AutoCAD 缺省的视区为单视区,为了使用户能把多个不同方向的视图同时显示出来,必须设置多视窗。通过下拉菜单命令"视图/视窗"(如图 15-169 所示)分别在模型空间和图纸空间中设置平铺视区和浮动视区。

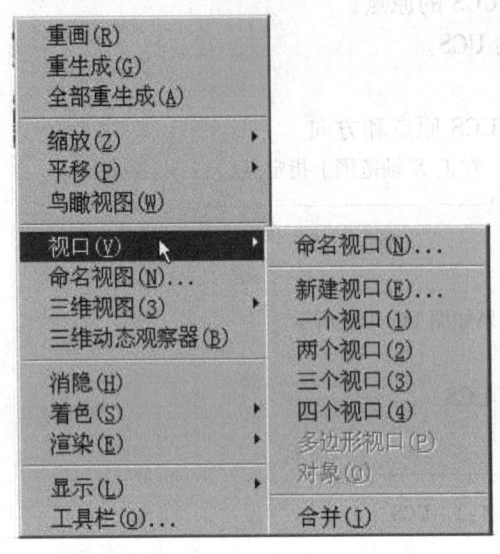

图 15-169 Viewports 菜单　　　　图 15-170 视口对话框

1. 设置平铺视区

命令：Vports

下拉菜单：视图/视口（View/Viewports）

如果绘图状态处于模型空间，则输入 Vports 命令可以设置多个平铺视区。键入 Vports 命令后，AutoCAD 弹出视口对话框，如图 15-170 所示，用户可以从 AutoCAD 提供的选项中设置各种视窗并给予命名。

如果在命令行输入 -vports，则在命令行中提供以下选项：

[保存(S)/恢复(R)/删除(D)/合并(J)/单一(SI)/? /2/3/4]〈3〉：

各个选项的功能如下：

① 保存(S)：给当前视区的设置命名；

② 恢复(R)：恢复已存在的视区名；如图 15-171 所示；

③ 删除(D)：删除一个已命名的视区设置；

④ 合并(J)：合并两个相邻的视区；

⑤ 单一(SI)：返回单一视区；

⑥ ?：显示视区标识号和平铺视区的屏幕位置；

⑦ 2/3/4：分别将当前视图区分别分为二、三、四个视区；

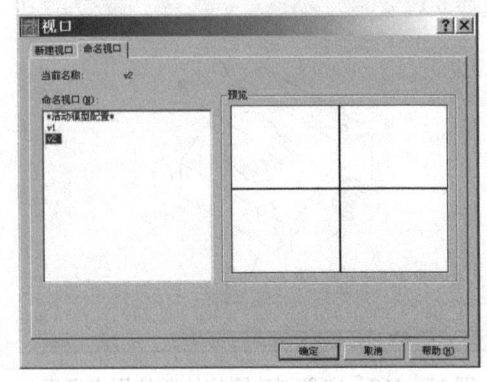

图 15-171 恢复一个已存在的视区名

2. 设置浮动视区选卡

命令：Mview

下拉菜单:视图/视口(View/Viewports)

在当前工作空间为图纸空间时,使用 Mview 命令可以设置浮动视窗的数量、位置和大小,浮动视窗间的切换可通过按键 Ctrl+R 来完成。

当键入 Mview 命令时,AutoCAD 给出如下提示:

[开(ON)/关(OFF)/布满(F)/消隐出图(H)/锁定(L)/对象(O)/多边形(P)/恢复(R)/2/3/4]:

各个选项的功能如下:

① 开(ON):打开并激活视区,使视区内的对象可见。

② 关(OFF):关闭视区,被关闭的视区的对象不被显示。

③ 布满(F):创建一个充满可用显示区域的视区。视区的实际尺寸取决于图纸空间视图的尺寸。

④ 消隐出图(H):在图纸空间中打印图形时,不打印隐藏线。

⑤ 锁定(L):锁定当前视区,其功能与锁定图层相似。

⑥ 对象(O):选取一个封闭的图形作为视区。如图 15-172 所示。

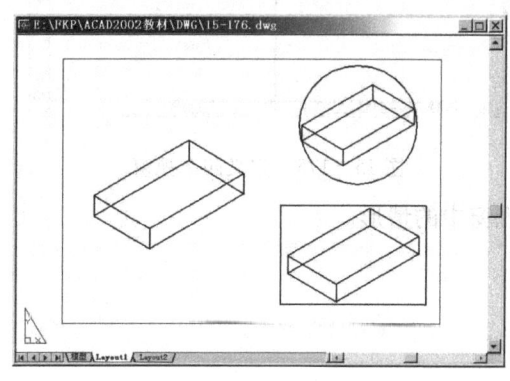 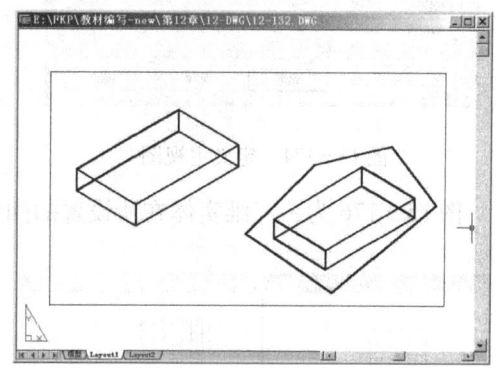

图 15-172　用对象命令选项定义视区　　　图 15-173　用多边形(P)选项定义视区

⑦ 多边形(P):可以定义一个不规则形状的图形作为视区,如图 15-173 所示。

⑧ 恢复(R):恢复前面保存过的一个视区的设置。

⑨ 2/3/4:将当前的视区分解为 2、3、4 个视区。

3. 定义独立的用户坐标

在设计三维图形工程中,为了方便地在不同的视区对图形进行编辑;AutoCAD 提供了在不同视区设置不同的用户坐标的功能。例如,要在一张图纸中定义四个视窗,分别用来表示主视图、俯视图、左视图和轴测图。具体步骤如下:

(1) 定义四个视窗

视口对话框

视图/视口/命名视口/────────────────────────────/OK/
　　　　　　　　　选择:新建视窗;四个:相等;　　在新名称栏:输入 4-viewports

(2) 将要定义的视区设定为当前视区。

(3) 将各个视区定义为独立的 UCS 坐标

① 定义主视图

UCS 对话框

工具/命名 UCS/————————————————/确定/PLAN\

选正交 UCS,主视,置为当前(如图 15-174)

② 定义俯视图、左视图

利用上述方法定义出俯视图(TOP)和左视图(LEFT)。

③ 定义轴测图

激活右下角视图,按如下步骤设置轴测图:视图/三维视图/西南等轴测,结果如图 15-175 所示。

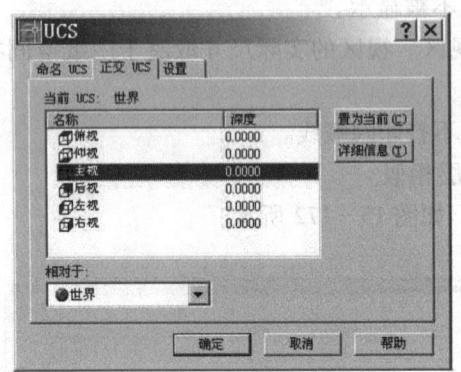

图 15-174 定义主视图

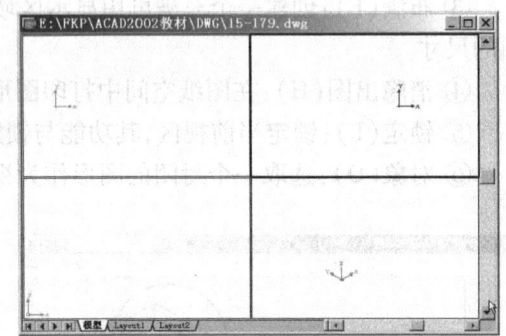

图 15-175 定义四个视窗

图 15-176 为一三维实体在所设置的四个视窗中的情形。

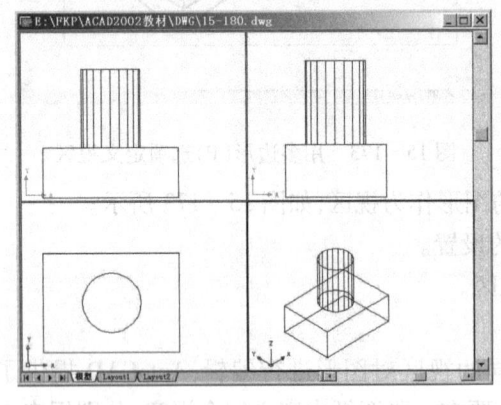

图 15-176 三维实体的多视窗显示

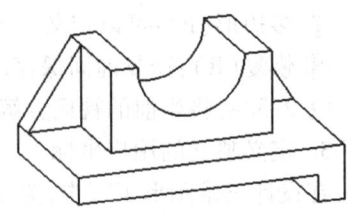

图 15-177 立体图

15.7.5 由三维实体生成各种表达方法

利用"绘图/实体/设置"命令可以将所创建的三维实体快速地生成各种表达方法,如三视图、轴测图、斜视图和剖视图等。下面以图 15-177 所示的模型为例说明各种表达方法的绘制方法。

15.7.5.1 三视图的生成

由三维实体生成三视图的方法主要在图纸空间中完成,具体步骤如下:

1. 定义各视图的投射方向

(1) 在布局(LAYOUT)模块中输入 MS 命令由图纸空间进入模型空间。

(2) 利用"视图/三维视图/主视图"定义主视图投射方向。

(3) 用 Z/S/1XP/命令将视图比例调整为 1。

(4) 输入 PS 命令切换到图纸空间,调整视图视口并使图形刚好被围住,然后移动到如图 15-178 所示的左上角位置。

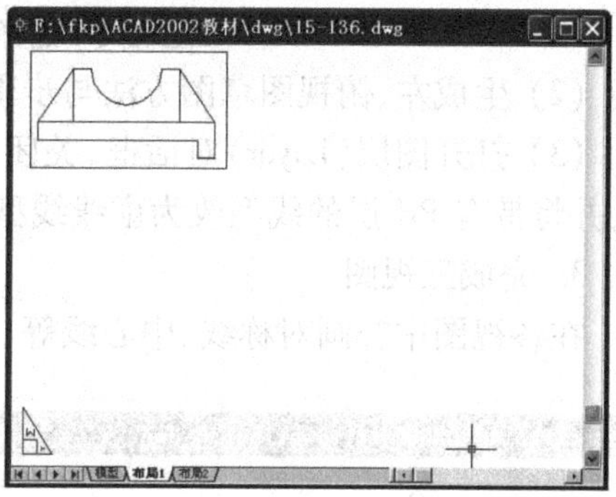

(5) 设置左视图投影方向及位置

输入一个选项 […/正交/…]：
绘图/实体/设置/视图/────────────\
选择正交视图选项 O

在视口边上指定投射方向： 　　　　　　指定视图的中心：
──────────────────/ 　　　　──────────────────/ \
用鼠标在视口左边框处取中点　　　　在右边的适当位置设置左视图的中心

指定视窗的第一角点坐标： 　　　　　　指定视窗的对角点坐标：
──────────────────\ 　　　　──────────────────\
定义对角的外框的左上角位置(与主视图对齐)　定义对角的位置(与主视图对齐)

输入视窗名：
──────────────────\结果如图 15-179 所示。
定义视图名称 left

图 15-178 定义主视图的位置

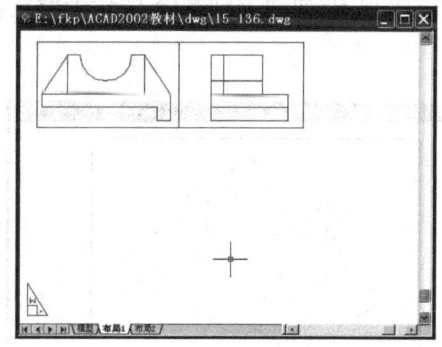

图 15-179 定义左视图的方向与位置

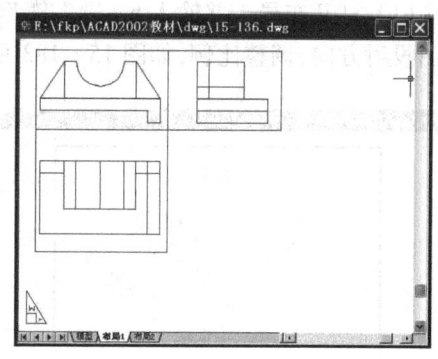

图 15-180 定义俯视图的方向与位置

(6) 设置俯视图方向及位置

用步骤(5)同样的方法定义俯视图的投射方向与位置。只是在 AutoCAD 提示设置投射方向时,用鼠标选择主视图视口边框的上边,并定义俯视图的名称 TOP。结果如图 15-180 所示。

2. 生成三视图草图

(1) 生成主视图草图

切换到模型空间,并采用如下操作:

选择实体对象：

绘图/实体/设置/轮廓/————————————/\\\
在主视图中选择三维立体

（2）生成左、俯视图草图方法与步骤①相同。

（3）打开图层（Layer）对话框，关闭 0 层（显示三维实体的线型）和显示视图外框的线型，并将带有 PH 层的线型改为虚线线型，结果如图 15-181 所示。

3. 完成三视图

在各视图中补画对称线、中心线等，完成三视图的绘制，如图 15-182 所示。

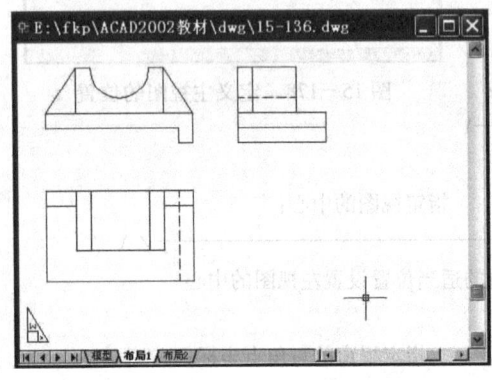

图 15-181　生成三视图草图　　　　　图 15-182　完成三视图

15.7.5.2　轴测图的生成

轴测图的生成方法与三视图生成方法相似，不同之处是在图纸空间中的视图方向为轴测图方向。具体方法如下：

（1）打开布局 1 并输入 ms 进入模型，用"视图/三维视图/西南等轴测（S）"命令设置轴测图投射方向，调整比例，如图 15-183 所示。

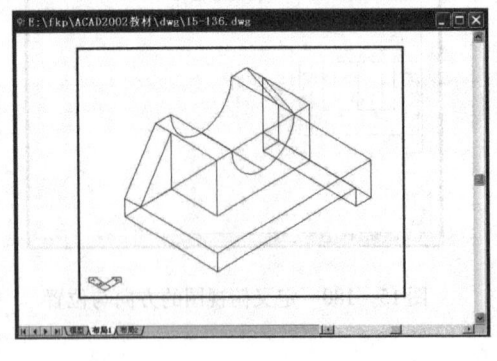

图 15-183　设置轴测图投射方向　　　　　图 15-184　完成的轴测图

（2）用"绘图/实体/设置/轮廓（P）"命令提取实体轮廓，步骤与三视图草图生成方法相同。

（3）打开层对话框，冻结或隐藏带有 H 的层，关掉 0 层，轴测图就生成了，如图 15-184 所示。

15.7.5.3 剖视图的生成

现以图 15-177 所示的模型为例,将左视图画成全剖视图。其过程如下。

(1) 选择剖切平面、确定剖视图的位置和投射方向

① 按上述方法生成如图 15-178 所示的主视图的方向与位置;

② 按如下步骤选择剖切平面、确定剖视图的位置和投射方向:

```
                          输入一个选项……:      ……剖切平面的第一点      ……第二点……
绘图/实体/设置/视图/————————————————/————————————————/
                          选择剖视图选项 S      (如图 15-185 所示)捕捉①点      捕捉②点
指定视点位置:            输入比例〈1〉:         指定视图中心:                  ……视图第一角点:
————————————————/————————————————/————————————————/\
鼠标点取左边                                    确定剖视图中心位置              定义剖视图视口一角坐标
……对角点:              输入视窗名:
————————————————/————————————————\\结果如图 15-185 所示。
定义剖视图视口的对角坐标   给剖视图命名:lp
```

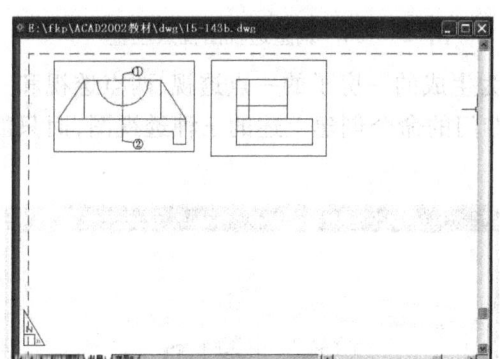

图 15-185 选择剖切平面和设置剖视图位置

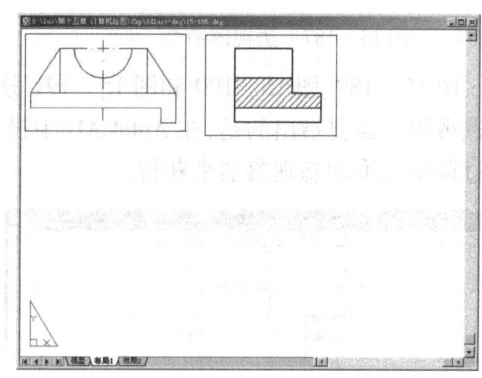

图 15-186 完成剖视图

(2) 生成剖视草图

按如下步骤生成剖视图草图:

```
                          选择视口 …:
Draw/Solids/setup/Drawing/————————————————/\
                          选择剖视图窗口
```

(3) 完成剖视图

对草图进行编辑,如添加中心线、对称线,更换剖面线符号等,完成剖视图,结果如图 15-186 所示。

15.7.6 透视图的生成

AutoCAD 生成的投影为平行投影和透视投影,前面介绍的均为平行投影。要创建透视投影图,可通过如下的方法:

(1) 利用"视图/三维动态观察器"命令进入动态三维观察状态。

(2) 利用弹出的快捷菜单命令(此时按鼠标右键)"投影/透视"进入透视图状态,如图 15-187 所示。

（3）利用三维动态观察器或"其他/调整距离"等命令调整视点的位置，如图 15-188 所示。

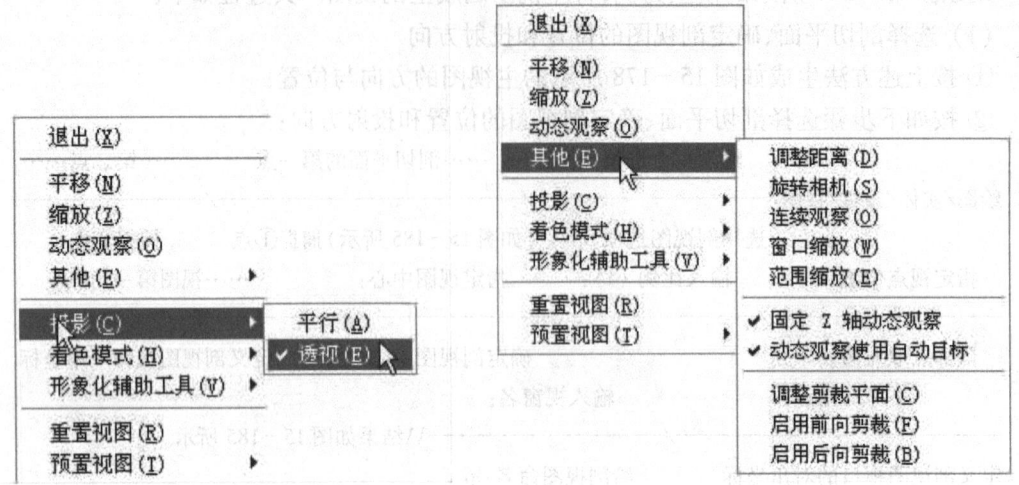

图 15-187 透视图命令　　　　　图 15-188 调整透视图视点位置

图 15-189、图 15-190 和图 15-191 分别为生成的一房子的一点透视、两点透视和三点透视图。需要指出的是，在 AutoCAD 中没有专门的命令创建上述的三种透视图，而只能通过调整三维动态观察器来获得。

 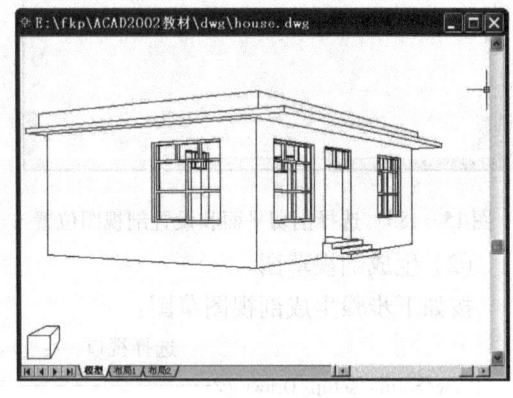

图 15-189 一房子的一点透视图　　　　　图 15-190 一房子的两点透视图

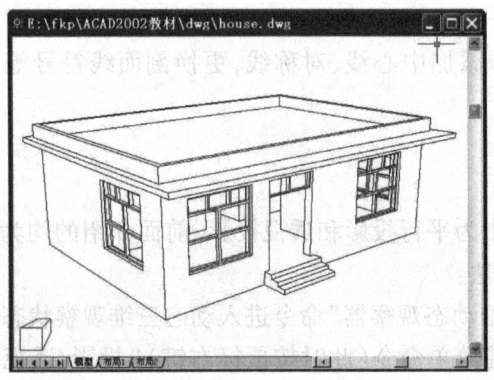

图 15-191 一房子的三点透视图

15.8 三维立体绘制举例

15.8.1 单叶回转双曲面的绘制

单叶回转双曲面是通过一母线(直线)绕与之异面的轴线旋转而形成的。作图步骤如下:
(1) 母线的绘制

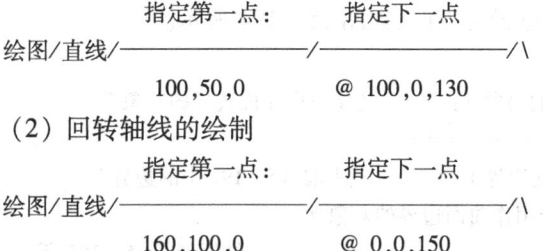

```
                  指定第一点：        指定下一点
绘图/直线/————————————/————————————/\
              100,50,0          @100,0,130
```
(2) 回转轴线的绘制
```
                  指定第一点：        指定下一点
绘图/直线/————————————/————————————/\
              160,100,0         @0,0,150
```
(3) 视图/三维视图/西南等轴测/如图 15-192 所示。

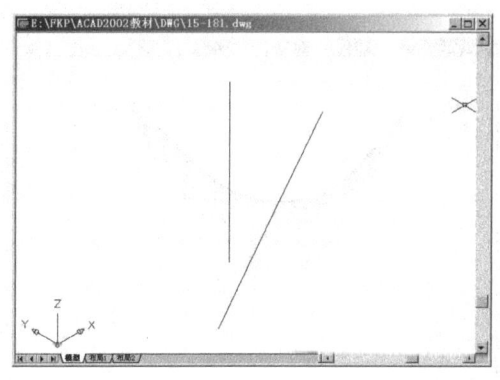

图 15-192　绘制母线与回转轴线　　　　图 15-193　完成后的单叶回转双曲面

(4) 设置曲面网格密度
```
              SURFTAB1 的新值⟨6⟩
surftab1 \————————————————\\
                   30
```
(5) 生成单叶回转双曲面
```
                         选择要旋转的对象：  选择定义旋转轴的对象：  指定起点角度⟨0⟩：
绘图/曲面/直纹曲面/——————————————/——————————————/——————————————/\\
                       选择母线,如图 15-192    选择回转轴线
```
结果如图 15-193 所示。

15.8.2 双曲抛物面的绘制

双曲抛物面可通过 Edgesurf 命令(绘图/曲面/边界曲面)来创建。
(1) 建立四条边界线
```
             指定第一点： 指定下一点   指定下一点   指定下一点    指定下一点
绘图/直线/————————\————————\————————\————————\————————\\
            120,150,0  210,150,60   210,210,0   120,210,60   120,150,0
```

(2) 设置曲面网格密度

SURFTAB1 的新值⟨6⟩
surftab1\——————————\\
25

SURFTAB2 的新值⟨6⟩
Surftab2\——————————\\
25

(3) 视图/三维视图/视点/调整视点位置与方向,如图 15-194 所示。

(4) 生成双曲抛物面

选择用作曲面边界的对象 1: 选择用作曲面边界的对象 2:
绘图/曲面/边界曲面/————————————/————————————

选择图 15-194 中的边界 1　　选择图 15-194 中的边界 2

选择用作曲面边界的对象 3: 选择用作曲面边界的对象 4:
————————————/————————————/结果如图 15-195 所示。

选择图 15-194 中的边界 3　　选择图 15-194 中的边界 4

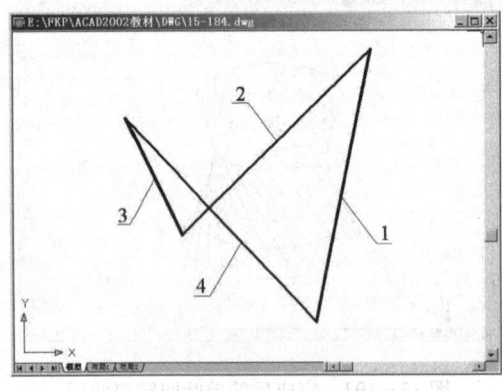

图 15-194　建立四条边界线

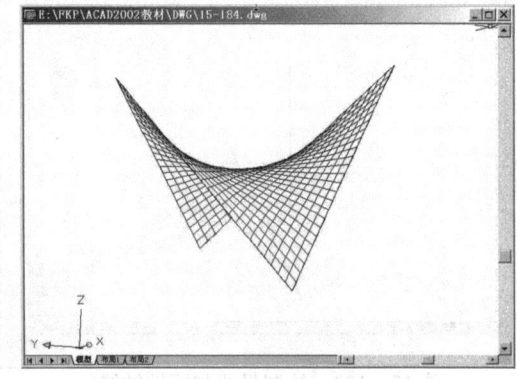

图 15-195　生成双曲抛物面

15.8.3　正螺旋面的绘制

正螺旋面也是直纹面,绘制的方法是利用样条曲线命令(Spline)绘制螺旋线,再通过 rulesurf(绘图/曲面/直纹曲面)命令在两条三维螺旋线之间创建正螺旋面。下面绘制一个宽度为 40 mm,导程为 120 mm 且与直径为 ϕ40 mm 的圆柱体相交的正螺旋面。作图步骤与方法如下:

(1) 如图 15-196 所示,作长度为 40 mm 的一直线段(母线),并利用 Array(阵列)命令将直线段复制(12 条)并均匀分布在一圆周上。

(2) 利用 Move 命令依次将 1～12 条直线段逐步沿 Z 方向升高 10 mm,如图 15-197 所示。

(3) 利用样条曲线命令(Spline)依次连接各条直线段的端点(0～12 编号),如图 15-198 所示,绘制出了两条螺旋线。

(4) 使用 Surftab1 命令设置网格密度为 60。

(5) 使用 Rulesurf(绘图/曲面/直纹曲面)命令在螺旋线Ⅰ、Ⅱ之间建立正螺旋面,并将 ϕ40 的圆的厚度设置为 150,结果如图 15-199 所示。

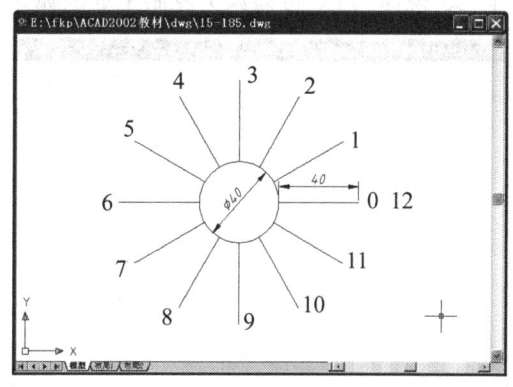
图 15-196　建立母线并复制

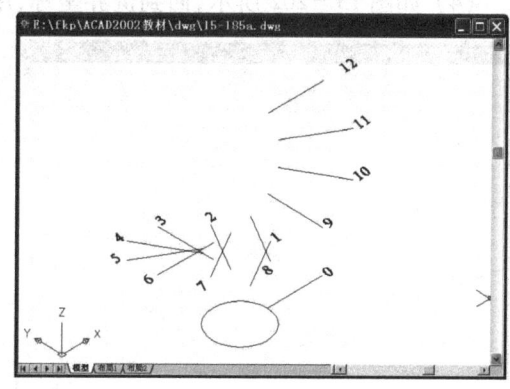
图 15-197　定位母线所经过 13 处位置

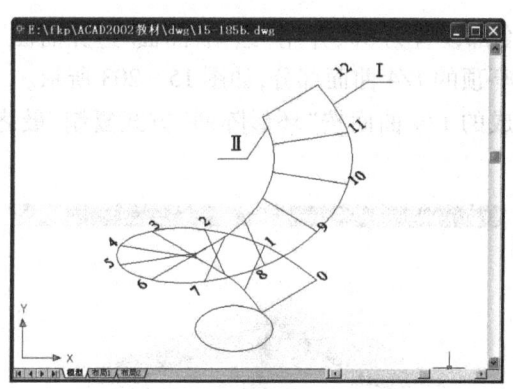
图 15-198　创建两条螺旋线

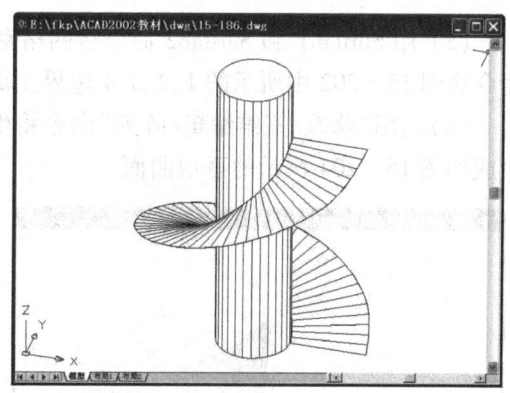
图 15-199　生成正螺旋面

15.8.4　亭顶曲面的绘制

如图 15-200 所示的亭顶曲面的尺寸,试绘制它的三维图形。作图步骤与方法如下：

（1）利用"格式/图形界限"定义 5000×5000 的图形空间。

（2）在世界坐标状态下分别绘制 5000×5000 和 200×200 的正方形。并用 Move(修改/移动)命令将小正方形移动到 5000×5000 的正方形的正上方。此过程中会用到目标捕捉（Snap）命令。

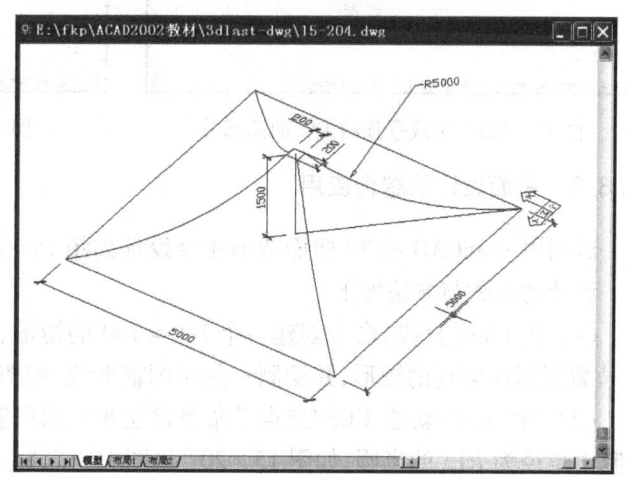
图 15-200　亭顶曲面的尺寸

（3）绘制辅助线,利用"工具/新建 UCS/三点"命令定义用户坐标,在此用户坐标中用"绘图/圆弧/起点、端点、半径"命令绘制出半径为 5000 的圆弧,结果如图 15-201 所示。

(4) 如图 15-202 所示,回到世界坐标,用"修改/镜像"命令将圆弧 1 复制生成圆弧 3。

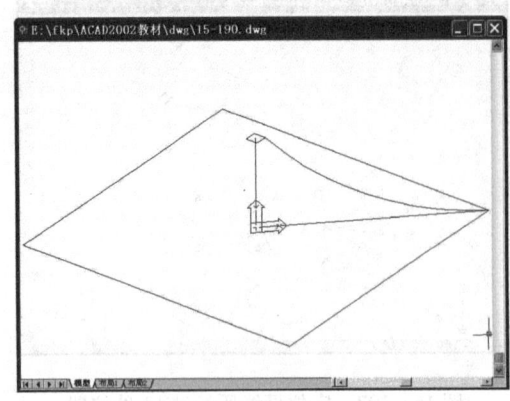 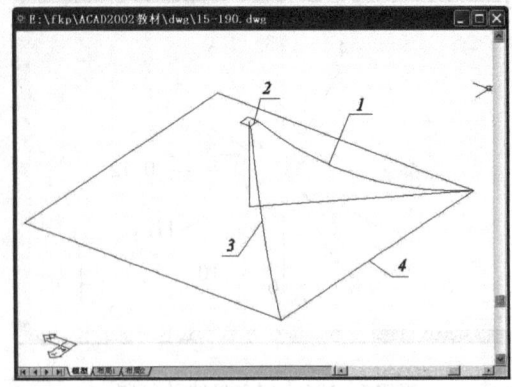

图 15-201　绘制半径为 5000 的圆弧　　　　图 15-202　将圆弧 1 复制生成圆弧 3

(5) 用 Surftab1 和 Surftab2 命令将网格密度都设置为 30,并用"绘图/曲面/边界曲面"命令将图 15-202 中所示的 1、2、3、4 边界生成亭顶的 1/4 曲面部分,如图 15-203 所示。

(6) 利用"修改/三维编辑/阵列"命令将生成的 1/4 曲面按"环形阵列"方式复制,最终生成如图 15-204 所示的亭顶曲面。

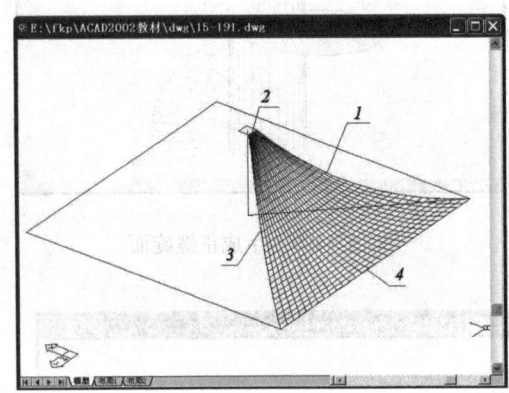 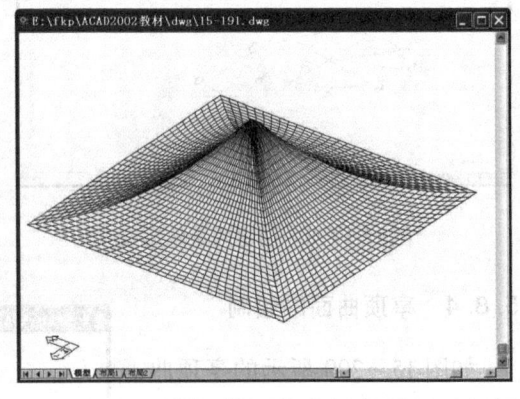

图 15-203　生成亭顶的 1/4 曲面部分　　　　图 15-204　最终生成的亭顶曲面

15.8.5　曲面设计的综合应用

试利用 AutoCAD 的 3d 曲面造型命令设计如图 15-205 所示一个坐垫的三维模型。设计的步骤与方法如下:

(1) 用 Line(直线)命令创建一个 100×100 的矩形,然后用 Copy(复制)命令在@0,0,30 位置复制所创建的矩形,并绘制一些作图辅助线,如图 15-206 所示。

(2) 用"工具/新建 UCS/三点"命令建立两个用户坐标并命名为"left"和"front",分别绘制出半径为 R15 的半圆,如图 15-207 与图 15-208 所示。

(3) 返回到世界坐标,设置网格密度(surftab1 = 12 和 surftab2 = 12),用"绘图/曲面/边界曲面"命令创建由 4、5、6、7 组成的边界曲面;用"绘图/曲面/直纹曲面"命令创建由圆弧 1、2 定义的直纹曲面;用"绘图/曲面/旋转曲面"命令创建由半圆弧 3 定义的旋转曲面(旋转轴为 8,角度为 90),结果如图 15-209 所示。

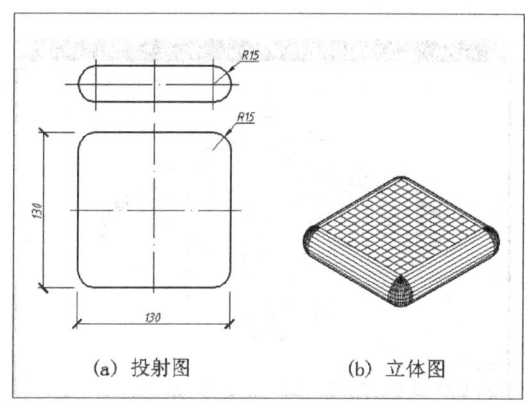

图 15-205　一个坐垫的尺寸及模型

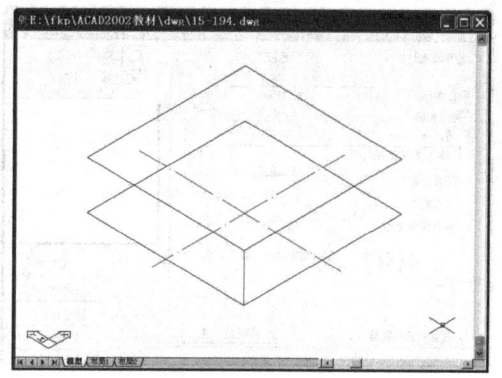

图 15-206　绘制矩形及作图辅助线

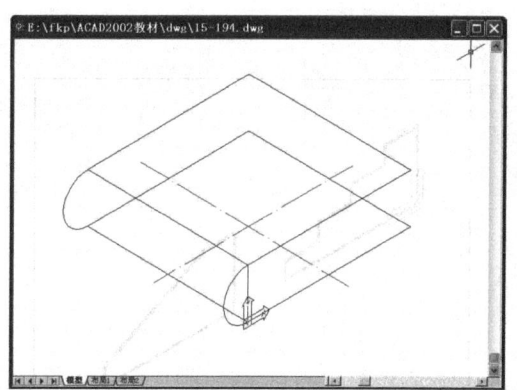

图 15-207　建立"front"坐标和圆弧

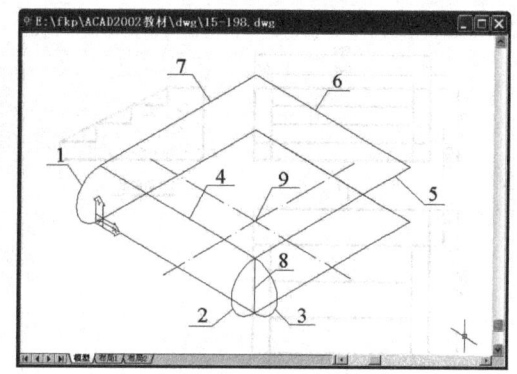

图 15-208　建立"left"坐标和圆弧

（4）在世界坐标中，用"修改/阵列"命令将生成的直纹曲面和旋转曲面复制（如图 15-210 所示，在阵列对话框中，阵列中心为图 15-208 中的 9 位置），最后生成如图 15-211 所示的坐垫三维模型。

15.8.6　台阶的实体造型

如图 15-212 所示为一台阶的视图及尺寸，试绘制出它的实体模型。

创建方法及步骤如下：

（1）形体分析：由形体分析可知，台阶可看作是由两边的挡板及中间的台阶三个

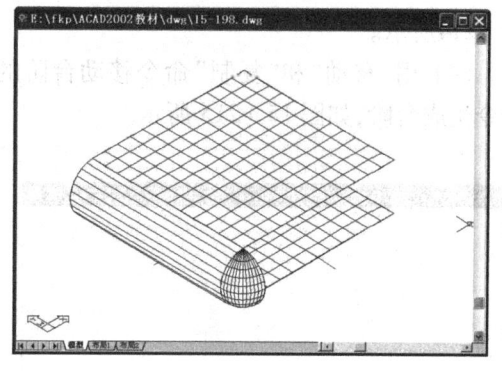

图 15-209　创建的部分曲面

部分经叠加形成的。可以先用"绘图/实体/拉伸"命令分别创建各个基本形体，然后利用"修改/实体编辑/并集"命令实现。

（2）如图 15-213 所示，利用 UCS 建立用来拉伸的多段线二维图形。

（3）用"绘图/实体/拉伸"命令将二维图形拉伸为长度为 1200 与 150 的实体，如图

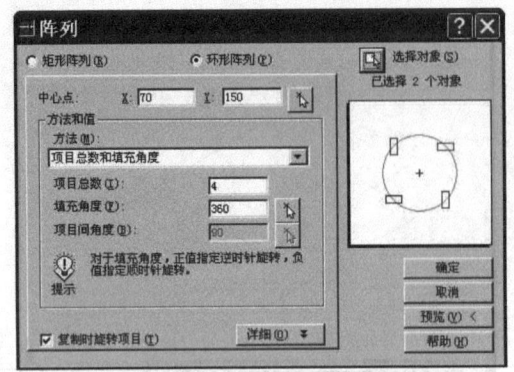

图 15-210 阵列对话框参数设置

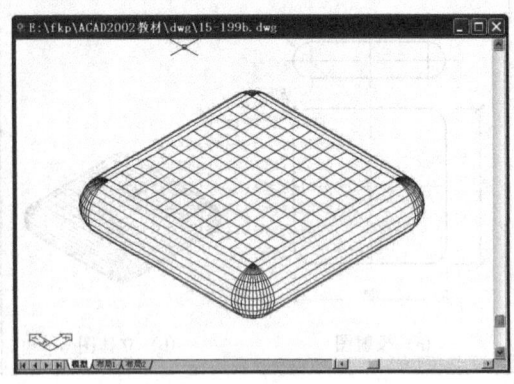

图 15-211 完成后的坐垫立体图

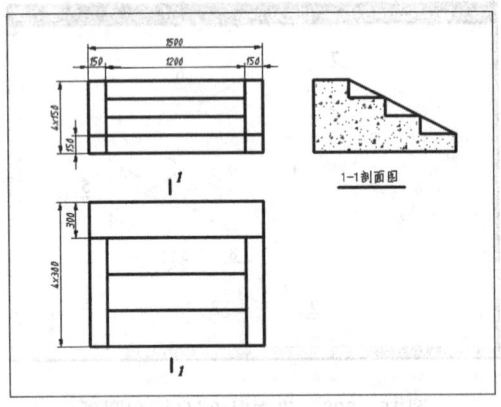

图 15-212 台阶的视图及尺寸

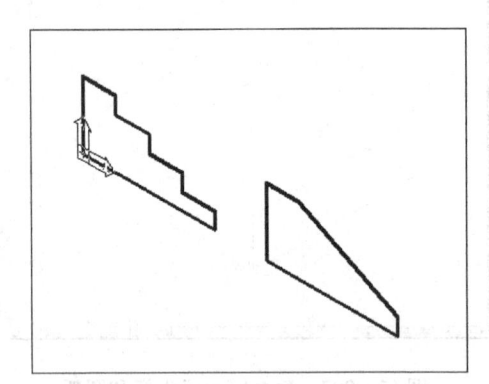

图 15-213 建立拉伸的多段线二维图形

15-214 所示。

(4) 用"移动"和"复制"命令移动台阶的挡板并复制,最后用"修改/实体编辑/并集"命令生成台阶,如图 15-215 所示。

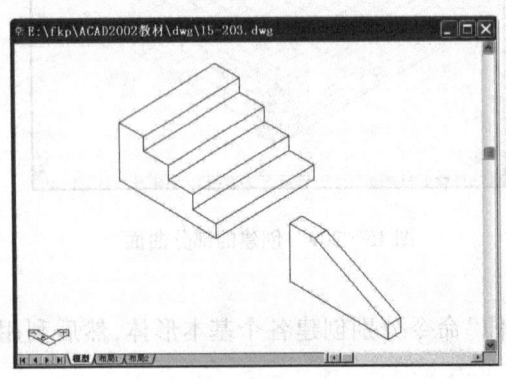

图 15-214 将多段线二维图形拉伸为实体

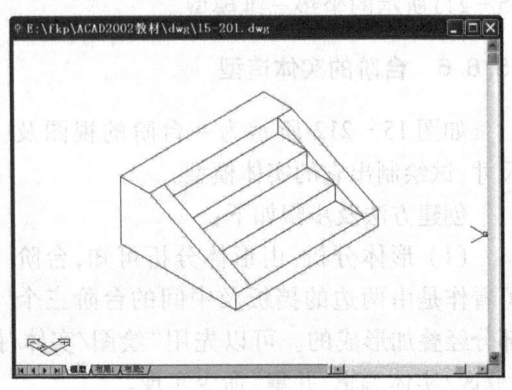

图 15-215 最后生成的台阶

15.8.7 化污池的实体造型

以本书第 6 章中图 6-54 所示的化污池为例,其实体造型的方法及步骤如下。

(1) 形体分析:经形体分析可知,化污池由底座、池身、左侧方板、左上方加强板和右上方方板等 5 个部分组成,其中池身含隔板,如图 15-216 所示。

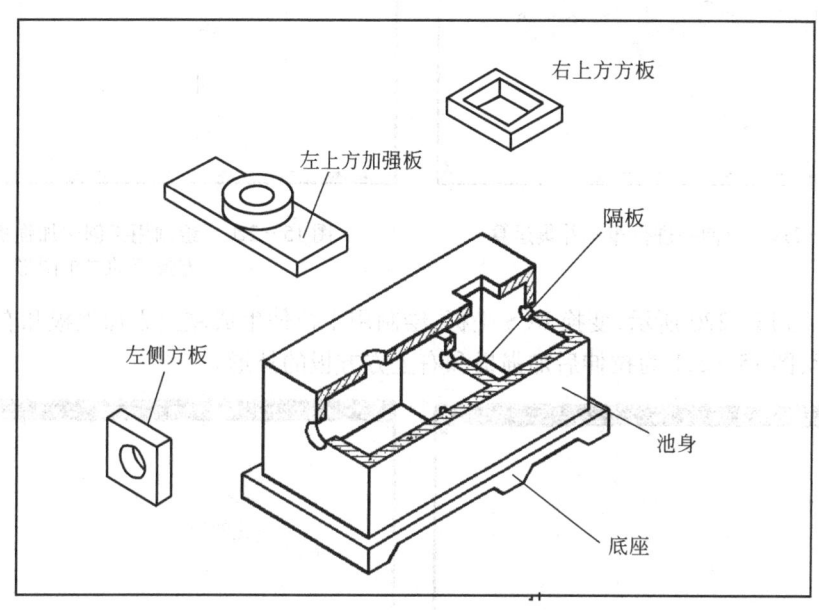

图 15-216 化污池的形体分析

(2) 创建底座:如图 15-217 所示,设定新的 UCS 坐标,绘制底座的截面二维图形(多段线图形),然后用"绘图/实体/拉伸"命令将二维图形拉伸为 3200 的长度单位。

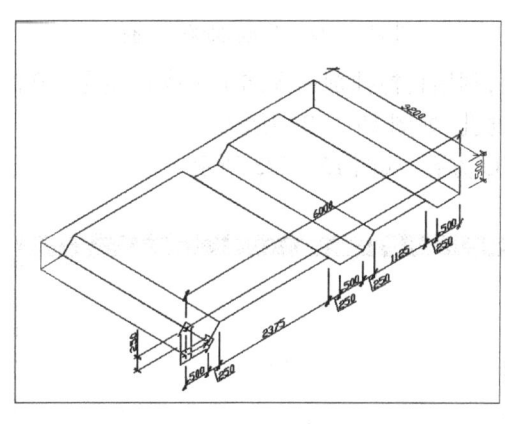

图 15-217 创建底座

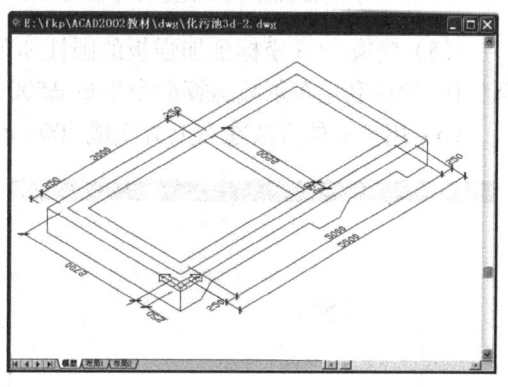

图 15-218 绘制用于创建池身的二维图形

(3) 变换 UCS 坐标:将原点定位在底座的上角点位置,绘制出池身水平截面的内外矩形和隔板截面的二维图形(如图 15-218),然后用"绘图/实体/拉伸"命令将外矩形拉高 2400 的长度单位,将内矩形拉高 2150 的长度单位,将隔板截面拉高 1900 的长度单位,最后使用"修改/实体编辑/并集"生成池身的主体模型,如图 15-219 所示。

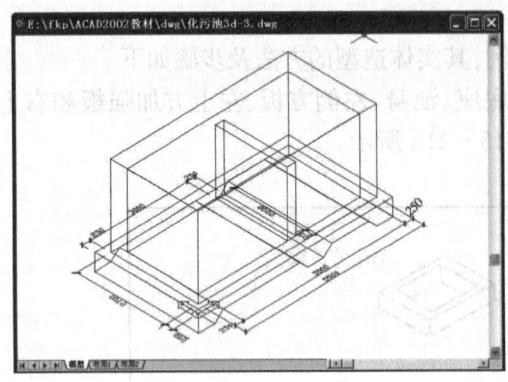

图 15-219 拉伸并进行布尔并集运算

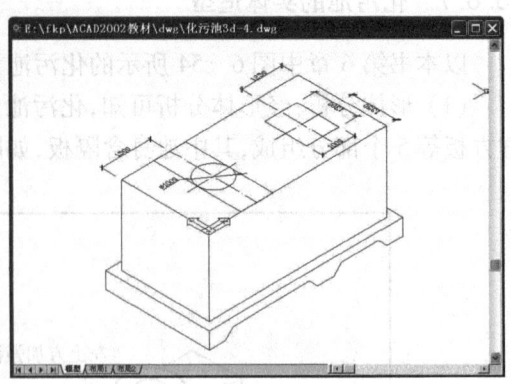

图 15-220 绘制用于创建加强板与方形板的二维图形

(4) 如图 15-220 所示,变换 UCS 坐标,绘制用于拉伸生成左上方加强板和右上方方板的二维图形,图 15-221 为拉伸后加强板和右上方方板的外形。

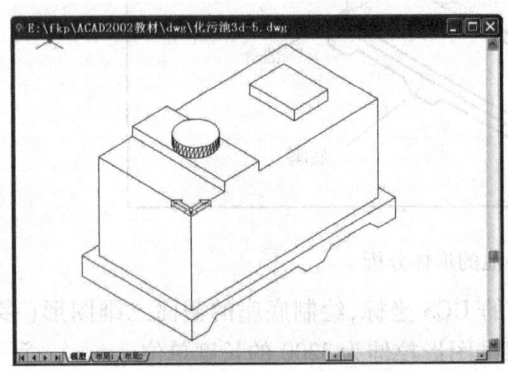

图 15-221 拉伸后加强板和右上方方板的外形

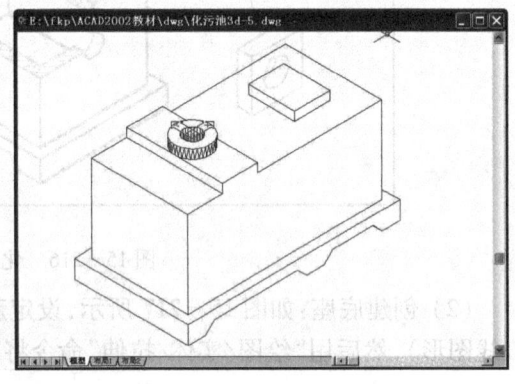

图 15-222 生成 φ500 的通孔

(5) 变换 UCS 坐标到加强板的圆柱体顶面,利用目标捕捉命令向下生成直径为 500 的圆柱体,然后利用布尔减运算命令生成 φ500 的通孔,如图 15-222 所示。

(6) 用类似的方法在右上方生成 1000×1300 方孔,如图 15-223 所示。

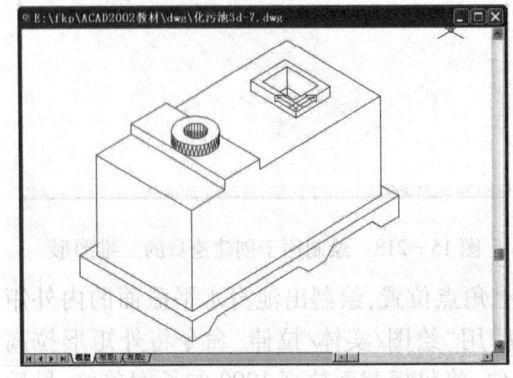

图 15-223 生成 1000×1300 方孔

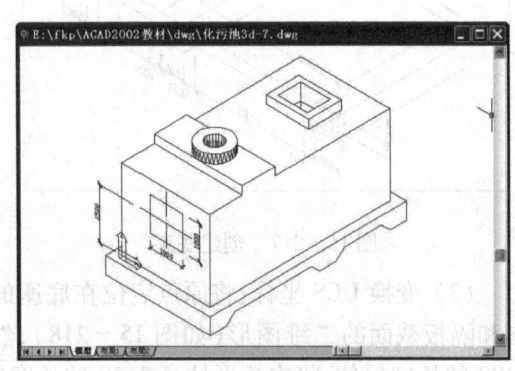

图 15-224 生成左侧方板的二维图形

(7) 变换 UCS 坐标到池身的左壁表面,并绘制用来拉伸生成左侧方板的二维图形,如图 15-224 所示。

(8) 用类似步骤(5)的方法在左侧方板的中心生成 $\phi500$ 的通孔,如图 15-225 所示。

(9) 最后,在隔板和右壁上用"修改/实体编辑/并集"命令生成三个 $\phi125$ 的通孔,完成化污池的实体造型,结果如图 15-226 所示。

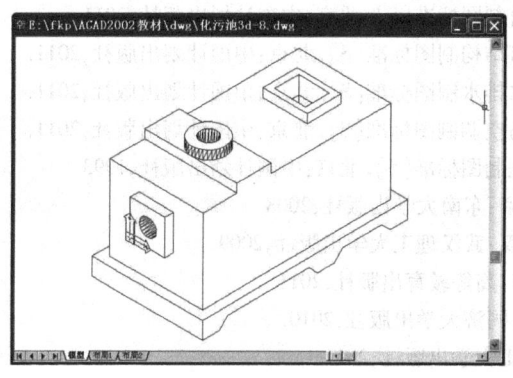 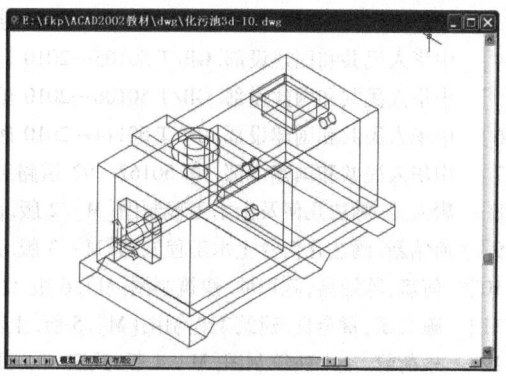

图 15-225　在左侧方板的中心生成 $\phi500$ 的通孔　　　图 15-226　生成三个 $\phi125$ 的通孔

参 考 文 献

[1] 中华人民共和国建设部. GB/T 50001—2010 房屋建筑制图统一标准[S]. 北京:中国计划出版社,2011.
[2] 中华人民共和国建设部. GB/T 50103—2010 总图制图标准[S]. 北京:中国计划出版社,2011.
[3] 中华人民共和国建设部. GB/T 50104—2010 建筑制图标准[S]. 北京:中国计划出版社,2011.
[4] 中华人民共和国建设部. GB/T 50105—2010 建筑结构制图标准[S]. 北京:中国计划出版社,2011.
[5] 中华人民共和国建设部. GB/T 50106—2010 给水排水制图标准[S]. 北京:中国计划出版社,2011.
[6] 中华人民共和国建设部. GB/T 50114—2010 暖通空调制图标准[S]. 北京:中国计划出版社,2011.
[7] 中华人民共和国建设部. GB 50162—92 道路工程制图标准[S]. 北京:中国计划出版社,1993.
[8] 唐人卫. 画法几何及土木工程制图[M]. 2版. 南京:东南大学出版社,2008.
[9] 何铭新. 画法几何及土木工程制图[M]. 3版. 武汉:武汉理工大学出版社,2009.
[10] 何斌,陈锦昌,陈炽坤. 建筑制图[M]. 6版. 北京:高等教育出版社,2011.
[11] 陈文斌,章金良. 建筑工程制图[M]. 5版. 上海:同济大学出版社,2010.
[12] 乐荷卿. 土木建筑制图[M]. 4版. 武汉:武汉理工大学出版社,2011.
[13] 郑国权. 道路工程制图[M]. 3版. 北京:人民交通出版社,2001.
[14] 冯开平,左宗义. 画法几何与机械制图[M]. 2版. 广州:华南理工大学出版社,2007.
[15] 白振刚,陈安全,等. AutoCAD 2002 建筑图形设计[M]. 北京:清华大学出版社,2001.
[16] 刘培晨,等. AutoCAD 建筑与土木工程制图习题精解[M]. 北京:人民邮电出版社,2002.
[17] 陆文华. 建筑电气识图教材[M]. 2版. 上海:上海科学技术出版社,2006.
[18] 乐荷卿. 建筑透视阴影[M]. 4版. 长沙:湖南大学出版社,2008.
[19] 刘林,邓学雄,黎龙. 建筑制图与室内设计制图[M]. 2版. 广州:华南理工大学出版社,2006.
[20] Cornelie Leopold. Geomerische Grundlagen der Architekturdar stellung.

华南理工大学出版社

工程图学类教材总目录

书 名	主编	印刷时间	定（估）价	开本
21世纪工程图学系列教材				
计算机工程制图（第四版，普通高等教育"十一五"国家级规划教材）	陈锦昌	2014	39.80	16
计算机工程制图习题集（第四版，普通高等教育"十一五"国家级规划教材）	陈锦昌	2014	38.00	8
画法几何与透视阴影（第二版）	邓学雄	2013	35.00	16
画法几何与透视阴影习题集（第二版）	邓学雄	2013	28.00	8
建筑透视与阴影（第三版，普通高等教育"十一五"国家级规划教材）	李国生	2012	29.00	16
建筑透视与阴影习题集（第三版，普通高等教育"十一五"国家级规划教材）	李国生	2012	29.00	8
画法几何（第二版）	黄水生	2008	25.00	16
画法几何习题集（第二版）	黄水生	2008	20.00	16
土建工程图学（含画法几何）（第二版，普通高等教育"十一五"国家级规划教材）	黄水生	2014	48.00	16
土建工程图学习题集（第二版，普通高等教育"十一五"国家级规划教材）	黄水生	2014	33.00	8
园林工程制图（第三版，赠送多媒体教学课件）	吴机际	2014	42.00	16
园林工程制图习题集（第三版）	吴机际	2014	15.00	16
画法几何及土建工程制图	黄水生	2013	30.00	16
画法几何及土建工程制图习题集	黄水生	2013	22.00	8
室内设计图学	李国生	2008	30.00	16
室内设计制图与透视	李国生	2014	25.00	16
室内设计制图与透视习题集	李国生	2014	16.00	16
计算机图形学基础（含光盘）	陈锦昌	2010	48.00	16
AutoCAD 2012 高级应用教程	刘 林	2012	38.00	16
AutoCAD 考级认证与竞赛教程	黄水生	2011	30.00	16

	书　名	主　编	印刷时间	定（估）价	开本
21世纪工程图学多媒体教学系列教材					
机械类	画法几何与机械制图（第二版，双色）	左宗义 冯开平	2014	40.00	16
	画法几何与机械制图习题集（第二版）		2014	9.00	16
	《画法几何与机械制图》配套光盘（获中国工程图学学会优秀课件奖）		2012	15.00	
非机械类	工程制图（第二版，双色）（国家级精品课程教材）	左宗义 冯开平 莫春柳	2014	36.00	16
	工程制图习题集（第二版）（国家级精品课程教材）		2014	9.00	16
	《工程制图》配套光盘（第二版）（国家级精品课程多媒体教学课件）		2012	20.00	
土木建筑类	土木建筑工程制图（含画法几何及计算机绘图，第二版）	罗康贤 左宗义 冯开平	2014	43.00	16
	土木建筑工程制图习题集（第二版）		2014	10.00	16
	《土木建筑工程制图》配套光盘（第二版）		2012	20.00	
职业技术教育类工程图学系列教材（广东省工程图学学会审定推荐）					
	建筑工程制图与识图（普通高等教育"十一五"国家级规划教材）	罗康贤	2014	30.00	16
	建筑工程制图与识图习题集	罗康贤	2014	12.00	16
	AutoCAD2008实例教程	邓兴龙	2013	32.00	16
	机械制图	王　平	2010	29.00	16
	机械制图习题集	邵超城	2014	15.00	16
	计算机建筑制图	罗康贤	2012	29.50	16
	计算机建筑制图习题集	罗康贤	2012	10.00	16
	园林制图（普通高等教育"十一五"国家级规划教材）	吴机际	2012	35.00	16
	园林制图习题集	吴机际	2012	15.00	16
	建筑制图与识图	黄水生	2014	26.00	16
	建筑制图与识图习题集	黄水生	2014	22.00	8
	室内设计制图（第二版）	李国生	2014	25.00	16
	室内设计制图习题集（第二版）	李国生	2014	17.00	16
	CAD/CAM实训图集	赵里宏	2012	20.00	16

《土木建筑工程制图》多媒体教学资源

对应页码	对应书中插图	对应页码	对应书中插图
4	图 1-1	25	图 2-10
14	图 1-18	25	图 2-11
15	图 1-20	27	图 2-14
15	图 1-21	28	图 2-17
15	图 1-22	32	图 2-22
16	图 1-23	37	图 2-28
16	图 1-24	43	图 2-42
16	图 1-25	44	图 2-43
17	图 1-26	44	图 2-45
17	图 1-27	45	图 2-46
18	图 1-28	46	图 2-47
22	图 2-1	47	图 2-48
22	图 2-2a	47	图 2-49
22	图 2-2b	49	图 2-50
24	图 2-7	49	图 2-51
25	图 2-9	50	图 2-52

对应页码	对应书中插图	对应页码	对应书中插图
51	图 2-53	69	图 4-5
52	图 2-54	70	图 4-6
54	图 3-3	77	图 4-18
56	图 3-6	77	图 4-19
57	图 3-7	79	图 4-21
57	图 3-8	80	图 4-24
58	图 3-10	120	图 6-24
59	图 3-11	141	图 7-13
60	图 3-12	143	图 7-16
61	图 3-13	161	图 8-14
62	图 3-14	165	图 9-1
63	图 3-15	203	图 10-1
63	图 3-16	214	图 10-9
64	图 3-17	215	图 10-10
65	图 3-18	220	图 10-13
67	图 4-2	224	图 10-17
69	图 4-4		